Johannes Elberskirch

Person – Miteinander – Kirche

VERLAG KARL ALBER

SCIENTIA & RELIGIO

Band 17

Herausgegeben von

Markus Enders und Bernhard Uhde

Wissenschaftlicher Beirat

Peter Antes, Reinhold Bernhardt,
Hermann Deuser, Burkhard Gladigow, Klaus Otte,
Hubert Seiwert und Reiner Wimmer

Johannes Elberskirch

Person – Miteinander – Kirche

Bernhard Weltes
philosophische Soziologie
als Suche nach dem
Wesen von Gemeinschaft

Verlag Karl Alber Freiburg / München

Originalausgabe
© VERLAG KARL ALBER
in der Verlag Herder GmbH, Freiburg / München 2017
Alle Rechte vorbehalten
www.verlag-alber.de

Satz: SatzWeise GmbH, Trier
Herstellung: CPI books GmbH, Leck

Printed in Germany

ISBN 978-3-495-48931-4

Inhalt

Abkürzungsverzeichnis 9

Vorwort 13

Einleitung 15

A) »Ontologische Besinnung« – Weltes Miteinander 27
I) Gegenstand: Selbstverstehendes Miteinander 30
   1) Gewusstes und gelebtes Miteinander 32
   2) Wesensmöglichkeit des Menschen: Seinsverständnis . 37
II) »Gegenstand und Methode sind dasselbe« –
   Weltes Struktur des Denkens 39
   1) Absetzung vom metaphysischen Denken 42
   2) Husserls Epoché, die eidetische und die
      transzendentale Reduktion 52
   3) Die Hermeneutik der Faktizität 60
      a) Heideggers Husserl-Kritik 62
      b) Erfahrung als existentielle Ergänzung des Denkens . 69
      c) In-der-Welt-sein: erfahrendes Verstehen –
         verstehendes Erfahren 80
         (1) Seinsverstehen als Selbstverstehen 87
         (2) Geschichtlichkeit 94
         (3) Weltverstehen und Sprachwelt 100
III) Resümee: Ontologie des Miteinanders und ontologische
    Soziologie 107

Inhalt

B) Der dialektische Ursprung des personalen Moments ... 116
I) Das dialektische Wesen 119
  1) Persona est rationalis naturae individua substantia –
     selbstbesitzender Selbstvollzug 120
     a) Persona est rationalis naturae **individua
        substantia** 121
     b) Persona est **rationalis naturae** individua substantia 123
     c) quodammodo omnia 125
  2) Selbstsein als Mitsein 128
     a) »Mit« als Urelement – Wesensursprung des
        Menschen 129
     b) Selbstsein in personalem Mitdasein 131
II) Vom Wesen zum Vollzug 139
  1) Selbstsein, Selbstvollzug und Personalität 140
  2) Ontologische und existentielle Einheit bei ontischer
     Verschiedenheit 147
  3) Die existentielle Einheit des Vollzuges und das
     Miteinander 155
  4) Existentielle Einheit als Modifikation zum Wir 160
III) Der dialektische Vollzug des Miteinanders 165
  1) Selbstvollzug im Miteinander 165
  2) Miteinander im Selbstvollzug 169
  3) Freiheit und Einheit – Der Einzelne im erfüllten
     Miteinander 175
IV) Resümee: Personalität und Miteinander 179

C) Grund, Gestalt und Gehalt des Miteinanderseins 188
I) Temporalität und Geschichtlichkeit des Miteinanders ... 190
  1) Geschichtlichkeit und Seinsvollzug 193
  2) Geschichtlichkeit, Geschick und Schicksal 197
II) Sprache und Kommunikation 206
  1) Sprache als Gespräch 207
  2) Sprache, Personalität und Miteinander 211
     a) Gespräch und Sprache – Begegnung und
        Miteinander 212
     b) Wahrheit, Geschichtlichkeit und Kommunikation . 217
III) Vom Raum zur Gestalt des Miteinanders 221

IV)	Gestalt und Gehalt des Miteinanders	227
	1) Dimensionen der Einheit	228
	a) Die Unbedingtheit als Maß der Mitte von Freiheit und Einheit	232
	b) Die Unbedingtheit in der Tiefe, Weite und Erhabenheit	236
	c) Die Defizienzerfahrungen und ihre Perversion	240
	2) Einheit und Heiligkeit	249
	a) Das transzendierende Prinzip	250
	b) Miteinandersein als Religiosum – Die Struktur	258
	c) Miteinandersein als Religiosum – Der heilige Gehalt	262
V)	Resümee: Von der Gestalt zum heiligen Gehalt: Der Grund des Miteinanders	269
D)	Hoffnung als Prinzip von Begegnung und Miteinander	279
I)	Auf dem Weg zur Hoffnung	280
	1) Dialektik des Daseins	281
	2) Die Zustimmungsfähigkeit des Daseins	285
	3) Das Heilige und der Grund der Hoffnung	295
II)	In der Hoffnung zur Vollendung	300
	1) Hoffnung und Wille – Der Hoffende und sein Erhofftes	302
	2) Hoffnung und Vollendung	307
	3) Hoffnung, Erfahrung und Offenbarung	312
III)	Die »positive« Philosophie der Kirche	315
	1) Negative und positive Philosophie	316
	2) Ideal der Offenbarungsgemeinschaft: Die Vollendung in Freiheit und Einheit	324
	3) Die Wirklichkeit der Offenbarungsgemeinde	335
	a) Begegnung als Vermittlung von Idealität und Realität	341
	b) Absolute Konkretion in Vollzug und Gestalt der geschichtlichen Gemeinde	347
	c) Jesus Christus – menschliche Vollendung und absolute Konkretion	353
	4) Jesus Christus – das Heilszeichen: Ereignis der Offenbarung und Grund der Kirche	356
	a) Zeugnis und Andenken	360

b) Zeugnis, Haupt und Amt 365
c) Die wesentliche und die wirkliche Kirche 370
IV) Resümee: Die Hoffnung als Brücke vom Miteinander zur Kirche 379

E) Schlussbetrachtung – Person, Miteinander, Kirche 391

Literaturverzeichnis 401
I) Primärliteratur 401
    1) Bernhard Welte 401
        a) Unveröffentlichte Manuskripte 401
        b) Veröffentlichte Schriften 404
    2) Sonstige Autoren 407
II) Sekundärliteratur 415

Namenregister 435

Abkürzungsverzeichnis

Aristot.	Aristoteles
EN	Ethica Nicomachea
Kat.	Categoriae
Met.	Metaphysica
Pol.	Politica
Psych.	De anima
Aug.	Augustinus
Civ.	De civitate Dei
Conf.	Confessiones
De mor.	De moribus ecclesiae catholicae et de moribus manichaeorum
en. Ps.	Ennarationes in Psalmos
epist.	Epistulae
In Ioh.	Tractatus in Iohannis Evangelium
Trin.	De Trinitate
Boet.	Boethius
Lib. de per.	Liber de persona et duabus naturis
Bon.	Bonaventura
Itin.	Itinerarium mentis in Deum
Descartes	
Med.	Meditationes de prima philosophia
Princ.	Principia Philosophiae
Reg.	Regulae ad directionem ingenii
Eckh.	Meister Eckhart
In Ioh.	Expositio sancti evangelii secundum Iohannem

Abkürzungsverzeichnis

Lib. Ben.	Liber »Benedictus«
Pr.	Predigt
Prol. gen. in op. trip.	Prologus generalis in opus tripartitum
RdU	Die rede der underscheidunge
serm.	sermo

Hegel
Logik	Wissenschaft der Logik
PG	Phänomenologie des Geistes

Husserl
Cart. Med.	Cartesianische Meditationen und Pariser Vorträge
Die Idee	Die Idee der Phänomenologie
Ideen	Ideen zu einer reinen Phänomenologie und phänomenologischen Philosophie
Krisis	Die Krisis der europäischen Wissenschaften und die transzendentale Phänomenologie
Philosophie	Erste Philosophie
Untersuchungen	Logische Untersuchungen

Kant
GMS	Grundlegung zur Metaphysik der Sitten
KdU	Kritik der Urtheilskraft
KpV	Kritik der praktischen Vernunft
KrV	Kritik der reinen Vernunft
Prol	Prolegomena zu einer jeden künftigen Metaphysik, die als Wissenschaft wird auftreten können
RGV	Die Religion innerhalb der Grenzen der bloßen Vernunft

Plat.	Platon
Men.	Meno
Phaed.	Phaedo

Rich.	Richard von St. Viktor
Trin.	De Trinitate

Abkürzungsverzeichnis

Thom.	Thomas von Aquin
De caus.	In librum de causis expositio
De en.	Opusculum de ente et essentia
De mal.	Quaestiones disputatae de malo
De pot.	Quaestiones disputatae de potentia Dei
De ver.	Quaestiones disputatae de veritate
In Aris. De an.	In Aristotelis librum De anima expositio
In Aris. Met.	In Aristotelis libros Metaphysicorum expositio
ScG	Summa contra Gentiles
Sent.	In quattuor libros sententiarum
Sth	Summa theologiae
Verg.	Vergilius
Aen.	Aeneis

Kirchliche Dokumente und Lehrentscheidungen
LG   Lumen Gentium

Die Abbreviationen der entsprechenden Textausgaben werden im Literaturverzeichnis erläutert. Alle anderen Abkürzungen richten sich nach SCHWERTNER, SIEGFRIED M., Internationales Abkürzungsverzeichnis für Theologie und Grenzgebiete, Berlin/New York ²1994.

Vorwort

Die vorliegende Untersuchung *Person – Miteinander – Kirche. Bernhard Weltes philosophische Soziologie als Suche nach dem Wesen von Gemeinschaft* wurde 2016 an der Hochschule für Philosophie München, Philosophische Fakultät S.J., als Dissertation angenommen. Für die Drucklegung wurde sie geringfügig überarbeitet und um aktuelle Literatur ergänzt.

Mein Dank gilt besonders meinem Doktorvater, Herrn Prof. Dr. Josef Schmidt SJ, der mit großem Interesse, sachkundigem Rat und wohlwollendem Vertrauen die Entwicklung dieser Arbeit begleitet hat. Herrn Prof. Dr. Johannes Herzgsell SJ danke ich ganz herzlich für die Mühe des Zweitgutachtens.

Die Bedeutung von Prof. Dr. Dr. h. c. Bernhard Casper für die Entstehung dieser Studie sei an dieser Stelle besonders hervorgehoben. Er hat mich nicht nur auf die philosophische Soziologie seines Lehrers Bernhard Welte aufmerksam gemacht, sondern hat jede Phase dieser Untersuchung intensiv mit seiner fundierten Kenntnis und seiner großen Erfahrung begleitet und durch sein kritisch-konstruktives Mitdenken diese Arbeit entscheidend bereichert. Für diese außerordentlich freundliche und angenehme Hilfsbereitschaft, aber auch für die vielen persönlichen Gespräche sei ihm in besonderem Maße ganz herzlich gedankt.

Zur Entstehung dieser Untersuchung haben wesentlich die vielen konstruktiven Hinweise und Korrekturen von Freunden und Kollegen beigetragen, wofür ich Herrn Georg Bruder, Herrn Alexander Ertl, Herrn Dominik Mitterer, Herrn Dr. Hubert Schröcker, Herrn Prof. Dr. Michael Seewald und Herrn Markus Welte sehr zu Dank verpflichtet bin. Für die mühsame, anstrengende und bisweilen leidvolle Aufgabe, die ganze Arbeit Korrektur gelesen zu haben, danke ich meinem Vater, Herrn Walter Elberskirch, ganz außerordentlich.

Dem Universtätsarchiv Freiburg i. Br. danke ich für die Hilfsbereitschaft bei der Einsichtnahme in den Nachlass Bernhard Weltes

Vorwort

und der Bernhard-Welte-Gesellschaft e. V. besonders dafür, dass ich meine Überlegungen auf der Jahrestagung 2015 präsentieren und zur Diskussion stellen durfte.

Herrn Prof. Dr. Dr. Markus Enders und Herrn Prof. Dr. Dr. Bernhard Uhde danke ich für die Aufnahme meiner Arbeit in die Reihe *Scientia&Religio* sowie dem Verlag Karl Alber für die angenehme Zusammenarbeit.

Für das wohlwollende Vertrauen und die große Zustimmung zu diesem Vorhaben danke ich meinem Bischof, Hwst. Herrn Dr. Rudolf Voderholzer, ganz herzlich, der mit der Erlaubnis zum Promotionsstudium mir die Möglichkeit gab, dass ich mich neben meiner pastoralen Arbeit intensiv mit philosophischen Fragen und Gedanken auseinandersetzen konnte. Mit ihm danke ich allen Verantwortlichen der Diözese Regensburg, die mein Anliegen so positiv aufgenommen und gefördert haben, einschließlich der Bezuschussung der Drucklegung.

In der Erfahrung sieht Bernhard Welte den entscheidenden Zugang zu Kirche und Miteinander, so dass ich froh und dankbar bin, dass meine theoretischen Überlegungen immer in einem existentiellen Horizont aufgehoben sein durften. Dafür danke ich meinen beiden Pfarreien, St. Marien, Sulzbach-Rosenberg und St. Nikola, Landshut, der Gemeinschaft des Herzoglichen Georgianums und den treuen Freunden, die diese Zeit mit großem Verständnis begleitet haben. Meiner Familie sei für die vielfältige Unterstützung, den bestärkenden Zuspruch, die liebevolle Geduld und die wertvolle gemeinsame Zeit gedankt, besonders aber dafür, dass ich in ihr lernen durfte, wir zu sagen, und erleben konnte, was für ein großer Reichtum und welch unermessliches Geschenk diese Erfahrung ist. In dieser großen Dankbarkeit gegenüber meinen Eltern und Geschwistern widme ich ihnen gerne dieses Buch.

Nabburg, im März 2017   Johannes Elberskirch

Einleitung

»Gemeinschaft ist die alles tragende Parole der Zeit; die Kirche kann dieser Parole keine tiefere entgegensetzen, denn ihr eigenes letztes Wesen ist selber Gemeinschaft. Das Gespräch kann sich nur darum drehen: wer von beiden [der Katholizismus oder das neue totalitäre Gemeinschaftsdenken; Anm. J. E.] mehr weiß um ihr Wesen, und wer tiefer Gemeinschaft erzeugen kann.«[1]

Eine große Sorge und Beunruhigung, aber auch ein tiefes Vertrauen klingen in diesen Worten, mit denen Hans Urs von Balthasar im Jahr 1943 seine Übersetzung von Henri de Lubacs *Catholicisme. Les aspects sociaux du dogme* einleitet. Diese beiden gegensätzlichen Emotionen erklären sich dadurch, dass Gemeinschaft einerseits als Parole im Nationalsozialismus missbraucht wurde – gegründet im Glauben an Blut, Boden und Führer – und bis dahin unbekannten Schrecken, Terror und Hass über Europa brachte, andererseits aber als tragendes Prinzip der Kirche eine Sozietät begründet, die sich in der Liebe zu Gott und den Mitmenschen dem Heil der ganzen Welt verpflichtet sieht. Indem sich die grundlegende Bedeutung der Gemeinschaft zwischen diesen beiden Extremen aufspannt, wird deutlich, dass für Balthasar die Frage nach ihrem Wesen kein spekulatives Gedankenspiel darstellt, sondern existentielle Relevanz hat, die besonders hinsichtlich der Entstehung von Gemeinschaft ihren entscheidenden Ausdruck findet.

Als Zeitgenossen verbindet Henri de Lubac, Hans Urs von Balthasar und Bernhard Welte die Bedrohung durch den Nationalsozialismus, der im Glauben an das Volk als materiale Seinsgrundlage und an die autoritäre Führerschaft im Sinne eines formalen Prinzips[2] die grundlegende Ausrichtung und die wesentliche Hinordnung des

---

[1] Balthasar, Geleitwort zur deutschen Ausgabe, 5.
[2] Vgl. Welte, Die Glaubenssituation der Gegenwart, 206–209.

Einleitung

Menschen auf Gemeinschaft ihrer Unschuld bzw. ihrer Selbstverständlichkeit beraubte. Dieselbe schreckliche epochale Erfahrung des Totalitarismus stellt diese drei Denker vor dieselbe Fragwürdigkeit des menschlichen Lebens, besonders auch hinsichtlich des sozialen Zusammenlebens. Henri de Lubacs Besinnung in *Catholicisme* bzw. in deutscher Übersetzung *Katholizismus als Gemeinschaft* als Versuch einer Antwort auf diese Fragwürdigkeit und als wegweisende Auseinandersetzung mit einem totalitären Gemeinschaftsdenken wird für Bernhard Welte zum entscheidenden Impuls, sich mit der Frage nach der Person, der Gemeinschaft, der Kirche und ihres gegenseitigen Verhältnisses zueinander zu beschäftigen.

Die Gemeinschaft als die tiefste Dimension menschlicher Wirklichkeit zu betrachten, wie es sich bei Balthasar anzeigt, erweist sich aber nicht als theologisches Sondergut, sondern offenbart in ihrer allgemeinen Bedeutung einen engen Zusammenhang mit der Entstehung der Soziologie als Wissenschaft. Seinen Ausgang findet dieser Umstand in der Suche nach dem Grund aller Wirklichkeit und der wahren Ordnung der Dinge, die als letzte Kriterien öffentlich gültiger Legitimität und Plausibilität zu gelten hatten und nach denen die Naturwissenschaft in den Gesetzmäßigkeiten der Natur und der Welt suchte. Die Absage an eine religiöse Erklärung und das Erfordernis des modernen Staates, sich auf eine säkulare Legitimitätsgrundlage zu stellen, äußert sich eben im Vertrauen in die Naturwissenschaft, die mit der inneren Ordnung und der immanenten Gesetzmäßigkeit der Natur bzw. aller Naturvorgänge die entscheidende Grundlage aufzuweisen hatte. Allerdings war der Glaube an die Naturwissenschaft und die Erkenntnis der Gesetzmäßigkeiten der Natur trotz oder gerade wegen des wissenschaftlichen Fortschritts ständigen Enttäuschungen ausgesetzt, so dass die Orientierung des menschlichen Handelns an einer bestimmten inneren Ordnung der Dinge immer wieder ihre Gültigkeit verlor. Mit dieser fortlaufenden wissenschaftlichen Entzauberung der Natur durch die verschiedenen naturwissenschaftlichen Disziplinen wie Biologie, Chemie oder Physik – was mit der stetigen Resignation einherging, den tiefsten Grund aller Wirklichkeit doch nicht gefunden zu haben – verlagerte sich der Gegenstandsbereich der naturwissenschaftlichen Methode von der äußeren und fernen Natur zu der unmittelbaren Handlungswelt des Menschen selbst. Der Mensch in seinem gesellschaftlichen und wirtschaftlichen Vollzug in der Geschichte wurde zum entscheidenden Thema der Wissenschaft und ihrer Analyse, um auf diesem Weg als

Einleitung

Naturwissenschaft von der menschlichen Gesellschaft die Welt zu entschlüsseln.[3] Die Soziologie als diese Wissenschaft erforscht nun soziale Gruppen, Kollektive, Institutionen und Organisationen, um den Ursachen und Konsequenzen ihres Wandels in der geschichtlich-gesellschaftlichen Welt nachzugehen und in der Analyse sozialer Strukturen und Interaktionen die Frage nach einer zugrundeliegenden Ordnung zu stellen.[4] Die Differenzierung der Soziologie in ihre verschiedenen Teilbereiche, wie Wirtschafts-, Rechts-, Religions- oder Bildungssoziologie, lässt dieselbe Tendenz bzw. Bewegung erkennen, die sich auch bei der Naturwissenschaft gezeigt hat, was letztlich bedeutet, dass die Soziologie durchaus ein Hilfsmittel zur gesellschaftlichen Orientierung sein kann, indem sie endliche Fakten und deren Relationen zueinander hinsichtlich ihrer gesellschaftlichen Relevanz aufweist und untersucht, aber mit ihrer wissenschaftlichen Methodik nicht ihre eigenen Voraussetzungen reflektiert und daher auch nicht die Gemeinschaft bestimmen kann, besonders nicht in ihrem Wesen, ihrem Ursprung und ihrem Grund.[5]

Die Titel von Bernhard Weltes Vorlesungen zu Gemeinschaft und Kirche, wie z.B. *Soziologie der Religion* oder *Philosophische Soziologie im Hinblick auf das Verständnis des Christentums als Kirche*, legen *prima facie* eine Untersuchung im Sinne einer Religionssoziologie nahe, die, ausgehend von ihrem beschränkten Gegenstandsbereich, die Strukturen, Verhältnisse und Entwicklungen hinsichtlich der Kirche, des Christentums oder der Religion zu beschreiben, zu klassifizieren und zu interpretieren versucht. Bernhard Welte geht aber in diesen Vorlesungen mit einer philosophischen Soziologie einen explizit philosophischen Weg, um »denkend den Logos, Sein und Sinn der menschlichen Vergesellschaftung überhaupt zu klären.«[6] Wird nämlich die Frage nach Gemeinschaft philosophisch gestellt, so ist sie zunächst eine Wesensfrage, erweist sich aber zugleich als eine Ursprungsfrage, die eben nicht eine äußere Entwicklung beschreibt, sondern zu ergründen versucht, wie sich Gemeinschaft von innen her aufbaut und welches die Konstituentien ihres Seins sind. Dieser Perspektivenwechsel hat zur Folge, dass nicht mehr die Formen und Arten der Gemeinschaft im Fokus stehen, sondern

---

[3] Vgl. Bock, Soziologie als Grundlage des Wirklichkeitsverständnisses, 28–31.
[4] Vgl. Acham, Art. Soziologie, 1270.
[5] Vgl. Zeugin, Soziologie, 13 f.
[6] Vgl. Welte, Soziologie der Religion, 1.

der in der Gemeinschaft stehende Mensch selbst, so dass mit der Frage nach der Genesis der Gemeinschaft nach dem Menschen gefragt wird, der sie konstituiert, in sie eintritt, sie gestaltet und von ihr gestützt bzw. bestimmt wird. Indem so die Gemeinschaft nicht als eine vom Menschen losgelöste Größe oder als ein Wert an sich betrachtet wird, verbleibt die wesensmäßige Untersuchung der Gemeinschaft nicht in der Sphäre des bloßen Beschreibens. Wenn sich nun die Suche nach dem Wesen und dem Ursprung von Gemeinschaft in ihrer Verwurzelung im Menschen mit der Frage nach ihrer Existenz bzw. ihrer Verwirklichung verbindet, dann offenbart sich eine ontologische Problematik. Wird nämlich hinsichtlich der Notwendigkeit der Existenz bzw. der Verwirklichung der Gemeinschaft – sowohl ausgehend vom Wesen der Gemeinschaft als auch von den Möglichkeiten des einzelnen Menschen – gefragt, so vereinen sich beide Perspektiven in der Frage, *»ob aus dem Wesen des Menschen heraus die Gemeinschaft notwendig ist«*, wodurch die Problematik der Gemeinschaft und die Suche nach ihrem Wesen bzw. ihrem Grund in eine Ontologie des menschlichen Daseins und Miteinanderseins gestellt sind.[7] Welte untersucht daher die Bedingung der Möglichkeit von Gemeinschaft und Miteinander in einer philosophischen, phänomenologischen und existentialontologischen Soziologie:

»Wir suchen darüber nachzudenken, was Miteinandersein sei, Miteinandersein von Menschen. Wir fragen: Was ist das: Du und ich? Wir miteinander? Wir fragen nach dem *Und*. Wir fragen diese Frage aber nicht empirisch, sondern philosophisch. Wir fragen also: Was ist daran das Wesentliche, das, woran alles Faktische zu messen ist? Was liegt dem Miteinander in seinem Wesen eigentlich zugrunde?«[8]

»[W]er tiefer Gemeinschaft erzeugen kann«[9] – die Frage nach Ursprung und Wesen von Gemeinschaft, die im konkreten menschlichen Dasein verwurzelt ist, zeigt sich grundlegend verbunden mit der Bedingung der Möglichkeit von gelingendem, glückendem und heilmachendem Miteinander in konkreter geschichtlicher Situation und zielt damit auf gegenwärtige Umstände. Diese Ausrichtung auf Heil und Vollendung sowohl des einzelnen Menschen als auch seines Miteinanders lässt zudem die Gemeinschaft der Kirche in den Blick kommen, um sie in die Untersuchung einer philosophischen Soziolo-

---

[7] Vgl. Weischedel, Der frühe Fichte, 2–4.
[8] Welte, Miteinandersein und Transzendenz, 151.
[9] Balthasar, Geleitwort zur deutschen Ausgabe, 5.

gie mit aufzunehmen. Bernhard Welte sieht daher Person, Miteinander und Kirche ausgezeichnet durch eine innere wesentliche Zusammengehörigkeit, die diese drei verschiedenen Dimensionen unlösbar verbindet und aufeinander bezogen sein lässt. In seiner Ontologie des Miteinanders geht Welte mit seiner Suche nach dessen Wesen auch dieser inneren Beziehung nach, die dem Menschen nichts Fremdes oder äußerlich Zukommendes ist, sondern ihn wesentlich prägt, so dass sich auch sein Denken und seine Art, die Wirklichkeit zu erkennen, davon beeinflusst zeigen. Denn auch der moderne individuelle Mensch existiert nicht als ein in sich geschlossenes Subjekt, sondern lebt immer schon in einem Wechselbezug mit der Wirklichkeit, vor allem mit anderen Menschen.[10]

Diese Umstände heutiger Wirklichkeit und gesellschaftlicher Zusammenhänge charakterisiert die moderne Soziologie, bei allen Differenzierungen, maßgeblich mit drei Begriffen: Globalisierung, Individualisierung und Säkularisierung. Globalisierung bezeichnet dabei »Prozesse der Zunahme sowie der geographischen Ausdehnung grenzüberschreitender anthropogener Interaktion«[11], worin eine Tendenz des Menschen deutlich wird, in seinem Bezug zur Wirklichkeit, besonders auch in gesellschaftlicher Hinsicht, sich nicht bzw. nicht vorschnell von Grenzen oder Beschränkungen bestimmen zu lassen. Dieselbe menschliche Neigung bedeutet dagegen hinsichtlich der Individualisierung gerade nicht, dass das Individuum von der Gesellschaft befreit wird, sondern es geht um den Umgang des Einzelnen mit seiner gemeinschaftlichen Verortung und darum, dass die gesellschaftlichen Zusammenhänge die Stellung des Einzelnen eben nicht mehr in dem Maße determinieren, wie es sich noch bei früheren Generationen darstellte.[12] Die gesellschaftlichen Strukturen und Organisationen haben nicht mehr den Charakter alternativloser Verbindlichkeit, weshalb sie eher als spezifische Angebote erscheinen

---

[10] Vgl. Casper, »Wer Gott liebt, muss alles lieben«, 25 f.
[11] Kessler, Der Mythos vom globalen Dorf, 35.
[12] Indem in der soziologischen Forschung von Selbstbestimmung und nicht von Autonomie die Rede ist, wird deutlich, dass das Individuum verwiesen bleibt auf sozialstrukturelle Verbindungen. Die Individualisierung wird daher als zunehmende Selbstbestimmung definiert, was sich eben dahingehend äußert, dass die Biographie der Menschen sich aus vorgegebenen Fixierungen herauslöst und als Aufgabe in das individuelle Handeln des Einzelnen gelegt wird. Daher nehmen die entscheidungsverschlossenen Lebensmöglichkeiten ab und die Anteile der entscheidungsoffenen und selbstbestimmten Biographie nehmen zu. Vgl. Pickel/Pollack, Religiöse Individualisierung statt Säkularisierung? Eine falsche Alternative, 244.

und dem Menschen die Möglichkeit zur individuellen Entscheidung geben, ihm damit aber auch zuletzt einen Entscheidungszwang auferlegen und die moderne Gesellschaft sich schließlich durch Prozesse funktionaler Differenzierung kennzeichnen.[13] Daher findet sich der Mensch in seiner Selbstbestimmung und individuellen Freiheit angesichts seiner sozialen Verfassung besonders herausgefordert. Selbst wenn die Säkularisierungsthese mit der Unterscheidung von traditioneller Kirchlichkeit und individueller Religiosität[14] durchaus zu hinterfragen ist, so wird doch gerade in dieser Differenzierung zweierlei deutlich: Einerseits haben religiöse Gemeinschaften und besonders institutionelle Kirchen ihre Selbstverständlichkeit verloren bzw. werden hinsichtlich ihrer persönlichen und gesellschaftlichen Relevanz immer mehr in Frage gestellt[15], andererseits offenbart sich im Zusammenhang mit der Sinnorientierung und der subjektiven Transzendenzerfahrung des Menschen eine ihm grundlegende religiöse Ausrichtung.[16]

Bernhard Welte nimmt mit seiner philosophischen Soziologie solche soziologischen Bestimmungen nicht nur ernst oder integriert sie auf irgendeine Weise in seine Überlegungen, sondern setzt mit der Suche nach dem Wesen des Miteinanders an deren Grundlage an, um diese zu analysieren und, ausgehend von dieser Ontologie des Miteinanders, den Menschen in seinen wesentlichen Vollzügen zu verstehen. Dies wird bei seinem Weg einer philosophisch-ontologischen Soziologie bzw. einer Sozialontologie besonders deutlich, da diese sich explizit in dem sich eröffnenden Spannungsfeld von individueller Freiheit und sozialer Einheit situiert, um darin die beiden grundlegenden Bestimmungen des Menschen – absoluter Selbstbesitz und ursprüngliche Sozialität – vermittelnd in Beziehung zu setzen, ohne sie dadurch aufzulösen oder sie in ihrer jeweiligen Tragweite zu beschneiden. Daher bliebe eine Sozialontologie oder eine Ontologie des Miteinanders für den Freiburger Religionsphilosophen oberflächlich, wenn die Suche nach dem Wesen des Miteinanders nicht die Frage nach der individuellen Person stellt. Dieses Verhältnis von Personalität und Miteinandersein, das sich als gegenseitig konstitutives Vollzugsgeschehen darstellt, betrachtet er schließlich hinsichtlich seiner

---

[13] Vgl. Pollack, Individualisierung statt Säkularisierung?, 63.83.
[14] Vgl. Pollack, Säkularisierung – ein moderner Mythos?, 14.
[15] Vgl. Wilke, Säkularisierung oder Individualisierung von Religion?, 65 f.72 f.
[16] Vgl. Luckmann, Privatisierung und Individualisierung, 18 f.27 f.

zeitlichen und räumlichen Gestalt, um den wesentlichen Gehalt des Miteinanders zu finden. Bei der Frage nach der Vollendung und nach dem wirklichen Gelingen des menschlichen Miteinanders macht Welte mit der Hoffnung als futurisch formatierter Rationalität den entscheidenden Schritt vom Miteinander zur Kirche als einer Gemeinschaft unter dem Einfluss der Offenbarung. Diese theologische Konsequenz und die daraus entworfene positive Philosophie der Kirche beanspruchen zwar keine zwingende Notwendigkeit, aber sie zeigen sich in Entsprechung zu den Strukturen des Miteinanders und stehen ihnen so nicht fremd gegenüber.

Die vorliegende Studie macht es sich zur Aufgabe, Bernhard Weltes philosophische Soziologie bzw. seine Ontologie des Miteinanders zu untersuchen, um mit diesen Überlegungen wesentlichen Dimensionen des Miteinanders auf den Grund zu gehen. Das beinhaltet auch, die sich in der Frage nach gelingender und heilmachender Gemeinschaft eröffnende positive Philosophie der Kirche kritisch in den Blick zu nehmen, um zu prüfen, inwieweit einerseits eine ontologische Soziologie Grundlage für eine Theorie der Kirche sein kann oder sogar sein muss und andererseits, wie das Miteinander selbst die Frage nach der Transzendenz stellt, woran sich überhaupt erst die Möglichkeit einer auf Offenbarung gegründeten Gemeinschaft anschließen kann. Die grundlegende Ausrichtung des Menschen auf Heil und Vollendung vollzieht sich bei Welte niemals als eine isolierte Bezogenheit, sondern geschieht immer in einem sozialen Kontext, wodurch sich dieser Untersuchung ein Weg öffnet, Weltes Überlegungen zur Soziologie und zur Kirche im Horizont seines Gesamtwerkes kritisch zu interpretieren und hinsichtlich seiner Ursprünge zu beleuchten.[17]

Diese Arbeit kann dabei auf eine von Welte vorgegebene Strukturierung und damit einhergehend auch auf eine vorhandene Umgrenzung ihres Gegenstandes zurückgreifen, deren Gefüge sich auch im methodischen Vorgehen widerspiegelt. Der Denkstil des Freiburger Religionsphilosophen legt ein solches Vorgehen nahe, da »die Kohärenz des Ganzen« den Respekt verlangt, »in dieser Philosophie das

---

[17] Das Seinsverständnis des Menschen ist für Welte aus seinem ersten Ursprung Heilsverständnis, da die Bedeutsamkeitsordnung im Ganzen des Weltdaseins wie in jedem Einzelnen auf eine qualifizierte Einheit ausgerichtet ist und dadurch auf Heil bzw. zuletzt auf Sein verweist. Das Weltdasein, das schon immer vom Prinzip der Bedeutsamkeit bestimmt ist, erkennt sich vom Heil betroffen als dem Sinn von Sein überhaupt. Vgl. Welte, Heilsverständnis, 80.

Einleitung

Zeugnis einer Einheit von religiöser Erfahrung und religionsphilosophischer Reflexion wahrzunehmen, ein Zeugnis, das vor Entscheidungen stellt und keinen unverbindlichen Eklektizismus gestattet.«[18] Es wird beabsichtigt, dem Gedankengang und so der inneren Logik der Überlegungen der philosophischen bzw. ontologischen Soziologie zu folgen, um deren eigene innewohnende Dynamik freizulegen.[19] Denn Weltes Ausführungen zeichnen sich durch dieses methodische Spezifikum aus, so dass die Erkenntnis dieser Besonderheit grundlegend dafür ist, das Verstehen seiner Theorien nicht durch eine Verkürzung oder eine einseitige Betonung zu verfehlen. Der damit verbundenen Gefahr, diese Untersuchung zu einer arglosen Paraphrase werden zu lassen, wird begegnet, indem einerseits eine unkritische Übernahme der Terminologie Bernhard Weltes vermieden wird und andererseits an den Anfang der Studie eine differenzierte Darstellung seiner methodischen Vorgehensweise und eine kritische Prüfung seiner ontologischen Soziologie als adäquatem Zugang zum Miteinander gestellt wird (A). Im Anschluss daran rekurriert die Studie auf den dialektischen Ursprung des personalen Moments (B), um, ausgehend von der wesentlichen dialektischen Bestimmung der Person (B.I), im Vollzug das einende Geschehen dieser Dialektik zu finden (B.II), so dass sich ein gegenseitig konstitutives Verhältnis von Personalität und Miteinander zu erkennen gibt (B.III). Die Frage nach der Wirklichkeit des Miteinanders zeigt sich verbunden mit der Suche nach dem entscheidenden Gehalt des einenden Prinzips und der wirkenden Freiheit, der sich wiederum aus den Seinsverhältnissen des Miteinanderseins zu ergeben hat (C). Daher gilt es im Anschluss das Miteinander hinsichtlich seiner Geschichtlichkeit (C.I), seiner Sprachlichkeit (C.II) und seiner Räumlichkeit zu betrachten, um in diesem Zusammenhang das Gefüge der Sinnvollzüge als Lebenswelt des Menschen zu lokalisieren, wodurch das Ereignis des Wir konkrete

---

[18] Vgl. Schaeffler, Sinnforderung und Gottesglaube, 209.
[19] Methodisch angeregt durch die einleitenden Äußerungen Karl Rahners in *Geist in Welt*, wird aber zudem versucht, die erkannte innere Dynamik im Gesamtwerk Weltes zu kontextualisieren und in Rücksicht auf ihre philosophischen Ursprünge zu betrachten, was sich für ein besseres Verständnis und einen grundlegenderen Nachvollzug des Gedankenganges förderlich erweist. Vgl. Rahner, Geist in Welt, 11–13; vgl. dazu Lorenz, Personsein, Freiheit und Verantwortung, 12 f. Die Studie von Johannes Lorenz bezieht sich in Teilen auf die gleichen unveröffentlichten Manuskripte Bernhard Weltes wie die vorliegende Arbeit, verfolgt aber als moraltheologische Schrift eine ethische Stoßrichtung und stellt auf der Grundlage des Personverständnisses Weltes die Frage nach der Beziehung von Personalität und Verantwortung.

Gestalt bekommt (C.III). Die sich bildenden Formen des Miteinanders als dessen erfahrbare Außenseite zeigen sich wiederum untrennbar verbunden mit der vollzogenen Einheit als dem inneren wirkenden Prinzip, so dass die Gestalt des Miteinanders den entscheidenden Gehalt anzeigt (C.IV). Die Unbedingtheit, die sich aus dieser Betrachtung als inneres Prinzip ergibt (C.IV.1), charakterisiert sich durch die bleibende Defizienz aller realen Gestalten des Miteinanders als ein Religiosum bzw. als ein Heiliges, das den Menschen unbedingt in Anspruch nimmt, sich seinem Zugriff aber absolut entzieht (C.IV.2). Im Anschluss daran erweist sich das Heilige dem Menschen immanent als transzendent, weshalb die Hoffnung sich als das einzige adäquate Verhältnis zu diesem bestimmen lässt (D.I.1). Denn in ihrer Bezogenheit auf die Vollendung – im Verzicht auf jegliche verfügende Macht – geschieht Hoffnung als Operationalisierung kontrafaktischer Daseinsakteptanz und ethischer Rationalität, indem sie in ihrer eschatologischen Ausrichtung die Erfüllung als gewährte Offenbarung erwartet, die sich dem Menschen zu erfahren gibt (D.I.2). Diese Orientierung unterzieht Welte in seinen Überlegungen zur Soziologie des Miteinanders einer Wendung und führt diese Gedanken zu einer Definition von Kirche als einer Gemeinschaft unter dem konstitutiven Einfluss der Offenbarung (D.II). Die sich anschließende positive Philosophie der Kirche stellt den entscheidenden Schritt von der Wesens- in die Wirklichkeitsordnung des Menschen dar (D.II.1), so dass darin eine auf den menschlichen Seinsverhältnissen beruhende vollendete Offenbarungsgemeinde als Ideal einer Gemeinschaft entworfen ist (D.II.2). Die Kirche besteht aber nicht nur als eine eschatologische Größe, die alle Begrenzungen aufhebt, sondern geschieht auch im Bereich menschlicher Faktizität, so dass nach einer Vermittlung der Offenbarung in eine räumliche und zeitliche Daseinsgestalt zu fragen ist, die ihre Strukturen nicht nivelliert oder transformiert (D.II.3). Im personalen Vermittler Jesus Christus finden schließlich die philosophische Analyse der Grundverhältnisse und der positive Glaubensinhalt des Christentums zusammen (D.II.4).

Die primären Quellentexte, auf die sich die vorliegende Studie bezieht, entstanden im Zeitraum von 1948 bis 1963 und umfassen vier unveröffentlichte Vorlesungsmanuskripte und einen veröffentlichten Aufsatz, in denen Bernhard Welte seine Ontologie des Miteinanders und seine Soziologie der Religion bzw. der Kirche entfaltet hat. Die vier handschriftlichen Aufzeichnungen zu den Lehrver-

Einleitung

anstaltungen Weltes an der Universität Freiburg, die sich, wie der gesamte Nachlass Bernhard Weltes, im Universitätsarchiv der Albert-Ludwigs-Universität befinden, sind persönliche, sorgfältige und wortwörtliche Ausarbeitungen, die zudem aufgrund verschiedener Ergänzungen, Einfügungen und Anmerkungen deutliche Anzeichen einer gründlichen Überarbeitung aufweisen, so dass sie sich nicht von Vorläufigkeit oder Unvollständigkeit geprägt zeigen, was den intensiven Rückgriff auf sie in der vorgelegten Untersuchung rechtfertigt.

Eine Synthese und zusammenschauende Rezeption dieser grundlegenden Texte ermöglicht eine differenzierte Rekonstruktion und Darstellung von Weltes Theorie zu Person, Gemeinschaft und Kirche. Denn bereits in den Studien zu seiner Religionsphilosophie[20] oder seinen Überlegungen zur Geschichtlichkeit[21] wurde gezeigt, was auch in Bezug auf seine philosophische Soziologie deutlich wird, dass sich in der Philosophie des Freiburger Religionsphilosophen zwar eine Entwicklung erkennen lässt, aber nicht im Sinne einer wesentlichen Veränderung oder gar eines Bruches, sondern einer Vertiefung und fortschreitenden Erkenntnis hinsichtlich des Untersuchungsgegenstandes. Die anfängliche Grundsicht erfährt dabei keinen grundlegenden Wandel, sondern die bereits zu Beginn vorhandenen Gedanken finden eine stärkere Konturierung bzw. eine andere Akzentuierung, verbunden mit einer weiteren Differenzierung.[22] Eine solche Akzentverschiebung in seiner philosophischen Soziologie bestätigt sich vor allem im Hinblick auf die Vorlesung *Fundamentaltheologische Begriffe zur Theorie der Kirche* aus dem Sommersemester 1948 (Sign. E008/11; studentische Mit- oder Nachschriften Sign. E008/921). Sie nimmt nämlich dahingehend eine Sonderstellung ein, dass in dieser ersten Beschäftigung mit dem Miteinander dessen Entstehungsprozess im Fokus steht, weshalb diese frühe Betrachtung von den beteiligten Personen – vom Ich und Du – ihren Ausgang nimmt, um die Seinsart menschlicher Gemeinschaft zu klären. Die drei folgenden Vorlesungen, *Soziologie der Religion* (Sommersemester 1953; Sign. E008/27), *Soziologische Grundbegriffe zum Verständnis des Christentums als Kirche* (Wintersemester 1957/1958; Sign. E008/37) und *Philosophische Soziologie im Hinblick auf das Verständnis des Christentums als Kirche* (Wintersemester 1961/1962; Sign. E008/47), su-

---

[20] Vgl. Kušar, Dem göttlichen Gott entgegen denken, 4.
[21] Vgl. Feige, Geschichtlichkeit, 180 f.
[22] Vgl. Lenz, Mut zum Nichts als Weg zu Gott, 5 f.

chen dagegen nicht mehr nach einem konstruierbaren Anfang, sondern berücksichtigen, indem sie am Wir bzw. am Miteinander ansetzen, dass der Mensch sich immer schon in einem sozialen Kontext befindet, sich als Beteiligter in diesen Zusammenhang selbst einstiftet und zugleich einbinden lässt. Daher rückt in diesen späteren Manuskripten der Vollzugs- und der Ereignischarakter des Miteinanders immer stärker in den Vordergrund, was auch die Ausführungen zur Offenbarung und die Explikation des entscheidenden Schrittes zur Gemeinschaft als Kirche immer differenzierter werden lässt. Mit der einzigen veröffentlichten Schrift zum Thema Gemeinschaft, *Miteinandersein und Transzendenz* (1963), die als Essenz seiner Überlegungen betrachtet werden kann, schließt Welte die explizite Beschäftigung mit diesem Themenbereich ab, die er mit Überlegungen zur Person und zur Geschichtlichkeit flankierte und fortführte, worin er auch eine Vertiefung thematisch verwandter Aspekte vornahm, weshalb sie ebenfalls in der vorliegenden Studie besonders berücksichtigt sind.

Der Umstand, dass diese grundlegenden und entscheidenden Texte zur Theorie des Miteinanderseins und der Kirche von Bernhard Welte bisher nur in unveröffentlichter Form vorliegen, prägt auch den Forschungsstand dieses Bereiches weltescher Philosophie. Daher präsentieren sich die Manuskripte beinahe gänzlich unbearbeitet, lediglich Peter Hünermann hat sich in seinem Aufsatz *Kirche – Menschsein – Geschichte* mit den Vorlesungen *Fundamentaltheologische Begriffe zur Theorie der Kirche* und *Soziologische Grundbegriffe zum Verständnis des Christentums als Kirche* auseinandergesetzt und die Grundzüge einer philosophischen Reflexion von Kirche als Miteinandersein herausgearbeitet.[23] Des Weiteren finden sich nur noch in zwei Veröffentlichungen zu Bernhard Welte kurze Verweise auf die entsprechenden Vorlesungen, ohne dass darin eine intensivere Bearbeitung der entsprechenden Manuskripte in Angriff genommen wurde: Zum einen wiederum Peter Hünermann in seinem Artikel *Bernhard Welte als Fundamental-Theologe*[24] und zum anderen Ingeborg Feige in ihrer Dissertation *Geschichtlichkeit*.[25]

---

[23] Vgl. Hünermann, Kirche – Menschsein – Geschichte, 70.
[24] Vgl. Hünermann, Bernhard Welte als Fundamental-Theologe, 192.
[25] Die Dissertation von Ingeborg Feige bezieht neben den Vorlesungen Weltes zur Geschichtlichkeit, auf die sich die Studie in der Hauptsache stützt, eine Vielzahl von weiteren Vorlesungsmanuskripten in ihre Reflexion mit ein. Die Verweise auf die soziologischen Vorlesungen tragen aber zumeist nur hinweisenden Charakter, indem

Einleitung

Daher zeigt sich die Bearbeitung dieser Vorlesungsmanuskripte und damit eine grundlegende Auseinandersetzung mit Bernhard Weltes Theorie zu Personalität, Miteinandersein und Kirche als wirkliches Desiderat, dessen sich die vorgelegte Studie annimmt und die daher beansprucht, diese Lücke in der Rezeption des Freiburger Religionsphilosophen zu schließen.

---

sie im Zusammenhang von Personalität und Miteinandersein hinsichtlich der Geschichtlichkeit als weiterführende Literatur angeführt werden. Nur in wenigen Fällen wird ein Gedanke durch eine Zitierung der soziologischen Vorlesungen konkretisiert oder vertieft. Vgl. Feige, Geschichtlichkeit, 108–110.122–127.

A) »Ontologische Besinnung« – Weltes Miteinander

»Welcher Art ist überhaupt Gemeinschaft? Also nicht, was gibt es für Gemeinschaften, sondern: Was ist das für eine Seinsart, die der Gemeinschaft unter Menschen zukommt, und was ergeben sich daraus für Konsequenzen?«[1]

Bernhard Weltes Wirken und Denken zeigt sich geprägt durch eine unabschließbare Weite, die Klaus Hemmerle in einer dreifachen Grundentscheidung begründet sieht: So hat einmal jede Wirklichkeit das Recht, vom Menschen gesehen, gedacht und ernstgenommen zu werden, um ihr die Möglichkeit zu geben, den Wahrnehmenden zu verändern, was zum anderen die Pflicht des Menschen offenbart, die Fülle der Wirklichkeit wahrzunehmen und mitzuvollziehen und zum Dritten sich auch auf alle Gedanken auszudehnen, deren Recht darin besteht, gedacht und nachvollzogen zu werden.[2] Diese Weite des Denkens präsentiert sich als äußerst folgenreich für die Methode bzw. den Zugang, mit dem Welte sich einer Sache nähert und annimmt. Denn der Mensch als denkendes Subjekt legt sich somit nicht *a priori* auf ein methodisches Vorgehen fest, sondern seine Begrifflichkeit und sein Zugang zur Wirklichkeit sind geprägt von einer individuellen und persönlichen Offenheit, die die Sache wahrnimmt und sich dadurch die jeweilige angemessene Methode gewährt. Diese Offenheit und Weite Weltes in Bezug auf die Methode und damit die Absage an ein festgelegtes System findet ihren Ursprung besonders in der Lektüre von Aristoteles' *De anima* und empfängt aus seiner Kenntnis der aristotelischen Wissenschaftslehre entscheidende Impulse.[3] Zusätzlich zum Plädoyer der Methodenvielfalt erweitert sich

---

[1] Welte, Fundamentaltheologische Grundbegriffe zur Theorie der Kirche, 6.
[2] Vgl. Hemmerle, Weite des Denkens im Glauben – Weite des Glaubens im Denken, 224.
[3] Vgl. Aristot. Psych. A, 1, 402a, 16–18: »εἰ δὲ ἔστι μία τις καὶ κοινὴ μέθοδος περὶ τὸ τί ἐστιν, ἔτι χαλεπώτερον γίνεται τὸ πραγματευθῆναι«.

das weltesche Denken noch durch einen anderen Aspekt, den Klaus Hemmerle bei Aristoteles pointiert in dem Satz zusammengefasst findet[4]: »ἡ ἐπιστήμη μέν τά ἐπιστητά πως«[5]. Aus diesem Axiom, dass die Wissenschaft das Wissbare, das zu Wissende ist, lässt sich nun folgern, dass die Sache selbst die Methode ist, die ihren Zugang gewähren muss und sich so vermittelt.[6] Um dieses Verhältnis nicht vorschnell als eine undifferenzierte Identität zu betrachten, gilt es den Kontext dieser Aussage Aristoteles' und damit seine Erkenntnis- und Wissenschaftslehre genauer in den Blick zu nehmen.[7]

Zunächst lässt sich also festhalten, dass Aristoteles keine vollständige Trennung zwischen der objektiv-sachlichen und der subjektiv-erkennenden Seite vornimmt und so das Vermögen der Erkenntnis ohne einen Bezug zu seiner Tätigkeit und deren Inhalte nicht zu bestimmen ist. So findet sich eben kein Erkenntniskonzept, das die Denkinhalte, bezogen auf seine Akte, selbstreflexiv konstituiert. Zugleich muss auch einem erkenntnistheoretischen Objektivismus eine Absage erteilt werden, da das erkennende Vermögen weder unmittelbar durch die direkte Einwirkung von äußeren bzw. körperlichen Gegenständen noch vermittelt durch einen sinnlichen, vom äußeren Gegenstand bewirkten Einfluss bestimmt wird[8], so dass auch kein ontologischer Vorrang der physischen Realität besteht, die das Denken nur imitierend aufzunehmen hat. Denn Objekt des Erkenntnisvermögens kann nur sein, was sich in einer Relation zu diesem Vermögen befindet und somit entweder ein potentiell Erkennbares oder ein aktuell Erkanntes ist.[9] Wenn nun der Denkinhalt nicht vollständig ein Produkt des Denkvermögens sein darf, aber auch kein dem Denken fremder Gegenstand ist, so muss die Selbstständigkeit und die Identität auf eine bestimmte Art miteinander verbunden sein[10], die

---

[4] Vgl. Hemmerle, Weite des Denkens im Glauben – Weite des Glaubens im Denken, 224–227.

[5] Aristot. Psych. Γ, 8, 431b, 22 f.

[6] Diese Aussage des Aristoteles ist auch für Thomas von Aquin zu einem Grundaxiom seiner Philosophie geworden. Vgl. Thom. In Aris. De an. II, 12 n. 5: »[…] nam cognoscens in actu, est ipsum cognitum in actu.« Vgl. Kienzler, Phänomenologie des Glaubens – von Bernhard Welte zu Klaus Hemmerle, 231 f.

[7] Vgl. Hemmerle, Propädeutische Überlegungen zur Glaubensvermittlung, 351 f.

[8] Vgl. Aristot. Psych. Γ, 8, 431b, 28–432a, 1: »ἀνάγκη δ᾿ ἢ αὐτά ἢ τά εἴδη εἶναι. αὐτά μέν δή οὔ. οὐ γάρ ὁ λίθος ἐν τῇ ψυχῇ, ἀλλά τό εἶδος«.

[9] Vgl. Aristot. Psych. Γ, 8, 431b 21 f.: »εἴπωμεν πάλιν ὅτι ἡ ψυχή τά ὄντα πώς ἐστι πάντα. ἢ γάρ αἰσθητά τά ὄντα ἢ νοητα.«.

[10] Vgl. Aristot. Psych. Γ, 4, 430a 2–5: »καί αὐτός δέ νοητός ἐστιν ὥσπερ τά νοητά.

es möglich macht, den erkenntnistheoretischen und den ontologischen Bereich zu unterscheiden. Diese Unterscheidung schließt aber bei Aristoteles eine sachliche Identität ein, da jedes Erkennen auf einen Sachverhalt zielt, der nicht von ihm konstituiert ist, aber erkannt bzw. erkennbar ist, woran sich das Denken orientiert und als Denken aktualisiert wird. So steht bei Aristoteles das Erkenntnisvermögen in Beziehung zu einem realen Äußeren, so dass sich der Realitätsbegriff nicht nur auf das Intelligible bezieht.[11] Diese Ausrichtung auf den realen Gegenstand erklärt auch, warum Aristoteles das Wissen des »dass« (ὅτι) vom Wissen des »warum« (διότι) trennt und die Erkenntnis der Existenz von etwas seiner Begründung voranstellt, so dass sich zuerst der Erfahrungsgrundlage angenommen werden muss, bevor Ursachen und Gründe erforscht werden, was die Wissenschaft einerseits in den Bereich der Phänomene und andererseits in den begründenden Zweig unterteilt.[12]

Die ursprüngliche Beziehung zur Sache und damit die Grundlage, wie sie erfahren wird, offenbart nun für Welte zum einen die Unmöglichkeit eines unabhängigen und abstrakten Ausgangspunktes und zum anderen die Frage nach einer Relation, die über eine rein epistemologische Verbindung hinausgeht, worauf in den Überlegungen zu Weltes Erfahrungsbegriff zurückgekommen wird. Davon ausgehend beginnt nun Welte seine Untersuchung des Miteinanders damit, dass er den Gegenstand aus der Selbstverständlichkeit hebt, dieser sichtbar und zum Phänomen wird, um ihn zu sehen und zu betrachten, worin schließlich der wesentliche Prozess philosophischen Denkens besteht.[13] Der Vorrang der Betrachtung einer Sache bewahrt damit vor einem vorschnellen unsachgemäßen Zugriff auf den Gegenstand, indem er zunächst die ursprüngliche Beziehung zwischen der Sache und dem Betrachter in den Blick nimmt, um so die Art und Grundlage der Erfahrung wahrzunehmen. Daraus ergeben sich dann die verschiedenen Faktoren, die es zu berücksichtigen gilt, um ausgehend von der Existenz einer Sache nach ihrer Art und schließlich nach ihrer Ursache bzw. ihrer Grundlage zu fragen, weshalb auch diese Untersuchung mit Weltes einleitenden Äußerungen

---

ἐπὶ μὲν γὰρ τῶν ἄνευ ὕλης τὸ αὐτό ἐστι τὸ νοοῦν καὶ τὸ νοούμενον. ἡ γὰρ ἐπιστήμη ἡ θεωρητικὴ καὶ τὸ οὕτως ἐπιστητὸν τὸ αὐτό ἐστιν.«
[11] Vgl. Pietsch, Prinzipienfindung bei Aristoteles, 202–204.
[12] Vgl. Kullmann, Wissenschaft und Methode, 206f.212f.
[13] Vgl. Welte, Soziologie der Religion, 2f.

zu seinem Untersuchungsgegenstand beginnt, um davon ausgehend seinen methodischen Zugang zu untersuchen.

I) Gegenstand: Selbstverstehendes Miteinander

»Ich und Du – Wir miteinander.«[14]

Dieser einfache kurze Satz, der den Gegenstand, den Welte in seinen Vorlesungen zur Soziologie untersucht, pointiert beschreibt, lässt verschiedene Implikationen des menschlichen Miteinanders deutlich werden. Denn indem Welte von »Wir miteinander« spricht, zeigt sich darin eine ursprüngliche Seinsweise, die dem Menschen nicht äußerlich gegenübersteht, sondern ihn betrifft und ihn in sich aufnimmt, weshalb jede rein äußerliche, physikalische oder quantitative Bestimmung das menschliche Miteinandersein verfehlen würde[15], so dass der Freiburger Religionsphilosoph zu folgender Differenzierung kommt:

»Zum Miteinandersein, zum esse sociale des Menschen als Mensch gehört immer ein Verstehen und zwar ein Verstehen, das von diesem Miteinander selbst vollzogen wird und so ein Wesensmoment des Miteinanderseins darstellt. Miteinandersein ist immer und notwendig ein sich selbstverstehendes Miteinandersein.«[16]

Die Betrachtung des Gegenstandes offenbart nun die Art des Zugangs und damit die Relation, in der sich der Betrachter zur betrachteten Sache befindet, die wiederum nach dem Wesen und den Seinsmöglichkeiten des Betrachters fragen lässt. Wenn nun Welte vom »selbstverstehenden Miteinandersein« spricht, dann wird in dieser Ausdrucksweise deutlich, dass er den Gegenstand nicht künstlich isoliert oder begrenzt, sondern seinen Bezug und die Art seines Bezuges berücksichtigt, die in Abhängigkeit des Wesens des Betrachters und damit des Menschen liegt. Weiterhin legt sich dar, dass der Mensch keineswegs zu einem passiven Rezeptor degradiert ist, dem sich durch äußere Affizierung eine bestimmte Methode aufzwingt bzw. dem sich

---

[14] Welte, Philosophische Soziologie im Hinblick auf das Verständnis des Christentums als Kirche, 19.

[15] Vgl. Welte, Philosophische Soziologie im Hinblick auf das Verständnis des Christentums als Kirche, 20–22.

[16] Welte, Soziologische Grundbegriffe zum Verständnis des Christentums als Kirche, 6.

durch äußere sinnliche Reize der Gegenstand einfach kundtut. Wieder kann das dritte Buch von Aristoteles' Schrift *De anima* erhellend dazu beitragen, wie dieser vernünftige Zugriff auf den Gegenstand zu verstehen ist. Denn ausgehend von der Unterscheidung der fünf geistigen Tugenden, die Aristoteles vornimmt – produktives Können, wissenschaftliche Erkenntnis, praktische Umsicht, philosophische Weisheit und intuitive Erkenntnis[17] – geht es Welte um ein vernünftig-verständiges und erkennend-überlegendes Leben, das nicht getrennt ist von der Ganzheit des Lebens. Deshalb lässt sich Verstehen nicht auf eine geistige Tugend reduzieren, sondern braucht die φρόνησις und die σοφία, die praktische und theoretische Lebenshaltung, um sich differenziert dem zu nähern, was der Ausdruck »ganzheitlich« impliziert. Ebenfalls differenziert stellt sich die Beschäftigung mit der Offenheit des Lebens dar. Leben bedeutet also zunächst immer auch, mit anderem in Kontakt zu stehen, etwas zu vernehmen und so anderem gegenüber offen zu sein, was bei Aristoteles einerseits in »αἰσθάνεσθαι«[18] als empfindendes Wahrnehmen und andererseits in »νοεῖν«[19] als geistiges Vernehmen getrennt ist, bei Welte dagegen einer ganzheitlichen Auffassung weicht. Wie bei Aristoteles reduziert sich das Denken nicht auf ein geistig empfangendes Erleiden, sondern besteht in einem aufnahmefähigen, aufnehmenden und damit aktiven Vermögen[20]:

---

[17] Vgl. Kullmann, Aristoteles und die moderne Wissenschaft, 48.
[18] Aristot. Psych. Γ, 4, 429a 14.
[19] Aristot. Psych. Γ, 4, 429a 13 f.
[20] Aristot. Psych. Γ, 4, 429a 15 f.: »ἀπαθὲς ἄρα δεῖ εἶναι, δεκτικὸν δὲ τοῦ εἴδους καὶ δυνάμει τοιοῦτον ἀλλὰ μὴ τοῦτο«; vgl. dazu Müller, Philosophische Anthropologie, 46.48.50: »Beide gehören zusammen, sind aber nicht dasselbe, sondern die Überlegung folgt auf die Erkenntnis. Jenes Vermögen, das hier betrachtet wird, umfaßt nous *und* dianoia; wir können die Erkenntnis als Vernunft übersetzen, die Überlegung als Verstand. Diese beiden sind nicht voneinander trennbar. Es soll also jener Teil des Lebens, wodurch es ein vernünftig-verständiges, ein erkennend-überlegendes Leben ist, betrachtet werden. Es soll untersucht werden, ob dieses vernünftig-überlegende Leben getrennt sein kann von der Ganzheit des Lebens. [...] Das Leben des Lebendigen nimmt immer wahr, d. h. die Empfindung ist nicht nur eine Selbstempfindung, sondern ist der ständige Kontakt mit einer Umwelt, die seine Umwelt ist. Zum andern ist noein auch ein Vernehmen, denn Vernunft ist Vernehmen, wie das auf Empfindung beruhende Wahrnehmen. [...] Das Informiertwerden des Geistes ist in diesem Sinne gar kein Informiertwerden, sondern ein Sich-informieren. Und das ist im 2. Teil des Satzes ausgedrückt, daß der Geist, wenn er sich von der Sinnlichkeit unterscheiden soll, souverän, leidenslos, frei sein muß. Wenn er andererseits aber den Charakter des Lebens hat, wenn er aus der Unbestimmtheit zur Bestimmung kommt

»Denken ist wesentlich ein Vernehmen, daher geschieht es mit Vernunft. Es ist ein intellegere, ein intus legere, ein auflesen, aufnehmen, aufheben dessen, was ist, in ihm selbst, intus. Intelligendo lesen wir weder abstrakte Begriffe und Formeln, sondern wir lesen im Sein, dessen was ist selbst und lesen es selbst auf.«[21]

So hat der dem ganzen Menschen verpflichtete Ansatz Weltes für das Miteinander zur Folge, dass es nicht nur ein sinnlich vermitteltes sein kann, da die räumliche Nähe erst durch das Verstehen zu einer verstandenen Nähe wird, also von einem lokalen Nebeneinander zu einem verstandenen und zwar selbst verstandenen Miteinander. Dieses Selbstverstehen ist konstitutiv für das Miteinander, denn die Wirklichkeit des Miteinanders kann nicht durch ein Außenverständnis, nicht durch eine äußere Theorie der Zusammengehörigkeit vermittelt werden, sondern die Isolierung kann bei dem Menschen selbst nur durch ein Selbstverständnis, sei es auch primitiv und rudimentär, durchbrochen und verändert werden.[22] Dieses Selbstverstehen vollzieht sich in einer Offenheit des Denkens als Gespräch mit einem anderen Denken[23], deren äußerer Ausdruck die Sprache darstellt, so dass das Ansprechen und das Angesprochen-werden[24] ein Merkmal der Wirklichkeit des Miteinanderseins darstellen.[25]

1) Gewusstes und gelebtes Miteinander

Das Miteinander bzw. das Selbstverständnis des Miteinanders offenbart aber für Bernhard Welte noch eine weitere wichtige Differenzierung, indem es sich in ein gewusstes und ein gelebtes Selbstverständ-

---

durch Information, dann muß er die Information aufnehmen können; er muß ein Aufnehmendes sein, er muß aufnahmefähig sein für das eidos.«
[21] Welte, Soziologie der Religion, 3.
[22] Vgl. Welte, Soziologische Grundbegriffe zum Verständnis des Christentums als Kirche, 7–9.
[23] Vgl. Feige, Denken als Geschehen dialogischer Offenheit, 36.
[24] Diese Art der Bindestrichverwendung entspricht nicht exakt der gültigen Orthographie. Sie wird aber im Sinne einer angepassten Darstellungsweise zu Bernhard Welte und Martin Heidegger verwendet. Der Vollzugscharakter wird durch diese Schreibweise verdeutlicht.
[25] Vgl. Welte, Soziologische Grundbegriffe zum Verständnis des Christentums als Kirche, 8.

nis unterscheiden lässt.[26] Einerseits fällt dabei das gelebte Selbstverständnis »mit dem Leben, dem wirklichen Vollzug des Miteinanders« zusammen und andererseits hebt sich als ein gewusstes Selbstverständnis ein »Gedanke aus dem einfachen Leben und Vollzug des Miteinanders« heraus und interpretiert dieses Leben als einen gewussten Gedanken, der sich aber als Interpretation von diesem Leben zugleich unterscheidet.[27] Das Miteinander ist damit kein rein epistemologischer Gegenstand und auch nicht nur ein gegenständliches Wissen, da es als gelebtes Selbstverständnis in vollkommener Übereinstimmung mit dem Vollzug des Miteinanders ein sich selbst verstehendes sein kann, ohne ein Wissen dieses epistemologischen Status zu sein. Diese Anforderung dagegen erfüllt nun das gewusste Selbstverständnis, das sich vor allem dadurch unterscheidet, dass die Gewusstheit als das Miteinander konstituierende Moment eine andere Grundstellung erfordert. Denn theoretisches Wissen eines Gegenstandes kann nicht in vollkommener Übereinstimmung mit ihm geschehen, so dass das gewusste Selbstverständnis sich nicht mehr in vollkommener Übereinstimmung mit dem gelebten befindet, sondern in Differenz zu diesem tritt, um zu einer »Interpretation des Gelebten im Medium des Wissens« zu werden, so dass das Miteinander im Denken über seinen lebendigen Vollzug reflektiert, d. h. eine Gemeinschaft »fasst und denkt ihr Leben und entwickelt so also eine Interpretation desselben.«[28] Welte sieht also eine Differenzierung des

---

[26] Vgl. Welte, Philosophische Soziologie im Hinblick auf das Verständnis des Christentums als Kirche, 7.
[27] Vgl. Welte, Soziologische Grundbegriffe zum Verständnis des Christentums als Kirche, 13.
[28] Vgl. Welte, Soziologische Grundbegriffe zum Verständnis des Christentums als Kirche, 15. In einer Beilage zu seiner Vorlesung *Fundamentaltheologische Theorie des Verstehens* verweist Welte bei Dilthey auf den Zusammenhang von Erlebnis und Wissen, was er in diesem Kontext wiederaufnimmt. (Vgl. Welte, Fundamentaltheologische Theorie des Verstehens, Beilage.): »In diesem Sinne habe ich in der ersten Ausgabe der Geisteswissenschaften […] und in der Abhandlung über beschreibende Psychologie […] hervorgehoben, daß die Theorie des Wissens einer Beziehung auf die Erlebnisse des Erkenntnisprozesses bedarf, in denen das Wissen entsteht […], und daß diese psychologischen Vorbegriffe nur Deskription und Zergliederung dessen sein dürfen, was in den erlebten Erkenntnisprozessen enthalten ist. […] Daher schien mir in einer solchen beschreibend-zergliedernden Darstellung der Prozesse, innerhalb deren das Wissen entsteht, eine nächste Aufgabe als Vorbedingung der Theorie des Wissens zu liegen (ebendaselbst). Von verwandten Gesichtspunkten gehen nun die ausgezeichneten Untersuchungen von Husserl aus, welche ›eine streng deskriptive Fundierung‹ der Theorie des Wissens als ›Phänomenologie des Erkennens‹ und damit

Miteinanders in diese beiden Arten des Selbstverständnisses, was aber keine Trennung bedeutet, sondern eine unerlässliche Verbindung, die in einem notwendigen Prozess besteht, der aus der immanenten Logik des menschlichen Miteinanders resultiert und immer geschieht, wenn ein Miteinander aus einer ursprünglichen Vertrautheit und vollen Übereinstimmung »über die erste ›Naivität‹ in vollere menschliche Dimensionen des Miteinanderseins emporwächst« und sich somit als Frage dem menschlichen Bewusstsein stellt.[29]

Diese Unterscheidung des Selbstverständnisses des Miteinanders zeigt zugleich einen Vorrang des gelebten vor dem gewussten Selbstverständnis, der für Welte daraus hervorgeht, dass das Denken nicht über die Grundlegung des Gelebten hinausgehen kann[30], also das menschliche Sein immer schon in Lebens- und Weltvollzügen steht.[31] In der unverkennbaren Nähe zu Martin Heideggers Fundamentalanalyse in *Sein und Zeit* lässt sich hinsichtlich dieses Vorrangs konkretisieren, dass vor jeder theoretischen Besinnung bzw. expliziten und propositionalen Vergegenwärtigung auf das, was der Mensch ist oder vollzieht, der Mensch durch seine ursprünglich-unmittelbaren Lebensvollzüge und aufgrund seiner Lebenspraxis zu einem Verständnis von Leben und Welt gelangt. Dies ist vor allen kognitiven und reflexiven Weltbezügen anzusetzen, darf aber nicht mit einer primitiven Daseinsstufe gleichgesetzt werden, sondern meint einen vorreflexiven Seinsmodus, der sich sowohl in hochentwickelten als auch in primitiven Kulturen findet.[32] Besonders ange-

---

eine neue philosophische Disziplin geschaffen haben.« (Dilthey, Studien zur Grundlegung der Geisteswissenschaften, 10.)

[29] Vgl. Welte, Soziologische Grundbegriffe zum Verständnis des Christentums als Kirche, 15 f.

[30] Vgl. Dilthey, Vorrede, 5: »[...] hinter das Leben kann das Denken nicht zurückgehen. Das Leben als Schein ansehen, ist eine contradictio in adjecto: denn in dem Lebensverlauf, in dem Wachsen aus der Vergangenheit und Sichhinausstrecken in die Zukunft, liegen die Realitäten, die den Wirkungszusammenhang und den Wert unseres Lebens ausmachen. Gäbe es hinter dem Leben, das in Vergangenheit, Gegenwart und Zukunft verläuft, ein Zeitloses, dann wäre dieses ein Antezedens des Lebens: denn es wäre danach das, was für den Lebensverlauf in seinem ganzen Zusammenhang die Bedingung wäre: dieses Antezedens wäre dann das, was wir eben nicht erlebten und darum nur Schattenreich.«

[31] Vgl. Heidegger, Sein und Zeit, 42: »*Das ›Wesen‹ des Daseins liegt in seiner Existenz.* Die an diesem Seienden herausstellbaren Charaktere sind daher nicht vorhandene ›Eigenschaften‹ eines so und so ›aussehenden‹ vorhandenen Seienden, sondern je ihm mögliche Weisen zu sein und nur das.«

[32] Vgl. Heidegger, Sein und Zeit, 50 f.: »Die Interpretation des Daseins in seiner All-

sichts der methodischen Überlegungen bleibt hier festzuhalten, dass es Heidegger und Welte vor allem darum geht, gegen die Vorstellung anzugehen, dass im theoretischen Zugriff das ursprüngliche Verhältnis des Menschen zur Welt besteht. Ausgehend von dem Vorrecht des gelebten Selbstverständnisses findet die Philosophie – und damit auch Weltes philosophische Untersuchung des Miteinanders – zu ihrem methodischen Vorgehen nur in der Berücksichtigung und Auslegung des menschlichen Lebens und zu ihrem Anfang in der Erfassung der alltäglichen und ursprünglichen Lebensvollzüge, also der Hermeneutik der Faktizität.[33]

Die Distanz zwischen dem menschlichen Vollzug und dem gewussten Selbstverständnis wird nicht nur zum Indikator der fehlenden Ursprünglichkeit und Unmittelbarkeit, sondern eröffnet zugleich noch den gefährlichen Spielraum zwischen den Möglichkeiten eines wahren und unwahren gewussten Selbstverständnisses, da eine Interpretation dem Leben des Miteinanders ent- und widersprechen kann, was die Übereinstimmung bzw. den unmittelbaren Zusammenfall von Vollzug und gelebtem Selbstverständnis verhindert. Von Bedeutung ist dieser Umstand besonders deshalb, da das gewusste Selbstverständnis eines Miteinanders als Selbstverständnis immer auch ein konstitutives Moment der Wirklichkeit eines Miteinanders ist, also sich nicht nur das gelebte zum gewussten Selbstverständnis entwickelt, sondern das gewusste Selbstverständnis als Interpretation auf das gelebte Selbstverständnis zurückwirkt. Welte spricht hier von einem Zirkel der Konstitution, in dem die Wirklichkeit bzw. das Leben ein Selbstverständnis als Wissen konstituiert, das wiederum zum konstitutiven Moment der Wirklichkeit und des lebendigen Vollzugs wird[34]:

»Das gewusste Selbstverständnis kann als Ideal dem gelebten dessen höhere und eigentlichere Wahrheit als Ziel vorhalten und das wirkliche Miteinan-

---

täglichkeit ist aber nicht identisch mit der Beschreibung einer primitiven Daseinsstufe, deren Kenntnis empirisch durch die Anthropologie vermittelt sein kann. *Alltäglichkeit deckt sich nicht mit Primitivität.* Alltäglichkeit ist vielmehr ein Seinsmodus des Daseins auch dann und gerade dann, wenn sich das Dasein in einer hochentwickelten und differenzierten Kultur bewegt. Andererseits hat auch das primitive Dasein seine Möglichkeiten des unalltäglichen Seins, es hat seine spezifische Alltäglichkeit.«
[33] Vgl. Demmerling, Hermeneutik der Alltäglichkeit und In-der-Welt-sein (§§ 25–38), 90 f.
[34] Vgl. Welte, Soziologische Grundbegriffe zum Verständnis des Christentums als Kirche, 16–18.

der inspirieren, sich zu dieser höheren Wahrheit seines Seins und Lebens emporbilden. Es kann als eine Ideologie auch das gelebte in seiner Defizienz und Verkümmerung zudecken; [...] Die Wesenlosigkeit wird verschärft und verfestigt, indem ihr der beunruhigende Stachel genommen wird. So wirkt gewusstes Selbstverständnis in der Schwankungsbreite seiner Möglichkeit mannigfaltig auf das gelebte zurück und damit auf den Vollzug des Miteinanders selbst: Welchen Vollzug seinerseits sein Selbstverständnis (auch als gewusstes) emporvoll und beständig nährt.«[35]

Diese im Kontext der Entfaltung des Verstehensprozesses des Miteinanders auftretende Zirkelstruktur des Verstehens zeigt, wie Interpretation und Verstehen die existenzielle Verfassung des Miteinanders begründen und so der Zirkel zu einer Vollzugsform des Miteinanderseins selbst wird. Entsprechend der fundamentalontologischen Analyse des Verstehens Heideggers sieht Welte im Verstehen des Miteinanders auch dessen Existenz, dessen Vollzug und dessen Relation mitverstanden, was wiederum auch umgekehrt Geltung besitzt.[36] Denn alle »Auslegung, die Verständnis beistellen soll, muß schon das Auszulegende verstanden haben.«[37] Folgerichtig bliebe das Verstehen missverstanden, würde man diesen Zirkel als einen *circulus vitiosus* brandmarken und, entsprechend der Naturerkenntnis, durch eine Distanzierung vom Gegenstand diesen Zirkel zu vermeiden suchen, was die menschliche Existenz und seine Grundvollzüge auf bloße Vorhandenheit reduzierte, da sie die wesentlichen Vollzugsbedingungen verkannt hätte. Heidegger verteidigt vehement diesen Zirkel, da in ihm sich eine »positive Möglichkeit ursprünglichsten Erkennens« verbirgt, die auf einer Hermeneutik zu gründen hat, die in der »Ausarbeitung aus den Sachen selbst her das wissenschaftliche Thema« sichert[38], um alles, was das menschliche Handeln, Denken und Tun betrifft, auch aus der Perspektive des gelebten Lebens beschreiben zu können.[39] Hans-Georg Gadamer[40] erkennt richtig, dass Hei-

---

[35] Welte, Soziologische Grundbegriffe zum Verständnis des Christentums als Kirche, 18 f.
[36] Zur Problematik von Heideggers Vorstellung von Verstehen, besonders im Zusammenhang von Vorverständnis und Sinn, vgl. Graeser, Das hermeneutische »als«, 561–572.
[37] Heidegger, Sein und Zeit, 152.
[38] Vgl. Heidegger, Sein und Zeit, 153.
[39] Vgl. Demmerling, Hermeneutik der Alltäglichkeit und In-der-Welt-sein (§§ 25–38), 106 f.
[40] Die Rezeption Weltes von Gadamers *Wahrheit und Methode* beginnt bereits anfangs der 1960er Jahre, findet ihren breiteren Niederschlag aber erst ab 1969/70.

degger diese Zirkelstruktur des Verstehens aus der Zeitlichkeit des Daseins ableitet, so dass es Heidegger nicht um den Nachweis des Zirkels selbst, sondern um seinen ontologisch positiven Sinn geht.[41] Diese ontologische Struktur des Verstehens verbietet eine Interpretation des Zirkels als formale Natur, so dass sich hier mit den Worten Gadamers sowohl Heideggers als auch Weltes Bestimmung des Zirkels zu Papier bringen lässt[42]:

»Der Zirkel des Verstehens ist also überhaupt nicht ein ›methodischer‹ Zirkel, sondern beschreibt ein ontologisches Strukturmoment des Verstehens.«[43]

2) Wesensmöglichkeit des Menschen: Seinsverständnis

Der Vollzug des Selbstverständnisses des Miteinanders darf nun wiederum nicht als ein isoliertes bzw. getrenntes Geschehen missverstanden werden, sondern zeigt sich als eine Differenzierung des Seinsverständnisses des Menschen, so dass der Vollzug und das Selbstverständnis des Miteinanderseins im Vollzug und Verständnis des Seins gründen, die den Menschen als Menschen auszeichnet. Denn als endliches Seiendes hat der Mensch sich nicht selbst hervorgebracht, sondern sein Sein kommt ihm zu und zwar in der Weise, dass es ihm zu vollbringen aufgegeben und zu verstehen freigegeben ist. Diese Entsprechung zwischen Sein und Miteinandersein, die darin besteht, dass der Mensch sowohl das Sein als auch das Miteinandersein verstehend zu vollbringen hat, findet ihren Ursprung in der Gründung des Miteinanderseins im ontologischen Grundcharakter

---

Wichtig bleibt aber festzuhalten, dass die hermeneutischen Gedanken und Ausdrücke, wie Zirkel, Sprachlichkeit und Geschichtlichkeit des Verstehens, schon früher ausführlich entfaltet sind und die Rezeption eher in der Übernahme bestimmter Termini Gadamers liegt. Vgl. dazu Feige, Verstehen, Sprache – Überlieferung, 54.

[41] Vgl. Gadamer, Hermeneutik I. Wahrheit und Methode, 270f.: »Wir gehen daher nochmals auf Heideggers Beschreibung des hermeneutischen Zirkels ein, um die neue grundsätzliche Bedeutung, die die Zirkelstruktur hier gewinnt, für unsere Absicht fruchtbar zu machen. [...] Was Heidegger hier sagt, ist zunächst nicht eine Forderung an die Praxis des Verstehens, sondern beschreibt die Vollzugsform des verstehenden Auslegens selbst. Heideggers hermeneutische Reflexion hat ihre Spitze nicht so sehr darin, nachzuweisen, daß hier ein Zirkel vorliegt, als vielmehr darin, daß dieser Zirkel einen ontologisch positiven Sinn hat.«

[42] Vgl. Tietz, Hans-Georg Gadamer zur Einführung, 51–55.

[43] Gadamer, Hermeneutik I. Wahrheit und Methode, 298f.

des Menschen, wodurch das Miteinandersein selbst einen ontologischen Charakter erhält und damit nicht nur eine gelebte und vollzogene, sondern auch eine gewusste und verstandene Weise des Seins ist. Neben dem Vollzug des Selbstverständnisses und der damit verbundenen Möglichkeit der sprachlichen Äußerung macht die Zirkelstruktur des Verstehens des Miteinanders auch eine geschichtliche Gestalt des Miteinanderseins sichtbar und deutlich, da das Verhältnis von Vollzug und Verständnis des Miteinanders veränderte und sich verändernde Gestalten hervorbringt, was Welte in einem kurzen geschichtlichen Abriss über die verschiedenen epochalen Veränderungen, die veränderten Erscheinungsformen und die entsprechenden Gesellschaftstheorien zur Darstellung bringt.[44] Der begründende Zusammenhang zwischen Miteinandersein und Sein des Menschen sieht nun die Grundlage in der geschichtlichen, epochalen Weise, in der sich das Sein dem Menschen zu vollbringen und zu verstehen gibt, wodurch das menschliche Seinsverständnis ein geschichtliches ist und damit die Geschichte und ihr epochaler Wandel im seinsverstehenden Dasein ihren Ort findet.[45]

Eine weitere Implikation eines solchen hermeneutischen Zirkels besteht in der Voraussetzung eines Sinnes und somit auch eines Sinnes des menschlichen Seins, der als Strukturmoment alles Verstehens »das Woraufhin des primären Entwurfs des Verstehens von Sein« bedeutet und so einmal das Verstehen des Entworfenen ermöglicht und zusätzlich als Orientierung für das Verstehen fungiert.[46] So funktioniert Verstehen von Sein nicht als gleichgültiger Prozess, sondern steht unter einer Sinnvoraussetzung, die als Triebfeder in allen Formen des menschlichen Daseinsvollzugs wirkt.[47]

Diese verschiedenen Implikationen des Miteinanderseins, deren Ursprung sich im Sein des Menschen findet und daher bestimmend wirkt, finden sich für Bernhard Welte in einer zentralen Bestimmung wieder zusammen, als dessen Differenzierung sie erscheinen: Der Mensch bzw. das menschliche Dasein ist Person. Denn Person bedeutet ein selbstverstehendes Dasein zu sein, das in verstehender Offen-

---

[44] Vgl. Welte, Philosophische Soziologie im Hinblick auf das Verständnis des Christentums als Kirche, 8–13.
[45] Vgl. Welte, Soziologische Grundbegriffe zum Verständnis des Christentums als Kirche, 22 f.
[46] Vgl. Heidegger, Sein und Zeit, 324.
[47] Vgl. Welte, Was hat die Philosophie in der Theologie zu tun?, 156.

heit in Relation mit seiner Umwelt steht und durch die Sprache mit seiner Umwelt relational in Beziehung tritt. So vollzieht sich die Person als seinsverstehendes Dasein nicht isoliert, sondern bezieht alle Dinge in diesen Selbstvollzug mit ein, wodurch die Person zum Grund von Geschichte wird, indem sich die Person in ihrer Geschichtlichkeit – die im Daseinsvollzug im Horizont der Einheit von Vergangenheit, Gegenwart und Zukunft geschieht – in Bezug zu allem geschichtlichen Seienden steht und dadurch zum Ort der Einheit und der Geschichte wird.[48] Damit rechtfertigt sich auch das Sinnprinzip, durch das der Mensch als Person sich in der jeweiligen Situation auslegt und auf das Künftige hin entwirft, wobei sich der Entwurf von seiner Herkunft bestimmt zeigt und so eine geschichtliche Prägung besitzt.[49]

Die Betrachtung des Miteinanders als Gegenstand der Untersuchung führt somit zur Personalität als grundlegendem Seinsverständnis des Menschen – eine enge Verbindung, die für Welte fundamentale Bedeutung hat. Wichtig ist zu bedenken, dass diese hier erwähnten Bestimmungen keine vollständige Schilderung liefern und so nur ansatzweise beschreiben, was den Menschen als Person ausmacht.

II) »Gegenstand und Methode sind dasselbe« – Weltes Struktur des Denkens

Aus der Betrachtung des Untersuchungsgegenstandes ergeben sich nun bestimmte Ansprüche und Anforderungen, die es beim methodischen Zugang zu berücksichtigen gilt, um sich dem Miteinander in adäquater Weise nähern zu können und sich nicht nur verkürzend oder einschränkend damit zu beschäftigen. Deshalb erteilt Bernhard Welte der naheliegenden Wissenschaft, der Soziologie, samt ihrer Methode eine Absage.[50] Denn so nützlich die soziologische Sichtweise in der Erforschung der Gesetzmäßigkeiten, Strukturen und der funktionalen Zusammenhänge der Gemeinschaft und Gesellschaft auch für andere Wissenschaften wie z. B. der Theologie oder der Sozialphi-

---

[48] Vgl. Welte, Geschichtlichkeit als Grundbestimmung des Christentums, 137 f.
[49] Vgl. Welte, Erfahrung und Geschichte, 35 f. Vgl. dazu auch Petit, »Mit allen Kräften versuchen, die Ursprünge zu retten«, 191 f.
[50] Vgl. Welte, Soziologie der Religion, 1.

losophie auch sein kann[51], zu der Frage nach dem Wesen des Miteinanders kann sie nichts Entscheidendes beitragen. Die Soziologie als empirische Erforschung zeigt und analysiert die faktischen Zustände und Vorgänge einer Gesellschaft, kann aber darüber nicht hinausgehen. Denn ihre natürliche Grenze besteht darin, dass sie in ihrer wissenschaftlichen Untersuchung das Miteinander bereits voraussetzt und sich dann deduktiv mit seinem faktischen Bestand beschäftigt, weshalb sie über das Wesen keine Auskunft geben kann. Als Einzelwissenschaft kann die Soziologie mit ihren Begriffen die einschlägigen Entitäten lediglich klassifizieren und ordnen, der Sinn ihrer eigenen Voraussetzungen bleibt ihr aber entzogen, da der für sie grundlegende Gegenstandsbegriff sich nicht anhand einer solchen Gegenständlichkeit verstehen lässt.[52] Die Ausführungen zur und die Feststellung der Defizienz der Soziologie lassen dasselbe Begründungsschema und die gleiche Abgrenzung erkennen, die Heidegger in Bezug auf die Einzelwissenschaften vornimmt und darin die Möglichkeit der Reflexion der eigenen Voraussetzungen ausschließt.[53] Welte sieht nun aber die Notwendigkeit eines Einblicks in die Seinsweise des Miteinanders, um auf dieser Grundlage ein wirkliches Verständnis von Miteinander und Gemeinschaft zu erreichen. Dies kann aber nur auf philosophischem Wege geschehen, der sich vom klassifikatorischen Vorgehen des eigenschaftsbezogenen Verstehens absetzt.[54] Es bedarf daher einer Ontologie des Miteinanders, die das Sein ursprünglich aus dem Umgang mit dem Empirischen bedenkt, ohne dabei selbst empirisch zu werden:

»Darum haben wir hier ganz eindeutig eine philosophische Ontologie des Miteinanders zu entwickeln. Wir haben darüber nachzudenken: Was _ist_ das, statt _was_ ist das, welcher Seinsweise ist das?«[55]

---

[51] Vgl. Helle, Art. Soziologie. I. Disziplin, 799 f.
[52] Zum Zusammenhang bzw. zur Abgrenzung von Soziologie und Sozialphilosophie vgl. Röttgers, Art. Sozialphilosophie, 1220–1225.
[53] Vgl. Heidegger, Phänomenologische Interpretationen zu Aristoteles. Einführung in die phänomenologische Forschung, 159: »Es gehört zum Sinn theoretischer Voraussetzungen, d. i. auf denen _theoretische Einstellung_ als solche steht, von denen sie lebt, daß sie gerade von dieser Einstellung nicht erfaßt und nicht erfaßbar sind, und daß die Einstellung in ihrem Vollzug umso ursprünglicher ist, je weniger sie sich selbst in ihrer Weise, d. i. einstellungsmäßig, um ihre Voraussetzung kümmert.«
[54] Vgl. Inkpin, Formale Anzeige und das Voraussetzungsproblem, 23.
[55] Welte, Soziologische Grundbegriffe zum Verständnis des Christentums als Kirche, 32.

»Gegenstand und Methode sind dasselbe« – Weltes Struktur des Denkens

Dieser Weg, sich dem Gegenstand zu nähern, hat natürlich Folgen und fordert daher eine andere Art des Denkens, die nicht direkt bzw. zugreifend und festlegend vorgeht und dahingehend versucht, die verschiedenen Einzelheiten und Bestandteile zu ordnen, sondern den Kern und die wesentliche Mitte in den Blick nimmt, um vernehmend vom Miteinander selbst sich zeigen zu lassen, was es heißt, beisammen und miteinander zu sein. Die von Welte angestrebte Ontologie mit ihrer Frage nach der Seinsweise des Miteinanders zielt somit auf einen philosophischen Begriff, der sich durch seinen Vollzugscharakter auszeichnet und damit in Bezug zu dem Vorgang steht, den er bezeichnet, also sich auf die Art und Weise bezieht, wie Miteinander im menschlichen Leben vernehmbar und erlebbar ist.[56] Daher setzt er in seiner Untersuchung bei den einfachen Formen des Miteinanders an, um in der Reduzierung der verschiedenen unbedeutenderen Faktoren weniger vom zufälligen bzw. unwesentlichen Bestand beeinflusst zu werden. Dazu gilt es hinsichtlich des Denkens zu berücksichtigen, dass das Wesen des Miteinanders nicht in einer künstlichen Distanzierung von ihm ermittelt werden kann, die das Miteinander als fertigen isolierten Gegenstand scheinbar unbeteiligt von außen betrachtet und dabei der Versuchung erliegt, vorgefertigte Konstruktionen in ihm zu suchen und zu finden. Daher findet sich der Ausgangspunkt des Freiburger Religionsphilosophen in einfachen Gestalten des Miteinanders, an denen das eigene Selbst teilhat und sich somit dem Denken von innen zeigt, was die Erfahrung des »Wir miteinander« für den Menschen bedeutet und sein Sein verändernd betrifft. Denn Welte sieht in der fehlenden Distanz des Denkens zum Untersuchungsgegenstand kein zu beseitigendes Defizit oder gar die Aufhebung der Objektivität und der strengen Wissenschaft, sondern das Verhältnis zwischen beiden erscheint als die entscheidende Bedin-

---

[56] Vgl. Inkpin, Formale Anzeige und das Voraussetzungsproblem, 23. Welte stellt dabei an die philosophischen Begriffe dieselben Ansprüche wie Heidegger: »Es wird gefragt nach dem Wie der philosophischen Erfahrung und nach dem Wie, in dem sich die philosophische Erfahrung selbst expliziert, nach dem Motiv und der Tendenz der philosophischen Erfahrung selbst. [...] Philosophie ist keine Einstellung auf einen Gehalt, der im Vollzug des Philosophierens erfaßt wird, kein Sachgebiet, das einen objektiven Zusammenhang darstellt, keine Gegenständlichkeit in einem theoretischen Bezug, dessen Vollzugscharakter nur mitvorhanden ist, aber nicht ernstlich in Frage kommt. [...] Die Philosophie ist durchherrscht von einer sich ständig erneuernden Grunderfahrung, so daß die Rationalität in dieser Grunderfahrung selbst gegeben ist und sich in ihr inhaltlich bilden muß.« (Heidegger, Phänomenologie der Anschauung und des Ausdrucks, 171 f.)

gung der Möglichkeit, dass in einer ontologischen Besinnung das Sein des Miteinanders selbst sich dem Denken zeigt, es sich selbst ausspricht und daher frei von Implikationen möglichst unvoreingenommen vernehmbar wird.[57]

So gilt es im Folgenden, diese Ontologie des Miteinanders genauer zu charakterisieren und zu untersuchen, worin deren Grundlage besteht und auf welche Weise deren relationale Methode gedacht werden kann, ohne sich des Vergehens der Subjektivität schuldig zu machen.

1) Absetzung vom metaphysischen Denken

Für Welte gibt es zwei verschiedene Grundprinzipien, auf denen das philosophische Denken und damit auch eine Ontologie des Miteinanders aufbauen kann: Die Substanz oder die Relation. Seinen eigenen Denkansatz und seine philosophische Vorgehensweise verortet er selbst innerhalb einer relationalen Ontologie[58], da er das Denken, das von einer Beziehung ausgeht, als das grundlegendere betrachtet, indem es sowohl seinen eigenen relationalen Ansatz wie auch den substanzorientieren Ansatz, samt seinen Folgen, begründen und erhellen kann. So geschieht seine Hinwendung zum phänomenologischen Denken in einer Absetzung vom Substanzdenken, deren Problemfelder er mittels einer Ursprungsanalyse und eines kurzen geschichtlichen Abrisses aufweist, worin er deren entscheidende Aporien aufdeckt und darauf argumentativ seinen Weg zu einer relationalen Ontologie aufbaut.[59]

Ihren Ausgang findet die Geschichte des Substanzdenkens spätestens bei Aristoteles, der die Vorrangstellung der οὐσία erkennt, auf die alle anderen Seins- und Aussageweisen bezogen sind, die nur in ihrer Beziehung zur οὐσία bestehen können. Diese zeichnet sich dagegen durch ihren Selbstbezug aus und ist so das Seiende als Seiendes.[60] Für Aristoteles besteht das Seiende von vornherein in Bezug

---

[57] Welte, Soziologische Grundbegriffe zum Verständnis des Christentums als Kirche, 31–35.
[58] Vgl. Nebel, Glauben als Ereignis der Freiheit, 59.
[59] Vgl. Welte, Über zwei Weisen des philosophischen Denkens und deren Folgen für die Religionsphilosophie, 99–101. Vgl. Wolzogen, Art. Relation. IV. 20. Jahrhundert, 602.
[60] Aristot. Met. Γ, 2, 1003b, 5 f.15 f.: »οὕτω δὲ καὶ τὸ ὂν λέγεται πολλαχῶς μέν,

auf den λόγος, also sowohl auf die Vernunft als auch auf deren Artikulation und damit auf die Sprache, um so die grundlegenden Strukturen der Wirklichkeit sichtbar zu machen. Denn die Aufgabe des λόγος besteht in der ἀλήθεια, als Entbergung und Erhellung des Seienden und seiner Gründe, das wiederum auf die Wahrheit und ihre wissenschaftliche Untersuchung fixiert ist.[61] Dieses Verhältnis der Wechselseitigkeit, das zwischen οὐσία und λόγος, zwischen dem Seienden und der Sprache besteht, lässt dann eben auch zu, aus der Art des Sprechens über eine Sache Schlüsse über deren tatsächliche Struktur zu ziehen, womit Aristoteles dem λόγος einen seinserschließenden Charakter zuspricht, so dass seine Ontologie sich auf die Wirklichkeit und auf die davon betroffene Sprache bezieht.[62] Aufgrund dieses Zusammenhanges sind für Welte die aristotelischen Seinskategorien auch Aussagekategorien, wobei die οὐσία in der Definition (ὁρισμός) ihre spezielle Form des λόγος findet[63], da die οὐσία

ἀλλ' ἅπαν πρὸς μίαν ἀρχήν· [...] δῆλον οὖν ὅτι καὶ τὰ ὄντα μιᾶς θεωρῆσαι ᾗ ὄντα.«

[61] Vgl. Aristot. EN Z, 2f., 1139b, 12f.15–18: »ἀμφοτέρων δὴ τῶν νοητικῶν μορίων ἀλήθεια τὸ ἔργον. καθ' ἃς οὖν μάλιστα ἕξεις ἀληθεύσει ἑκάτερον, αὗται ἀρεταὶ ἀμφοῖν. [...] ἔστω δὴ οἷς ἀληθεύει ἡ ψυχὴ τῷ καταφάναι ἢ ἀποφάναι: πέντε τὸν ἀριθμόν· ταῦτα δ' ἐστὶ τέχνη, ἐπιστήμη, φρόνησις, σοφία, νοῦς ὑπολήψει γὰρ καὶ δόξῃ ἐνδέχεται διαψεύδεσθαι.«

[62] Vgl. Höffe, Aristoteles, 181f.

[63] Die Definition besteht in der Gattung und einer bzw. mehrerer Differenzen, die aber Eines sein müssen, da die Definition der λόγος der οὐσία ist, der Einer sein muss (Vgl. Aristot. Met. Z, 12, 1037b, 23–29: »διὰ τί γὰρ ταῦθ' ἓν ἀλλ' οὐ πολλά; οὐ γὰρ ὅτι ἐνυπάρχει οὕτω μὲν γὰρ ἐξ ἁπάντων ἔσται ἕν. δεῖ δέ γε ἓν εἶναι ὅσα ἐν τῷ ὁρισμῷ ὁ γὰρ ὁρισμὸς λόγος τίς ἐστιν εἷς καὶ οὐσίας, ὥσθ' ἑνός τινος δεῖ αὐτὸν εἶναι λόγον καὶ γὰρ ἡ οὐσία ἕν τι καὶ τόδε τι σημαίνει, ὥς φαμέν. δεῖ δ' ἐπισκοπεῖν πρῶτον περὶ τῶν κατὰ τὰς διαιρέσεις ὁρισμῶν.«), da er ein unteilbares und der Zahl nach Eines, ein bestimmtes Einzelwesen, bezeichnet. Bereits in Met. Z, 4 zeigte sich, dass für Aristoteles es Definitionen im strengen Sinne nur von οὐσίαι geben kann, da sie ein Erstes und primär Seiendes darstellen und durch die verschiedenen Gattungen wesentlich bestimmt werden. So gewährleistet die οὐσία, als Einheit des Definierten, trotz der notwendigen *differentia specifica* einer jeden Definition, ihre Einheit als spezielle Form des λόγος, da ihre Bestimmungen sich notwendig auf ein ontisch bestimmtes, unteilbares und eines Einzelwesen beziehen und so von der οὐσία als dem eigentlichen Seienden zusammengehalten werden. Die in der οὐσία verbürgte, ontologisch relevante Einheit ermöglicht einerseits die definitorische Differenzierung, stellt aber andererseits auch das einzige Argument für die Einheit des Definiendum dar. Denn in der οὐσία als primär Seiendes gibt es keine Ordnung (früher/später; vgl. Aristot. Met. Z, 12, 1038a, 33f.: »τάξις δ' οὐκ ἔστιν ἐν τῇ οὐσίᾳ πῶς γὰρ δεῖ νοῆσαι τὸ μὲν ὕστερον τὸ δὲ πρότερον;«), so dass Gattung und Differenz nicht im Verhältnis einer Folge, sondern eines Zugleich zu verstehen sind, da die

das primäre Subjekt aller Prädikate darstellt und damit zu dem wird, was auch als Objekt bezeichnet wird und sich daher von einem denkenden Subjekt absetzt. Denn auch wenn Aristoteles die Kategorie der Relation (πρός τι) kennt, so wird anhand der beiden Definitionen in seiner Kategorienschrift deutlich[64], dass sich die Relation als von etwas zu etwas darstellt, wodurch aber die Relate in den Vordergrund treten und nicht genügend zwischen Relat und Relation unterschieden wird, was ein Akzidentell-sein der Relationen nahelegt. Die Relation als Relation von etwas hat somit kein eigenes Dazwischensein und ist dadurch in ihrem Sein wiederum abhängig von einem *fundamentum relationis*, womit sie in einem Subjekt bleibt[65], so dass »die Beziehung zwischen dem einen Seienden und dem anderen Seienden zum Sein des Seienden nur äußerlich etwas hinzufügt.«[66] So sieht Welte, ausgehend von diesem Ansatz, der das Seiende als Seiendes im Ganzen zu verstehen sucht und durch die οὐσία bewegt und bestimmt wird, dass sich die große abendländische Bewegung der Metaphysik daraus entwickelte, die als Wissenschaft darauf zielt, begriffliche Aussagen und Definitionen vom Seienden als dem Objektiven im Ganzen und damit auch vom höchsten Seienden zu machen. Dieses πρῶτον ὄν, die aristotelische οὐσία, wird in seiner weiteren Geschichte als *substantia* bezeichnet[67] und so auch von Thomas von

---

ontologisch entscheidende Differenz als Kern der Definition alle anderen allgemeineren Bestimmungen analytisch in sich enthält. Vgl. Fonfara, Die Ousia-Lehren des Aristoteles, 120.130 f.

[64] Vgl. die erste Definition, Aristot. Kat. 7, 6a, 36 f.: »Πρός τι δὲ τὰ τοιαῦτα λέγεται, ὅσα αὐτὰ ἅπερ ἐστίν ἑτέρων εἶναι λέγεται, ἢ ὁπωσοῦν ἄλλως πρός ἕτερον [...]« Und die zweite Definition, Aristot. Kat. 7, 8a, 31 f.: »[...] ἔστι τὰ πρός τι οἷς τὸ εἶναι ταὐτόν ἐστι τῷ πρός τί πως ἔχειν [...]«

[65] Vgl. Schulthess, Relation und Funktion, 126–128.

[66] Welte, Über zwei Weisen des philosophischen Denkens und deren Folgen für die Religionsphilosophie, 100.

[67] Dieser direkte Übergang, den Welte hier skizziert, lässt sich bei Thomas von Aquin nicht mit der Eindeutigkeit nachweisen, die hier behauptet wird, da der Begriff der οὐσία sich nicht in dem erschöpft, was *substantia* meint, sondern mit *essentia* zu übersetzen ist, was aber erst erkannt worden ist, als sich die bereits vor Augustinus bekannte Übertragung von οὐσία mit *substantia* durchgesetzt hatte. So weist Thomas ausdrücklich darauf hin, dass οὐσία im Lateinischen *essentia* bedeute, indem er sich auf Boethius bezieht: »Et huic consonat uerbum Boetii in commento praedicamentorum, ubi dicit quod usya significat compositum; usya enim apud Grecos idem est quod essentia apud nos, ut ipsemet dicit in libro De duabus naturis.« (Thom. De en. II.) Wenn nun Boethius, den Thomas hier als Autorität zitiert, aber entgegen seiner eigenen Worte in seinem Kommentar zur Kategorienschrift οὐσία generell mit *sub-*

»Gegenstand und Methode sind dasselbe« – Weltes Struktur des Denkens

Aquin aufgenommen als die erste und führendste aller Seins- und Aussageweisen, was zwar nicht seinen einzigen, aber doch für die Geschichte der abendländischen Metaphysik den entscheidensten und anschließend wirkmächtigsten Ansatz in Bezug auf die Substanz darstellt.[68] So findet dieses Seinsverständnis des Aquinaten seinen Fixpunkt im Begriff der Substanz, die allein berechtigterweise das Sein alles Seienden bezeichnet, so dass auf sie alles bezogen ist und nur durch sie auch anderes seiend genannt werden kann.[69] Daher bedeutet *substantia* für ihn das, was *ens* überhaupt sagt, so dass sie im Hinblick auf ihr Sein als *ens per se subsistens* genannt wird.[70] Dieses *per se*, und damit die Absage an *in alio*[71], verdeutlicht die Substanz als die primäre Erscheinung des Seins des Seienden und damit auch das vorgängige Objekt aller Aussagen.[72]

Dieser Ansatz mit seiner intensiven Konzentration auf die Substanz begleitet die Philosophie auch in der Neuzeit, so dass die οὐσία bzw. die *substantia* oder die *res* in der cartesischen Theorie eine zentrale Stellung haben. Descartes' Theorie der Substanzen folgend kann keine Eigenschaft ohne Substanz als deren Träger existieren und zugleich die Substanz wiederum nur aus ihren Eigenschaften erkannt werden.[73] Die Bestimmung, dass die Substanz durch sich

---

stantia wiedergibt, so aufgrund der Berechtigung, da gemäß kategorialem Seinssinn οὐσία als ὑποκείμενον gedacht werden kann und *substantia* umfangreicher ist als das griechische ὑποκείμενον, auch wenn sie letztlich an diesem orientiert ist. Vgl. Schneider, Ousia und Eudaimonia, 128 f.

[68] Vgl. Welte, Über zwei Weisen des philosophischen Denkens und deren Folgen für die Religionsphilosophie, 100 f.

[69] Vgl. Thom. De en. I: »Sed quia ens absolute et primo dicitur de substantiis, et per posterius et quasi secundum quid de accidentibus, inde est quod essentia proprie et uere est in substantiis, sed in accidentibus est quodammodo et secundum quid.«

[70] Vgl. Thom. Sth I, 3, 5 arg. 1: »Substantia enim est ens per se subsistens.«

[71] Vgl. Thom. ScG I, 25 n. 10: »[…] dicitur enim ens per se ex hoc quod non est in alio; quod es negatio pura.«

[72] Vgl. Welte, Zum Seinsbegriff des Thomas von Aquin, 280.

[73] Vgl. Descartes, Princ. I, 52 (AT VIII-1, 25): »Verumtamen non potest substantia primùm animadverti ex hoc solo, quòd sit res existens, quia hoc solum per se nos non afficit; sed facilè ipsam agnoscimus ex quolibet ejus attributo, per communem illam notionem, quòd nihili nulla sint attributa, nullaeve proprietates aut qualitates. Ex hoc enim quòd aliquod attributum adesse percipiamus, concludimus aliquam rem existentem, sive substantiam, cui illud tribui possit, necessario etiam adesse.« Descartes erkennt, dass es nicht möglich ist, einen Begriff von einer Substanz ganz ohne Eigenschaften zu bilden, weshalb er in den Prinzipien schließlich so weit geht, die Substanzen mit ihren wesentlichen Eigenschaften gleichzusetzen, also das Denken mit der denkenden Substanz (Geist) und die Ausdehnung mit der ausgedehnten Sub-

selbst ist⁷⁴, verbürgt Descartes dadurch, dass er im Grundsatz Gott als die einzige Substanz annimmt, die alle vollkommenen Eigenschaften in sich vereint⁷⁵ und somit alle anderen und letztlich von ihm geschaffenen Substanzen nur mit seinem Beistand existieren.⁷⁶ Diese lassen sich eben dadurch identifizieren, dass ihnen ein wesentliches Attribut zugeschrieben wird, wobei sich die körperliche und die geistige Substanz gegenseitig ausschließen, denn abgesehen von ihrer Beziehung zu Gott sind die Substanzen in ihrem jeweiligen Sein auf nichts angewiesen.⁷⁷

Auf seiner Suche nach einer neuen Grundlage der Wissenschaften und einer umfassenden Methodologie stößt Descartes auf zwei Grundregeln, denen folgend eine Untersuchung nur dann zuverlässiges Wissen liefert, wenn einmal die Intuition etwas als wahr und zweifelsfrei erkannt hat und zudem mittels Deduktion das ableitet, was aus dem intuitiv Erkannten folgt. Die Intuition darf aber nicht als psychologischer Ausdruck missverstanden werden, sondern sie ist eine Tätigkeit des reinen Geistes⁷⁸ und damit unabhängig von den körperlichen Sinnen oder der Vorstellungskraft. Der intuitiven Erkenntnis geht es dabei um ein rein geistiges Erfassen, das bei jenen Propositionen ansetzt, die zweifelsfrei und einfach bzw. distinkt sind.⁷⁹ So weist der Zweifel Descartes den Weg zu dieser Erkenntnis, indem er nicht die selbstverständliche, sondern die sich versichern müssende Gewissheit zugrunde legt, womit sich die Vernunft kritisch von allem Erscheinenden distanziert⁸⁰, um so für sich selbst eine *res*

---

stanz (Körper) zu identifizieren. Vgl. Beckermann, Descartes' metaphysischer Beweis für den Dualismus, 50.

⁷⁴ Vgl. Descartes, Princ. I, 51 (AT VIII-1, 24): »Per *substantiam* nihil aliud intelligere possumus, quàm rem quae ita existit, ut nullâ aliâ re indigeat ad existendum. Et quidem substantia quae nulla planè re indigeat, unica tantùm potest intelligi, nempe Deus.«

⁷⁵ Vgl. Descartes, Med. III (AT VII, 45): »Dei nomine intelligo substantiam quandam infinitam, independentem, summe intelligentem, summe potentem, & a quâ tum ego ipse, tum aliud omne, si quid aliud extat, quodcumque extat, est creatum.«

⁷⁶ Vgl. Descartes, Princ. I, 51 (AT VIII-1, 24): »Alias verò omnes, non nisi ope concursûs Dei existere posse percipimus.«

⁷⁷ Vgl. Schiemann, Natur, Technik, Geist, 175.

⁷⁸ Vgl. Descartes, Reg. III (AT X, 368): »Per *intuitum* intelligo, non fluctuantem sensuum fidem, vel malè componentis imaginationis judicium fallax; sed mentis purae & attentae tam facilem distinctumque conceptum, ut de eo, quod intelligimus, nulla prorsus dubitatio relinquatur«.

⁷⁹ Vgl. Perler, René Descartes, 52–55.

⁸⁰ Vgl. Descartes, Med. II (AT VII, 24): »[…] removendo scilicet illud omne quod vel

»Gegenstand und Methode sind dasselbe« – Weltes Struktur des Denkens

cogitans zu werden – »ein auf sich bestehendes Ding«[81] – das wiederum auf seiner Suche nach Gewissheit sich die *realitas objectiva* gegenüberstellt.[82] Diese *realitas objectiva* findet sich in der Form der Vergewisserung zunächst als subjektive Idee erscheinender Erkenntnisse. In seiner pointierten Darstellung konstatiert Welte nun, dass damit die οὐσία zur objektiven Realität und der λόγος, der sich dieser zuwendet, zu der über den Zweifel hinweg sich versichernden Gewissheit geworden ist, so dass nun die Differenz zwischen Subjekt und Objekt und somit zwischen Subjektivität und Objektivität offen zu Tage tritt. Damit zielt Welte darauf ab, eine moderne und präzisierte Substanzmetaphysik darzustellen, die einerseits aufgrund ihrer Objektivität notwendige Geltung beansprucht, aber andererseits ein Verhältnis zwischen Subjekt und Objekt, zwischen *res cogitans* und *res extensa* offenbart, das keine Selbstverständlichkeit mehr besitzt und bezweifelt werden muss. Denn ausgehend von dieser Problematik, wie bei zwei eigenständigen Bereichen doch eine gegenseitige Verursachung möglich sein soll, eröffnet sich nun genau die Frage nach diesem Verhältnis als das grundlegende Thema des Denkens.[83]

Dieselbe Problematik findet Welte auch in der Transzendentalphilosophie Immanuel Kants, insofern er eben wie bei Descartes einen relationalen Rahmen der Erörterung erkennt, aber aufgrund der Vorherrschaft der Substanz kommt diese Grundrelation in den

---

minimum dubitationis admittit, nihilo secius quam si omnino falsum esse comperissem; pergamque porri donec aliquidcerti, vel, si nihil aliud, saltem hoc ipsum pro certo, nihil esse certi, cognoscam.«

[81] Welte, Über zwei Weisen des philosophischen Denkens und deren Folgen für die Religionsphilosophie, 102. Vgl. dazu Descartes, Med. II (AT VII, 27): »cogitatio est; haec sola a me divelli nequit. Ego sum, ego existo; certum est. […] Sum autem res vera, & vere existens; sed qualis res? Dixi, cogitans.«

[82] Vgl. Descartes, Med. III (AT VII, 40): Nempe, quatenus ideae istae cogitandi quidam modi tantùm sunt, non agnosco ullam inter ipsas inaequalitatem, & omnes a me eodem modo procedere videntur; sed, quatenus una unam rem, alia aliam repraesentat, patet easdem esse ab invicem valde diversas. Nam proculdubio illae quae substantias mihi exhibent, majus aliquid sunt, atque, ut ita loquar, plus realitatis objectivae in se continent, quàm illae quae tantùm modos, sive accidentia, repraesentant; & rursus illa per quam summum aliquem Deum, aeternum, infinitum, omniscium, omnipotentem, rerumque omnium, quae praeter ipsum sunt, creatorem intelligo, plus profecto realitatis objectivae in se habet, quàm illae per quas finitae substantiae exhibentur.«

[83] Vgl. Welte, Über zwei Weisen des philosophischen Denkens und deren Folgen für die Religionsphilosophie, 101–103.

möglichen Gegenständen dieses Substanzdenkens nicht mehr vor.[84] Der relationale Rahmen, den Welte hier sieht, umfasst die gesamte Erkenntnistheorie und reduziert sich nicht nur auf die Kategorie der Relation der kantschen Kategorientafel, in der sich die drei Analogien der Erfahrung finden, nämlich die »Inhärenz und Subsistenz (substantia et accidens)«, die »Causalität und Dependenz (Ursache und Wirkung)« und die »Gemeinschaft (Wechselwirkung zwischen dem Handelnden und Leidenden)«.[85] Kant zeigt eine klassisch anmutende Definition der Substanz als »das Substrat alles Realen, d. i. zur Existenz der Dinge Gehörigen, die Substanz, an welcher alles, was zum Dasein gehört, nur als Bestimmung [...] gedacht werden«[86] kann, was sie zum Bezugspunkt und zur Mitte aller Realität macht und darum zum eigentlichen Gegenstand des Wissens. Denn der Grundsatz der Beharrlichkeit der Substanz besagt[87], dass Veränderung nicht schlechthin, sondern nur in Bezug zu einer Substanz erfahren werden kann. Zugleich lässt sich kein Werden oder Vergehen der Substanz, sondern nur der Wechsel ihrer Erscheinungen wissend erkennen.[88] Daher kann Substanz aber nicht mehr nur als Zugrundeliegen gedacht werden, sondern als Wesen bzw. Wirklichkeit, womit die aristotelische οὐσία endgültig in den Bereich der Metaphysik im Sinne des kantschen transzendentalen Realismus gerückt ist, so dass Wesen und Substanz eine außersprachliche Wirklichkeit darstellen, die unabhängig von menschlicher Rede und menschlichem Denken besteht.[89] Für Welte verschärft sich damit die zentrale Stellung der Substanz durch das kantsche Denken noch, indem sie zusätzlich die neuzeitlich gesicherte kritische Objektivität hinzugewinnt. So differenziert sich für ihn der kantsche Substanzbegriff einerseits in die Substanz als Ding an sich und andererseits in die Substanz als Gegenstand möglicher Erfahrung[90], von denen sich die erste jeglicher Er-

---

[84] Vgl. Welte, Über zwei Weisen des philosophischen Denkens und deren Folgen für die Religionsphilosophie, 103.
[85] Kant, KrV B 106 (AA III, 93). Vgl. dazu besonders Joosten, Selbst, Substanz und Subjekt, 163 f.
[86] Kant, KrV B 225 (AA III, 162).
[87] Vgl. Kant, KrV B 224 (AA III, 162): »Grundsatz der Beharrlichkeit der Substanz. Bei allem Wechsel der Erscheinungen beharrt die Substanz, und das Quantum derselben wird in der Natur weder vermehrt noch vermindert.«
[88] Vgl. Höffe, Immanuel Kant, 124.
[89] Vgl. Schneider, Ousia und Eudaimonia, 129.
[90] In seiner Beschreibung der Erkenntnislehre Kants, zugespitzt auf den Substanzbegriff und seine zentrale Stellung, beginnt Welte mit dem Hinweis auf ein Grund-

»Gegenstand und Methode sind dasselbe« – Weltes Struktur des Denkens

kenntnis entzieht und die zweite objektiv begriffen werden muss, was eine Erkenntnis aufgrund von allgemeinen und notwendigen Begriffen und Regeln bedeutet. Weder das Ding an sich noch die Erfahrung noch die Subjektivität des Denkens können diese objektive Gültigkeit garantieren und allgemeine und notwendige Erkenntnis nach Begriffen und Regeln ermöglichen, sondern sie findet ihre Begründung nur im apriorischen und »transzendentalen Grund des Erkenntnisvermögens.«[91] Die so begriffene Substanz, in ihren beiden Bezügen auf das Ding an sich und auf die mögliche Erfahrung, findet ihre Verortung im erkennenden Subjekt, womit Welte den λόγος als Vergewisserung verschärft und kritischer beurteilt, da dessen Objektivität in einer neu begriffenen Subjektivität Grund nimmt.[92] Aus der Bestimmung der Substanz als einer synthetischen Aussage *a priori*

---

problem, was zumindest drei Problemkreise nach sich zu ziehen scheint: Kant verwendet zwei verschiedene Substanzbegriffe, von denen einer sich auf das Substanzschema, also die Beharrlichkeit, der andere auf die Substanzkategorie bezieht. Die Vereinbarkeit beider Begriffe hängt zunächst daran, ob das immerwährende Dasein, das Substrat aller Zeitbestimmung, das jeder Veränderung zugrundeliegt, als das Schema der Substanz und die Substanz als Gegenstand selbst als die konkrete und bestimmte Erscheinung, d. h. die Kategorie als ein Begriff von einem Gegenstande überhaupt, in Einklang zu bringen sind. Daraus resultiert der zweite Problemkreis, dass Kant einmal einen Individualbegriff von Substanz verwendet, aber auch von der einen Substanz spricht und sich so auf das Ganze der Natur bezieht. Als dritte Frage bleibt, ob dann die Substanz noch Erscheinung sein kann oder vielleicht doch Ding an sich, da die Substanz als Substrat der Erscheinungen in den Erscheinungen und als Gegenstand selbst über die mögliche Erfahrung hinaus, möglicherweise zu den Dingen an sich verweisen könnte. (Kant, Prol §33 (AA IV, 315): »Nicht allein daß unsere Begriffe der Substanz der Kraft, der Handlung, der Realität u[sw.; Anm. J. E.] ganz von der Erfahrung unabhängig sind, imgleichen gar keine Erscheinung der Sinne enthalten, also in der That auf Dinge an sich selbst (noumena) zu gehen scheinen, sondern was diese Vermuthung noch bestärkt, sie enthalten eine Nothwendigkeit der Bestimmung in sich, der die Erfahrung niemals gleich kommt.«) Vgl. Hahmann, Kritische Metaphysik der Substanz, 120.

[91] Vgl. Welte, Über zwei Weisen des philosophischen Denkens und deren Folgen für die Religionsphilosophie, 104.

[92] Das Selbstbewusstsein und damit die ursprünglich synthetische Einheit der Apperzeption kann allein der Grund alles Denkens und Erkennens und damit auch der Einheit der Objektivität aller Gegenstände der Erfahrung sein, womit das Ich der Grund sowohl des Denkens als auch des Seienden ist. Dies aber nicht als denkende Substanz (wie die res cogitans Descartes'), sondern als der die Objektivität des Gegenstandes hervorbringende Akt der Apperzeption und daher als Leistung des Verstandes, so dass Kants Ontologie auf der Handlung des Subjektes gründet. Vgl. Kim, Substanz und Subjekt, 149.

folgt analog die Unmöglichkeit einer Metaphysik als wissenschaftlicher Erkenntnis von Gott, da der *a priori* durch den Verstand erschlossene Begriff von Gott synthetisch durch die Erfahrung nicht bestätigt werden kann, womit diese denkbare Substanz niemals objektiv erkennbar wird.[93] Kants Denken lässt eine notwendige Beziehung aller Erscheinungen auf den Verstand erkennen[94], weshalb eine Grundrelation offenbar wird, die aber den Gegenständen des sich so verstehenden Denkens und Erkennens äußerlich bleibt.[95]

Dieses Denken mit seiner starken Orientierung an der Substanz findet sich in veränderter Form in moderner Zeit wieder, so dass der λόγος zur positiven Wissenschaft und die Substanz zum wissenschaftlich objektivierbaren Grundbestand der Erscheinungen der eigenen Welt geworden sind, was die Philosophie wiederum entweder zu einer Untersuchung des positiv-wissenschaftlichen Arbeitens oder zu einer Art objektiver Wissenschaft, wie z. B. der analytischen Logik oder der Sprachanalytik, werden ließ. So liegt diesem Denken ein neuzeitlicher Begriff der Substanz zugrunde, der nach dem sucht, was an sich ist[96], so dass eine gesicherte Objektivität angestrebt wird, die methodisch mit einem logisch-rationalen Vorgehen erreicht werden soll. Zur Folge hat schließlich dieser Substanzbegriff und der methodische Zugriff darauf, dass das Subjekt beim methodischen Vor-

---

[93] Vgl. Kant, KrV B 629f. (AA III, 403): »Der Begriff eines höchsten Wesens ist eine in mancher Absicht sehr nützliche Idee; sie ist aber eben darum, weil sie bloß Idee ist, ganz unfähig, um vermittelt ihrer allein unsere Erkenntnis in Ansehung dessen, was existiert, zu erweitern. [...] da aber die Verknüpfung aller realen Eigenschaften in einem Dinge eine Synthesis ist, über deren Möglichkeit wir a priori nicht urtheilen können, weil uns die Realitäten specifisch nicht gegeben sind, und, wenn dieses auch geschähe, überall gar kein Urtheil darin stattfindet, weil das Merkmal der Möglichkeit synthetischer Erkenntnisse immer nur in der Erfahrung gesucht werden muß, zu welcher der Gegenstand einer Idee nicht gehören kann [...]«

[94] Vgl. Kant, KrV A 119 (AA IV, 88f.): »[...] so folgt, daß der reine Verstand vermittelst der Kategorien ein formales und synthetisches Principium aller Erfahrungen sei, und die Erscheinungen eine nothwendige Beziehung auf den Verstand haben.«

[95] Vgl. Welte, Über zwei Weisen des philosophischen Denkens und deren Folgen für die Religionsphilosophie, 103–105.

[96] Dem zugrunde liegt ein zeitloser Begriff von Wahrheit, der, in Verwandtschaft zur Adäquations- bzw. Korrespondenztheorie, in der Übereinstimmung des Denkens mit der Sache besteht, was man z. B. im Tractatus logico-philosophicus von Ludwig Wittgenstein explizit lesen kann: »In der Übereinstimmung oder Nichtübereinstimmung seines Sinnes mit der Wirklichkeit, besteht seine Wahrheit oder Falschheit.« (Wittgenstein, Logisch-philosophische Abhandlung, 2.222.)

gehen nicht mehr berücksichtigt bzw. wissenschaftlich irrelevant wird.[97]

Wenn nun Welte in seiner Darstellung der Geschichte der abendländischen Metaphysik dieses Denken, das auf dem Grundprinzip der Substanz fußt, in seiner Gesamtheit in die Nähe des Objektivismus rückt und bei jeder angeführten Theorie seinen Finger in die Wunde der Relation legt, dann intendiert er, aufzuzeigen, dass die Substanz, zusammen mit den von ihr abhängigen Begriffen und der Zugriff auf selbige, keineswegs als selbstverständlich zu verstehen ist. Auch wenn er diesem Denken ein relatives Recht zuspricht, da es einen Zug des Ganzen der Wirklichkeit sichtbar machen kann, so besteht gerade in der Vernachlässigung der Kategorie der Relation ein Versäumnis, das die angenommene Objektivität in Frage stellt und ihre Sicherung unmöglich macht. Daher braucht es ein Grundprinzip, das die Objektivität nicht nur sichern, sondern verstehen will, um die Philosophie als eine strenge Wissenschaft zu entwerfen. Das führt ihn schließlich zum Grundprinzip der Relation und der grundsätzlich neuen Weise des Denkens durch Edmund Husserl[98], um mit ihm das Rätsel zu lösen, das die Objektivität aufgibt, sowohl die Objektivität der positiven Wissenschaften als auch die der vorwissenschaftlichen Lebenswelt, die gerade den Anfang aller unentbehrlichen Selbstverständlichkeiten der objektiven Wissenschaften darstellt.[99]

---

[97] Dieser Fall, dass das denkende Subjekt sich selbst nicht wahrnehmen kann und es damit aus der wissenschaftlichen Betrachtung der Welt herausfällt, zeigt sich ebenfalls exemplarisch in Wittgensteins Tractatus logico-philosophicus: »Das denkende, vorstellende Subjekt gibt es nicht. [...] Das Subjekt gehört nicht zur Welt, sondern es ist eine Grenze der Welt.« (Wittgenstein, Logisch-philosophische Abhandlung, 5.631.)

[98] Vgl. Welte, Über zwei Weisen des philosophischen Denkens und deren Folgen für die Religionsphilosophie, 109.113.

[99] Vgl. Husserl, Krisis (Hua VI, 208): »Für den Transzendentalphilosophen ist aber die gesamte reale Objektivität, die wissenschaftliche Objektivität aller wirklichen und möglichen Wissenschaften, aber auch die vorwissenschaftliche der Lebenswelt mit ihren ›Situationswahrheiten‹ und der Relativität ihrer seienden Objekte, nun zum Problem, zum Rätsel aller Rätsel geworden. Das Rätsel ist gerade die Selbstverständlichkeit, in der für uns beständig und vorwissenschaftlich ›Welt‹ ist, als Titel für eine Unendlichkeit von allen objektiven Wissenschaften unentbehrlichen Selbstverständlichkeiten.«

2) Husserls Epoché, die eidetische und die transzendentale Reduktion

»Es gilt nicht, Objektivität zu sichern, sondern sie zu verstehen. Man muß endlich einsehen, daß keine noch so exakte objektive Wissenschaft irgend etwas ernstlich erklärt oder erklären kann. Deduzieren ist nicht Erklären. [...] Das einzig wirklich Erklären ist: transzendental verständlich machen. Alles Objektive steht unter der Forderung der Verständlichkeit.[100]

Husserls Kritik setzt am objektivistischen Weltzugang an, den er als inferentiell charakterisiert, insofern die objektive Welt durch logisch gültige Schlussfolgerungen aus den persönlichen objektiven Erscheinungen erschlossen wird.[101] Wenn Descartes sich beim Übergang vom Schein zum Sein auf die Wahrhaftigkeit eines nicht täuschenden Gottes berief und die modernen Objektivisten ihre Überzeugungen mittels des Schlussverfahrens der »besten Erklärung«[102] erläutern, so wird offenbar, dass hier keine Begründungen dafür angeführt werden können, dass sie sich im Besitz der Wahrheit bzw. des An-sich der Welt sehen. Wenn nun Husserl mit seiner transzendentalen Phänomenologie den Anspruch erhebt, das Objektive verständlich machen zu können, dann begründeter Weise deswegen, weil er für seine Theorie sowohl das ontologische Leib-Seele-Problem als auch das korrelative erkenntnistheoretische Problem der Erkennbarkeit der

---

[100] Husserl, Krisis (Hua VI, 193).

[101] Für eine prägnante Beschreibung dieses Zugangs zur objektiven Wirklichkeit, auch in seiner Verbindung zur Intersubjektivität vgl. Chalmers, The conscious mind, 87: »*Epistemological myth*. At first, I have only facts about my conscious experience. From here, I infer facts about middle-sized objects in the world, and eventually microphysical facts. From regularities in these facts, I infer physical laws, and therefore further physical facts. From regularities between my conscious experience and physical facts, I infer psychophysical laws, and therefore facts about conscious experience in others. I seem to have taken the abductive process as far as it can go, so I hypothesize: that's all. The world is much larger than it once seemed, so I single out the original conscious experiences as *mine*.« Das Wort »*epistemological myth*« bedeutet aber nicht, dass der Autor diese Theorie als falsch bezeichnen würde, sondern nur, dass der hier angegebene stringente Ablauf, besonders hinsichtlich Intersubjektivität, nicht zwangsläufig stattfinden muss, was aber an der Inferentialität der Theorie nichts ändert. Vgl. Meixner, Die Aktualität Husserls für die moderne Philosophie des Geistes, 321.

[102] Dieses Schlussverfahren der »besten Erklärung«, das auf einer radikalen Kontingenz der Erkenntnistheorie aufbaut, offenbart aber eine unübersehbare Zirkularität der Begründung. Vgl. dazu: Boyd, Realism, Approximate Truth, and Philosophical Method, 227.

Außenwelt ausschließen kann.[103] Deshalb setzt er nicht bereits bei den Schlussfolgerungen an, sondern beginnt mit einer systematischen Aufklärung der Erkenntnisleistung als intentionaler Leistung, die jede Art von Seiendem, sei es reales oder ideales, verständlich zu machen sucht, ein in dieser Leistung konstituiertes Gebilde der transzendentalen Subjektivität, worin die höchste Form der Rationalität liegt.[104] Diese ontologisch-erkenntnistheoretische Alternative, die dem Transzendentalismus zugrunde liegt, besteht nun darin, dass das Subjekt ein Bewusstsein vom Objekt hat bzw. das Objekt für das Subjekt besteht, so dass mit ihm außerhalb einer möglichen Extension der Bewusstseinsrelation bzw. der Relation der Intentionalität von Subjekten und Objekten vernünftigerweise nicht gerechnet werden darf.[105] So ergibt sich im Anschluss daran einerseits die These der intrinsischen Relationalität des Bewusstseins und andererseits die These von der Bewusstseinsimmanenz der thematisierten objektiven Welt, woraus folgt, dass im Transzendentalismus ein immanent-konstitutiver Zugang zur objektiven Welt seinen Platz findet.[106]

---

[103] Vgl. Husserl, Krisis (Hua VI, 82): »[...] *Descartes* selbst bei der Entdeckung dieses ego erfuhr, doch für uns kleinere Geister bedeutsam als Anzeige dafür, daß ein wahrhaft Großes und Größtes sich darin ankündigte, welches durch alle Irrungen und Verirrungen als der ›archimedische Punkt‹ jeder echten Philosophie einmal an den Tag kommen mußte.«

[104] Vgl. Husserl, Cart. Med. (Hua I, 118): »Echte Erkenntnistheorie ist danach allein sinnvoll als transzendental-phänomenologische, die statt mit widersinnigen Schlüssen von einer vermeinten Immanenz auf eine vermeinte Transzendenz, die irgendwelcher angeblich prinzipiell unerkennbarer ›Dinge an sich‹, es ausschließlich zu tun hat mit der systematischen Aufklärung der Erkenntnisleistung, in der sie durch und durch verständlich werden müssen als intentionale Leistung. Eben damit wird jedes Seiendes selbst, reales und ideales, verständlich als eben in dieser Leistung konstituiertes *Gebilde* der transzendentalen Subjektivität. Diese Art Verständlichkeit ist die höchste erdenkliche Form der Rationalität.«

[105] Vgl. Husserl, Cart. Med. (Hua I, 117): »Transzendenz in jeder Form ist ein immanenter, innerhalb des ego sich konstituierender Seinscharakter. Jeder erdenkliche Sinn, jedes erdenkliche Sein, ob es immanent oder transzendent heißt, fällt in den Bereich der transzendentalen Subjektivität als der sinn- und seinkonstituierenden. Das Universum wahren Seins fassen zu wollen als etwas, das außerhalb des Universums möglichen Bewußtseins, möglicher Erkenntnis, möglicher Evidenz steht, beides bloß äußerlich durch ein starres Gesetz aufeinander bezogen, ist unsinnig. Wesensmäßig gehört beides zusammen, und wesensmäßig Zusammengehöriges ist auch konkret eins, eins in der einzigen absoluten Konkretion der transzendentalen Subjektivität.«

[106] Vgl. Meixner, Die Aktualität Husserls für die moderne Philosophie des Geistes, 322–328.

So wird bei Husserl die grundlegende Aufgabe der Relation deutlich, auf der die philosophische Wissenschaft aufzubauen hat. Ein Ziel, das auch Welte verfolgt, weshalb er den Spuren Husserls folgt und mit ihm den Weg der phänomenologischen Reduktion bzw. der *Epoché* geht, den Weg der universalen Enthaltung vom Glauben an eine an sich seiende Weltwirklichkeit. Dies geschieht aber nicht in Form einer faktischen Leugnung, sondern in der Enthaltung eines Urteils über das unabhängige Bestehen von Welt und Innerweltlichem, also einer Inhibierung aller begrifflichen Formen, die nicht in der Erscheinung der Sache selbst ausgewiesen sind, wie z.B. die Substanz und alle zu ihm gehörigen Begriffe.[107] Denn das Interesse der Transzendentalphilosophie orientiert sich an der Weise, wie im Korrelationsverhältnis von Akt und Gegenständlichkeit das als seiend Angenommene erscheint, wie es sich phänomenal zeigt.[108] Von diesen unbezweifelbaren Erscheinungen ausgehend, erscheint das Bewusstsein als das Fundament, das die radikale Skepsis übersteht, und wird zum Ziel dieser phänomenologischen Reduktion Husserls. Dies lässt sich nun aber nicht als ein leeres *cogito* bezeichnen, sondern als ein wesenhaft intentionales Bewusstsein, dessen Inhalte als Inhalte des Bewusstseins unbezweifelbar sind.[109] Diese phänomenologische Reduktion Husserls auf ein reines Bewusstsein schließt eine Existenz einer dinglichen Welt von eigener Seinsart neben der Sphäre des reinen Bewusstseins aus, da ansonsten diese beiden Sphären von einem umfassenderen Seinsbegriff begründet werden müssten. Denn in der *Epoché* zeigt sich für Husserl, dass alles Seiende seinen Seinssinn und

---

[107] Vgl. Husserl, Ideen I (Hua III,1, 63): »*Die Thesis, die wir vollzogen haben, geben wir nicht preis, wir ändern nichts an unserer Überzeugung*, die in sich selbst bleibt, wie sie ist, solange wir nicht neue Urteilsmotive einführen: was wir eben nicht tun. Und doch erfährt sie eine Modifikation – während sie in sich verbleibt, was sie ist, *setzen wir sie gleichsam ›außer Aktion‹* […] *wir ›klammern sie ein‹*. […] *Die Thesis ist Erlebnis, wir machen von ihr aber ›keinen Gebrauch‹* […]. *Diese Umwertung ist Sache unserer vollkommenen Freiheit und steht gegenüber allen der Thesis* zu koordinierenden und in der Einheit des ›Zugleich‹ mit ihr unverträglichen *Denkstellungnahmen,* wie überhaupt allen Stellungnahmen im eigentlichen Wortsinne.«
[108] Vgl. Marx, Die Phänomenologie Edmund Husserls, 24–29.
[109] Vgl. Husserl, Ideen I (Hua III,1, 73 f.): »In ihrer Weise ist aber, nach dem vorhin Ausgeführten, die *modifizierte cogitatio* ebenfalls Bewußtsein, und von demselben wie die entsprechende unmodifizierte. Die allgemeine Wesenseigenschaft des Bewußtseins bleibt also in der Modifikation erhalten. Alle Erlebnisse, die diese Wesenseigenschaften gemein haben, heißen auch ›intentionale Erlebnisse‹ […]; sofern sie Bewußtsein von etwas sind, heißen sie auf dieses Etwas ›intentional bezogen‹.« Vgl. Fasching, Phänomenologische Reduktion und Mushin, 32 f.

seine Seinsgeltung aus dem intentional bewussten Erleben des Bewusstseins empfängt.[110] Um eine Verdinglichung zu vermeiden, geht Husserl im Verstehen des intentionalen Erlebens von dessen Funktion aus, Erlebnisse und Bewusstseinsgegenständlichkeiten zu konstruieren, so dass die subjektiven Erlebnisse ihre teleologische Erfüllung darin finden, objektive Seinseinheiten jeder Kategorie synthetisch zu ermöglichen.[111] Dabei nennt Husserl das Bewusstseinsmoment, das die sinngebende bzw. intentional formende Funktion ausübt, Noesis, während die Seinseinheiten, die mit dem Bewusstsein korrelieren, als Noemata bezeichnet werden, womit eben dieses Korrelationsverhältnis beschrieben wird.[112]

Dem Weg Husserls folgend, steht Welte aber ein anderes Ziel vor Augen, so dass seine Reduktion nicht auf das Bewusstsein, sondern auf das Denken abzielt. Bereits zu Beginn der Suche nach einem dem Gegenstand angemessenen methodischen Zugriff offenbarte sich seine Ablehnung des Objektivismus, was zugleich den ersten Schritt einer phänomenologischen Reduktion erkennen lässt. Denn es wird von der Philosophie als »Weise des Sehens und damit eine[r] Weise des Sichtbarwerdens dessen, was ist«, gesprochen und es geht darum, sich zu »wundern über das, was ist«, mit dem Ziel, »[h]eraus aus der Selbstverständlichkeit« der faktischen Welt und ihrer unmittelbaren, unkritischen Gegebenheit zu gelangen. So wird das Miteinander zum Phänomen, indem es sichtbar wird und sich zeigt, wodurch das Denken als Vernehmen und daher als der wesentliche Prozess eines philosophischen Zugangs seinen Ansatzpunkt findet und davon ausgehen kann.[113] Zudem findet sich bei Welte in seinem differenzierten Zugang zur Wirklichkeit dieselbe noetisch-noematische Unterschei-

---

[110] Vgl. Husserl, Ideen I (Hua III,1, 120): »*Alle realen Einheiten sind ›Einheiten des Sinnes‹.* Sinneseinheiten setzen […] *sinngebendes Bewußtsein voraus,* das seinerseits absolut und nicht selbst wieder durch Sinngebung ist. […] Realität und Welt sind hier eben Titel für gewisse gültige *Sinneseinheiten,* nämlich Einheiten des ›Sinnes‹, bezogen auf gewisse ihrem Wesen nach gerade so und nicht anders sinngebende und Sinnesgültigkeit ausweisende Zusammenhänge des absoluten, reinen Bewußtseins.«
[111] Vgl. Husserl, Ideen I (Hua III, 212 f.): »Doch die allergrößten Probleme sind die *funktionellen Probleme,* bzw. die der ›*Konstitution der Bewußtseinsgegenständlichkeiten*‹. […] ›*Funktion*‹ in diesem Sinn […] ist etwas ganz Einzigartiges, im reinen Wesen der Noesen Gründendes. Bewußtsein ist eben Bewußtsein ›von‹ etwas, es ist sein Wesen, ›Sinn‹, sozusagen die Quintessenz von ›Seele‹, ›Geist‹, ›Vernunft‹ in sich zu bergen.«
[112] Vgl. Janssen, Edmund Husserl, 77–81.
[113] Vgl. Welte, Soziologie der Religion, 2 f.

dung in der Struktur des Denkens, die in den Vorlesungen zur Soziologie bereits die Gegenstandsbetrachtung bestimmt und in den einleitenden Fragen der *Religionsphilosophie* – einer Einführung in Sinn und Wesen der Philosophie, die als Einleitung in die phänomenologische Methode einer Religionsphilosophie seinem systematischen Hauptwerk vorantseht – schließlich in der Anordnung und Gliederung der Abschnitte deutlich sichtbar ihren Niederschlag findet[114]:

»Selber-Denken – Zuerst muß gesagt werden, daß Philosophie nur sich selber erhellen und bestimmen kann. [...] daß philosophierend ein Mensch *selber denkt*. [...] Philosophie geschieht dort, wo ein Mensch selber denkt, aus seinem eigenen Vermögen, aus seiner eigenen Denkkraft, aus seinem eigenen Ursprung. Philosophie ist eine ausgezeichnete Form der Entfaltung von ursprünglichem menschlichem Denken.«[115]

»Selber-Denken« – darin besteht die noetische Dimension des Denkens, wobei der Ursprung dieses Gedankens Weltes sich im Prinzip des Selbstdenkertums der Katholischen Tübinger Schule findet, deren Charakteristik in Abgrenzung zur vorherrschenden Neuscholastik darin bestand, sich dem Denken ihrer Zeit geöffnet zu haben und auf dem Boden der neuzeitlichen Subjektivität zu stehen.[116] Die Begegnung der Tübinger Schule mit der Philosophie ihrer Zeit und die Art ihrer Auseinandersetzung mit Denkern wie Schleiermacher, Jacobi oder Hegel charakterisieren diesen Ausdruck des Selbstdenkens als ein inneres, originelles und schöpferisches Durchdenken der Prinzipien der damaligen Geisteswelt, bestimmt von einer Offenheit für die großen geistigen Aufbrüche bei gleichzeitiger eigentümlicher Selbstständigkeit.[117] Zugleich besteht darin, wie es sich ähnlich auch

---

[114] Klaus Kienzler hat in seinem Aufsatz zur Religionsphänomenologie bei Bernhard Welte sehr differenziert darauf aufmerksam gemacht und versucht, diese noetisch-noematische Struktur in Verbindung mit den drei Reduktionen Husserls bei Welte wiederzufinden. Die folgende Darstellung baut auf diesen Ausführungen von Kienzler auf, um ausführlicher auf die zugrundeliegende Struktur einzugehen, aber auch die inhaltlich-methodische Abgrenzung deutlicher hervorzuheben. Vgl. Kienzler, Religionsphänomenologie bei Bernhard Welte, 180–200.
[115] Welte, Religionsphilosophie, 19.
[116] Vgl. Kasper, Ein Blick auf die Katholische Tübinger Schule, 7 f.
[117] Als Beispiel dieser Auseinandersetzung der Katholischen Tübinger Schule mit dem Deutschen Idealismus kann die Dogmatik von Johannes von Kuhn gelten, der sich in der Einleitung differenziert dem Glauben und dem Subjekt des Glaubens zuwendet und das Verhältnis von Glaube bzw. Religion und Wissen besonders auch in Abgrenzung zu Schleiermacher exemplifiziert. Vgl. dazu Kuhn, Katholische Dogmatik/1, 251.

bei Hegel findet, keine autonome Konstruktion zufälliger menschlicher Einfälle bzw. kein Produkt einer Anstrengung des Geistes, sondern ein Denken aus Inspiration und Begeisterung, das sich rekonstruierend der Wirklichkeit zuwendet und sich von den Aufbrüchen der geschichtlich wirksamen Begeisterung dieser Zeit beeinflussen und in sie verorten lässt.[118]

Einen weiteren Hinweis liefern Weltes Interpretationen zu Meister Eckhart, an deren Anfang er seine hermeneutischen und methodischen Vorüberlegungen hinsichtlich des Verstehens der Texte des mittelalterlichen Meisters stellt. Darin zeigt er, dass dieses Textverstehen ein ontologisches Strukturmoment in sich trägt, so dass der Interpret am Überlieferungsgeschehen teilhat[119], weshalb nicht die Begriffe und Ideen Eckharts im Vordergrund stehen, sondern die Sachverhalte, die der Meister als erster gesehen und ausgedrückt hat, um sie als Leser in Gedanken selbst zu sehen, sie nach-zudenken und sie so selbst zu denken. Selber-Denken geschieht damit »als Phänomenologie, das heißt als ein Freilegen und Bergen des sich selber Zeigenden.«[120] Die hier zutage getretene, unverkennbare Nähe zu Heideggers Vorstellung von Phänomenologie und Denken zeigt sich auch noch im Verhältnis von Sein und Denken, das es im Anschluss noch genauer zu untersuchen gilt. In Absetzung zu Husserl bleibt aber festzuhalten, dass Welte eben nicht das Bewusstsein als das Konstituens des Seins erkennt, so dass alles Sein seinen Sinn und seine Seinsgeltung dem intentionalen vermeinenden Bewusstseinserleben verdankt, was sowohl die Welt als auch die einzelnen Gegenstände zum Bewusstseinskorrelat macht.[121]

Das führt uns zur noematischen Dimension in der Phänomenologie von Bernhard Welte, die im Ausdruck die »Sache des Denkens«[122] bzw. »zu den Sachen selbst«[123] ihre pointierte Konzentration

---

[118] Vgl. Welte, Zum Strukturwandel der katholischen Theologie im 19. Jahrhundert, 22–24.

[119] Vgl. Gadamer, Hermeneutik I. Wahrheit und Methode, 298: »Der Zirkel ist also nicht formaler Natur. Er ist weder subjektiv noch objektiv, sondern beschreibt das Verstehen als das Ineinanderspiel der Bewegung der Überlieferung und der Bewegung des Interpreten.«

[120] Vgl. Welte, Meister Eckhart, 33; vgl. dazu auch Enders, Abgeschiedenheit – der Weg ins dunkle Licht der Gottheit, 5 f.

[121] Vgl. Prechtl, Edmund Husserl zur Einführung, 73.

[122] Welte, Religionsphilosophie, 20.

[123] Welte, Über zwei Weisen des philosophischen Denkens und deren Folgen für die Religionsphilosophie, 115.

findet.¹²⁴ Im Begriff Noema verdichtet sich bei Husserl das phänomenologische Problem der Beziehung des Bewusstseins auf Gegenständliches, drückt sich doch darin aus, dass jedem intentionalen Erlebnis ein gegenständlich noematischer Sinn innewohnt, wobei es wichtig ist, diese Beziehung in ihrer Allgemeinheit nicht mit einer Bewusstseinsbeziehung auf wahrhaft seiendes Gegenständliches zu verwechseln. Denn, den gegenständlichen Sinn mit objektiven Ausdrücken wiedergeben zu können, indem sie das bewusste Gegenständliche beschreiben und angeben, wie es beschaffen ist bzw. welchen Gesetzmäßigkeiten es unterliegt, lässt jegliche subjektive Verengung ausgeschlossen sein.¹²⁵ Bei Welte von einer noematischen Dimension sprechen zu können hat seinen Grund in dieser hier beschriebenen allgemeinen Beziehung des Denkens auf die Sache, aber nicht ohne zugleich an den weit größeren Unterschied zu Husserl zu erinnern, dass nämlich Denken bei Welte eine lebendige Offenheit bedeutet. Denken ist also eine Begegnung von Mensch und Welt und zeichnet sich durch seine Gebundenheit an die Sache aus, die ihm »an Wahrheit oder an Sein aus den Gestalten der Welt entgegenkommt.« Wenn Denken nun in seinem Vollzug sich an der zu denkenden Sache orientiert, dann, weil es Denken »im Zuge des Zuspruchs von Wahrheit und Sein« ist, also sich als entschiedenes Denken nicht mit subjektiven selbstentworfenen Gestalten beschäftigt, sondern in der Sache selbst seinen objektiven Punkt findet, an den sich jedes Denken gebunden erfährt.¹²⁶ Derselbe Ausdruck, zu den »Sachen selbst«¹²⁷, findet sich zuerst bei Husserl und lässt sich als Grenzstein deuten, an

---

[124] Vgl. Kienzler, Religionsphänomenologie bei Bernhard Welte, 183–189.
[125] Vgl. Husserl, Ideen I (Hua III, 318–320): »[...] zu seinem Noema gehört eine ›Gegenständlichkeit‹ [...] mit einem gewissen noematischen Bestand, der sich in einer Beschreibung bestimmter Umgrenzung entfaltet, nämlich in einer solchen, die als *Beschreibung des ›vermeinten Gegenständlichen, so wie es vermeint ist‹*, alle ›subjektiven‹ *Ausdrücke vermeidet*. [...] Offenbar ist hiermit ein ganz *fester Gehalt in jedem Noema* abgegrenzt. Jedes Bewußtsein hat sein *Was* und jedes vermeint ›sein‹ Gegenständliches; es ist evident, daß wir bei jedem Bewußtsein eine solche noematische Beschreibung desselben, ›genau so, wie es vermeintes ist‹, prinzipiell gesprochen, müssen vollziehen können; wir gewinnen durch Explikation und begriffliche Fassung einen geschlossenen Inbegriff von formalen und materialen, sachhaltig bestimmten oder auch ›unbestimmten‹ [...] ›Prädikaten‹, und diese in ihrer *modifizierten Bedeutung* bestimmen den ›Inhalt‹ des in Rede stehenden Gegenstandskernes des Noema.« Vgl. dazu: Janssen, Edmund Husserl, 84.
[126] Vgl. Welte, Religionsphilosophie, 20 f.
[127] Husserl, Untersuchungen II/1 (Hua XIX/1, 10).

dem deutlich wird, wie sich und was die Phänomenologie von Husserl und Welte trennt. Denn wenn Husserl vom Zugang zu den Sachen selbst spricht, dann nicht von einzelnen Dingen der Außenwelt, sondern er leitet damit bereits zur Wesensschau über, der eidetischen Reduktion, um auf diese Weise das Wesen eines Gegenstandes in den Blick zu nehmen. Aufgrund der noetisch-noematischen Korrelation bei Husserl konstituieren die inneren Bewusstseinsakte die äußeren Gegenstände, so dass der intentionale Zugriff das anvisierte Objekt konstituiert – wie z.B. das Wahrnehmen das Wahrnehmbare – und jede Bewusstseinsart schließlich ihre eigene intentionale Struktur und damit ihre eigene Gegenstandswelt hat. Zuletzt erkennt Husserl schließlich in einer transzendentalen Reduktion das transzendentale Subjekt bzw. das transzendentale Ego, worin sich die Gesamtheit der Intentionalitätstypen verankert findet und sich somit als der primäre und ursprüngliche Konstitutionsgrund der Erfahrung und der Erkenntnis der Gegenstände erweist.[128] So sehr sich hier das Verhältnis zu den Sachen und zur Welt als ein unüberwindlicher Grenzwall zwischen der Phänomenologie Husserls und Weltes aufbaut, so verbindet sie doch das gemeinsame Ziel, das zu denselben Beobachtungen führt. Denn beide sind auf der Suche nach dem sich in verändernden Erscheinungen durchhaltenden Wesen bzw. nach dem wesentlichen Sein, so dass in diesem beschränkten Sinne auch von einer eidetischen Reduktion bei Welte gesprochen werden kann.[129] Wenn Kienzler zu-

---

[128] Vgl. Husserl, Cart. Med. (Hua I, 129 f.): »Ich, das reduzierte *Menschen-Ich* (psychophysische Ich), bin also konstituiert als Glied der *Welt*, mit dem mannigfaltigen *Außer-mir*, aber ich selbst in meiner Seele konstituiere das alles und trage es intentional in mir. Sollte sich gar zeigen lassen, daß alles als eigenheitlich Konstituierte, also auch die reduzierte *Welt* zum konkreten Wesen des konstituierenden Subjekts als unabtrennbare innere Bestimmung gehört, so fände sich in der Selbstexplikation des Ich seine eigenheitliche Welt als *drinnen* und andererseits fände das Ich, geradehin diese Welt durchlaufend, sich selbst als Glied ihrer Äußerlichkeiten und schiede zwischen sich und *Außenwelt*.«

[129] Vgl. Welte, Religionsphilosophie 22–25: »3. Das eigentliche Sein und die Tatsachen [...] Philosophierendes Denken geht dem Sein des zu Bedenkenden fragend nach und geht auf dieses Sein ein, das Sein des Seienden, das die Freiheit des Denkens anruft und bindet und sie in Verantwortung nimmt. [...] Was ist dies in seinem eigentlichen Wesen? [...] 4. Das wesentliche und das wesenlose Denken [...] Das Bedenken des Seins der zu bedenkenden Sache schließt die kritische Frage ein nach dem Unterschied zwischen dem eigentlichen und wesentlichen Sein und dem, was wir das uneigentliche und wesenlose nennen können. Schlösse das Denken des Seins diese Unterschiede nicht ein, dann verstände es sich als gebunden an die bloße Faktizität. [...] Indem es nach deren Sein und damit nach deren Wahrheit und Wesen fragt, fragt

letzt noch von einer transzendentalen Reduktion bei Welte ausgeht, dann verbindet diesen mit Husserl nur noch das Interesse an einer grundlegenden bzw. transzendentalen »Begründungsweise des philosophischen Denkens«, die dazu führt, dass ein phänomenologisches philosophisches Denken und Begründen unabschließbar bleibt und sich somit ihm auch kein abgeschlossener Gegenstand anbietet.[130] Wiederum erscheinen diese Differenzierungen von der Unterscheidung der noetischen und noematischen Dimension gekennzeichnet[131], was besonders noch für das Seinsverständnis Weltes Bedeutung haben wird.

3) Die Hermeneutik der Faktizität

Die epochale Bedeutung von Husserls Phänomenologie für Heidegger und damit auch für Welte wird in vielen Aussagen beider Denker deutlich, die in ehrfürchtiger Weise vom Vater der Phänomenologie sprechen bzw. ihm gegenüber von einer bleibenden Dankbarkeit reden. Denn schließlich besteht Husserls große Leistung darin, vielen Philosophen, darunter eben auch Heidegger und Welte, das phänomenologische Sehen gelehrt und gleichsam ihnen die Augen der Phänomenologie eingesetzt zu haben:

»Dieser Neuansatz [Husserls grundlegende Funktion der Relation; Anm. J. E.] wurde von Heidegger aufgenommen und radikalisiert. Darum sind alle grundlegenden Bestimmungen bei Heidegger Relationsbestimmungen. So die Bestimmung des In-der-Welt-Seins aus *Sein und Zeit*. Es ist dort die Grundbestimmung des menschlichen Daseins. So auch die erst später in dieser Schärfe entwickelte Bestimmung des Daseins, nämlich als des Da des Seins, d. h. als des Ortes seiner Erscheinung oder auch seiner Verbergung. Auch dies ist der Form nach eine relationale Bestimmung, und sie wird als grundlegend betrachtet. Und die mit solchen Worten angedeuteten Beziehungen sind bei Heidegger der Grund aller möglichen Formen des Denkens und überhaupt des Daseins.«[132]

---

es zugleich nach dem Unterschied des Wesentlichen gegen das Faktische, an dem das Faktische gemessen werden muß.«
[130] Vgl. Welte, Religionsphilosophie, 25–27.
[131] Vgl. Kienzler, Religionsphänomenologie bei Bernhard Welte, 189–200.
[132] Welte, Über zwei Weisen des philosophischen Denkens und deren Folgen für die Religionsphilosophie, 110.

»Gegenstand und Methode sind dasselbe« – Weltes Struktur des Denkens

Doch gelangte gerade Heidegger in der Anwendung der phänomenologischen Methode in einen fruchtbaren Zwiespalt, der sich in Distanz und Nähe ausformt.[133] Schon vor *Sein und Zeit* haben seine Ausführungen wenig mit Husserls Konstitutions- und Reduktionsanalysen zu tun. Aber er setzte sich intensiv auseinander mit dessen Devise, die Sachen selbst erscheinen zu lassen, besonders auch hinsichtlich seines Ansinnens, scheinbar überholte Philosophen auf eine neue, radikale Art zum Leben zu erwecken, um ihr Denken ursprünglich gegenwärtig zu machen.[134]

Welte geht nun mit Heidegger einen Schritt weiter auf dem Weg zur Relation als Anfang und Grundlage »aller Formen des Verstehens und des Verstandenen in der Welt der Menschen«[135], da sich in seiner Spur die Möglichkeit bietet, die Isolation sowohl des Subjekts als auch der Gegenstände endgültig zu überwinden und zu einem Primat der Ganzheit zu gelangen.[136]

Heideggers Husserl-Kritik, der sich Welte andeutungsweise in verschiedenen Abhandlungen anschließt, mag als hermeneutische Sehschule helfen, die Notwendigkeit genauso wie die Implikationen und Folgen einer relationalen Grundlegung besser verstehen zu können.[137]

---

[133] Vgl. Cristin, Phänomenologische Ontologie, 46.
[134] Vgl. Biemel, Martin Heidegger, 33.
[135] Welte, Über zwei Weisen des philosophischen Denkens und deren Folgen für die Religionsphilosophie, 110.
[136] Vgl. Großheim, Phänomenologie des Bewußtseins oder Phänomenologie des »Lebens«?, 131–133.
[137] Während Johannes Lorenz in seiner Studie zum Personverständnis bei Bernhard Welte dessen Methode und phänomenologische Grundhaltung von Husserls Lebenswelt und der an dieser orientierten Lebensintelligenz beeinflusst sieht, geht die vorliegende Untersuchung davon aus, dass Heideggers In-der-Welt-sein und dessen produktive, aber kritische Husserlrezeption methodisch den wesentlichen und entscheidenden Impetus darstellt. Vgl. Lorenz, Personsein, Freiheit und Verantwortung, 75–81.

a) Heideggers Husserl-Kritik[138]

»Vernünftig oder wissenschaftlich über die Sachen urteilen, das heißt aber, sich nach den *Sachen selbst* richten, bzw. von den Reden und Meinungen auf die Sachen selbst zurückgehen, sie in ihrer Selbstgegebenheit befragen und alle sachfremden Vorurteile beiseitetun.«[139]

»Zu den Sachen selbst« – dieser Ausdruck gilt als das Schlagwort der Phänomenologie und so verwundert es nicht, dass er sich bei Husserl, Heidegger und Welte findet und die drei Freiburger Philosophen in ihrer Grundintention verbindet, als Denkende sich an der Sache in ihrer Selbstgegebenheit zu orientieren, um auf diese Weise zu adäquater Einsicht und Erkenntnis bzgl. des Gegenstandes zu kommen. Doch wird gerade in der jeweiligen Auslegung und Ausdifferenzierung dieser Parole eine grundlegende Differenz deutlich, die besonders zwischen Husserls und Heideggers Konzeption einer Phänomenologie in Erscheinung tritt und auf Weltes Weg zu einer relationalen Ontologie einen hohen Stellenwert hat. Der Weg der Reduktionen, den Husserl in seiner phänomenologischen Methode einschlägt, um die Sache unverstellt hervortreten zu lassen, offenbart als Ziel, in dieser phänomenalen Erscheinung der Sache ihre Anschauung als Erkenntnisgrund zu sichern, so dass die Sorge um adäquate und gesi-

---

[138] Mit dieser Darstellung der Kritik Heideggers an Husserls Phänomenologie soll keineswegs ein endgültiges und maßgebendes Urteil über Husserls Theorie gesprochen sein, sondern sie soll als eine Interpretation verstanden werden, deren Verlässlichkeit aufgrund von verschiedenen Ursachen in Frage gestellt wurde – sei es die begrenzte textliche Grundlage oder die Intention, sich bewusst in eigener Originalität von seinem Lehrer abzugrenzen. Sie hat aber eine unglaubliche Wirkmächtigkeit entwickelt und zeigt sich als die am meisten verbreitete Kritik und somit ungemein einflussreich, so dass in einer Auseinandersetzung mit Husserl kaum jemand an Heidegger vorbeigehen kann. Diese Bedeutung von Heideggers Interpretation beeinflusst auch Weltes Beschäftigung mit Husserl, der weder eine umfangreiche Kritik noch eine intensivere Auseinandersetzung vorlegt, sondern hauptsächlich Husserls Phänomenologie als eine Station einer Geistesgeschichte darstellt, die ihre Weiterentwicklung in Heideggers Hermeneutik findet. Um diese enge Verbindung Weltes mit Heidegger vor allem in ihrem methodischen Vorgehen zum Ausdruck zu bringen, setzt die vorliegende Untersuchung bei der Kritik Heideggers an Husserl an, um aufzuzeigen, dass Welte diesen Schritt mit Heidegger vollzieht. Deshalb wird nicht nur auf eine Beschäftigung mit weiteren kritischen Interpretationen verzichtet, sondern vor allem auch von den Husserlinterpretationen Abstand genommen, die aufgrund der jüngeren Veröffentlichungen aus seinem Nachlass Heideggers Kritik fragwürdig erscheinen lassen wollen. Vgl. dazu Zahavi, Phänomenologie und Transzendentalphilosophie, 96–99; vgl. Zahavi, Der Sinn der Phänomenologie, 109–119.

[139] Husserl, Ideen I (Hua III,1, 41).

cherte Erkenntnis als primäres Ziel die Sache selbst in den Hintergrund drängt.[140] So liegt der Maßstab des phänomenologischen Sehens für Husserl auch nicht in der Sache, sondern inwieweit das Sichzeigen eine adäquate Erkenntnis garantieren kann.[141] Wenn nun in der phänomenologischen Betrachtung die reale Existenz und die Beschaffenheit eines Gegenstandes zurückgedrängt wird, um sich an der Wahrnehmung als subjektivem Bewusstseinsakt zu orientieren, hat das zur Folge, dass die Phänomenologie den inhärenten Gegenstands- und Realitätsbezug ausschließt und sich in Distanz zur untersuchten Sache positioniert, so dass Husserl auf dem Selbstbesitz des Denkenden in strenger methodischer Kontrolle beharrt, was schließlich eine gewisse Distanz zur Wirklichkeit bedeutet. Die Schranke zwischen realer und subjektiver Welt hindert Husserl in seiner Sorge um die Sicherung der Erkenntnis daran, zu den Sachen selbst vorzudringen und lässt ihn im subjektiven Bewusstsein stehen bleiben.[142] Während sich bei Husserl eine Reduktion auf das Interesse an der Gewissheit der Erkenntnis zeigt, was als ein formales Kriterium bezeichnet werden kann, versucht Heidegger das materiale Kriterium zu stärken, indem er angibt, dass »die in Frage kommende Erfahrungswelt *selbst befragt* wird«[143] und »aus *konkreten Erfahrungen* heraus das *Dasein* als solches zu sehen und kategorial zu bestimmen«[144] ist. So wird auch die Strenge der Methode von Heidegger material als ein Ausgehen von der faktischen Lebenswelt und von der wirklichen Lebens-

---

[140] Dabei zeigt sich die Kritik Heideggers an seinem Lehrer, die er in seinen frühen Vorlesungen zum Ausdruck bringt, kaum direkt an Husserl gerichtet. Doch wird zweifellos schon zu Beginn seiner Vorlesungstätigkeit deutlich, wie Heidegger die transzendental-phänomenologischen Grundlagen Husserls in Frage stellt, denen es seiner Ansicht nach nicht gelingt, den Herausforderungen der Gegenwart gerecht zu werden und das faktische bzw. vortheoretische Leben selbst in seinem eigentlichen Sein zu verstehen. Dies kommt besonders zum Ausdruck in seiner Vorlesung *Einführung in die phänomenologische Forschung* aus dem WS 1923/24. Vgl. Heidegger, Einführung in die phänomenologische Forschung, 57–107; vgl. Gander, Phänomenologie im Übergang, 297–300.
[141] Vgl. Husserl, Ideen I (Hua III,1, 51): »*Am Prinzip aller Prinzipien: daß jede originär gebende Anschauung eine Rechtsquelle der Erkenntnis sei, daß alles, was sich uns in der ›Intuition‹ originär,* (sozusagen in seiner leibhaften Wirklichkeit) *darbietet, einfach hinzunehmen sei, als was es sich gibt, aber auch nur in den Schranken, in denen es sich da gibt,* kann uns keine erdenkliche Theorie irre machen.«
[142] Vgl. Eilebrecht, Der Rückgang zu den Sachen selbst zwischen Hegel, Husserl und Heidegger, 87 f.
[143] Heidegger, Grundprobleme der Phänomenologie (1919/20), 92.
[144] Heidegger, Einführung in die phänomenologische Forschung, 276.

»Ontologische Besinnung« – Weltes Miteinander

situation interpretiert, womit er zugleich einer Methodenstrenge analog zur Mathematik bzw. zur Naturwissenschaft eine Absage erteilt, ohne aber damit in eine reine Willkürlichkeit zu verfallen.[145] Diese materiale Priorität Heideggers entspringt dem Vorrang des Gegenstandes in seiner Ausgangssituation, wodurch die Phänomenologie von wirklicher menschlicher Lebenserfahrung ausgeht und sich nicht an einem künstlichen Konstrukt orientiert, da sie ansonsten philosophisch unerheblich würde. Denn in der Vorherrschaft des formalen Kriteriums bzw. der Frage nach der Erkenntnisart äußert sich für Heidegger eine sachunangemessene Sorge[146], die als Filter nur bestimmte, der Erkenntnis entsprechende Gegenstände zulässt und darum nicht das gesamte menschlichen Dasein in den Blick nimmt[147], was eine unphänomenologische Reduktion des Materials nach sich zieht und somit für Heidegger den ursprünglichen Grundsatz der husserlschen Phänomenologie verletzt.[148] Welte und Heidegger verbinden sich hier sowohl in der Kritik, die sie üben, als auch in dem Ziel, das sie verfolgen:

»Denken ist wesentlich ein Vernehmen. [...] Intelligendo lesen wir weder Buchstaben noch abstrakte Begriffe und Formeln, sondern wir lesen im Sein, dessen was ist selbst und lesen es selbst auf. [...] Die Entfaltung im

---

[145] Vgl. Heidegger, Grundprobleme der Phänomenologie (1919/20), 137: »Die ›Strenge‹ der Methode hat nichts zu tun mit rationalistischer Exaktheit der Naturwissenschaft. ›Strenge‹ betrifft nicht logisches Beweisen und unwiderlegliches Argumentieren, restloses Aufgehen der Rechnung oder gar mathematische Klarheit der Begriffe; ›streng‹: ›angestrengt‹ – rein hingegeben den echten Lebenssituationen; aber auch nach der anderen Seite gesehen: nicht Mystik und Mystizismus, keine willkürlichen Verstiegenheiten und schwächlichen Ahndungen!!«

[146] Vgl. Heidegger, Einführung in die phänomenologische Forschung, 102: »Aber im eigensten Sinne dieser Philosophie sieht man diesen Ruf aus einer Sorge erwachsen, die sachunangemessen ist. Dieser Ruf ist nichts anderes als die Aufforderung, sich an die Sorge um *Allverbindlichkeit* in entscheidender Weise zu verlieren, nur die darin vorgezeichneten Sachen sich zu vergegenwärtigen, so daß dieser scheinbar ganz selbstverständliche Ruf ›zu den Sachen selbst‹ die viel *fundamentalere Möglichkeit* außerhalb des Gesichtskreises liegen läßt, *das Seiende so frei zu geben*, daß lediglich die entsprechende Würdigkeit des Seidenden, befragt zu werden, darüber entscheidet, was primär Gegenstand der Philosophie ist.«

[147] Vgl. Heidegger, Einführung in die phänomenologische Forschung, 90 f.: »In dieser Sorge um die absolute Sicherung der Norm und zugleich um Ausbildung einer echten Gesetzlichkeit kommt es gar nicht zur Aufgabe der Betrachtung menschlichen Daseins selbst. [...] *Das Versäumte ist das eigentliche Besorgte: menschliches Dasein.*«

[148] Vgl. Großheim, Phänomenologie des Bewußtseins oder Phänomenologie des »Lebens«?, 103–105.

»Gegenstand und Methode sind dasselbe« – Weltes Struktur des Denkens

Denken muss sich nicht aus dem Phänomen heraus, sondern ins Phänomen hinein entfalten.«[149]

Beide Denker zielen dabei auf ein Versenken in die Sache und so auf eine radikale Art des »zu den Sachen selbst«, die sich nicht aufgrund ihres Erkenntnisstrebens der Sache zuwendet, sondern, da die Sache nach ihrem eigenen Seinssinn fragwürdig ist[150] und das Denken zu fragen herausfordert, das Denken von der Sache her geschieht[151], was in seiner Bedeutung und seinen Implikationen im folgenden Kapitel zur Diskussion stehen wird.

Seinen Ursprung findet diese Abgrenzung in grundlegenderen erkenntnis- bzw. wissenschaftstheoretischen Differenzen, in denen sich die cartesianische Orientierung Husserls[152] von der aristotelischen Ausrichtung Heideggers bzw. Weltes unterscheidet. Dieser aristotelische Einfluss basiert auf einem Grundsatz aus der *Nikomachischen Ethik*, wonach die Natur des Gegenstandes die zu erwartende Präzision in der wissenschaftlichen Erschließung vorschreibt und eben nicht ein beliebig übertragbares Modell von Wissenschaftlichkeit.[153] Damit wird für die Wissenschaft das »aus der Sache selbst ge-

---

[149] Welte, Soziologie der Religion, 3 f.
[150] Vgl. Heidegger, Einführung in die phänomenologische Forschung, 76 f.: »Wenn die Antwort verschwindet und damit gewissermaßen den *Weg zum Seienden* freimacht, *bleibt es beim Fragen*. Die Antwort schlägt ins Fragen zurück. In diesem Zurückschlagen dieses Fragens in immer neues Fragen konstituiert sich das, was wir *Fraglichkeit* nennen. [...] Von diesen möglichen Weisen des Antwortens und der Antworttendenz ist jeder Frageansatz, jede Zugangsbildung bestimmt.«
[151] Welte orientiert sich bei seinen Hinweisen auf die Phänomene und die Phänomenalität sehr stark an Heideggers *Sein und Zeit*, so dass die beiden Meßkircher Denker sich in den Formulierungen beinahe gleichen. Vgl. dazu Welte, Soziologie der Religion, 3 f.; vgl. Heidegger, Sein und Zeit, 34 f.
[152] Der cartesianische Zweifel und die daraus entwickelte absolute, selbst erfassende Evidenz und damit der Rückgang auf das Subjektive stellt sich als wegweisende Entdeckung dar, in deren Tradition Husserl stand und sich als der Abschluss einer Geschichte des Denkens zeigt, die Descartes begründet hat. (Vgl. Husserl, Ideen I (Hua III,1, 60–69); vgl. Husserl, Die Idee (Hua II, 7–10); vgl. dazu Rese, Phänomenologie und Skeptizismus bei Husserl und Heidegger, 77–80.) Selbst in den *Cartesianischen Meditationen*, in denen Husserl Descartes' Fehler kritisch bespricht, ändert sich nichts an seiner Verehrung für die Wendung des Denkens »vom naiven Objektivismus zum transzendentalen Subjektivismus«. (Husserl, Cart. Med. (Hua I, 46).) Vgl. dazu Janssen, Edmund Husserl, 66.
[153] Vgl. Aristot. EN A, 1, 1094b, 19–27: »ἀγαπητὸν οὖν περὶ τοιούτων καὶ ἐκ τοιούτων λέγοντας παχυλῶς καὶ τύπῳ τἀληθὲς ἐνδείκνυσθαι, καὶ περὶ τῶν ὡς ἐπὶ τὸ πολὺ καὶ ἐκ τοιούτων λέγοντας τοιαῦτα καὶ συμπεραίνεσθαι. τὸν αὐτὸν δὴ τρόπον καὶ ἀποδέχεσθαι χρεὼν ἕκαστα τῶν λεγομένων· πεπαιδευμένου γάρ ἐστιν ἐπὶ

schöpfte und in Anmessung an sie ausgebildete Fragekönnen«[154] entscheidend, so dass nicht freigewählte Theoreme und beliebige Theorien die Methode bilden, sondern der Gegenstand eine spezifische Erschließungs- bzw. Auslegungsart erkennen lässt, die der durch das Erkenntnisziel vorgegebenen Struktur und dem Sachbereich der wissenschaftlichen Betrachtung entspricht.[155] So wird einer vom Sachzusammenhang unabhängigen Rationalität von Seiten Heideggers[156] und Weltes[157] eine Absage erteilt.[158]

»*Bewußtsein* als das *absolute Sein* dasjenige Sein, in dem jedes mögliche andere Sein sich bekundet, das im Bewußtsein die Möglichkeit hat, sich an ihm selbst zu zeigen.«[159]

Wenn Heidegger mit diesen Worten den von Husserl angestrebten Bewusstseinsbegriff auf den Punkt bringt, dann betont er die Intentionalität des Bewusstseins, von der ausgehend das Bewusstsein durch die phänomenologische Reduktion und Reflexion alle objektive Geltung einklammert und sich in reiner absoluter Subjektivität setzt[160], und zwar als egologische Subjektivität, die sich als transzendentales Ich bewusst wird und dabei das mundane Ich inhibiert. Diese Reduktion auf das reine Bewusstsein als den transzendentalen Ur-

---

τοσοῦτον τἀκριβὲς ἐπιζητεῖν καθ' ἕκαστον γένος, ἐφ' ὅσον ἡ τοῦ πράγματος φύσις ἐπιδέχεται παραπλήσιον γὰρ φαίνεται μαθηματικοῦ τε πιθανολογοῦντος ἀποδέχεσθαι καὶ ῥητορικὸν ἀποδείξεις ἀπαιτεῖν.«

[154] Heidegger, Die Grundbegriffe der antiken Philosophie, 29.

[155] Vgl. Heidegger, Zur Bestimmung der Philosophie, 181: »Idee der Urwissenschaft – wissenschaftliche Philosophie. *Prinzipielle Kritik* – solche der Methode der wissenschaftlichen Gegenstandsbestimmung überhaupt. Methode ist nicht etwas, was willkürlich einem Gegenstandsgebiet aufgepreßt wird, sondern was seinem Strukturgehalt nach dem Erkenntnisziel sowohl wie der regionalen Grundartung des Erkenntnisfeldes in seiner Bestimmtheit entwächst.«

[156] Vgl. Heidegger, Die Grundbegriffe der antiken Philosophie, 242: »Man darf nicht a priori ein Erkenntnisideal aufstellen. Mit jeder Erkenntnisart muß zugleich das Seiende umgrenzt werden, das durch sie zugänglich wird.«

[157] Vgl. Welte, Soziologische Grundbegriffe zum Verständnis des Christentums als Kirche, 34.

[158] Vgl. Großheim, Phänomenologie des Bewußtseins oder Phänomenologie des »Lebens«?, 106–108.

[159] Heidegger, Einführung in die phänomenologische Forschung, 262.

[160] Vgl. Husserl, Philosophie II (Hua VIII, 427): »*Ich, der ich bin, lebe ein verborgenes, aber jederzeit thematisch zu eröffnendes Leben, ein absolutes Leben, ein Leben als Strom des Bewußtseins-von* ... Aber in diesem Bewußtsein-von ... habe ich nur in der phänomenologischen Reflexion ›und‹ Reduktion ein Absolutes (nämlich ein solches, das selbst Bewußtsein-von ... ist) zum Thema.«

»Gegenstand und Methode sind dasselbe« – Weltes Struktur des Denkens

sprung absoluten Seins verhindert also die Erkenntnis, dass dieses menschliche Leben in Beziehungen mit und aus der Welt die Selbsterfahrung konstituiert. Denn die lebensweltliche Situation wird nicht genug berücksichtigt, obwohl sie für die Struktur der phänomenologischen Reduktion von einmaliger Bedeutung ist. Dies findet dann bei Heideggers Kritik seinen Höhepunkt in der Aussage, dass Husserl von vornherein methodisch seine Phänomenologie an eine »*leere[n] und dabei phantastische[n] Idee von Gewißheit*«[161] bindet, weshalb seine Bemühungen bei der Sicherung und Begründung einer absoluten Wissenschaftlichkeit stehen bleiben.[162] Ein konstruktives Ergebnis dieser Kritik Heideggers lässt sich pointiert in der Erweiterung der Sorge erkennen, wonach es nun nicht mehr »um erkannte Erkenntnis«[163] geht, sondern der Fokus darauf gerichtet ist, dass Wissenschaft als ein erkennendes Verhalten des Menschen angesetzt wird und so der Begriff des »In-der-Welt-seins« grundlegende Bedeutung bekommt. Denn Heidegger geht es mit dieser Sorgestruktur um einen Einspruch gegen die allgemeine Verbindlichkeit eines Erkenntnismaßes, so dass er von der ontischen Vergegenständlichung, die in der theoretischen wissenschaftlichen Einstellung geschieht, Abstand nimmt, um grundlegender anzusetzen und so die wissenschaftliche Erkenntnisintention und den sie konstituierenden Vollzug, also die Existenzweise bzw. die Lebensform, deutlich zu berücksichtigen. Diese wiederum kann in ihrer lebensweltlichen Komplexität nur angemessen bestimmt werden aus einer phänomenologischen Betrachtung der Seinsart des Menschen. Für Heidegger verstellt Husserl gerade den phänomenologischen Zugang zur Frage nach dem menschlichen Erkennen als der spezifischen Art seines Seins in der Welt. Die Immanenz des husserlschen Selbstverständnisses versucht Heidegger dadurch aufzubrechen, dass seine Erkenntnisintention in der Sorge als erkennende Haltung bzw. Existenzweise grundgelegt wird. Damit werden neben den explizit leitenden Ideen auch die le-

---

[161] Heidegger, Einführung in die phänomenologische Forschung, 43.
[162] Vgl. Heidegger, Einführung in die phänomenologische Forschung, 72: »Es kommt Husserl darauf an, die wissenschaftliche Tendenz der Naturwissenschaft radikal zu Ende zu bringen. Mit der Aufnahme der Kritik als einer Klärung der Probleme hat sich die Kritik *für* die wissenschaftliche Tendenz des Naturalismus entschieden. Sie vollzieht sich in einer *Reinigung*, so, daß alle Momente herausgeworfen werden, die die Gewinnung einer *absoluten Evidenz* und *Gewißheit* gefährden können. Diese Reinigung der Tendenz ist ihre Verabsolutierung.«
[163] Heidegger, Einführung in die phänomenologische Forschung, 61.

bensweltlichen Überzeugungen als impliziter Voraussetzungshorizont miteinbezogen, was letztlich eine Transzendierung von Husserls Ansatz bedeutet.[164]

Ausgehend von dieser Kritik geben besonders zwei Ansprüche Weltes und deren Implikationen Anlass, den Weg zu einer methodischen Grundlage im welteschen Denken mit Heidegger weiterzugehen. Zuerst der aus seiner Betrachtung der Phänomenalität der Phänomene hervorgehende Ansatz, dass nicht nur die Bereiche von Phänomenologie und Ontologie zusammenfallen, sondern Phänomenologie wirklich Ontologie ist und umgekehrt Ontologie auch Phänomenologie.[165] Weiterhin findet sich in dieser Kritik Heideggers der Ansatz zu einer Radikalisierung der relationalen Theorie Husserls, da sich nun alle grundlegenden Bestimmungen als Relationsbestimmungen zeigen und die Bestimmung des In-der-Welt-seins als die Grundbestimmung des menschlichen Daseins nicht nur formal, sondern auch material relational deutlich wird und dadurch keine Vergegenständlichung durch das Bewusstsein einsetzt.[166] Hier wird endgültig deutlich, dass die Kategorie des Verhältnisses keine anthropologische, sondern eine ontologische Basiskategorie darstellt, so dass für alles, was in der Welt ist, hinsichtlich seines Daseins Verbindungen und Beziehungen angegeben werden können und somit alles im Verhältnis einer Interdependenz zu anderem in der Welt steht. Verhältnis- und Beziehungslosigkeit wäre definiert als Nichtsein. Diese relationale Konstitution beschränkt sich aber nicht nur auf die existentiale Grundsituation des Menschen, sondern bestimmt auch den praktischen Daseinsvollzug, so dass der Mensch sich immer verhalten kann, ein Verhältnis hat und auf seine Verhältnisse wiederum Bezug nehmen kann.[167]

---

[164] Vgl. Gander, Selbstverständnis und Lebenswelt, 187–191.
[165] Vgl. Welte, Phänomenologie der Religion, 18; vgl. Heidegger, Sein und Zeit, 38: »Ontologie und Phänomenologie sind nicht zwei verschiedene Disziplinen neben anderen zur Philosophie gehörigen. Die beiden Titel charakterisieren die Philosophie selbst nach Gegenstand und Behandlungsart. Philosophie ist universale phänomenologische Ontologie, ausgehend von der Hermeneutik des Daseins, die als Analytik der *Existenz* das Ende des Leitfadens alles philosophischen Fragens dort festgemacht wird, woraus es *entspringt* und wohin es *zurückschlägt*.«
[166] Vgl. Welte, Über zwei Weisen des philosophischen Denkens und deren Folgen für die Religionsphilosophie, 110.
[167] Vgl. Höhn, Zeit und Sinn, 140.

b) Erfahrung als existentielle Ergänzung des Denkens

In Anlehnung an die *Epoché* Husserls lässt sich bei Welte eine phänomenologische Reduktion auf das methodische Grundprinzip erkennen, die als Ergebnis das Selber-Denken präsentiert. Diese philosophische Beschränkung auf das Denken scheint zunächst eine gewisse Ähnlichkeit mit Hegels Diktum von der Identität zwischen Denken und Sein zu haben, was besagt, dass die ganze Natur eine ideale Seinsweise besitzt bzw. als das objektive Sein, als Moment im Denken des allumfassenden Subjekts existiert.[168] Dieser Grundansatz Hegels besitzt für Welte Geltung, insofern er sich auf das reine Denken bezieht, während für die endlichen Subjekte, die kein reines Denken besitzen, eine Ergänzung vonnöten bleibt.[169] Denn das menschliche

---

[168] Vgl. Hegel, Logik II (GW 12, 57): »*Das Subject ohne Prädicat* ist was in der Erscheinung, *das Ding ohne Eigenschaften*, das *Ding-an-sich* ist, ein leerer unbestimmter Grund; es ist so der *Begriff in sich selbst*, welcher erst am Prädicate eine Unterscheidung und Bestimmtheit erhält; dieses macht hiemit die Seite des *Daseyns* des Subjects aus. Durch diese bestimmte Allgemeinheit steht das Subject in Beziehung auf äusserliches, ist für den Einfluß anderer Dinge offen, und tritt dadurch in Thätigkeit gegen sie. *Was da ist*, tritt aus seinem *In-sich-seyn* in das allgemeine Element des Zusammenhanges und der Verhältnisse, in die negativen Beziehungen und das Wechselspiel der Wirklichkeit, was eine *Continuation* des Einzelnen in andere, und daher Allgemeinheit ist.« Vgl. Sarlemijn, Hegelsche Dialektik, 166.

[169] Diese Absetzung und Einschränkung formuliert Welte am deutlichsten in seiner Interpretation von Hegels reinem Denken und seines absoluten Begriffs, worin er sich intensiv mit Identität bei gleichzeitiger Nichtidentität auseinandersetzt. (Vgl. Welte, Hegels theologischer Gedanke, 60–70.) Welte ist sich bewusst, dass er sich mit dieser Ergänzung zu Hegel abgrenzt, da für Hegel diese Identität zwar ein Ideal für die Erkenntnis des individuellen Einzelnen darstellt, aber für ihn nicht gegen eine objektive Gegebenheit spricht. Denn die Annahme der Möglichkeiten einer adäquaten Erkenntnis setzt die Identität zwischen dem Einzelnen und dem Allgemeinen als eine Objektivität voraus, als die objektive Voraussetzung zur Verständlichkeit der Realität (Vgl. Hegel, Logik II (GW 12, 18f.): »Wie er aber im Denken ist, so ist er erst *an und für sich;* wie er in der Anschauung oder Vorstellung ist, ist er *Erscheinung;* das Denken hebt seine *Unmittelbarkeit*, mit der er zunächst vor uns kommt, auf, und macht so ein *Gesetztseyn* aus ihm; diß sein *Gesetztseyn* aber ist sein *An- und Fürsichseyn*, oder seine *Objectivität*. Diese Objectivität hat der Gegenstand im Begriffe, und dieser ist die Einheit des Selbstbewußtseyns, in die er aufgenommen worden; seine Objectivität oder der Begriff ist daher selbst nichts anderes, als die Natur des Selbstbewußtseyns; hat keine andere Momente oder Bestimmungen, als das Ich selbst.«). Diese Identität bildet schließlich den subjektiven Begriff, das absolute Ich als Voraussetzung aller denkbaren Wirklichkeit, wovon die Wissenschaft die Realität ableiten kann (Vgl. Hegel, Logik II (GW 12, 21f.): »Das abstrahirende Denken ist daher nicht als blosses Auf die Seite-Stellen des sinnlichen Stoffes zu betrachten, welcher dadurch in seiner Realität keinen Eintrag leide, sondern es ist vielmehr das Aufheben und die Reduction

»Ontologische Besinnung« – Weltes Miteinander

Denken ist Denken eines Denkenden bzw. eines denkenden Seienden und sein Gedachtes bleibt ein gedachtes Seiendes, so dass Welte das eigene Sein als Bedingung der Möglichkeit eines Denkens sieht. Daher trägt und begründet die Ebene des Seins die des Denkens. Denn auch wenn das Sein vom Denken durchdrungen, umfangen und identifiziert wird, so zeigt sich im endlichen menschlichen Bereich das Sein als das Ursprüngliche, das in Differenz zum Denken verbleibt und als das Ursprünglichere nicht von ihm abgeleitet werden kann. So verbleibt das Denken im endlichen Bereich an das eigene und an das fremde Sein verwiesen, das durch die Entfaltung des Denkens auch nicht aufgehoben werden kann, so dass für die endlichen Individuen die umfassende Identität des Geistes mit dem Sein immer von einer unaufhebbaren Nicht-Identität begründet ist. Dementsprechend lassen sich hier zwei Grundmodi der Identität erkennen: So wird der Mensch als Denker, Liebender und Wollender usw. das Andere, so dass dieses Andere die Substanz und die Wirklichkeit der eigenen Gedanken und damit die Wirklichkeit des eigenen Seins ist.[170] Zugleich bleibt eine grundlegendere Nichtidentität bestehen, da das Ich niemals in demselben ontologischen Modus das Andere werden kann. Denn einerseits wird es selbst als Ich nicht, sondern ist, und andererseits kann der gedachte Gegenstand als Gedanke nicht in demselben Modus mit dem Gedanken identisch sein, in dem er mit sich selbst identisch ist. Diese Differenz fasst Welte terminologisch in die Unterscheidung von ontologischer und ontischer Identität, so dass das Seiende mit seinem Logos im Denken ontologisch identisch wird, während es ontisch an sich selbst zurückgebunden bleibt. Dabei zeigen sich diese beiden Ebenen wechselseitig aufeinander verwiesen,

---

desselben als blosser *Erscheinung* auf das *Wesentliche*, welches nur im *Begriff* sich manifestirt. [...] die Philosophie soll keine Erzählung dessen seyn, was geschieht, sondern eine Erkenntniß dessen, was *wahr* darin ist, und aus dem Wahren soll sie ferner das begreiffen, was in der Erzählung als ein blosses Geschehen erscheint.«). Hegel zielt darauf ab, objektive Bedingungen für die individuelle Erkenntnis zu beschreiben und so die Voraussetzung jeglicher Wissenschaft zu schaffen, nämlich die Möglichkeit, die Realität in einer idealen Synthese zusammenzufassen. Deshalb muss die Synthese, das absolute Ich, nicht nur im objektiven Ganzen bestehen, sondern die Realität stellt sich von ihr abgeleitet dar, um so eine Bedeutung und Beziehung der Synthese für die Erfahrungswelt annehmen zu können. Vgl. Sarlemijn, Hegelsche Dialektik, 166 f.

[170] Vgl. Thomas von Aquins Seelenlehre: »[...] hoc autem est anima, quae ›quodam modo est omnia‹ quodam ut dicitur in III De anima: in anima autem est vis cognitiva et appetitiva«. (Thom. De ver. 1, 1 co.)

indem die ontische Ebene die ontologische begründet und zudem die ontologische die ontische und damit alles Seiende umfasst und offenbar macht, womit »Sein im ersten Ursprung Geist ist, da es ja je und je im Geiste zu sich kommt.«[171]

Welte sieht bei Hegel sehr wohl die ontische Ebene berücksichtigt, indem dieser die beobachtende und als solche hinnehmende Vernunft bespricht[172], doch letztlich erscheint alles nur aus der umfassenden Ebene des Ontologischen entfaltet, was sich auch hinsichtlich dieses Aspekts bestätigt.[173] Der Freiburger Religionsphilosoph sieht daher das Sein nicht an sich selbst entwickelt, weshalb er auf diese Einseitigkeit im Denken Hegels hinweist, in dem zwar die geistige Grundstruktur alles Seienden richtig gezeigt wird, aber die Differenz zwischen ontischer und ontologischer Identität unklar und zweideutig bleibt.[174] Deshalb plädiert Welte für eine notwendige Ergänzung

---

[171] Vgl. Welte, Hegels Begriff der Religion – sein Sinn und seine Grenze, 17–19.

[172] Vgl. Hegel, PG (GW 9, 137–192).

[173] Denn indem sich die beobachtende Vernunft als leblose Wirklichkeit zu verstehen sucht, kehrt sie zu ihrem anfänglichen Streben zurück, das eben darin besteht, sich als anorganische Wirklichkeit zu finden. Denn der Versuch der Gewissheit der Vernunft, sich selbst als gegenständliche Wirklichkeit zu finden, erweist sich als eine Konsequenz des Grundsatzes von Hegels Phänomenologie des Geistes, nach dem die Vernunft die Gewissheit des Bewusstseins ist, alle Realität zu sein: »Die Vernunft hat daher itzt ein allgemeines *Interesse* an der Welt, weil sie die Gewißheit ist, Gegenwart in ihr zu haben, oder daß die Gegenwart vernünftig ist.« (Hegel, PG (GW 9, 137).) Daher kann der Vernunft auch die gegenständliche Wirklichkeit nicht völlig fremd sein. Die Bestimmung der Vernunft als kategoriale Einheit von Bewusstsein und Gegenstand, von Denken und Sein, wird durch die Beobachtungsperspektive erschlossen und zugleich wird dadurch die Notwendigkeit deutlich, diese Anfangsstufe zu überschreiten. Indem die Vernunft sich in diesem äußersten Gegensatz ausspricht, wird sie fähig, diesen Gegensatz zu umgreifen und in ihren Selbstbezug aufzunehmen. Dadurch ist die Vernunft fähig, diesen Selbstbezug als Einheit mit ihrer Andersheit zu gestalten: »[…] das Bewußtseyn will sich nicht mehr *unmittelbar finden*, sondern durch seine Thätigkeit sich selbst hervorbringen. *Es selbst* ist sich der Zweck seines Thuns, wie es ihm im Beobachten nur um die Dinge zu thun war.« (Hegel, PG (GW 9, 191).) Vgl. Schmidt, »Geist«, »Religion«, und »absolutes Wissen«, 50 f.; vgl. Stekeler-Weithofer, Hegels Phänomenologie des Geistes/1, 813–816.

[174] Welte verweist hier auf die Hegel-Kritik Kierkegaards, die auf den kritischen Punkt hinweist, dass durch das eine Vermittlungsgeschehen jener Dialektik die Positivität der Erfahrung, die Existenzwirklichkeit des jeweils Einzelnen und die Kategorie des Sprungs, die sich als der entschiedenste Protest gegen die Hegelsche Methode zeigt, verdeckt wird: »[…] wie der Sprung als die Entscheidung schlechthin (κατ' ἐποχήν) nach Meinung des Verfassers gerade für das Christliche und für jede dogmatische Bestimmung entscheidend ist, was sich weder durch die Schellingsche intellektuelle Anschauung noch durch das gewinnen läßt, was Hegel […] an die Stelle setzen

der hegelschen Grundkonzeption, weshalb der Bereich der Erfahrung und des Empirischen als der Bereich des nicht logisch ableitbaren ontischen Daseins Beachtung findet, ohne dabei in einen Positivismus verfallen zu müssen[175]:

»[...] daß Erfahrung als ein Vorgang sichtbar wird, der selbst nur im *Geiste* und damit in der *ontologischen* Sphäre wirklich werden kann und damit auf die ursprünglichste Geistigkeit der Quelle alles Seins zurückweist. Erfahrung wird ja gerade erst dadurch zur Erfahrung, daß in ihr das Denken zwar einerseits unablässig sich nährt und substanziiert von dem unableitbar und unaufhebbar sich zeigenden Seienden, daß es aber andererseits dies sich Zeigende sofort mit dem Elemente seiner Geistigkeit durchdringt [...]«[176]

Welte charakterisiert damit die Erfahrung als notwendige Ergänzung des Denkens, die der individuellen Erkenntnis den Bereich der unabhängig vom menschlichen Denken und im eigenen Ursprung stehenden Wirklichkeit zugänglich macht, sowohl des eigenen Seins als auch der seienden Gegenstände in der Welt, wobei Denken und Erfahrung in einem engen Zusammenhang stehen. Dabei begrenzt sich die Erfahrung nicht wie bei Kant auf den Erkenntnisbereich der empirischen Wissenschaften[177], was eine Beschränkung darstellt, die be-

---

will: nämlich die Methode, weil der Sprung gerade der entscheidendste Protest gegen den inversen Gang der Methode ist. Alles Christentum wurzelt nach ›Furcht und Zittern‹, ja es wurzelt in Furcht und Zittern [...] im Paradox, man nehme dieses nun an (d. h. sei ein Gläubiger) oder man verwerfe es (gerade weil es das Paradox ist).« (Vgl. Kierkegaard, Abschließende unwissenschaftliche Nachschrift zu den Philosophischen Brocken/1, 97 f.) Wenn sich Welte nun aber nicht weitergehend auf die Kritik Kierkegaards bezieht, dann deshalb, da Kierkegaard in seiner Beschäftigung mit den Hegelschen Gedanken in dieselbe Einseitigkeit verfällt, vermutlich um vor dem Hintergrund Hegels die Eigenheit und Besonderheit seines Ansatzes besser hervorheben zu können. Vgl. Hühn, Sprung im Übergang, 134; vgl. Schulz, Aneignung und Reflexion/1, 311–313.

[175] Welte verweist in diesem Zusammenhang auf Thomas' Ausführungen zum *intellectus agens* als dem aktiven Verstand, der – wie das Licht die Farben – alles erst erkennbar macht. Vgl. Thom. De mal. 16, 12 ad 2: »Set intellectus agens est quidam actus omnium intelligibilium quo est omnia intelligibilia fieri, non quidem ita quod contineat in se omnia intelligibilia in actu, sicut nec lumen cui comparatur continet in se omnes colores in actu; set et lumen facit omnes colores esse uisibiles actu, et intellectus agens facit omnia intelligibilia actu.«

[176] Welte, Hegels Begriff der Religion – sein Sinn und seine Grenze, 21.

[177] Die Möglichkeit der Erkenntnis beweist sich mit der Wirklichkeit der Erkenntnisgegenstände: »[D]ie objective Gültigkeit der Kategorien als Begriffe a priori [wird] darauf beruhen, daß durch sie allein Erfahrung (der Form des Denkens nach) möglich sei. Denn alsdann beziehen sie sich nothwendiger Weise und a priori auf Gegenstände

reits Hegel in der *Phänomenologie des Geistes* mit seinem Erfahrungsbegriff aufgehoben hat.[178] Das Wort Begrenzung bringt bereits zum Ausdruck, dass der Erfahrungsbegriff der empirischen Wissenschaft eben nur einen Ausschnitt aus der lebendigen Erfahrung des Menschen darstellt, die mit dem Ziel der Objektivierung und Wiederholbarkeit der Erfahrung beschnitten wurde, indem ihr das geschichtliche Moment genommen wurde, um sie somit experimentell nachvollziehbar und methodisch kontrollierbar zu machen. Auch wenn in dem phänomenologischen Neuansatz Husserls die Grundlagen für einen umfassenden Begriff der Erfahrung gelegt sind, so gerät auch diese Theorie eben durch den Absolutheitsanspruch der Wissenschaftlichkeit in eine Einseitigkeit, die er in seiner Beschäftigung mit der Idealisierung der Erfahrung in den Wissenschaften aufzuklären versuchte.[179] In Gadamers *Wahrheit und Methode* sieht Welte die nachkantischen Denkanstöße aufgenommen für einen aus der Enge des Empirischen führenden Erfahrungsbegriff.[180] In Auseinandersetzung mit dessen Implikationen wird Welte auf den Weg zu einem umfassenden und lebensweltlichen Erfahrungsbegriff geführt, was auch eine Kritik an Husserls phänomenologischer Erfahrung einschließt[181], die sich besonders zwei Defiziten zuwendet:

---

der Erfahrung, weil nur vermittelst ihrer überhaupt irgendein Gegenstand der Erfahrung gedacht werden kann.« (Kant, KrV B 126 (AA III, 105).) Vgl. Kuhne, Selbstbewusstsein und Erfahrung bei Kant und Fichte, 161.

[178] Vgl. Hegel, PG (GW 9, 29): »Die Wissenschaft dieses Wegs ist Wissenschaft der Erfahrung, die das Bewußtseyn macht«. Der hier vorliegende Erfahrungsbegriff bedeutet also eine Bewegung des Bewusstseins, die angestoßen wird, in dem dieses sein Wissen vom Gegenstand unterscheidet. Den Weg, den das Bewusstsein dabei in der Reflexion auf dieses Verhältnis geht, wird als Erfahrungsweg bezeichnet. Es ist nicht diese Formulierung, die Welte in Distanz zu Hegel bringt, sondern der bereits in gebotener Kürze beschriebene Begründungsrahmen des methodischen Erfahrungsbegriffes, der ein intuitives Verständnis von Erfahrung als offenen Prozess und Weltbezug verhindert. Vgl. Beuthan, Hegels phänomenologischer Erfahrungsbegriff, 80.

[179] Vgl. Husserl, Krisis (Hua VI, 133 f.): »Haben wir in aller notwendigen Sorgfalt kontrastiert, so haben wir eines und das andere: Lebenswelt und objektiv-wissenschaftliche Welt, allerdings in einer Beziehung. Das Wissen von der objektiv-wissenschaftlichen ›gründet‹ in der Evidenz der Lebenswelt. […] Konkrete Lebenswelt also zugleich für die ›wissenschaftlich wahre‹ Welt der gründende Boden und zugleich in ihrer eigenen universalen Konkretion sie befassend […]«

[180] Mit Gadamer geht Welte von einem umfassenderen Erfahrungsbegriff als Hegel aus, indem er keine scharfe Trennlinie zwischen Erfahrung und Wissen ziehen möchte, sondern auf die gegenseitige Öffnung der beiden menschlichen Vermögen abzielt. Vgl. Oster, Person und Transsubstantiation, 38–41.

[181] Vgl. Welte, Das Licht des Nichts, 121.

»Ontologische Besinnung« – Weltes Miteinander

»Denn er [Husserl; Anm. J. E.] projiziert die idealisierte Welt der exakten wissenschaftlichen Erfahrung insofern in die ursprüngliche Welterfahrung noch immer hinein, als er die Wahrnehmung als äußere, auf die bloße Körperlichkeit gerichtete für alle weitere Erfahrung das Fundament sein läßt.«[182]

Zunächst beschäftigt sich Gadamer mit dem inhaltlichen Aspekt und setzt bei der Objektivierung der Erfahrung an. Die Erfahrungskonzeption Husserls findet ihren Ausgang in der unmittelbaren anschaulichen Evidenz des Individuellen, das »sich zeigt« und worauf sich die Erfahrung direkt bezieht. So stellen sich die phänomenologischen Phänomene und das transzendentale Ego als Selbstgegebenheiten dar, die unberührt sind vom intentionalen Zugriff des Menschen, da Husserl von einer Sukzessivität zwischen Erfahrungsgegenstand und Erfahrungsakt ausgeht, wobei Erfahrungsakt ein Erfahrungsurteil meint.[183] Somit offenbart hier Husserl ein kausales Erfahrungsverständnis, das sich auf eine von Äußerlichkeit geleitete Wahrnehmung stützt. Damit wird versucht, eine intentional-perzeptive Welt von einer geschichtlichen Welt so zu trennen, dass in der Lebenswelt, in der die Perzeptivität und die Geschichtlichkeit menschlicher Erfahrungswelt untrennbar verflochten sind, eine objektive und geschichtslose Erfahrung durch Reflexion gefunden werden kann, was der eigentlichen Intention Husserls zuwiderläuft[184]:

»Husserls Versuch, auf den Ursprung der Erfahrung sinngenetisch zurückzugehen und die Idealisierung durch die Wissenschaft zu überwinden, hat offenbar im besonderen Maße mit der Schwierigkeit zu kämpfen, daß die reine transzendentale Subjektivität des Ego nicht als solche wirklich gegeben ist, sondern immer in der Idealisierung der Sprache, die allem Erfahrungserwerb schon einwohnt und in der sich die Zugehörigkeit des einzelnen Ich zu einer Sprachgemeinschaft auswirkt.«[185]

Der zweite Kritikpunkt betrifft die Reduktion Husserls auf ein transzendentales Ego, die zur Folge hat, dass das Denken von der Sprache

---

[182] Gadamer, Hermeneutik I. Wahrheit und Methode, 353.
[183] Vgl. Husserl, Erfahrung und Urteil, 21: »Die evidente Gegebenheit von individuellen Gegenständen der Erfahrung geht ihnen [den Erfahrungsurteilen; Anm. J. E.] voran, d.i. ihre vorprädikative Gegebenheit. Die Evidenz der Erfahrung wäre sonach die von uns gesuchte letzturprüngliche Evidenz und damit der Ausgangspunkt der Ursprungsklärung des prädikativen Urteils.«
[184] Vgl. Ballnat, Das Verhältnis zwischen den Begriffen »Erfahrung« und »Sprache« ausgehend von Hans-Georg Gadamers Wahrheit und Methode, 68f.72.
[185] Gadamer, Hermeneutik I. Wahrheit und Methode, 353.

»Gegenstand und Methode sind dasselbe« – Weltes Struktur des Denkens

abgelöst wird, da durch die Verstrickung der Sprache in das Denken der Weg zu einer reinen transzendentalen Subjektivität verstellt wird, so dass die Sprache hier als erkenntnisstörend deklariert ist.[186] Seinen Grund findet dieses Problem in der Methode und dem Ziel der transzendentalen *Epoché*, worin sich das Ego nicht mehr als ein natürlich lebendes und erfahrendes und damit als ein weltlich-faktisches Subjekt erkennt, sondern zu einem reinen transzendentalen Konstitutionsprinzip stilisiert wird. Die phänomenologische Reduktion mündet also dahin, dass die Welt einerseits als reines Phänomen, also als Erscheinung für das Bewusstsein, übrig bleibt, und andererseits diese Subjektivität des transzendentalen Egos unabhängig von seiner körperlichen Struktur erscheint. Husserl zielt somit nicht auf das konkrete Subjekt, das in den vielfältigsten Bezügen existiert, sondern in der Sicherung der Gewissheit der Erkenntnis rückt das transzendentale Ich als das alles konstituierende Prinzip die im Bewusstseinsleben auftretenden Phänomene ins Zentrum. So zielt Husserls Reduktion auf die absolute Seinsregion des reinen Bewusstseins[187], in dem der subjektive Zusammenhang von Bewusstseinsakt und Korrelat des Bewusstseins übrig bleibt[188] und sich der transzendentale Charakter in der spezifischen Leistung zeigt, dass das erfahrende Welthafte kein vorfindliches, einheitliches Subjekt ist, sondern als Objekt vom Subjekt hervorgebracht wird.[189]

---

[186] Vgl. Ballnat, Das Verhältnis zwischen den Begriffen »Erfahrung« und »Sprache« ausgehend von Hans-Georg Gadamers Wahrheit und Methode, 72.
[187] Vgl. Husserl, Ideen I (Hua III,1, 101): »Das gilt für jede erdenkliche Art von Transzendenz, die als Wirklichkeit oder Möglichkeit soll behandelt werden können. *Niemals ist ein an sich seiender Gegenstand ein solcher, den Bewußtsein und Bewußtseins-Ich nichts anginge. Das Ding ist Ding der Umwelt*, auch das nicht gesehene, auch das real mögliche, nicht erfahrene, sondern erfahrbare, bzw. vielleicht erfahrbare. *Die Erfahrbarkeit besagt nie eine leere logische Möglichkeit*, sondern eine im Erfahrungszusammenhange motivierte.«
[188] Vgl. Husserl, Ideen I (Hua III,1, 104): »*Das immanente Sein ist also zweifellos in dem Sinne ein absolutes Sein, daß es prinzipiell nulla ›re‹ indiget ad existendum. Anderseits ist die Welt der transzendenten ›res‹ durchaus auf Bewußtsein*, und zwar nicht auf logisch erdachtes, sondern *aktuelles angewiesen*.«
[189] Vgl. Prechtl, Edmund Husserl zur Einführung, 77f. Aus der Annahme, dass sich die Bewusstseinserlebnisse als Grundlage der Gewissheit als sicherste und erste Evidenz erkennen lassen, folgt, dass sich alle transzendente Gewissheit darauf gründet (Vgl. Husserl, Ideen III (Hua V, 151): »Dieses [Radikalismus der Erkenntnisautonomie; Anm. J. E.] kommt als Erstes zu einer freien und ausdrücklichen Setzung, und zwar in einer Evidenz, die allen Evidenzen voranliegt und sie implizite trägt.«), weshalb nicht von einem Vorrang der lebensweltlichen bzw. mundanen Wirklichkeit

»Ontologische Besinnung« – Weltes Miteinander

So steht die Erfahrung unter dem Diktum, dass sie, wenn sie erkenntnistheoretisch berücksichtigt werden soll, von aller Sprachlichkeit methodisch und systematisch befreit werden muss. Gadamer betont dagegen eine grundsätzlich konstitutive Bedeutung der Sprache für das Denken eines Subjektes, so dass für ihn eine sprachunabhängige transzendentale Subjektivität nicht nur unvorstellbar bleibt, sondern er in einer späteren Schrift sogar von der Sprache als Konstitutivum der Universalität des Denkens spricht.[190] Damit rückt Gadamer die Erfahrung als Welterfahrung in den Fokus, indem er zeigt, dass die Erfahrung nicht auf eine kausale Beziehung zwischen einem reinen Bewusstsein und den Gegenständen reduziert ist.[191] Mit dieser Absage an die erkenntnistheoretische Objektivität von Erfahrung wird Husserls deutliche epistemische Einschränkung des Erfahrungsbegriffs aufgehoben, um eine umfassendere, ursprüngliche und den Menschen selbst betreffende Erfahrung in den Blick zu nehmen, die in ihrer existentiellen Struktur dem Grundsatz »zu den Sachen selbst« mehr gerecht zu werden scheint.[192]

Welte setzt deshalb eben nicht mit einer künstlichen Reduktion an, sondern versucht mit der lebensweltlichen Grundlage von Erfahrung zu beginnen, wie sie ursprünglich in Erscheinung tritt. Sie lässt sich als unmittelbare Gegebenheit des zu Erfahrenden charakterisieren und zeigt sich dem Erfahrenden, wobei sich Art und Modifikation der Unmittelbarkeit als differenziert darstellen, da Erfahrungen offen und deutlich, aber auch verborgen und verdrängt sein können. Diese Unmittelbarkeit darf nicht mit einer rein sinnlichen Gegebenheit ver-

---

auszugehen ist und sich das reine Bewusstsein eben nicht primär auf eine natürliche und transzendente Wirklichkeit bezieht. (Vgl. Husserl, Ideen I (Hua III,1, 109): »Sie ist aber das All des absoluten Seins in dem bestimmten Sinne, den unsere Analysen hervortreten ließen. Sie ist ihrem Wesen nach von allem weltlichen, naturhaften Sein independent, und sie bedarf desselben auch nicht für ihre *Existenz*. Existenz einer Natur *kann* Existenz von Bewußtsein nicht bedingen, da sie sich ja selbst als Bewußtseinskorrelat herausstellt; sie *ist* nur, als sich in geregelten Bewußtseinszusammenhängen konstituierend.«) Vgl. Fasching, Phänomenologische Reduktion und Mushin, 41.

[190] Vgl. Gadamer, Die phänomenologische Bewegung, 141: »Der Boden solcher Ausweisung ist aber von wahrhafter Universalität und, wenn man so sagen darf, auf eine endliche Weise unendlich. Es ist die Sprache, auf deren Universalität alle Wege unseres Denkens angewiesen sind.«

[191] Vgl. Ballnat, Das Verhältnis zwischen den Begriffen »Erfahrung« und »Sprache« ausgehend von Hans-Georg Gadamers Wahrheit und Methode, 70–72.

[192] Zum Verhältnis der apophantischen und hermeneutischen Auslegungsebene vgl. Piecuch, Heideggers Hermeneutik der Faktizität und Theologie, 96 f.

wechselt werden. Denn die Unmittelbarkeit ist eben nicht in der Vereinzelung der Sinne zu finden, die nämlich wiederum nur durch eine vermittelnde Reduktion bzw. Abstraktion erreicht werden kann. Nur Sachen, Sachverhalte und Sachverhaltszusammenhänge können unmittelbare Gegebenheit in der Erfahrung beanspruchen, so dass diese auch keine Trennung zwischen einer sinnlichen und rationalen Ebene der Erfahrung voraussetzen bzw. einfordern.[193]

Dieses vor jeder Abstraktion ganzheitlich zu Erfahrende braucht schließlich auf der Seite des Erfahrenden eine korrelative und kompatible Haltung der Wahrnehmung bzw. der Aufnahme, die selbst wiederum nicht ein Abstraktionsprodukt ist, sondern als ursprüngliches und ganzheitliches Aufnehmendes unmittelbar davon betroffen wird:

»Was wir als Sehen, Hören, Denken usw. zu unterscheiden gewohnt sind, ist unmittelbar und also vor aller sekundärer Unterscheidung eine umfassende und ungeschiedene, wenn auch reich strukturierte, ganzheitliche Offenheit auf die Welt hin und Offenheit der Welt zu uns. Und darin zeigen sich unmittelbar welthafte Sachzusammenhänge. Sie sind das Unmittelbare und also das, was sich im Sinne der Unmittelbarkeit dem Erfahrenden als Erfahrung gewährt. In diesem Sinne hat Erfahrung einen ganzheitlichen Charakter. Sie nimmt den ganzen lebendigen Menschen unmittelbar in Anspruch.«[194]

Indem Erfahrung den lebendigen Menschen vollständig und damit in allen seinen Bezügen betrifft, ist diese ganzheitliche Offenheit immer zu vollziehen und zwar in den vielfältigen Einflüssen des geschichtlich-gesellschaftlichen Zusammenhangs, die das menschliche Leben immer umfassen und beeinflussen. Denn für Welte besteht die Grunderfahrung menschlichen Lebens in der Geschichtlichkeit, in der sich der Mensch vorfindet[195]:

»Alles Menschliche ist geschichtlich bestimmt, die geschichtliche Bestimmung ist eine Grundbestimmung des Menschlichen überhaupt, dies ist zuerst zu sehen. Und da nun der Mensch kein geschlossenes Ding ist, das einfach außerhalb anderer Dinge vorkäme, da er vielmehr alle Dinge in den Vollzug seines Wesens einbezieht, so erhalten über den Menschen alle Dinge einen geschichtlichen Exponenten und Geschichtlichkeit wird zu einer

---

[193] Vgl. Welte, Das Licht des Nichts, 121.
[194] Welte, Das Licht des Nichts, 122.
[195] Vgl. Petit, »Mit allen Kräften versuchen, die Ursprünge zu retten«, 191 f.

Bestimmung der Welt überhaupt, insofern sie Welt des Menschen ist und ohne den Menschen nicht Welt ist.«[196]

Die Erfahrung, die den Menschen unmittelbar betrifft, findet ihren Ort in der geschichtlich verfassten Faktizität, so dass der Mensch von ihr innerhalb der Geschichte betroffen wird und sich nur darin verstehen kann. Geschichte ist aber nicht als statisches Geschehen zu denken, das den Menschen äußerlich und rein passiv betrifft, sondern gründet vielmehr durch die Erfahrung in der Geschichtlichkeit des Einzelnen.[197]

Die Einflüsse der Geschichtlichkeit und des Weltzusammenhangs manifestieren sich vor allem in der Sprache bzw. die Sprache vermittelt sich aus dem geschichtlich-gesellschaftlichen Prozess und wird so zum Medium aller menschlichen Erfahrungen, was heißt, dass erst in der Sprache die menschlichen Erfahrungen deutlich werden.[198] Die Sprache und ihre vermittelnde Funktion macht die Unmittelbarkeit der Erfahrung nicht zunichte, sondern die Sprache als Medium der Erfahrung verschwindet in ihrem Selbststand, indem sie vollkommen in ihrer medialen Funktion für die unmittelbare Gegebenheit der Sachzusammenhänge bzw. aller Momente des geschichtlich-gesellschaftlichen Prozesses aufgeht und so diese Unmittelbarkeit einer Erfahrung gewährender Zusammenhänge überhaupt erst ermöglicht. Nur eine defiziente Form der Sprache, die in äußerlicher, assoziativer Weise mit einer Sache bzw. einem Zusammenhang verbunden ist und so selbst in Erscheinung tritt, hebt in vermittelnder Form die Unmittelbarkeit und damit die Erfahrung auf.[199] Die Sprache und ihre mediale Funktion erweisen sich daher als ein ambivalentes Geschehen und offenbaren ein Prekariat, das auch Weltes Reaktion auf die Problematik der Verdrängung und Verdeckung der Unmittelbarkeit der Erfahrung betrifft.[200] Die Sprache besteht in der Reflexion, die wiederum die Unmittelbarkeit nicht durch Vermittlung aufhebt, sondern die Unmittelbarkeit erst ermöglicht, indem

---

[196] Welte, Geschichtlichkeit als Grundbestimmung des Christentums, 137 f.
[197] Vgl. Vetter, Phänomen und Geschichte, 175.
[198] Gadamer spricht deshalb sogar von einer Vorgängigkeit und einer leitenden Funktion der Sprache in Bezug auf die Erfahrungen, einer Formulierung, der Welte sich, bei aller Verwiesenheit auf Gadamers Erfahrungsbegriff, nicht anschließt: »Ähnliches wird sich uns in bezug auf die Bedeutung der Sprache nahelegen, die alle Erfahrung vorgängig leitet.« (Gadamer, Hermeneutik I. Wahrheit und Methode, 355.)
[199] Vgl. Welte, Das Licht des Nichts, 122.
[200] Vgl. Görtz, Im »Licht des Nichts«, 217.

»Gegenstand und Methode sind dasselbe« – Weltes Struktur des Denkens

durch sie die ursprüngliche und dadurch unmittelbare Erfahrung freigelegt wird als Analyse des faktischen Lebensganges und so zu verstehen ist als phänomenologischer Zugang »zu den Sachen selbst«. Zu dieser Unmittelbarkeit, die die Sachen gewähren, führt ein Weg des Verstehens, eine Reflexion, die jeder Art von Konstruktion widerspricht. Dieser Zugang aber bleibt nicht auf eine rein epistemische Ebene beschränkt, sondern als wirkliche Erfahrung vollzieht er sich existentiell. Daher wird auch nicht nur ein An-sich oder ein bloßes Objekt objektiv begriffen, sondern, indem die Erfahrung den Menschen berührt und verwandelt, hebt sie die Trennung von Objekt und Subjekt auf und offenbart sich in einer veränderten Existenzweise.[201] Diese Veränderung bzw. Verwandlung hat eine dialektischen und sogar negativen Charakter in Bezug auf den vorausgehenden Zustand des Menschen, da sich der Mensch nun anders gegenüber der Welt verhält.[202] Die Aufhebung der Schranke zwischen Subjekt und Objekt und die daraus resultierende Art der – den Menschen verändernden – Erfahrung hat zwangsläufig eine Abwendung vom Erfahrungsbegriff der empirischen Wissenschaft zur Folge. Diese Abkehr begründet sich durch die Betroffenheit vom Leben und vom faktischen Lebensgang, in dem der Mensch sich vorfindet und zu

---

[201] Die Frage nach den Formen der Anschauung und des Verstehens, durch die sich der erkennende Mensch dem Horizont für die Begegnung mit den Gegenständen öffnet, wird in diesem Zusammenhang zu der Frage nach so genannten Paradoxie-Erfahrungen, die die Struktur alter Verstehenshorizonte verändern. Dies soll aber gerade nicht die Vernunft zum Schweigen bringen und jegliche Kommunikation beenden, sondern dem Menschen einen Horizont für die Begegnung öffnen und somit für eine Gesellschaft Kommunikation und Interaktion ermöglichen. Vgl. Schaeffler, Fähigkeit zur Erfahrung, 35–45.

[202] Vgl. Welte, Das Licht des Nichts, 125. Welte folgt hier mit Gadamer der Prozesshaftigkeit der Erfahrungsanalyse Hegels, die sich als dialektisch darstellt und mit den Begriffen Bewegung und Umkehr beschrieben wird. Vgl. dazu Hegel, PG (GW 9, 60): »Diese *dialektische* Bewegung, welche das Bewußtsein an ihm selbst, sowohl an seinem Wissen, als an seinem Gegenstande ausübt, *in sofern ihm der neue wahre Gegenstand* daraus *entspringt*, ist eigentlich dasjenige, was *Erfahrung* genannt wird.« Umkehr wird dabei als die Einsicht gedacht, dass ein Sachverhalt anders ist als bisher angenommen. Für Gadamer wird in Hegels Erfahrungsbegriff deutlich, dass die Erfahrung die Struktur einer Umkehrung des Bewusstseins hat und somit eine dialektische Bewegung darstellt, die wiederum eine Negativität voraussetzt, da nur durch Negation des Bekannten etwas Neues entstehen kann. Vgl. dazu Gadamer, Hermeneutik I. Wahrheit und Methode, 359–362; vgl. Ballnat, Das Verhältnis zwischen den Begriffen »Erfahrung« und »Sprache« ausgehend von Hans-Georg Gadamers Wahrheit und Methode, 94 f.; vgl. Tholen, Erfahrung und Interpretation, 92.

dem er keine Distanz haben kann, »um es selbst in seinem ›überhaupt‹ zu sehen«.[203] Ausgehend von einem solchen Erfahrungsbegriff, der sich durch Ganzheitlichkeit, Unmittelbarkeit und Verwandlung auszeichnet, geht zwangsläufig mit der Absetzung von der empirischen Wissenschaft und ihrem Erfahrungsbegriff auch eine Absage an ihre objektive Methodik, ihr objektives Wissen und damit an den Maßstab der empirischen Objektivität einher. Denn dieser Weg der Empirie, dessen Legitimität nicht in Zweifel gezogen wird, kann niemanden zu einem erfahrenen Menschen machen[204], so dass es einen anderen Ausgangspunkt, eine andere Weise des Zugangs und einen anderen Maßstab braucht, um mit der Unmittelbarkeit der Erfahrung umzugehen.

Diese Beobachtungen und die darin gefundenen strukturellen Hinweise offenbaren hinsichtlich der Grundstruktur von Erfahrung ein entscheidendes Element, auf dem die Erfahrungskonzeption Weltes aufbaut. Erfahrung ist weder nur ein aktiver Zugriff auf einzelne Gegenstände noch ein bloßes passives Widerfahrnis, sondern als Prozess eine Einheit von Geschehen und Handlung, also ein Vollzug von betreffender unmittelbarer Gegebenheit und bezogener Aneignung, der existentielle Bedeutung hat und dessen Elemente zu unterscheiden, aber nicht zu trennen sind. Erfahrung hat wie Geschichtlichkeit, Weltzusammenhang oder Sprachlichkeit keinen attributiven, aber auch keinen einfachen konstruktiven Charakter, lässt sich also weder als eine Eigenschaft noch als eine reine individuelle Leistung bzw. Konstruktion charakterisieren, hat aber ontologische Relevanz.[205] So gilt es im Folgenden zu untersuchen, wie Erfahrung und Verstehen im menschlichen Dasein zusammenfinden, wie sich deren ontologische Relevanz äußert, immer in Rücksicht auf die vielfältigen Zusammenhänge, in denen der einzelne Seiende steht und mit denen er konstitutiv verbunden ist.

c) In-der-Welt-sein: erfahrendes Verstehen –
    verstehendes Erfahren

Die Erfahrung, samt ihren Implikationen, die jeden wissenschaftlich-konstruierten oder theoretisch-objektivierten Ausgangspunkt verbie-

---

[203] Heidegger, Grundprobleme der Phänomenologie (1919/20), 29.
[204] Vgl. Welte, Das Licht des Nichts, 125–127.
[205] Vgl. Geiger, Person und Sein, 96.

tet bzw. als unhaltbar enttarnt, führt daher zu einer Ursprünglichkeit bzw. zu einer Ursprungsdimension, die als primäres Selbst- und Weltverhältnis aller theoretischen Erkenntnis als existentielle Erfahrung vorausliegt. Denn Relationen sind nicht Beziehungen, die nur im Denken und Sprechen vollzogen oder gar hergestellt werden, so dass sie als akzidentelle Bestimmung des Menschen nachträglich zu seinem Wesen hinzukämen, sondern seine Substanz besteht nur in und als Relation, die im Verstehen und in der Sprache ins Offene tritt, also vorgestellt wird. Sie zeigen sich daher ebenso daseins- und identitätskonstitutiv wie erkenntnisregulativ.[206] Dieser Ausgangspunkt knüpft an Heideggers Ansatz im vortheoretischen Leben, also der faktischen Lebenserfahrung an und stellt sich mit ihm auf den Boden der Phänomenologie[207], um sich auf diesem Grund der Ursprungsdimension des menschlichen Lebens zu nähern, die jegliches Theorieverständnis ausschließt. Denn das eigene Leben bzw. der eigene lebensweltliche Zusammenhang geht nicht in Funktionsbestimmungen auf und kann nicht von außen erklärt werden, womit sich eine Objektivität des Lebens aufgrund des eigenen ursprünglichen Weltverhältnisses und -bezuges als künstlich und konstruiert darstellt.[208] »Leben« stellt dabei ein Grundphänomen dar, zu dem man keine Distanz haben kann[209], da das Leben selbst vollzogen werden muss und man sich seiner Bedeutung nur im konkreten jeweiligen Vollzug ver-

---

[206] Vgl. Höhn, Zeit und Sinn, 141 f.
[207] Vgl. Heidegger, Zur Bestimmung der Philosophie, 96 f.: »[...] dann muß es eine vor-theoretische oder übertheoretische, jedenfalls eine nichttheoretische Wissenschaft, eine echte *Ur*-wissenschaft geben, aus der das Theoretische selbst seinen Ursprung nimmt. Diese Wissenschaft vom Ursprung ist dann so geartet, daß sie nicht nur keine *Voraussetzungen* zu machen *braucht*, sondern sie *nicht* einmal machen *kann*, weil sie nicht Theorie ist. Sie liegt dann *vor* oder über der Sphäre, wo die Rede von Voraussetzung überhaupt Sinn hat. *Dieser* Sinn ent-springt erst aus dem Ursprung.«
[208] Vgl. Heidegger, Grundprobleme der Phänomenologie (1919/20), 236 f.: »Aber das *Leben* ist kein Objekt und kann nie Objekt werden; es ist nichts Objektartiges. Das zu erkennen ist unser Hauptziel. – Aber auch die Zurückführung des Lebens auf ein *Subjekt* (im erkenntnistheoretischen oder psychologischen Sinn) ist unmöglich. – Die Grundhaltung der Phänomenologie ist der äußerste Radikalismus.«
[209] Vgl. Heidegger, Grundprobleme der Phänomenologie (1919/20), 29: »Was ist denn nun dieses ›Leben an sich‹ [...] Etwas, was uns so nahe liegt, daß wir uns meist gar nicht ausdrücklich darum kümmern; Etwas, zu dem wir so gar keine Distanz haben, um es selbst in seinem ›überhaupt‹ zu sehen; und die Distanz *zu* ihm fehlt, weil wir es selbst sind, und wir uns selbst nur vom Leben aus selbst [...] in seinen eigenen Richtungen sehen.«

sichern kann.[210] Denn menschliches Dasein als In-der-Welt-sein, als einbezogen in das faktische Leben[211], konstituiert das eigene Selbst als Vollzug[212], so dass die Bedeutung von Leben bzw. Dasein nur in und durch ein hermeneutisch-interpretiertes Vollzugswissen der Grunderfahrung der Situiertheit im lebendigen und bezogenen Dasein eruiert werden kann, um dann einen ursprünglichen Zugang zur Welt und ihren Gegenständen zu erreichen.[213] Auf dieser Grundlage kann schließlich eine wissenschaftliche Differenzierung vorgenommen werden.[214] Um die Totalität des Lebens in den Blick nehmen zu kön-

---

[210] Heideggers In-der-Welt-sein zeigt, dass er die subjektive Selbstbeziehung in logischer Hinsicht nicht vor den Weltkontakt setzt, weshalb Intentionalität nicht als Ausgriff einer Innenwelt auf eine Außenwelt verstanden werden darf, so dass Welt und Bewusstsein keine getrennten Entitäten darstellen, sondern von deren Zusammenhang ausgegangen werden muss: »Im Sichrichten auf ... und Erfassen geht das Dasein nicht etwa erst aus seiner Innensphäre hinaus [...], sondern es ist seiner primären Seinsart nach immer schon ›draußen‹ bei einem begegnenden Seienden der je schon entdeckten Welt. [...] es selbst ist es als In-der-Welt-sein, das erkennt. [...] auch im Vernehmen, Bewahren und Behalten *bleibt* das erkennende Dasein *als Dasein draußen.*« (Heidegger, Sein und Zeit, 62.) Vgl. Schmid, Wir-Intentionalität, 249 f.
[211] Der leitende Gedanke der faktischen Existenz bzw. des faktischen Lebens bei Heidegger hat seihen Ausgangspunkt besonders auch in seiner Auseinandersetzung mit der von Augustinus geprägten faktischen Lebenserfahrung, mit der sich Heidegger in seiner Vorlesung *Augustinus und der Neuplatonismus* (Heidegger, Phänomenologie des religiösen Lebens, 157–299.) im Sommersemester 1921 intensiv auseinandergesetzt hat. Vgl. dazu besonders Pöggeler, Der Denkweg Martin Heideggers, 38–41.
[212] Vgl. Welte, Im Spielfeld von Endlichkeit und Unendlichkeit, 27.
[213] Vgl. Heidegger, Phänomenologische Interpretationen zu Aristoteles. Einführung in die phänomenologische Forschung, 20: »[...] die Situations- und Vorgriffsidee, als Problematik eingestellt ist und *existentielle Grunderfahrung* als das faktisch Entscheidende konkret in die Bekümmerung genommen werden kann. [...] Die Idee des Bestimmens, die Logik des Gegenstandserfassens, die Begrifflichkeit des Gegenstandes in der jeweiligen definitorischen Bestimmtheit, muß geschöpft sein aus der Weise, *wie der Gegenstand ursprünglich zugänglich wird.*«
[214] Vgl. Heidegger, Phänomenologische Interpretationen zu Aristoteles. Einführung in die phänomenologische Forschung, 54: »Philosophieren ist nach seinem Bezugssinn, das Verhalten zum Gegenstand in der Philosophie, ist *erkennendes Verhalten*. [...] Erkennen ist ein den Gegenstand ›als‹ Gegenstand Erfassen und so erfassendes ihn Bestimmen. Das erfassende Bestimmen ›sagt‹, daß, was und wie der Gegenstand ist. Das Verhalten also als erfassendes Bestimmen hält sich sagend, ihn be-sprechend, an den Gegenstand, sofern er etwas irgendwie ›ist‹.« C. F. Gethmann bezeichnet diesen Ansatz als *Vollzugstheorie der Bedeutung*, einen Begriff, den er im Zuge seiner Erläuterungen zu Heideggers Begriffstheorie entwickelt und der an Wittgensteins *Gebrauchstheorie der Bedeutung* erinnern soll. Damit vermeidet Heidegger eine konventionell willkürliche Einsetzung von Begriffen, was ihn auch keine begriffslose Realität annehmen lässt (Vgl. Heidegger, Phänomenologische Interpretationen zu

nen, braucht es eine ursprüngliche Form des Erfassens des Lebens, also ein Aufmerksam-werden auf die Grunderfahrung des faktischen Lebens, auf die Erfahrung, in der das Leben sich selbst als lebendig erfasst.[215] Zugleich zeigt die faktische Lebenserfahrung das menschliche Dasein als ein Über-sich-hinaus-sein, was aber wiederum zum Selbst des Menschen zurückführt, indem das Wohin des Über-sich-hinaus-seins zum ursprünglichen Sein des Menschen gehört.[216] Die Erfahrung des faktischen Lebens weist also in eine Welt, die als Lebenswelt in der Selbstwelt und im Verhalten zu sich selbst seinen Grund findet.[217] So lässt sich hier eine hermeneutische Neuakzentuierung erkennen, die die Faktizität des Lebens im Maßstab seiner Bedeutsamkeit interpretiert, also in seinem Sinnzusammenhang, der sich in seinem historisch-situierten Erfahrungs- und Erlebnishorizont ausdrückt. Der Hermeneutik der Faktizität geht es um die Auslegung des Sinnes des Seins des faktischen Lebens unter Berücksichtigung seiner kategorialen Grundstrukturen und um die Auslegung des Vollzugs des faktischen Lebens im je eigenen Seinscharakter, in der je eigenen Zeit und Generation.[218] Es handelt sich somit um die

---

Aristoteles. Einführung in die phänomenologische Forschung, 265–268.), womit diese Theorie wirklich eine phänomenologische ist. Vgl. dazu Gethmann, Dasein, 265.
[215] Vgl. Heidegger, Grundprobleme der Phänomenologie (1919/20), 248: »›Ich selbst‹ bin ein Bedeutungszusammenhang, in dem ich selbst lebe. – Unser Problem ist, die ursprüngliche Form des Erfassens des Lebens selbst aufzufinden. Der Weg unserer Untersuchung führte über die Selbstwelt deshalb, weil so am klarsten die Idee der Lebenserfassung selbst zu erfassen ist […]«
[216] Vgl. Welte, Im Spielfeld von Endlichkeit und Unendlichkeit, 28 f.
[217] Vgl. Heidegger, Grundprobleme der Phänomenologie (1919/20), 250: »Im faktischen Leben leben wir immer in Bedeutsamkeitszusammenhängen, die ein selbstgenügsames Ausmaß haben, d. h. die zu sich selbst in ihrer eigenen Sprache sprechen. Versetzen wir uns, lebendig mitgehend, in solche Erlebnisse, dann merken wir, daß wir in dem Bedeutsamkeitszusammenhang, in dem wir leben uns irgendwie selbst haben. […] Die faktische Lebenserfahrung ist im wörtlichen Sinn ›weltlich gestimmt‹, sie lebt immer in einer ›Welt‹ hinein, sie befindet sich in einer ›Lebenswelt‹.« Vgl. Gander, Selbstverständnis und Lebenswelt, 206–212.
[218] Vgl. Heidegger, Phänomenologische Interpretationen ausgewählter Abhandlungen des Aristoteles zur Ontologie und Logik, 364: »Philosophische Forschung hat die je konkreten Auslegungen des faktischen Lebens, die der Sorgenumsicht und der Bekümmerungseinsicht, in ihrer faktischen Einheit der Zeitigung des Lebens kategorial durchsichtig zu machen hinsichtlich ihrer *Vorhabe* (in welchen Grundsinn von *Sein* Leben sich selbst stellt) und mit Bezug auf ihren *Vorgriff* (in welchen Weisen des Ansprechens und Besprechens faktisches Leben zu sich und mit sich selbst spricht). Die Hermeneutik ist *phänomenologische*, […] ihr Gegenstandsfeld, das faktische Leben hinsichtlich des Wie seines Seins und Sprechens, ist thematisch und forschungs-

Interpretation der konkreten persönlichen Geschichte eines Menschen[219] und somit um die eigenste Möglichkeit des menschlichen Daseins, sich selbst zu er- und begreifen[220], was nach Heidegger den Anfang einer Beschäftigung mit der Welt darstellt.[221] Pointiert zusammengefasst findet sich die Konzeption der Hermeneutik der Faktizität in dem Ausdruck, dass die philosophische Untersuchung der alltäglichen Erfahrung bzw. der »faktischen Lebenserfahrung«[222] entspringt, was einmal ihren Ursprung in der faktischen erfahrenen Lebenssituation betont, aber auch die Differenz zwischen philosophischer Untersuchung und faktischer Lebenserfahrung hervorhebt. Denn einerseits bewahrt dieser Rückbezug auf die faktische Lebenserfahrung aufgrund der Bedeutung, die alles Begegnende offenbart, vor einer verabsolutierenden Objektivierung der Sachverhalte, andererseits sind die Einsichten des Philosophen von denen des sich nur im alltäglichen Leben bewegenden Menschen verschieden, weshalb Heidegger von einer notwendigen Umwandlung spricht.[223] Diese Umwandlung bedeutet eine philosophische Betrachtung, die eine veränderte Sicht der in der alltäglichen Einstellung begegnenden Sachverhalte erlaubt und eine Erkenntnis bzw. eine Reflexion alltäglicher Bezüge zur Folge hat. Die Bezüge der faktischen Lebenserfahrung werden anhand ihres Gehaltes, ihres Bezuges zum Erfahrenden und

---

methodisch als *Phänomen* gesehen.« Vgl. Heidegger, Phänomenologische Interpretationen ausgewählter Abhandlungen des Aristoteles zur Ontologie und Logik, 366: »In der Idee der Faktizität liegt es, daß nur die *eigentliche* [...] *die eigene* – die der eigenen Zeit und Generation der genuine Gegenstand der Forschung ist.«

[219] Vgl. Lambert, Philosophie und Welt beim jungen Heidegger, 85.
[220] Vgl. Muñoz Pérez, Martin Heideggers Hermeneutik der Faktizität, 88 f.
[221] Vgl. Heidegger, Phänomenologische Interpretationen ausgewählter Abhandlungen des Aristoteles zur Ontologie und Logik, 364: »Ontologie *und* Logik sind in die Ursprungseinheit der Faktizitätsproblematik zurückzunehmen und zu verstehen als die Ausladungen der prinzipiellen Forschung, die sich bezeichnen läßt als die *phänomenologische Hermeneutik der Faktizität.*« Vgl. Gander, Selbstverständnis und Lebenswelt, 223 f.
[222] Heidegger, Phänomenologie des religiösen Lebens, 15.
[223] Vgl. Heidegger, Phänomenologie des religiösen Lebens, 10: »Der Ausgangspunkt des Weges zur Philosophie ist die *faktische Lebenserfahrung.* Aber es scheint, als ob die Philosophie aus der faktischen Lebenserfahrung wieder herausführt. In der Tat führt jener Weg gewissermaßen nur *vor* die Philosophie, nicht *bis* zu ihr hin. Die Philosophie selbst ist nur durch eine Umwendung jenes Weges zu erreichen; aber nicht durch eine einfache Umwendung, so daß das Erkennen dadurch lediglich auf andere Gegenstände gerichtet würde; sondern, radikaler, durch eine eigentliche *Umwandlung.*«

ihres Vollzuges durch den Erfahrenden thematisiert, also nach Gehalt, Bezug und Vollzug[224], worin für Heidegger der Sinn der Phänomenologie besteht, nämlich etwas in diesen Hinsichten zum Phänomen zu machen.[225]

In seinem Grundmodell der Erfahrung stimmt Welte mit Heidegger sowohl im Ausgangspunkt als auch im Maßstab überein, so dass auch seine Überlegungen in der Erfahrung des ursprünglichen Lebens ihren Anfang finden[226]:

»Im Maße der Kraft und Weite des gelebten und angeeigneten Entwurfs kann der Mensch Erfahrungen machen. Darum sind große, wache und leidenschaftliche Menschen auch großer Erfahrungen fähig.«[227]

Heideggers Hermeneutik der Faktizität bringt somit Licht in die Erfahrungsproblematik bei Bernhard Welte und lässt den engen Zusammenhang von Erfahrung und Denken als Verstehen deutlich werden, der zeigt, dass weder ein rein aktiver Vollzug noch ein rein passives Vernehmen vorliegt.[228] Verstehen als ein bestimmtwerdendes Raumgewähren zeigt sich als lebendiges Vollziehen[229], was wiederum seinen Grund im eigenen Selbst bzw. im eigenen Dasein findet und von diesem Ursprung ausgeht:

---

[224] Vgl. Heidegger, Phänomenologie des religiösen Lebens, 63: »Diese drei Sinnesrichtungen (Gehalts-, Bezugs-, Vollzugssinn) stehen aber nicht einfach nebeneinander. ›Phänomen‹ ist Sinnganzheit nach diesen drei Richtungen. ›Phänomenologie‹ ist Explikation dieser Sinnganzheit, sie gibt den ›λόγος‹ der Phänomene, ›λόγος‹ im Sinne von ›verbum internum‹ (nicht im Sinne von Logisierung).«
[225] Vgl. Rese, Erfahrung als eine Form des Wissens, 437–439.
[226] Mit seiner Studie zum Erfahrungsbegriff bei Bernhard Welte hat Piecuch die Nähe Weltes zur Hermeneutik der Faktizität Heideggers nachgewiesen und darauf aufbauend nach der Erfahrung der Transzendenz im menschlichen Dasein gefragt. Vgl. Piecuch, Doświadczenie Boga, 532–534.
[227] Welte, Erfahrung und Geschichte, 35.
[228] Ausgehend von Heideggers Ausführungen in seinem Aufsatz *Hegels Begriff der Erfahrung* bezweckt Gadamers Analyse der hermeneutischen Erfahrung eine Überwindung des modernen Subjektivismus, den er im Rahmen einer Dialektik zu entkräften sucht: »Aber mir selber schien eben diese Aufgabe zugefallen, dem Geschehen im Verstehen, der Überwindung des modernen Subjektivismus in einer Analyse der hermeneutischen Erfahrung, die sich ihrer selbst bewußt wird, das Wort zu reden.« (Gadamer, Das Erbe Hegels, 467.) »Dialektik muß sich in Hermeneutik zurücknehmen.« (Gadamer, Das Erbe Hegels, 479.) Vgl. Ballnat, Das Verhältnis zwischen den Begriffen »Erfahrung« und »Sprache« ausgehend von Hans-Georg Gadamers Wahrheit und Methode, 95 f.
[229] Vgl. Welte, Heilsverständnis, 38.

»Verstehen als Bestimmt*werden* zunächst verstanden, dann als Gewähren von Spielraum ist *Vollzug*, und zwar *Mitvollzug* aus dem Ursprung des je eigenen Daseins. Wo wir verstehen, vollziehen wir selbst aus uns selbst den Gedanken, der sich uns zuspricht [...] als eine Weise des Vollzuges des eigenen Daseins mit.«[230]

Davon ausgehend verhindert somit der Mitvollzug bzw. diese phänomenologische Hermeneutik, das Verstehen auf einen reinen Methodenbegriff zu reduzieren und es als eine Erkenntnisweise bzw. -art festzulegen. Verstehen ist »*die ursprüngliche Vollzugsform des Daseins*, das In-der-Weltsein«[231] und »der ursprüngliche Seinscharakter des menschlichen Lebens selber«[232] und stellt so »eine Grundbestimmung der Existenz selbst«[233] dar. Indem Heidegger neben der Ursprünglichkeit des Verstehens auch auf dessen ontologischer Fundierung insistiert, wird deutlich, dass Verstehen zuerst diese Grundbestimmung der Existenz selbst ist und sich erst sekundär als ein Erkenntnisprozess darstellt. So kennzeichnet sich Verstehen primär als ein fundamentales Existential, ein Grundmodus des Seins des Daseins, und kann deshalb im Sinne einer möglichen Erkenntnisart nur als eine existentielle Ableitung davon verstanden werden.[234] Diese existentielle Fundierung nimmt Welte auf, indem er dem Verstehen als dem Vollbringen des zu Verstehenden im Selbst seinen Grund zuweist. Darum lässt sich das menschliche Leben immer als ein verstehendes Leben kennzeichnen und zwar in seinem ganzen Umfang.[235] Denn der Mensch versteht sich schon im anfänglichen Grunde seines Daseins, so dass er nur deshalb die einzelnen Vollzüge des Verstehens

---

[230] Welte, Heilsverständnis, 37.
[231] Im Gegensatz zu Heidegger und auch zu Welte benutzt Gadamer hier eine andere Schreibweise des In-der-Welt-seins: Gadamer, Hermeneutik I. Wahrheit und Methode, 264.
[232] Gadamer, Hermeneutik I. Wahrheit und Methode, 264. Gadamer verweist in diesem Zusammenhang explizit auf Heidegger und erläutert dessen neue und radikale Wendung in Orientierung und Absetzung zu Husserl und Dilthey.
[233] Heidegger, Die Grundprobleme der Phänomenologie, 390 f.
[234] Vgl. Heidegger, Sein und Zeit, 143: »Wenn wir dieses [das Verstehen; Anm. J. E.] als fundamentales Existenzial interpretieren, dann zeigt sich damit an, daß dieses Phänomen als Grundmodus des *Seins* des Daseins begriffen wird. ›Verstehen‹ dagegen im Sinne *einer* möglichen Erkenntnisart unter anderen, etwa unterschieden von ›Erklären‹, muß mit diesem als existenziales Derivat des primären, das Sein des Da überhaupt mitkonstituierenden Verstehens interpretiert werden.« Besonders dazu vgl. Fehér, Verstehen bei Heidegger und Gadamer, 100 f.
[235] Vgl. Welte, Das Verstehen als philosophisches und fundamentaltheologisches Problem, 6.

mitgehen kann. Denn der »[...] dem Selbst innerliche Grund allen Verstehens ist selbst schon Verstehen.«[236]

(1) Seinsverstehen als Selbstverstehen

Diese Interpretation der Hermeneutik der Faktizität als Hermeneutik des Selbst gilt es im Folgenden weiter auszulegen. Indem Heidegger und Welte die Hermeneutik als Auslegung des faktischen Lebens mit dem Vollzug des Seins als »ich bin« verbinden, zeichnet sich das Verstehen als fundamentale menschliche Seinsweise aus. Daher ist sich das intentional gerichtete Verstehen nur in der Einheit des Selbstverstehens verständlich, das wiederum immer schon ein Sichverstehen in einer Lebenswelt, also in einer faktisch historischen Situation, meint.[237] Denn die Ausdrucksgestalt des Selbst besteht in seiner Situation, so dass Selbstverstehen demnach bedeutet, dass die lebendige Situation verständlich wird und das Selbst eben nur im Ausdruck der Situation gegenwärtig ist.[238] Gander bezeichnet bei Heidegger das Selbst als Funktion der Lebenserfahrung[239], dessen Konkretion eben diese selbstweltliche Situation ohne Objektivierung ist.[240] Diese Zentrierung auf die Selbstwelt bedeutet in der Dezentrierung des Ich eine Konstitution des faktischen Lebens als jeweiliges Selbstsein in der Funktion lebensweltlicher situativer Zusammenhänge, die sich in der Diachronie der Geschichte durchkreuzen und durchdringen, was sich als Lebenszusammenhang äußert.[241] Denn so bleibt auch für Welte das anfängliche, zu unserem Dasein gehörige Verstehen keine leere logische Möglichkeit, sondern ein Vermögen als innerlicher

---

[236] Vgl. Welte, Heilsverständnis, 40.
[237] Vgl. Gander, Selbstverständnis und Lebenswelt, 315.
[238] Vgl. Heidegger, Grundprobleme der Phänomenologie (1919/20), 258: »Das Selbst ist uns im Ausdruck der *Situation* gegenwärtig. Ich bin mir selbst konkret in einer bestimmten Lebenserfahrung, ich bin in einer *Situation*.«
[239] Vgl. Heidegger, Zur Bestimmung der Philosophie, 208: »*Das Situations-Ich:* Das Ich-Selbst, das ›historische Ich‹, ist eine Funktion der ›Lebenserfahrung‹. Lebenserfahrung ist ein stetig wechselnder Zusammenhang von Situationen, von Motivationsmöglichkeiten.«
[240] Vgl. Heidegger, Grundprobleme der Phänomenologie (1919/20), 258 f.: »Das Problem der *Situation* ohne Objektivierung ist bisher in der philosophischen Literatur nicht gestellt worden. [...] Wir müssen zurückgehen auf die spezifische Phänomenologie des Selbst. Es ist hier die Frage nach den letzten Möglichkeiten der Vertrautheit mit sich selbst.«
[241] Vgl. Gander, Selbstverständnis und Lebenswelt, 299 f.

Grund, »bestimmt von dem, *was* er mögend umfängt.«[242] Wenn nun das Dasein der Welt der Ausgangspunkt für die hermeneutische Thematisierung des faktischen Lebens ist, dann, weil es aus einer bestimmten Weise der Erfahrung erwächst.[243] Diese Erfahrung, die sich in untrennbarer Einheit mit dem Verstehen als Geschehen und Vollzug zeigt, hat als Voraussetzung einen Seinscharakter des Menschen, den Welte in Anlehnung an Heidegger als offenen Entwurf deklariert.[244] Damit charakterisiert er das lebendige Dasein des Menschen, das Erfahrung zulässt, empfängt und empfangend Erfahrung ermöglicht. Mit dem Verweis auf Heideggers Existenzanalyse[245] definiert Welte das lebendige Dasein als einen Entwurf in das Ausstehende seiner Zukunft, das sich selbst entwirft, aber auch selbst seinen Entwurf auf andere und eigentümliche Weise auslegt und ihn sich dadurch aneignet.[246] Heidegger bezeichnet dabei dieses Ausstehende seiner Zukunft bzw. das Woraufhin des Entwurfs des Verstehens von Sein als Sinn, womit der Sinn zu einem Strukturmoment des Verstehens wird, das Sein versteht bzw. entwirft, weshalb er zum Grund des Verstandenen wird und die Verstandenheit des Entworfenen ermöglicht.[247] Dieser hier zu Tage tretende Sinn oder – in den Worten Weltes – dieses Interesse hat seinen Auslöser bzw. seine Fun-

---

[242] Vgl. Welte, Heilsverständnis, 40.
[243] Dieser grundlegende Zusammenhang der Faktizität mit dem erfahrenden Selbst und die Verankerung dieses dynamischen Prozesses im Selbst findet sich bereits bei Heidegger in seiner Vorlesung im Sommersemester 1920. Vgl. Heidegger, Phänomenologie der Anschauung und des Ausdrucks, 173: »Wir haben aber weder ein absolutes Bewußtsein, noch eine absolute Faktizität. Das Selbst im aktuellen Vollzug der Lebenserfahrung, das Selbst im Erfahren seiner selbst ist die Urwirklichkeit. Erfahrung ist nicht Kenntnisnehmen, sondern das lebendige Beteiligtsein, das Bekümmertsein, so daß das Selbst ständig von dieser Bekümmerung mitbestimmt ist. – Umwelt, Mitwelt und Selbstwelt sind keine Seinsbereiche, nicht bestimmt in irgend-etwas. Alle Wirklichkeit erhält ihren ursprünglichen Sinn durch die Bekümmerung des Selbst.« Vgl. Gander, Selbstverständnis und Lebenswelt, 283.
[244] Vgl. Heidegger, Sein und Zeit, 324: »Danach ist Sinn das, worin sich die Verstehbarkeit von etwas hält, ohne daß es selbst ausdrücklich und thematisch in den Blick kommt. Sinn bedeutet das Woraufhin des primären Entwurfs, aus dem her etwas als das, was es ist, in seiner Möglichkeit begriffen werden kann. Das Entwerfen erschließt Möglichkeiten, das heißt solches, das ermöglicht.«
[245] Vgl. Heidegger, Sein und Zeit, 323–331.
[246] Vgl. Welte, Erfahrung und Geschichte, 35.
[247] Vgl. Heidegger, Sein und Zeit, 324: »Streng genommen bedeutet Sinn das Woraufhin des primären Entwurfs des Verstehens von Sein. [...] Diese Entwürfe aber bergen in sich ein Woraufhin, aus dem sich gleichsam das Verstehen von Sein nährt.«

dierung im Prinzip der Bedeutsamkeit, das die Welt durchstimmt und so als hermeneutischer Maßstab und Horizont die Möglichkeit gibt, das Dasein sinnerschließend zu vollziehen und dabei die Weise zu bestimmen, wie es zu vollziehen ist.[248] Zugleich gibt dieser Sinn, die Bedeutsamkeit bzw. das Ausstehende seiner Zukunft, eine Richtung vor, so dass sich das Verstehen daran orientiert und davon bestimmt wird. Daher wirkt im Dasein des lebendigen Entwurfs das Ausstehende seiner Zukunft als Woraufhin, womit der Sinn des Daseins sowohl das Fundament des Verstehens als Vollzug als auch der Grund des Verstandenen ist.[249] Davon ausgehend betont Welte, dass der Entwurfscharakter des Daseins die Erfahrungen nicht nur ermöglicht, sondern sie zugleich bestimmt und so die Erschließung bzw. das Verstehen der Welt möglich wird, da der Grund gelegt und die Richtung vorgegeben ist.[250]

Welte hat nun diesen Entwurf als einen offenen charakterisiert[251], womit er zunächst die sich ereignende Pluralität des Lebensweltzusammenhangs, die der Mensch in der verstehend auslegenden Differenz der Bedeutsamkeiten erfährt, hermeneutisch anerkennt.[252] Die Erfahrung zeigt dadurch die Offenheit von Leben und Welt, die jeweils in sich differentiell sind. Weiterhin sagt der Begriff vom offenen Entwurf, dass Erfahrung immer nur aktuell im tätigen Vollzug geschieht und so nicht von einer vorausliegenden Allgemeinheit abgeleitet werden kann, wodurch sich eine strukturelle Offenheit der Erfahrung für neue Erfahrung anzeigt und sich so der Entwurf des Daseins nicht abschließt gegenüber dem Unverfüglichen der Erfahrung.[253] Ein Dasein als offener Entwurf ist ein gelebter Entwurf, der in der Bedeutsamkeit der Welt seinen Grund und Ausgang findet und

---

[248] Vgl. Welte, Heilsverständnis, 69.
[249] Vgl. Heinz, Das eigentliche Ganzseinkönnen des Daseins und die Zeitlichkeit als der ontologische Sinn der Sorge (§§ 61–66), 185.
[250] Vgl. Welte, Erfahrung und Geschichte, 35.
[251] Vgl. Welte, Erfahrung und Geschichte, 36.
[252] Vgl. Heidegger, Phänomenologische Interpretationen zu Aristoteles. Einführung in die phänomenologische Forschung, 94: »Das, worin ein faktisches Leben sorgend aufgeht, wovon es lebt, ist aber immer in einer von den abhebbaren Grundwelten, die wir bezeichnen als *Um-, Mit- und Selbstwelt*. […] Die Lebenswelt wird jeweils in einer dieser Ausprägungen, ausdrücklich oder nicht, erfahren. Ausprägung ist ein Wie der Faktizität.«
[253] Vgl. Gander, Selbstverständnis und Lebenswelt, 266–268.

darin offen bleibt für das Unverfügbare seiner Zukunft, weshalb er die ausstehenden Erfahrungen an- und aufnehmen kann.[254]

Dieser offene Entwurf vollzieht sich existierend in der Welt und betrifft so das Ganze der Daseinsverfassung. Diese Absage an ein isoliertes Subjekt setzt daher eine Faktizität als eine Gesamtheit bzw. eine ganze Verfassung des Daseins voraus. Dabei bleibt aber dieses faktische Existieren als offener Entwurf der Welt gegenüber nicht indifferent im Sinne eines beliebigen In-der-Welt-seins, sondern geschieht als ein Leben in Verweisungs- und Bezugszusammenhängen im Horizont seiner ursprünglichen Ganzheit. Weltes spezifiziert dieses In-der-Welt-sein als offenen Entwurf, indem es sich durch die Herkunft des Daseins geprägt zeigt, die bestimmend in den Entwurf eingeht. Diese Herkunft charakterisiert das Dasein als ein immer schon auf die Welt bezogenes und dadurch in seinen Vollzügen durch die verschiedensten Bezüge beeinflusstes und damit existentiell betroffenes. Die Herkunft wirkt in der geschehenden Erfahrung, indem sie die Möglichkeiten und den Maßstab, die der offene Daseinsentwurf vorgibt, beeinflusst und so beispielsweise bestimmt, in welcher Weise des Denkens oder der Sprache sich Erfahrungen eröffnen können.[255]

---

[254] Vgl. Welte, Erfahrung und Geschichte, 36.

[255] Vgl. Welte, Erfahrung und Geschichte, 36. Welte verweist in diesem Zusammenhang explizit auf das »Schon-sein-in« aus Heideggers *Sein und Zeit*, so dass er seinen Begriff Herkunft mit Heideggers Faktizität gleichsetzt. (Vgl. Heidegger, Sein und Zeit, 192: »Existieren ist immer faktisches. Existentialität ist wesenhaft durch Faktizität bestimmt. [...] faktisches Existieren des Daseins ist nicht nur überhaupt und indifferent ein geworfenes In-der-Welt-sein-können, sondern ist immer auch schon in der besorgten Welt aufgegangen. [...] Im Sich-vorweg-schon-sein-in-einer-Welt liegt wesenhaft mitbeschlossen das verfallene *Sein beim* besorgten innerweltlichen Zuhandenen.«) Weltes Ausführungen zur Herkunft des Daseins legen aber den Schluss nahe, dass er sich mit diesem Begriff nicht nur auf die Faktizität, sondern auch auf die Verfallenheit des Daseins bei Heidegger bezieht. Diese Absage an einen absoluten Standpunkt des anfänglichen Verstehens könnte man mit dem frühen Heidegger auch als die Vorgriffsgebundenheit des Daseins bezeichnen, da die Intentionalität verstehender Auslegung durch einen Vorgriff bestimmt ist, der die Auslegung teleologisch und kategorial charakterisiert. Es ist die kritische Dekonstruktion der Vorgaben des Vorgriffs, die den Charakter des jeweiligen Vorgriffs erschließt und zugleich der Auslegung ermöglicht, diesen Vorgriff in seinem Vollzug zu verstehen und so zu einem Verständnis des Vollzugssinnes zu gelangen: »Die phänomenologische Destruktion [...]. Sie führt in die Situation des Verfolgs der Vorzeichnungen, des Vollzugs des Vorgriffs und damit der Grunderfahrung. Daraus erhellt, daß alle phänomenologisch-kritische Destruktion *vorgriffsgebunden* ist – und damit nicht letztursprünglich und letztentscheidend, sondern philosophische Grunderfahrungen voraussetzt.«

Erfahrung und Verstehen als das Geschehen und der Vollzug des offenen Entwurfs erweisen sich als ein dialektischer Prozess.[256] Die Charakterisierung des Erfahrungsprozesses als einen dialektischen berücksichtigt die Tatsache, dass es positive wie negative Erfahrung gibt. Die positive Erfahrung zeichnet sich durch ihre Wiederholbarkeit aus, die als Fundament die Bestätigung von menschlichen Erwartungen ermöglicht und so den Grundstein legt, dass etwas Allgemeines bzw. eine Allgemeinheit entstehen kann.[257] Aber nur eine solche positive kontinuierlich-prozesshafte Erfahrung bliebe einseitig und eine Einschränkung der lebensweltlichen Erfahrung, weshalb Welte diese positive Erfahrung um einen wesentlichen lebensweltlichen Aspekt erweitert, der sich in Anlehnung an Gadamers Erfahrungstheorie als negative Erfahrung mit produktivem Sinn bezeichnen lässt, indem sie als negativer Prozess ein positives Resultat offenbart.[258] Was sich zeigt bzw. dem erfahrenden Menschen entbirgt, das trifft und übertrifft den Entwurf, denn in der Erfahrung begegnet gerade

(Heidegger, Phänomenologie der Anschauung und des Ausdrucks, 35.) Vgl. dazu Ruff, Am Ursprung der Zeit, 69.

[256] Gadamer verweist in *Wahrheit und Methode* im Zusammenhang mit der dialektischen Bewegung ausdrücklich auf Hegels *Phänomenologie des Geistes* (Vgl. Gadamer, Hermeneutik I. Wahrheit und Methode, 360: »Die Erfahrung hat nach Hegel die Struktur einer Umkehrung des Bewußtseins und deshalb ist sie eine dialektische Bewegung.«), besonders hinsichtlich des Erfahrungsbegriffs und des Weges, den das Bewusstsein in der Wissensgewinnung zurücklegt. Vgl. dazu Hegel, PG (GW 9, 60): »Das Bewußtseyn weiß *Etwas*, dieser Gegenstand ist das Wesen oder das *an sich*; er ist aber auch für das Bewußtseyn das *an sich*; damit tritt die Zweydeutigkeit dieses Wahren ein. Wir sehen, daß das Bewußtseyn itzt *zwey* Gegenstände hat, den einen das *erste an sich*, den zweyten, das *für es seyn dieses an sich*. [...] Allein wie vorhin gezeigt worden, ändert sich ihm dabey der erste Gegenstand; er hört auf das an sich zu seyn, und wird ihm zu einem solchen, der nur *für es das an sich* ist; somit aber ist dann diß; das *für es seyn dieses an sich*, das wahre, das heißt aber, diß ist das Wesen, oder sein Gegenstand. Dieser neue Gegenstand enthält die Nichtigkeit des ersten, er ist die über ihn gemachte Erfahrung.«

[257] Den Ursprung dieses Prozesses der positiven Erfahrung, wonach sich aus einzelnen Wahrnehmungen Erfahrung und schließlich die Einheit der Erfahrung ergibt, sieht Gadamer in Aristoteles' Analyse des Begriffs der Induktion im Anhang seiner zweiten Analytik begründet: »Aristoteles beschreibt dort [...], wie sich aus vielen einzelnen Wahrnehmungen durch das Behalten des vielen Einzelnen schließlich Erfahrung, die eine Einheit der Erfahrung, ergibt.« (Vgl. Gadamer, Hermeneutik I. Wahrheit und Methode, 356.)

[258] Vgl. Gadamer, Hermeneutik I. Wahrheit und Methode, 359: »Die Negativität der Erfahrung hat also einen eigentümlich produktiven Sinn. Sie ist nicht einfach eine Täuschung, die durchschaut wird und insofern eine Berichtigung, sondern ein weitgreifendes Wissen, das erworben wird.«

das Unverfügbare, deren Unverfügbarkeit sich dann in der Überwältigung und der übertreffenden Auseinandersetzung mit dem offenen und herkünftigen Entwurf äußert. Erfahrung als entbergende und angeeignete braucht den Entwurf, der von ihr betroffen, verändert und in entscheidenden existentiellen Erfahrungen überwältigt wird, damit sich in der Überwältigung ihr Anderes geltend machen kann.[259] Der offene Entwurf zeigt die wechselseitige Bedingtheit, die sich als Zusammenhang des negativen und positiven Charakters der hermeneutischen Erfahrung äußert, so dass eine Simultanität von Kontinuität und Diskontinuität in diesem Erfahrungs- und Verstehensprozess deutlich wird. Die Bestimmung dieses Verhältnisses knüpft nun daran an, dass sich angesichts der unverfügbaren Erfahrung nicht nur das Wissen, sondern auch der Gegenstand selbst ändert, wobei der neue Gegenstand die Wahrheit über den alten enthält. Diesem Gedanken Gadamers von der bestimmten Negation, nach dem sich eine Negation vom negierten Sachverhalt präzise bestimmt zeigt[260], schließt sich Welte in seinem Erfahrungsbegriff an. Indem nun die negative Erfahrung auch die Wahrheit über die positive enthält, offenbart sich dadurch eine konstitutive Zusammengehörigkeit. Denn wenn Wahrheit Erschließung bzw. Entbergung aus einer Verborgenheit bedeutet, so erschließt sich die Erwartung durch die Enttäuschung neu, weswegen nach der Negierung bzw. der Überwältigung der Erwartung neue Allgemeinheiten als Erwartungen erkannt und anerkannt werden. So lässt diese Negativität den dialektischen Prozess der Erfahrung zu einer heterogenen Einheit werden, die durchaus Spannungen in sich trägt, wenn sie sich einerseits dynamisch und selbst-erzeugend als Handeln darstellt und sich andererseits zugleich als ein Geschehen begreifen lässt. Die positive und negative Erfahrung als Strukturmomente eines dialektischen Erfahrungsprozesses tragen eine Produktivität in sich, wodurch sie wiederum neue, bisher unentworfene Horizonte eröffnen können[261]:

---

[259] Vgl. Welte, Erfahrung und Geschichte, 37.
[260] Vgl. Gadamer, Hermeneutik I. Wahrheit und Methode, 359: »Es kann also nicht ein beliebig aufgelesener Gegenstand sein, an dem man eine Erfahrung macht, sondern er muß so sein, daß man an ihm ein besseres Wissen nicht nur über ihn, sondern über das, was man vorher zu wissen meinte, also über ein Allgemeines gewinnt. Die Negation, kraft deren sie das leistet, ist eine bestimmte Negation. Wir nennen diese Art der Erfahrung *dialektisch*.«
[261] Vgl. Ballnat, Das Verhältnis zwischen den Begriffen »Erfahrung« und »Sprache« ausgehend von Hans-Georg Gadamers Wahrheit und Methode, 118–123.

»Gegenstand und Methode sind dasselbe« – Weltes Struktur des Denkens

»Das Sich-mir-Entbergende hat mich überwältigt, aber indem es *mich* überwältigte, wurde es *selber* überwältigt, durchdrungen und geformt von meinem Leben, von meinem In-der-Welt-Sein und so gerade und erst wurde es meine mir gleichende Erfahrung, in dem Augenblick, in dem es mir ganz neue, mir bisher fremde Horizonte eröffnete. Was ich immer schon war in Herkunft und Entwurf der Zukunft, ist nun verwandelt und als Verwandeltes aufgehoben da in dem, was ich in der Erfahrung erst werde.«[262]

Wenn Welte sich nun Heidegger anschließt und dadurch seine Ausführungen über Verstehen und Erfahrung ihren Ursprung in der Faktizität des Daseins und deren Erfahrung finden, dann sollen das menschliche Leben und die Welt, in der der Mensch lebt, zur Geltung kommen, ohne sich dabei auf einzelne Aspekte zu beschränken und sich in dieser Vereinzelung letztlich zu verlieren. Denn das Leben wird nicht nur bzw. vor allem nicht zuerst in einer bestimmten Hinsicht oder nur aus einer Perspektive bestimmten Verhaltens erfahren. Das Leben in seiner Ganzheit, wie es ursprünglich und eigentlich ist, zeigt sich als Grundzug in jedem Erfahrungsprozess.[263] Daher widerspricht Welte dezidiert der Annahme, Erfahrung würde sich nur auf Einzelnes bzw. auf einen einzelnen Bereich des Lebens, wie einen einzelnen Menschen oder einen einzelnen Zug der Welt und des Daseins, beziehen. Denn auch wenn sowohl Erfahrung als auch Verstehen das jeweils Einzelne betreffen, so würde eine solche Ausschließlichkeit und Individualisierung die Gesamtheit der Bezüge und damit die Welt ausblenden, da sich alle Erfahrungen in ihrem Bezug auf das Ganze der Welt zu erfahren geben, weshalb sie niemals singulär, vereinzelt oder nur individuell bleiben. Denn die Erfahrung des Einzelnen verweist auf das Ganze der Welt, indem sie verändert und verwandelt, so dass die neue Erfahrung des Einzelnen zugleich zu einer neuen Erfahrung des Ganzen der Welt wird, was Welte mit Leo Gabriel als die »integrale Logik«[264] der Erfahrung bezeichnet. Es zeigt sich somit in der Erfahrung, dass das Ich in einen neuen Modus des Daseins gelangt und sich damit in einer neuen Welt vorfindet, da dieser Prozess eben ein Geschehen und einen Vollzug darstellt, der am Ich geschieht, aber auch von ihm ausgeht und so eine Ganzheit offenbart[265]:

---

[262] Welte, Erfahrung und Geschichte, 38.
[263] Vgl. Figal, Zu Heidegger, 173.
[264] Gabriel, Integrale Logik, 299.
[265] Vgl. Welte, Erfahrung und Geschichte, 39.

»Ontologische Besinnung« – Weltes Miteinander

»Indem ich hineingezogen werde und selber hineingehe in die Auseinandersetzung, in der das Sich-Entbergende sich mir zubringt und in mich hineinwächst, wird in den Gang des Geschehens hineingezogen, was ich schon war und als was ich mich aus dieser meiner Herkunft entwarf und entwerfe, die ganze zeitliche Erstrecktheit meines Daseins. Darum sieht nun meine Vergangenheit für mich anders aus und die Sprache, die aus ihr mir zukommt. Und ich schaue neu und anders in meine Zukunft.«[266]

Wenn sich nun Erfahrung und Verstehen in diesen wesentlichen Vollzügen und Zusammenhängen bewegen, folgt daraus, dass die Explikation ihres Vollzugssinnes eben auch die mit- und umweltlichen Bezüge betrifft.[267] Herkunft und Zukunft stellen den Menschen als offenen Entwurf in einen komplexen Kontext der Faktizität des Lebens, was im Folgenden differenziert als Geschichte, Welt und Sprache zur Darstellung kommen soll.

(2) Geschichtlichkeit

»In der Erfahrung [...] geschieht die *Geschichtlichkeit* meines Daseins. Die Erfahrung ist selber das Geschehen dieser Geschichtlichkeit.«[268]

Mit diesem Rekurs auf die Geschichtlichkeit des menschlichen Daseins erteilt Welte sowohl einem klassischen Verständnis von Historie als auch jeglicher Vorstellung von Geschichte auf der Basis von erkenntnis- bzw. wissenschaftstheoretischen Analysen eine Absage, da auf diesem Wege Geschichte als Objekt einer Wissenschaft begriffen wird, wodurch ihr Ursprung in der Geschichtlichkeit als einer existentialen Struktur des menschlichen Daseins übersehen wird. Daher entwirft sich bei Welte der ursprüngliche Sinn von Geschichte nicht mehr als objektgeschichtlicher Bezug, sondern ausgehend von der Lebenserfahrung des Daseins als geschichtlicher Eigenvollzug des Daseins selbst, so dass die Erfahrung sich nicht nur spezifisch zur Geschichte verhält, sondern »vielmehr selber die Geschichte als das Geschehen des Daseins im Ganzen in seiner spezifischen Zeitlichkeit« ist. Denn nur aufgrund der Geschichtlichkeit des Lebens selbst kann aus dem welthaften Erleben des Daseins ein Verständnis von Geschichte formuliert werden kann.[269]

---

[266] Welte, Erfahrung und Geschichte, 40.
[267] Vgl. Ruff, Am Ursprung der Zeit, 71.
[268] Welte, Erfahrung und Geschichte, 41.
[269] Vgl. Welte, Erfahrung und Geschichte, 41. Wie Heidegger bestimmt Welte die faktische Lebenserfahrung bzgl. ihres Eigenvollzugs als ein historisches Phänomen.

»Gegenstand und Methode sind dasselbe« – Weltes Struktur des Denkens

Diese Verortung in der Erfahrung ermöglicht Welte nun auch zu exemplifizieren, dass Geschichte eben kein rein individuelles Geschehen sein kann, sondern, indem sie sich durch ihre Herkunft charakterisiert, immer schon in einem Horizont des Lebens und seiner Erfahrungen steht. Der Mensch besitzt keine Erfahrung seines Anfangs, sondern erfährt sich immer schon als dagewesenes Dasein aufgrund seiner Zugehörigkeit zu einer Welt.[270] Daher besteht das Verstehen und die Interpretation der Geschichtlichkeit des menschlichen Daseins eben in der konkreten Ausarbeitung des Daseinsvollzugs unter Berücksichtigung seiner Zeitlichkeit, was sich eben im Erfahrungsprozess als Sich-entwerfen und als die Übernahme der Situation, in der das Dasein sich vorfindet, charakterisiert.[271] Genau in diesem Daseinsvollzug, dem Selbstvollzug des Daseins als offenem Entwurf, der in der Einheit von Vergangenheit, Gegenwart und Zukunft geschieht und als Erfahrungs- bzw. Verstehensprozess sich auf alles Seiende bezieht, eröffnet sich ein unendlicher Horizont, der die Geschichtlichkeit zu einer universalen Bestimmung werden lässt.[272] Geschichtlichkeit wird dadurch zu einer Bestimmung der Welt überhaupt, insofern der Mensch als primärer Ort[273] der Geschichtlichkeit in seinem Bezug

---

Vgl. dazu Heidegger, Wegmarken, 32: »Wie seines Eigenvollzuges nach ›historisches‹ Phänomen, und zwar primär nicht ein objektgeschichtliches [...], sondern ein sich selbst so erfahrendes *vollzugsgeschichtliches* Phänomen. Der seinem Bezugssinn nach auf das Selbst historisch gerichtete Erfahrungszusammenhang hat auch nach seinem Vollzugssinn historischen Charakter.« Vgl. Ruff, Am Ursprung der Zeit, 78.

[270] Vgl. Welte, Geschichtlichkeit als Grundbestimmung des Christentums, 167.

[271] Vgl. Heidegger, Sein und Zeit, 382 f.: »Die entschlossene Übernahme des eigenen faktischen ›Da‹ bedeutet zugleich den Entschluß in die Situation. [...] Das vorlaufende Sichentwerfen auf die unüberholbare Möglichkeit der Existenz, den Tod, verbürgt nur die Ganzheit und Eigentlichkeit der Entschlossenheit. [...] Geworfen ist zwar das Dasein ihm selbst und seinem Seinkönnen überantwortet, *aber doch als In-der-Welt-sein*. Geworfen ist es angewiesen auf eine ›Welt‹ und existiert faktisch mit Anderen.« Vgl. Luckner, Martin Heidegger: »Sein und Zeit«, 161.

[272] Vgl. Welte, Geschichtlichkeit als Grundbestimmung des Christentums, 137.

[273] Den Grund der Geschichte sieht eben auch Heidegger in der Geschichtlichkeit des menschlichen Lebens, so dass parallel zu Weltes universaler Offenheit das In-der-Welt-sein Heideggers die Geschichtlichkeit zur Bestimmung alles Seienden werden lässt: »*Primär* geschichtlich – behaupten wir – ist das Dasein. *Sekundär* geschichtlich aber das innerweltlich Begegnende [...]. Wir nennen das nichtdaseinsmäßige Seiende, das auf Grund seiner Weltzugehörigkeit geschichtlich ist, das Welt-geschichtliche. [...] Das Welt-geschichtliche ist nicht etwa erst geschichtlich auf Grund einer historischen Objektivierung, sondern *als das Seiende*, das es, innerweltlich begegnend, an ihm selbst ist.« (Heidegger, Sein und Zeit, 381.) »Die These von der Geschichtlichkeit des Daseins sagt nicht, das weltlose Subjekt sei geschichtlich, sondern das Seiende, das

»Ontologische Besinnung« – Weltes Miteinander

zur Welt alles geschichtlich determiniert, weshalb sie auch »transzendentale Bestimmung«[274] genannt wird, deren Universalität in der Verfasstheit des menschlichen Daseins gründet, das alle Bezüge in seinen Vollzug einschließt.[275] Denn in jedem möglichen Bezug bewegt sich der Mensch bereits in einem Horizont des Verstehens[276], das wiederum nicht als Erheben von einem zeit- und damit geschichtslosen Punkt gedacht werden kann[277], da der Mensch immer von seinem geschichtlichen In-der-Welt-sein bestimmt bleibt.[278] Insofern nun das menschliche Dasein sich durch die Geschichtlichkeit bestimmt erkennt, kann sie sich nicht nur auf den Menschen beschränken, sondern bezieht sich auf das Sein alles Seienden.[279] Weltes charakterisiert nun die Geschichtlichkeit als konkretes Transzenden-

---

als In-der-Welt-sein existiert. *Geschehen der Geschichte ist Geschehen des In-der-Welt-seins.* Geschichtlichkeit des Daseins ist wesenhaft Geschichtlichkeit von Welt, die auf dem Grunde der ekstatisch-horizontalen Zeitlichkeit zu deren Zeitigung gehört. […] *Mit der Existenz des geschichtlichen In-der-Welt-seins ist Zuhandenes und Vorhandenes je schon in die Geschichte der Welt einbezogen.*« (Heidegger, Sein und Zeit, 388.) Vgl. dazu Feige, Geschichtlichkeit, 389.

[274] Welte, Geschichtlichkeit und Christentum, 16.

[275] Vgl. Feige, Geschichtlichkeit, 57–59.

[276] Vgl. Welte, Das Verstehen als philosophisches und fundamentaltheologisches Problem, 2.

[277] Vgl. Welte, Das Verstehen als philosophisches und fundamentaltheologisches Problem, 63.

[278] Vgl. Welte, Das Verstehen als philosophisches und fundamentaltheologisches Problem, 67b. Zum Zusammenhang von Bedeutung und geschichtlicher Kontextualität historischer Ereignisse vgl. Danto, Analytische Philosophie der Geschichte, 27–35.

[279] Diese umfassende Bestimmung des Verstehens, also dass das Dasein schon verstehend und das Sein des Seienden immer schon verstanden ist, sei es auch ontologisch nicht begriffen, stellt Welte mit Heidegger vor das Problem bzgl. der Außenwelt. Ausgehend von der Konzeption des Daseins und aufgrund der Bedeutsamkeit in Mittel-Zweck-Zusammenhängen ist der Mensch immer schon in einer Welt, so dass die theoretische Einstellung, in der sich der Mensch in rein erkennender Absicht auf vorhandene, unbedeutsame Dinge in der Welt konzentriert, das In-der-Welt-sein bereits voraussetzt. Der Verweis auf diesen Umstand lässt Heidegger das skeptische Problem als gelöst betrachten und derartige skeptische Zweifel im Kontext des alltäglichen Besorgens für künstlich und unnatürlich ansehen. (Vgl. Heidegger, Sein und Zeit, 200–212.) Zusammenfassend lässt sich somit behaupten, dass es zwar Reales und Seiendes auch unabhängig vom menschlichen Dasein gibt, aber alle Seinsweisen, wie z. B. Realität, Weltlichkeit oder Zuhandenheit abhängig vom Seinsverständnis des Daseins sind. Aus dieser Perspektive begehen, wie Merker anführt, alle einen Kategorienfehler, die nach der Bewusstseinsunabhängigkeit der Realität fragen, da sie Existentialität mit Substanzialität und Sein mit Seiendem verwechseln. Vgl. Merker, Die Sorge als Sein des Daseins (§§ 39–44), 126–128.

»Gegenstand und Methode sind dasselbe« – Weltes Struktur des Denkens

tale[280], verbunden mit dem endlich-zeitlichen Seinsverstehen des Menschen – das sich als ein solches geschichtlich vollzieht – und zugleich auf das Sein alles Seienden bezogen. Somit wird das menschliche Seinsverständnis geprägt durch die geschichtliche Verfasstheit und die transzendentale Offenheit, die sich wiederum gegenseitig bedingen. Denn das menschliche Seinsverständnis steht, indem es zugleich ein geschichtlich verfasstes und der Ort des Verstehens von Sein ist, in universaler Offenheit zu allem, weshalb es alles Seiende geschichtlich bestimmt. Selbst das zeitlos Gedachte und ideal Geltende kann sich deshalb nur im geschichtlichen Dasein vollziehen.[281] Daher findet sich im Prozess der Erfahrung der eigene herkünftige Entwurf gegründet, wodurch dieser in der geschichtlichen Welt bzw. in der umfassenden Weltepoche verortet ist, die nicht seiner eigenen Produktivität entstammt und in ihrer einmaligen Struktur als umfassender oder transzendentaler Erfahrungshorizont besteht. Das Verhältnis von konkreter Einzelerfahrung und dem epochalen Welthorizont wird von Welte in einem bereits bekannten dialektischen Geschehen gedeutet. Die konkreten Einzelerfahrungen finden sich durch die bestimmend vorgegebenen Möglichkeiten und Weisen des epochalen geschichtlichen Welthorizontes bestimmt und artikuliert, so dass in Struktur, Richtung und Vollzug der geschichtliche Horizont leitend präsent bleibt. Zugleich verändern und beeinflussen die konkreten einzelnen Erfahrungen das umfassende Ganze, wodurch es nicht eine zeitlose und abstrakte Allgemeinheit darstellt, sondern sich als ein Zusammenhang und eine Einheit aus den einzelnen konkreten singulären Wirklichkeiten bildet. Die Absage an einen abstrakt-logi-

---

[280] Ingeborg Feige entwickelt, ausgehend von Weltes Begriff des konkreten Transzendentale, der sich in der unveröffentlichten Vorlesung *Geschichtlichkeit und Christentum* aus dem Sommersemester 1954 findet, diese Dialektik von transzendentaler Verwiesenheit und geschichtlicher Konkretion. Vgl. Welte, Geschichtlichkeit und Christentum, 23: »Wenn aber nun der Mensch, konkret gesehen, *geschichtlich ist* und nie anders als geschichtlich, dann ist damit auch das *eigene Sein der Natur und nicht bloß* ein diesem gegenüber äußerer *Aspekt* geschichtlich. [...] Dann ist es ein *Seinswandel* und nicht nur ein Wandel der Aspekte.« Vgl. Feige, Geschichtlichkeit, 62–64.

[281] Vgl. Welte, Heilsverständnis, 51. Feige sieht nun besonders im Zusatz »konkret« einen deutlichen Hinweis, dass bei Welte die Geschichtlichkeit zum Menschen in seiner faktisch endlich-zeitlichen Verfasstheit gehört und sich damit deutlich von jeder Theorie absetzt, die in Absehung von der endlich-zeitlichen Verfasstheit des Menschen auf die Bestimmung eines überzeitlichen und ewigen Wesensbestandes des Menschen zielt. Vgl. Feige, Geschichtlichkeit, 391.

schen Zusammenhang hat zur Folge, dass die einzelne Erfahrung bzw. das geschichtliche Einzelne nicht einfach aus einer Ganzheit deduzierbar ist, wie auch aus dem in diese Ganzheit eingefügten Einzelnen die Einheit nicht abgelesen werden kann.[282] Denn die gegenseitige Zuordnung und die sich ergebende Einheit ist nicht definitorisch zu verstehen, sondern sie geschieht selbst geschichtlich als zeitlicher und lebendiger Prozess, so dass man bei Welte von einer geschichtlichen Allgemeinheit geschichtlicher Ganzheiten in Bezug auf den umfassenden Zusammenhang des geschichtlich Singulären sprechen kann. Diesen Zusammenhang deutet Welte nicht als Kontinuität im Sinne einer einzelnen Allgemeinheit oder Allgemeingültigkeit, sondern das Geschichtliche ist als Einzelnes das Bedeutsame und als dieses das Kontinuierliche. Diese Kontinuität des Einzelnen bedeutet, dass das Einzelne von einem Zusammenhang bestimmt wird, den es zugleich bestimmt, so dass Welte hier von einem dialektischen Ineinander, von einer »doppelpoligen, dialektischen Struktur«[283] des Geschichtlichen spricht, weshalb Kontinuität und Singularität, transzendental-epochale und konkrete Erfahrung in ihrer Ursprünglichkeit und Untrennbarkeit alles Geschichtliche konstituieren[284]:

»Sehen wir auf dieses ganze Gewebe hin, in welchem epochale Erfahrungen in konkreten Erfahrungen sich verdichten, erscheinen und hervortreten und in dem konkrete Erfahrungen sich in umfassende epochale Erfahrungen hineingießen und diese bewegen, sehen wir dieses lebendige Gewebe, nicht das fertige, sondern das Geschehen der Webung, vom Ganzen zum Einzelnen, vom Einzelnen zum Ganzen: dann sehen wir nichts anderes als die *Weltgeschichte*, jetzt verstanden als die unaufhörlich sich erneuernde Auseinandersetzung und Zusammensetzung von transzendental-epochaler und konkret einzelner Erfahrung.«[285]

Dieser dialektische Prozess von konkreten und epochalen Geschehnissen – menschlicher Entwürfe und Überwältigungen – lässt Welte schließlich festhalten: »*Erfahrung ist selber Geschichte. Und: Geschichte ist Erfahrung.*«[286]

---

[282] Zur Absage an eine vollständige Darstellung einer Geschichte und an die Vorstellung von Geschichte als vollkommene Chronik vgl. auch Danto, Analytische Philosophie der Geschichte, 37–40.190–195.
[283] Welte, Geschichtlichkeit und Christentum, 31.
[284] Vgl. Feige, Geschichtlichkeit, 76–79.
[285] Welte, Erfahrung und Geschichte, 44.
[286] Welte, Erfahrung und Geschichte, 44.

In dieser Rückkehr zur Erfahrung zeigt sich, dass die Geschichte im Geschehen der Existenz gründet, die aus der Zukunft des menschlichen Seins entspringt.[287] An diesem Punkt offenbart sich auch die entscheidende Differenz zwischen Heidegger und Welte. Denn für Heidegger besteht im Sein zum Tode als der Endlichkeit der Zeitlichkeit der verborgene Grund der Geschichtlichkeit, da »der Tod als die charakterisierte Möglichkeit des Daseins die vorlaufende Existenz auf ihre *faktische* Geworfenheit zurückwirft und so erst der *Gewesenheit* ihren eigentümlichen Vorrang im Geschichtlichen verleiht.«[288] Welte dagegen sieht zwar im Tod das Überwältigende bzw. die äußerste Erfahrung und die Endlichkeit als elementare Faktizität, die als begegnende Grenze des Daseins und als Macht das menschliche Sein ganz umfängt und durchdringt, doch stellt für Welte die Erfahrung der Endlichkeit selbst die Frage nach der Unendlichkeit, so dass der Mensch in der Endlichkeit als einer elementaren Faktizität in einem unendlichen Horizont lebt. Denn im lebendigen Vollzug des Daseins des Menschen findet sich als Ziel und Maßstab eine ideelle Unendlichkeit, die das menschliche Dasein in Widerspruch zu seiner Endlichkeit bringt. Die Erfahrung der Endlichkeit im Horizont der Unendlichkeit als Zusammenstoß von Faktizität und Idealität des Daseins erkennt Welte als Triebfeder des menschlichen Lebens und damit des gesamten geschichtlichen Geschehens, womit sich eine unabschließbare dialektische Struktur offenbart[289]:

---

[287] Vgl. Heidegger, Sein und Zeit, 386 f.: »*Das eigentliche Sein zum Tode, das heißt die Endlichkeit der Zeitlichkeit, ist der verborgene Grund der Geschichtlichkeit des Daseins.* Das Dasein wird nicht erst geschichtlich in der Wiederholung, sondern weil es als zeitliches geschichtlich ist, kann es sich wiederholend in seiner Geschichte übernehmen. [...] Was wir bisher in Anmessung an das in der vorlaufenden Entschlossenheit liegende Geschehen als Geschichtlichkeit kennzeichneten, nennen wir die *eigentliche* Geschichtlichkeit des Daseins. Aus den in der Zukunft verwurzelten Phänomenen der Überlieferung und Wiederholung wurde deutlich, warum das Geschehen der eigentlichen Geschichte sein Gewicht in der Gewesenheit hat.« Das Dasein bezeugt sich nach Heidegger nämlich als Ganzsein in einer Grunderfahrung, die für ihn darin besteht, dass sich das Möglichsein des einzelnen Daseins bis in den Tod erstreckt. So hängt also die ontologische Bestimmung des Ganzseins in der Akzeptanz des Todes als der ureigensten und unüberholbaren Möglichkeit des Daseins. Vgl. Takeichi, Individuum und Welt, 344.
[288] Heidegger, Sein und Zeit, 386.
[289] Vgl. Welte, Im Spielfeld von Endlichkeit und Unendlichkeit, 38–43; vgl. Feige, Geschichtlichkeit, 294–299.

»Ontologische Besinnung« – Weltes Miteinander

»Die Geschichtlichkeit des Seinsverständnisses und damit allen menschlichen Verstehens steht freilich auf einem transzendentalen und also die Geschichte um- und überfassenden Grunde, der durch alle Geschichtlichkeit nicht zerbrochen werden kann, vielmehr diese trägt und ermöglicht. Dies zeigt sich darin, daß im Grunde alle Menschen und alle Zeiten einander grundsätzlich zu verstehen vermögen und sich also in einem durchgehenden Horizont von Seinsvertrautheit bewegen, der alle Geschichte umfaßt und alle Menschentümer miteinander verbindet.«[290]

Die Geschichtlichkeit des menschlichen Verstehens beschränkt sich somit für Welte nicht auf ein Individuum, so dass sie eine isolierte Bestimmung bliebe, sondern führt in ihrer Transzendentalität in den Bereich des Mitseins bzw. des Miteinanderseins. Dies lässt wiederum auf die grundlegende Bedeutung der Personalität bzw. der Interpersonalität schließen, was einen Zusammenhang offenbart, der für die Untersuchung des Miteinanders noch zu beachten sein wird.

(3) Weltverstehen und Sprachwelt
Weltes Vorstellung von Verstehen im Horizont der Erfahrung lässt sich noch differenzierter betrachten, da für ihn eigentliches Verstehen sich nur vollzieht, wenn das zu Verstehende in seiner mitkundgebenden Welt vernommen und mitvollzogen wird und damit alles in seinem Weltgehalt und seiner Welterscheinung, also in seinen vielfältig waltenden Bezügen, betrachtet wird. Dieser konstitutive Bezugszusammenhang erweist sich wiederum als die jeweilige Ausformung des menschlichen Daseins, das im verstehenden Verhältnis zum Einzelnen und zum Ganzen des Seins steht und somit mit Heidegger als In-der-Welt-sein bezeichnet werden kann. Dieses In-der-Welt-sein verändert sich aufgrund seiner Geschichtlichkeit und seines einmaligen Zusammenhangs bzw. seiner Situiertheit in der Geschichte, so dass die geschichtliche Welt alles zu Verstehende konstituiert. Diese weltgeschichtliche Konstitution bezieht sich vor allem auch auf die zu verstehenden Worte, so dass sie nicht auf ihren propositionalen Gehalt reduziert werden dürfen, sondern ihr Gehalt zugleich die geschichtliche Welt vernehmen und mitvollziehen lässt.[291]

Wenn jedes zu verstehende Wort mit seiner Gegenständlichkeit auch seinen Weltzusammenhang kundgibt und daher jeder verstan-

---

[290] Welte, Heilsverständnis, 52.
[291] Vgl. Welte, Das Verstehen als philosophisches und fundamentaltheologisches Problem, 51–57.

»Gegenstand und Methode sind dasselbe« – Weltes Struktur des Denkens

dene und ausgesprochene Gegenstand eine Weise des In-der-Weltseins bezeugt, dann wird deutlich, dass das Verstehen von Welt im Verstehen von In-der-Welt-sein enthalten ist. Daher zeigen sich die Worte von der Geschichtlichkeit des menschlichen Daseins bestimmt und müssen in ihrer Einmaligkeit aus der Geschichte bzw. ihrer jeweiligen geschichtlichen Situation vernommen werden. So gehört das Weltverstehen als wesenhafter Bestand des In-der-Welt-seins zum Seinsverständnis des menschlichen Daseins, was eine ursprüngliche Vertrautheit mit der Welt nahelegt, die keine theoretische Durchsichtigkeit der die Welt als Welt konstituierenden Bezüge ermöglicht, aber als Weltvertrautheit die Möglichkeit einer ontologisch-existentialen Interpretation dieser Bezüge begründet.[292] Damit verbindet sich für Welte noch eine zusätzliche Komplikation, da eben nicht nur die sich aussprechende Welt des zu verstehenden Wortes, sondern auch die Welt des Verstehenden verstanden werden muss. Denn das menschliche Dasein ist als In-der-Welt-sein geschichtlich bestimmt, so dass im verstehenden Menschen eine Welt mit einer anderen Welt im Gespräch ist und so ein Welt-Dialog geschichtlicher Art stattfindet. Deshalb gilt es zu beachten, inwieweit das eigene Verstehen von der Struktur und Eigentümlichkeit der tragenden geschichtlichen Welt durchdrungen ist, um so das Verstehen aus einer falschen unreflektierten Selbstverständlichkeit und zeitlosen Gültigkeit zu heben.[293]

---

[292] Weltes Vorstellung von Verstehen als Selbstverstehen, in Berücksichtigung seiner Welthaftigkeit, zeigt sich inspiriert von Heideggers Überlegungen zum Zusammenhang von Welt, In-der-Welt-sein und Seinsverständnis und dessen Auswirkungen und Folgen für das Sein des Daseins. Vgl. Heidegger, Sein und Zeit, 86: »Wenn dem Dasein wesenhaft die Seinsart des In-der-Welt-seins zukommt, dann gehört zum wesenhaften Bestand seines Seinsverständnisses das Verstehen von In-der-Welt-sein. Das vorgängige Erschließen dessen, woraufhin die Freigabe des innerweltlichen Begegnenden erfolgt, ist nichts anderes als das Verstehen von Welt, zu der sich das Dasein als Seiendes schon immer verhält.« Vgl. dazu Enders, Transzendenz und Welt, 144–147.
[293] Vgl. Welte, Das Verstehen als philosophisches und fundamentaltheologisches Problem, 62–64. Im naturwissenschaftlich-technischen Denken wird der Versuch der Loslösung der Gestalt der Wahrheit von der Geschichte zu einer unvergleichlich prägenden Denkfigur, die das gesamte menschliche Dasein durchdringt. Dabei wird das Quantum bzw. die quantitative Messbarkeit zum entscheidenden Grundzug aller Erscheinungen der Welt und damit auch für die menschlichen Daseinsmöglichkeiten. Die Messbarkeit, als die Koordination der Größe mit einer Zahl als Grundvorgang des naturwissenschaftlichen Verständnisses der Welt, zeigt sich unabhängig von der Zeit und den durchführenden Menschen. Die Mathematik wird dadurch zum Ideal

Verstehen als Weltdialog bzw. als Übersetzungsvorgang zwischen zwei Welten kennzeichnet sich einerseits durch die Offenheit des menschlichen Daseins und seines verstehenden Erfahrungsvollzuges und andererseits durch ein Sich-verstehen, so dass das Verstehen des Anderen zum Selbstverständnis wird.[294] Die Offenheit für die geschichtliche Gegenwart des Verstehenden ermöglicht die Distanz von sich selbst und zugleich die Rückkehr zu sich selbst, so dass sowohl das Seinsverständnis der eigenen als auch der fremden Welt deutlich wird und dadurch im Zirkel des Verstehens behandelt werden kann. Differenzierter beschreibt Welte diesen Zusammenhang in seiner Hermeneutikvorlesung von 1969/70, wenn er davon ausgeht, dass »der verstehende Mensch und die verstandene Welt keine getrennten Systeme sind«[295] und deswegen das Verstehen zu deuten ist als ein Einrücken des Verstehenden in ein umfassendes Geschehen, das ihn mit seinem Verstandenen vermittelt. Verstehen zeigt sich somit als eine Hermeneutik, die sich als abhängig von dem ihm jeweils zugehörigen Entwurf des sich in seinem Seinkönnen[296] bzw.

---

einer vollständig rationalen Wissenschaft. Nach Welte entlarvt sich diese Weltsicht als Schein, da sie einerseits selbst ein epochales geschichtliches Ereignis darstellt und andererseits die Wahrheit in seiner Ganzheit auf ein Weltverständnis festlegt, so dass auch dieses Welt- und Seinsverständnis geschichtliche Relativität offenbart. Vgl. Welte, Wahrheit und Geschichtlichkeit (1952), 122–125. Eine ganz andere, aber mindestens genauso bedenkliche Antwort auf das Problem der Geschichte gibt die Theologie im 19. Jahrhundert. In der damals entstandenen neuscholastischen Theologie sieht Welte daher den Prototyp des Versuches, die Einheit von Geschichte und Verstehen aufzulösen und eben das Geschichtliche gerade als das Bedrohliche für die Theologie und das Christentum herauszustellen. So wird die Theologie zu einem glanzvollen, der Geschichte enthobenen System, ungeachtet ihres reichen historischen Materials, dessen sie sich bedient und ungeachtet ihres historischen Ansatzpunktes in der Scholastik bzw. des Thomismus. Diese künstliche Emigration an einen zeit- und geschichtslosen Ort hält Welte für das Ende des eigentlichen und wirklichen Verstehens, da das menschliche Verstehen auf keine Weise der Bestimmtheit durch die geschichtliche Welt entgehen kann. Vgl. Welte, Zum Strukturwandel der katholischen Theologie im 19. Jahrhundert, 33–48.

[294] Vgl. Welte, Das Verstehen als philosophisches und fundamentaltheologisches Problem, 68.
[295] Welte, Hermeneutik, 64.
[296] Mit diesem Ausdruck, den Welte von Heidegger übernimmt, soll deutlich werden, dass Dasein nicht als etwas Vorhandenes zu verstehen ist, das als Zugabe noch bestimmte Fähigkeiten besitzt, sondern es primär ein Möglichsein darstellt. Das Dasein, dem es darum um sein eigenes Seinkönnen geht, besteht als Existenz und zwar als »das *Sich-vorweg-sein* des Daseins«. (Heidegger, Sein und Zeit, 192.) Vgl. Kümmel, Über den Begriff der Zeit, 32.

seiner Existenz verstehenden Daseins darstellt. Daher verortet sich das Verstehen in der hermeneutischen Situation der zirkelhaften Vermittlung von Einzelnem und Ganzem, in der das Einzelne das Bild des Ganzen ist und sich das Ganze im Einzelnen verwirklicht. Der Zirkel besteht nun darin, dass das Verstehen eines einzelnen Phänomens, das aus einer geschichtlichen Welt heraus begegnet, sich erst ermöglicht in Berücksichtigung und im Verständnis des gründenden Welt- und Seinsverständnisses, das den umfassenden Horizont des Phänomens darstellt, jedoch genau dieses Welt- und Seinsverständnis sich wiederum nur mit dem Verstehen des einzelnen Phänomens vermittelt. Die Grundlage dieses Weltdialogs und damit die Möglichkeit, fremde Welten zu verstehen, besteht darin, dass der Mensch die Fähigkeit hat, in jede andere Welt einzutreten und sie im verstehenden Vernehmen mitzuvollziehen, so dass Bernhard Welte eine Transzendentalität, ein unbegrenztes allumfassendes Prinzip, im menschlichen geschichtlich-welthaften und somit gerade nicht transzendentalen Verstehen walten sieht. Das Verstehen bzw. vernehmende Mitvollziehen des geschichtlich Einmaligen, dessen Besonderheit nicht aus einem höheren Prinzip abgeleitet wird, sondern nur in dieser unvergleichlichen geschichtlichen Konkretion gegeben ist, wächst durch die Begegnung und den Dialog mit verschiedenen Welten in seiner Differenzierungsfähigkeit. So zielt es darauf, im differenzierten vernehmenden Mitvollzug sowohl das Wort der fremden Welt als auch Worte und Verständnismöglichkeiten der eigenen Welt wahrzunehmen, die zugrundeliegenden Seinsverständnisse zu eruieren und ernst zu nehmen, um davon ausgehend, trotz aller Differenz, nach qualitativen Entsprechungen der Welten zu suchen. In den unterschiedlichen Denk- und Ausdrucksformen verschiedener geschichtlicher Epochen gilt es, die Kontinuität der Grundphänomene des menschlichen Selbst- und Weltverhältnisses und den vorausgesetzten Sinn als Strukturmoment allen menschlichen Verstehens zu finden. Diese Kontinuität wird nun als Entsprechung der Welten in einem Einklang des Sinnes bei den verschiedenen Weisen des In-der-Welt-seins wahrgenommen. Dabei kennt dieses Übersetzungsgeschehen keine objektivierbare Sicherheit oder totale Aufklärung, gibt aber auch nicht den Wahrheitsanspruch menschlichen Verstehens auf, sondern geschieht im Horizont der Wahrheitsfrage. Denn im Übersetzungsgeschehen wird weder die eigene Welt verlassen noch die Differenz der Welten nivelliert noch die Suche nach mechanischen Entsprechungen methodisiert, sondern Verstehen als die Suche nach der Wahrheit geschieht als ein Einrücken in ein Sinngeschehen in der Vermittlung von fremder epochaler Weltgeschichte mit der eigenen geschichtlichen Welt.[297]

Ein weiterer, das menschliche Verstehen bestimmender Grundzug, der in den bisherigen Überlegungen schon rudimentär deutlich wurde, besteht in der Sprache als einem entscheidenden Zug des In-der-Welt-seins, und zwar als Ausdruck und als Offenlegung der verstehenden Auslegung dessen, was ist und geschieht. Denn der beschriebene Welthorizont, der als Verweisungszusammenhang des In-der-Welt-seins jeder Sache sich ausspricht, bringt sich so zur Sprache. Sprache als Offenlegung gehört zur Welt, weshalb Welte sie als »de[n] qualifizierte[n] Vollzug der Welt als Offenheit«[298] bezeichnet, so dass die Einheit von Verstehen, Welt und Sprache deutlich wird, deren Verhältnis sich so darstellt, dass jedes Moment die anderen beiden bedingt und ermöglichend trägt. Sprache wird daher zur Entfaltung der Existenz im Verstehen des Verstehenden im Horizont seiner Welt. Sie ist der Ausdruck des entwerfenden Daseins angesichts seiner Herkunft und ausgerichtet auf seine Zukunft, ohne dabei selbst als Sprache in Erscheinung zu treten, so dass sie ganz in ihrer vermittelnden Funktion aufgeht.[299]

Die Antwort Weltes auf die Frage nach dem Ursprung der Welthaftigkeit der Sprache kann als eine Rezeption von Heideggers Ausführungen zur Sprache gelesen werden. Denn die Zusammengehörigkeit von Sprache mit Verstehen bzw. Verständlichkeit sieht Heidegger in *Sein und Zeit* verbunden mit der zur Sprache gehörigen existentialen Möglichkeit des Hörens bzw. des Hörens auf, die er als das »existenziale Offensein des Daseins als Mitsein für den Anderen« bestimmt. Das Hören konstituiert sogar »die primäre und eigentliche Offenheit des Daseins für sein eigenstes Seinkönnen«. Denn als »verstehendes In-der-Welt-sein« mit den Anderen gehört es grundlegend zum Mitsein[300], so dass sich das eigene Verhalten abhängig zeigt vom mithaft geteilten In-der-Welt-sein, weshalb das Dasein gleichursprünglich Mitsein ist, ohne aber dabei seine Vereinzelung aufzuheben. Darin wird bei Heidegger das Mitsein als existentialapriorische Struktur der Koexistentialität im existentiellen Vollzug

---

[297] Vgl. Welte, Das Verstehen als philosophisches und fundamentaltheologisches Problem, 69–76; vgl. dazu Feige, Verstehen, Sprache – Überlieferung, 57.65 f.70.
[298] Welte, Das Verstehen als philosophisches und fundamentaltheologisches Problem, 79.
[299] Vgl. Feige, Verstehen, Sprache – Überlieferung, 59.
[300] Vgl. Heidegger, Sein und Zeit, 163.

»Gegenstand und Methode sind dasselbe« – Weltes Struktur des Denkens

deutlich, so dass Dasein immer schon Mitsein mit Anderen meint und Sprache in diesem Kontext gründet.[301] Dieser Ursprung der Sprache in der dialogischen Situation, den Welte aber nicht nur bei seinem Meßkircher Landsmann findet[302], lässt nun Sprache ihrem Wesen nach Offenheit auf eine mögliche Antwort sein, so dass sie als Gespräch das Vermittelnde des Miteinanders darstellt und daher das Mitsein eröffnet als die hermeneutische Situation von Sprechen und Hören, womit Sprache, vom Verstehen ausgehend, auf Verstehen hin zu geschehen hat.[303] Diese Welthaftigkeit von Sprache und Verstehen lässt Welte von Weltsprachen, Sprachwelten und Weltverstehen sprechen und damit zum Ausdruck bringen, dass das Dasein als In-der-Welt-sein verstehend eine Welt ausspricht und so im Vollzug von Verstehen und Sprache in einem umfassenden vielfältigen Beziehungsgefüge vom Entwurf des Daseins und seiner jeweiligen Situation steht. Die Sprache bleibt dabei angewiesen auf den Horizont der Bezüge bzw. das Bezugsganze, weshalb sich die Welt des Verstehenden als Sprachwelt durch ihre kommunikative Offenheit charakterisiert. Die universale Bestimmung von Verstehen und Sprache im seinsverstehenden Dasein gilt dabei auch für das Miteinander, so dass eben Sprache sich nicht nur auf das Selbstsein oder das Welthaftsein, sondern als Offenbarung des In-der-Welt-seins von Mensch zu Mensch auch auf das Mitmenschlichsein bezieht, wodurch sich diese gemeinsame mitmenschliche Welt ermöglicht und ausbildet.[304] Ihre Welthaftigkeit lässt es auch nicht zu, die Sprache auf einen neutralen Nenner zu reduzieren, als ob einzig der zur Sprache kommende Sachgehalt entscheidend wäre. Daher gilt es weiterhin, die Sprachgestalt zu berücksichtigen, die den Grunddimensionen des Sprechens folgt,

---

[301] Vgl. Gander, Existenzialontologie und Geschichtlichkeit (§§ 72–83), 242.
[302] Vgl. Welte, Hermeneutik, 72–74. Die Randnotizen zu dieser Vorlesung lassen den Schluss zu, dass Welte diesen Umstand entsprechend schon bei Wilhelm von Humboldt (Vgl. Humboldt, Über den Dualis, 25: »Alles Sprechen ruht auf der Wechselrede.«) und bei Ferdinand Ebner (Sprache beruht dabei auf der »Expropriation des Gedankens durch das Wort«, so dass der Gedanke in Wirklichkeit von dem sich zwischen zwei Dialogpartnern ereignenden Wort lebt. Vgl. Ebner, Schriften II, 977.) gesehen hat. Weiterhin verweist er in diesem Zusammenhang noch auf Franz Rosenzweig, Martin Buber und Bernhard Casper. Zum Ursprung der Sprache in der dialogischen Redesituation vgl. Casper, Sprache und Theologie, 61.
[303] Vgl. Welte, Hermeneutik, 72–74.
[304] Vgl. Welte, Das Verstehen als philosophisches und fundamentaltheologisches Problem, 95 f.; vgl. dazu auch die Gesellschaft als Voraussetzung von Sprache und als Folge von Sprache, in: Casper, Sprache und Theologie, 66–69.

da dies immer das Sprechen von jemanden zu jemandem über etwas ist. So bildet sich die Sprachgestalt aus dem Selbstsein als Sich-selbst-befinden, aus der Welthaftigkeit als dem Verhältnis zu dem, worüber man spricht, und aus der Mitmenschlichkeit als dem Bezug zu den Adressaten des Sprechens. Das Verstehen hat die Sprachgestalt ernst zu nehmen, da die Vollzugsperspektive bzgl. des Selbst und des Anderen nicht auf den Sachgehalt in Form eines neutralen Berichtes beschränkt werden kann und so die Konzentration auf den propositionalen Inhalt einen Bedeutungsverlust nach sich zieht, der den Verstehensprozess scheitern lassen würde.[305]

Der hermeneutische Prozess des Verstehens bezieht sich auch auf die gemeinsame Welt, die aber nichts außerhalb der perspektivisch ausgelegten Welt des In-der-Welt-seins darstellt, sondern deren Vollbringen im Horizont des Mitseins, als dem Sprechen im Entwurf sich gewährender Antwort. Dabei führt die Vielfältigkeit der hermeneutischen Situationen zu einer jeweils verschiedenen Auslegung und einem unterschiedlichen Verständnis des Daseins als Mitsein. Durch diesen sich durch das Mitsein öffnenden Horizont der gemeinsamen Welt können sich diese Sprachwelten durch eine Offenheit für jede begegnende Sprachwelt auszeichnen, womit sich das Dasein nicht absolut an die eigene Welt bindet, sondern die Erfahrung der Fremdheit durch die begegnenden Welten zulässt. Die grundsätzliche Möglichkeit zur Begegnung und Kommunikation von Menschen führt Bernhard Welte schließlich zu der Erkenntnis, dass es keine unübersetzbare Sprache geben kann.[306] Denn die Sprache enthält in sich einen Verweis auf den gesellschaftlichen und geschichtlichen Zusammenhang, weshalb das Mitdenken und das mitdenkende Sprechen ein individuelles Moment eines überindividuellen Denk- und Sprachzusammenhanges darstellt, wodurch das Verstehen sich jeweils vermittelt und einen Welthorizont bildet, der die Übersetzbarkeit aller Sprachen ermöglicht.[307] Diese Offenheit der Welten und ihre Vermittlung zieht in einem Prozess des Bestimmens und Bestimmtwerdens auch die Veränderlichkeit der Sprache und damit auch des Verstehens nach sich. Denn jeder Sprechende spricht aus seiner Welt in eine jeweils gemeinsame Welt, so dass im gegenseitigen konstitutiven

---

[305] Vgl. Welte, Das Verstehen als philosophisches und fundamentaltheologisches Problem, 98.108.
[306] Vgl. Welte, Hermeneutik, 107–109.
[307] Vgl. Welte, Die Krisis der dogmatischen Christusaussagen, 117.

Geschehen von Sprechen und Hören sich das Verstehen transformiert, was wiederum Folgen für das Ereignis der Sprache hat.[308] Ihre gesellschaftliche Bestimmung lässt die Sprache, indem sie sich auf eine Antwort hin entwirft, auf eine Zukunft ausgerichtet sein, die ihr aber unverfügbar bleibt.[309] So zeigt sich das Geschehen der Erfahrung des Daseins als offener Entwurf auch in seiner Sprachlichkeit, da das seinsverstehende Dasein aus seiner Herkunft, aus dem vorgängigen Verstehen der zusprechenden Welt, sich als ausgreifender Entwurf entfaltet, so dass in seinem Seinsverständnis durch das hörende Sprechen Herkunft und Zukunft zusammenfinden.[310] So erweist sich im Horizont der Erfahrung des Daseins das Verstehen als Hermeneutik und als Überlieferung als der entscheidende Zugang zum Miteinandersein, da sich in diesem erfahrenden Verstehen bzw. in dieser verstehenden Erfahrung die Sprachlichkeit, die Welthaftigkeit und schließlich die Geschichtlichkeit verbindet, wodurch das Miteinander in seinen entscheidenden Dimensionen angenommen und verstanden werden kann.

III) Resümee: Ontologie des Miteinanders und ontologische Soziologie

»Ich und Du – Wir miteinander.«[311]

Dieser kurze, beinahe unscheinbare Ausdruck stellt genau in seiner Einfachheit den Ausgangspunkt und zugleich den Prüfstein von Bernhard Weltes Gedanken zu einer Ontologie des Miteinanders bzw. einer ontologischen Soziologie dar.[312] Um sich nämlich dem mensch-

---

[308] Wie die Erfahrung keine feststehende Größe ist, so passt sich auch die Sprache nicht einfach in bestehende Erfahrungsstrukturen ein. Vielmehr dokumentiert die Struktur einer Sprache das Ringen zwischen horizonteöffnenden Strukturen auf der einen und Erfahrungsinhalten samt ihrer Bedeutung auf der anderen Seite. Deshalb zeigt sich eine Hermeneutik als notwendig, die die Funktion der sprachlichen Struktur sichtbar macht, nämlich Erfahrung zu ermöglichen, deren Grenze zu spiegeln und schließlich im Ringen um die Grenze der Erfahrung die Veränderung der Sprachstruktur möglich zu machen. Vgl. Schaeffler, Sprache als Bedingung und Folge der Erfahrung, 34.
[309] Vgl. Welte, Hermeneutik, 132.
[310] Vgl. Feige, Verstehen, Sprache – Überlieferung, 60–64.
[311] Welte, Philosophische Soziologie im Hinblick auf das Verständnis des Christentums als Kirche, 19.
[312] Mit dem Verweis auf Heinrich Rombach (Rombach, Strukturanthropologie, 253–

lichen Miteinander in angemessener Weise zu nähern, muss jegliches apriorische methodische Vorgehen ausgeschlossen werden, da das Miteinander ansonsten zugunsten von subjektiven Implikationen im methodischen Zugriff des Erkennenden in den Hintergrund treten würde. Deshalb wählt Welte diese Aussage als Anfang, da in ihr die einfachste und grundlegendste Form des Miteinanders deutlich wird und sich, ausgehend von diesem begegnenden und sich zeigenden Phänomen, das es zu sehen und wahrzunehmen gilt, die Frage nach einem adäquaten Zugang und Verstehen des Miteinanders stellt. An dieser Formulierung des zu untersuchenden Gegenstandes kommt prägnant zum Vorschein, dass das Miteinander nicht etwas vom Betrachter Unabhängiges bzw. Äußerliches sein kann, sondern dass der Untersuchende von ihm betroffen ist und in einer lebendigen Beziehung zu ihm steht. Denn um Wir sagen und seine Bedeutung überhaupt erfassen zu können, ist es notwendig, vom Miteinander betroffen zu sein und so zu ihm zu gehören, da äußerliche physikalische und quantitative Beobachtungen nicht das Wesen berühren und dadurch jegliches wirkliche Verstehen verfehlt wäre. Das führt nun dazu, dass jegliche Wissenschaft inadäquat bleibt, die den faktischen Bestand des Miteinanders bereits voraussetzt und sich aus einer einzelwissenschaftlichen, scheinbar objektiven Distanz mit ihm beschäftigen möchte, dabei aber ihre eigenen Voraussetzungen nicht reflektiert, sondern den Untersuchungsgegenstand nur klassifiziert und daher nicht die Seinsart des Miteinanders zum Ausdruck bringen kann. Deshalb lehnt Welte die Soziologie und ihre Methodik ab und wendet sich auf der Suche nach der Seinsweise stattdessen der Ontologie zu, die aber einen relationalen Charakter haben muss, um dem lebendigen Beziehungsgefüge des Miteinanders gerecht werden zu können.[313] Daher sieht Welte die Beziehung in jedem Vorgang einer Untersuchung eines Gegenstandes als Grundlage an, was sich beim Miteinander als besonders augenfällig zeigt. Daher erweist sich die Relation, in Absetzung vom metaphysischen Substanzdenken, als das Grundprinzip aller Formen sowohl des Verstehens als auch des Verstandenen, das nicht objektivistisch vorgeht, sondern das grund-

---

262.) führt Höhn an, dass eine relationale Ontologie bzw. eine Existentialontologie, deren innerer Kern die Verhältnisse darstellt, immer auch eine Sozialontologie ist und somit die sozialen, intersubjektiven Relationen nicht außer Acht gelassen werden dürfen. Vgl. Höhn, Zeit und Sinn, 140.

[313] Vgl. Welte, Soziologische Grundbegriffe zum Verständnis des Christentums als Kirche, 32.

Resümee: Ontologie des Miteinanders und ontologische Soziologie

legende Verhältnis von Betrachter und Gegenstand berücksichtigt.[314] Diese Betroffenheit vom Wir und die Beziehung zum Wir, die sich nicht durch ein Außenverständnis bzw. eine äußere Theorie einstellen können, reduzieren sich nicht auf eine sinnliche Vermittlung oder gar eine äußere passive Affizierung, sondern in der Deklaration als selbstverstehendes Miteinander eröffnet sich im Verstehen ein innerliches, das Selbst verändernde Geschehen, dessen Vollzug in einer Offenheit geschieht und darum wirkliche Beziehung ermöglicht.[315] Das selbstverstehende Miteinander und sein zugehöriges Beziehungsgefüge stellen sich als ein lebendiges Miteinander nun in einem dialektischen Prozess von gelebtem und gewusstem Miteinander dar, die zu differenzieren aber nicht zu trennen sind und dabei die Vorstellung eines Miteinanders als eines rein epistemologischen Gegenstandes verbieten, was den theoretischen Zugriff als ursprüngliches Vorgehen ausschließt. Welte sieht den dynamischen Zusammenhang von gelebtem und gewusstem Miteinander als einen konstitutiven Zirkel, in dem, auf der Grundlage des gelebten Miteinanders als vorreflexivem Seinsmodus in Lebens- und Weltvertrautheit, sich das Leben ein Selbstverständnis als Wissen, das gewusste Miteinander, konstituiert, das wiederum zum konstitutiven Moment der Wirklichkeit, des gelebten Miteinanders und so des gesamten lebendigen Vollzuges wird.[316] Dieser Zirkel als Vollzugsform des Selbstverständnisses des Miteinanders zeigt sich als wesentliches Moment des Seinsverständnisses des Menschen und in ihm gegründet.[317] Mit diesem gründenden Zusammenhang impliziert das Miteinandersein das menschliche Dasein als Person, das als selbstverstehendes Dasein in sich vollziehender verstehender Offenheit in Relation zu seiner Umwelt steht und aufgrund seiner Sprachlichkeit mit seiner Welt in Beziehung treten kann, was aufgrund seiner Geschichtlichkeit im Horizont von Vergangenheit, Gegenwart und Zukunft unter Voraussetzung eines Sinnes geschieht.

Um sich nun dem Miteinander in entsprechender Weise nähern

---

[314] Vgl. Welte, Über zwei Weisen des philosophischen Denkens und deren Folgen für die Religionsphilosophie, 110.
[315] Vgl. Welte, Soziologische Grundbegriffe zum Verständnis des Christentums als Kirche, 6.
[316] Vgl. Welte, Soziologische Grundbegriffe zum Verständnis des Christentums als Kirche, 16–18.
[317] Vgl. Welte, Soziologische Grundbegriffe zum Verständnis des Christentums als Kirche, 22.

zu können, braucht die bereits erkannte relationale Grundlage weitere Differenzierungen, die dem Betrachter einen personalen Zugang zum Miteinander und damit zu einer Interpersonalität ermöglicht. Der konstitutive Zirkel des gelebten und gewussten Miteinanders offenbart zunächst die Bedeutung des dynamischen Charakters, weshalb sich der Zugang als Vollzug präsentiert, der wiederum nicht epistemologisch verengt sein darf, sondern als Verstehensprozess in einer existentiellen lebendigen Offenheit geschehen muss und so auf die Wirklichkeit zurückwirkt. Dies findet Welte in der Erfahrung, die sich als notwendige Ergänzung des Denkens und damit einer erkenntnistheoretischen Ebene darstellt, indem sie den vom menschlichen Denken unabhängigen und im eigenen Ursprung stehenden Bereich der Wirklichkeit des eigenen Seins wie des fremden Seienden zugänglich macht. Diese Ergänzung und Differenzierung darf wiederum nicht als Trennung verstanden werden, da Erfahrung als Vorgang nur in der ontologischen Sphäre wirklich werden kann, indem in der Erfahrung das Denken dem unableitbar sich zeigenden Seienden begegnet und dieses sich sofort aneignet.[318] Entsprechend dem gelebten Seinsverständnis des Miteinanders beginnt bei Welte die Erfahrung mit ihrer lebensweltlichen Grundlage, berücksichtigt also, wie die Erfahrung ursprünglich in Erscheinung tritt, was als unmittelbare Gegebenheit des zu Erfahrenden geschieht und sich dem Erfahrenden zeigt. Erfahrung findet sich dabei weder in der Vereinzelung der Sinne noch allein im Verstand, sondern hat als Offenheit einen ganzheitlichen Charakter, der den lebendigen Menschen vollständig und damit in allen seinen Bezügen betrifft.[319] Das hat zur Folge, dass diese ganzheitliche Offenheit immer zu vollziehen ist in den verschiedenen Einflüssen des geschichtlich-gesellschaftlichen Zusammenhangs, die das menschliche Leben umfassen und durchdringen. Die Untrennbarkeit von gelebtem und gewusstem Miteinandersein bedeutet für den methodischen Zugriff, dass zu dieser Unmittelbarkeit der Erfahrung ein Weg des Verstehens führt, eine Reflexion, die aber nicht konstruierend vorgeht. So bleibt dieser Erfahrungsprozess nicht auf eine epistemische Ebene beschränkt, sondern vollzieht sich existentiell, was als Absage an ein objektives Begreifen die Aufhebung der Schranke zwischen Subjekt und Objekt zur Folge hat und so den Menschen berührt und verwandelt, was sich in einer veränderten

---

[318] Vgl. Welte, Hegels Begriff der Religion – sein Sinn und seine Grenze, 21.
[319] Vgl. Welte, Das Licht des Nichts, 122.

Resümee: Ontologie des Miteinanders und ontologische Soziologie

Existenzweise offenbart. Erfahrung ist damit weder nur ein aktiver Zugriff auf einzelne Gegenstände noch ein rein passives Widerfahrnis, sondern als dynamischer Prozess eine differenzierte Einheit von Geschehen und Handlung. Dieses Geschehen von betreffender unmittelbarer Gegebenheit und bezogener Aneignung, das unterschieden, aber nicht getrennt werden kann, hat existentielle Bedeutung und ontologische Relevanz. Die Erfahrung findet schließlich mit dem Verstehen zu dieser Einheit, die eben weder einen rein aktiven Vollzug noch ein passives Vernehmen darstellt. Denn in der Erfahrung eröffnet sich ein verstehender Vollzug, der ausgeht vom faktischen Leben im eigenen Seinscharakter, also dem konkreten persönlichen Leben eines Menschen und seiner Geschichte, um auf dieser Grundlage sich selbst als die eigenste Möglichkeit des menschlichen Daseins zu er- und begreifen. Verstehen wird somit zu einem lebendigen Vollziehen, gegründet im eigenen Selbst, so dass im Verstehen das zu Verstehende mitvollzogen wird als eine Weise des Vollzuges des eigenen Daseins.[320] Das Grundnehmen des Verstehens bzw. des Vollbringens des zu Verstehenden im Selbst verdeutlicht auch die existentielle Fundierung des Verstehens, das primär eine Bestimmung des Seins des menschlichen Daseins und erst sekundär eine Erkenntnisart bzw. ein Erkenntnisprozess ist. Daher zeichnet sich das menschliche Leben durch das Verstehen aus und zwar in seinem ganzen Umfang.[321]

Diese Hermeneutik der Faktizität bzw. des lebensweltlich-situativen Zusammenhangs als Hermeneutik des Selbst schließt ein Verstehen als leere logische Möglichkeit aus, da das Dasein der Welt als Ausgangspunkt einer hermeneutischen Thematisierung des faktischen Lebens aus einer Erfahrung erwächst, die in Einheit mit dem Verstehen geschieht und den Seinscharakter des Menschen als offenen Entwurf voraussetzt. Das lebendige Dasein entwirft sich in das Ausstehende seiner Zukunft und legt diesen Entwurf auch im hermeneutischen Maßstab und Horizont der Bedeutsamkeit aus, so dass der Entwurfscharakter des Daseins Erfahrungen ermöglicht und sinnerschließend bestimmt, womit das Verstehen der Welt möglich wird, das im Ausstehenden der Zukunft des Daseins als Woraufhin und als Sinn des Daseins den Grund seines Vollzuges und seines Gegenstan-

---

[320] Vgl. Welte, Heilsverständnis, 37.
[321] Vgl. Welte, Das Verstehen als philosophisches und fundamentaltheologisches Problem, 6.

des hat.[322] Offen ist dieser Entwurf als gelebter und vollzogener, der in der Bedeutsamkeit der Welt seinen Grund findet und darin offen bleibt für das Unverfügbare seiner Zukunft und die ausstehenden Erfahrungen.[323] Welte bezeichnet nun diesen offenen Entwurf als In-der-Welt-sein, als ein Leben in Verweisungs- und Bezugszusammenhängen in einer ursprünglichen Ganzheit und spezifiziert ihn als von seiner Herkunft geprägt und so immer schon als existentiell betroffen, was Einfluss nimmt auf den Maßstab und die Möglichkeiten der geschehenden Erfahrung.[324] In Parallelität zum Zusammenhang von gelebtem und gewusstem Miteinander vollzieht sich der offene Entwurf nicht nur positiv-bestätigend, sondern eben auch negativ-überwältigend, so dass in der hermeneutischen Erfahrung die Simultanität von Kontinuität und Diskontinuität des Prozesses deutlich wird, der aber in seiner heterogenen und zirkelhaften Einheit von Handeln und Geschehen eine Produktivität in sich trägt und neue Horizonte entwirft. Die Erfahrung des Einzelnen bleibt dabei nicht individuell, sondern verweist auf das Ganze der Welt, indem die neue Erfahrung des Einzelnen zu einer neuen Erfahrung des Ganzen der Welt wird. Das Ich bzw. das Selbst gelangt somit in der Erfahrung in einen neuen Modus des Daseins in einer neuen Welt, was eine Einheit von Geschehen und Vollzug darstellt, die am Selbst geschieht, vom Selbst ausgeht und so eine Ganzheit offenbart.[325]

Dieser Zusammenhang geschieht in verschiedenen Kontexten, so dass der Prozess der Erfahrung, besonders auch in seiner Geschichtlichkeit, eine dialektische produktive Einheit zwischen der konkreten geschichtlichen Einzelerfahrung und dem epochal-geschichtlichen Welthorizont offenbart. Denn Erfahrung und Verstehen erheben sich nicht von einem zeit- und geschichtslosen Punkt, sondern finden sich von ihrem geschichtlichen In-der-Welt-sein bestimmt.[326] Diesen Zusammenhang in der Geschichtlichkeit deutet Welte als Kontinuität des Einzelnen und so als einzelnes Bedeutsames, was heißt, dass das Einzelne von einem Zusammenhang bestimmt wird, den es zugleich bestimmt, von einem dialektischen Ineinander bzw. von einer doppelpoligen dialektischen Struktur des

---

[322] Vgl. Welte, Heilsverständnis, 69.
[323] Vgl. Welte, Erfahrung und Geschichte, 36.
[324] Vgl. Welte, Erfahrung und Geschichte, 36.
[325] Vgl. Welte, Erfahrung und Geschichte, 39.
[326] Vgl. Welte, Das Verstehen als philosophisches und fundamentaltheologisches Problem, 63.67b.

Resümee: Ontologie des Miteinanders und ontologische Soziologie

Geschichtlichen. Deshalb konstituieren Kontinuität und Singularität, transzendental-epochale und konkrete Erfahrung in ihrer Ursprünglichkeit und Untrennbarkeit alles Geschichtliche.[327] So findet die Geschichte durch die Erfahrung ihren Ort im menschlichen Dasein, so dass die Geschichte von der Zukunft des menschlichen Seins bestimmt wird. Dabei wird die Erfahrung der Endlichkeit im Horizont der Unendlichkeit zur Triebfeder des menschlichen Lebens und des geschichtlichen Geschehens, was die unabschließbare, umfassende und alles verbindende dialektische Struktur der Geschichtlichkeit des Seinsverständnisses offenbart, die das Selbst in den Bereich des Miteinanders und der Interpersonalität führt.[328]

Die Erfahrung differenziert sich weiterhin dadurch, dass alles zu Verstehende eine Weise des In-der-Welt-seins bezeugt, so dass das Verstehen von Welt im Verstehen des In-der-Welt-seins enthalten ist, womit das Weltverstehen zum Seinsverständnis des menschlichen Daseins gehört und sich so eine ursprüngliche Vertrautheit mit der Welt nahelegt, die keine theoretische Analyse, aber eine ontologisch-existentiale Interpretation der weltkonstituierenden Bezüge ermöglicht.[329] Zugleich gilt es zu berücksichtigen, dass im Verstehen auch die Welt des Verstehenden verstanden werden muss, wodurch das Verstehen zu einem Weltdialog und zu einer Übersetzung zwischen fremder und eigener Welt wird. Der verstehende Mensch und die verstandene Welt sind dabei keine getrennten Systeme, sondern Verstehen wird zu einem Einrücken des Verstehenden in ein umfassendes Geschehen, das ihn mit seinem Verstandenen vermittelt.[330] Dabei zeigt sich auch im Weltverstehen der Zirkel in der Vermittlung von konkretem Einzelnen und Ganzheit, da das Verstehen eines einzelnen Phänomens, das aus einer geschichtlichen Welt begegnet, erst im Verstehen des gründenden Welt- und Seinsverständnisses als dem umfassenden Horizont des Phänomens möglich wird, sich das Welt- und Seinsverständnis wiederum nur mit dem Verstehen des einzelnen Phänomens vermittelt. Welte sieht im menschlichen Verstehen eine Transzendentalität walten, da der Weltdialog mit jeder Welt möglich ist und der differenzierte vernehmende Mitvollzug in den verschiede-

---

[327] Vgl. Welte, Geschichtlichkeit und Christentum, 31.
[328] Vgl. Welte, Heilsverständnis, 52.
[329] Vgl. Welte, Das Verstehen als philosophisches und fundamentaltheologisches Problem, 62–66.
[330] Vgl. Welte, Hermeneutik, 64–68.

nen Denk- und Ausdrucksformen unterschiedlicher geschichtlicher Epochen die Kontinuität der Grundphänomene des Selbst- und Weltverhältnisses und den vorausgesetzten Sinn als Strukturmoment des menschlichen Verstehens zu finden hat.[331] Die Welt braucht für diesen Dialog noch die Möglichkeit ihrer Offenlegung, so dass Welte die Sprache als den qualifizierten Vollzug der Welt als Offenheit bezeichnet und damit die Einheit von Verstehen, Welt und Sprache verdeutlicht, die einander tragen und bedingen.[332] Der Ursprung der Sprache findet sich in der dialogischen Situation, was bedeutet, dass Sprache Offenheit auf eine mögliche Antwort ist und so als Gespräch das Vermittelnde des Miteinanders darstellt und daher das Mitsein als die hermeneutische Situation von Kommunikation eröffnet, so dass Sprache vom Verstehen ausgehend auf Verstehen hin geschieht.[333] Der hermeneutische Prozess bezieht sich dabei auch auf die gemeinsame Welt, die als das im Horizont des Mitseins von Mensch zu Mensch vollbrachte In-der-Welt-sein besteht. Dieser Horizont der gemeinsamen Welt, der sich durch das Mitsein eröffnet, lässt das menschliche Dasein in seiner Welt und Sprache für jede begegnende Welt und Sprache offen werden, womit sich das Dasein nicht absolut an eine Welt bindet, sondern die Erfahrung der Fremdheit durch die begegnenden Welten zulässt.[334] Da die Sprache nun in sich einen Verweis auf den gesellschaftlichen und geschichtlichen Zusammenhang enthält und das Sprechen des Einzelnen ein individuelles Moment eines überindividuellen Sprachzusammenhanges darstellt, durch den es vermittelt wird und sich dadurch ein Welthorizont bildet, wird schließlich die Übersetzbarkeit aller Sprachen ermöglicht.[335] Ihre gesellschaftliche Bestimmung lässt die Sprache auf eine, ihr unverfügbare, Zukunft ausgerichtet sein, so dass sich die Erfahrung des menschlichen Daseins als offener Entwurf auch in seiner Sprachlichkeit zeigt, indem sich das seinsverstehende Dasein aus seiner Herkunft, dem vorgängigen Verstehen der zusprechenden Welt, als ausgreifender Entwurf entfaltet.[336]

---

[331] Vgl. Welte, Das Verstehen als philosophisches und fundamentaltheologisches Problem, 69–71.
[332] Vgl. Welte, Das Verstehen als philosophisches und fundamentaltheologisches Problem, 79.
[333] Vgl. Welte, Hermeneutik, 72–74.
[334] Vgl, Welte, Hermeneutik, 107–109.
[335] Vgl. Welte, Die Krisis der dogmatischen Christusaussagen, 117.
[336] Vgl. Welte, Hermeneutik, 132.

Resümee: Ontologie des Miteinanders und ontologische Soziologie

Abschließend lässt sich die Ontologie des Miteinanders bzw. die ontologische Soziologie als der adäquate Zugang zum Miteinander feststellen, da sie als Ontologie auf die Suche nach der Seinsweise des Miteinanders geht und dabei beim »Wir-miteinander« beginnt und dieses Phänomen differenziert wahrnimmt. Das sich in der Erfahrung ausfaltende Verstehen als verstehendes Vernehmen[337] und Mitvollziehen[338] entspricht den Differenzierungen des Gegenstandes und führt in seinen Ausfaltungen der Welthaftigkeit, Geschichtlichkeit und Sprachlichkeit jeweils in das Miteinander zurück. Dabei nimmt der Prozess der Erfahrung als offener Entwurf auch die dynamisch-dialektische Struktur des Miteinanders auf, die sich ebenfalls in den verschiedenen Ausdifferenzierungen des Verstehens zeigt. Als hermeneutisches Verstehen des erfahrenden faktischen Lebens beachtet Welte auch die relationale Grundlage des Miteinanders, die unter Berücksichtigung der innewohnenden Transzendentalität die Ausdifferenzierungen des Verstehens zu einer personalen Einheit zurückführt. So verdeutlicht sich, dass bei Welte die Wissenschaft das zu Wissende ist und hier ein dem Miteinander adäquater Zugang gefunden ist.

---

[337] Vgl. Welte, Soziologie der Religion, 4.
[338] Vgl. Welte, Philosophische Soziologie im Hinblick auf das Verständnis des Christentums als Kirche, 4.

B) Der dialektische Ursprung des personalen Moments

»Wer ist das, der Mensch, daß wir ihn Person nennen?«[1]

Diese Frage eröffnet einen kleinen Aufsatz von Bernhard Welte, den er 1966 unter dem Titel *Zum Begriff der Person* veröffentlichte. Allein die Eröffnung dieser Frage mit dem Fragepronomen *Wer* anstelle von *Was* führt in die grundsätzliche Problematik dieses Begriffes und offenbart dabei den Zusammenhang mit den beiden Grundprinzipien des Denkens, der Substanz und der Relation.[2] Denn in diesem Spannungsfeld von Substanz und Relation bewegt sich die Frage nach der Person, die sowohl von der ursprünglichen Gegenstandsbetrachtung als auch von der Explikation der Hermeneutik als erfahrendes Verstehen gestellt wird. Denn Personen als selbstbewusste Wesen müssen eigenständige physische Existenzen sein, die sich auf anderes ihrer selbst vor anderen ihrer selbst beziehen – eine Andersheit, die zwar gedacht sein kann, aber ihren jeweiligen Ausgangspunkt in deren realen physischen Anwesenheit hat – und die über das Erleben des eigenen Lebens als den Ursprung aller Erkenntnis Intellekt und

---

[1] Welte, Zum Begriff der Person, 140. Welte wählt diese Formulierung in Anlehnung an Thomas von Aquin, da sein Fragen sich auf die konkrete Person bezieht. Vgl. Thom. Sth I, 32, 2 co: »Et ideo essentia significatur in divinis ut *quid*, persona vero ut *quis*, proprietas autem ut *quo*.« Zur Frage der Individuation bei Thomas von Aquin vgl. Kible, Art. Person. II. Hoch- und Spätscholastik, 291–293.

[2] Diese Art der Frage und damit die Behauptung einer kategorialen Entgegensetzung von Substantialität und Personalität erinnert sowohl sprachlich wie sachlich an Martin Heideggers Fundamentalontologie und seine Ausführungen in §25 und §64 in *Sein und Zeit*. Denn dort stellt sich Heidegger mit seiner existentialontologischen Auffassung vom »*Selbstsein*« (Heidegger, Sein und Zeit, 323.) und »Wer des Daseins« (Heidegger, Sein und Zeit, 114.) explizit gegen eine substanzontologische Definition von Personalität. In der Konsequenz seiner Ablehnung und des Umstandes, dass die Kategorie der Substanz bisher für den Personbegriff bestimmend war, verzichtet Heidegger auch auf den Begriff der Person. Vgl. Wald, Substantialität und Personalität, 15 f.

Realität verknüpfen können. So lässt sich das Denken bzw. die Rationalität des Menschen fassen als die Selbstaktivierung in sachbezogener Sozialität, so dass der Mensch als Person bereits Träger einer intrinsischen sozialen Verfassung ist.[3] Sowohl das Substanz- als auch das Relationsmodell der Person versuchen nun zwischen den Spannungspolen des Personbegriffs – Substanz und Relation – zu vermitteln, da beide Pole zugleich die Mehrzahl von Personen und damit die Relationalität der Person anerkennen, aber auch ein selbstständiges Selbstverhältnis als notwendig ansehen, so dass die menschliche Person als Ineinander von Selbstverhältnis und interpersonalen Verhältnissen zu beschreiben ist. Personen zeigen sich dabei nicht einfach vorhanden, sondern in irgendeiner Form als Ergebnisse relationaler Prozesse, die wiederum einen interpersonalen oder selbstrekursiven Ursprung haben können. Doch zugleich offenbaren sich gewisse Schwierigkeiten, eine relationale Konstitutionsstruktur ohne substanzielle Basis zu denken, da sich die Idee der Person auf das Engste mit der Zuschreibung von Independenz und diachroner Identität verknüpft. Daher gilt es, bei der Person von Substanz in einem bestimmten Typus zu reden, so dass in der Relationalität keine nachträgliche Äußerlichkeit, sondern eine konstitutive Bestimmung der Person vorliegt.[4] Denn der Mensch lebt derartig, dass dies nicht in monologischer Selbstbezüglichkeit geschieht, sondern im Horizont sozio-kulturell geprägter Lebenspraxis, weshalb trans- und intersubjektive Verhaltensrelationen die Formen des In-der-Welt-seins des Menschen strukturieren, so dass »am Leben sein« bedeutet, in Beziehungen zu stehen und sich zu diesen Beziehungen noch einmal in ein Verhältnis setzen zu können. Dieses Dasein als in Beziehung stehen meint, sich somit in seiner Grundkonstellation in die Existentiale relationalen Daseins eingelassen zu finden, nämlich in Individualität, Naturalität, Sozialität und Temporalität. Diese Existentiale des relationalen Daseins sind dabei gleichursprünglich, voneinander unableitbar, aber miteinander unlösbar verknüpft, so dass sie gegenseitig aufeinander verweisen. Diese Konstellation als Zusammenwirken konstituierender grundlegender Bezüge menschlicher Lebenspraxis ergibt sich aus der transzendentalen Rekonstruktion menschlicher Sinnvollzüge. Auf diesem in der Nähe der Existentialpragmatik stehenden Weg fragt Welte nach den fundamentalen Bedingungen der

---

[3] Vgl. Gerhardt, Selbstbestimmung, 330–333.
[4] Vgl. Spann, Substanz, Relation oder beides, 845–847.

Möglichkeit für Gegenüber- und Miteinandersein von menschlichen Subjekten und somit für das Vollziehen und Verstehen eigener und fremder Vollzüge und Handlungen. Diese grundlegenden Gegebenheiten sind transzendental für den Vollzug des Daseins, da sie weder ohne Selbstwiderspruch bestritten noch ohne Voraussetzung ihrer selbst begründet werden könnten, außerdem lassen sie sich nicht auf ihre Funktionalität reduzieren.[5]

In seiner ersten Untersuchung zum Miteinander stößt Bernhard Welte nun genau auf diese Problematik und findet sie komprimiert und pointiert zusammengefasst in dem Ausdruck »wesentlich personales Mitdasein«[6]. Diesem so konkretisierten Spannungsfeld nähert Welte sich von beiden Seiten, einerseits von der lebensweltlichen Situation des menschlichen Daseins, das sich in einem Horizont von vielfältigen Bezügen – sachlicher und personaler Art – vorfindet und andererseits von der Wesensbestimmung der Person, die für Welte klassischerweise mit der Definition der Person von Boethius[7] – »Persona est naturae rationalis individua substantia«[8] – verbunden ist, die, beginnend mit Thomas von Aquin[9], eine unglaublich reiche und wirkmächtige Rezeptionsgeschichte erfahren hat. So gilt es im Fol-

---

[5] Vgl. Höhn, Zeit und Sinn, 118 f.
[6] Welte, Fundamentaltheologische Grundbegriffe zur Theorie der Kirche, 57. Bernhard Welte verwendet den Ausdruck personales Mitdasein nur in seinen frühen Vorlesungen und bezeichnet damit das Geschehen des Menschen als Person, d. h. menschliches Dasein findet sich inmitten verschiedener sachlicher und personaler Bezüge, ist also »mit anderem da, es ist als Mitdasein.« (Welte, Fundamentaltheologische Grundbegriffe zur Theorie der Kirche, 15.) Deshalb folgt er nicht der Differenzierung von Mitsein und Mitdasein, die Heidegger vornimmt. Mitdasein bezeichnet daher das gesamte Geschehen eines Miteinanders, weshalb Welte es bereits 1953, um Irritationen zu vermeiden, mit dem Ausdruck Miteinandersein wiedergibt. In der vorliegenden Untersuchung wird der Ausdruck Mitdasein verwendet, wenn sich die Überlegungen eben auf Weltes frühe Ausführungen beziehen, um dadurch den zu den späteren Ausarbeitungen unterschiedenen Ansatz beim Ich und Du auch begrifflich deutlich zu machen.
[7] Zur Problematik hinsichtlich des Begriffes und der Definition der Person bei Boethius, besonders in Bezug auf die fehlende Einheitlichkeit und die verschiedenen Ansätze zu Definitionen, die in sich kein geschlossenes Ganzes bilden, vgl. Nédoncelle, Variationen über das Thema »Person« bei Boethius, 187.225–229.
[8] Boet. Lib. de per. III (PL 64, 1343).
[9] Vgl. Thom. Sth I, 29, 1 arg. 1: »Videtur quod incompetens sit definitio personae quam Boetius assignat in libro *de Duabus Naturis*, quae talis est: *Persona est rationalis naturae individua substantia*. Nullum enim singulare definitur. Sed persona significat quoddam singulare. Ergo persona inconvenienter definitur.« In dem sich an diesen zitierten Einwand – worin Thomas auf die Definition der Person bei Boethius

genden, diese wesensgemäße Dialektik der Person in Weltes Denken darzustellen, um davon ausgehend intrinsische Perspektiven aufzudecken, die zu Möglichkeiten führen, wie mit dieser Inkompatibilität umzugehen ist, ohne dabei die Person wesensmäßig zu reduzieren und sie dadurch zu verfehlen.

I) Das dialektische Wesen

Die Definition des Boethius als der initiierende und bis heute rezipierte Versuch, die Person begrifflich zu fassen, zeigt *prima facie* eine Prägung des Personbegriffs, die ausschließlich auf das Selbstsein und gerade nicht auf das Mitsein zielt, so dass in diesem Zusammenhang Person zunächst nicht auf Gemeinschaft hin gelesen wird, sondern auf den Selbststand und den eigenen Abschluss beschränkt bleibt.[10] So scheint dieser Ausgangspunkt ungeeignet und daher der angestrebten Synthese von Selbstsein und Mitsein zu widerstreben. Die Herausforderung für Welte besteht nun darin, von diesem naturalen bzw. substanzorientierten Personbegriff der klassischen Metaphysik eines Boethius und Thomas auszugehen, um in die innere Tiefe dieses Substanzdenkens einzudringen und auf diesem Wege die Offenheit der klassischen Metaphysik für moderne Fragestellungen zu explizieren. Denn bei aller Problematik eines rein substanzorientierten Denkens kann nur in der Berücksichtigung der und in Auseinandersetzung mit den Implikationen dieser klassischen Definition und ihrer metaphysischen Rezeption diesem Spannungsfeld der Person von Selbst- und Mitsein adäquat begegnet werden. Dabei sieht Welte die Person weniger von ihrer Natur und ihrem Sein her, das in unterscheidende *genera* und *species* gegliedert ist, sondern setzt bei der inhaltlichen Füllung an das an, was als *rationalis natura* erscheint, so dass es nicht darum geht, bestimmte Seinsweisen neben anderen Seinsweisen bezeichnend abzugrenzen, sondern dem Bezug auf das Sein im Ganzen nachzugehen.[11]

---

rekurriert – anschließenden Artikel interpretiert und diskutiert Thomas zustimmend die boethianische Bestimmung der Person.

[10] So zeigt sich personales Sein für Boethius eingegrenzt auf die individuelle Einzelsubstanz, deren spezifische Naturbeschaffenheit darin besteht, ein Vernunftwesen zu sein. Vgl. Essen, Die Freiheit Jesu, 49 f.

[11] In diesem Zusammenhang ist besonders auf einen Aufsatz von Klaus Hemmerle zu verweisen, der sich mit dem Zusammenhang von Person und Gemeinschaft beschäf-

Der dialektische Ursprung des personalen Moments

Im Folgenden soll nun die Interpretation Weltes auch in dessen Auseinandersetzung mit den Auslegungen von Thomas von Aquin zur Darstellung gebracht werden, um auf dieser Grundlage mit Heidegger ins Gespräch zu kommen und eine versöhnende Perspektive für die Spannung zwischen Substanz und Relation bzw. Selbst- und Mitsein zu entwickeln.

1) *Persona est rationalis naturae individua substantia – selbstbesitzender Selbstvollzug*

Zwei Ziele verfolgt Welte, indem er seinen Ausgangspunkt bei der boethianischen Definition des Personbegriffs und der scholastischen Tradition nimmt. Einerseits versucht er einen absoluten Pol des eben beschriebenen Spannungsfeldes zu explizieren und dabei die Person – als das absolute Selbstsein – als die eine Seite einer wesensmäßigen Dialektik auszuweisen, in die er das substanzorientierte Denken münden sieht. Andererseits zeigt besonders seine Berufung auf die und seine intensive Auseinandersetzung mit der thomasischen Interpretation dieser Definition, dass sich die Person als Selbstsein nicht als eine statische und feststehende Substanz präsentiert und dabei in einer begrifflichen Bestimmung aufgehen kann[12], sondern als selbstbesitzender Selbstvollzug[13] in Erscheinung tritt, was sich in der scheinbaren Ausweglosigkeit der wesensmäßigen Dialektik als entscheidender Impuls erweist.

---

tigt, dabei auch auf die Problematik des Substanzdenkens Rücksicht nimmt und auf die klassische metaphysische Definition des Boethius verweist. Dabei nimmt er intensiv aber implizit die Impulse seines Lehrers Bernhard Welte auf und setzt sich damit auseinander. Vgl. Hemmerle, Person und Gemeinschaft – eine philosophische und theologische Erwägung, 303–314.

[12] Vgl. dazu auch Lorenz, Personsein, Freiheit und Verantwortung, 18 f.

[13] Den Begriff Selbstvollzug sieht Welte verwurzelt im Wollen, mit dem Willen als der entsprechenden Fähigkeit. Doch darf der Selbstvollzug nicht auf einzelne Willensakte reduziert werden, so dass der Wille eine Möglichkeit neben anderen wäre: »Das Wollen als Selbstvollzug verstanden, ist die ständige Vollbringung meines Daseins. […] Wie umgekehrt das Wollen kein Wollen, und das Selbstvollbringen kein Selbstvollbringen ist, wo es nicht erkannt ist, in dem Sinne, daß es sich gegenwärtig, sich offen ist, und darin allererst sich selbst hat: auch der Wille ist kein Wille ohne die vernehmende Vernunft […].« (Welte, Vom Wesen der Freiheit, 46.)

a) Persona est rationalis naturae individua substantia

Welte zerlegt diese Definition in ihre beiden Bestandteile, spricht dahingehend vom *ungeteilten In-sich-stehen* der vernünftigen Natur und fragt nach der Bedeutung der einzelnen Elemente. Doch schon in der Übertragung von *individua substantia* mit dem Ausdruck *ungeteiltem In-sich-stehen* verdeutlicht sich, dass die Person in jeder möglichen Hinsicht sich selbst besitzt, sich somit durch vollendeten, absoluten und unendlichen Selbstbesitz auszeichnet.[14]

Weltes Interpretation des Substanzbegriffes bei Boethius folgt dabei wesentlich der Auslegung des Thomas von Aquin, der in seiner Untersuchung des Verhältnisses der *substantia* zum Definiendum *persona* festhält, dass Person nicht als *species* in der Gattung der Substanz enthalten ist, sondern »ut specialem modum existendi determinans«[15] – also als eine Bestimmung der Existenzweise.[16] In seiner Rede von der *individua substantia* erläutert Thomas, dass eine individuelle Substanz das Proprium hat, durch sich zu existieren *(per se existere)* und so durch sich tätig zu sein *(per se agere)*.[17] Dabei gilt zu beachten, dass das Individuationsprinzip als ein substantielles eng mit der Existenz verknüpft ist und sich Individualität und Existenz gegenseitig bedingen. Person und individuelle Substanz gilt es aber dabei zu unterscheiden, da Person bei Thomas nicht nur eine logische Beziehung bezeichnet, wie das eben der Begriff des Individuums nahelegt, sondern immer eine einzelne Sache mit einem bestimmten *modus existendi*.[18] In dieser Hinsicht lässt sich für Thomas in der Definition des Boethius vom Substanzbegriff als *genus proximum* sprechen.[19]

Die Person als vollendeter Selbstbesitz überschreitet daher auch jegliche begriffliche und verbietet jede abschließende Erkenntnis, da

---

[14] Vgl. Welte, Fundamentaltheologische Grundbegriffe zur Theorie der Kirche, 57 f.
[15] Thom. De pot. 9, 2 ad 6.
[16] Die Interpretation der Person als eine Existenzweise hat zur Folge, dass sie nicht nur Subsistenz beanspruchen kann, wie z. B. Gattungen, sondern auch Substanz hat, wie ein Individuum. Vgl. Thom. Sth I, 29, 2 sc: »[…] quod *genera et species subsistunt tantum; individua vero non modo subsistunt, verum etiam substant.*«
[17] Vgl. Thom. De pot. 9, 1 ad 3: »[…] quod sicut substantia individua proprium habet quod per se existat, ita proprium habet quod per se agat: nihil enim agit nisi ens actu«.
[18] Vgl. Thom. De pot. 9, 2 ad 2: »[…] neque hypostasis neque persona est nomen intentionis, sicut singulare vel individuum, sed nomen rei tantum; non autem rei et intentionis simul.«
[19] Vgl. Schlapkohl, Persona est naturae rationabilis individua substantia, 203–206.

die selbstbesitzende Person allen Bestimmungen beurteilend gegenübersteht, so dass die Person in ihrem Selbstvollzug in keinem fremden oder eigenen Entwurf aufgeht und dahingehend zu sich selbst zurückkehrt.[20] Im Zusammenhang dieses Gedankens der Unantastbarkeit und Entzogenheit des Selbst und seiner Rückkehr zu sich verweist Welte auf Thomas' *De veritate* und bezieht sich auf dessen Ausführungen zu der »subsistentia rei in seipsa«[21], so dass auch in diesem Kontext der Einfluss des Aquinaten deutlich wird. Demnach kehrt ein Wesen, das durch sich besteht bzw. subsistiert, seiner Substanz nach zu sich zurück und bleibt somit in seinem Selbstbezug rein an sich selbst zurückgegeben.[22] So entwickelt Welte im Ausgang von der klassischen Definition der Person mittels einer thomasisch inspirierten Interpretation eben dieser Begriffsklärung die Unmöglichkeit einer definitorischen Bestimmung von Person, unabhängig von der wissenschaftlichen Disziplin, da sich eine bleibende Differenz anzeigt und verhindert, dass die Person als Person begrifflich bestimmt werden kann. Denn in seiner Frage nach der Person als Person zielt Welte nicht auf ein Allgemeines, nicht auf einen bestimmten Typus, sondern auf die konkrete Person, da nur darin die Weise des Personalen besteht.[23] Nun legt aber bereits Thomas dar, dass sich eine Definition nur auf Allgemeinbegriffe beziehen kann, so dass auch hinsichtlich der Person nur der gemeinsame Begriff des Einzelnen definierbar ist, während die konkrete individuelle Person sich jeglichem Zugriff entzieht.[24]

Weltes Zugang zur Wirklichkeit entsprechend zeigt sich daher die Antwort auf die Frage nach der Person – »Wer ist der Mensch […]?«[25] – »Wer bist Du?«[26] – jeglicher objektiven Fassbarkeit entzogen und nicht in einer begrifflichen Bestimmung festzuhalten. Denn sogar im Falle einer Selbstdefinition bliebe noch die Differenz zwischen der Person als definierender und zu definierender bestehen.

---

[20] Vgl. Welte, Fundamentaltheologische Grundbegriffe zur Theorie der Kirche, 58.
[21] Vgl. Thom. De ver. 2, 2 ad 2: »[…] reditio ad essentiam suam in libro De causis nihil aliud dicitur nisi subsistentia rei in seipsa«.
[22] Vgl. Thom. De caus. 15: »[…] omne quod ad seipsum conversivum est, authypostaton est, id est per se subsistens.«
[23] Vgl. Welte, Die Person als das Un-begreifliche, 97.
[24] Vgl. Thom. Sth I, 29, 1 ad 1: »[…] ergo dicendum quod, licet hoc singulare vel illud definiri non possit, tamen id quod pertinet ad communem rationem singularitatis, definiri potest.«
[25] Welte, Zum Begriff der Person, 140.
[26] Welte, Die Person als das Un-begreifliche, 98.

Die Unerreichbarkeit des innersten Ursprungs des Selbstseins bzw. das Bei-sich-seins der Person beschreibt Welte im Bild der »kristallenen Kugel«, so dass man der Person als Person durchaus begegnen und ihr ansichtig werden kann, aber niemals das Personale formal begreift.[27] Die Person bleibt somit in ihrer Einmaligkeit souverän und daher jeglichem Zugriff denkender oder praktischer Art entzogen. Die damit einhergehende Nicht-Funktionalisierbarkeit zeigt sich im Sein der Person verankert und so als absolute ontologische Bestimmung.[28] Der absolute Selbstbesitz der Person, die absolute Rückgabe an sich selbst, findet bei Welte ihren begrifflichen Ausdruck mit den Personalpronomina Ich und Du, was schließlich die Absage an jeglichen Zugriff von begreifender oder verfügender Art untermauert:

»Der innerste lebendige Kern im Menschen, den wir als Du ansprechen können und der als Ich ein Du ansprechen kann, liegt außerhalb des direkten Zugriffs jeglicher Objektivierung, sei sie nur denkender, d.h. begreifender oder be-handelnder Art.«[29]

b) Persona est <u>rationalis naturae</u> individua substantia

Diese Einzigartigkeit des Selbstbesitzes des Menschen und damit seiner Personalität sucht eine Vertiefung des Selbst-seins ins Grenzenlose[30], was zum zweiten Bestandteil der Definition des Boethius führt:

»Das ungeteilte In-sich-stehen der vernünftigen Natur.«[31]

In der Bestimmung der Person als Vernunftnatur, als *natura rationalis*, sieht Welte eine wesentliche Ergänzung der *individua substantia*, so dass der entscheidenden Fähigkeit der individuellen Substanzen bzw. der Individuen – die darin besteht, durch sich selbst tätig zu sein,

---

[27] Vgl. Welte, Zum Begriff der Person, 146; vgl. dazu auch Feige, Geschichtlichkeit, 105 f.
[28] So zeigt sich bei Welte eine Begründung ontologischer Art für Kants Selbstzweckformel in der Grundlegung der Metaphysik der Sitten: »*Handle so, daß du die Menschheit sowohl in deiner Person, als in der Person eines jeden anderen jederzeit zugleich als Zweck, niemals bloß als Mittel brauchst.*« (Kant, GMS II (AA IV, 429).)
[29] Welte, Die Person als das Un-begreifliche, 100.
[30] Vgl. Welte, Der philosophische Glaube bei Karl Jaspers und die Möglichkeit seiner Deutung durch die thomistische Philosophie, 238.
[31] Welte, Fundamentaltheologische Grundbegriffe zur Theorie der Kirche, 57.

also im Handeln – auch die Herrschaft über ihr Handeln zukommt, weshalb diese bestimmen können, zu handeln oder eben davon abzusehen.[32] Deshalb zeichnet sich bei Thomas die Person zusätzlich zum *per se agere* durch das *habere dominium sui actus*[33] aus, durch die Herrschaft über die eigenen Tätigkeiten und damit durch den Selbstbesitz seines Selbstvollzuges, worin die Unantastbarkeit der Person wurzelt, worauf Welte in seiner Habilitationsschrift verweist.[34]

Diese thomasische Interpretation der Definition des Boethius, die Welte hier aufnimmt, legt einen Naturbegriff zugrunde, der sich als formgebendes Prinzip deuten lässt und so als spezifische Differenz die einzelnen Spezies einer Gattung unterscheidet.[35] Die *individua substantia* als der absolute Selbstbesitz impliziert somit die Festlegung auf die vernünftige Natur, da es außerhalb der *rationalis natura* keine Personalität geben kann und sie daher allen Personen im gleichen Maße zukommen muss. Dabei bedeutet diese Festlegung auf eine bestimmte Natur keine Fixierung oder Beschränkung der Person. Denn es kommt eben nur einer rationalen Natur zu, einen unbegrenzten Spielraum auch gegensätzlicher Möglichkeiten zu eröffnen.[36] So konstituiert die spezifische Differenz die Zugehörigkeit einer Substanz zu einer bestimmten Spezies im Sinne eines Sich-zeigens eines bestimmten *modus existendi*. Daher bestimmt in diesem Fall die Vernunftbegabtheit und damit das *dominium sui actus* den Menschen bzw. die Person, da bei Boethius eine syntaktische Funktion von *natura* zu erkennen ist, die *rationabilis* bzw. *rationalis* dem Substanzbegriff zuordnet und so den unendlichen Selbstbesitz erläutert.[37]

---

[32] Vgl. Thom. De pot. 9, 1 ad 3: »[…] nam solae substantiae rationales habent dominium sui actus, ita quod in eis est agere et non agere; aliae vero substantiae magis aguntur quam agant. et ideo conveniens fuit ut substantia individua rationalis naturae, speciale nomen haberet.«

[33] Vgl. Thom. Sth I, 29, 1 co: »Sed adhuc quodam speciliori et perfectiori modo invenitur particulare et individuum in substantiis rationalibus, quae habent dominium sui actus, et non solum aguntur, sicut alia, sed per se agunt: actiones autem in singularibus sunt.«

[34] Vgl. Welte, Der philosophische Glaube bei Karl Jaspers und die Möglichkeit seiner Deutung durch die thomistische Philosophie, 238.

[35] Vgl. Boet. Lib. de per. I (PL 64, 1342): »[…] quae significatio naturae definietur hoc modo: Natura est unamquamque rem informans specifica differentia.«

[36] Dazu besonders auch Walds Klärung des Verhältnisses von *natura* und *persona*, vgl. Wald, Substantialität und Personalität, 148–150.

[37] Vgl. Schlapkohl, Persona est naturae rationabilis individua substantia, 25–27.209.

Ausgehend von Thomas' Interpretation zur Vernunftnatur beschreibt Welte mit *rationalis* »die Tiefe der menschlichen Geistigkeit, das ins grenzenlose Licht des Seins gestellte lumen des intellectus agens«[38], was den unbegrenzten und unendlichen Selbstbesitz der Person begründet, der in jeglicher Hinsicht besteht. Denn aufgrund seines unendlichen intelligiblen Grundes, seiner *rationalis natura*, bleibt der Mensch grenzenlos und sich selbst überlassen, was die einzigartige, unteilbare und nicht mitteilbare Tiefe seines Selbstseins ausmacht, also die Schärfe seiner nie objektivierbaren Existenz.[39]

c) quodammodo omnia

Auf seiner Suche nach einem zulänglichen Fundament für eine adäquate Beschäftigung mit dem Miteinander bleibt Welte nicht bei der boethianischen Definition der Person und der dazugehörenden thomasischen Interpretation stehen, sondern findet diese durch einen weiteren aristotelisch-thomasischen Terminus ergänzt:

»Die Vernunftnatur unterscheidet sich von der nur sinnlichen Natur dadurch, dass sie ein quodammodo amplum et infinitum ist, quodammodo omnia: sie lebt im alles umfassenden Horizont und greift darum in ihrem geistigen Seinsakt (als Denken und Wollen) über alles hinaus: sie ist das universale ›Mit‹.«[40]

Diese Ergänzung liefert eine wichtige Differenzierung hinsichtlich des Selbstseins in personalem Mitsein, indem sie die *individua substantia* und damit das Selbstsein zu einem absoluten, vollendeten und unendlichen Selbstbesitz erklärt, der in jeder möglichen Hinsicht sich

---

[38] Welte, Der philosophische Glaube bei Karl Jaspers und die Möglichkeit seiner Deutung durch die thomistische Philosophie, 238.

[39] Vgl. Welte, Der philosophische Glaube bei Karl Jaspers und die Möglichkeit seiner Deutung durch die thomistische Philosophie, 239.

[40] Welte, Fundamentaltheologische Grundbegriffe zur Theorie der Kirche, 57. Dieser Ausdruck findet sich an verschiedenen Stellen des Werkes Thomas' von Aquin. Welte selbst verweist im Zusammenhang seiner Vorlesung *Fundamentaltheologische Grundbegriffe zur Theorie der Kirche* im SoSe 1948 auf das Zitat im Aristoteleskommentar zu *De anima:* »[...] secundum vero esse immateriale, quod est amplum, et quodammodo infinitum, inquantum non est per materiam terminatum, res non solum est id quod est, sed etiam est quodammodo alia. unde in substantiis superioribus immaterialibus sunt quodammodo omnia, sicut in universalibus causis.« (Thom. In Aris. De an. II, 5 n. 5.)

selbst besitzt bzw. in keiner Hinsicht nicht er selbst ist.[41] Auch bei Thomas von Aquin findet sich dieser Terminus im Zusammenhang seiner Erkenntnislehre als eine Ergänzung zum Spezifikum in der Bestimmung des Menschen als *animal rationale*. Diese Bestimmung impliziert nun im Hinblick auf das thomasische Menschenbild, dass Wissen nicht von Natur aus vollständig im Menschen vorhanden ist, sondern der Mensch als rationale Natur die Erkenntnis der Wirklichkeit diskursiv erwerben muss. Wenn sich nun die menschliche Erkenntnis bei Thomas zunächst auf das Seiende richtet, dann folgt daraus die Universalität des menschlichen Erkennens und eine intentionale Offenheit des Menschen für alles, was ist.[42] Darin offenbart sich eben noch dieses grundlegende Merkmal der menschlichen Natur, das Thomas mit der aristotelischen Formel bezeichnet: »anima est quodammodo omnia.«[43] So zeichnet sich der Mensch durch seine transzendentale Offenheit[44] aus, da die Universalität des Menschen in seiner geistigen Natur gründet, die erkennend die Vollkommenheit des Universums in sich aufzunehmen vermag[45] und so den Horizont

---

[41] Als Erläuterung dieses Terminus' *quodammodo omnia* verweist Welte noch auf eine Stelle in Thomas' *Quaestiones disputatae De veritate*, die dieses Selbstsein als universalen Selbstbesitz und so als vollständige Rückkehr zum eigenen Wesen beschreibt: »[…] nihilominus tamen ex parte cognoscibilium potest quidam circuitus in eius cognitione inveniri, dum scilicet cognoscens essentiam suam res alias intuetur, in quibus suae essentiae similitudinem videt: et sic quodam modo ad suam essentiam redit, non quasi suam essentiam ex rebus aliis cognoscens, sicut in nostra anima accidebat. Sed tamen sciendum, quod reditio ad essentiam suam in libro De causis nihil aliud dicitur nisi subsistentia rei in seipsa.« (Thom. De ver. 2, 2 ad 2.) Vgl. Welte, Fundamentaltheologische Grundbegriffe zur Theorie der Kirche, 58.

[42] Die Erkenntnislehre Thomas' unterteilt den Verstand in zwei Bereiche, einmal in einen *intellectus agens* und den *intellectus possibilis*, von dem in diesem Zusammenhang nun besonders die Rede ist, da der Seele ein empfängliches Geistvermögen entsprechen muss, das für das Universale sich geöffnet darstellt und in dieser Hinsicht *quodammodo omnia* ist. Vgl. Berning, Die Idee der Person in der Philosophie, 48.

[43] Thom. Sth I, 14, 1 co: »Unde manifestum est quod natura rei non cognoscentis est magis coarctata et limitata: natura autem rerum cognoscentium habet maiorem amplitudinem et extensionem. Propter quod dicit Philosophus, III *de Anima*, quod *anima est quodammodo omnia*.«

[44] Jan Aertsen rechtfertigt diesen Terminus bei Thomas dahingehend, da Thomas selbst in *De veritate* den Ausdruck »quodam modo est omnia« bei seiner Ableitung der *transcendentia* »wahr« und »gut« verwendet. Vgl. Thom. De ver 1, 1 co; vgl. Aertsen, Natur, Mensch und der Kreislauf der Dinge bei Thomas von Aquin, 155 f.

[45] Vgl. Thom. De ver. 2, 2 co: »Et secundum hunc modum possibile est ut in una re totius universi perfectio existat.«

des Menschen unbegrenzt erscheinen lässt.[46] Dies bedeutet aber keine Unbestimmtheit, sondern verhindert, eine falsche Abgeschlossenheit des Menschen anzunehmen.[47] Welte sieht in dieser Offenheit eine Wesensbezogenheit begründet, die die Akte des Menschen mit seinen Objekten seinsmäßig verbindet, was für ihn nicht schärfer gefasst werden kann als in einer intentionalen Identität, wonach das menschliche Sein sich als Weltdasein auszeichnet.[48] Daher charakterisiert sich für Thomas der Mensch als Person nicht nur durch seinen Selbstbesitz und seine Selbstverantwortlichkeit, sondern eben auch durch seine Transzendenz, durch seine seinsmäßige Hinordnung auf die Welt, auf das Du bzw. das Mitsein und auf eine absolute Personalität, da der Mensch, aufgrund seines geistigen und rationalen Vermögens, sich von einer in ihm wirksamen Unbegrenztheit bestimmt vorfindet.[49]

Wie aber verhalten sich nun diese beiden Bestimmungen des Menschen zueinander, das Sein-beim-*anderen* und das *Selbst*-sein? Die Seinsweise des Seins-beim-*anderen*, von Thomas als »quodammodo omnia« bezeichnet, schließt notwendig eine entsprechende Weise des Selbstseins und des In-sich-stehens mit ein, so dass erkenntnistheoretisch das Ich-selbst in intentionaler Identität das andere wird, daher das Sein-beim-anderen zum eigenen Sein wird und nur so wirklich sein kann. Der ontologische Stand dieser »individua substantia« bestätigt sich nun deutlich darin, dass nichts das Ich-selbst des Menschen zu bestimmen vermag, wodurch es seines Selbststandes entrissen werden könnte und so etwas anderes als Ich-selbst wäre. So impliziert das »esse quodammodo omnia«, dass das Ich jeder Bestimmung entzogen bleibt, sich allem beurteilend gegenüberstellen kann und so in jeder Hinsicht, in jeder Weite und bei aller Offenheit immer Ich-selbst bleibt und zu sich vollkommen zurückkehrt.[50] Welte beansprucht mit dieser Thomasinterpretation nicht die Bestimmung von Selbstsein und In-der-Welt-sein vollständig aufgeklärt zu

---

[46] Vgl. Aertsen, Natur, Mensch und der Kreislauf der Dinge bei Thomas von Aquin, 154–156; vgl. Richter, Der Beginn des Menschenlebens bei Thomas von Aquin, 94–96.
[47] Vgl. Welte, Zur Christologie von Chalkedon, 136 f.
[48] Vgl. Welte, Der philosophische Glaube bei Karl Jaspers und die Möglichkeit seiner Deutung durch die thomistische Philosophie, 132.
[49] Vgl. Romera Sanz, Die ontische Struktur der menschlichen Person nach der Lehre Thomas' von Aquin, 126 f.
[50] Vgl. Welte, Zum Seinsbegriff des Thomas von Aquin, 285–290.

haben, sondern will eine ontologische Entsprechung sichtbar machen, so dass sich schließlich die Person als unendlicher Selbstbesitz zeigt, indem die wesensmäßige Vernunftbegabtheit des Menschen die Unendlichkeit seines Seins- und Vollzugshorizontes eröffnet.[51]

2) Selbstsein als Mitsein

Der Bestimmung der Person als unendlichen Selbstbesitz und selbstbesitzenden Selbstvollzug setzt Welte nun als diametralen Spannungspol die Person als personales Mitdasein entgegen und zeigt damit die Unausweichlichkeit einer wesensmäßigen Dialektik, die sich im substanzorientierten Denken offenbart.[52] Denn die Person erschöpft sich für Bernhard Welte nicht im Selbstsein als reiner Selbstbesitz, sondern konstituiert sich zudem durch ein wesensmäßiges Mit, das sich in einer ursprünglichen Bezogenheit auf den Anderen äußert und sich wesensmäßig einem reinen unbezogenen Selbstbesitz widersetzt. Diese Ergänzung trägt dem ursprünglichen Umstand Rechnung, dass der Mensch sich schon immer inmitten einer Vielfalt von anderem Seienden, sei es sachlicher oder personaler Art, vorfin-

---

[51] Vgl. Welte, Fundamentaltheologische Grundbegriffe zur Theorie der Kirche, 61.
[52] Interessanterweise gibt es gerade bzgl. der Vernunftnatur Versuche für einen Brückenschlag, der den wesentlichen Unterschied zwischen Selbstsein bzw. Selbstbesitz und Mitsein zwar aufrechterhält, dabei aber in der Wesensdefinition der Person schon ihre Ausrichtung auf ein Miteinander bzw. eine Interpersonalität deutlich werden lässt. Denn die Person als ihres Handelns mächtig, trägt damit auch Verantwortung für das Ziel und die dafür einzusetzenden Mittel. Für Marie-Dominique Philippe kann dieses Ziel einer Person, das persönliche Gut (Vgl. dazu die Willenstheorie Thomas', die sich durch die Finalität des Willens auszeichnet, dessen Referenzobjekt das Gute ist: »Manifestum est autem quod omnes actiones quae procedunt ab aliqua potentia, causantur ab ea secundum rationem sui obiecti. Obiectum autem voluntatis est finis et bonum. Unde oportet quod omnes actiones humanae propter finem sint.« (Thom. Sth I-II, 1, 1 co.)), wiederum nur eine andere Person sein, die sie liebt, da die Liebe jeglicher Abstraktion widerstrebt. Die daraus resultierende Abhängigkeit einer Person im *dominium* über ihr Handeln, in ihren Tätigkeiten, liegt auf einer intentionalen Ebene und nicht im substantiellen Sein. Dabei wird aber Interpersonalität nicht zu einer akzidentellen Bestimmung, sondern sie bleibt wesentlich für die Person, erlaubt sie ihr doch, ihr eigentliches Ziel zu erreichen. So zeigt sich eine grundlegende Autonomie der Person, ein unabhängiges Selbstsein, das Mitsein bzw. Interpersonalität in ihrer eigentlichen Zielsetzung ist. (Vgl. Philippe, Person und Interpersonalität, 95–97.)

det und sich darin orientiert, bewegt und vollzieht. In seinem Seinsverständnis unterscheidet sich der Mensch von einem Gegenstand, der sich inmitten anderer Gegenstände durch bloße Vorhandenheit auszeichnet, da ihm im In-der-Welt-sein eine eigentümliche Art der Existenz zu eigen ist.[53]

So erscheint die Person als Mitdasein – was im Folgenden untersucht wird – als substantiell unversöhnliche Gegenposition, die aber auf der Suche nach dem Wesen der Person Beachtung finden muss und so dieses Spannungsfeld von Selbstsein und Mitsein, Substanz und Relation komplettiert.

a) »Mit« als Urelement – Wesensursprung des Menschen

»Das ›Mit‹ ist somit weder etwas Äußerliches noch etwas Akzidentelles für das Sein des Menschen, es ist vielmehr an sich selbst und durch sein Wesen das ›Mit‹ jeglichen Seienden.«[54]

Der Mensch in seinem Selbstvollzug zeichnet sich durch die Fähigkeit zu sehen, zu denken und durch seinen erfahrenden Zugang zur Welt aus, was sich wiederum nur vollziehen kann, wenn vorgängig eine umfassende Sphäre der Offenheit besteht, in der alles in Kommunikation zueinandersteht und so ein ursprüngliches Mitdasein geschieht. Da das Wesen des Materiellen sich durch Abgeschlossenheit auszeichnet, doch mit dem Mitdasein eine neue Seinsebene erreicht wird, bestimmt Welte dieses Mitdasein als eine Öffnung, ein Aufgehen im Erscheinen auf einer immateriellen Seinsebene, womit das Mitdasein zum Urelement jeglichen Miteinanders wird. Diese Öffnung, die dem Ich alles Seiende öffnet, öffnet dem Ich auch das andere Ich und sich selbst für dieses und ermöglicht so gegenseitige Beziehungen, was für das Miteinander bedeutet, dass dieses einerseits das Geschehen einer umgreifenden Sphäre der Offenheit zu seinem Inhalt hat und andererseits die Möglichkeit hat, explizit das Verhältnis zur eigenen Person wie auch zu einer anderen Person zu verstehen.[55] Das impliziert wiederum, dass dies qualitativ nicht in physikalischer oder materieller, sondern in lebendiger und existentieller Art geschehen muss. Diese grundlegende Lebendigkeit sieht Welte nun in der

---

[53] Vgl. Welte, Im Spielfeld von Endlichkeit und Unendlichkeit, 28.
[54] Welte, Fundamentaltheologische Grundbegriffe zur Theorie der Kirche, 23.
[55] Vgl. Welte, Fundamentaltheologische Grundbegriffe zur Theorie der Kirche, 26–28.

menschlichen Wahrnehmung und ihrer Verbindung mit dem Denken, also in der menschlichen Erfahrung, deren Vollzug selbst das lebendige Umfassen und damit das umgreifende Miteinander darstellt. Nicht die akzessorischen Akte der Erfahrung, sondern ihr Wesensursprung, das, was sich in ihren Akten vollzieht, ist das Mit des universalen Mitdaseins, woraus folgt, dass, wenn Wahrnehmen und Denken das aktuelle Sein des Menschen sind, der Mensch sich selbst als das Miteinander alles Seienden erweist. Mitdasein bleibt dem Menschen so nicht eine äußerliche oder zufällige Bestimmung, sondern vielmehr zeigt sich der Mensch als der wesentliche und ermöglichende Grund des Mit und so der Ort des Miteinanders alles Seienden.[56] Folglich gründet dieses Mitdasein in der weltesken Konzeption von Erfahrung, da Welte in diesem Zusammenhang von einer ursprünglichen Relation ausgeht, die die Schranke zwischen Subjekt und Objekt aufhebt und sich im Wahrnehmen und Denken als offener Entwurf vollzieht.[57] Die wesentliche Bedeutsamkeit des Mit für den Menschen hat eine wesentliche und ursprüngliche Bezogenheit zur Folge, die in Vorgängigkeit zu allen Akten sich in allen Akten des Menschen vollzieht, womit eine ursprüngliche Relationalität im Menschen zu finden ist. Dieses Mit als eine bezogene Beziehung und deren ständige Möglichkeit ist eine Wesensbestimmung des Menschen, derer sich der Mensch nicht entledigen kann und die ihm aber auch nicht zu nehmen ist, so dass ohne »Mit« nicht ein einsames Ich, sondern gar nichts übrig bliebe.[58] Um der Bedeutung einer personalen Modifizierung dieser ursprünglichen Relation nachzugehen, untersucht Welte den Ursprung des personalen Mitdaseins, sein Verhältnis zum Wesen des Mit und schließlich seinen qualitativen Charakter.

---

[56] Vgl. Welte, Fundamentaltheologische Grundbegriffe zur Theorie der Kirche, 28–31.
[57] Vgl. Welte, Erfahrung und Geschichte, 36.
[58] Welte verweist in diesem Zusammenhang auf Aristoteles und dessen Bestimmung des Daseins des Menschen als »δυνάμει ζωήν ἔχοντος« (Aristot. Psych. B, 1, 412a 20f.). Dabei scheint er sich hinsichtlich der Interpretation von Leben (Welte, Fundamentaltheologische Grundbegriffe zur Theorie der Kirche, 35.) auf Heideggers Auslegungen zu Aristoteles zu beziehen, in denen dieser Leben als »*Ausdrücklichsein*[s] des eigentlichen Seins für ein Seiendes« als ein »Sein-in-einer-Welt« charakterisiert. Vgl. dazu Heidegger, Grundbegriffe der aristotelischen Philosophie, 90; vgl. dazu Welte, Geschichtlichkeit als Grundbestimmung des Christentums, 228–230.

b) Selbstsein in personalem Mitdasein

Das Miteinandersein von Menschen und damit eine personale Begegnung verändert den Menschen in seiner Seinsweise, so dass sich eine qualitative und wesentliche Veränderung des Mitdaseins einstellt[59], »ein Vorgang, in dem das bloße ›Da‹ zum Du sich erhöht und aufglüht zu mir her.«[60] Die Suche nach dem Ursprung des personalen Moments soll klären, wo nun das Mitdasein eines »Du« entspringt und wie es erkennbar wird. Dabei muss ein Ursprung in einer rein äußerlich-sinnlichen Empirie ausgeschlossen werden, da kein Form-, Farb- oder Gestaltphänomen ein lebendiges Du erscheinen lassen kann, genauso wie die Erfahrung nicht in Frage kommt, da sich gerade in ihr die personale Bezogenheit vollzieht und sie somit das Rätsel des Ursprungs nicht lösen kann. Für Welte zeigt sich eine ursprüngliche Vertrautheit des Menschen mit dem Du bzw. dem personalen Mit, die seinem Wesen entspringt, weshalb die sinnliche Erscheinung zwar Bedingung eines personalen Kontaktes ist, diesen aber nicht hervorbringt, da dieser wiederum eines wesentlich anderen Charakters ist. Entsprechend entspringt das personale Mit nicht dem äußeren Hinzutreten einer Person, sondern findet sich bereits ursprünglich im Wesen des Menschen, da nur ein ursprünglich bekanntes Du auch als Du und lebendiges Antlitz in den sinnlichen Erscheinungen erkannt werden kann, weshalb eine ursprüngliche und wesensgemäße Vertrautheit mit dem personalen Mit jeder personalen Begegnung vorausgesetzt ist. Die Wirklichkeit und so das Eröffnende dieses personalen Mitdaseins ist daher das eigene *esse spirituale*[61], da es das

---

[59] Vgl. Welte, Miteinandersein und Transzendenz, 151.
[60] Welte, Fundamentaltheologische Grundbegriffe zur Theorie der Kirche, 39.
[61] Der Begriff des geistigen Seins *(esse spirituale)* lässt wiederum Weltes Verbindung zu Thomas deutlich werden und führt direkt in die thomasische Wahrnehmungstheorie und dort in den Zusammenhang von *esse spirituale* und *immutatio spiritualis*. (Vgl. Tellkamp, Sinne, Gegenstände und Sensibilia, 82–92.) Dabei besteht eine geistige Veränderung *(immutatio spiritualis)*, insofern die Form des Verändernden im Veränderten gemäß einem geistigen Sein *(esse spirituale)* aufgenommen wird. Hinsichtlich der Tätigkeit der Sinne sieht nun Thomas eine geistige Veränderung für notwendig an, durch die eine Intention einer wahrnehmbaren Form im Wahrnehmungsorgan entsteht. Wäre dagegen eine natürliche Veränderung allein zur Sinneswahrnehmung ausreichend, so müssten alle Körper in ihrer Veränderung auch wahrnehmen. (Vgl. Thom. Sth I, 78, 3 co.) Für Welte zeigt sich nun in diesem Zusammenhang der Ausschluss einer Sinneserkenntnis und zugleich die Möglichkeit einer wesentlichen, geistigen Veränderung, die aber in Relation mit einer äußeren Wirklichkeit steht. Perler sieht nun die Veränderung im Materiellen verortet, aber nur im Aufnehmen einer

begegnende Du in seiner Personalität betrifft und erreicht, d. h. aus der Verschlossenheit an sich selbst löst und zum Ich-selbst eröffnet, um davon ausgehend das personale Mitdasein von seinem eigenen Wesen aufzubauen und zu konstituieren. Deshalb kann auch das begegnende und sich eröffnende personale Du dem menschlichen Sein nicht äußerlich sein, sondern muss das Ich-selbst sein und aus ihm als Du entspringen, da sonst keine äußere Begegnung mit dem Du möglich wäre und das Ich-selbst in sich verschlossen bliebe, weshalb es nicht wieder von sich aus zur ἐνέργεια[62] werden könnte.[63] Denn mit der Begegnung des Du findet der personale Prozess nicht seinen Abschluss, sondern es zeigt sich dadurch eine neue Dynamik, eine dynamische Veränderung, die Welte in einer späteren Vorlesung wie folgt beschreibt:

»Ich bin, dahingehend, nicht nur dieses: Du da, sondern auch: Du da mit mir. [...] Du seiend mit mir: dies ist mein Leben, das, was mir im Sinne ist, dies ich bin [...] und dies ist für mich eine ganz neue Weise zu sein, zu denken, zu sprechen, geht mich an und erregt und stimmt und verändert mich damit gleichsam an allen Punkten meines lebendigen Daseins [...],

---

Form, was wiederum eine geistige Veränderung darstellt. Für ihn kann bei Thomas die geistige Veränderung nur in etwas Materiellem erfolgen. (Vgl. Perler, Theorien der Intentionalität im Mittelalter, 50 f.) Daraus folgt nun für Nissing, dass die Existenzweise eines Aufgenommenen sich stets nach dem Aufnehmenden richtet. (Vgl. Thom. Sth I, 89, 4 co: »[...] quia omne quod recipitur in aliquo, determinatur in eo secundum modum recipientis.«) Außerdem wird damit die besondere Relation zwischen Wahrnehmungszustand und materieller Grundlage berücksichtigt, die eine proportionale Entsprechung von Erkenntnisobjekt und erkennendem Vermögen erkennen lässt. (Vgl. Nissing, Sprache als Akt bei Thomas von Aquin, 205–207.) Welte wählt nun diesen Begriff, um im Verweis auf dieses geistige Sein im Horizont der Wahrnehmungstheorie Thomas' deutlich zu machen, dass alles vom Menschen Erkannte und den Menschen Verändernde weder sinnlich affiziert von äußerlich indiziert sein kann, sondern dem Menschen bereits wesentlich und innerlich sein muss.

[62] Indem Welte in diesem dynamischen Zusammenhang auf den aristotelischen Begriff ἐνέργεια (Aristot. Met. Θ, 8, 1050a 22.) verweist, stimmt er der Interpretation Heideggers zu, der die ἐνέργεια durch den Zusatz »συντείνει πρὸς τὴν ἐντελέχειαν« (Aristot. Met. Θ, 8, 1050a 23.) bestimmt sieht und darin einen Charakter des Daseins annimmt, der noch »*nicht in seinem Fertigsein da* ist«. Das bedeutet einen »Seinscharakter des *im Fertigwerden Begriffenseins*«, was Bewegung und Dynamik ermöglicht, da das Dasein eines Seienden in seinem »Fertig*werden*« zu begreifen ist und eben nicht schon immer fertig ist und in reiner Gegenwärtigkeit besteht. Vgl. Heidegger, Grundbegriffe der aristotelischen Philosophie, 296.

[63] Vgl. Welte, Fundamentaltheologische Grundbegriffe zur Theorie der Kirche, 40 f.

und ich vollziehe das: ›ich mit Dir‹ ebenso, wie ich das ›Du mit mir‹ vollziehe, beides.«[64]

Ausgehend von solchen phänomenologisch-existentiellen Betrachtungen, die auf eine ganzheitliche Veränderung des Menschen durch die personale Begegnung verweisen, kommt Welte zu dem Schluss, dass alle Mitseinsvollzüge personal betroffen werden und damit das Mit im Ganzen personal modifiziert wird. Die personale Modifikation der ursprünglichen existentiellen Relation bestimmt auch alle anderen Bezüge des Menschen, so dass ein personales Mit nicht partikulär bleibt und sich abgetrennt als ein menschlicher Bezug neben anderen präsentiert, sondern auch alle apersonalen Bezüge personal modifiziert und somit das Mit im Ganzen personalisiert. Leitend für Weltes Begründung ist dabei die Beobachtung, dass die Veränderung schon eines einzelnen personalen Bezuges den gesamten Menschen betrifft und der Horizont aller Entscheidungen und Bezüge sich dadurch grundlegend beeinflusst zeigt und das gesamte menschliche Dasein positiv oder negativ stimmt.[65] Aus diesen und ähnlichen Phänomenen folgt für Welte, dass alle Daseinsvollzüge entweder personaler Art sind oder personal modifiziert werden, da das personale Mitdaseinsverhältnis wesentlich in jeden sachlichen Bezug bestimmend eingedrungen ist und ihn somit konstituierend beeinflusst, ohne dabei seinen äußerlichen Bestand zu verändern. Die Beobachtung, dass alle Daseinsbezüge, ungeachtet ihrer Art, immer schon in personaler Modifikation und Dimension bestehen, wobei sie akut-aktuellen oder neutralisiert-potentiellen und positiv-erfüllenden oder negativ-defizienten Charakter haben können, bestätigt für Welte den Menschen in der Gesamtheit seines Wesens als ein personales Mitdasein. Dieser personale Horizont des gesamten relationalen Gefüges des Menschen steht für Welte in einem begründenden Zusammenhang mit einem interessanten Phänomen und offenbart, dass der Mensch sich auch von sachlichen, naturhaften oder natürlichen Phänomenen der Welt abgestoßen oder angesprochen und berührt fühlen kann, aber auch darauf antwortet bzw. sich von sich aus auf natürlich-phänomenale

---

[64] Welte, Soziologische Grundbegriffe zum Verständnis des Christentums als Kirche, 37f.
[65] Vgl. Welte, Fundamentaltheologische Grundbegriffe zur Theorie der Kirche, 43–45.

Der dialektische Ursprung des personalen Moments

Erscheinungen bezieht[66], was in gewisser Weise eine Personifizierung der menschlichen Umwelt darstellt.[67]

Mit dieser tiefen Verwurzelung des personalen Mitseins im menschlichen Dasein setzt sich Welte mit Heidegger von einem Ursprung des Mitseins im husserlschen Ego ab[68], was eine inhaltliche

---

[66] Bernhard Welte sieht auch hier eine phänomenale Grundlage im menschlichen Leben, die nicht nur eine persönliche Beobachtung und Erfahrung darstellt, sondern eben auch ein literarisch-lyrisches Stilmittel betrifft. (Vgl. Welte, Fundamentaltheologische Grundbegriffe zur Theorie der Kirche, 50.) Denn neben dem Kleinkind, das alles direkt anspricht und so Dinge personifiziert, kann die Literatur, besonders die Poesie, als Beleg für dieses Verhalten der Personifikation von Phänomenen und Gegenständen herangezogen werden, da sich die vermenschlichte Darstellung der Welt in der traditionellen Lyrik, vor allem aber in den Naturgedichten der Romantik, findet. Dabei hat die Personifikation von Dingen nichts mit einer Erfahrung von Ichauflösung oder Entfremdung zu tun, sondern hängt zusammen mit der anthropozentrischen Position des lyrischen Ich und der Ausstrahlung und Ausdehnung in die einzelnen Bilder hinein. So wird in der traditionellen Lyrik die Umgebung ganz vom Menschen her gesehen und deshalb wie ein menschliches Wesen betrachtet. Vgl. dazu Andreotti, Die Struktur der modernen Literatur, 315.

[67] Vgl. Welte, Fundamentaltheologische Grundbegriffe zur Theorie der Kirche, 48–51.

[68] Die Auseinandersetzung Heideggers mit der Theorie Husserls, die in §25 sich offenkundig ereignet, vollzieht sich in *Sein und Zeit* nicht explizit. Das geschieht nicht nur aufgrund des großen Respektes vor seinem Lehrer, sondern vor allem auch deshalb, da Heidegger Husserl als einen Vertreter der gesamten neuzeitlichen Tradition betrachtet. Wenn nun Heidegger in der Betrachtung des »Wer« den Wesenszug der Personalität hervorhebt, der auch das Ich Husserls prägt – das ist »das, was sich im Wechsel der Verhaltungen und Erlebnisse als Identisches durchhält und sich dabei auf diese Mannigfaltigkeit bezieht.« (Heidegger, Sein und Zeit, 114.) – dann zeigt sich das Ich von der Substanzialität aus gedacht, insofern es sich als das zugrundeliegende »*Subjectum*« (Heidegger, Sein und Zeit, 114.) darstellt. Dieses Ich, geprägt von Substanzialität und Personalität, untersucht Heidegger in seiner Explikation zum Begriff der »Vorhandenheit« als »Seinsart eines nicht-daseinsmäßigen Seienden«. (Heidegger, Sein und Zeit, 115.) Dabei kritisiert Heidegger am transzendentalen Ich Husserls die Weltlosigkeit und das Fehlen eines entwerfenden Weltbezugs, da sein Ansatz der Intentionalität,für Heidegger auch die im Entwurf gebildete Welt nicht beachtet, insofern das intentionale Etwas ein innerweltliches Seiendes voraussetzt. (Vgl. Heidegger, Sein und Zeit, 321: »Das Ich ist nicht nur ›Ich denke‹ sondern ›Ich denke etwas‹.«) Auch wenn Heideggers Kritik die innerste Intention Husserls verfehlt und sich einzig auf das Ich als »identischer Pol« bezieht, dem er wiederum auch nicht ganz gerecht wird, wenn er es auf die reine Dinglichkeit beschränkt, während Husserl dem Ich als identischen Pol eine Individualität und Faktizität zuerkennt, geht er doch in einem wichtigen Punkt entscheidend über Husserl hinaus. Husserl beteuert zwar die individuelle Faktizität des transzendentalen Egos und die Verschiedenheit von der mundanen Tatsächlichkeit, aber erst Heidegger entdeckt die Dimension, in der diese Faktizität als Faktizität des Daseins ursprünglich beheimatet ist. Diese Hinwendung

Nähe zu Tage treten lässt, die zur Konkretion von Weltes dargestellter Theorie beiträgt. Denn auch für Heidegger besteht das Dasein wesentlich als ein personales Mitsein, was sowohl das eigene Sein mit anderen Menschen als auch das Sein des Anderen selbst miteinschließt und mit dem In-der-Welt-sein des Daseins gegeben ist. In seinen Ausführungen zum Miteinandersein in *Sein und Zeit* kommt Heidegger zur Gleichursprünglichkeit verschiedener Strukturen des Daseins, nämlich des In-der-Welt-seins, des Mitseins (Sein mit Anderen) und des Mitdaseins (Sein des Anderen). Die Überlegungen Heideggers zeigen ebenfalls, dass Mitsein und Mitdasein gleichursprünglich nicht neben dem In-der-Welt-sein vorkommen, sondern das Mitsein ein konstitutives Moment des an ihm selbst »*mithaften* In-der-Welt-seins« darstellt, so dass die Welt immer schon mit Anderen geteilt wird und als eine »Welt des Daseins [...] *Mitwelt*« ist.[69] Wie Weltes erkennt auch Heidegger den existentiellen Charakter des Mitseins, so dass z. B. das Alleinsein das Strukturelement des Mitseins aufdeckt und eben im Fehlen und der Defizienz eines Mit sich das Alleinsein als ein Modus des Mitseins präsentiert.[70] Dieser phänomenologische Befund unterstreicht wiederum, dass das Mitsein nicht ein gemeinsames Vorkommen verschiedener Subjekte bezeichnet, was ein Rückfall in die Kategorie der Vorhandenheit bedeuten würde und sich allein aufgrund der Unmöglichkeit eines Plurals des Ausdruckes *Dasein* verbietet. Denn das Dasein selbst hat die inwendige Struktur, mit Anderen zu sein, weshalb das Sein mit Anderen dem

---

zum konkreten Menschen und so die Bestimmung des Menschen zum Fundament seiner Fundamentalontologie bekommt in seiner Abwendung von extramundaner Individualität und Faktizität personale Züge, da im Dasein das Sein des Menschen besteht, der Mensch aber Person im Zusammensein mit Personen ist. So charakterisiert Theunissen das Verhältnis von der Phänomenologie Husserls zur Fundamentalontologie Heideggers als das einer leeren formalen Anzeige zur konkreten Erfüllung, wobei die Erfüllung bei Heidegger durch den Ansatz bei der faktischen Existenz gewährleistet ist. Dazu vgl. Heidegger, Sein und Zeit, 115; vgl. Theunissen, Der Andere, 157–162.

[69] Vgl. Heidegger, Sein und Zeit, 118.

[70] Heidegger, Sein und Zeit, 120: »Auch das Alleinsein des Daseins ist Mitsein in der Welt. *Fehlen* kann der Andere nur *in* einem und *für* ein Mitsein. Das Alleinsein ist ein defizienter Modus des Mitseins, seine Möglichkeit ist der Beweis für dieses.« Denn selbst in seiner äußersten Konzentration allein auf sich selbst kann sich das Individuum als Teil eines sozialen Ganzen begreifen. Denn es kann sich nur im sozialen Kontext, also im Mitsein, in seinem Selbstverständnis halten. Vgl. dazu auch Gerhardt, Individualität, 157 f.

Dasein nicht äußerlich bleiben kann. Heidegger und Welte sehen also den Menschen nicht als ein isoliertes endliches Ich-Subjekt mit einer solipsistischen-berkeleyschen Struktur, das nachträglich, aufgrund seines Weltaufenthaltes, andere Menschen als bestehend feststellt. Denn das Dasein schließt als In-der-Welt-sein das Mitsein mit Anderen und das Mitdasein der Anderen immer mit ein, ohne dabei von einem Verhältnis von Dasein zu Dasein zu sprechen, so dass sie als Binnenstrukturen des Daseins verstanden werden. Deshalb bleibt ein begegnendes personales Du nicht äußerlich, sondern im Seinsverständnis des Daseins liegt ursprünglich immer schon das Verständnis Anderer, die personal kennenzulernen fundamental davon verschieden ist, Dinge zu erkennen. Das menschliche Dasein als wesentliches Mitsein hat einen existentialontologischen Sinn, so dass es bereits mit Anderen ist, bevor dies ontisch festgestellt wird[71], was das Mitsein bzw. Miteinandersein als ein Konstituens des In-der-Welt-seins begründet zeigt.[72] Das Problem, mit dem Heidegger und Welte ringen, liegt nicht darin, einen Begriff von Subjektivität als Intersubjektivität zu entwickeln, sondern einen Ausdruck zu finden, der sich nicht in einer undifferenzierten Intersubjektivität verliert, sondern vielmehr eine qualifizierte Individualität und letztlich eine Personali-

---

[71] Vgl. Heidegger, Sein und Zeit, 120: »Die phänomenologische Aussage: Dasein ist wesenhaft Mitsein hat einen existenzial-ontologischen Sinn. Sie will nicht ontisch feststellen, daß ich faktisch nicht allein vorhanden bin, vielmehr noch andere meiner Art vorkommen. Wäre mit dem Satz, daß das In-der-Welt-sein des Daseins wesenhaft durch das Mitsein konstituiert ist, so etwas gemeint, dann wäre das Mitsein nicht eine existenziale Bestimmtheit, die dem Dasein von ihm selbst her aus seiner Seinsart zukäme, sondern eine auf Grund des Vorkommens Anderer sich jeweils einstellende Beschaffenheit. Das Mitsein bestimmt existenzial das Dasein auch dann, wenn ein Anderer faktisch nicht vorhanden und wahrgenommen ist.«

[72] Vgl. Luckner, Martin Heidegger: »Sein und Zeit«, 56–58. Es zeigt sich deutlich, dass weder bei Heidegger noch bei Welte die Pointe der Überlegungen darin besteht, den Nachweis einer begrifflichen Unmöglichkeit eines solitären und sozial-isolierten Daseins aufzuzeigen (Vgl. Elsfeld, What can Heidegger's Being and Time Tell Today's Analytical Philosophy?, 58.), sondern aufgrund einer existentialontologischen Analyse die Verfasstheit des Daseins in einem ursprünglichen und gründenden Zusammenhang mit Anderen stehen zu sehen. (Vgl. Reuter, Ein individualistischer Blick auf normativistische Erklärungsansprüche und »das Soziale« bei Heidegger, 127.) Denn Mitsein ist ein Existential und damit ein Aspekt der Verfasstheit von Dasein, so dass das Dasein nur in seiner Bezugnahme zum Anderen und zur Welt zu verstehen ist. Daher widerspricht die Vorstellung eines ursprünglichen isolierten Subjektes den grundlegenden Strukturelementen des Daseins. Vgl. Olafson, Heidegger and the ground of ethics, 48; vgl. Hollendung, Trauer und Menschlichkeit, 238.

tät ermöglicht, um auf dieser Basis von einem Dialog sprechen zu können, der sowohl das Ich wie das Du ernstnimmt[73]:

»Das *ontologisch* relevante Ergebnis der vorstehenden Analyse des Mitseins liegt in der Einsicht, daß der ›Subjektcharakter‹ des eigenen Daseins und der Anderen sich existenzial bestimmt, das heißt aus gewissen Weisen zu sein. Im umweltlich Besorgten begegnen die Anderen als das, was sie sind; sie *sind* das, was sie betreiben.«[74]

Dieses gemeinsame Ringen Heideggers und Weltes um den Ursprung des Miteinanders und dessen konstitutiven Einfluss auf das menschliche Dasein und die eigene Person schlägt eine Brücke zur Frage nach dem inneren qualitativen Charakter des zum Ausdruck gekommenen personalen Mit, das als Du begegnet und darin eine direkte und erfüllte Gestalt offenbart. Die Absetzung zu einem rein sachlichen Bezug liegt zuerst darin, dass, in Entsprechung zu Heidegger, Sachen sich allein durch ihre Vorhandenheit auszeichnen, was bedeutet, dass sie erscheinen und somit eine Bezugnahme auf sie möglich ist, aber die Sachen an sich selbst unbezogen bleiben und daher hinsichtlich ihrer Erscheinung gleichgültig sind. Das hat – in Berücksichtigung der für die Erfahrung und das Verstehen grundlegenden Kategorie der Bedeutsamkeit – zur Folge, dass, indem die Sache für sich selbst unbedeutend und letztlich nichts bleibt, sie von sich aus niemals auf jemanden oder auf etwas anderes Bezug nimmt, was sie für das Mitsein bedeutungslos macht. Das Ich-selbst wird von der Sache aufgrund ihrer Bedeutungslosigkeit nicht betroffen oder verändert, da – aufgrund eines fehlenden Selbst – kein Bezug von ihr ausgeht, so dass damit auch kein eigentliches und wesentliches Mitsein entstehen kann, sondern nur das Alleinsein als defizienter Modus des Mit[75]:

»Erst wenn eine Person als Mitseiende erscheint, wenn ein Antlitz erscheint, wenn mein Blick selbst von einem Blick getroffen und betroffen wird, wenn das Mit als Du sich konstituiert: Dann bezieht das erscheinende seiende Du sich selbst auf mich selbst: es hat sich selbst […] und bezieht sich als dieser Selbstbesitz, als es selbst zu mir her.«[76]

---

[73] Vgl. Gethmann, Verstehen und Auslegung, 252 f.
[74] Heidegger, Sein und Zeit, 126.
[75] Vgl. Welte, Fundamentaltheologische Grundbegriffe zur Theorie der Kirche, 51–53.
[76] Welte, Fundamentaltheologische Grundbegriffe zur Theorie der Kirche, 53.

Der dialektische Ursprung des personalen Moments

Die Betroffenheit des Ich-selbst entsteht nun dadurch, dass sie durch ein Du-selbst geschieht, womit die Synthesis und Verbindung zwischen Ich und Du von einem Selbst zum anderen Selbst reicht, wodurch ein Mitsein überhaupt erst entsteht und dadurch niemals solitär in Isolation verbleiben kann. Das Du als Du-mit-mir, und damit das Mitsein, erweist sich sowohl als etwas anderes als auch eigenes, das in seiner Neuheit und Anfänglichkeit etwas Ursprüngliches ist und so weder Folge noch Resultat irgendwelcher andersartigen Seinsbestimmungen sein kann. Daher geschieht und vollzieht sich dieses Mitsein in einer Unmittelbarkeit, die sich nicht erst in einer Überlegung oder einer Konstruktion erschließt.[77] Denn wenn ein Seiendes selbst in seinem eigenen Sein zu einem anderen Seienden herüberreicht, also das andere Seiende in seinem selbstüberschreitenden Seinsvollzug umfasst, entsteht eigentliches und wesentliches Mitsein. Deshalb kann nur die Begegnung mit einem Du-selbst, als eine personale Begegnung, ein personales und damit wesentliches Mitsein ermöglichen und damit den Sinn des Mit erfüllen, weshalb das Ich-selbst wesentlich personaler Art sein muss und seinen Selbstbesitz in einem personalen Mit vollzieht. Vom personalen Mitdasein, dem Mitsein eines Du-selbst, als Konstituens des Selbstseins, hängt es schließlich ab, ob sich das eigene Selbstsein erfüllt oder ob es defizient bleibt und erlöschend im Unwesentlichen versinkt, da nur ein personales Mitdasein die Distanzierung vom eigenen Selbst bewirkt und damit den Selbstvollzug und Selbstbesitz möglich macht.[78]

---

[77] Vgl. Welte, Soziologische Grundbegriffe zum Verständnis des Christentums als Kirche, 40 f.

[78] Vgl. Welte, Fundamentaltheologische Grundbegriffe zur Theorie der Kirche, 53 f.56. Diese Überlegungen zu Person, Substanz und Relation erinnern an die Definition der Person bei Richard von St. Viktor, die auf dem Begriff der existentia aufbaut: »Nomen existentiae trahitur a verbo quod est existere. In verbo sistere notari potest quod pertinet ad considerationem unam, similiter per adjunctam praepositionem, ex, notari potest quod pertinet ad aliam.« (Rich. Trin. IV, 12 (PL 196, 937).) Etymologisch spaltet Richard das Wort auf in -*sistere* und *ex*, was bedeutet: »Aus einem anderen heraus in sich selbst sein, der Substanz nach aus einem anderen sein, meint damit die Verbindung von Selbststand und Relation.« (Vgl. Schniertshauer, Consummatio caritatis, 168.) Doch findet sich weder bei Welte noch bei seinem Schüler Hemmerle irgendein Verweis auf den Viktoriner.

II) Vom Wesen zum Vollzug

Wie bereits angekündigt, offenbart sich auf diesem begrifflich-substantiellen Wege eine scharfe und unauflösliche Dialektik. Denn einerseits kann personales Selbstsein nur als personales Mitsein bestehen, so dass das Selbst erlischt ohne die Dimension des personalen Mitdaseins, andererseits als scharfer Gegensatz zeigt ihre begriffliche Bestimmung die Person als einen unendlichen Selbstbesitz, dessen Vernunftbegabtheit die Unendlichkeit des Seins eröffnet und in das Selbst aufnimmt. Diese Dialektik gipfelt schließlich darin, dass die Person eben nur als personales Mitsein ein Selbstsein sein kann und zugleich ein personales Sein nur als unteilbarer Selbstbesitz möglich ist, indem es sich von allem Mitdasein distinguiert und wesenhaft an sich zurückgebunden bleibt. Genau diese Dialektik darf nun aber nicht aufgehoben werden und beide Bestimmungen müssen in ihrer Absolutheit und Universalität aufrechterhalten werden, so dass jegliche Abschwächung, Abgrenzung oder gar Aufgabe eines dieser beiden wesentlichen Gesichtspunkte eine Verfehlung des Wesens der Person zur Folge hätte. Denn beide Bestimmungen sind phänomenal als wesentlich erkannt und erwiesen worden und dürfen nicht für eine gefällige Theorie geopfert, abgemildert oder beschränkt werden.[79] Diese Dialektik von einer transzendentalen Selbstgehörigkeit einerseits und einer Offenheit andererseits, die als universales Transzendieren eines unbegrenzten Selbstseins nur in Rückbezogenheit auf sich besteht, als Beziehung und damit als Sein-beim-anderen, muss als Zweieinheit gedacht werden. Denn nur indem die Person unbegrenzt bei sich ist, kann sie auch unbegrenzt über sich hinaus sein und zugleich kann sie nur sie selbst sein und auf sich zurückkommen, wenn sie unbegrenzt über sich hinaus ist. Dieser Vollzugscharakter beider Wesenszüge der Person, des Selbstbezugs und der Offenheit auf das andere ihrer, erweist sich als eine transzendierend-transzendentale Relationalität der Person. Denn Welte baut mit dem begrifflich-substanzorientierten Denken des Boethius und des Thomas einerseits und den Überlegungen zum Mitsein, die in der Nähe zu Heidegger stehen, andererseits an einem umfassenden und soliden Fundament zu Person und Miteinander, um aus einer wesensmäßigen dialektischen Sackgasse in eine fruchtbare vollzugsorientierte Dialek-

---

[79] Vgl. Welte, Fundamentaltheologische Grundbegriffe zur Theorie der Kirche, 61–64.

tik zu gelangen, die den Weg von einem statischen in ein vollziehendes und letztlich relationales Geschehen weist.[80]

1) Selbstsein, Selbstvollzug und Personalität

So zeigt schon Weltes Auseinandersetzung mit der thomasischen Vorstellung von Person und ihren Wurzeln bei Aristoteles und Boethius, dass er hinsichtlich der Person niemals von einer statischen Substanz ausgeht, sondern Personalität immer schon als ein lebendiges Geschehen betrachtet, das sich als eine Beziehung und ein Selbstvollzug kennzeichnen lässt. Deshalb geschieht dieser Übergang von einer substantiellen Betrachtung der Personalität zu deren vollzugstheoretischer Charakterisierung nicht sprunghaft, sondern entwickelt sich in einer harmonischen Klarheit und Stringenz, die den Weg vom Ichselbst in ein Miteinander eröffnet, auch wenn das nahelegt, wie Ingeborg Feige Weltes Darstellungen des Mitdaseins in den Vorlesungen vor 1950[81] als eher statische Beschreibungen zu beurteilen, die die Relationalität in ihrer Seinsweise noch nicht eigens und vollständig bedacht haben.[82] Doch bilden genau diese frühen Betrachtungen den Kern seiner späteren Entfaltungen zum Miteinander, die zwar noch Ergänzungen und Spezifizierungen erfahren, aber vor allem existentiell-strukturell entscheidend die Problematik zu Tage treten lassen, wie in angemessener Weise vom Wir gesprochen werden kann, ohne dabei das Ich oder das Du zu beschneiden und seines Selbstbesitzes zu berauben, um in einem wichtigen ersten Schritt zu zeigen, wie eine Personalität oder Interpersonalität möglich sein kann, ohne die beteiligten Personen letztlich doch aufzulösen oder auszugrenzen. Diese Problematik lässt nun Weltes Überlegungen zum Miteinander nicht direkt an der Relation und ihrer Seinsweise ansetzen, sondern am Ergebnis der Analyse des Wesens der menschlichen Person, die zur wesentlichen Dialektik des personalen Mitdaseins und des unteilbaren Seinsbesitzes führt und darin einen wesensgemäßen, grundlegenden und umfassenden Ansatzpunkt für die

---

[80] Vgl. Feige, Geschichtlichkeit, 106 f.
[81] Besonders zu berücksichtigen sind dabei die Vorlesungen *Geschichtlichkeit als Grundbestimmung des Christentums* WiSe 1949/50 und *Fundamentaltheologische Grundbegriffe zur Theorie der Kirche* SoSe 1948.
[82] Vgl. Feige, Geschichtlichkeit, 107 f.

Beschäftigung mit der Relationalität zwischen Personen eröffnet. Diese wesensmäßige Dialektik der Person als Person äußert sich in der Dialektik des Begriffs der Person als personalem Mitdasein und damit in ihrem Wesen und Wesensbegriff, was bedeutet, dass ein Mitsein mit einem anderen Dasein nur miteinander sein kann, wenn es wesensmäßig in seiner Seinsstruktur über sich selbst hinausreicht und sich als es selbst anderen mitteilt[83]:

»Dieser Überstieg – Transzendierung – der das Mit ermöglicht, ist aber nur dann ein wirkliches Mitsein, wenn das sich Übersteigende in diesem Sich-hinausreichen, in diesem Sein für, in diesem Sich-Mitteilen reich und ungeteilt sich selbst angehörig bleibt.«[84]

Das Miteinander als eine wirkliche Begegnung kann nur geschehen im Selbstüberschreiten eines unteilbaren Selbstbesitzes, indem es als Mitteilen ein Ich-selbst bleibt, da es »Mit« nur als die Bezogenheit von *indivduae substantiae*, von In-sich-stehenden, sein kann. In diesem Selbstüberschreiten liegt die transzendentale Grundlage jeglicher Begegnung und somit jeglichen Miteinanders. Denn im eröffnenden Überschreiten, das das Ich selbst ist, wird ein anderes Seiendes für das Ich offen, indem es, sich selbst gehörend, aus seinem Ursprung offen wird für das Ich, was die Grundlage für wirkliche Beziehungen und echtes Miteinander von Selbst zu Selbst darstellt. Wenn Welte nun hinsichtlich des personalen Mitdaseins auf dieser Dialektik besteht und in diesem Zusammenhang die Mitseienden als Individuen unbedingt bewahren will[85], dann gilt es damit die Auf-

---

[83] Auch in diesem Kontext verweist Welte als Beleg auf die betreffende Textstelle des Aristoteleskommentars des Thomas von Aquin und zeigt anhand des »quodammodo omnia« die transzendierende Seinsstruktur des Menschen, die nicht auf sich beschränkt bleibt: »[...] secundum vero esse immateriale, quod est amplum, et quodammodo infinitum, inquantum non est per materiam terminatum, res non solum est id quod est, sed etiam est quodammodo alia. unde in substantiis superioribus immaterialibus sunt quodammodo omnia, sicut in universalibus causis.« (Thom. In Aris. De an. II, 5 n. 5.) Vgl. Welte, Fundamentaltheologische Grundbegriffe zur Theorie der Kirche, 63–65.
[84] Welte, Fundamentaltheologische Grundbegriffe zur Theorie der Kirche, 65.
[85] Welte verwendet in diesem Kontext die klassische scholastische Definition des Individuums, das als faktische Ungeteiltheit des Seienden in sich und als seine Verschiedenheit von anderen (»indivisum in se et divisum ab alio« – Dieses Fragment verweist auf Thom. Sth I, 29, 4 co: »Individuum autem est quod in se indistinctum, ab aliis vero distinctum.«) die beiden Bedeutungen annimmt, die schon das griechische Wort ἄτομος (unteilbar, ungeteilt) in sich trägt, das als Ursprung des Begriffs Individuum gilt. Vgl. Oeing-Hanhoff, Art. Individuum, Individualität, 306.

lösung des Selbst der Mitseienden in einer Intersubjektivität zu verhindern. Personalität als personales Mitdasein geschieht wesenhaft als »das sich aufeinander Beziehen des sich schlechthin nur auf sich Beziehenden«, als »das Einandererscheinen des schlechthin nur sich selbst Erscheinenden« und als »das Sich-selbst-mitteilen des nur Sich-selbst-Gehörendem« – verschiedene Ausdrücke, um das dialektische Wesen der Person und somit des personalen Mitdaseins ins Wort zu fassen.[86]

Weltes Übergang vom Wesen der Person zu dessen Vollzug folgt dabei dem scholastischen Prinzip, wonach Sein Tätigsein bedeutet und zwar gemäß der ihm eigenen Wirkkraft und Form und daher der Vollzug des Seins nicht unabhängig von seiner Struktur gedacht werden kann. Von hier aus gelangt Thomas zu dem generellen Axiom des »agere sequitur ad esse in actu«[87] – das Tätigsein folgt auf das Wirklichsein.[88] Um falsche Verkürzungen zu vermeiden, muss das *agere* hier im Sinne eines *per se agere* und eines *per se existere* verstanden werden[89], da nicht eine äußerliche Fähigkeit oder Tätigkeit gemeint ist, die dem Sein nachgeordnet wäre, sondern ein existentieller und wesensmäßiger Seinsvollzug. Deshalb findet sich die Dialektik des personalen Mitdaseins eben nicht nur in seinem substantiellen Wesen, sondern auch in seinem selbstbesitzenden Seinsvollzug.[90] Diese Dialektik im Vollzug des personalen Mitdaseins bedeutet wiederum, dass der Vollzug des Du im Vollzug des personalen Mitdaseins besteht, was heißt: *mit* jemandem bzw. miteinander zu sein. Denn aus dem absoluten Ausschluss eines vollständigen begrifflichen Wissens um das Du, was einer Besitzergreifung und einer Aufgabe seines Selbstbesitzes gleichkäme, folgt, dass das Ich um das Du, vor dem und für das es ein Ich ist, zwar weiß, aber nur als ein undurchdringbares, entzogenes und damit ein sich selbst gehöriges Du. Nur in einem solchen zurückhaltenden Wissen um das Du lässt das Ich das Du frei und zu sich offen erscheinen und so erkennt bzw. vollzieht das

---

[86] Vgl. Welte, Fundamentaltheologische Grundbegriffe zur Theorie der Kirche, 65 f.
[87] Thom. ScG III, 69 n. 20.
[88] Vgl. Korff, Thomas von Aquin und die Neuzeit, 389.
[89] Vgl. Thom. De pot. 9, 1 ad 3: »[…] quod sicut substantia individua proprium habet quod per se existat, ita proprium habet quod per se agat«.
[90] Welte scheint in seinen Überlegungen zur Person auch von seiner Auseinandersetzung mit Scheler beeinflusst, der, wie Welte den Akt nur im Vollzug sieht, von der Person als Einheit des Vollziehens und als Vollzugseinheit ausgeht und damit von keiner bestimmten Erscheinungsweise. Vgl. dazu auch Hartmann, Ethik, 228–230.

Vom Wesen zum Vollzug

Ich das Du wirklich als ein Du, indem der undurchdringbare Ursprung als undurchdringbar angenommen wird und damit offen bleibt in der Sichtbarkeit des Antlitzes, der Gebärde und des Wortes. Nur in diesem Vollzug des Du als offener Ursprung und damit im Verzicht des Ich auf das begrifflich-wissende Zu- und Umgreifen kann das Du als Du-selbst zum offenen Ursprung für das Ich werden bzw. das Ich als offenen Ursprung betreffen, ohne dass das Ich sich seiner bemächtigt. Zugleich geschieht in diesem dialektischen Vollzug das Ich als Ich-selbst, als absoluter Selbstbesitz, und wird indem es über sich hinausgeht als Ursprung offen zum anderen Ursprung, womit wirkliche Begegnung von Selbst zu Selbst möglich ist, die jegliche Verfügung des Anderen und über den Anderen ausschließt und den Selbstbesitz sowohl des Ich wie des Du bewahrt. Denn im dialektischen Vollzug, der die Offenheit und die Freigabe des Selbst ermöglicht, wird einerseits der mir begegnende Andere nicht zu einem Besitz oder zu einer Verfügung als Selbstbehauptung bzw. Selbstbestätigung und andererseits findet auch keine Funktionalisierung des Anderen statt, was beides den Zerfall des Miteinanders und den Rückfall in eine wesenlose Einsamkeit zur Folge hätte. So zeigen sich für Bernhard Welte die beiden Seiten des dialektischen Vollzuges als »das Sich-aufeinander-beziehen des sich unendlich auf sich selbst Beziehenden« oder als »das Sich-selbst-mitteilen des unendlich sich selbst Gehörendem.«[91] Das Du als elementares und einfaches Geschehen, das nichts voraussetzt und mit sich selbst beginnt[92], entzieht sich demnach auch jeglichem Urteil und konstituiert sich niemals in einem positiven Wissen, da ansonsten der Vollzug monologisch bliebe ohne personalen Gehalt und ohne ein ursprüngliches, selbstvollziehendes und sich mitteilendes Du. Darin zeigt sich nun die wesentliche Bedeutung des Schrittes vom substanzorientierten und metaphysischen Denken zu einer vollzugstheoretischen und schließlich relationalen Art, sich dem Anderen und so auch dem Miteinander zu nähern.[93] Denn erst in diesem dialektischen Vollzug kann das Du als ein »Du mir gegenüber« gedacht werden und somit in seinem Ursprung, seiner Innerlichkeit und seinem Selbstbesitz bewahrt bleiben und verstanden werden. Dieses vollzugstheoretische Denken

---

[91] Vgl. Welte, Fundamentaltheologische Grundbegriffe zur Theorie der Kirche, 67–69.
[92] Vgl. Welte, Religionsphilosophie, 112 f.
[93] Vgl. Welte, Zum Seinsbegriff des Thomas von Aquin, 280 f.

Der dialektische Ursprung des personalen Moments

widerspricht jeglichem besitzergreifenden oder assimilierenden Verstehen[94], indem es das Du aus seinem Wissen entlässt an es selbst, an die unantastbare Innerlichkeit seines Selbstbesitzes, und sich so als Person von einer Person aus ihrem Ursprung angegangen fühlt und im Seinsvollzug erreicht wird.[95] Die große Gefahr in diesem zurückhaltenden vollzugsorientierten Denken besteht nun darin, dass das Verhältnis des Personalen zu seinem endlichen Erscheinungs- und Wirklichkeitsbereich zum bestimmenden Faktor des Verstehens wird und dadurch die Person wesentlich unverstanden bleibt. Denn aufgrund der menschlichen Konstitution konkretisiert sich die Person in ihrem Ursprung immer und notwendig in endlichen Gestalten und Vollzügen, so dass das Verstehen dazu neigt, nur auf die äußere Erscheinung oder die Funktionalität Bezug zu nehmen.[96]

Welte sieht dabei diesen Vollzug des Selbstseins geschehen im personalen Miteinander, was die Charakterisierung des personalen Mit als Raum zur Folge hat, der ontologisch dem Selbst äquivalent bleibt, aber als Bedingung der Möglichkeit für die Entfaltung des Selbst ein transzendentales Konditional darstellt. Denn nur aus der Begegnung mit einem Du und der daraus folgenden Konstitution eines personalen Mitdaseins wird das Selbst in seinem Selbstvollzug offen und damit bedeutend, indem es als Selbst von einem mitdaseienden Selbst umfangen wird. Das bedeutet, dass das Selbst aus seinem Ursprung und in seinem Selbstvollzug als sich selbst gehörig geschieht, dabei aber nicht solipsistisch verengt bleibt, sondern als Selbst im personalen Miteinander an- und aufgenommen ist, so dass

---

[94] Besonders deutlich und intensiv geschildert, findet sich diese Tendenz menschlichen Verstehens, Fremdes in einer Assimilation sich anzueignen und sich damit des Fremden zu bemächtigen und ihm letztlich auch dadurch nicht gerecht zu werden in Nietzsches Aphorismus 230: »Die Kraft des Geistes, Fremdes sich anzueignen, offenbart sich in einem starken Hange, das Neue dem Alten anzuähnlichen, das Mannichfaltige zu vereinfachen, das gänzlich Widersprechende zu übersehen und wegzustoßen«. (Nietzsche, Jenseits von Gut und Böse, 173.) Vgl. dazu auch Heftrich, Nietzsches Philosophie, 120.

[95] Vgl. Welte, Logik des Ursprungs und Freiheit der Begegnung, 168: »So können wir unsere Mitmenschen, die Ursprünge, denen wir begegnen, zwar erkennen in ihrer Art, in ihrem Logos, aber in ihrer eigenen Ursprünglichkeit können wir sie nur anerkennen und in der Begegnung berühren, ohne sie gegenständlich zu wissen zu bekommen. [...] Wir denken *an* das Geheimnis der Ursprünglichkeit hin, jedoch ohne es zu fassen, und wir sind so *an*erkennend dessen inne, ohne es begrifflich und gegenständlich vor uns zu haben.«

[96] Vgl. Welte, Fundamentaltheologische Grundbegriffe zur Theorie der Kirche, 68–70.

in dieser Offenheit die Bedeutsamkeit des Selbst eröffnet ist und das Selbst bedeutsam für jemanden wird. Für Welte trägt diese Offenheit einen räumlichen Charakter, wobei dieser das Ich-selbst aufnehmende Raum, in dem das Ich im Mitdasein mit Personen offen ist, mit seiner Offenheit dem Selbstsein nichts Äußerliches hinzufügt, sondern gerade die mögliche Fülle des Selbstseins und damit die ἐντελέχεια eröffnet.[97] Diese Fülle öffnet sich, damit die Offenheit des Selbstseins – also der Vollzug des Selbst als Offenheit auf das begegnende Du – dadurch Bedeutsamkeit empfängt und in dieser Annahme des Du und der Bedeutsamkeit für das Du aus dieser Offenheit zum Ich verändert, berührt und angesprochen zurückkehrt und sich so erfüllend vollendet. »Das Sein im Offenen des mich aufnehmenden Du« stellt damit die Fülle des Selbstseins dar und ist so »die Offenheit [...] die Fülle als Raum der Wesensentfaltung«, weshalb das Ich in Begegnung mit dem Du wesentlicher in sich selbst ist als ohne dieses.[98] Diese Fülle der Wesensentfaltung eröffnet sich bei jeder personalen Begegnung, da die Entfaltung der Offenheit unabhängig von der Reaktion des Du bleibt, sondern selbst angesichts von Verachtung und Negation sich eine zwar negative, aber dennoch erfüllte Form des Selbstseins konstituiert, da das Ich durch die Begegnung mit einem personalen Du aus der bedeutungslosen Leere und solipsistischen Verschlossenheit eines apersonalen Mit gehoben wird. In diesem Phänomen verdeutlicht sich, dass das Erfüllende und Vollendende des Selbstseins einer Person und damit die ἐντελέχεια des Wesens nicht im einzelnen Sein aufgeht, da dem Selbstsein keine Möglichkeit der Entfaltung in die Offenheit und damit in das personale Miteinander gegeben werden kann, so dass sich hier eine *conditio sine qua non*

---

[97] Wie schon bei dem Begriff ἐνέργεια zeigen sich auch bei der ἐντελέχεια die aristotelischen Wurzeln, die auf dasselbe Werk – die *Metaphysik* – verweisen. Besonders aufschlussreich zur Bestimmung dieses Begriffes zeigt sich dabei die Textgrundlage Aristot. Met Θ, 3, 1047a 30–32: »ἐλήλυθε δ' ἡ ἐνέργεια τοὔνομα, ἡ πρὸς τὴν ἐντελέχειαν συντιθεμένη καὶ ἐπὶ τὰ ἄλλα, ἐκ τῶν κινήσεων μάλιστα δοκεῖ γὰρ ἡ ἐνέργεια μάλιστα ἡ κίνησις εἶναι.« Welte scheint wie bei seinen Ausführungen zur ἐνέργεια, so auch bei den Verweisen auf den Begriff der ἐντελέχεια in großer Nähe zu Martin Heidegger zu stehen, der in seiner Marburger Vorlesung aus dem Sommersemester 1924 die ἐντελέχεια als Gegenwart bzw. Gegenwärtigsein eines Seienden charakterisiert, das sich selbst in seinem Ende bzw. in seiner Vollendung hat. Das τέλος bestimmt dabei das Dasein und macht sein Fertigsein aus, so dass ἐντελέχεια auch als Besitz der Vollkommenheit angesehen werden kann. Vgl. Heidegger, Grundbegriffe der aristotelischen Philosophie, 295 f.
[98] Vgl. Welte, Fundamentaltheologische Grundbegriffe zur Theorie der Kirche, 71 f.

Der dialektische Ursprung des personalen Moments

der Person und ihres personalen Seins anzeigt.[99] Der Selbstbesitz als Selbstvollzug der Person geht daher nicht in seiner Einzelheit als Vereinzelung auf, so dass der Sinn

»ihres personalen (unbegrenzten) Selbstbesitzes nicht mit ihrer Einzelheit zusammenfällt, vielmehr diese unbegrenzt übersteigt. Das Wesen der Personalität ist Selbstbesitz, aber nicht Einzelheit. Darum ist Person in jeder erfüllten, geglückten Gemeinschaft mehr sie selbst, als sie es in der Vereinzelung wäre [...] weil der höhere, im Grunde unendliche Sinnbezug ihres Wesens darin keine gegenwärtige Realisierung findet und antwortlos ins Leere fällt, wie verneint und durchgestrichen von dieser Endlichkeit, bloß ein Einzelner zu sein.«[100]

Das personale Miteinander geschieht somit niemals in Form einer Addition oder Summenbildung[101], in der zwei Einheiten unverändert zusammenkommen, sondern vollzieht sich als Offenheit, in die sich das Selbstsein als Selbstsein entfaltet und darin erfüllt wird, so dass das Selbstsein in dieser Offenheit bestimmt wird und aus dieser zu sich zurückkehrt, weshalb Welte sie auch als die Offenheit der Wesensentfaltung bezeichnet. Die Person, die sich in der Begegnung als Du-mit-mir konstituiert, stellt das Ich in der Entfaltung des Wesens des personalen Miteinanders unter einen personal-persönlichen Anspruch, was das Du als Mitseiendes für das Ich wesentlich sein lässt, so dass das Ich zu einer Reaktion und einer Antwort gerufen ist, die als Vollziehen der Situation des Miteinanders geschieht, was bedeutet, sich als Vollzug des Selbst in dieser Offenheit des Miteinanders angesichts des Du zurückzunehmen und schließlich auf sich selbst zurückzukommen. Das Du wirkt dabei zugleich als Orientierung, da im personalen Raum des offenen bzw. erfüllten Lebens als Mitleben das personale Selbstsein entsteht, und zwar aus der Spannung zwischen dem Selbstsein, als Einzelsein und der sich in der Begegnung bzw. in der Kommunikation entfaltenden Fülle des Selbstseins, so dass darin sich auch das personale Miteinander für das Selbstsein als Grund offenbart, aber dabei das Selbstsein nicht apriorisch festlegt, sondern frei und aus eigenem Ursprung konstituiert. So zeigt sich

---

[99] Vgl. Welte, Fundamentaltheologische Grundbegriffe zur Theorie der Kirche, 71–73.
[100] Welte, Geschichtlichkeit als Grundbestimmung des Christentums, 248.
[101] Dies widerspricht der Person, da sie niemals der Fall eines Allgemeinen ist und nur Allgemeines bzw. Gleichartiges zu einer Summe zusammengezählt werden kann. Vgl. Welte, Zum Begriff der Person, 145.

auch im Miteinander als Fundament eine dialektische und wechselseitige Bestimmung, die sich zwischen aktivem Grundnehmen bzw. Gründen und rezeptiv geschenktem Grund bewegt, so dass sich das Ich in seinem eigenen aktiven Gründen rezeptiv im tragenden Du vorfindet, das aus reinem ursprünglichem Selbstbesitz trägt, was dem Charakter des Geschenkes und der Freiheit entspricht[102]:

»Die Fülle meines Selbstseins ist das Mir-geschenkt-werden in der Offenheit des personalen Du [...] dessen eigentliche Fülle in dieser Unerzwingbarkeit, in diesem Geschenkcharakter liegt.«[103]

Der hier aufgezeigte Übergang zum vollzugsorientierten Verstehen lässt zwar eine ursprüngliche, wirkliche Begegnung von Ich und Du denken, sowie die konstitutive Bedeutung dieser Begegnung für Selbstsein und Selbstvollzug klar werden, doch bleibt bei dieser Konzentration auf das Ich bzw. Ich-selbst als offener transzendierender Selbstbezug die Relation als wirkliche Bezogenheit und somit das personale Miteinander als Wir noch sehr undeutlich. Das liegt vor allem daran, dass der Vollzug hinsichtlich seiner Unterscheidbarkeit und nicht bezüglich seiner Einheit in den Blick kam, was es nun im Folgenden zu untersuchen gilt.

2) Ontologische und existentielle Einheit bei ontischer Verschiedenheit

Die leitende Frage besteht nun darin, wie Welte eine Einheit von selbstbesitzenden Seienden denkt, wie also eine Einheit von getrennten und sich selbst gehörigen Personen geschehen kann. Es hat sich bereits gezeigt, dass diese Einheit nicht substantieller Art sein kann, sondern im Vollzug zu geschehen hat, um in der Offenheit des Selbstvollzuges eine Begegnung zu ermöglichen, die weder das Selbst des Seienden auflöst oder beschneidet noch seinen Ursprung verdeckt. Seinen Ausgangspunkt hat Weltes Antwort in seiner Auseinandersetzung mit der Identität bei Hegel, die bereits in der Beschäftigung mit seinem Erfahrungsbegriff Niederschlag gefunden hat und wiederum mit dem berühmten Satz des Thomas beginnt:

---

[102] Vgl. Welte, Fundamentaltheologische Grundbegriffe zur Theorie der Kirche, 75–78.
[103] Welte, Fundamentaltheologische Grundbegriffe zur Theorie der Kirche, 76 f.

»anima, quae ›quodam modo est omnia‹ [...]«[104] Denn wie sich bereits in der methodischen Grundlegung zeigt, sieht Welte bei Hegel eine Unterscheidung von ontologischer und ontischer Identität, wonach das Seiende mit seinem Logos im Denken ontologisch identisch wird, zugleich aber ontisch an sich zurückgebunden und somit nichtidentisch bleibt. Die wechselseitige Verwiesenheit dieser beiden Ebenen zeigt sich in dem begründenden Zusammenhang, in der die ontische zu der ontologischen steht, die wiederum die ontische und damit alles Seiende umfasst und dadurch offenbar macht, dass das Sein im ersten Ursprung Geist ist[105]:

»Aber *unserem* Geist ist vor seinem Denken das Sein vorgesetzt.«[106]

In Berücksichtigung dieser Grunddifferenz greift Welte diesen Gedanken von Identität bei bleibender Nichtidentität auf, der bei Hegel eben im Denken – einem wesentlichen Vollzug des Menschen[107] – geschieht. Dieses dialektische Prinzip leitet den Freiburger Religionsphilosophen in seiner Suche nach der Möglichkeit des Miteinanders, indem er den prozessualen Geschehenscharakter aufnimmt und auf dieser Grundlage versucht, einen erfahrenden Zugang zum eigenen wie zum fremden Sein zu ermöglichen. Denn die erkenntnistheoretische Einseitigkeit, die Welte in Hegels Ausführungen sieht und ihn zur Erfahrung als existentieller Ergänzung des Denkens gelangen lässt, zeigt sich auch bei der Suche nach der Identität und der Einheit. Ein Miteinander von sich selbstbesitzenden und selbstvollziehenden Seienden lässt sich aber adäquat nicht nur aus der Ebene des Ontologischen entwickeln und daraus als ontologische Identität bei ontischer Verschiedenheit entfalten, sondern braucht in Berücksichtigung des ganzheitlichen, umfassenden und vollziehenden Charakters der Erfahrung ebenfalls eine existentielle Erweiterung.[108] Zu dieser ganzheitlichen Ergänzung findet sich Welte besonders von Meister Eck-

---

[104] Thom. De ver. 1, 1 co.
[105] Vgl. Welte, Hegels Begriff der Religion – sein Sinn und seine Grenze, 17–19; vgl. Welte, Hegel und die Vernunftgrundlagen des Christentums, 41–45.
[106] Welte, Hegels Begriff der Religion – sein Sinn und seine Grenze, 19.
[107] Welte sieht Hegels Begriff des Denkens nicht rationalistisch verengt als eine Grundform des geistigen Vollzuges neben anderen, sondern erkennt, dass Hegel das Leben des Geistes im Ganzen im Auge hat, so dass der »Geist [ist] im Ganzen (nicht als nur Denken im engeren Sinn) dieses Hinausgehen aus der toten Identität mit sich selbst« ist. Vgl. Welte, Hegel als Denker des Christentums, 43.
[108] Vgl. Welte, Hegels Begriff der Religion – sein Sinn und seine Grenze, 21.

hart inspiriert[109], bei dem sich die Überlegung einer Identität des Geschehens von Seienden findet, die, je für sich und getrennt vom betreffenden Geschehen, verschieden sind und verschieden bleiben, so dass das als Seinsbestand Nichtidentische im vollzogenen Geschehen identisch wird.[110] Meister Eckhart beschreibt dieses Geschehen als die Selbigkeit des Gewirkes[111], was ein Zusammenwirken in einem Geschehen von zwei Seiten her bedeutet, einem Wirkenden und einem Gewirkten. Die Identität des Geschehens, die Meister Eckhart entstehen sieht, kann nicht hinsichtlich des Bestandes bestehen, so dass zugleich eben die Nichtidentität erhalten bleibt und so auch der Unterschied zwischen Gott dem Schöpfer und seinem Geschöpf, worin der ursprüngliche Kontext der dargelegten Ausführungen Meister Eckharts besteht.[112] In dieser echten und eigentlichen Identität des

---

[109] Welte sieht Hegels Ausführungen zur Identität des Nichtidentischen im Vollzug von Aristoteles, Thomas und vor allem Meister Eckhart inspiriert, so dass sich in diesem Zusammenhang ein Blick auf Meister Eckhart lohnt: »Von da her: anima est quodammodo omnia. Um wieviel mehr dann beim absoluten Geiste, der in sich absolut ist und dem außer sich nichts (und nicht einmal dies) gegenübersteht. Von dieser Tradition her ist der Meister Eckhart zu verstehen. Diese Gedankenlinie ist es, die wir in Hegel neu auferstehen sehen.« (Welte, Hegels theologischer Gedanke, 72 f.) Dieser Blick auf Meister Eckhart ist vor allem hinsichtlich der Abgeschiedenheit als Empfänglichkeit und der unbegrenzten Offenheit des *intellectus* im Zusammenhang von Identität bei bleibender Nichtidentität für Weltes Überlegungen interessant und fruchtbar. Vgl. dazu Welte, Der mystische Weg Meister Eckharts und sein spekulativer Hintergrund, 235–238; vgl. dazu auch Lorenz, Personsein, Freiheit und Verantwortung, 18–20.

[110] In der Problematik von Differenz und Identität findet auch Eckharts neuplatonisch inspirierte Dialektik ihren Ort, die eine Weise darstellt, in der er das Verhältnis zwischen dem Sein, das Gott ist, und dem geschaffenen Seienden deutet. Diese Perspektiven der Identität und Nichtidentität der Relata sind gleichzeitig mit gegensätzlichen Aussagen belegt, so dass das dialektische Verfahren für die Gesamtinterpretation des eckhartschen Denkens bedeutend ist, insofern sein Vorgehen verdeutlicht, dass es für die Erläuterung scheinbar kontradiktorischer Aussagen in Eckharts Denken nicht notwendig ist, auf die Hypothese einer denkerischen Entwicklung zu rekurrieren. Vgl. Aertsen, Der »Systematiker« Eckhart, 223 f.

[111] Vgl. Eckh. Pr. 6 (DW I, 114, 2 f.): »Daz würken und daz werden ist ein.« Zur Identität des Geschehens, der ἐνέργεια bzw. des Gewirkes vgl. Welte, Meister Eckhart als Aristoteliker, 229–232.

[112] Diese durchgehende Spannung von Einheit und Differenz besteht bei Meister Eckhart darin, eine Identität anzunehmen, die keiner Aufhebung der Transzendenz gleichkommt. So zeigt sich auch in der Interpretation von Schirpenbach, dass sowohl Identität als auch Einheit bei Meister Eckart als ein Vorgang der Vereinigung verstanden werden muss, so dass diese Relation als eine eigene Weise der Wirklichkeit anzusehen ist, die sich nicht auf das Nebeneinander zweier isolierbarer Identitäten re-

Der dialektische Ursprung des personalen Moments

Geschehen besteht für Welte die Bedingung der Möglichkeit einer Unterscheidung und somit die Grundlage einer Nichtidentität, da jede vollzogene Unterscheidung eines Menschen nur aufgrund einer umfassenden Einheit geschehen kann, in der aus der Erfahrung des Zusammenkommens der beteiligten Seienden die Basis für eine Unterscheidung besteht. Welte deutet dabei Eckharts Identitätsaussagen nicht auf der Grundlage des Schemas der attributiven Analogie[113], deren Richtigkeit er nicht bezweifelt, die doch selbst in ihrem dynamischen Charakter ihre Formalität nicht überwinden kann, sondern es erscheint ihm grundlegender, Eckharts Identitätsüberlegungen[114] im Horizont der Identität des Vollzuges zu deuten.[115]

Hinsichtlich des Phänomens des Miteinanders und der Begegnung von Menschen wird deutlich, dass die Identität des Geschehens prägnant auch das Phänomen der Aufhebung der Subjekt-Objekt-Differenz rational fasst. Diese Aufhebung der Unterscheidung von Subjekt und Objekt in der Einheit des Vollzuges geschieht wiederum

---

duzieren lässt. Von einer Wirklichkeit des Menschen bzw. des Gerechten außerhalb Gottes bzw. der Gerechtigkeit kann keine Rede sein, jedoch geht er genausowenig in Gott auf, so dass die Relation als die eigentliche Weise der Wirklichkeit aufgefasst werden muss und ihr deshalb substantialer Charakter zukommt. Vgl. Schirpenbach, Wirklichkeit als Beziehung, 122–124.134–136.

[113] Vgl. Hof, Scintilla animae, 145.

[114] Indem Welte im Zusammenhang dieses Gedankens auf Aristoteles, seine Rezeption im Hochmittelalter und besonders auf Thomas von Aquin verweist, versucht er diese Überlegungen Meister Eckharts nicht als einen zufälligen und zusammenhangslosen Einfall eines Denkers darzustellen, sondern als Entwicklung aus einer alten und klassischen Denktradition. Diese findet ihren Ausgang in Aristoteles' *De anima*, der von einer Identität »κατ' ἐνέργειαν« (Vgl. dazu Aristot. Psych. Γ, 7, 431b 17.) spricht, was für Welte als ein Im-Wirken-sein dem eckhartschen Gewirke entspricht. Diese Identität »κατ' ἐνέργειαν« hat zur Folge, dass im Wirken, wie z. B. dem Denken, das Wirkende und das Gewirkte eins und identisch werden, bei bleibender Nichtidentität und Unterscheidbarkeit. Deutlicher zeigt sich diese Struktur noch bei den Kommentaren zu *De anima* von Thomas von Aquin: »[…] quod probat ex hoc, quod intellectum in actu et intelligens in actu, sunt unum […] species igitur rei intellectae in actu, est species ipsius intellectus; et sic per eam seipsum intelligere potest. (Thom. In Aris. De an. III, 9 n. 5.) Damit zeigt sich für Welte bei Thomas, dass im Vollzug des Einsehens nichts anderes zu sehen ist als das Aussehen der Sache, weshalb beides eins wird im Vollzug. Besonders hinsichtlich seiner Ausführungen zum immateriellen Sein in den Kommentaren zu *De anima* zeigt sich, wie grundlegend dieser Gedanke für das Ganze seines Systementwurfs ist. Denn das Sein, das *quodammodo* sein kann, was es nicht ist, offenbart eine Identität mit dem Nichtidentischen in einer scharfen dialektischen Form, die mit dem Modus des Seins verbunden ist, aus dem je ein eigentümlicher Modus der Identität hervorgeht. Vgl. Welte, Meister Eckhart, 100–103.

[115] Vgl. Welte, Meister Eckhart, 99 f.

in der Art, dass die Unterscheidbarkeit der Seinssphären nicht verloren geht oder verwischt wird. Bezeichnet man diesen Gedanken als einen metaphysischen, so zeigt sich bei Meister Eckhart die Metaphysik als ein Gedankensystem von Unterscheidungen, die sich mit Hilfe eines metaphysischen Gedankens aufhebt und diese Aufhebung in diesem Gedanken spiegelt.[116] Hierin zeigt sich der dynamische Charakter und der weite Spielraum, der sich mit der Identität des Geschehens eröffnet und die Starrheit einer Identität von nur vorhandenem und nur auf sich bezogenem Sein des Seienden aufbricht. Dies formuliert Meister Eckhart auch auf allgemeine Weise, um mittels unspezifischer Begriffe, wie Werden oder Bewegung, die sich nicht auf einen bestimmten Vollzug eingrenzen lassen, zu einer allgemeinen Grundlage der Identität des lebendigen Vollzuges zu kommen[117]:

»Daz würken und daz werden ist ein. Sô der zimmerman niht enwürket, sô enwirt ouch daz hûs niht.«[118]

Die Einheit besteht dabei im Wirken des Zimmermanns und dem Werden des Hauses, die nicht zwei parallele Vorgänge bezeichnen, sondern einen Vorgang, bei dem Zimmermann und Haus getrennt sind, in dem aber dasselbe ist, was der Wirkende tut und was am Bewirkten getan wird. In der Einheit und dem In-eins-Schlag des Wirkens und des Werdens geschieht das eine Geschehen der Gegenwart, das von zwei Seiten betrachtet werden kann, womit der Unterschied und die Nichtidentität nicht aufgehoben wird, sondern eben erst entsteht, wenn sie als zwei Seiten eines Geschehens unterschieden werden können.[119] Diese allgemeine Ausdrucksform zur Identität und

---

[116] Welte sieht den Durchbruch zu der hier angezeigten und von Heidegger als notwendig eingeforderten Überwindung der Metaphysik in der Überwindung der Welt der Transzendentalien (Vgl. Welte, Meister Eckhart, 69–74.), die zwar eine notwendige Station auf dem Weg des Menschen zu Gott darstellen, aber durch die Metaphysik des inneren Menschen von einer praktischen Form der Metaphysik abgelöst werden. Vgl. Kobusch, Transzendenz und Transzendentalien, 54.
[117] Vgl. Welte, Meister Eckhart, 103–105.
[118] Eckh. Pr. 6 (DW I, 114, 2f.).
[119] Welte zeigt auch in diesem Zusammenhang der allgemeinen Form der Identitätsüberlegungen deren Ursprünge bei Aristoteles und dem mittelalterlichen Aristotelismus auf. Den gemeinsamen Ausgangspunkt für Thomas und Eckhart sieht er in dem Aristoteleszitat: »μία ἡ ἀμφοῖν ἐνέργειαν« (Aristot. Phys. Γ, 3, 202a 18.). Thomas erläutert in seinen Metaphysikkommentaren diese grundlegende Überlegung: »[…] et dicit quod una est distantia duorum ad unum et unius ad duo. sed differt ratione. propter quod diversimode significatur: scilicet per duplum et dimidium. similiter una est via ad ascendendum et descendendum, sed differt ratione. et propter hoc

Nichtidentität eröffnet schließlich Meister Eckhart verschiedene Möglichkeiten der Anwendung und Auslegung, so dass er daraus auch Konsequenzen für das Verhältnis von Gott und Mensch zieht und darin weit über Thomas und Aristoteles hinausgeht. Das macht diese Überlegungen für das Miteinander bedeutsam, da Meister Eckhart, indem er diese Ausführungen in den Horizont der Beziehung zwischen Gott und Mensch stellt, mit dieser Theorie die Identität bei bleibender Nichtidentität nicht nur auf einzelne sinnliche oder rationale menschliche Vollzüge beschränkt, sondern eine existentielle Erweiterung erfahren lässt, so dass Welte bei Eckhart den gesamten Menschen in seinem existentiellen Vollzug in diesen Prozess der Einheit aufgenommen sieht. Denn in Berücksichtigung, dass Gott der Schöpfer und Bewirker von allem ist und das Sein alles Seienden in seinem Werden oder Gewordensein ein Werk Gottes darstellt, der darüber hinaus jedes auf seine Weise wirkt, so auch den Menschen durch sein Wirken entstehen und werden lässt, geht es auf Seiten des Menschen um seinen Seinsvollzug, dem ein existentieller Charakter zugeschrieben werden muss.[120]

Ausgehend von der augustinischen Einteilung in drei Erkenntnisarten, von denen die ersten beiden in traditioneller Orientierung davon ausgehen, dass ein Erkennendes das Erkennbare unmittelbar oder mittelbar präsent hat, umfasst die oberste Erkenntnis das Erkennen und das Erkanntwerden als einen einheitlichen Lebensvollzug, der allein noch den Gegensatz der Relation kennt. Die höchste Form des Erkennens ist daher kein theoretisches Verhalten mehr, sondern eine dynamische ontologische Relation, so dass bei Eckhart das Erkennen Gottes im Intellekt identisch ist mit dem Erkennen, in dem Gott den Menschen erkennt, wenn im Vollzug des Erkennens Gott dem Menschen das Sein mitteilt und der Mensch sein Sein von Gott

---

dicuntur hi ascendentes et illi descendentes. et ita est de movente et moto. nam unus motus secundum substantiam est actus utriusque, sed differt ratione. est enim actus moventis ut a quo, mobilis autem ut in quo; et non actus mobilis ut a quo, neque moventis ut in quo. et ideo actus moventis dicitur actio, mobilis vero passio.« (Thom. In Aris. Met. XI, 9 n. 24.) Wenn in diesem Horizont Thomas nun von der Einheit des Bewegenden und des Bewegten in der einen Bewegung spricht, die das je aktuelle Sein sowohl des Bewegten als auch des Bewegenden ist, dann gilt es diesen Ausdruck in einem sehr allgemeinen und grundsätzlichen Sinne zu verstehen, so dass er sich sogar mit dem Begriffspaar *actio* und *passio*, dem Wirken und Leiden identifizieren lässt. Vgl. Welte, Meister Eckhart, 107.

[120] Vgl. Welte, Meister Eckhart, 104–107.

erhält.[121] Diese Einheit mit Gott sprengt somit das Subjekt-Objekt-Verhältnis und konstituiert sich als Einheit von Seinsmitteilung und Seinsempfang, so dass Erkennendes und Erkanntes nicht im Zu- oder Nebeneinander zweier Substanzen stehen, sondern als ein gemeinsames Leben.[122]

Die Suche nach der Einheit führt Meister Eckhart daher nicht nur zu einem Sein neben gewöhnlichen Seienden, sondern zu einer Vertiefung des Blicks auf das, was in seinem besonderen Modus eine ursprüngliche Einheit im Verschiedenen präsentiert. In diesem Zusammenhang wird deutlich, dass dieser Modus in der Hinsicht existential ist, dass sein Vollzug die Beteiligung des ganzen Menschen fordert.[123] Denn trotz aller Ähnlichkeit, vor allem in struktureller Art, zu rein rationalen und spekulativen henologischen Systemen, zeigt sich, aufgrund der Verbundenheit des theoretischen mit dem existentialen Modus, in Eckharts Überlegungen eine gewisse Distanz zu ihnen. Denn der Quell- und Zielpunkt seiner gedanklichen Erörterung besteht in der gelebten Einheitserfahrung, die nicht als singuläres Erlebnis, sondern als Lebenshaltung bestimmend wirkt.[124] Diese

---

[121] Vgl. Eckh. serm. 29 (LW IV, 268, 6f.): »Ideo solus deus per intellectum producit res in esse, quia in ipso solo esse est intelligere.« Das Erkennen Gottes ist die Grundlage seines Seins, das als Vollzug und Geschehen frei ist vom Sein des Seienden und der Bestimmung des Bestimmbaren, als ein lichtendes Geschehen, das überall mit sich gleich und eins ist und keine undurchdringbare Faktizität in sich vorfindet. Denn in jeglicher Bestimmung besteht eine Grenze, eine Negativität und letztlich eine Trennung. In dieser vollendeten Form kann somit das Erkennen auch Sein genannt werden, da das Sein durch das *intellegere*, durch das Erkennen, zum Sein kommt. Durch den *intellectus* führt Gott, in dem exklusiv das *esse intelligere* ist, das Sein heraus und damit führt er die Dinge ins Sein. Vgl. Kern, Die Anthropologie des Meister Eckhart, 33–36.

[122] Vgl. Eckh. Pr. 62 (DW III, 35–69, besonders DW III, 45, 3–46, 4): »Ze dem vierden mâle ist der himel vruhtbære, daz er hilfet ze allen werken. Der himel würket mê dan der zimberman, der ein hûs würket oder bûwet. [Ze dem vünften mâle] ist der himel ein stuol unsers herren. Dâ von sprichet diu schrift, daz ›der himel sîn stuol sî und diu erde sîn vuozschemel‹. Ein heidenisch meister sprichet: enwære kein zît noch stat noch materie, sô wære ez al éin wesen. Diu materie diu unterscheidet éin wesen, daz glîch ist an der sêle.« Vgl. Langer, Zum Begriff der Innerlichkeit bei Meister Eckhart, 18f.

[123] Vgl. dazu Eckh. Lib. Ben. 1, 2 (DW V, 115, 8–12): »Bis ein, daz dû got mügest vinden! Und wærlîche, wærest dû rehte ein, sô blibest dû ouch ein in underscheide und underscheit würde dir ein und enmöhte dich iezent nihtes niht hindern. Ein blîbet glîche ein in tûsentwarbe tûsent steinen als in vier steinen, und tûsentwarbe tûsent ist als wærlîche ein simpel zal, als vieriu ein zal ist.«

[124] In der Einleitung zu seinem Eckhart-Buch erläutert Welte kurz in grundsätzlicher

existentielle Erfahrung der Einheit trägt einen epistemischen Charakter, so dass sie zugleich als theoretische Instanz gewertet wird. Das wiederum hat seinen Grund darin, dass in der Deutung des Begriffs und der Funktion von Einheit es zu einer Kreuzung von völliger Abstraktheit und unmittelbarer Rekonkretisierung kommt. Denn einerseits wird der Begriff aus jeglichem Zusammenhang herausgelöst und die Einheit, als die überall gleiche und wirkliche der Gegenstände, wird mit der Einheit der Zahl und der eines strukturierten Ganzen gleichgesetzt. Andererseits werden dieser abstrahierten Instanz die losgelösten Bestimmungen im Ganzen zugesprochen, so dass sie Träger eines konkreten Seins sei, dem alle abstrahierten Eigenschaften innewohnen und sie auf keine eingeschränkt werden kann, was schließlich in der Einheit als Negation der Negation geschieht.[125] Darin wird deutlich, dass die Einheit den Anschein theoretischer Fruchtbarkeit aus den methodisch gebundenen Leistungen bezieht, von denen gerade in ihrer besonderen Ausformung abstrahiert wird. Diese besonderen Leistungen konstituieren die Bedeutungen, die die inhaltliche Fülle des mystischen Einen ausmachen, so dass die angebliche Grundlage, also die abstrahierte Einheit, das Begründete – die

---

und werküberspannender Weise den Zusammenhang der existentiellen und der theoretischen Ebene des Denkens und hebt dabei die Unmöglichkeit ihrer Trennung, aber die Notwendigkeit ihrer Unterscheidung hervor. Vgl. Welte, Meister Eckhart, 25–28; vgl. dazu auch Haas, Meister Eckhart als normative Gestalt geistlichen Lebens, 15.

[125] Meister Eckharts Voraussetzung für die Gottes- oder Sohnesgeburt der Seele und damit der Einheit und Einswerdung mit Gott liegt darin, dass der Mensch das Persönliche, das Eigene und damit alle Eigenschaft an sich negiert. (Vgl. Eckh. In Ioh. n. 290 (LW III, 242, 5 f.): »[H]oc est tantum quantum se ipsum, abnegare personale, abnegare proprium.«) In der Eigenschaft selbst besteht nun nach Eckhart schon ein Negativum, da sie alles negiert außer sich selbst, so dass in diesem Zusammenhang in der Negation des Persönlichen die Negation der Negation geschieht. Das transzendentale Eine erscheint dabei als ein Resultat der Selbsttransformation der Seele. Die transzendentalen Bestimmungen des Seins, des Einen, Wahren und Guten sind auch im Bereich des Endlichen verwirklicht, da die endlichen Dinge eine Form der Einheit, Wahrheit und Gutheit darstellen und somit zum Gegenstandsfeld der Metaphysik gehören. (Vgl. Eckh. Prol. gen. in op. trip. n. 9 (LW I, 1, 154, 1–3): »Hinc est quod omnis res quamvis mobilis et transmutabilis de consideratione est metaphysici, inquantum ens, etiam ipsa materia, radix rerum corruptibilium.«) Aber im Bereich des Endlichen sind die transzendentalen Bestimmungen nur in analoger Weise wirklich (Vgl. Eckh. In Ioh. n. 97 (LW III, 84, 3–5): »Secundo docemur quod deus veniens et eius praesentia immediate et nullo cooperante operatur in omnibus entitatem, unitatem, veritatem et bonitatem analogice quidem.«), da allein in der Sohnesgeburt das transzendentale Eine im univoken Sinne erscheint. Vgl. Kobusch, Lesemeistermetaphysik – Lebemeistermetaphysik, 250.

innewohnenden Eigenschaften – gerade voraussetzt, indem sie davon den Schein der Bedeutung gewinnt. Der sekundäre Charakter der mystischen und damit der existentiellen Instanzen im theoretischen Denken bei Meister Eckhart ist der spezifischen Weise geschuldet, wie dieses Denken seine Begriffe bildet. Aber während die Unbestimmtheit theoretisch allein auf eine Leerheit hinausläuft, wird einem, nicht auf strukturelle Exaktheit, sondern auf existentielle Bedeutsamkeit ausgerichtetem Denken ermöglicht, das existentielle Eine auch innerhalb theoretisch-wissenschaftlicher Zusammenhänge wiederzufinden.[126]

3) Die existentielle Einheit des Vollzuges und das Miteinander

Diese Einheit des Vollzuges als Identität bei bleibender Nichtidentität, die schon bei Meister Eckhart einen existentiellen Charakter aufweist, stellt nun die Frage nach dem Vollzug selbst und dessen Stellung in den existentialen Strukturen des Daseins. Deshalb analysiert Welte zur Charakterisierung des existentiellen Vollzuges die invarianten Strukturen und Grundkonstellationen des relationalen menschlichen Daseins. Denn die Untersuchung der grundlegenden Vollzüge des Menschen, die als Sinnvollzüge die personalen Aktivitäten und sozialen Verhaltensweisen zusammen mit dem ihnen innewohnenden Bedeutungsgehalt meinen, weisen den Weg zur Identifikation und Systematisierung der fundamentalen Konstitutiva des Lebens und der Lebenspraxis von Menschen und damit zum existentiellen Vollzug des Menschen.[127] Menschliches Denken und Verhalten findet sich bestimmt von dieser Grundstruktur und diesem wechselseitigen Bedingungsverhältnis von Vollzug und Gehalt in einer differenten Einheit. Vollzug meint dabei jede Tätigkeit in ihrer Ereignishaftigkeit,

---

[126] Vgl. Steineck, Grundstrukturen mystischen Denkens, 58f.
[127] Es wird daher nicht nur von reinen Bewusstseinsvollzügen ausgegangen, sondern eben auch von praktischen Handlungen, die sich dadurch auszeichnen, dass sie die Wirklichkeit verändern. Gerechtfertigt wird diese Ausweitung des Theorieansatzes auf praktische Sinnvollzüge dadurch, dass Sinnvollzüge nicht nur innersubjektive Vollzüge sind, sondern als Bezüge zwischen Selbst und Andersheit analysiert werden, was als Analyse realer Relationalität sich durch die intersubjektive Beziehung eröffnet. Dabei zeigt es sich als bedeutend, dass es sowohl um das aktuelle Wirken der Relationsprozesse als auch um die Wirklichkeit der Relata geht. Vgl. Heinrichs, Handlungen, 43–46.

während Gehalt den Inhalt, den Gegenstand oder das Ziel dieser Vollzüge bezeichnet.[128] Der Aufbau des Sinnvollzuges zeichnet sich aus durch eine bipolare Spannung zwischen einem Subjekt und einem Woraufhin, d. h. einer unspezifischen Objektseite, die eine sachhafte oder eine subjektive bzw. personale Andersheit sein kann. Der Selbstbezug des Menschen als der Versuch der Rückkehr zu sich selbst und der Identität mit sich selbst bleibt immer geprägt von einer Nichtidentität, da das Selbst niemals für sich allein vorkommt, sondern in allen erfahrbaren Sinnvollzügen in Bezug auf anderes in Erscheinung tritt, so dass sich der menschliche Selbstbezug im Fremdbezug konstituiert. Das Selbstsein zeigt sich in vielfacher Relationalität zu anderen Sinnelementen, so dass sein Selbstbezug und damit seine Relation zu sich selbst geprägt ist von einer realen Unterscheidung. Diese Unterscheidung aber wiederum eröffnet erst die Möglichkeit, das Selbstbewusstsein und das Bewusstsein von Andersheit in eine Einheit zu bringen. Denn die Ursprünglichkeit einer Begegnung und die daraus resultierende Einheit kann nur geschehen, wenn der Fremdbezug dem Selbstbezug nicht nachgeordnet ist und ihm somit nicht äußerlich bleibt. In diesem konstitutiven Prozess des Selbstbezugs zeigt sich daher die Identität bei bleibender Nichtidentität und kann deswegen nicht als äußeres Geschehen abgetan werden.[129] Entscheidend für die weiteren Überlegungen erweist sich, was nun ein existentieller Vollzug mit einer personalen Andersheit bedeutet, da sie nicht nur als antwortfähiger Adressat, sondern eben prinzipiell auch als aktiver Träger von Sinnvollzügen zu behandeln ist, der nicht wie ein Objekt lediglich als Inhalt, Ziel oder Gegenstand in den Blick kommt. Denn die personale Andersheit ermöglicht vielmehr wirkliche Kommunikation[130], so dass die Unterscheidung von Subjekt und Andersheit nicht als absolute Trennung verstanden werden kann, sondern entsprechend der unhintergehbaren Zusammengehörigkeit von Vollzug und Gehalt auch der Beziehung zwischen Subjekt und Andersheit eine unzerstörbare und ursprüngliche Einheit zugrunde liegt, auf die als gegenseitiges Bedingungs- und Ermöglichungsver-

---

[128] Vgl. Heinrichs, Handlungen, 40.55.
[129] Heinrichs erkennt nun, dass die Reflexivität des Selbstbewusstseins in der Untrennbarkeit des Selbstbezugs vom Fremdbezug eine strukturelle Selbsteinholung ermöglicht, die sich aber ihrer inhaltlichen und zeitlichen Nichteinholbarkeit aufgrund des Fremdbezuges bewusst ist. Vgl. Heinrichs, Logik des Sozialen, 45–54.
[130] Vgl. Schmidt, Philosophische Theologie, 210.

hältnis für das Zustandekommen von Sinnvollzügen nicht verzichtet werden kann.[131]

Im Zusammenhang des Miteinanders werden dieses Zueinander und diese Gegenseitigkeit besonders augenfällig, da der Mensch als eine abgeschlossene Einzelheit keinerlei qualitative Veränderung erfahren könnte und somit jegliche Synthesis oder Einheit ausgeschlossen bliebe, womit eine wesentliche Bestimmung seines lebendigen Daseins verlorenginge. Denn der Seinsvollzug des einzelnen Menschen umfasst sowohl das Einzel- als auch das Miteinandersein, so dass die personale Andersheit und damit die anderen Menschen – als sie selbst – zugleich Element des Ich-selbst sind. Das Ich-selbst wird von ihnen in seinem Sein berührt und betroffen, so dass für Welte jedes menschliche Dasein sowohl es selbst als auch der einende versammelnde Raum ist, in dem die vielen Einzelnen eines und miteinander sind, ohne aber darin getrennte Bereiche zu sehen. Zugleich gilt es zu berücksichtigen, dass die Anderen als aktive Träger von Sinnvollzügen sich selbst im Raum des Ich-selbst vollziehen und so darin ihren Platz und ihre Gestalt finden.[132] Dieses unmittelbare Geschehen der Begegnung und der gegenseitigen Anerkennung beschreibt Welte wie folgt:

»Ich sehe nicht nur Dich, sondern ich sehe, dass Du mich (an-)siehst. Ich sehe dein Mich-ansehen. Darum bin ich ja von meinem Blick, der dem deinen begegnet, betroffen, freudig oder verlegen: in meinem Auf-dich-Treffen treffe ich auf dies: dass ich betroffen bin. Wir sehen wirklich einander. Wir vollziehen im entgegennehmenden Sehen und Hören, (und im gebenden, ausstrahlenden) Blicken und Sprechen direkt das Miteinander, nicht nur keine Laute, sondern auch nicht nur ich und, gesandt davon, Du, sondern dies ganz neue und wunderbare: das Wir, das Miteinander.[133]

In dieser Beschreibung wird deutlich, dass der Bezug des Selbst auf die Andersheit zugleich ein Bezug auf das Selbst ist, insofern der Andere sich auf das Selbst bezieht und darin seinen Selbstbezug hat, was sich strukturell als gemeinsames und gemeinsam gewusstes Geschehen zeigt.[134] Die Einheit von Selbstbezug und Fremdbezug lässt

---

[131] Vgl. Höhn, Zeit und Sinn, 119–122.
[132] Vgl. Welte, Soziologie der Religion, 20–22.
[133] Welte, Soziologie der Religion, 23.
[134] In diesem Zusammenhang wird deutlich, dass sich der Sinn als die Erfüllung des Bei-sich-seins und Beim-andern-seins zeigt, da das endliche Wesen zu sich selbst kommt bzw. zu seinem Selbstsein gelangt im Hinblick auf den Anderen. Indem das Ich auf den Anderen blickt, blickt es auf sich zurück, aber nicht als einfache Reflexion

sich daher nur so denken, dass der Fremdbezug als solcher selbst Selbstbezug wird, wenn das Selbst sich im Anderen verändert wiederfindet und so sich sein Selbstvollzug darin konstituiert.[135] So lässt sich in diesem Geschehen der Beweis dafür erkennen, dass die vermittelte Einheit von Selbstbezug und Fremdbezug nur als Personalität stattfinden kann, da der Fremdbezug als solcher Selbstbezug sein muss, was wiederum ein Miteinander erfordert, in dem jeder sich als Einheit mit dem Anderen denkt und wiederfindet.[136] Damit wird deutlich, dass nur im gesellschaftlichen bzw. sozialen Zusammenhang der Mensch zur Person wird, da er sich nicht nur im Anderen seiner selbst erkennt, sondern seine individuelle Verfassung im Umgang und der Begegnung mit Anderen konturiert.[137] Welte verdeutlicht also, dass das Miteinander nicht außerhalb der eigenen Seins- und Vollzugsebene erreicht oder konstruiert wird, sondern eine echte Kategorie und unableitbare Grundweise des Seins darstellt, weshalb es sich jeglicher Definition entzieht. Als wesentliche Bestimmung des menschlichen Daseins bleibt es nicht akzidentell zu einem bereits rein selbstbezüglichen Subjekt und kommt somit nicht nachträglich zu einem Akt der Selbstkonstruktion, sondern es konstituiert sich vielmehr in dieser Relationalität menschliches Dasein, so dass es vorgängig zu ihr keinen Selbstvollzug, kein Selbstverhältnis und so auch kein Selbstsein geben kann.[138] Aus dieser Wesentlichkeit folgt für Welte, dass der Mensch sich immer im Miteinander bewegt und in ihm das Ganze des menschlichen Daseins in der Welt liegt, was er auch phänomenologisch einholt. Denn indem der Mensch ursprünglich und wesentlich sein Sein gesellschaftlich vollzieht, bewegt er sich als »πολιτικὸν ζῷον«[139], unabhängig von faktischen Umständen, immer im Miteinander. Daher umfasst der Seinshorizont des Miteinan-

---

des eigenen Blickes, sondern im Selbstblick des Anderen erblickt sich das Ich. Diese wechselseitige Reflexion erweist sich dann eben als Grundlage der Kommunikation, die sich als epistemische Grundlage des Menschen und seiner Welt vollzieht. Vgl. Schmidt, Philosophische Theologie, 210.

[135] Vgl. Welte, Heilsverständnis, 171: »In der Begegnung bin ich als Ich selbst, als ein Du für ein Du, wie sensibilisiert und engagiert. Dies ist die andere Seite der personalen Begegnung. Indem ich mich in der Begegnung verschenke, verdanke ich mich zugleich dem Du, an das ich mich begegnend verschenkte.«
[136] Vgl. Heinrichs, Logik des Sozialen, 79–82.127–129.
[137] Vgl. Gerhardt, Selbstbestimmung, 335.
[138] Vgl. Welte, Soziologische Grundbegriffe zum Verständnis des Christentums als Kirche, 45.
[139] Aristot. Pol. A, 2, 1253a 3.

ders auch das Ganze des menschlichen Daseins, indem es keine inhaltlich-gegensätzliche, sondern eine modale Veränderung des menschlichen Daseins darstellt und den gesamten menschlichen Horizont, also alle Momente und Möglichkeiten des Menschseins, modifiziert.[140] Denn Miteinandersein ist gleichursprünglich mit dem Menschsein und gleich umfänglich, es fällt mit ihm zusammen, so dass Menschsein Miteinandersein ist.[141] Aber das Miteinandersein nur als apriorischen und transzendentalen Grund zu bestimmen, verkürzt das Geschehen und beraubt es seiner existentiellen Bedeutung. Schließlich zeigt sich schon in den verschiedenen Modi des Miteinanderseins, vom unerfüllten, negativen bzw. defizienten Allein-sein bis zum erfüllten, positiven Miteinander, eine Unterscheidung, die nicht gleichgültig ist, sondern darin gründet, dass der apriorische Grund des menschlichen Miteinanderseins von sich her auf erfüllende Verwirklichung angewiesen ist. Menschen sind zwar durch ihr Selbstsein und ihren Selbstvollzug im Seinsmodus des Miteinanders, aber die Verwirklichung und Erfüllung dieses Seinsmodus kann nur durch die Begegnung geschehen, durch das kommunikative Hinzutreten anderer Menschen, durch die Beziehung zu einer personalen Andersheit. In dieser geschehenden Verwirklichung wird nichts äußerlich hinzugefügt, sondern es geschieht »ἐπίδοσις εἰς τό αὐτό«[142], als »Zugabe ins Selbe. Es wird etwas dazugegeben, aber es bleibt ein Selbes.«[143] So ergeben sich für Welte zwei Phasen desselben Miteinanderseins, von denen die erste als unerfüllte, potentielle Wirklichkeit auf Verwirklichung bezogen ist und die zweite als aktuelle Wirklichkeit, deren eigenster Zustand der Verwirklichung eingetreten ist. Da-

---

[140] Vgl. Welte, Soziologie der Religion, 24–30.
[141] Vgl. Welte, Miteinandersein und Transzendenz, 151 f.
[142] Welte, Soziologische Grundbegriffe zum Verständnis des Christentums als Kirche, 55. Indem Welte hinsichtlich der Verwirklichung des Miteinanderseins auf das Zitat des Aristoteles aus *De anima* (Aristot. Psych. B, 5, 417b 6 f.: »εἰς αὐτὸ γὰρ ἡ ἐπίδοσις καὶ εἰς ἐντελέχειαν«) verweist, bestätigt sich einerseits der Vollzugs- bzw. Ereignischarakter, den das Miteinandersein bzw. eigentlich die gesamte Wirklichkeit zu tragen hat und andererseits offenbart sich, dass diese Verwirklichung eine geschichtliche sein muss. Denn diese Zitierung liest sich als deutlicher Hinweis auf Johann Gustav Droysens *Historik*, worin mit diesem Zitat die stetige Bewegung und das unablässige Werden in der Welt der Erscheinungen unterstrichen wird, das unter dem maßgeblichen Moment der Zeit steht, was ihn dieses Fortschreiten als Geschichte auf- und zusammenfassen lässt. Vgl. Droysen, Historik, 330; vgl. dazu besonders Hünermann, Der Durchbruch geschichtlichen Denkens im 19. Jahrhundert, 98–101.
[143] Welte, Logik des Ursprungs und Freiheit der Begegnung, 164.

her besteht im Miteinandersein als der apriorischen und transzendentalen Seinsweise des Menschen eine ursprüngliche Bezogenheit auf Verwirklichung, so dass das Miteinandersein nie reines apriorisches Sein ist, sondern immer schon in erfüllender Verwirklichung besteht und sei es auch nur im Status der Verwiesenheit oder der Bezogenheit.[144]

4) Existentielle Einheit als Modifikation zum Wir

Dieses Ergebnis des Selbstbezugs im Fremdbezug und der Ursprünglichkeit des Miteinanderseins zeigt sich vor dem Hintergrund der Personalität in der Weise, dass das personale Sein sich in der Zweieinheit von transzendentaler Selbstgehörigkeit und Offenheit entfaltet und dabei immer unter der Kategorie der Bedeutsamkeit steht. Deshalb bestimmt die personale Bedeutsamkeit jeglichen personalen Vollzug, der immer als Einheit von Selbst- und Mitvollzug geschieht, und lässt auf diesem Weg das Wir in den Blick kommen. Denn die Personalität verbietet die Abgeschlossenheit des personalen Vollzuges, da die Person im Selbstsein ihren transzendentalen Charakter entbirgt, also über sich hinaus ist, was in der personalen Begegnung seinen spezifischen Ort findet. Die personale Begegnung wird zum Grund transzendentaler personaler Erfahrung, indem sich in ihr die Person als Person gewahr wird, da erst durch das Begegnen die Einheit von Selbst- und Mitsein vollzogen werden kann und somit aktuiert wird. Denn der personale Vollzug des Selbst transzendiert sich auf die andere Person, die sich als Du entbirgt, doch in ihrem Selbst-sein fremder Bestimmung entzogen und damit universal gültig bleibt. Aufgrund ihrer Entzogenheit gegenüber jeglicher Objektivierung, die sich in ihrem Selbst-sein und ihrer Anfänglichkeit begründet, erscheint die Person als personales Du und ist in eigenständiger Weise erfahrbar in der Begegnung, in der sie sich offenbart und »ins Anwesen kommt.«[145] Diese Offenbarung findet aber in freier Anfänglichkeit statt, so dass sich beide einander entziehen und damit reiner und freier Ursprung sind, woran sich erkennen lässt, dass sich die Begeg-

---

[144] Vgl. Welte, Soziologische Grundbegriffe zum Verständnis des Christentums als Kirche, 52–58.
[145] Welte, Die Person als das Un-begreifliche, 102.

Vom Wesen zum Vollzug

nung jeglicher Kategorie verschließt, da sie in ihrer Einmaligkeit die Einmaligkeit und das Selbst-sein der Begegnenden bewahrt und durch ihre offene Haltung das Du als Du – als »Anfänglichkeit, Ursprung, wesenhafte Initiative und Initiativkraft«[146] – erfahren lässt.[147] Aufgrund dieser erkannten und grundlegenden Dynamik von Begegnung und Erfahrung lässt sich die Person niemals als Substanzbegriff definieren, sondern bleibt in ihrer Relationalität als ein Geschehen im dialogischen Vollzug jeglicher Bestimmung entzogen[148]:

»Solchermaßen ist Begegnung, Ich und Du, Wir die Stätte der Offenbarung, des Offenbarwerdens dessen, was wir mit dem Worte Person meinen. In der Begegnung geschieht das, was man ›Begriff der Person‹ nennen kann.«[149]

In der Begegnung von Personen tritt die Personalität in Erscheinung und zeigt sich als sich selbst vollziehender Ursprung in einem Verhältnis und so in einem dialogischen Zusammenhang, der wiederum ein Gefüge darstellt, das nicht äußerlich sein kann, sondern als wesentliches Moment des Selbstseins diesem innewohnt und das Miteinandersein als sich selbst verstehendes und persönliches Dasein deutlich werden lässt.[150] Denn die Gewissheit einer Person kann nur im Einsatz des Selbst gewonnen werden, in der vertrauenden Freigabe seiner selbst an das Unverfügbare des Du. Denn das Verstehen der Person als Person und damit der personale Kontakt von Selbst zu Selbst trägt den Charakter der Unverfügbarkeit, indem das Selbst sich aus der eigenen Verfügung freigibt an die unverfügbare Freiheit des Du, worin sich verlässlich, aber nicht verfügbar ein Grund von personaler Freiheit freigibt. Diese Art der personalen Gewissheit trägt den Charakter eines personalen Glaubens, der im Gegensatz zu einer Sachgewissheit existentiell-begründender Art ist.[151]

Die entscheidende Frage, die sich nun im Kontext der einzelnen Personen stellt, besteht nun darin, wie sich das personale Mitdasein als Ich-Du zum personalen Mitdasein als Wir modifiziert, wie das grundlegende Miteinandersein als Einheit und einendes Geschehen

---

[146] Welte, Die Person als das Un-begreifliche, 103.
[147] Vgl. Döpfner, Das Problem des Zusammendenkens von Determination und Freiheit, 123.
[148] Vgl. Geiger, Person und Sein, 113–115.
[149] Welte, Zum Begriff der Person, 149.
[150] Vgl. Hünermann, Kirche – Menschsein – Geschichte, 73.
[151] Vgl. Welte, Geschichtlichkeit als Grundbestimmung des Christentums, 234 f.

erscheint. Diese Modifikation des Wir inhäriert diesem Verhältnis als das zusammennehmende und umfassende Moment, deren entgegengesetztes Moment das Ich-Du darstellt, weshalb sich im Wir das ursprüngliche Wesen des Mitdaseins findet und eben nichts willkürlich oder äußerlich Hinzugefügtes. Dieses Miteinandersein im umfassenden Modus des Wir und damit in Absetzung zur bewussten entgegensetzenden Unterscheidung im Ich-Du hat zur Folge, dass die mitdaseienden und begegnenden Personen nicht als Objekt und *ens quod* des Ich-selbst und seines Verhaltens behandelt werden, sondern als Du.[152] Dementsprechend entfaltet sich das personale Mitdasein im eigenen Selbstvollzug dahingehend, dass es die eigene Einzelheit überschreitet und sich als Ich in der Einheit und Umfassung des mitdaseienden Anderen vollzieht. Zugleich begegnet das Du in diesem einenden und umfassenden Vollzug nicht als einzelnes Gegenüberstehendes, sondern als Du, aufgehoben in einer umfassenden Einheit. So führt der sich überschreitende Vollzug des Ich und des Du in die umfassende Einheit des Wir, so dass sich Ich und Du im Wir vereint wissen, das wiederum als umfassendes Leben des personalen Mitdaseins nur Dasein und Realität im jeweiligen Ich-selbst und Du-selbst hat[153]:

»Ich lebe mein Leben als Dich personal mitumfangend und mich von deinem Leben umfangen wissend als ich. Darin ist Gehalt und Fülle meines Lebens entfaltet. Und ebenso lebst du dein Leben als in ihm mich umfangend und bestätigend und als dich von mir bestätigt und getragen wissend. Eines jeden Leben umfängt das andere Mit.«[154]

Welte formuliert diesen Prozess zur Einheit des Wir als Vollzugseinheit, als Identität des Geschehens des Wir bei bleibender Nichtidentität von Ich und Du, so dass es sich im Hinblick auf die Vollziehenden um zwei bzw. mehrere reale Vollzüge handelt, im Hinblick auf das Vollzogene ebenso real um einen Vollzug. So wird das Vollzogene als eines von zwei oder mehreren Unterschiedenen vollzogen, kann

---

[152] Vgl. Welte, Heilsverständnis, 96: »[...] zuletzt aller Faßbarkeit und Begreifbarkeit entzieht, so macht dieses Prinzip gerade in seiner Entzogenheit und aus ihr doch noch so etwas wie eine Qualität des Seins geltend. [...] In seiner Stille, die kein menschliches Wort erreichen kann, macht sich eine positive Qualität merklich. Eben sie nennen wir das Du-hafte darin.«
[153] Vgl. Welte, Fundamentaltheologische Grundbegriffe zur Theorie der Kirche, 79–82.
[154] Welte, Fundamentaltheologische Grundbegriffe zur Theorie der Kirche, 81 f.

aber nur in den Unterschieden, im Ich und im Du, wirklich sein. Diese Identität des Vollzuges geschieht aufgrund der Identität des Gehaltes und der Fülle von Ich und Du, denn

»Gehalt und Fülle meines Lebens mit dir ist als eines auch Gehalt und Fülle deines Lebens mit mir, dein größeres Leben und mein größeres Leben (größer als je das Einzel-Sein) ist ein Leben, ein umfassender, heller, aus der unbewältigbaren Freiheit der personalen Ursprünge geschenkter Grund.«[155]

In eins mit der sprachlichen Modifikation vom Ich-Du zu einem umfassenden Wir geht auch eine Modifikation des Verhältnisses zu einer wirklichen Synthesis, da das umfassende Moment des Mitdaseins, der Gehalt und die Fülle als das größere Leben, im Wir nicht mehr als ein *ens quod* und damit als ein gegenüberstehendes Objekt vollzogen wird. Die Identifikation mit dem Wir bedeutet, dass das Ich sich aus dieser Einheit des Wir vollzieht und sein Vollzug darin seinen Grund nimmt, so dass das Wir als der Grund des Vollzuges nicht mehr Objekt sein kann, sondern als reines *ens quo* und tragender Grund logisch zum reinen Subjekt wird, womit sich die Synthesis vollendet. Das Wir, das sich im personalen Mitdasein als das die Einzelheit übersteigende Moment des Selbstseins zeigt, wird zu einer eigenen Größe, in der das Selbstsein im Vollzug des Wir und so als Wir aufgeht. Das Selbstsein bleibt aber dabei ursprünglich, selbstbestimmt und selbstvollziehend, da das Wir nur als Synthesis personaler und sich selbst gehörender Ursprünge den Charakter des offenen Sichgeschenktseins der Begegnung ermöglichen kann und ansonsten in eine monologische Defizienzform absinkt.[156]

---

[155] Welte, Fundamentaltheologische Grundbegriffe zur Theorie der Kirche, 82.
[156] Vgl. Welte, Fundamentaltheologische Grundbegriffe zur Theorie der Kirche, 82–86. Welte ringt in diesem Kontext sehr um die Erhaltung sowohl der Einheit als auch der Selbstursprünglichkeit der Personen. Indem Klaus Hemmerle in seinen Ausführungen in *Person und Gemeinschaft* den gleichen Ausgangspunkt und eine ähnliche Art der Betrachtung wählt, lässt sich trotz des großen zeitlichen Abstandes eine Bezugnahme aufeinander annehmen, die sehr deutlich die einzelne Individualität betont, die bei Welte eher in den Hintergrund tritt. Für Hemmerle kann Person nicht von einem anderen aufgenommen oder übernommen werden, da sie in sich selbst steht und in ihrem Bezug zum Sein zugleich auf sich bezogen ist, womit sie sich zu allem anderen als Gegenüber positioniert. Dieser Bezug zum Sein, das auch Wahrheit und Gutheit umschließt, im personalem Vollzug lässt in diesem Geschehen auch die verschiedenen personalen Vollzüge zusammenkommen, die sich unterscheiden, aber denselben Gehalt, eben das Sein des Seienden vollziehen. Daraus folgt schließlich für den Welteschüler: »Die Individualität des personalen Vollzuges vollzieht die Universalität des Seins, und in dieser Universalität der Geltung des Wahrheits- und Gut-

Der dialektische Ursprung des personalen Moments

Das Ich-Du und das Wir sind die beiden Seiten eines Vollzuges, so dass in diesem Geschehen das Eine, Umfassende und im Wir Vollzogene sich so vollzieht, dass es zugleich die Offenheit der sich selbst gehörenden und sich gegenüberstehenden Ursprünge ist, was in umgekehrter Richtung ebenfalls Gültigkeit besitzt:

»das Wir ist das offene ›ich und du‹, wie ›ich und du‹ das im Wir eins ist.«[157]

Darin offenbart sich ein nicht zu hintergehender Maßstab für das Miteinander und für eine Theorie der Gemeinschaft, der zugleich die Wesensdimension des Miteinanders verdeutlicht und deren potentielle Unbegrenztheit aufzeigt, da die personale Betroffenheit sich bei jeder personalen Begegnung einstellt. Indem sich das Wir in jeder Begegnung ohne weiteres Zutun konstituiert und auch keine weiteren Bedingungen erfüllt sein müssen, wird deutlich, dass es formal im Selbstsein schon da ist, ehe es material in der begegnenden Person seine Erfüllung findet. Das Wir in der Substanz des personalen Selbstseins ist von formaler Potenzialität und damit das apriorisch ermöglichende Element, das durch die Begegnung mit der ihr wesentlich zukommenden materialen Gegenständlichkeit erfüllt wird. Diese formale Potenzialität kennt ihrer Struktur nach hinsichtlich der Begegnung keine Beschränkung, so dass das Wir eine potentiell unbegrenzte Wesensdimension zeigt und jede mögliche Person umfasst.[158]

---

heitsvollzuges ist zugleich Interpersonalität, Gemeinschaft von Personen angelegt.« In der Begegnung von Personen verwirklicht sich diese Beziehung »wechselseitig und gemeinsam«, d. h. es kommt zu einer Einheit, »welche die Pole der beiden Bezüge, die Personen und ihre je eigene Beziehung zur anderen nicht ineinander auflöst, sondern sie in einen einzigen lichten Zwischenraum (es geht ums Selbe, es geht ums Ganze, es geht um dich und mich) einfügt; in dieser Einfügung aber wird gerade die Unterscheidbarkeit und die Unterscheidung gewährleistet«. Vgl. Hemmerle, Person und Gemeinschaft – eine philosophische und theologische Erwägung, 307–309. Die Identität des Vollzuges mag die Rede von einer Individualität verdunkeln, doch bleibt es für Welte die einzige Möglichkeit, wirklich vom Wir und von der ursprünglichen Annahme des Du sprechen zu können.

[157] Welte, Fundamentaltheologische Grundbegriffe zur Theorie der Kirche, 86.
[158] Vgl. Welte, Fundamentaltheologische Grundbegriffe zur Theorie der Kirche, 85–89.

III) Der dialektische Vollzug des Miteinanders

So zeigen sich zwei konstitutive Momente, die im erfüllten Miteinander in einem Geschehen zusammenkommen und dieses begründen: Einerseits das aposteriorische Hinzutreten von einer Person oder mehreren Personen und andererseits das aus der eigenen Spontanität vollzogene apriorische Selbstsein. Dieser Selbstvollzug bedeutet die Aktuierung seines potentiellen Bezogenseins aufeinander, eines ruhenden Miteinanderseins, aber nicht als einen gesonderten Vollzug, sondern als den Vollzug des auf den oder die Anderen bezogenen Selbstseins, das sich selbst tätigt im Miteinander und darin als Selbst lebt, wodurch von der Seite des Ich das Miteinander erfüllt und verwirklicht wird, indem es in die Aktualität des lebendigen Selbstseins eintritt.[159] In diesen zwei konstitutiven Momenten zeigt das Geschehen des Miteinanderseins als Innenseite den Selbstvollzug, der potentiell zugrundeliegt, und als Außenseite das Miteinander bzw. das Zusammentreffen von Personen. Als zwei Seiten eines Geschehens offenbart sich auch ihre konstitutive und fundamentale Zusammengehörigkeit. Mit dieser Differenzierung zeigt sich aber die phänomenologisch-existentiale Betrachtung des Miteinanderseins noch nicht abgeschlossen, da zwar die konstitutiven und strukturellen Voraussetzungen des Miteinanders erschlossen sind, das Geschehen jedoch selbst in seiner Dynamik, in seinem Vollzug und damit in der Aktuierung bzw. Verwirklichung des Miteinanders noch betrachtet werden muss, worin sich für Bernhard Welte wiederum eine Innen- und Außenseite offenbart.[160]

1) Selbstvollzug im Miteinander

Das Bezogensein aufeinander, das als potentielle Wesensbestimmung im Dasein ruhend das Selbst erhält, verwirklicht sich durch seinen Selbstvollzug, der diese Bestimmung aufnimmt und von ihr geleitet sich auf den oder die Anderen bezieht. Dieser Selbstvollzug schließlich erschöpft sich nicht darin, durch die Aktuierung dieser Bestimmung in ein Miteinander bezogen zu sein, sondern das Selbst voll-

---
[159] Vgl. Welte, Soziologie der Religion, 31.
[160] Vgl. Welte, Soziologische Grundbegriffe zum Verständnis des Christentums als Kirche, 58 f.

zieht sich als Selbst im Miteinander. Die Erfüllung und Verwirklichung des Miteinanders durch den Eintritt desselben in die Aktualität des Selbstseins degradiert das Selbstsein nicht zu einem passiven Geschehen und begrenzt deshalb auch nicht seinen Selbstvollzug, da diese ursprüngliche potentielle Bezogenheit eine konstitutive Wesensbestimmung ist, die zu sich selbst kommt bzw. sich zu ihrer Verwirklichung bringt. Daher zeigt sich diese Bezogenheit weder als ein Attribut noch als eine nachträglich zugeschriebene Eigenschaft, die von außen aktuiert werden muss oder nur eine abstrahierte Beschreibung darstellt, weshalb sie sich nicht durch sich selbst vollziehen und erfüllen kann.[161]

Diese Verwirklichung des Miteinanders hat eine unmittelbare Innenseite und eine wahrnehmbare Außenseite, die beide im Selbstvollzug gründen, der eben nicht in abgeschlossener und solipsistischer Innerlichkeit bleibt, sondern von sich aus auf Äußerung bezogen ist und sich somit durch sich selbst als er selbst äußert oder wie Meister Eckhart schreibt, in die Wirksamkeit ausbricht.[162] Diese zweiseitige Einheit des Miteinanders gehört wesentlich und notwendig zur erfüllten Wirklichkeit des menschlichen Miteinanderseins, da Innerlichkeit und Äußerlichkeit, analog zur mittelalterlichen bzw. thomasischen *forma-materia*-Unterscheidung[163], zwei Konstitutions-

---

[161] Vgl. Mittelstraß, Art. Eigenschaft, 522.
[162] Vgl. Eckh. RdU, 23 (DW V, 291, 3–7): »Niht, daz man dem innern sül entgân oder entvallen oder vermeinen, sunder in dem und mit dem und ûz dem sol man lernen würken alsô, daz man die innicheit breche in die würklicheit und die würklicheit înleite in die innicheit und daz man alsô gewone lediclîche ze würkenne.« Sowohl hinsichtlich des Begriffes der Innerlichkeit als auch und mehr noch hinsichtlich der Struktur dieses Gedankens zeigt sich Welte von Meister Eckhart inspiriert. Denn die tief im Menschen gegründete Innerlichkeit bricht in die Wirksamkeit aus, was wiederum keine unerlaubte oder ungemäße Entfremdung darstellt, da sie selbst als wirksame Innerlichkeit auf ihrem Grund und so für Meister Eckhart in Gott gegründet bleibt. Darin begründet sich für ihn auch, dass die Innerlichkeit keine in sich geschlossene und rein selbstbezügliche Bestimmung bleiben darf, sondern ihren eigenen Grund durch ihren Ausbruch in die Wirksamkeit bewahrt. Für Meister Eckhart wehrt diese in Gott gegründete Innerlichkeit des Menschen jeglicher Realitätsflucht, da sie zum Werk und so zum Handeln drängt. Vgl. dazu besonders Kern, Der Gang der Vernunft bei Meister Eckhart, 199 f.
[163] Die Analogie zur thomasischen *forma-materia*-Lehre wird hier in Weltes Ausführungen deutlich, indem erst der Einheit der beiden Bestimmungen Wirklichkeit zukommt und sie nur gemeinsam das Seiende bestimmen und nicht jede für sich auf ihre eigene Weise: »Ex unione formae et materiae resultat aliquid compositum, quod est totum respectu materiae et formae. Partes autem sunt in potentia respectu totius.«

gründe einer ungeteilten Wirklichkeit sind. Daher zeigt sich die Außenseite des Selbstvollzuges als wesentliches und konstitutives Moment des verwirklichten Miteinanderseins, denn nur in dieser entstandenen Äußerlichkeit ist die Defizienz des Miteinanders zu überwinden. Das Zusammentreffen mit Anderen ist die Außenseite des inneren Vollzuges und somit nichts Fremdes oder Unabhängiges, denn der Selbstvollzug des Miteinanders geschieht als Annahme des Du bzw. der Nähe des Miteinanders (»Du zu mir, ich zu dir«), da nur ein Selbstvollzug der Begegnung und somit ein Selbst-vollbringen der und Selbst-sich-einlassen auf die Begegnung wirkliches Miteinander in verschiedenen empirischen Gestalten bewirkt, die sich vom zögernden Anfang bis zur Vollendung und vom erfüllten bis zum verwirkten Zustand erstrecken.[164]

Daher bleibt das Zueinander und Miteinander nicht nur als Treue oder Zuneigung eine Verbindung von Selbst zu Selbst, sondern geschieht getragen und eingebunden in ein wirkliches und verwirklichtes Wir. Die Innerlichkeit des Seins des Wir und so jeder Einzelne vollzieht sich über sich hinaus und daher als Offenheit zu den Ande-

---

(Thom. ScG I, 27 n. 4.) Weiterhin scheint Thomas und Welte zu verbinden, dass das ontologische Gewicht auf Seiten der *forma* zu finden ist: »Per formam enim, que est actus materie, materia efficitur ens actu et hoc aliquid«. (Thom. De en. II.) Bei Thomas ist der äußerste Bezugspunkt alles Seienden Gott als der *actus purus*, dem sich gegenüber alles Seiende *in potentia* verhält, was auch zum Maßstab der Unterscheidung wird. Ontologisch lassen sich die Begriffe *actus* und *forma* bzw. *potentia* und *materia* einander zuordnen, so dass alle außergöttliche Wirklichkeit konstituiert ist durch das Zusammenkommen von *forma* und *materia*, wobei die Kraft des Seins aber von der *forma* und nicht von der *materia* ausgeht: »In quibus vero forma non complet totam potentiam materiae, remanet adhuc in materia potentia ad aliam formam. Et ideo non est in eis necessitas essendi, sed virtus essendi consequitur in eis victoriam formae super materia«. (Thom. ScG II, 30 n. 11.) Weiterhin findet sich bei Welte mit Einschränkungen auch der prinzipielle und teleologische Charakter der *forma*, den Thomas deutlich macht. Die *forma* formiert die *materia* und eignet sich das Moment des *agens* und des *prius* gegenüber der *materia*, was bedeutet, dass in ihr das Aktive gegenüber der *materia* liegt: »Forma autem est ex intentione agentis. Quod ex hoc patet: agens enim agit sibi simile secundum formam; et si aliquando hoc deficit, hoc est a casu propter materiam. Formae igitur non consequuntur dispositionem materiae sicut primam causam: sed magis e converso materiae sic disponuntur ut sint tales formae. Distinctio autem rerum secundum speciem est per formas. Distinctio igitur rerum non est propter materiae diversitatem sicut propter primam causam.« (Thom. ScG II, 40 n. 3.) Vgl. dazu besonders Henschen, Erniedrigung Gottes und des Menschen Erhöhung, 351–353.
[164] Vgl. Welte, Soziologische Grundbegriffe zum Verständnis des Christentums als Kirche, 59–62.

Der dialektische Ursprung des personalen Moments

ren, so dass die Innerlichkeit des wirklich lebenden Wir von sich aus seine Äußerung trägt und seine Offenheit als offen gelebtes und ausgesprochenes Du in das gemeinsame Leben vollzieht.[165]

Die Wirklichkeit des Miteinanders, die durch die Menschen selbst vollbracht und gelebt ist, kann niemals unabhängig und in Absetzung von der inneren Realisierung wie ein getrenntes Objekt betrachtet werden, sondern geschieht immer in diesem grundlegenden Zusammenhang der sich selbst aufeinander beziehenden Menschen. Denn auch wenn das reale Wir niemals ganz in der Verfügung des Menschen steht und die Begegnung immer auch den Charakter des Geschenkes trägt, so erfährt diese äußerliche Begegnung seine Wirklichkeit nur im Selbstvollbringen der Nähe, was wiederum allein begegnend wird bzw. zur Begegnung kommt im Zeugnis, »im Zeugnis des zugewandten Antlitzes.«[166] Der Selbstvollzug übersteigt den Bereich der Innerlichkeit und gibt im offenen Raum der Gemeinsamkeit bzw. Gemeinschaft Zeugnis.[167] Auf diese bezeugte Weise entsteht die selbstvollzogene Gemeinschaft im offenen Raum des Miteinanders, wird zum realen Zeugnis und findet darin ihre Außenseite. Als diese Außenseite und als Aufgehen des wirklich und selbst vollbrachten Miteinanders darf das Zeugnis hierzu nichts Hinzugefügtes sein und keine künstliche eigene Realität haben, um seinen begegnenden Charakter nicht zu verlieren. Als Zeugnis entwickelt es keine eigene Entität, sondern macht als Medium die selbstvollbrachte Nähe des Miteinanders wahrnehmbar und somit fähig für die Begegnung. Dabei sind Zeugnis und Selbstvollzug als zwei Momente eines Geschehens voneinander unablösbar, da der Vollzug nicht wirklich ist, wenn er nicht im Zeugnis aufgeht, das Zeugnis wiederum nicht seiner Bestimmung entspricht und entleert ist, wenn sich in ihm kein Vollbringen ausspricht. Denn in ihm wird das ursprüngliche Miteinander real, indem sein potentieller Grund in die zugeordnete Sphäre der Realität

---

[165] Vgl. Welte, Philosophische Soziologie im Hinblick auf das Verständnis des Christentums als Kirche, 58–60.
[166] Welte, Soziologie der Religion, 35.
[167] Mit Welte lässt sich das Zeugnis im personalen und sozialen Kontext folgendermaßen charakterisieren: »Wir nennen die Äußerung oder Erscheinung des personalen Grundes das Zeugnis dieses Grundes, insofern sich der personale transzendierende Grund darin zeigt und als tragend entgegenkommt und sich mir bezeugt: Das Zeugnis ist die faßliche Erscheinung des in sich unfaßlichen transzendierenden Du.« (Welte, Der Begriff des Glaubens im Lichte der Philosophie, 61 f.)

aufsteigt.[168] So zeigt sich die Innerlichkeit des Lebens des Wir als das Selbst eines jeden einzelnen Selbst, das aber, insofern es das innerlich vollzogene Du und Wir ist und sich seinem eigenen Wesen gemäß entwickelt, sich immer schon über sich hinaus ausgesprochen und auf die Äußerlichkeit bezogen ereignet. Denn nur die Einheit von Innerlichkeit und Äußerung kann der wesensmäßige und wesensgemäße Vollzug der Innerlichkeit sein.[169]

2) *Miteinander im Selbstvollzug*

Wenn sich das Miteinandersein, das ursprünglich bezogen ist auf seine Erfüllung, im Vollzug, der zugleich Innerlichkeit und Äußerung ist, verwirklicht und erfüllt, so stellt sich schließlich für Welte die Frage nach dem Fundament des Vollzuges und eng verbunden damit die Frage nach dem materialen Ausgang bzw. der inhaltlichen Bestimmung des formalen und strukturellen Elements dieses Vollzuges. Mit der Entdeckung des vollzogenen Grundes des Miteinanders findet sich dann eben auch die Innenseite der äußeren Gestalt des Miteinanderseins. Es geht also um die Antwort auf die Frage nach dem inneren Wesen des verwirklichten Wir, das seine Potentialität hinter sich gelassen hat, so dass nach dem gesucht wird, was in diesem Wir nun wirklich gelebt wird[170]:

»Das Einssein des Miteinanderseins selbst liegt zu Grunde, es ist in allen möglichen Variationen das eigentlich und primär Vollzogene, das von jedem Selbst in seinem selbst-ergriffenen Leben gleichsam Emporgetragene und so Selbst-realisierte.«[171]

Der entscheidende Unterschied und Fortschritt besteht nun darin, dass der Vollzug nicht mehr auf einen leeren apriorischen Grund rekurriert, sondern auf eine im Selbstvollzug erfüllte Wirklichkeit, wodurch die Einheit des Miteinanders in ihrer wesentlichen Aktualität erscheint. Diese Einheit des Miteinanders, also das Miteinandersein,

---

[168] Vgl. Welte, Soziologie der Religion, 34–37.
[169] Vgl. Welte, Philosophische Soziologie im Hinblick auf das Verständnis des Christentums als Kirche, 58–60.
[170] Vgl. Welte, Philosophische Soziologie im Hinblick auf das Verständnis des Christentums als Kirche, 62.
[171] Welte, Soziologische Grundbegriffe zum Verständnis des Christentums als Kirche, 65.

-sprechen oder -leben selbst, stellt eben das primär Vollzogene dar, das um seiner selbst willen sich immer neu bewirkt und um derentwillen alle anderen Vollzüge geschehen und sich vom *Wir miteinander* als lebendigem Grund getragen finden. So zeigt sich hier eine enge Verbindung und ein fundierender Zusammenhang zwischen dem Selbstvollzug des Einzelnen und dem Vollzug des *Wir miteinander*, die Welte aufgrund seiner phänomenologischen Beobachtungen sowohl in wesentlichen wie unwesentlichen als auch in einmütigen und diskursiven Vollzügen von Menschen bestätigt findet, deren Zusammenwirken noch einer differenzierten Klärung bedarf. Diese Differenzierung hat dabei zu berücksichtigen, dass das *Wir miteinander* als Einheit einerseits eine qualitative Steigerung des einzelnen Lebens darstellt und sich somit als höhere Stufe bzw. wirklicheres Leben gegenüber dem vereinzelten Leben und einer rein summativen Zusammenfügung Einzelner präsentiert, daher aber auch der Selbstvollzug des Einzelnen konstitutiv mit der Erfüllung des *Wir miteinander* verbunden ist. Andererseits gilt es zu beachten, dass die Wirklichkeit und damit der erfüllende Vollzug des *Wir miteinander* eigenes Sein hat, was am ehesten in der Sprache als Inbegriff der dem Vollzug des Miteinanders zugehörigen Äußerung vernehmbar wird.[172]

Die Wirklichkeit des *Wir miteinander* gründet in der Wirklichkeit der Einzelnen bei bleibender ontischer Nicht-Identität des *Wir miteinander*, weder mit dem jeweils Einzelnen noch mit der Summe der Einzelnen, konstituiert aber eben auch keine unabhängige zusätzliche ontische Entität. Denn im Dasein der Einzelnen in ihrem wirkenden Selbstvollzug besteht der konstitutive Grund für das Dasein des einen Wir. Doch besteht nun im bloßen Dasein des Wir nicht seine wesentliche Bestimmung, da es keinen leeren oder gleichgültigen Vollzug geben kann und somit kein einfaches Da des Wir. Der Vollzug des Wir hat somit notwendigerweise einen Gehalt, der seinen konkreten Sinn erst durch seinen Bezug auf das faktische Dasein bekommt und auf diese Weise Bedeutsamkeit erlangt.[173] Das Prinzip der Bedeutsamkeit bewegt und leitet das empirische und konkrete Miteinandersein also als ein Ziel, ein Sollen bzw. ein Maß, was sich als dasselbe zeigt wie der gründende Grund des Miteinanders, der den

---

[172] Vgl. Welte, Soziologische Grundbegriffe zum Verständnis des Christentums als Kirche, 65–74.
[173] Vgl. Welte, Soziologische Grundbegriffe zum Verständnis des Christentums als Kirche, 74–76.

Einzelnen die Möglichkeiten vorgibt, da nur ein dem Grund entsprechendes Ziel Antrieb für das Miteinander sein kann, so dass sich aus dem Wesensgrund auch das Wesensziel gewährt.[174] Der Grund zeigt sich dem menschlichen Dasein als Ziel, als wirkliches und erfülltes Miteinandersein und somit als Sinn bzw. als sinnvolle Wirklichkeit.[175] Das Miteinander als sinnhafter Vollzug hat eine durch den Gehalt vermittelte Inhalts- und Zielbestimmung, so dass sich dieser Vollzug nicht nur durch sein Faktum, also seine Ereignishaftigkeit kennzeichnet, sondern auch durch die das Ereignis begleitende Intention des Vollziehenden.[176] Diese Intention wiederum verweist auf eine grundlegendere Motivation, auf die sich das faktische Leben bezieht und sich so schon geprägt zeigt von der Bedeutsamkeit und dem Sinn des Vollzuges.[177] So erkennt Welte zurecht, dass der Sinn und

---

[174] Welte rekurriert hier auf die Ausführungen Thomas' von Aquin, in denen dieser die Geschöpfe als theologisch relevantes Untersuchungsobjekt betrachtet, da sie Gott offenbaren, indem sie auf ihn als Anfang und Ende hinweisen: »Respondeo dicendum quod Deus est subiectum huius scientiae. Sic enim se habet subiectum ad scientiam, sicut obiectum ad potentiam vel habitum. Proprie autem illud assignatur obiectum alicuius potentiae vel habitus, sub cuius ratione omnia referuntur ad potentiam vel habitum: sicut homo et lapis referuntur ad visum inquantum sunt colorata, unde coloratum est proprium obiectum visus. Omnia autem pertractantur in sacra doctrina sub ratione Dei: vel quia sunt ipse Deus; vel quia habent ordinem ad Deum, ut ad principium et finem. Unde sequitur quod Deus vere sit subiectum huius scientiae.« (Thom. Sth I, 1, 7 co.) Indem Welte hier diese Parallele zu Gott andeutet, bekräftigt er die Unmöglichkeit einer definitorischen und reflexiven Beschreibung des *Wir miteinander* und führt methodisch auf die Untersuchung der Wirkungen des Wir, das sich im menschlichen Dasein von Anfang bis Ende bleibend wirksam zeigt. Denn Thomas betont, dass man von Gott nicht sagen kann, was er ist, aber in der *sacra doctrina* kann man dagegen seine Wirkungen entweder als Natur oder als Gnade anstelle einer Definition verwenden. So sind die Begriffe *principium* und *finis* in Bezug auf Gott nicht als zwei eigenständige Definitionen zu verstehen, sondern sie bilden eine begriffliche Einheit, die formal von Gott spricht, indem sie ihn als Bedingungsmöglichkeit des menschlichen Handelns nach der menschlichen Willensfreiheit und dem Prinzip seiner Handlungen definiert. Denn dadurch, dass man Gott nicht definitorisch erforschen kann, wird er in seiner Wirkung als formale Ermöglichungsbedingung des Seins und Handelns der Geschöpfe zu entdecken sein, wobei der Mensch als vernunftbegabtes Wesen darin eine besondere Rolle einnimmt. Vgl. Bidese, Die Strukturen des freien und kreativen Handelns, 101–104.
[175] Vgl. Welte, Philosophische Soziologie im Hinblick auf das Verständnis des Christentums als Kirche, 49–55.
[176] Vgl. Höhn, Zeit und Sinn, 120.
[177] Dieser Argumentationsschritt Weltes zeigt sich geprägt von den Überlegungen Heideggers zu Motivation und Tendenz: »Es gibt einen Bezugssinn des Lebens, in dem es selbst lebt, ohne sich selbst zu haben; das ist der Bezug von *Motiv* zur *Tendenz*.

Der dialektische Ursprung des personalen Moments

die Bedeutsamkeit des Wir wiederum Rückschlüsse erlauben auf seinen Gehalt und seine wesentliche Vollzugsweise und ursprünglicher noch auf den Bezug bzw. auf die Bestimmungsrichtung des Miteinanderseins.[178] Wenn nämlich der wesentliche Gehalt des Vollzuges des Wir für den Menschen sinnvoll und bedeutsam sein soll, dann muss sich die Bestimmungsrichtung ändern und sich somit auf den einzel-

---

[...] Die Tendenz, über die ich geneigt bin, läßt eine letzte Ausformung ihres Sinnes zu, die *Idee*. Sie ist *inhaltlicher* Art, umspannt eine bestimmte *Lebenswelt*. Sie wird dann selbst zum Motiv und bestimmt einen bestimmten *Gehaltsinn* des faktischen Lebens.« (Heidegger, Grundprobleme der Phänomenologie (1919/20), 260 f.) Vgl. dazu auch Fischer, Religiöse Erfahrung in der Phänomenologie des frühen Heidegger, 195.

[178] Vgl. Heidegger, Phänomenologie des religiösen Lebens, 63: »Diese drei Sinnesrichtungen (Gehalts-, Bezugs-, Vollzugssinn) stehen aber nicht einfach nebeneinander. ›Phänomen‹ ist Sinnganzheit nach diesen drei Richtungen.« Welte geht von dieser ursprünglichen Theorie der Erfahrung und des Phänomens Heideggers aus, wenn er hier im Zusammenhang von Gehalt, Vollzug und Bestimmungsrichtung von Sinn und Bedeutsamkeit spricht. Denn der Bezug, der keine Objekterfassung darstellt und sich im Vollzug auswirkt (vgl. Heidegger, Phänomenologie der Anschauung und des Ausdrucks, 62 f.: »Und selbst wenn man so weit sehen würde – was schon recht selten geschieht –, daß die Bezugserfassung eine andere ist als jede sonstige Gegenstands- und Objektserfassung, wäre man noch nicht an den echten Sinn unserer Frage angelangt. [...] Verdeutlichen wir die Rede vom Bezug zum Bezug durch die Rede von der Weise des Gehabtwerdens des Bezugs, dann öffnet sich ein Problemgebiet. Wir sagen vorläufig roh: Der Bezug wird gehabt *im* Vollzug. Man fragt nun: Wer hat? Was besagt dieses Haben im Vollziehen? Was besagt Vollzug? [...]: das ist eine pure Selbstverständlichkeit, daß jeder Bezug als aktueller eben vollzogen sein muß und daß jede Einstellung realisiert werden muß, wenn sie eine wirkliche sein soll, und daß jede intentionale Beziehung solche eines Aktes ist und jeder Akt ein Akt des Ich, das sie ›vollzieht‹.«), zeigt sich als Bezug zwischen Dasein und Gehalt, wobei der Gehalt seinen konkreten Sinn erst durch den Bezug bzw. die Bestimmungsrichtung bekommt: »Der *Bezugssinn* [...] ist selbst schon Sinn des Vollzugs, eines Dabeiseins des Selbst. Das *Selbst* ist kein letzter Ichpunkt, es ist offen gelassen, wie das Selbst dem Bezugssinn nah oder fern ist, ob der Bezugssinn an der Oberfläche oder in der Tiefe des Selbst gelebt wird. – Man kann leben, ohne sich selbst zu haben. Von hier aus gibt es einen möglichen Rückgang in verschiedenen Stufen zur immer gesteigerten Konzentration des *Vollzugs* (des Bezugssinns) bis schließlich zur vollen *Spontaneität* des Selbst. Der *Vollzugssinn* entspringt aus der Spontaneität des Selbst. Sofern er so gesteigert lebendig ist, ist ursprüngliches Leben existent.« (Heidegger, Grundprobleme der Phänomenologie (1919/20), 260.) Denn erst, indem der Gehalt auf das Dasein zurückverwiesen wird, ist er bedeutsam. Die Rede vom Bezug besagt eben ursprünglich und vor einer theoretischen Differenzierung in Subjekt und Objekt das Gehabtwerden und das Bezogensein des Gehaltes im Vollzug, so dass sich der Bezug als existentielle Rückkopplung des Gehaltes an das konkrete Dasein zeigt. Vgl. Fischer, Religiöse Erfahrung in der Phänomenologie des frühen Heidegger, 191–197.

nen Menschen beziehen.[179] Daher gründet hinsichtlich des Daseins das Wir in den einzelnen Menschen, aber hinsichtlich der Weise des Vollzugs kehrt sich die Bestimmungsrichtung um, so dass die Einzelnen vom Wir selbst bestimmt werden, als einem um- und übergreifenden Einen, von dem eine dynamische und lebendige Bestimmungsmacht ausgeht[180]:

»Das was als Grund die Möglichkeiten und als Ziel die Leitbilder vorgab, erscheint nun als lebendige Substanz des vollzogenen und verwirklichten Lebens.«[181]

Daher kommt dem Einen auch eine ontologische Priorität gegenüber den Einzelnen als Einzelne zu, so dass ontologisch das Wir nicht im Einzelnen gründet, sondern ihm Grund gewährt. Denn immer und in allen Modifikationen findet sich das Ich-selbst und das Du-selbst bestimmt von einem Wir und seiner wirkenden Macht, was nicht aus dem Einzelnen entspringt, sondern sich gegenüber diesem als früher erweist. Erfahren wird das in den vielfältigen großen und kleinen Bestimmungen, in denen Menschen handeln und verbunden sind, wie z. B. Zeit, Sprache, Staatsbürgerschaft, Landeszugehörigkeit, Gemeinde, Bekannten- und Freundeskreis, Familie und vieles mehr. Diese als Gewohnheiten wirkenden und waltenden Bestimmungen zeigen sich, indem sie den bergenden Grund der Menschen gewähren, als die Äußerungen und die Außenseite eines von sich her als umfassendes »unum complexum« bestimmendes Wir. Denn kein Selbstbezug kann allein aus der isolierten Bestimmungsmacht eines Individuums erwachsen, sondern kann nur durch einen bzw. in einem Fremdbezug geschehen und offenbart somit, dass die einzelnen Menschen hinsichtlich des Sinnes und der Weise ihrer Daseinsvollzüge immer geprägt sind von der Bestimmungsmacht wir-hafter Gründe. Diese Analyse und damit das Verhältnis der menschlichen Gemeinschaft zu den von ihr umfassten Einzelnen führt Welte nicht zum

---

[179] Vgl. Welte, Heilsverständnis, 76: »Das […] sich aussprechende Sollen, das je in die unumkehrbare Richtung weist, ordnet das Faktische. […] Dadurch hat alles unseres Weltdaseins seinen Ort in einem grundsätzlich unumkehrbaren Bedeutungszusammenhang. […] Sie sind geordnet in der Richtung auf positive und erfüllte Bedeutsamkeit und grundsätzlich nur in dieser Richtung.«
[180] Vgl. Welte, Soziologische Grundbegriffe zum Verständnis des Christentums als Kirche, 69–76.
[181] Welte, Philosophische Soziologie im Hinblick auf das Verständnis des Christentums als Kirche, 62 f.

anfänglichen Grund von Gemeinschaft als Ideelles entsprechend einer platonischen Idee, sondern eher, in Analogie zu der Naturphilosophie des Aristoteles, zu einem der Wirklichkeit in ihrer Vielfalt formgebenden Prinzip, das als Entelechie[182] diese Wirklichkeit bestimmt, wie eine koordinierte Einheit der materiellen Bewegungsprozesse als äußeren Ausdruck einer zweckvollen Lebensursache.[183] Diese Charakterisierung der Gemeinschaft als *forma* bzw. *actus corporis* und damit als bestimmendes Prinzip *(ens quo)*, die als innerlich wirkende Macht ein Seiendes konstituiert, zeigt sich in dieser vereinfachten Form noch nicht abgeschlossen, um nicht den Zusammenhang von Gemeinschaft und Einzelnen biologisch misszuverstehen, wie Zellen einer Pflanze.[184] Als ein Prinzip »quo vivimus«[185], entsprechend der aristotelischen *Psyche*, versteht Welte dieses Waltende des

---

[182] Welte spielt hier nicht auf die Seelenlehre Aristoteles' und ihr spezifisches dreistufiges Modell von Potenz-Habitus-Entelechie an, sondern bezieht sich hier auf die Naturphilosophie und die Betrachtung der einzelnen Lebewesen, weshalb hier mit einer zweistufigen Unterscheidung auszukommen ist. (Vgl. Jung, Die doppelte Natur des menschlichen Intellekts bei Aristoteles, 132.) Hier zielt Welte auf das Begriffspaar von Möglichkeit und Wirklichkeit bei Aristoteles ab, der dadurch versucht, die Einheit des Seienden in seiner Mannigfaltigkeit aspektartig darzustellen. (Vgl. Aristot. Met. Θ, 1, 1045b 32–1046a 1: »ἐπεὶ δὲ λέγεται τὸ ὂν τὸ μὲν τὸ τί ἢ ποιὸν ἢ ποσόν, τὸ δὲ κατὰ δύναμιν καὶ ἐντελέχειαν καὶ κατὰ τὸ ἔργον, διορίσωμεν καὶ περὶ δυνάμεως καὶ ἐντελεχείας, καὶ πρῶτον περὶ δυνάμεως ἧ λέγεται μὲν μάλιστα κυρίως, οὐ μὴν χρησίμη γ' ἐστὶ πρὸς ὃ βουλόμεθα νῦν«.) Dabei wird hier nicht von einer logischen Modalität ausgegangen, sondern von dem der Möglichkeit nach Seienden und damit von einer ontologischen Kategorie. Es zeigt sich als das Noch-nicht-Seiende, auf die Verwirklichung im Prozess der Bewegung und Veränderung angelegt, und wird so zum Seienden der Wirklichkeit nach. So interpretiert Aristoteles alles Werden als eine Bewegung von dem der Möglichkeit nach Seienden zu dem der Wirklichkeit nach Seienden, wobei der teleologische Charakter dieser Bewegung darin zum Ausdruck kommt, dass für die Wirklichkeit auch die Vollendetheit, die Entelechie (ἐντελέχεια), eintreten kann, so dass Wirklichkeit sowohl Verwirklichung als auch Verwirklichtsein eines vorher nur Möglichen sein kann. Vgl. dazu besonders Flashar, Aristoteles, 341.

[183] Hier gilt es auch mit Welte Einspruch zu erheben gegen eine Aristotelesdeutung von Hans Driesch (Vgl. Driesch, Philosophie des Organischen, 520–597.), die einen entelechialen, ganzmachenden Faktor einführt, der schließlich die, ansonsten im letzten unerklärlich bleibende, koordinierte Einheit vieler physikalisch-chemischer Prozesse erklären soll. Vgl. Seidl, Beiträge zu Aristoteles' Naturphilosophie, 140f.

[184] Als Beispiel eines solchen vereinfachten Verständnisses und einer schlimmen Vereinfachung nennt Welte: Spengler, Der Untergang des Abendlandes. (Vol. 1: Gestalt und Wirklichkeit, Wien 1918 und Vol. 2: Welthistorische Perspektiven, München 1922.). Vgl. dazu besonders auch im Verhältnis Spenglers zu den Überlegungen Nietzsches: Rotermundt, Jedes Ende ist ein Anfang, 104–116.

Seienden, wobei es eben nicht funktionalisiert werden darf, sondern eher, wie Hubertus Busche betont, als Emergentismus der schöpferischen Form zu verstehen ist, der die schöpferische Kraft der Form zur Erzeugung neuer Phänomene zum Ausdruck bringt.[186] Denn nur in Berücksichtigung der Unantastbarkeit der Selbstbestimmtheit der einmalig-einzigartigen Einzelnen kann ein vorgegebener Logos eines menschlichen Miteinanders als Konstitutionsgrund die Einzelnen in ihren Vollzügen angemessen bestimmen. So verlangt diese Bestimmung der Einzelnen als sie selbst in ihrer Einmaligkeit eine ursprüngliche Beziehung des bestimmenden Logos zum einzelnen Selbstsein. Das aber kann nur in Bezug auf die Freiheit, die Spontaneität und somit die Bestimmungsursprünglichkeit eines jeden selbst geschehen, da jeder nur er selbst sein kann, insofern sein Selbstvollzug frei und von sich ausgehend ist, so dass er nicht zu einem passiven Funktionsmoment eines Prozesses degradiert wird, der von einer außerhalb seiner liegenden Macht gesteuert wird. Denn das Selbst hat sich gegenüber und über allem Bestimmenden als Selbst zu positionieren und zu distanzieren, um in der Spontaneität seines geistigen Selbstbesitzes in einem aktiven Sinn aus seiner Ursprünglichkeit frei und selbstbestimmt zu sein[187]:

»[…] wo der Logos menschlichen Miteinanderseins uns aus seinem vorgängigen Anfang bestimmt – wie er dies in der Tat hat – da ist diese Bestimmung so, dass sie uns selbst anruft, also uns in unserer von uns aus bestimmenden und nicht bestimmten Freiheit, da ist eigentlich nicht Bestimmung und Bestimmtes, sondern da ist Bestimmung und Bestimmung, wie ein In-eins-Schlag zweier aktiver Prinzipien.«[188]

3) Freiheit und Einheit – Der Einzelne im erfüllten Miteinander

In seiner differenzierten Auseinandersetzung mit der Gemeinschaft – auch in seiner geschichtlichen Realität – übergeht Welte in keiner Weise die offensichtliche Problematik, die sich aus dem Zusammen-

---

[185] Welte, Philosophische Soziologie im Hinblick auf das Verständnis des Christentums als Kirche, 70.
[186] Vgl. Busche, Die Seele als System, 145.
[187] Vgl. Welte, Soziologische Grundbegriffe zum Verständnis des Christentums als Kirche, 76–83.
[188] Welte, Soziologische Grundbegriffe zum Verständnis des Christentums als Kirche, 83.

treffen der Freiheit des Einzelnen und der Einheit des Miteinanders ergibt. Sie äußert sich als reale Dialektik der Gemeinschaft und so als gegenseitige Limitation und Beschränkung der beiden Bestimmungen, was letztlich auf eine Unvollendbarkeit des geschichtlichen Miteinanders hinausläuft.[189] Doch geht es zunächst um die Möglichkeit des erfüllten Miteinanders und so um die Klärung einer prinzipiellen und fundamentalen Kongruenz dieser beiden scheinbar diametral zueinander verlaufenden Bestimmungen. So versucht Welte Freiheit und Einheit nicht in einem exklusiv ausschließenden, sondern in einem inklusiv analogen Zusammenhang in Einklang zu bringen, indem die gegenseitigen Bestimmungen keine Determinationen darstellen, sondern im Sinne einer *causa finalis* sich gegenseitig bewirken und so in diesem einen Geschehen das erfüllte Miteinander der selbstbestimmten Einzelnen sich konstituiert.[190] Denn der bestimmende Logos des Wir, und damit seine Einheit, erweist sich als wesentlich erfüllter und wirklicher, je freier, lebendiger und bestimmender auch das Selbst der Einzelnen ist und in seiner Freiheit wirkt. Denn die gründende und grundlegende Macht der Einheit des Miteinanders zielt auf die Freiheit des Einzelnen und fordert bzw. benötigt seine freie Entfaltung, um selbst als Einheit des Miteinanders wirkend sein zu können.[191] Dabei wird die Freiheit der Einzelnen in der Weise von der Einheit des Miteinanders begründet, dass diese Einheit sich von der Spontaneität und Ursprünglichkeit der Einzelnen bestimmt vorfindet.[192] Diese gegenseitige Bestimmung bestätigt sich auch ausgehend vom Einzelnen, da er im personalen Miteinander sei-

---

[189] Vgl. Welte, Geschichtlichkeit als Grundbestimmung des Christentums, 248–250.
[190] Hemmerle betont in diesem Zusammenhang mit dem Begriff »sich verhalten« deutlicher das Moment der individuellen und subjektiven Freiheit: »Sich verhalten aber ist Sache der Freiheit. Gemeinschaft ist als solche Gemeinschaft von freien Partnern, die, sich zu seinem Gemeinsamen verhaltend, sich zu sich selbst und zueinander verhalten.« (Hemmerle, Person und Gemeinschaft – eine philosophische und theologische Erwägung, 300.) Vgl. dazu auch Böhnke, Wie Einheit geht, 288 f.
[191] Vgl. Welte, Kierkegaard und die Voraussetzungen des Christentums, 171: »[…] weil es eben zu der neuen, personalen Qualität gehört, sich nur im freien Einsatz, in der freien Bereitschaft, in einem wirklich personalen Verhalten zu öffnen: nur Freiheit erkennt Freiheit, nur Freiheit wird der Freiheit gewiß und kann vertrauen, alle erzwingbare Sicherung kommt nie dazu, und doch wird Freiheit gewiß, ihr Einsatz dient nicht dazu, die objektive Ungewißheit mit einem Sprung in dieselbe Richtung gewiß zu machen, sondern im Raum der neuen Sphäre zu leben.«
[192] Vgl. Welte, Soziologische Grundbegriffe zum Verständnis des Christentums als Kirche, 84.

ne erfüllte Realisierung findet, da die Person in der Vereinzelung keine Realisierung für den unendlichen Sinnbezug ihres Wesens finden würde, so dass der Einzelne, verkümmert durch die Begrenztheit und Endlichkeit, unbezogen und isoliert seine wesentliche Bestimmung verfehlen würde[193] und in dieser kommunikationslosen menschlichen Isolierung seine ursprüngliche Freiheit nicht entfalten könnte.[194]

Ausgehend von diesen Überlegungen kann das grundlegende Prinzip eines *unum sociale* keine statische *causa* oder fixierte und in sich geschlossene Ursache sein, sondern ein Geschehen, das in freier Dialogizität mit freien und selbstbestimmten Einzelnen seine immer wieder neue, nie im Voraus festlegbare Bestimmung erfährt und darin seine Lebendigkeit bekommt, wodurch es zu sich selbst als erfüllte Einheit findet. In ihrer Abgrenzung zu einer statischen Größe verlangt die erfüllte Einheit selbst diese Dynamik einer gegenseitigen Bestimmung als Grund und Bestätigung für ihre Lebendigkeit, womit die Erfüllung dieses Geschehens nicht mit der Rolle eines fixen tragenden Fundamentes gleichgesetzt werden kann. Die Dialogizität des Logos als Grund der Einheit ist die Bedingung dafür, dass sich die Freiheiten aller Einzelnen bestimmend in die Einheit integrieren können. Sie erweist sich somit als zwingende strukturelle Voraussetzung für die Erfüllung und Verwirklichung der Einheit, die nur auf diesem Wege die ihrem Wesen gemäße Freiheit, Ursprünglichkeit, Lebendigkeit und Wirklichkeit erreichen kann.[195] Diese lebendige, aus einzelnen Freiheiten sich konstituierende Einheit setzt Welte bewusst von einer festen und geschlossenen Einheit ab, in der die Freiheit der Einzelnen ausfällt bzw. die Einheit sich nicht aus der Spontaneität der Einzelnen nährt. Dieser Ausfall hat zur Folge, dass die Einheit in ein lebloses heideggersches *Man* absinkt, in der der Einzelne sich ausschließlich an der Struktur des *Man* orientiert und daher unfrei wird als ein vom *Man* Bestimmter unter anderen Bestimmten.[196] Eine an-

---

[193] Vgl. Welte, Geschichtlichkeit als Grundbestimmung des Christentums, 247 f.
[194] Vgl. Welte, Freiheit des Geistes und christlicher Glaube, 303.
[195] Vgl. Welte, Soziologische Grundbegriffe zum Verständnis des Christentums als Kirche, 84–86.
[196] Vgl. Heidegger, Sein und Zeit, 130: »Das *eigentliche Selbstsein* beruht nicht auf einem vom Man abgelösten Ausnahmezustand des Subjekts, sondern *ist eine existenzielle Modifikation des Man als eines wesenhaften Existenzials.*« Die Konzeption des Man bei Heidegger als die Grundbestimmung von Unfreiheit darf aber nicht in der Weise verstanden werden, als ob *Man* einfachhin mit Unfreiheit identisch wäre und zugleich *eigentliches Selbstsein* und *Man* als strikte Alternativen zu begreifen sind. (Vgl. Figal, Martin Heidegger – Phänomenologie der Freiheit, 153.) Denn das *Man*

dere defiziente Alternative, die sich in Bezug auf die Einheit aufdrängt, besteht in einer Uniformierung und Funktionalisierung des Miteinanders, das die Einzelnen nur als Funktionselemente eines zentralen Funktionszusammenhangs wahrnimmt. Dabei wird die Freiheit der Einzelnen für die Einheitsbildung irrelevant, was zur Folge hat, dass die Einheit sich nur über eine kommunikationslose, mechanische und isolierte Gewalt einstellen kann, worin sich ihr Seins- und Wirklichkeitsmangel offenbart.[197]

In Abgrenzung zu diesen Defizienzformen und um den dynamischen Charakter des bestimmenden Grundes der wirklichen Einheit und ihrer vielfältigen Verhältnisse auszudrücken, wählt Welte den Terminus »Geist«, aber nicht als Intellekt, sondern im Sinne eines immanenten inspirierend wirkenden Prinzips, womit er die inspirierte Lebendigkeit dieser Gemeinschaft zum Ausdruck bringen will. Dieser Geist als lebendiges inspirierendes Prinzip geht aus der alle Einzelnen belebenden Freiheit hervor, so dass die erfüllte Einheit des Miteinanders sich wegen der in ihr waltenden dialogischen Freiheit als inspirierter Geist fassen lässt. Diese dialogische Freiheit und der aus ihr kommende Geist entspringen aus den zusammenwirkenden Freiheiten aller Einzelnen und finden als lebendige Wirkeinheit in dem umfassenden Einen und dem tragenden Grund zusammen. Die Einheit des Miteinanderseins wirkt daher als immanentes inspirierendes Prinzip als Freiheit aus der dialogischen Freiheit[198], die ihr Leben und ihr dynamisches Wirken aus den sich begegnenden und vollziehenden Freiheiten aller Einzelnen bezieht.[199]

---

gehört zur positiven Verfassung des Daseins, da es in der den Einzelnen entlastenden Funktion zu würdigen ist. Denn das Dasein kann nur sein, insofern es sich in der Sphäre des *Man* vorfindet. Das *Man* wird damit zu einem Oberbegriff für alle Verhaltensweisen und Einstellungen, die das Dasein leiten und dessen Realität ausmachen. Das *Man* ist ein Existential und damit eine nicht wegzudenkende Seinsweise des Daseins, das vom Dasein ergriffen und modifiziert werden kann, so dass es zum *eigentlichen Selbstsein* wird, eben einer existentiellen Modifikation des *Man*. (Vgl. Luckner, Martin Heidegger: »Sein und Zeit«, 59 f.) Indem Welte eine solche vom *Man* bestimmte Gemeinschaft als eine Gemeinschaft im Stande der Möglichkeit bezeichnet, die in erfüllte Wirklichkeit geführt werden kann durch die Freiheit der Einzelnen, scheint er sich dieser Interpretation Heideggers anzuschließen. Besonders in Abgrenzung zu Husserl vgl. Hoffmann, Heideggers Phänomenologie, 210–212.

[197] Vgl. Welte, Soziologische Grundbegriffe zum Verständnis des Christentums als Kirche, 90–93.
[198] Vgl. Welte, Freiheit des Geistes und christlicher Glaube, 305.
[199] Vgl. Welte, Soziologische Grundbegriffe zum Verständnis des Christentums als Kirche, 84–88.

IV) Resümee: Personalität und Miteinander

»Wer Gemeinschaft sagt, sagt Person. Wie steht es mit dem Umgekehrten: Sagt, wer Person sagt, auch Gemeinschaft.«[200]

Die Frage führt mitten in das Spannungsfeld von Personalität und Miteinander und den Problembereich von Substanz und Relation, deren Verhältnis die Untersuchung des vorliegenden Kapitels leitet. So versucht Bernhard Welte eine relationale Konstitutionsstruktur der Person aufzuweisen, die zugleich in ihrer konstitutiven Funktion substantiellen Charakter hat und sich in dem Ausdruck »personales Mitsein«[201] pointiert zusammengefasst findet. So zeigen sich in diesem Terminus die beiden Antipoden, zwischen denen sich die Person aufspannt und die als konstitutive Bestimmungen sie bewirken und erhalten, einerseits das absolute Selbstsein und andererseits das bezogene Mitsein. Nur wenn diese beiden Bestimmungen zugleich in vollem Umfang Berücksichtigung finden, kann die Person in dem zum Ausdruck kommen, was sie wesentlich ausmacht und was ihr Fundament charakterisiert, weshalb Welte hinsichtlich der Person wissentlich und willentlich in eine wesensmäßige Dialektik gelangt, die es in ihrer Absolutheit aus- und durchzuhalten gilt, um so der drohenden Gefahr einer Einseitigkeit zu entgehen.

Die Person als absolutes Selbstsein sieht Welte begrifflich am deutlichsten in der Definition des Boethius gefasst. Daher nehmen seine Überlegungen in dieser Begriffsbestimmung – »Persona est naturae rationalis individua substantia«[202] – ihren Ausgang, um in diesem Substanzdenken und seinen einzelnen substantiellen Bestimmungen die wesentlichen Charakteristika des Selbstseins zu eruieren. So hat die Person als *individua substantia*, als *ungeteiltes In-sich-stehen*, ihr Proprium darin, durch sich zu existieren bzw. tätig zu sein und als vollendeter und somit absoluter Selbstbesitz jegliche funktionale, begriffliche und erkenntnistheoretische Bestimmung zu überschreiten. Denn aufgrund seiner *rationalis natura*, seines unendlichen intelligiblen Grundes, bleibt der Mensch in seiner Grenzenlosigkeit und transzendentalen Offenheit sich selbst überlassen, was eine einzigartige, unteilbare und nicht mitteilbare Tiefe seines Selbst-

---

[200] Hemmerle, Person und Gemeinschaft – eine philosophische und theologische Erwägung, 299.
[201] Welte, Fundamentaltheologische Grundbegriffe zur Theorie der Kirche, 57.
[202] Boet. Lib. de per. III (PL 64, 1343).

seins als eine nie objektivierbare Existenz ausmacht.[203] Die Unantastbarkeit und die Entzogenheit des absoluten Selbstbesitzes der Person, die erkennend alles in sich aufnimmt und sich dadurch aller Bestimmung beurteilend gegenüberstellen kann, lassen sich im Zusammenhang mit dem Gedanken der Subsistenz als die Rückkehr der Substanz zu sich selbst deuten und so die Person als sich selbst besitzenden Selbstvollzug bestimmen.[204]

Zugleich präsentiert sich für Welte die Person als Mitdasein, so dass im Menschen eine wesentliche und ursprüngliche Bezogenheit zu finden ist, die sich in Vorgängigkeit zu allen Akten in allen Akten des Menschen vollzieht und somit eine ursprüngliche Relationalität offenbart. Denn nur aufgrund seines ursprünglichen und wesentlichen Mitdaseins kann der Mensch in seinem Selbstvollzug sein In-der-Welt-sein konstituieren, so dass ohne Mit nicht ein einsames Ich, sondern gar nichts übrig bliebe.[205] Das Mitdasein als Urelement bzw. die ursprüngliche Relation des Menschen lässt sich durch ihre personale Modifikation noch deutlicher charakterisieren. Denn diese personale Relation bzw. die ursprüngliche Vertrautheit mit dem personalen Mit, die sich gleichursprünglich zum Mitdasein im Wesen des Menschen findet, bedingt einen qualitativ anderen und wesentlicheren Charakter des Mitdaseins, der durch die personale Begegnung eröffnet wird und in einer ganzheitlichen Veränderung des Menschen alle Daseinsvollzüge personal modifiziert und alle menschlichen Bezüge personalisiert, sie also konstituierend betrifft, ohne ihren äußerlichen Bestand zu verändern und somit als personaler Horizont mit dem gesamten relationalen Gefüge in begründendem Zusammenhang steht.[206] Der existentiell umfassende und ursprüngliche Charakter, den nun das Miteinandersein des Menschen offenbart, lässt Welte mit Heidegger im menschlichen Dasein nach einer inwendigen Struktur fragen, mit Anderen zu sein, da unter einem Miteinander mit anderen Menschen keine nachträgliche oder äußerliche Betroffenheit eines isoliert-solipsistischen Ich-Subjektes zu verstehen ist.[207]

---

[203] Vgl. Welte, Der philosophische Glaube bei Karl Jaspers und die Möglichkeit seiner Deutung durch die thomistische Philosophie, 238.
[204] Vgl. Welte, Fundamentaltheologische Grundbegriffe zur Theorie der Kirche, 57 f.
[205] Vgl. Welte, Fundamentaltheologische Grundbegriffe zur Theorie der Kirche, 28–35.
[206] Vgl. Welte, Soziologische Grundbegriffe zum Verständnis des Christentums als Kirche, 37.
[207] Vgl. Heidegger, Sein und Zeit, 120.

Dieser existentielle Charakter gründet in der Kategorie der Bedeutsamkeit, die alle personalen Relationen durchdringt, da diese mitmenschlichen Bezüge als Synthesis zwischen Ich und Du von einem Selbst zum anderen Selbst reichen und sich damit in einer Unmittelbarkeit äußern, aus der Miteinandersein überhaupt erst entstehen kann.[208] Aufgrund der mit der Ursprünglichkeit einhergehenden Bedeutsamkeit des Miteinanderseins zeigt sich das ursprüngliche Mitdasein notwendig personal bestimmt, da dieser selbstüberschreitende Seinsvollzug hinsichtlich seiner Erfüllung von einem Du-selbst und so vom personalen Mitdasein abhängig ist. Deshalb vollzieht sich das Ich-selbst wesentlich personaler Art und findet seinen Selbstbesitz im personalen Mitdasein. Denn Selbstsein muss personal bestimmt sein und sich als Miteinandersein, als Begegnung von Ich-selbst und Du-selbst, vollziehen, da sich der Vollzug des Selbstseins nur durch ein personales Mitdasein konstituiert, wodurch das Selbstsein nicht neutral-nichtig oder defizient wird, sondern sich als bedeutungsvoller Selbstbesitz vollzieht.[209]

Auf diese wesensmäßige Dialektik von substanzorientiertem Selbstsein und relationalem Mitdasein steuert Welte zu, aber nicht um in dieser substanzorientierten dialektischen Sackgasse steckenzubleiben, sondern um daraus eine fruchtbare vollzugsorientierte Dialektik zu entwickeln, die dieses substantielle Spannungsfeld in ein vollzugtheoretisches und letztlich relationales Geschehen überführt. Denn bereits in Weltes Darstellung der substantiellen, begrifflichen und mittelalterlichen Definition von Person keimt ein vollzugstheoretischer Gedanke, indem der unendliche Selbstbesitz als selbstbesitzender Selbstvollzug geschieht und die Vernunftbegabtheit des Menschen ihm die Unendlichkeit seines Seins- und Vollzugshorizontes eröffnet.[210] So öffnet die Personalität des Menschen das lebendige Geschehen des Miteinanders und bleibt zugleich das entscheidende Kriterium für seine Adäquatheit, da sich nur im Selbstüberschreiten eines unteilbaren Selbstbesitzes die transzendentale Grundlage für wirkliche Begegnung und echtes Miteinander findet. Denn indem sowohl das Selbstsein als auch das Mitdasein der Person

---

[208] Vgl. Welte, Soziologische Grundbegriffe zum Verständnis des Christentums als Kirche, 40 f.
[209] Vgl. Welte, Fundamentaltheologische Grundbegriffe zur Theorie der Kirche, 53–56.
[210] Vgl. Welte, Fundamentaltheologische Grundbegriffe zur Theorie der Kirche, 61.

als wesensgemäßer Vollzug angenommen wird, erkennt Welte ein vollzugstheoretisches Geschehen, das absoluten Selbstbesitz und relationale Bezogenheit miteinander versöhnen kann, ohne dabei als Seinsvollzug etwas von seiner Wesentlichkeit zu verlieren. So zeigen sich für ihn die beiden Seiten des dialektischen Vollzuges als »das Sich-aufeinander-beziehen des sich unendlich auf sich selbst Beziehenden« oder als »das Sich-selbst-mitteilen des unendlich sich selbst Gehörendem.«[211] In diesem dialektischen Vollzug geschieht das Ich als Ich-selbst, als absoluter Selbstbesitz, und wird, indem es über sich hinausgeht, als Ursprung offen zum anderen Ursprung, womit wirkliche Begegnung von Selbst zu Selbst möglich ist, die jegliche Verfügung über den Anderen ausschließt und den Selbstbesitz sowohl des Ich als auch des Du bewahrt. Denn nur in diesem Vollzug als zurückhaltendem Wissen um das Du erscheint das Du als sich selbst gehörig und kann als Du-selbst zum offenen Ursprung für das Ich werden, ohne wiederum korrumpierend zu wirken. Erst in diesem dialektischen Vollzug kann das Du als ein »Du mir gegenüber« gedacht werden und somit in seinem Ursprung, seiner Innerlichkeit und seinem Selbstbesitz Berücksichtigung finden. Denn es widerspricht auch dem besitzergreifenden Verstehen, wenn das Ich das Du aus seinem Wissen an sich selbst entlässt und somit freisetzt an die unantastbare Innerlichkeit des Selbstbesitzes des Du, wodurch das Ich sich als Person von einer Person aus ihrem Ursprung angegangen erkennt und von ihr im eigenen Seinsvollzug erreicht wird.[212] Die Person, die sich in der Begegnung als Du-mit-mir konstituiert, stellt das Ich in der Entfaltung des Wesens des personalen Miteinanders unter einen personal-persönlichen Anspruch. Das lässt das Du als Mitseiendes für das Ich wesentlich sein, so dass das Ich zu einer Reaktion und einer Antwort gerufen ist. Diese Reaktion geschieht als Vollziehen der Situation des Miteinanders und das Ich nimmt sich so als Vollzug des Selbst in dieser Offenheit des Miteinanders angesichts des Du zurück, so dass es schließlich auf diese Art zu sich selbst zurückkommt́. So zeigt sich im Miteinander eine dialektische und wechselseitige Bestimmung, die sich zwischen aktivem Grundnehmen bzw. Gründen und rezeptiv geschenktem Grund bewegt, so dass sich

---

[211] Vgl. Welte, Fundamentaltheologische Grundbegriffe zur Theorie der Kirche, 67–69.
[212] Vgl. Welte, Fundamentaltheologische Grundbegriffe zur Theorie der Kirche, 68–72.

das Ich in seinem eigenen aktiven Gründen rezeptiv im tragenden Du vorfindet, das aus reinem ursprünglichem Selbstbesitz trägt.[213]

Dieses Geschehen und die Möglichkeit einer wirklichen Begegnung stellen nun die Frage nach einer vollzugstheoretischen Einheit von Ich und Du. Im Ausgang von Hegels ontologischer Identität bei ontischer Nichtidentität[214], was Welte als strukturellen Gedanken aufnimmt, entwickelt der Freiburger Philosoph im Geiste Meister Eckharts eine Identität des Vollzuges, die, indem sie die Subjekt-Objekt-Differenz aufhebt, den gesamten Menschen in seinem existentiellen Vollzug in diesen Prozess der Einheit aufnimmt, ohne dabei die Nichtidentität der Personen hinsichtlich ihres Seinsbestandes aufzulösen.[215] Dabei konstituiert sich dieser existentielle Vollzug des Menschen als Selbstbezug im Fremdbezug, da auf diese Weise im Selbstbezug sich eine reale Unterscheidung konstituiert, die es erst ermöglicht, Selbstbewusstsein und das Bewusstsein von Andersheit in Einklang zu bringen. Dabei darf hinsichtlich der personalen Andersheit diese Unterscheidung zwischen Subjekt und Andersheit nicht als Trennung, sondern im Kontext einer Einheit als gegenseitiges Bedingungs- und Ermöglichungsverhältnis verstanden werden. Der Bezug des Selbst auf die Andersheit muss zugleich ein Bezug auf das Selbst sein, insofern der Andere sich auf das Selbst bezieht und darin seinen Selbstbezug hat, was sich strukturell als gemeinsames und gemeinsam gewusstes Geschehen zeigt. Die Einheit von Selbstbezug und Fremdbezug lässt sich daher nur so denken, dass der Fremdbezug als solcher selbst Selbstbezug wird, wenn das Selbst sich im Anderen verändert wiederfindet und sich darin sein Selbstvollzug konstituiert. Daher kann diese Einheit von Selbstbezug und Fremdbezug nur als Personalität stattfinden, da der Fremdbezug Selbstbezug sein muss, was wiederum ein Miteinander erfordert. Das Miteinander wird so nicht außerhalb der eigenen Seins- und Vollzugsebene erreicht oder konstruiert, sondern stellt eine echte Kategorie und unableitbare Grundweise des Seins dar und lässt Menschsein und Miteinandersein gleichursprünglich und -umfänglich sein.[216] Dieses Miteinander geschieht aber nicht als apriorischer

---

[213] Vgl. Welte, Fundamentaltheologische Grundbegriffe zur Theorie der Kirche, 75–79.
[214] Vgl. Welte, Hegels Begriff der Religion – sein Sinn und seine Grenze, 17–19.
[215] Vgl. Welte, Meister Eckhart, 104–106.
[216] Vgl. Welte, Soziologie der Religion, 24–26.

transzendentaler Grund, sondern zeigt sich auf erfüllende Verwirklichung verwiesen, so dass Miteinandersein entweder in potentieller Verwirklichung als Bezogenheit oder als aktuelle Verwirklichung als Zustand geschieht.[217] Dieses Geschehen drückt sich in dem einfachen Wort Wir aus, das das grundlegende Miteinandersein als Einheit und einendes Geschehen erscheinen lässt. Dabei wohnt das Wir diesem Verhältnis ursprünglich inne als das zusammenschließende Moment in Entgegensetzung zur Unterscheidung des Ich-Du. Welte formuliert diesen Prozess zur Einheit des Wir als Vollzugseinheit, als Identität des Geschehens des Wir bei bleibender Nichtidentität von Ich und Du, so dass es sich im Hinblick auf die Vollziehenden um zwei bzw. mehrere reale Vollzüge handelt, im Hinblick auf das Vollzogene ebenso real aber nur um einen Vollzug. So wird das Vollzogene als eines von zwei oder mehreren Unterschiedenen vollzogen, kann aber nur in den Unterschiedenen, im Ich und im Du, wirklich sein. Das Wir, das sich im personalen Mitdasein als das die Einzelheit übersteigende Moment des Selbstseins zeigt, wird zu einer eigenen Größe, in der das Selbstsein im Vollzug des Wir und so als Wir aufgeht. Das Selbstsein bleibt aber dabei ursprünglich und selbstvollziehend, da das Wir nur als Synthesis personaler Ursprünge den Charakter des offenen Sichgeschenktseins der Begegnung ermöglicht. Das Ich-Du und das Wir sind die beiden Seiten eines Vollzuges, so dass in diesem Geschehen das Eine, Umfassende und im Wir Vollzogene sich so vollzieht, dass es zugleich die Offenheit der sich selbst gehörenden und sich gegenüberstehenden Ursprünge ist. Dieses eine Geschehen des Wir zeigt formal im Selbstsein und Selbstvollzug seine Innenseite als potentiell unbegrenzte Wesensdimension, die in der Begegnung mit jeder möglichen Person als dessen Außenseite material erfüllt wird.[218]

Betrachtet man nun nicht mehr seine Konstitutiva, sondern den Vollzug selbst in der Aktuierung und Verwirklichung des Miteinanders, dann zeigt sich, dass nur ein Selbstvollzug der Begegnung und somit ein Selbst-vollbringen der und Selbst-sich-einlassen auf die Begegnung wirkliches Miteinander in verschiedenen empirischen Gestalten bewirkt.[219] Die Innerlichkeit des Seins des Wir, und so jeder

---

[217] Vgl. Welte, Soziologische Grundbegriffe zum Verständnis des Christentums als Kirche, 52–55.
[218] Vgl. Welte, Fundamentaltheologische Grundbegriffe zur Theorie der Kirche, 82–88.
[219] Vgl. Welte, Soziologische Grundbegriffe zum Verständnis des Christentums als Kirche, 59–62.

Einzelne, vollzieht sich in seinem Selbstvollzug über sich hinaus und daher als Offenheit zu den Anderen, so dass die Innerlichkeit des wirklich lebenden Wir von sich aus seine Äußerung trägt, im Raum der Gemeinschaft Zeugnis gibt und so eine selbstvollzogene Gemeinschaft im offenen Raum des Miteinanders entsteht. So findet sich die Außenseite des vollzogenen Miteinanders im Selbstbezug.[220] Die Innenseite des Vollzugs findet sich in der Wirklichkeit des Miteinanders, die im Selbstvollzug sich erfüllt. Denn die Einheit des Miteinanders, d. h. das Miteinandersein, stellt das primär Vollzogene dar, so dass sich alle anderen vom *Wir miteinander* als lebendigem Grund getragen erfahren. Im einzelnen Selbstvollzug besteht der konstitutive Grund für das faktische Dasein des einen Wir, das von einem Ziel geleitet wird, das dem gründenden Grund des Miteinanders entspricht und so das erfüllte Miteinandersein als Sinn und sinnvolle Wirklichkeit erscheint.[221] Sinn und Bedeutsamkeit des Wir zeigen die Bestimmungsrichtung des Miteinanders, weshalb hinsichtlich des Daseins das Wir in den einzelnen Menschen gründet, aber hinsichtlich der Weise des Vollzugs sich die Bestimmungsrichtung umkehrt, so dass die Einzelnen vom Wir selbst bestimmt werden, als von einem um- und übergreifenden Einen, von dem eine dynamische und lebendige Bestimmungsmacht ausgeht.[222] Daher kommt dem Einen bzw. dem Miteinander auch eine ontologische Priorität gegenüber den Einzelnen als Einzelne zu, so dass ontologisch das Wir nicht im Einzelnen gründet, sondern ihm Grund gewährt. Denn kein Selbstbezug kann allein aus der isolierten Bestimmungsmacht eines Individuums erwachsen, sondern er geschieht nur in einem Fremdbezug, womit sich offenbart, dass die einzelnen Menschen hinsichtlich des Sinnes und der Weise ihrer Daseinsvollzüge immer geprägt sind von der Bestimmungsmacht wir-hafter Gründe.[223]

---

[220] Vgl. Welte, Philosophische Soziologie im Hinblick auf das Verständnis des Christentums als Kirche, 58–62.
[221] Vgl. Welte, Philosophische Soziologie im Hinblick auf das Verständnis des Christentums als Kirche, 49–52.
[222] Vgl. Welte, Soziologische Grundbegriffe zum Verständnis des Christentums als Kirche, 69–76.
[223] Vgl. Welte, Philosophische Soziologie im Hinblick auf das Verständnis des Christentums als Kirche, 76–79.

Dies wiederum hat die Freiheit und Ursprünglichkeit des Einzelnen zu berücksichtigen, so dass

»der Logos des menschlichen Miteinanderseins uns aus vorgängigem Anfang bestimmt [...] da ist die Bestimmung so, dass sie uns selbst anruft, also uns in unserer von uns aus bestimmenden und nicht bestimmten Freiheit [...] da ist Bestimmung und Bestimmung, wie ein In-eins-Schlag zweier aktiver Prinzipien.«[224]

Welte geht es um die Möglichkeit eines erfüllten Miteinanders und um die Klärung einer prinzipiellen und fundamentalen Kongruenz der Einheit des Miteinanders mit der Freiheit des Einzelnen. In einem inklusiv analogen Zusammenhang gegenseitiger Bestimmung sieht er dieses gemeinsame Geschehen konstituiert, da mit der Freiheit des Einzelnen auch die Einheit des Miteinanders wächst und zu ihrer wahren Größe kommt. Daher muss das grundlegende Prinzip eines *unum sociale* ein Geschehen sein, das in freier Dialogizität mit freien und selbstbestimmten Einzelnen seine immer wieder neue Bestimmung erfährt und dadurch seine Lebendigkeit bekommt, wodurch es zu sich selbst als erfüllte und bestimmende Einheit findet. Die Dialogizität des Logos als Grund der Einheit ist die Bedingung dafür, dass sich die Freiheiten aller Einzelnen bestimmend in die Einheit integrieren können und erweist sich somit als zwingende strukturelle Voraussetzung für die Verwirklichung der Einheit, die nur so ihre wesensgemäße Freiheit, Lebendigkeit und Wirklichkeit erreichen kann. Terminologisch fasst Welte mit dem Wort »Geist« diesen dialogisch-dynamischen Charakter der Einheit als ein inspirierend wirkendes Prinzip aus einer dialogischen Freiheit, die als lebendige Wirkeinheit ihr dynamisches Wirken aus den sich vollziehenden Freiheiten aller Einzelnen bezieht.[225]

Das mit Hemmerles Ausgangsfrage aufgedeckte Spannungsverhältnis von Personalität und Miteinander wandelt sich somit von einer substantiellen dialektischen Sackgasse in ein relationales Vollzugsgeschehen, das sowohl mit der Personalität als auch mit dem Miteinander identisch ist, im ersten Fall vom Selbstsein und im zweiten vom Miteinandersein aus betrachtet und konstituiert. Denn die Personalität umfasst in ihrem Selbstvollzug das Miteinander, das wie-

---

[224] Welte, Soziologische Grundbegriffe zum Verständnis des Christentums als Kirche, 83.
[225] Vgl. Welte, Soziologische Grundbegriffe zum Verständnis des Christentums als Kirche, 84–86.

derum die Personalität in seinen konstitutiven Prozess aufnimmt, womit sich beide Bestimmungen in demselben Geschehen wiederfinden. Dieses Spannungsfeld des gegenseitigen Vollzugs zeigt sich als ein umfassendes relationales Geschehen, das einerseits die einzelne selbstbewusste Person und andererseits das eine wirkliche Miteinander konstituiert, ohne dabei aus ihnen eine statisch-fixierte Größe zu machen, sondern sie in ihrer lebendigen gegenseitigen Vollzugsdynamik erhält.

C) Grund, Gestalt und Gehalt des Miteinanderseins

Bernhard Weltes Untersuchung des existentiellen Vollzugs des Menschen und damit die Auseinandersetzung mit Personalität und Miteinander bzw. Selbststand und Miteinandersein als den grundlegenden menschlichen Bestimmungen führt zu einem reziproken Begründungsverhältnis von der Freiheit der Einzelnen und der Einheit des Miteinanders. Diese wechselseitige dialogische Konstitution offenbart die ontologische Merkwürdigkeit, dass genau jenes Prinzip, das die Vielen zu einer Einheit macht, sich gerade dadurch substantiiert, was die Einzelnen am prägnantesten und deutlichsten als Einzelne auszeichnet, nämlich die Freiheit, die jeden Einzelnen von Fremdbestimmung befreit und sich selbst anheimgibt. Dieses gegenseitige konstitutive Verhältnis hat zur Folge, dass die Einheit des Miteinanders an Wesensintensität und Seinshöhe zunimmt mit dem Intensitätswachstum der Vielheit, also mit der Freiheit des Einzelnen. Denn die Gemeinschaft als wirkliche Einheit existiert dann, wenn freie selbst- und eigenständige Menschen in eine Einheit finden, nicht als subsumierbare Gestalten, sondern kraft ihrer verwirklichten Freiheit als unverwechselbare Einzelne. Welte stellt selbst die Frage nach dem Gehalt, der Fülle bzw. der Substanz dieses einenden Geistes und der wirkenden Freiheit, da leere Bestimmungen und reine Möglichkeiten keine Wirklichkeit haben und somit nicht konstitutiv wirken können. Dieser dem Miteinandersein wesentliche Gehalt von Geist und Freiheit und damit sein leitender Sinn muss sich aber von seinen Seinsverhältnissen selbst vorzeichnen.[1]

Deshalb gilt es, nach der Betrachtung des Miteinanderseins hinsichtlich seines Vollzugs und seiner konstitutiven Einheit von Individualität, Sozialität und Naturalität, darauf zu achten, wie das relationale Dasein sich im Existential der Zeitlichkeit bzw. Geschichtlichkeit

---

[1] Vgl. Welte, Soziologische Grundbegriffe zum Verständnis des Christentums als Kirche, 94–97.

vorfindet, sich in der Sprache als logisches Apriori und geschichtlich-soziales Medium vollzieht[2] und sich daraus seine Gestalt und räumliche Verortung bildet.[3] Denn Welt, Sprache und Zeit bzw. Geschichte gehören nicht primär zum Bereich des Personalen, sondern werden erst durch den *Vollzug* des Personalen von ihm durchdrungen und umfangen. Daher können auch keine statischen und unveränderlichen Bestimmungen diese Existentiale festlegen, sondern das Geschehen der Begegnung und des Vollzugs des Miteinanders, vor allem in Anbetracht der Dynamik hinsichtlich der Ursprünglichkeit von Selbst und Person, prägt Welt, Sprache und Zeit dahingehend, dass sich dieses reziproke Begründungs- und Konstitutionsverhältnis ereignen kann.[4] Das hat schließlich seinen Ursprung darin, dass das Sein von Person und Selbst überhaupt erst in deren Vollzug bzw. deren Zeitigung[5] geschieht[6]:

---

[2] Vgl. Apel, Transformation der Philosophie II, 220–240.422–435.
[3] Vgl. Höhn, Zeit und Sinn, 118–125.
[4] Vgl. Geiger, Person und Sein, 123.
[5] Welte verwendet diesen Begriff vor allem, um sich von einem substanzorientierten Verständnis des Menschen abzusetzen, so dass sich dieser Begriff durchaus im Sinne des frühen Heideggers verstehen lässt. Das Dasein hat damit den Charakter der Zeitigung, was bedeutet, dass es nicht schon immer als seiend supponiert werden darf, sondern dass es erst dadurch entsteht und besteht, indem sich das Verhältnis und die entscheidende Relation (z. B. Endlichkeit und Unendlichkeit) zu sich selbst verhält. Zudem trägt es Ereignis- und Geschehnischarakter, ist also zeitlich. Zuletzt muss das Dasein Selbst-Zeitigung sein, was eben nicht Selbstherstellung bedeutet, sondern eben dieses Geschehen des Selbst von Empfangen und Tun beschreibt: »Dieses In-sich-handeln-lassen des eigensten Selbst aus ihm selbst in seinem Schuldigsein repräsentiert phänomenal das im Dasein selbst bezeugte eigentliche Seinkönnen.« (Heidegger, Sein und Zeit, 295.) Vgl. dazu Haeffner, Heidegger über Zeit und Ewigkeit, 497 f.
[6] Dieser Gedanke verweist auf die intensiv ausgearbeitete Phänomenologie des Selbst in der *Krankheit zum Tode* von Sören Kierkegaard. Seine Erörterung des Selbst ist eine begrifflich hochdifferenzierte Darstellung der Struktur des Sich-zu-sich-verhaltens, einschließlich einer eingehenden Darstellung von dessen Erscheinungsformen: »Ist das Verhältnis, das sich zu sich selbst verhält, durch ein Andres gesetzt, so ist das Verhältnis freilich das Dritte, aber dies Verhältnis, dies Dritte, ist dann doch wiederum ein Verhältnis, verhält sich zu demjenigen, welches das ganze Verhältnis gesetzt hat. Ein solches abgeleitetes, gesetztes Verhältnis ist des Menschen Selbst, ein Verhältnis, das sich zu sich selbst verhält, und, indem es sich zu sich selbst verhält, zu einem Andern sich verhält.« (Kierkegaard, Die Krankheit zum Tode, 9; vgl. dazu auch Weltes Interpretation dieses Textverweises in: Welte, Kierkegaard, 33–36.) Der Mensch als Selbst ist ein Verhältnis und verhält sich als solches zu sich – also zu dem Verhältnis, das er ist. Heidegger hat schließlich diesem kierkegaardschen Befund durch die fundamentalontologische Bekräftigung zu seiner allgemein-philosophischen Bedeutung

»Was ich bin, was Du bist, das Personale, das ist, indem es lebt als Begegnung. Begegnung aber ist und lebt als Gespräch. Im Gespräch geht das immer zugleich anfangende und antwortende Wesen alles Personalen als ein solches auf.«[7]

I) Temporalität und Geschichtlichkeit des Miteinanders

In ihrer Dissertation zeigt Ingeborg Feige, dass in Weltes Überlegungen zur Geschichtlichkeit des Seins bzw. zum Sein des Geschichtlichen sich eine sichtbare Akzentverschiebung auftut und er die so genannte Kehre Heideggers[8] mitvollzieht. In seiner ersten Vorlesung zur Geschichtlichkeit WS 1949/50 zeigt sich das Geschichtliche als das Ursprüngliche und Unableitbare, der überlieferten systematischen Metaphysik verpflichtet, als eine Unableitbarkeit eines Begriffslosen. In den folgenden Vorlesungen wird dann die Kategorie des Geschehens immer deutlicher, so dass die Unableitbarkeit des Geschichtlichen in der Unableitbarkeit des Geschehens aufgrund seiner Anfänglichkeit und seiner Vergegenwärtigung der Zeitigung der Zeit seinen Grund findet. Schon in der Wahl seiner Termini, aber vor allem in der Struktur des Gedankenganges offenbart sich der Einfluss

---

verholfen, indem es dem menschlichen Dasein in seinem Sein um dieses Sein selbst geht: »Das Dasein ist ein Seiendes, das nicht nur unter anderem Seienden vorkommt. Es ist vielmehr dadurch ontisch ausgezeichnet, daß es diesem Seienden in seinem Sein *um* dieses Sein selbst geht. Zu dieser Seinsverfassung des Daseins gehört aber dann, daß es in seinem Sein zu diesem Sein ein Seinsverhältnis hat.« (Heidegger, Sein und Zeit, 12.) Vgl. Figal, Verstehensfragen, 12.17 f.

[7] Welte, Die Person als das Un-begreifliche, 116.

[8] Kehre bei Heidegger bezeichnet nicht eine Bewegung, die von ersten zu abweichenden Gedanken führt, sondern eine Bewegung, die sich innerhalb des von ihm Gedachten selbst vollzieht. Denn im Ringen um die Vollendung von *Sein und Zeit* erwägt Heidegger eine andere Lesart für die vorausgesetzte Ebene der Analyse, also der Temporalität des Seins. Nicht das Sein soll von der Zeitlichkeit des Daseins her zugänglich werden, sondern umgekehrt dessen Zeitlichkeit vom Sein her: »Zeit erschwingt und verschwingt sich selbst. (Und nur weil Schwung, Wurf, Faktizität, *Geworfenheit;* nur weil Schwingung, deshalb *Entwurf.* Vgl. das in ›Sein und Zeit‹ angezeigte Problem von Zeit und Sein.)« (Heidegger, Metaphysische Anfangsgründe der Logik im Ausgang von Leibniz, 268.) Vgl. Youm, Heideggers Verwandlung des Denkens, 67–69. Die Kehre innerhalb des heideggerschen Denkens, als ein Preisgeben von Positionen gerechtfertigt im Sinne einer reineren Herausarbeitung eines zentralen Themas, sieht vor allem Jean Grondin (Vgl. Grondin, Le tournant dans la pensée de Martin Heidegger, 12.), dem sich Dieter Thomä (Vgl. Thomä, Die Zeit des Selbst und die Zeit danach, 459–462.) anschließt.

von Heideggers Gedanken zur Geschichtlichkeit des Seins, die aber bei Welte eine eigenständige Fassung erhalten. Denn zu Beginn seiner Beschäftigung geht Welte von der Geschichtlichkeit des Daseins als Person in der Weise aus, dass die Entfaltung der Zeitlichkeit aus der Zeitlichkeit des menschlichen Daseins geschieht, und zwar in den Analysen des Todes, der Verantwortlichkeit und der Schuld, die das Wesen des Geschichtlichen als entscheidende Augenblicklichkeit annehmen.[9] Diese Bestimmung öffnet sich dann zu einer Geschichtlichkeit des Seins selbst, in der sich das Dasein erst je geschicklich-geschichtlich in seinem Da ereignet.[10] Denn im geschicklichen Ereignis[11] des Aufgangs des Seins findet die Geschichtlichkeit des Da des Seins seinen Grund, so dass hier deutlich wird, wie Welte versucht, von Heidegger bewegt, das Sein neu zu denken, d. h. ausdrücklich in seiner Zeitlichkeit und Ereignishaftigkeit zu verstehen. In dieser Art Sein zu denken, ereignet sich das Sein, so dass das Dasein zum Ereignis wird. Indem das Sein sich ereignet, ist es aber die Zeitigung von Zeit, so dass das Sein nur im Horizont von Zeit denkbar ist und die Zeit in das Ereignis gehört.[12]

Auf den ersten Blick scheint sich diese in Weltes Überlegungen zur Geschichtlichkeit angezeigte Kehre auch in seinen Ausführungen zu Personalität und Miteinander auszuwirken, stehen diese doch in

---

[9] Vgl. Welte, Geschichtlichkeit als Grundbestimmung des Christentums, 171–261.
[10] Vgl. Welte, Geschichtlichkeit und Offenbarung, 322f.
[11] Mit dem Begriff Geschick wird die Geschichtlichkeit als welthaftes und gemeinschaftliches Geschehen charakterisiert. Geschichtlichkeit des Daseins bedeutet daher, dass das Geschehen des Daseins ein Mitgeschehen ist, was eben im Terminus Geschick gefasst wird als Geschehen der Gemeinschaft und des Miteinanders: »Wenn aber das schicksalhafte Dasein als In-der-Welt-sein wesenhaft im Mitsein mit Anderen existiert, ist sein Geschehen ein Mitgeschehen und bestimmt als *Geschick*.« Vgl. dazu Gander, Existenzialontologie und Geschichtlichkeit (§§ 72–83), 241f.
[12] Vgl. Welte, Geschichtlichkeit und Offenbarung, 328f.; vgl. Feige, Geschichtlichkeit, 368f. In diesem Zusammenhang wird deutlich, dass Welte sich methodisch nicht auf die Analyse der geschichtlichen Sprache bezieht, sondern vielmehr von ontologischen Phänomenen und damit von Phänomenen ausgeht, die sich von sich her erfahrbar machen und deshalb für die Fülle der anderen Phänomene konstitutiv sind: »Maxime: ›Zu den Sachen selbst!‹« (Heidegger, Sein und Zeit, 34.) Dieser phänomenologische Ansatz Weltes führt angesichts der sich selbst zeigenden Phänomene zu einem Fundierungsverhältnis, das im Da des Seins die Möglichkeit eröffnet, im Da der Gabe auf einen schlechthin vordenklichen Geber zu vertrauen. In diesem Glauben wird der erfahrenen geschichtlichen Bedeutsamkeit zugestimmt, was in den Ausführungen zu Gemeinschaft, Geschichte und Heil noch näher erläutert wird. Vgl. Hünermann, Sprache des Glaubens – Sprache des Lehramts – Sprache der Theologie, 37–39.

einem gründenden und begründenden Verhältnis zur Geschichtlichkeit und Zeitlichkeit. Dieses Verhältnis in Verbindung mit der veränderten Weise das Sein zu denken, zeigt sich in seinen Schriften zur Geschichtlichkeit in jeweils abgewandelter Art, so dass die Annahme einer Kehre auch hinsichtlich des Miteinanders naheliegend erscheint. In seinen Vorlesungen zur Soziologie und zum Miteinander geschieht aber nun keine direkte und offensichtliche Auseinandersetzung mit der Zeitlichkeit oder Geschichtlichkeit, sondern seine Überlegungen lassen hinsichtlich des konstitutiven Prozesses, der zum Miteinander führt, nur implizite Rückschlüsse auf die Zeitlichkeit des Geschehens und die Geschichtlichkeit der entsprechenden beteiligten Personen zu. Dabei zeichnen sich diese Vorlesungen durch eine Kontinuität aus, die Tiefe und Vertiefung sucht. Liest man nun aber Weltes Gedanken zur Geschichtlichkeit bzw. Zeitlichkeit im Verhältnis zum Miteinander und zur Personalität, die aufgrund der verschiedenen Ausdrucksformen, der veränderten Wahl der Termini und des angedeuteten Wechsels der Bestimmungsrichtung einen Mitvollzug der Kehre nahelegen, im Horizont der Vorlesungen zur Soziologie, so weitet sich die grundlegende Kontinuität von Weltes Soziologie aus und nimmt auch diese Überlegungen in sich auf. Denn in ihrem Kontext lässt sich eine, die einzelnen Vorlesungen verbindende, kontinuierliche Entwicklung erkennen, die den Problembereich und das Spannungsfeld von Personalität und Miteinander deutlicher expliziert und versöhnende Perspektiven entwickelt, was die Kehre bei Welte eben ausmacht. Denn Kehre bei Bernhard Welte meint nicht die Aufhebung des früher Gedachten, sondern die Bewahrung des Gedachten angesichts eines tieferen Ursprungs und Grundes im zuvor Unbedachten.[13] So zeigen sich die späten Aussagen Weltes durchaus vom seinsgeschichtlichen Denken Heideggers angeregt und inspiriert, doch in diesem Ringen um die dialogische Begegnung eines selbstbewussten personalen Ich und eines entzogenen unergründlichen personalen Du treffen sich die Überlegungen einer sozialen Fundamentalontologie mit einem epochal-seinsgeschichtlichen Denken, das sich aber wiederum im Gespräch mit einem dialogisch-seinsgeschichtlichen Denken vorfindet.[14]

So gilt es im Folgenden darzustellen, wie sich jeweils die Zeit-

---

[13] Vgl. Feige, Geschichtlichkeit, 181.
[14] Zu beachten sind besonders die von Bernhard Casper angedeuteten Brückenschläge zwischen den Perspektiven, die sich aus dem Denken Heideggers entwickeln lassen,

lichkeit und die Geschichtlichkeit im Miteinander äußern und wie besonders auch in Berücksichtigung dieses Verhältnisses die These von einer Kontinuität aufrechterhalten werden kann. Diese Kontinuität äußert sich in demselben gegenseitigen Bestimmungs- und reziproken Begründungsverhältnis von Selbstsein und Miteinandersein, das sich auch hinsichtlich der Äußerung der Geschichtlichkeit zeigt, so dass auch hinsichtlich dieses Existentials beide Bestimmungsrichtungen beachtet und betrachtet werden müssen.[15]

1) Geschichtlichkeit und Seinsvollzug

»Das Einzelne der Geschichte in der Enge seines zeitlichen Spielraums ist bedeutsam, weil es überall einen personalen Grund hat und weil vom Wesen des personalen Seins Bedeutsamkeit [...] unablösbar ist.«[16]

Dieser personale Grund der Geschichte hat die Bedeutung, dass die Geschichte im Bei-sich-sein der tragenden Person ebenfalls bei sich ist, so dass ihre Zeitlichkeit, also ihre Vergangenheit, ihre Zukünftigkeit und ihre Endlichkeit nicht nur an den Personen stattfindet, sondern in den Personen geschieht, indem es in das Bei-sich-sein eines jeden Selbst fällt, das die Geschichte trägt. Dabei sind in Weltes früher Betrachtung vor allem zwei Wesenszüge der Person für die Geschichtlichkeit grundlegend, zum einen die universale, transzendentale Offenheit bzw. ihr alles umgreifender Charakter und zum anderen ihr absoluter Selbstbesitz als ihr eigenes Selbstsein, was sich zusammenfassend als offener selbstbesitzender Seinsvollzug charakterisieren lässt. Darin zeigt sich ontologisch eine begründete Absage an jede Form von Objektivierung und Funktionalisierung, so dass sich in dieser Exklusivität, Unvertretbarkeit und Unbegreifbarkeit eine geschichtliche Singularität anzeigt, die einer allgemeinen Ge-

---

und den dialogischen Überlegungen von Rosenzweig und Levinas. Vgl. Casper, Zeit und Heil, 173–195.

[15] Hünermann sieht in diesem Problemfeld eine Nähe Weltes zu Arthur Dantos Analysen zum »methodischen Individualismus« und dem »methodischen Sozialismus« (Vgl. Danto, Analytische Philosophie der Geschichte, 426–465.), in denen sich das Person-sein zeigt, woraus das geschichtliche Gegebensein von sozialen Systemen bzw. sozialen Individuen als aktive Größen des geschichtlichen Geschehens zu verstehen ist. Vgl. Hünermann, Sprache des Glaubens – Sprache des Lehramts – Sprache der Theologie, 37.

[16] Welte, Geschichtlichkeit als Grundbestimmung des Christentums, 178.

neralisierung wesentlich widerspricht.[17] Dieser existentielle Vollzug, der als Sinnvollzug und somit als die Beziehung zwischen einem Selbstsein und einer personalen Andersheit geschieht, findet sich in der unhintergehbaren Dimension der Zeitlichkeit, besonders hinsichtlich seines prozessualen Charakters von Vollzug und Gehalt. Dabei zeigt sich, dass sich Zeit und Zeitlichkeit nicht auf den Gehalt, sondern auf das Vollzugsmoment des Sinnvollzuges beziehen, so dass hier eine Formbestimmung deutlich wird, die eine Dynamik und eine Vergänglichkeit des Prozesscharakters des menschlichen Daseins offenbart und zugleich im menschlichen Vollzug sich als ein Orientierungspunkt erweist. Diese Charakterisierung als eigene existentiale Formbestimmung zeichnet die Zeit als gleichursprüngliches Bestimmungsmoment der existentialen Grundsituation des Menschen aus, ohne sie zu einer eigenständigen Größe zu hypostasieren oder unter andere Größen zu subsumieren, ohne sie als Objekt zu behandeln bzw. ohne sie zur Eigenschaft von Subjekten oder zum Subjekt von Eigenschaften zu machen. Dieses zeitliche Existential des menschlichen Daseins meint, dass der Selbstvollzug des Subjektes im Selbstbezug zu einer Andersheit bestimmte Bedingungen hat, die eine zeitliche Orientierung zulassen und die die Erfahrung von Selbst und Andersheit in Raum und Zeit ermöglichen. Zugleich zwingt diese Temporalität dazu, den Selbstvollzug und alle Weltbezüge in Bezug auf ihre Endlichkeit zu betrachten, die im Selbstverhältnis erfahren wird als das Erleben des eigenen Daseins als gewesenes, gegenwärtiges und künftiges Selbstsein. In der Vergegenwärtigung des Vergangenen und des Kommenden konkretisiert der Mensch die Zeitlichkeit seines Daseins, ist sich darin in seinem Selbstvollzug gegenwärtig und wird dadurch als Person zum Träger der Geschichte. In der Person und ihrer Zeitlichkeit koinzidiert somit die Ausständigkeit der nichtrealisierten Möglichkeiten mit ihrem bisherigen Gewesensein, so dass sie in der Gegenwart die Vergangenheit und die Zukunft in sich hat.[18] So sind die Weisen des Selbst- und Weltverhältnisses der

---

[17] Vgl. Welte, Geschichtlichkeit als Grundbestimmung des Christentums, 179–181.
[18] In diesen Ausführungen der Einheit von Zukunft, Vergangenheit und Gegenwart wird Weltes Nähe zu Heideggers Überlegungen in *Sein und Zeit* deutlich, die von der Zeitlichkeit und ihren drei Ekstasen handeln, worin sich der Sinn der eigentlichen Sorge entbirgt: »Zukünftig auf sich zurückkommend, bringt sich die Entschlossenheit gegenwärtigend in die Situation. Die Gewesenheit entspringt der Zukunft, so zwar, daß die gewesene (besser gewesende) Zukunft die Gegenwart aus sich entläßt. Dies dergestalt als gewesend-gegenwärtigende Zukunft einheitliche Phänomen nennen

Person von den Modi der Zeit – Vergangenheit, Gegenwart und Zukunft – mitkonstituiert.[19]

Welte charakterisiert also den Seinsvollzug des menschlichen Daseins als einen geschichtlichen, so dass eben auch der Vollzug der Personalität und des Miteinanderseins nicht anders als ein zeitliches Geschehen und damit als eine geschichtliche Größe verstanden werden kann.[20] Daher zeigt sich der Seinsvollzug als das universale Bei-sich-sein und offenbart hinsichtlich der Geschichtlichkeit einen konstitutiven, wesentlichen und ursprünglichen Zusammenhang mit dem Miteinander, das als Medium der Geschichte ihr wesentlich zugehört, so dass es nur in diesem Gestaltungsraum des Miteinanders Geschichte geben kann. Denn indem die Person konstitutiv und ursprünglich geschichtlich ist, also ihr Selbstvollzug zeitlich geschieht und sie somit geschichtlich wird, muss auch das zu diesem Selbstvollzug gehörende und im bezogenen bzw. begegnenden Selbstvollzug entstehende Miteinander geschichtlich sein, so dass sich in diesem zeitlichen Geschehen die Geschichte konstituiert. Dazu bildet nun die wirkliche personale Begegnung die Grundlage, da auf dem Fundament des personalen Verstehens und der personalen Gewissheit als der vertrauenden Freigabe des Ich an das Unverfügbare des Du eine Geschichte entsteht. Das personale Verstehen verhindert dadurch das Auseinanderfallen der Menschheit und letztlich der gesamten Welt in isolierte Monaden und damit die Auflösung der Geschichte. Denn Geschichte als Zusammenhang kann nur durch die Modi der personalen Synthesis – Wissen als Verstehen und Vergewisserung als Glauben – entstehen, weshalb das personale Miteinander zum konstitutiven Medium der Geschichte wird. Denn auch wenn der Kontakt nicht in der Unmittelbarkeit der Berührung von Ich und Du stattfindet, so behält er auch in der geschichtlichen Vermittlung immer dieselbe Struktur der Öffnung bzw. der Freigabe und somit des per-

---

wir die *Zeitlichkeit*. Nur insofern das Dasein als Zeitlichkeit bestimmt ist, ermöglicht es ihm selbst das gekennzeichnete eigentliche Ganzseinkönnen, der vorlaufenden Entschlossenheit. *Zeitlichkeit enthüllt sich als der Sinn der eigentlichen Sorge.*« (Heidegger, Sein und Zeit, 326.) Vgl. dazu auch Zimmermann, Einführung in die Existenzphilosophie, 102–104; vgl. Pöggeler, Der Denkweg Martin Heideggers, 59–63.

[19] Vgl. Höhn, Zeit und Sinn, 122 f.128–132.
[20] Vgl. Welte, Soziologische Grundbegriffe zum Verständnis des Christentums als Kirche, 22 f.

sonalen Mitseins, die eine Begegnung des glaubenden Verstehens ermöglicht.[21]

Die Singularität des Geschichtlichen einerseits und seine Kontinuität andererseits, die dialektisch miteinander verbunden sind, haben ihren und somit der Geschichte Grund in der Person selbst. Diese trägt eben jene dialektische Einheit von absolutem unverfügbarem Selbstbesitz und universaler Offenheit als In-der-Welt-sein und Miteinandersein wesentlich in sich. Die Geschichte zeigt sich somit als ein Eines und Ganzes und das Miteinander als ein geschichtliches Wir, da die Person als das vollzogene Wir den Grund der Geschichte darstellt.[22] Der dialektische Vollzug der Personalität und des Miteinanders als Grund der Geschichte lässt diese nun vollzogen von Einzelnen und getragen vom Wir erscheinen, wobei das Wir dabei selbst als ein geschichtliches Geschehen geschieht und damit als ein Grund erscheint, den es aufnehmend trägt und von dem es gründend getragen ist.[23] Dieses geschichtliche Wir als Grund der Geschichte kennzeichnet sich nun durch Öffentlichkeit und Totalität. Öffentlichkeit bedeutet dabei eine zeitlich und räumlich unbegrenzte Offenheit, die aber jede einzelne Person angeht. Denn nur in ihrer Wesensverweisung ins universale Miteinander ist sie Person und steht so immer im Raum des öffentlichen Wir und damit in der Geschichte, wodurch dieser selbstgehörige Ursprung zum Träger der umfassenden Geschichte wird.[24] Die Totalität des geschichtlichen Wir zeigt ebenfalls

---

[21] Vgl. Welte, Geschichtlichkeit als Grundbestimmung des Christentums, 234–236.

[22] Vgl. Welte, Geschichtlichkeit und Christentum, 92.

[23] Vgl. Welte, Geschichtlichkeit und Christentum, 100: »Dieses welthafte Wir alle ist je und je sowohl der Träger der Geschichte, wie es auch je selbst geschichtlich geschieht […]«

[24] Vgl. Welte, Geschichtlichkeit und Christentum, 96–99. Diese Totalität zeigt sich bei Welte aber *messianisch-ontologisch* offen auf die Vollendung hin, was sich besonders in der Untersuchung zur Hoffnung als existentialpragmatisches Prinzip und in den Überlegungen zu Heil und Kirche zeigen wird. Das bezieht sich auch auf Augustins Unterscheidung von ecclesia qualis *nunc est* und qualis *tunc erit*: »Ac per hoc ubi utrumque genus est, ecclesia est, qualis nunc est; ubi autem illud solum erit, ecclesia est, qualis tunc erit, quando malus in ea non erit. Ergo et nunc ecclesia regnum Christi est regnumque caelorum.« (Aug. Civ. XX, 9 (CChr.SL 48, 716); vgl. dazu Lohse, Evangelium und Geschichte, 133.) So lässt sich in dieser Hinsicht auch von *verheißender* Totalität sprechen. Denn in der Zeitigung des Daseins zum Tode in der *Sorge*, die Heidegger als »Sich-vorweg-sein – im-schon-sein-in […] – als Sein-bei« (Heidegger, Sein und Zeit, 196.) bestimmt, lässt sich das »Sich-vorweg-sein« für das jeweilige endlich Daseiende nie eliminieren. Jedes Dasein bleibt immer erwartendes und hoffendes Da-sein. Deshalb ist auch immer neue Geschichte möglich und der Freiheit

diese Dialektik in Form einer konkreten Totalität, worin deutlich wird, dass sich das geschichtliche Wir immer konkretisiert vorfindet in der Welt der Sprache, der Herkunft, des Volkes oder der Religion, aber im Geschick der gemeinsamen und umfassenden Geschichte sich geschichtlich entfaltet und somit als Geschichte geschieht.[25] So steht der Mensch als Person immer schon im öffentlichen Wir und der diesem Wir zugehörigen Geschichte, wie die Geschichte und das geschichtliche Wir in der Person gründen und so in diesem dialektischen Verhältnis konstitutiv zueinander stehen. Das geschichtliche Wir und damit die Geschichte fordert die Person als ihren lebendigen Grund, da sie als Ich und als Wir bereits diesen dialektischen konstitutiven Prozess anzeigt. Doch bleibt dieser gegenseitige Begründungsprozess einseitig, wenn er allein von der einzelnen Person ausgehend bedacht wird, selbst wenn in diesem Prozess das entstandene geschichtliche Wir konstitutiv zurückwirkt. Denn die bereits 1954 in einer Anmerkung angedeutete[26] integrative Macht der gemeinsamen Geschichte, die als Geschick alle Bereiche und Dimensionen des menschlichen Lebens betrifft und so eine neue Erfahrung von Zeit und Geschichte auf Seiten der Person mit sich bringt, muss in diesem Prozess ebenfalls in ihrer Ursprünglichkeit und Vorgängigkeit betrachtet werden.[27]

2) *Geschichtlichkeit, Geschick und Schicksal*

»Das personale Miteinander als Medium des wirklichen Da-Seins des Selbst. (Scheint fern dem Geschichtlichen, und doch gründen in diesem Medium alle immanenten Gestalten der Geschichte: Sie ist das Geschehen des Miteinanders, aber in weiteren Dimensionen.)«[28]

In dieser kurzen Anmerkung in seiner Vorlesung vom WS 1949/50 wird deutlich, dass Welte selbst in dieser frühen daseinsorientierten

---

wegen, die das menschliche Dasein als Dasein selbst konstituiert, auch notwendig. Diese je neue Geschichte kann allerdings durchaus durch einen in der Geschichte sich gezeigt habenden unbedingten *An-spruch* – eine unbedingte *Herausforderung* und *Erwählung* – orientiert sein, was hinsichtlich der Offenbarungsgemeinschaft noch näher betrachtet wird.

[25] Vgl. Welte, Geschichtlichkeit und Christentum, 99f.
[26] Vgl. Welte, Geschichtlichkeit und Christentum, 103.
[27] Besonders zu Feiges Ausführungen zum geschichtlichen Miteinander als das »öffentliche Wir« vgl. Feige, Geschichtlichkeit, 121–123.
[28] Welte, Geschichtlichkeit als Grundbestimmung des Christentums, 231.

Ausarbeitung die Personalität nicht nur als Bezogenheit des Bei-sich-seins und des Beim-andern-seins existieren lässt, sondern sie in ihrer Verbindung mit dem Miteinander bereits als Geschehen von Beziehungen und somit als Ereignis fasst.

Dieser Geschehenscharakter des Miteinanders und der Beziehung hat, aufgrund ihrer ursprünglichen und konstitutiven Verbindung, Auswirkungen auf Weltes Verständnis von Zeitlichkeit und Geschichtlichkeit, denen er in seinen weiteren Vorlesungen zur Geschichtlichkeit nachgeht, wodurch sich aber wiederum eine Konkretisierung des Miteinanders einstellt:

»Die Zeit ist so gesehen: das Ganze, das geschieht. Das beständige Umschlagen: vom Künftigen über das Gegenwärtige ins Gewesensein. Das beständige Winken und Herausfordern: vom Gewesensein über die Gegenwart ins Künftige hinein, der Umschlag, der als Umschlag a) das Beständige und b) immer sich Erneuernde und darum das Kontinuierliche und Ganze ist, das Kontinuierliche und Ganze, das als solches der immer sich erneuernde Umschlag ist, das eine Geschehen, das wir die Zeit und auch die Geschichte nennen können. Denn das Geschehen der Geschichte ist, d. h. geschieht als das sich Zeitigen der Zeit, und die Zeit ist als das Geschehen und der Umschlag der Geschichte.«[29]

Prima facie scheint sich hier zumindest eine Kehre im Verständnis von Geschichtlichkeit anzuzeigen, die sich vor allem terminologisch, aber auch besonders hinsichtlich der Betonung des Geschehens der Geschichte und des Zeitigens der Zeit deutlich macht. Im Folgenden soll, mithilfe von Weltes soziologischen Vorlesungen und seiner Überlegungen zur Person, einer Hermeneutik der Kontinuität der Vorzug gegeben werden. Diese Hermeneutik versucht in dieser Verschiebung des Schwerpunkts der Betrachtung vom im einzelnen Dasein und Selbst verankerten Vollzug hin zu einem bestimmenden Geschehen des Miteinanders, den Weg zu einem umfassenderen und tieferen Verständnis sowohl von Geschichte als auch von Miteinander zu gehen. Der hermeneutische Schlüssel zu einer Auslegung der Kontinuität liegt in der Ausarbeitung des reziproken Begründungsverhältnisses von Freiheit des Einzelnen und Einheit des Miteinanders. Denn in diesem Prozess zeigt sich, dass die Wirklichkeit des Wir, und damit ihr erfüllender Vollzug, ein eigenes Sein hat, somit als ein

---

[29] Welte, Geschichtlichkeit und Offenbarung, 291.

eigenes Geschehen Beachtung findet.[30] Zugleich wird deutlich, wie dies mit dem Selbstvollzug des Einzelnen in Einklang zu bringen ist. Denn auf der Grundlage der Einheit des Wir als ontologischer Identität bei bleibender ontischer Nicht-Identität der jeweils Einzelnen kann Welte diesen dialektischen Sackgassen entgehen und den Selbstvollzug der Einzelnen als den konstitutiven einenden Grund des Daseins des einen Wir bestimmen. Das Wir trägt wiederum als sinnhafter Vollzug eine Inhalts- und Zielbestimmung in sich, die die Bestimmungsrichtung ändert und sich somit das Wir auf den einzelnen Selbstvollzug bezieht und als das umgreifende Eine ontologische Priorität gegenüber den Einzelnen als Einzelne hat, wodurch das Wir ihnen ontologisch Grund gewährt.[31] Dieser Übergang und das sich darin zeigende einende Geschehen darf dabei die Bestimmungsursprünglichkeit des einzelnen Selbst nicht aufheben und dessen Selbstvollzug als fremdgesteuert erscheinen lassen. In freier Dialogizität integrieren sich daher die Freiheiten der Einzelnen bestimmend in die Einheit, die als dialogische Freiheit und lebendige Wirkeinheit bestimmend sich auf die einzelnen Freiheiten bezieht, wodurch ein lebendiges Miteinandersein entsteht.[32]

In diesem Horizont, der das lebendige und bestimmende Miteinander dem einzelnen Selbstvollzug nicht nachordnet und als Geschehen charakterisiert, wird deutlich, dass mit dem Wechsel der Bestimmungsrichtung und dem daraus resultierenden reziproken Begründungsverhältnis die Geschichte nicht nur mittels des Selbstvollzugs konstituiert wird, sondern auch im einenden Prozess des Miteinanders entsteht. Besonders die konstitutive Aufgabe des Miteinanders entfaltet Welte in weiteren Überlegungen immer differenzierter und setzt sich damit intensiver auseinander, weshalb er in seiner Vorlesung *Die Person als das Un-begreifliche* von 1966 davon spricht, dass dieses Geschehen des Einenden und des alles Personale in einer Einheit Versammelnden den Charakter eines Geschicks und eines Schicksals trägt. In der Begegnung findet dieses Geschehen seine existentielle Ausprägung und seine Wirklichkeit, so dass sich entsprechend seiner Erfüllung in der Begegnung das Geschick mehr oder

---

[30] Vgl. Welte, Soziologische Grundbegriffe zum Verständnis des Christentums als Kirche, 76–80.
[31] Vgl. Welte, Soziologische Grundbegriffe zum Verständnis des Christentums als Kirche, 82–88.
[32] Vgl. Welte, Soziologische Grundbegriffe zum Verständnis des Christentums als Kirche, 90–93.

weniger entfaltet zeigt. Denn das einende Wir wird als Wir zur Bestimmung. Dabei ist es nicht konstruierbar aus Ich und Du und wird in seiner Unvorhersehbarkeit zum gemeinsamen Geschick. Dieses gemeinsame Geschick ist zugleich ein mögliches Schicksal des Ich und des Du, da die Daseinshorizonte, die sich in der Begegnung öffnen bzw. schließen, den einzelnen Menschen entscheidend betreffen und so grundlegend in seinem Selbstvollzug bestimmen. Denn im personal angehenden und betreffenden Charakter des Miteinanderseins, das die Begegnenden eint und im Wir sammelt, liegt das Schicksalhafte des Geschickes jeder Begegnung. Wirkliche Begegnung geschieht daher als gemeinsames Geschick und vollzieht sich als einzelnes und im einzelnen Schicksal, so dass auch in dieser Begrifflichkeit das gegenseitige Konstitutionsverhältnis in Erscheinung tritt.[33] Sieht Welte nun in der Personalität und dem konstitutiv damit verbundenen Miteinandersein ein Geschehen, das bestimmend auf das einzelne Dasein wirkt und mit diesem in der Begegnung konstitutiv verbunden ist, dann hat das auch Konsequenzen für die Zeitlichkeit und Geschichtlichkeit des gesamten Konstitutionsprozesses:

»Wenn das zu Begegnung und Gespräch Versammelnde Geschick und Schicksal ist, wenn es geschieht als geschickliches Schicksal, dann zeigt sich darin auch eine eigentümliche Zeitlichkeit. Das uns in die Begegnung Versammelnde zeitig [sic] sich als unser Geschick: Schicksal. Sein Geschehen hat die Weise der Zeitigung.«[34]

Bereits in dieser ersten frühen Überlegung zu Geschichtlichkeit, die ihren Zusammenhang mit dem Miteinander vom Konstitutionsprozess der einzelnen Person aus betrachtet, wird deutlich, dass der gegenseitige Begründungszusammenhang von einzelnem Dasein und Wir-miteinander auch in Bezug auf die Zeitlichkeit und Geschichtlichkeit Geltung hat. Ausgehend vom Geschehen des Miteinanders und fokussiert auf seine Zeitlichkeit, bestätigt sich für Welte nun, dass das Geschehen als Geschick im Schicksal die Weise ihrer Zeitigung hat. An diesem Punkt zeigt sich deutlich das Ineinander von Personalität und Zeit, von personaler Begegnung und Geschehen, von Ereignis und Geschick, so dass das Denken vom Zusammenhang von Person und Zeit bzw. Geschichte immer mehr geprägt wird, was sich als das Entspringen und die Zeitigung der Zeit in der personalen

---

[33] Vgl. Welte, Die Person als das Un-begreifliche, 118–120.
[34] Welte, Die Person als das Un-begreifliche, 120.

Relationalität des Menschen äußert, weshalb der zeitliche Geschehenscharakter und die Geschichtlichkeit der Person als personales Geschehen in Erscheinung tritt.[35] Das Miteinander bzw. das Wir als personaler Vorgang geschieht in der Begegnung nicht einfach zeitlich und wird nicht nur zu einer geschichtlichen Größe, sondern die zeitigende Zeit der Begegnung eröffnet den entscheidenden Augenblick als ausgezeichnete Gegenwart, als das erfüllte und für die Person entscheidende Jetzt:

»In der Begegnung ereignet sich der Augenblick, der alles verwandelt (oder verwandeln kann). Es zeitigt sich darin der Augenblick als ausgezeichnete Gegenwart. Die Gegenwart als das erfüllte und für dich und mich entscheidende Jetzt. [...] Es zeitigt sich, es erwächst und ereignet sich das Schicksal als das erfüllte und aufgehende und darin unvergleichliche Jetzt. Das ist die sich zeitigende Zeit der Begegnung.«[36]

So bedeutet die Zeitigung der Zeit nicht nur eine neue Weise des Zeitmaßes oder der Zeiterfahrung, sondern als das Schicksal, als das sich das Geschick zeitigt und zur je eigenen Zeit der einzelnen Person wird, wird das Geschick eben als Schicksal selbst zum Geschehen und so zur Vergegenwärtigung der Gegenwart. So zeitigt sich das Schicksal als geschehende Gegenwart in der Begegnung und wird als Geschehen zu einer Größe des Seins. Im Schicksal als der Zeitigung der Zeit vollzieht sich im je eigenen personalen geschichtlichen Vollzug die Gegenwart des gesamten Gefüges der Zeit als Geschehen und als Sein. Das bedeutet, dass das *Wir miteinander* als Geschick im je eigenen personalen geschichtlichen Vollzug als Schicksal bestimmend wirkt, und zwar als die Vergegenwärtigung des gesamten Gefüges der Zeit im entscheidenden Augenblick. Denn in der personalen Begegnung als der Wirklichkeit des *Wir miteinander* ereignet sich der entscheidende Augenblick als ausgezeichnete Gegenwart und so die Fülle des Schicksals, des Glückes und des Verhängnisses, also dessen, was die einzelne Person in ihrer ganzen Geschichte in Anspruch nimmt.[37]
So vollzieht sich dadurch das menschliche Dasein als universales Miteinandersein, worin es zum Fundament der Geschichte wird und sich so, ungeachtet der Begrenztheit des einzelnen Lebensganges, als Grund einer umfassenden Bewegung darstellt.[38] Denn das universale

---

[35] Vgl. Feige, Geschichtlichkeit, 118.
[36] Welte, Die Person als das Un-begreifliche, 120.
[37] Vgl. Welte, Die Person als das Un-begreifliche, 120–122.
[38] Welte verweist hier auf Kierkegaards Schrift *Der Begriff Angst*: »In jedem Augen-

Miteinandersein hat eine zeitliche Struktur, die sich als Geschichte konstituiert und so als geschehende Zeitlichkeit bzw. als zeitigende Zeit waltet. Dieses Walten des Miteinanders als Geschichte geschieht im Gespräch bzw. in der Sprache, in der unmittelbar oder vermittelt sich das Miteinander in einer Gleichzeitigkeit und Gegenwart ausspricht. Denn die Universalität des Miteinanderseins gründet in seiner Gleichzeitigkeit bzw. seiner gleichen Zeitlichkeit:

»Dieses, daß uns allen das gleiche Heute gewährt ist, das als das uns allen gleiche uns alle zueinander gewährt und aufeinander öffnet und bezieht als auf die Gegenwärtigen: dieses ist der entscheidende Zug daran. Der Raum des Mitmenschlichen ist selber Zeit, er ist das Heute, das uns zusammen gewährt ist und das uns sammelt und das niemand von uns gemacht hat. Wir finden uns darin als in dem, was uns geschickt ist und was uns gewährt, die Heutigen zu sein. Der versammelnde Raum ist die Gleich-zeitigkeit des alle umfassenden Heute.«[39]

So waltet und wirkt im universalen Miteinander der kontinuierliche Gang bzw. das Ereignis der einen, alles umfassenden Zeit als Einheit

---

blick verhält es sich so, daß das Individuum es selbst ist und das Geschlecht. Das ist die Vollkommenheit des Menschen als Zustand gesehen. Zugleich ist es ein Widerspruch; ein Widerspruch aber ist stets Ausdruck für eine Aufgabe; eine Aufgabe aber ist Bewegung; [...] Mithin hat das Individuum Geschichte; hat aber das Individuum Geschichte, so hat das Geschlecht es auch. [...] Vollendetheit in sich selbst ist daher das vollkommene Teilhaben am Ganzen. Kein Individuum ist gleichgültig gegen die Geschichte des Geschlechts, ebensowenig wie das Geschlecht gegen die irgend eines Individuums. Indem also die Geschichte des Geschlechts fortschreitet, beginnt das Individuum immerfort von vorne – denn es ist es selbst und das Geschlecht –, und damit wieder die Geschichte des Geschlechts.« (Kierkegaard, Der Begriff Angst, 25.) Kierkegaard erläutert dadurch, dass die Individuen in einem doppelten Sinne »das Geschlecht« sind. Einerseits sind die Gattungsbestimmung als Mensch und das jeweilige gesellschaftlich-geschichtliche Umfeld für das jeweilige Selbst von konstitutiver Bedeutung, so dass das Allgemeine essentiell zur Existenz des Einzelnen gehört. Andererseits beschreibt das menschliche »Geschlecht« die Gesamtheit der Individuen, die in einem gesellschaftlich-geschichtlichen Wirkungszusammenhang stehen. Zugleich unterstreicht Kierkegaard mit dem Ausdruck, »sein negatives Sichverhalten zum Allgemeinen, das Abstoßen des Allgemeinen« (Kierkegaard, Der Begriff Angst, 79.) die Diskontinuität und die Singularität, so dass im Individuum die Vorgaben des sozialen und geschichtlichen Umfelds nicht unbefragt übernommen werden, sondern ein individueller Entscheidungsprozess gegeben ist, weshalb das Selbst sich immer dazu verhalten und positionieren kann. Vgl. dazu besonders Rapic, Selbstbewusstsein und Intersubjektivität bei Fichte und Kierkegaard, 107–109. Zum Verhältnis von Kierkegaard und Welte, besonders im Hinblick auf das Problem der Freiheit und der Existenz des Einzelnen im Kontext, vgl. Nebel, Glauben als Ereignis der Freiheit, 66–76.

[39] Welte, Geschichtlichkeit und Offenbarung, 285 f.

und Kontinuität. Doch geschieht die zeitigende Zeit als einende Geschichte in der Gegenwart des jeweils entscheidenden Augenblicks, wodurch die Zeit als Gegenwart eben nicht ein abstraktes Maß für die Ereignisse sein kann, sondern die Zeit ist selbst das Ereignende als gegenwärtiges Wir. Die Geschichte als zeitigende Zeit hat somit einen dynamischen Charakter, da ihre Einheit diese entscheidenden gegenwärtigen Augenblicke ermöglicht und zugleich sich daraus bildet.[40] Denn die ganze Herkunft lebt samt aller Vergangenheit in der Sprache und prägt bestimmend das Heute des Wir und wird im Heute das Ge-wesene, das sich als Anwesendes vergegenwärtigt und so bestimmend als lebendiges inneres Element wirkt. Dadurch wird einerseits jeder Einzelne aufgefordert, Antwort auf die Herausforderung seines Daseins zu geben, andererseits bleibt jeder im Gespräch und so in der Gegenwart des verbindenden und gleichzeitigen Miteinanders. So sieht Welte eben auch hinsichtlich der Zeitlichkeit bzw. Geschichtlichkeit dieses reziproke Begründungsverhältnis am Werk. Denn der einzelne Mensch wird bestimmt durch seine Herkunft und durch die gesamte Vergangenheit, bleibt aber darin nicht in einer Passivität, sondern findet sich zugleich herausgefordert. Deshalb zeitigt sich der einzelne Mensch, betroffen von der gesamten gemeinsamen Geschichte, in dieses Geschehen des Miteinanders und konstituiert so mit seinem persönlichen Heute das gemeinsame Heute des Miteinanders. Denn jeder Mensch und jede Generation erweist sich als Ergebnis und zugleich als Anfang, da im Menschen das Gewesene als das Herkünftige umschlägt in das Anfängliche als das ganz Neue, wodurch sich das Heute zeitigt und sich die entscheidende Gegenwart ereignet, so dass die Zeit zum Ereignis wird. Als dieses Heute und als Anfang geschieht diese Zeitigung bzw. dieses Ereignis in die Zukunft hinein, so dass die Zukunft selbst zum Moment der gegenwärtigen Zeitigung wird, da sie sich als das Zielgerichtete und somit als das Bedeutsame im Heute gegenwärtig setzt. Denn die Anfänglichkeit des Menschen, also die Fähigkeit etwas oder mit etwas anzufangen, hat seinen Grund im Interesse und in der Sinnvoraussetzung, die zu den elementaren Beständen des lebendigen Daseins gehören. Sie ergeben sich als Annahme der Sinnhaftigkeit angesichts des eigenen Tuns und gegenüber allem Begegnenden aus der transzendentalen Analyse des Seinsverständnisses des Menschen.[41] Zu-

---

[40] Vgl. Welte, Geschichtlichkeit und Offenbarung, 289.
[41] Vgl. Schneider, Personalität und Pädagogik, 145.

sammenfassend zeigt sich für Welte der Mensch bestimmend konstituiert von seiner Herkunft und Zukunft sich gegenwärtig setzend im Heute und dabei auf die Zukunft gerichtet[42]:

> »So ist, indem wir je da sind, das Ganze unseres Miteinanders da als die sich ereignende Zeit, geschehende Zeit, als die eine ganze Zeit. Ungeachtet des Auseinander der Zeit, ungeachtet der Differenz zwischen der Herkunft, der Gegenwart und der Zukunft wissen wir dieses Differente und sich Differenzierende als den einen Gang, als die Beständigkeit des Geschehens. […] das universale Miteinander sei, d. h. walte als der eine kontinuierliche Gang oder das eine Ereignis der einen alles umfassenden Zeit. Und ebenso, es sei jeder Augenblick eine neue Zeit und ein neu sich ereignender Anfang.«[43]

Somit zeigt sich sowohl die herausgearbeitete ontologische Priorität der Einheit bei ontischer Verschiedenheit als auch das reziproke Begründungsverhältnis in entscheidendem Maße in seinem zeitlichen und geschichtlichen Charakter. Denn die Geschichte als das eine Kontinuum des universalen Geschehens zeigt in ihrem Zeitcharakter, dass dieses Eine und Kontinuierliche nicht als Zeitstrang und allgemeiner Maßstab geschehen kann, sondern als entscheidende Gegenwart und darin als jeweils neuer Anfang. Dies geschieht so, dass jeder einzelne Mensch die »sich zeitigende Zeit der Geschichte« ist, weshalb jeder Mensch geschichtlich existiert und sich einbezogen findet in das eine Geschehen der geschichtlichen Zeit.[44] Dadurch wird der einzelne Mensch zum Ort, an dem sich das Ganze der Zeit und der Geschichte in erneuernder Art ereignet, so dass der Mensch im und als Geschehen der Geschichte geschieht, indem er sich als Person im Miteinander begegnend vollzieht. Indem die Geschichte als Eines und Umfassendes im einzelnen Menschen geschieht, wird deutlich, wie sie sich in Kontinuität und Singularität ereignet. Denn in jedem Menschen und jeder Begegnung findet die Geschichte ihren Anfang und damit ihre Einmaligkeit. Zugleich besteht das Geschichtliche als Einzelnes nicht isoliert, sondern gründet im universalen Miteinander, das sich in der gemeinsamen Sprache gewährt und als diese wirkt. Das Einzelne der Geschichte, das von der Herkunft bedingt und auf seine Zukunft ausgerichtet ist, umfasst seine Herkunft und seine Zukunft

---

[42] Vgl. Welte, Geschichtlichkeit und Offenbarung, 286–289.
[43] Welte, Geschichtlichkeit und Offenbarung, 289.
[44] Vgl. Welte, Geschichtlichkeit und Offenbarung, 289.

und damit das Ereignis der ganzen Geschichte, dessen Moment es zugleich ist.[45]

Indem die Geschichte im menschlichen Dasein gründet, lassen sich in ihr und der dazugehörigen Zeitlichkeit die Struktur und der konstituierende Prozess der Personalität und des Miteinanderseins erkennen. Dies äußert sich vor allem in ihrer Einheit von Singularität und Kontinuität, die sich sowohl ausgehend vom einzelnen Dasein als auch von der Universalität des Geschehens der Geschichte als ein einender Prozess eines konstitutiven gegenseitig bestimmenden Geschehens erweist. Denn entsprechend der reziproken Begründung von Freiheit des Einzelnen und Einheit des Miteinanders konstituiert sich die Geschichte aus der gegenseitigen Bestimmung der Singularität als der Dynamik des immerwährenden Anfangs und der Kontinuität als des universalen umfassenden Ereignisses. Dabei lässt sich die Singularität im einzelnen Dasein in seinem Freiheitsvollzug gegründet sehen, während die Kontinuität im Geschehen der Einheit des Miteinanders ihr Fundament hat. In der Begegnung findet sich dabei das Geschehen – in dessen Vollzug sich die Einheit von Einmaligkeit bzw. Anfänglichkeit und Universalität einstellt – als der entscheidende Augenblick. In diesem Jetzt der Begegnung konkretisiert und personalisiert sich das Geschick der ganzen Geschichte als persönliches Schicksal im Heute, wodurch sich das Einzelne konstitutiv in das Geschehen der Geschichte einstiftet.[46]

---

[45] Vgl. Welte, Geschichtlichkeit und Offenbarung, 290–294.
[46] Die hier dargelegten Ausführungen zur Geschichtlichkeit beschränken sich auf den Zusammenhang der Zeitlichkeit mit der Personalität und dem Miteinandersein, natürlich in Berücksichtigung der zum Verständnis notwendigen grundlegenden Ansätze der Geschichtlichkeit. Deshalb wird in diesem Zusammenhang auch nicht auf die epochale Seinsgeschichte bei Welte eingegangen, die sich an diese Überlegungen anschließen würde. Dadurch würde auch die Nähe zu Heideggers Begriff der Seinsgeschichte deutlicher zum Vorschein kommen, was bisher zwar erkennbar ist, aber noch nicht in aller Offensichtlichkeit zu Tage getreten ist. Insgesamt zeigt sich Welte zwar von Heidegger inspiriert, bildet aber selbstständig seine Gedanken zur epochalen Geschichte des Seinsverständnisses aus: »Der Gedanke der epochalen Geschichte des Seinsverständnisses wurde bei mir angeregt durch Martin Heideggers Begriff der Seinsgeschichte. Doch ist er diesem gegenüber selbstständig gebildet.« (Welte, Ein Vorschlag zur Methode der Theologie heute, 235.)

Grund, Gestalt und Gehalt des Miteinanderseins

II) Sprache und Kommunikation

»Viel hat von Morgen an,
Seit ein Gespräch wir sind und hören voneinander,
Erfahren der Mensch; bald sind aber Gesang.«[47]

In seiner radikalen Deutung dieses Zitates aus einem Gedicht von Friedrich Hölderlin erläutert Gadamer seine grundlegende These, die er, ausgehend von seinem ersten Buch *Platos dialektische Ethik* und über seine späte Schrift *Wahrheit und Methode* noch hinaus, zeit seines Lebens immer wieder aufnimmt und mit dem kurzen Satz prägnant auf den Punkt bringt: »Sprache ist Gespräch.«[48] So entfaltet sich für ihn die Hermeneutik der Sprache als Hermeneutik des Gesprächs, was bedeutet, dass der Mensch nicht nur an einem Gespräch teilnimmt, sondern immer schon im Gespräch und so selbst Gespräch ist.[49] Denn wenn sich die Sprache in der Offenheit einer historischen Sprache ergibt und als Sprechen realisiert, dann immer als ein Sprechen für die und mit den Anderen, womit das Dasein der Sprache im Gespräch liegt.[50] In dieser pointierten Aussage Gadamers wird deutlich, dass die Sprache als Konstitutivum von sinngeleiteten personalen und sozialen Vollzügen bzw. Handlungen sowohl das logische Apriori als auch das geschichtlich-soziale Medium von Interaktion und Kommunikation darstellt, wodurch sich jede Erfahrung als eine sprachliche zeigt. Die Sprache erweist sich somit als konstitutiv hinsichtlich der Erschließung von Sinn und Bedeutung. Diese Konstitutionsleistung lässt sich differenzieren in die apriorischen invarianten logischen Strukturen des Denkens bzw. Sprechens und in die Sprachgestalten, die einerseits den handelnden und vollziehenden Subjekten vorgegeben sind, andererseits auch aus ihren Interaktionen neu hervorgehen. Damit wird aufgrund der Gleichursprünglichkeit der existentialen Elemente der Sinnvollzüge und Handlungen einer Theorie eine Absage erteilt, die behauptet, dass das Selbstbewusstsein als eine abhängige Variable von Interaktion anzusehen ist. Denn existentialpragmatisch erweist sich das Ich-selbst bzw. die Ich-Identität durch sachhafte, personale und soziale Andersheit, vermittelt in den Modi der Zeit. Doch geschieht diese Ich-Identität als Selbstbezug nur im

---

[47] Hölderlin, Friedensfeier, 212.
[48] Gadamer, Heimat und Sprache, 369.
[49] Vgl. Di Cesare, Gadamer, 202.
[50] Vgl. Di Cesare, Das unendliche Gespräch, 167.

gleichzeitigen und sprachlich vermittelten Bezug auf ein personales Du, während zugleich das Du über das Geschehen der Kommunikation am Ich zu sich findet und sich die Sprache selbst im Dialog von zumindest zwei Gesprächspartnern aktualisiert. Die Kommunikation entspringt mehreren Ursprüngen, die aber zueinander im Verhältnis der Gleichursprünglichkeit stehen. In diesem Zusammenhang wird deutlich, dass den Handlungselementen des Subjektes und schließlich der Person – Selbst, sachhafte und personale Andersheit, Zeit – vier sprachvermittelte Weltbezüge entsprechen. So stellt sich die Bezugnahme und das Verhalten der Person zur objektiven Außenwelt bzw. natürlichen und sachhaften Umwelt, zu seiner Innenwelt und zur personalen Mitwelt und Gesellschaft immer in Berücksichtigung der Zeitlichkeit und des Ereignischarakters in Zeit und Geschichte dar. Durch diese sprachvermittelten Bezüge konstituiert sich menschliches Dasein, da in der Sprache die Relationalität des Menschen überhaupt erst möglich wird.[51] Indem Sprache die Wirklichkeit nicht einfach abbildet und nicht in einem Verweischarakter sich erschöpft, sondern die Wirklichkeit überhaupt ansprechbar und damit bezogen macht, besteht bei Welte kein instrumentelles Verhältnis der Sprache zur Wirklichkeit, sondern ein Erschließungs- und Konstitutionsverhältnis.[52]

Die bisherigen Ausführungen und konstitutiven Bedingungen von Personalität und Miteinandersein, die sich bei Bernhard Welte gezeigt haben, wie die Begegnung, die Relationalität, die Anfänglichkeit und die Geschichtlichkeit, implizieren eine sprachliche Imprägnierung und verlangen gemäß ihrer wesentlichen Struktur nach Sprache, Gespräch und Sprachlichkeit. So zeigt sich auch hinsichtlich des Zusammenhangs von Sprache und Miteinander ein reziproker Begründungszusammenhang, der im Folgenden näher expliziert werden soll.

1) *Sprache als Gespräch*

»[…] die Dimension der Sprache. Sofern alles Leben von Ich und Du und Wir immer anfangend und immer antwortend ist, insofern ist es immer Gespräch. ›Ich rufe Dir, ich höre Dich mich rufen: Du sagst mir, ich ant-

---

[51] Vgl. Höhn, Zeit und Sinn, 124–127.
[52] Vgl. Schärtl, Logische Form und Grammatik, 439 f.

worte dir‹ usw. Dies sind Grundgestalten des Geschehens der personalen Begegnung, Sie geschieht in den Bahnen und Wegen der Sprache und eben darum als Gespräch.«[53]

Die Dimension der Sprachlichkeit zeigt eben nun, wie der Mensch in der Welt und in der Gesellschaft lebt und sich mitteilt, wie im Zusammenhang der Bestimmung von Zeit und Raum der Mensch in seinem personalen Selbstsein und Mitsein sich äußert und zur Sprache bringt. Mit diesem Ausgangspunkt, der seinen Kontext in der Überlegung findet, dass Sprache das Einzelne immer schon in einen Zusammenhang hineinhebt, grenzt Welte sich aber zugleich von einem positivistischen Sprachverständnis, insbesondere eines frühen Wittgensteins ab, das Sprache als ein Sich-Abbilden der Faktizität versteht.[54] Wenn nun Sprache aufgrund ihrer Fähigkeit zur Verallgemeinerung als Sprache besteht, dann lässt sich das nicht aus der Faktizität des Einzelnen deduzieren, genauso wenig wie die Notwendigkeit eines sprechenden Subjektes.[55] Zugleich wird deutlich, dass die Sprache nicht auf der konstitutiven Leistung eines Subjektes beruhen kann, da der Vollzug von Sprache neben dem sprechenden Subjekt immer auch das vernehmende bzw. hörende Subjekt voraussetzt und sich in diesem Vollzug ein Sachverhalt zu verstehen gibt, der grundsätzlich verstehbar ist. Daher besteht die Grundlage und der logische Anfang von Weltes Überlegungen zur Sprachlichkeit des Menschen in der Formel: Ich sage dir etwas.[56] Darin offenbaren sich, in Entspre-

---

[53] Welte, Die Person als das Un-begreifliche, 125.
[54] Vgl. Wittgenstein, Logisch-philosophische Abhandlung, 4.021: »Der Satz ist ein Bild der Wirklichkeit: Denn ich kenne die von ihm dargestellte Sachlage, wenn ich den Satz verstehe.« Vgl. Sullivan, A Version of the Picture Theory, 89–91.
[55] Vgl. Welte, Die Person als das Un-begreifliche, 125.
[56] Die Sprache als Gespräch zu betrachten und darin die ursprünglichste Form eines Sprachverständnisses zu erkennen, geht vor allem auf die Überlegungen Wilhelm von Humboldts zurück, die sich als die fundamentalsten und fruchtbarsten Einsichten des neueren Sprachdenkens überhaupt zeigen: »Alles Sprechen ruht auf der Wechselrede […]. Es liegt aber in dem ursprünglichen Wesen der Sprache ein unabänderlicher Dualismus, und die Möglichkeit des Sprechens selbst wird durch Anrede und Erwiederung bedingt. Schon das Denken ist wesentlich von Neigung zu gesellschaftlichem Daseyn begleitet, und der Mensch sehnt sich, abgesehen von allen körperlichen und Empfindungs-Beziehungen, auch zum Behuf seines blossen Denkens nach einem dem *Ich* entsprechenden *Du*, der Begriff scheint ihm erst seine Bestimmtheit und Gewissheit durch das Zurückstrahlen aus einer fremden Denkkraft zu erreichen.« (Humboldt, Über den Dualis, 25 f.) Diese Erkenntnis Humboldts gründet auf der Einsicht, dass die Sprache die Bedingung der Erkenntnis ist und damit das traditionelle monologische Modell der Erkenntnis, das sich allein auf die Subjekt-Objekt-Relation stützt,

Sprache und Kommunikation

chung zur Personalität, dieselben konstitutiven Momente, die im Ich, im Du, im Etwas und in einer gegenseitigen Beziehung bestehen, so dass die Sprache grundsätzlich auf das eine Geschehen von Wort und Antwort angewiesen ist.[57] Die Beziehung und Bezogenheit, in der der Mensch immer steht, und sein alles verstehendes Wesen, das dieses Verstehen in die Sprache bringt, können nicht im Sinne Kants[58] als ein einzelnes Ich verstanden werden und damit als eine transzendentale Einheit des Selbstbewusstseins. Der Mensch als das worthabende Wesen kann niemals allein gedacht werden, da er, in der Sprache bestehend, immer schon im Wir lebt und als Sprechender von einem Vernehmenden gehört werden will und zugleich selbst ein Vernehmender und Hörender für andere Sprechende sein muss.[59] Deshalb offenbart sich in der Sprache auch die gleiche Grundstruktur wie im Seinsverständnis und der Personalität des Menschen, nämlich die Identität bei bleibender Differenz bzw. der »Vorgang von Identität und Nichtidentität«[60]. Im Vollzug der Sprache als Gespräch zeigen sich das Ich, das Du und das Etwas in ein Geschehen eingebunden, ohne dabei ihren Selbststand aufzugeben, so dass Welte dieses Geschehen seiner Struktur nach in einen selbstexplikativen, kommunikativen und sachlichen Aspekt des einen Sprachgeschehen entfalten

---

verändert. Denn die Dreistrahligkeit der semantischen Relationen und damit der Sprache (Vgl. Liebrucks, Sprache und Bewußtsein/1, 341.), wie sie bei Liebrucks dann deutlich hervorgehoben wird, entfaltet sich vor allem in der Beziehung von Subjekt zu Subjekt und damit dialogisch, was besonders für die Vorstellungen von Subjektivität und Objektivität Folgen hat. Denn das Ich, von dem Humboldt ausgeht, ist nicht das dem Nicht-Ich entgegengesetzte Ich Fichtes, sondern ein konkretes historisches Individuum, das sich im Dialog mit dem Du bildet und entfaltet. Im Dialog geschieht die objektivierende Entfremdung des Subjekts, wodurch die Aneignung der objektivierten Welt durch das Subjekt eingeleitet wird. Dies kann aber nur durch die Sprache geschehen und sich deshalb nur zwischen Subjekten vollziehen. In der Bildung der Welt und der Selbstbildung des Ich gegenüber dem Du zeigt sich die auf die Hervorbringung der Sprache gerichtete Arbeit des Geistes (Humboldt, Über die Verschiedenheit des menschlichen Sprachbaues und ihren Einfluß auf die geistige Entwicklung des Menschengeschlechts, 46: »Die Sprachen als eine Arbeit des Geistes zu bezeichnen, ist schon darum ein vollkommen richtiger und adäquater Ausdruck, weil sich das Daseyn des Geistes überhaupt nur in Thätigkeit und als solche denken lässt.«), so dass die Sprache vor allem eine sich zwischen zwei Subjekten verwirklichende πρᾶξις ist. Vgl. Di Cesare, Wilhelm von Humboldt (1767–1835), 281.

[57] Vgl. Casper, Sprache und Theologie, 59–61.
[58] Vgl. Kant, KdU A 145 (AA V, 287): »Die subjective Bedingung aller Urtheile ist das Vermögen zu urtheilen selbst, oder die Urtheilskraft.«
[59] Vgl. Casper, Seit ein Gespräch wir sind, 82 f.
[60] Welte, Sprache, Wahrheit und Geschichte, 48.

kann, die unterschieden werden können, aber als die Konstitutiva des einen Geschehens nicht voneinander getrennt werden dürfen.[61]

Denn Sprache konstituiert sich als Geschehen, indem sich der Gedanke durch das Wort enteignend preisgibt und damit zwischen Sprechenden gesagt und so wirklich gesprochen wird.[62] Entsprechend der Personalität des Menschen, die sich in der einzelnen Person als Dialektik von Selbstentäußerung und Selbstergreifung bzw. als Selbstbezug im Fremdbezug verwirklicht, wird jedes Wort erst durch diese Dialektik von Selbstentäußerung und Selbstergreifung Wirklichkeit. Denn wie die Person des Anderen bedarf und nur in einer Kommunikations- und Handlungsgemeinschaft mit Anderen zum Selbst wird, so hat die Sprache nur im sprechenden Vollzug und in der Aktualität Bedeutung. Es vollzieht sich dabei aber kein neutraler Vollzug, der sich als Sprache ausbildet, sondern die Konstitution der Sprache erfordert, dass das Ich-selbst sich aussprechen will und als Selbst sich im Sprechen engagiert. Dadurch zeigt sich wiederum die Ursprünglichkeit und die Anfänglichkeit der Sprache, so dass sich auch ihre schöpferische Aktualität auftut und den Menschen zum Menschen und schließlich zur Person werden lässt.[63] Zugleich ge-

---

[61] Welte findet sich hinsichtlich seiner Überlegungen zur Sprache beeinflusst und angeregt durch Gerhard Ebelings Beschäftigung mit den Grundfragen einer theologischen Sprachlehre, in denen dieser sich besonders auch mit den Problemdimensionen einer Hermeneutik und einer umfassenden Sprachlehre beschäftigt und in diesem Zusammenhang eben auch auf den selbstexplikativen, kommunikativen und sachlichen Aspekt von Sprache kommt. Vgl. Ebeling, Einführung in theologische Sprachlehre, 201–218; vgl. dazu auch besonders Schneider, Personalität und Pädagogik, 163.
[62] Vgl. dazu Ebner, Schriften II, 977: »[...] von der Expropriation des Gedankens durch das Wort. In der Icheinsamkeit seines Gedachtwerdens ist ein Gedanke, und wenn er auch noch so objektiv gedacht würde, gleichsam persönliches Eigentum, in seiner Wortwerdung wird er expropriiert.« Ebner geht aber dabei nicht von einem vorrangigen Gedanken aus, der sich nachträglich ins Wort entäußert und so vernehmbar wird, sondern in Wirklichkeit lebt der Gedanke von dem sich in der Kommunikationsgemeinschaft und der Sprache ereignenden Wort.
[63] Vgl. Ebner, Schriften II, 260 f.: »Worin hat das Wort seine Aktualität? Darin, daß es gesprochen wird und daß es zu jemandem gesprochen wird, von dem es erfaßt wird. Darin, daß es das Verhältnis des Ichs zum Du herstellt, d.h. das geistige Leben (im Menschen) schafft oder erweckt. Das gilt jedoch nur vom Wort in seiner persönlichen Aktualität. [...] Die persönliche Aktualität bringt den Menschen zur Besinnung auf sich selbst (schafft oder erweckt das Ich). Das Wort in seiner persönlichen Aktualität weist über den Menschen hinaus. Denn das Geistige im Menschen, durch das Wort geschaffen, dadurch daß dieses in ihn einging, so daß er also das Wort hat, ein sprechendes Wesen ist, existiert nur im Verhältnis zu etwas Geistigem außer ihm, das Ich existiert nur im Verhältnis zum Du – es existiert im Wort, in der Aktualität des

schieht in diesem Prozess der Sprache als Gespräch die Anerkenntnis des Du als ein Selbst, das sich sprechend und hörend vollzieht und zugleich als ein solches jeglicher Verfügung eines anderen Selbstseins entzogen ist.[64] Der Ursprung der Sprache im Gespräch und der Wechselrede geht einher mit der Anerkennung des Anderen und der Erkenntnis von dessen Entzogenheit, was damit dem Menschen den Raum der zwischenmenschlichen Erfahrung aufschließt und auf diese Weise das Wir und das Miteinander zur Sprache bringt, da sie als geschehende Sprache dem Vollzug des Miteinanders entspricht.[65]

2) Sprache, Personalität und Miteinander

Für Bernhard Welte besteht also zwischen dem Miteinandersein und der Sprache nicht nur eine Entsprechung, sondern letztlich ermöglicht die Dimension der Sprache erst das Geschehen des Miteinanders bzw. gehört die Sprachlichkeit und die Möglichkeit der Kommunikation ursprünglich zum Miteinander und zur Personalität dazu. Nicht die Sprache als Bestand, sondern die Sprache als Geschehen bzw. als Gespräch vollzieht sich als das Bergende und das Entbergende der Offenheit der Begegnung, die dem Miteinandersein konstitutiv zugrunde liegt, indem auf dialogische Weise in der Sprache die vieldimensionale und weltstiftende Offenheit in Erscheinung tritt. Denn diese Offenheit der Begegnung als Gespräch ermöglicht den personalen Kontakt von Ich und Du als Selbst zu Selbst, die als wirkliche per-

---

Wortes und auf Grund dieser Aktualität.« In diesem Zusammenhang lässt sich anmerken, dass Bernhard Welte besonders durch seine Schüler Bernhard Casper und Michael Theunissen auf das dialogische Denken aufmerksam gemacht wurde, so dass sich in diesem Zusammenhang Parallelen zu den Überlegungen Ferdinand Ebners und seiner Beschäftigung mit Schelling finden. So stimmen sie darin überein, dass die Sprache ihr eigentliches Leben nicht als Bestand haben kann, vergleichbar einem Wörterbuch, sondern ihre Grundintention eben im sprechenden Vollzug besteht, da Sprache nur dann zu dem wird, worin sich der Mensch auszeichnet und wirklich Mensch wird bzw. ist. Vgl. dazu besonders Casper, Das dialogische Denken, 199–201; vgl. Theunissen, Der Andere, 281–294.

[64] Dieses Geschehen der Sprache als Gespräch lässt sich ebenfalls mit Liebrucks als eine »dreistrahlige semantische Relation[en]« (Liebrucks, Sprache und Bewußtsein/1, 341.) beschreiben, die die Sprache als semantisches Ganzes betrachtet und nur entschlüsselt werden kann in Berücksichtigung der drei Relationen, die sich in ihm bergen, nämlich die Relation zum Sprecher, zum Hörer und zur besprochenen Sache. Vgl. Liedtke, Freiheit als Marionette Gottes, 66 f.

[65] Vgl. Casper, Sprache und Theologie, 62–64.

sonale Begegnung die kommunizierenden Begegnenden personal umfasst und dadurch die Welt neu stiftet[66]:

»Diese vieldimensionale Offenheit aber ereignet sich auf dem Weg der Sprache, darin also, daß wir miteinander sprechen. In die gesprochene Sprache birgt sich das Miteinander und Zueinander, und die Welt und Zeit, die zum Miteinander und Zueinander gehören. Diese ganze lebendige Offenheit birgt sich und faßt sich in den Namen, mit denen wir einander rufen und einander antworten, und in den Worten, in denen wir einander die Gestalten der Welt und die Ereignisse des Geschickes weisen. Diese ganze Offenheit lebt, geborgen in den Worten und Weisen der Sprache, die als Gespräch zwischen uns geschieht. Sie lebt geborgen und gefaßt, d. h. benannt, aber nicht verborgen. Die Sprache birgt die Offenheit des Personalen, jedoch so, daß sie diese gerade als Offenheit birgt und hütet und sein läßt.«[67]

a) Gespräch und Sprache – Begegnung und Miteinander

Die Begegnung des Du und die Annahme als Du, worin zugleich das Vollbringen und das Setzen bzw. Freisetzen des Du liegt, geschieht, indem das Ich das Du anspricht und Du sagt. In dieser Setzung des Du erfährt sich das Ich auch vom Du gesetzt, da das Wort Du nicht nur den anderen Menschen betrifft, sondern auch das Ich in ein Verhältnis zum Du setzt. Im Aussprechen des Du überschreitet das Ich die Einzelheit, ohne sich dabei des Du zu bemächtigen, so dass im Vollzug der Begegnung und der Kommunikation sowohl die Anerkennung des Du als auch der die Einzelheit überschreitende Selbstvollzug des Ich stattfindet.[68] Daher erweist sich die Kommunikation

---

[66] Vgl. Welte, Die Person als das Un-begreifliche, 125 f.
[67] Welte, Die Person als das Un-begreifliche, 126.
[68] Die Selbstexplikation des Subjektes in der Sprache und damit die Sprache als die einzige und wahre Möglichkeit der Selbstentäußerung als die Grundlage jeglicher Intersubjektivität bzw. Interpersonalität zeigt deutliche Parallelen zu Hegels Überlegungen zum Bildungsprozess im Blick auf den sich entfremdenden Geist in seiner *Phänomenologie des Geistes*: »Diese Entfremdung aber geschieht allein in der *Sprache*, welche hier in ihrer eigenthümlichen Bedeutung auftritt. – In der Welt der Sittlichkeit, *Gesetz* und *Befehl*, – in der Welt der Wirklichkeit, erst *Rath*, hat sie das *Wesen* zum Inhalte, und ist dessen Form; hier aber erhält sie die Form, welche sie ist, selbst zum Inhalte, und gilt als *Sprache*; es ist die Krafft des Sprechens, als eines solchen, welche das ausführt, was auszuführen ist. Denn sie ist das *Daseyn* des reinen Selbsts, als Selbsts; in ihr tritt die *für sichseyende Einzelnheit* des Selbstbewußtseyns als solche in die Existenz, so daß sie *für andere* ist. Ich als dieses *reine* Ich ist sonst nicht *da*«. (Hegel, PG (GW 9, 276).) Bei Hegel zeigt sich eben nun, dass die Sprache als die Ermöglichung des kommunikativen Bewusstseins überhaupt eben nicht nur die

als konstitutiv für die Realisierung des Selbstseins, da nur am Du als realem Ort sich das eigene Ich-selbst-sein in Freiheit und somit in seiner Fülle setzt.[69] Denn nur in der Begegnung mit dem Du und der damit einhergehenden Kommunikation realisiert sich das volle Dasein des Ich-selbst in seiner Freiheit. Entsprechend zur Realisierung des freien Selbstbesitzes verwirklicht sich auch die Kommunikation und findet analog zum Selbstsein zu ihrer wesentlichen Dimension und Intensität. Denn indem das Selbst in seinem Selbstbesitz zu sich und so zu seiner wahren Größe findet, ergibt sich erst die Möglichkeit der Selbstexplikation, die die wirkliche Kommunikation von einem Selbst zu einem anderen Selbst ermöglicht und damit wirkliche, tiefe und wesentliche Kommunikation konstituiert. In dieser Kommunikation bildet sich nun zu der dynamischen bipolaren Relation von Ich und Du auch eine Sozietät, ein Wir, und dadurch ein Geschehen der Einheit. Die Spannung des Gegenübers von Ich und Du gründet als lebendiges Element in der grundlegenderen Einheit des Wir, deren Leben sich in der Kommunikation realisiert, weshalb die einzelnen Menschen nicht isoliert auf ihre Einzelheit beschränkt bleiben müs-

---

Übermittlung bestimmter Inhalte als Aufgabe hat, sondern primär die Präsenz des Sprechers und somit das Erscheinen des Ich ist. Das hat zur Folge, dass das Selbst in der Sprache mit der sinnlichen Realität verknüpft ist und durch diese Ausdruck und Dasein gibt, was wiederum auf ein Vernommen- bzw. Gehörtwerden von einem anderen Selbst zielt. Daher lässt die Sprache das Selbst allein aus dem kommunikativen Miteinander begreiflich werden. Indem die Sprache die sinnliche Ausdrucksgestalt schlechthin bietet, kann das Selbst des Menschen am unmittelbarsten erscheinen und wird so zu seiner vollkommensten Ausdrucksgestalt. In ihrer Anerkennung der Differenz von innen und außen zeigt sich in der Sprache die Möglichkeit einer Identität an, also die Möglichkeit einer gegenständlichen Präsenz des geistigen Innenlebens und damit des Selbst. Im sprachlichen Vollzug zeigt sich eben nun, dass der Sprecher in seinem Sprechen präsent ist und so das Ich selbst im Sprachvollzug zum Dasein kommt. Als Gemeinschaftsvollzug aufgrund seiner Ausrichtung auf das Hören verweigert dieses Sprechen die Annahme eines monadischen Ich, so dass das Ich prinzipiell von Anderen begriffen wird und so als ein gemeinsames und allgemeines erscheint. Diese Allgemeinheit des Ich als das Über-sich-hinaus-sein und Beim-anderen-sein findet im sprachlichen Vollzug seine Bestätigung, da das sprachliche Dasein erst im Verschwinden zu seiner Eigentlichkeit findet, da nur im Vergehen gehört werden kann und damit beim Anderen Aufnahme findet. Vgl. dazu besonders den ausführlichen und textorientierten Kommentar zu den gleichnamigen Kapiteln von Hegels *Phänomenologie des Geistes*: Schmidt, »Geist«, »Religion«, und »absolutes Wissen«, 141–144.
[69] In der Sprache geschieht somit Entäußerung, Entfremdung und Bildung, da nur in der Preisgabe des Ich an ein Du durch die Sprache das Ich in der Realität zu sich findet. Vgl. Liebrucks, Sprache und Bewußtsein/5, 207.

sen, sondern im Wir ihr wahres, wesentliches und freies Selbstsein erfahren.[70]

So vollzieht sich das Geschehen des Miteinanderseins auch in der Sprache, indem sich die Einheit als wirkliche Kommunikation aus der Freiheit des Selbstseins als Selbstexplikation konstituiert, das als wirkliches und freies Selbstsein sich selbst ausspricht und selbst in der Einheit der Kommunikation gründet.[71] So zeigen sich in der Selbstexplikation der Person das Ich-Du und in der personalen Kommunikation das Wir als die beiden Seiten des einen Geschehens der Sprache, die in einem reziproken Prozess sich gegenseitig begründen und konstituieren. Hinsichtlich der Sprache wird dieses bekannte und wiederholt aufgetauchte reziproke Begründungsgeschehen am ehesten deutlich, da die Sprache nur als Gespräch und Kommunikation bestehen kann, wenn kommunizierende Menschen wirklich miteinander sprechen, die wiederum nicht ihre eigene Sprache erfinden, sondern in einer erlernten Sprache sprechen und sich dieses eigene bzw. gemeinsame Sprechen verändernd auf die Sprache auswirkt. So wird in diesem Zusammenhang des Sprechens als Beziehung der Vorgang von Identität und Nichtidentität deutlich, indem mindestens zwei Nichtidentische miteinander sprechen, was als ein Geschehen der Sprache als Gespräch Identität erkennen lässt und als ein solches Geschehen Geschichte ist.[72] Welte betrachtet nun den Konstitutionsprozess nicht nur vom einzelnen sprechenden und freien Selbstsein her, das in der Einheit der Kommunikation sein Wir findet, sondern setzt zudem auch bei dem Geschehen der Sprache an, das als kontingent-faktischer Naturgrund des Gesprächs analog zur Welt die Begegnung trägt und umfängt. Denn die Sprache als die Offenheit der Begegnung trägt auf ihre eigentümliche Weise alle Grundzüge des Geschehens der Begegnung in sich[73] und trägt als Gespräch den Implikationen sowohl der Sprache als auch der Begegnung Rechnung.

Indem Welte von der ontologischen Priorität der Einheit des Miteinanders ausgeht, setzt er sich ab von einem absoluten Verständnis der Person, das sich darin erschöpft, die zwischenmenschliche Wirklichkeit daraus entstehen zu sehen, dass das Ich-selbst mit dem

---

[70] Vgl. Welte, Soziologie der Religion, 40–47.
[71] Vgl. Welte, Fundamentaltheologische Grundbegriffe zur Theorie der Kirche, 65–70; vgl. Welte, Soziologie der Religion, 44–46.
[72] Vgl. Welte, Sprache, Wahrheit und Geschichte, 48.
[73] Vgl. Welte, Die Person als das Un-begreifliche, 127; vgl. dazu besonders Geiger, Person und Sein, 121 f.

Du-selbst in ein Verhältnis tritt und dieses Verhältnis umgekehrt die jeweilige Totalität ist, aus der das Wir-miteinander lebt. Dieses Verhältnis, das durch die Sprache entsteht und in der Sprache sich manifestiert, besteht zwar als Idealmodell in dieser Voraussetzungslosigkeit. Dies stellt aber eine Fiktion dar, die die Wirklichkeit niemals einholen kann, da die sprechenden Begegnenden in ihrem Dialog immer schon Bedingungen unterworfen sind und nur auf diesem Fundament beginnen können, sich sprechend zu begegnen und als Gespräch zu leben. Deshalb bliebe es einseitig, aus einer fiktionalen Voraussetzungslosigkeit Sprache einfach als Folge des Prozesses der Vergesellschaftung zu verstehen, da die Sprache zugleich als die Voraussetzung des Geschehens von Gemeinschaft und Miteinander wirkt und so diese grundlegende ontologische Einheit sichtbar und erfahrbar macht. Indem dies den konstitutiven Zusammenhang von Gemeinschaft und Sprache verdeutlicht, trägt es zur Erhellung und Veranschaulichung des Geschehens des Miteinanders bei.[74] Denn entsprechend der Sprache als Grund des Gesprächs vollzieht sich die Begegnung auf dem Fundament des Miteinanders. Die Sprache als Gespräch geschieht als eine Einheit bzw. eine Ganzheit und somit als ein lebendig waltendes Geschehen, in das die einzelnen Sprechenden einstimmen, so dass jedes darin gesprochene Wort, sogar die erste Äußerung, in das Gespräch und so in das Wir bzw. das Miteinander hineingesprochen ist, was wiederum die Einheit des Gesprächs verändert. Daher zeigt sich Sprache und Miteinander den Einzelnen vorausgesetzt, so dass die Sprache im Gespräch und das Miteinander in der Begegnung aktuiert werden, aber in diesem Geschehen der Einzelne aufgrund der jeweiligen Selbstursprünglichkeit dem vorausgesetzten Grund und Fundament einen wesentlichen Impuls gibt und dadurch einen konstitutiven Einfluss hat.[75]

Hinsichtlich der Einheit des Geschehens, in Absetzung von fiktionalen Umständen, drängt sich besonders der zeitliche bzw. geschichtliche Aspekt der Sprache als Gespräch in den Vordergrund. Denn die Sprache als Gespräch zeigt, wie in der personalen Begegnung und überhaupt im Vollzug des Miteinanderseins sich die Geschichte als Geschick und Schicksal auswirken kann, also wie die Kontinuität des Geschehens der Geschichte in den jeweiligen einzelnen

---

[74] Vgl. Casper, Sprache und Theologie, 66 f.
[75] Vgl. Welte, Philosophische Soziologie im Hinblick auf das Verständnis des Christentums als Kirche, 72–79.

Personen ihre Singularität findet. Denn nur mittels der Sprache als Gespräch kann sich eben auch in zeitlicher und geschichtlicher Hinsicht eine Einheit der Geschichte bilden, die als Dynamik der Singularität bzw. des immerwährenden Anfangs und als Kontinuität des universalen umfassenden Ereignisses dem reziproken Begründungsverhältnis Rechnung trägt. Denn nur in der Begegnung als Sprache und Gespräch können sich die entscheidende Gleichzeitigkeit und das umfassende Heute einstellen, vorausgesetzt, diese Begegnung der beiden Sprechenden geschieht auf der Grundlage des universalen Miteinanders, das sich in der gemeinsamen Sprache gewährt und als diese wirkt. Im Gespräch bergen sich die Sprechenden in diese gemeinsame Sprache, so dass, indem die Gesprächspartner sprechend gegenwärtig sind, die gesamte und so eben auch ihre persönliche Herkunft gegenwärtig ist. Die entscheidende Gleichzeitigkeit in der Begegnung fordert die Sprechenden heraus, aus ihrer Herkunft sprechend zu antworten und in ihrer Antwort in der Sprache als Gespräch einen neuen Anfang zu setzen, der in der Sprache zugleich die Zukunft gegenwärtig macht. Die Sprache als Gespräch ermöglicht diese entscheidende Gleichzeitigkeit, da durch das eine Geschehen des Gesprächs die Sprache sowohl die Herkunft als auch die Zukunft im entscheidenden Augenblick des Jetzt präsent macht.[76]

Im personalen Miteinander offenbart sich besonders diese konstitutive Bedeutung der Sprache in ihrem relationalen und wirklichkeitserschließenden Charakter, die ihrerseits wiederum ihre Wurzeln zugleich in der Person findet und als Gespräch aus dem Miteinander lebt. Diese Ursprünglichkeit der Sprache im Lebensvollzug der Menschen trägt die Sprache weiter und schafft ihre Geschichte. In diesem Zusammenhang mit dem zeitlich-geschichtlichen Sein des Menschen zeigt sich die Sprache immer als geschichtlich, so dass sie eine Geschichte hat und Geschichte macht.[77] So verwundert es nicht, dass Welte die Sprache als das entsprechende und eigentümliche Medium des Geistes bzw. des Logos des Miteinanders sieht, da der Geist als lebendiges dialogisches Prinzip in der Sprache seinen Weg in die Offenheit findet. Denn in der Sprache kann der Geist sich selbst aussprechen und ursprünglich den Anderen ansprechen und er kann in den Weisen und Stimmungen des sprachlichen Miteinanderseins bzw. des Miteinanderlebens als Logos des Ganzen in das Offene tre-

---

[76] Vgl. Welte, Geschichtlichkeit und Offenbarung, 286–291.
[77] Vgl. Schärtl, Logische Form und Grammatik, 437.

ten und so geschichtlich werden. Wenn die Geistesgemeinschaft als Sprachgemeinschaft zu einer geschichtlichen Gemeinschaft wird, in der die Herkunft und die Zukunft in der Begegnung bzw. dem Gespräch präsent werden, dann zeigt sich ein reziprokes Verhältnis von Logos und Sprache, so dass sie in ihrem Schicksal eng verbunden sind: Das Zersetzen wie das Erstarken des Logos der Gemeinschaft ist eben auch das Zersetzen bzw. Erstarken der Sprache. Daher zeigt sich die Sprache als der Inbegriff der Offenheit des Geistes in seinem Bezug zu wirklichem Miteinander.[78]

Versucht man nun, ausgehend von diesen strukturellen Differenzierungen der verschiedenen Existentiale des gemeinschaftlichen Lebens, das Miteinander wiederum als ein Geschehen zu beschreiben, so erscheint es als ein sprachlicher und geschichtlicher Selbstvollzug im Fremdbezug, der ein reziprokes Konstitutionsverhältnis der Freiheit des Einzelnen und der Einheit des Miteinanders offenbart, das sich entsprechend in Sprache und Geschichte vollzieht. Daher geschieht die Begegnung als Gespräch zunächst auf den bereits vorliegenden Wegen der Sprache bzw. in der vorgefundenen Sprache als dem Grund jeglichen Gesprächs, da sich in der Sprache die gesamte und somit auch die jeweils eigene Herkunft birgt. Im Geschehen der Begegnung als Gespräch birgt und entbirgt sich angesichts des Du die personale Ursprünglichkeit in diese herkünftige Sprache, wodurch sich aus der herkünftigen Sprache eine neue Sprache bildet, die sich ausspricht und im personalen Vollzug das Du anspricht. Davon betroffen wird das Du in personaler Ursprünglichkeit dem Ich antworten, so dass die Sprache als Gespräch von Ursprung zu Ursprung geschieht, folglich als Geschick und sich zeitigende Gegenwart[79]:

»Die sich zeigende Heraufkunft des Geschickes eröffnet vollends im Hin und Her von Ursprung zu Ursprung der miteinander Sprechenden eine *neue* Sprache, und dies umso mehr, je größer das Geschick sich zeitigt.«[80]

b) Wahrheit, Geschichtlichkeit und Kommunikation

Diese im Gespräch sich zeitigende, auf Zukunft ausgerichtete, sich stetig ereignende und erneuernde Sprache geschieht aber nicht als

---

[78] Vgl. Welte, Philosophische Soziologie im Hinblick auf das Verständnis des Christentums als Kirche, 79–82.
[79] Vgl. Welte, Die Person als das Un-begreifliche, 128.
[80] Welte, Die Person als das Un-begreifliche, 128.

ein richtungsloses Wechselspiel von Ursprung zu Ursprung, sondern geschieht als gerichteter Prozess, da dieses Geschehen die Wahrheit zum Vorschein bringen will und sich daher als Dialog in der Wahrheit und so im dialogischen Wahrheitsverständnis Weltes gründet. Dieses Verständnis von Wahrheit zeigt sich als Frucht von Weltes Begegnung mit Heidegger und Rosenzweig. Denn Welte knüpft bei Heideggers Verständnis der Wahrheit als Unverborgenheit und als das gründende Zusammengehören von Sein und Denken an.[81] Er setzt sich aber wiederum von ihm darin ab, dass er das Geschehen der Wahrheit als das Ereignis der Offenheit, als das Ereignis des Zusammens von Sein und Denken in eben dieses Zusammen verfügt sieht und sich dabei die Wahrheit als Ereignis der Offenheit nicht wie bei Heidegger zugleich entzieht. Wahrheit zeitigt sich als Ereignis und Geschick, was als ein Gespräch zwischen Sein und Erfahrung geschieht, indem das Sein sich entbirgt und erfahrbar wird und als solches dem Denken und der Erfahrung begegnet und in diesem denkenden und erfahrenden Vollzug sich entfaltet.[82] So waltet Wahrheit als die Offenheit dieses Prozesses und wird so zur Geschichte. Im Unterschied zu Heidegger eröffnet sich für Welte in diesem Prozess der Wahrheit etwas Absolutes, Unbedingtes und Transzendentes, das bei aller Perspektivität und Relativität des Geschehens der Wahrheit und der Geschichte diesen Vollzug nicht ziellos werden lässt und damit die Wahrheit selbst auflöst. Entsprechend eines optimistischen Realismus sieht der Freiburger Religionsphilosoph den absoluten Kern des Wahrheitsgeschehens in der Erkenntnis, dass ist, was ist[83]:

»Es ist, was es ist, und es ist wahr, daß es jetzt so sich zeigt. Und auch dieses, daß es jetzt so sich zeigt, ist und ist, was es ist. Von diesem Ganzen, dem Seienden und der Weise seines sich Zeigens, können wir sagen: Dieses Ganze, es ist, was es ist. Dies ist die Wahrheit. Das fällt uns jetzt auf einmal auf,

---

[81] Vgl. Heidegger, Zur Sache des Denkens, 75: »Was die Unverborgenheit vor allem anderen als erstes gewährt, ist der Weg, auf dem das Denken dem einen nachgeht und es vernimmt [...]. Die Lichtung gewährt allem zuvor die Möglichkeit des Weges zur Anwesenheit und gewährt das mögliche Anwesen dieser selbst. Die Ἀλήθεια, die Unverborgenheit, müssen wir als die Lichtung denken, die Sein und Denken, deren Anwesen zu und für einander erst gewährt. Das ruhige Herz der Lichtung ist der Ort der Stille, aus dem her es dergleichen wie die Möglichkeit des Zusammengehörens von Sein und Denken, d. h. Anwesenheit und Vernehmen erst gibt.«
[82] Vgl. Welte, Wahrheit und Geschichtlichkeit (1962), 94 f.
[83] Vgl. Feige, Geschichtlichkeit, 204–206.

indem es mit lautloser Unbedingtheit mitten aus dem flüchtigen Sich-Zeigen des Flüchtigen sich erhebt.«[84]

So ereignet sich in der Wahrheit als Geschichte ein übergeschichtliches und absolutes Moment, das alle Perspektiven als Maßstab verpflichtet und sich somit als unbedingt zeigt, da jedes Maß wieder seinen Grund in der Wahrheit hätte.[85] Dieses absolute Fundament besteht in der Grundthese: dass ist, was ist. Dieser unbedingte Grund gehört als Übergeschichtliches zur Geschichtlichkeit und als Über-die-Zeit-hinaus-sein zur Zeitlichkeit, da es nicht denkbar ist, dass die Geschichte sich in eine reine Relativität auflöst und zugleich garantiert, dass sie nicht in isolierte unzusammenhängende Monaden zerfällt. Indem nun dieses Geschehen von Wahrheit sich als Ereignis und Geschichte erweist, wird deutlich, dass die Wahrheit selbst geschichtlich ist und so als Ineinander von Übergeschichtlichem und Geschichtlichem geschieht.[86] Dabei geht die Wahrheit niemals in geschichtlichen Gestalten auf, sondern diese sind die geschichtliche Antwort auf den geschicklichen Zuspruch der Wahrheit, die als Wahrheitsvollzug auf die transzendente und absolute Wahrheit verweisen können, aber in diesem Verweis niemals in ihrer Geschichtlichkeit aufgehoben werden in einem scheinbaren Ausgriff auf die absolute Wahrheit selbst.[87] Die Geschichtlichkeit geschieht in der Absolutheit ihrer übergeschichtlichen Wahrheit als ein untrennbares Ereignis, das sich in das Ereignis des einzelnen Wahren und in das gründende Ereignis der Wahrheit des einzelnen Wahren differenzieren lässt. Geschichte ist daher nicht Erscheinung oder zeitliches Abbild der Wahrheit, sondern Ereignis der Wahrheit, so dass die Wahrheit als geschichtliches Geschehen auch eine vom Menschen zu verantwortende ist und den Menschen unbedingt in Anspruch nimmt.[88] Darauf aufbauend beschränkt sich Welte in seinem Wahrheitsverständnis nicht nur auf

---

[84] Welte, Wahrheit und Geschichtlichkeit (1962), 97.
[85] Vgl. Welte, Zur Christologie von Chalkedon, 139–141.
[86] Welte erinnert in seinem Ausführungen von der Geschichte als Leben der Wahrheit an das platonische Verständnis der Wahrheit eines τόπος ἐπουράνιος (Welte, Wahrheit und Geschichtlichkeit (1962), 88.98.) als dem überzeitlichen Ort der Wahrheit, um in Absetzung und Abgrenzung zu diesem seine Vorstellung von der Übergeschichtlichkeit der Wahrheit differenziert darzustellen. Besonders auch bzgl. der Auseinandersetzung mit Heideggers Platointerpretationen vgl. Fleischer, Wahrheit und Wahrheitsgrund, 201–203.
[87] Vgl. Feige, Denken als Geschehen dialogischer Offenheit, 48f.
[88] Vgl. Welte, Wahrheit und Geschichtlichkeit (1962), 98.

die transzendentale Relationalität des menschlichen Geistes auf die Welt, sondern sieht zudem die personale Relationalität auf das Du als das Miteinandersein als konstitutiv an, so dass der kommunikative Horizont eine fundamentale Dimension des menschlichen Wahrheitsbegriffes darstellt, was auf eine Nähe zu Rosenzweig schließen lässt.[89] Welte sieht in der Vergeschichtlichung des Wahrheitsbegriffes auch eine Dynamisierung hinsichtlich des personalen Geschehens der Kommunikation und des Miteinanders.[90] Denn Wahrheit geschieht als Gespräch, als Entbergung und Lichtung und findet als solche dialogische Wahrheit ihre Wirklichkeit im dialogischen Vollzug der Menschen.[91] Die Wahrheit hat somit immer und notwendig »die Qualität *eines personalen Miteinander*[s] [...]. Sie ist immer und von vornherein, d. h. vor jeder konkreten Begegnung, bezogen auf Kommunikation mit andern Personen.«[92] Denn jegliche Beziehung und damit ihre Wahrheit geschieht nie zeitlos, sondern ereignet sich im Geschehen der Begegnung als Geschichte, also im Gespräch, weshalb sich Wahrheit im je neuen Ereignis der Geschichte bewährt und bewahrheitet.[93]

---

[89] Welte selbst verweist im Zusammenhang von Miteinander und Wahrheit auf Rosenzweigs Stern der Erlösung und weitet, davon inspiriert, den Wahrheitsbegriff besonders um den dialogischen Aspekt. (Vgl. Welte, Die Person als das Un-begreifliche, 129.) Vgl. Rosenzweig, Der Stern der Erlösung, 436: »[...] nicht die Wahrheit in uns [...] nein, sondern uns in der Wahrheit. Wir finden uns wieder. Wir finden uns vor. Aber wir müssen den Mut haben, uns in der Wahrheit vorzufinden, den Mut, inmitten der Wahrheit unser Wahrlich zu sagen. Wir dürfen es. Denn die letzte Wahrheit – sie ist ja keine andere als unsere. Gottes Wahrheit ist nichts andres als die Liebe, mit der er uns liebt. Das Licht, aus dem die Wahrheit leuchtet, es ist nichts andres als das Wort, dem unser Wahrlich antwortet.« Casper weist in diesem Zusammenhang treffend darauf hin, dass in einem letzten Vertrauen auf die Liebe, die dem Menschen aufträgt, neu zu sein, ein Verhältnis zu Tage tritt, das die Wahrheit von einem Besitz zu einer je neu geschichtlichen Bewährung werden lässt. Vgl. Casper, Das dialogische Denken, 153.
[90] Vgl. Welte, Wahrheit und Geschichtlichkeit (1962), 93–95; vgl. besonders Feige, Geschichtlichkeit, 207–209.
[91] Vgl. Welte, Wahrheit und Geschichtlichkeit (1962), 104–108.
[92] Welte, Wahrheit und Geschichtlichkeit (1952), 73; vgl. dazu auch Muñoz Pérez, Martin Heideggers und Bernhard Weltes Begriff der Wahrheit, 172–174.
[93] Zu diesen gesamten Ausführungen zu Wahrheit und Geschichte vgl. besonders die Überlegungen zum Zusammenhang von Wahrheit und Geschichte von Ingeborg Feige in: Feige, Denken als Geschehen dialogischer Offenheit, 39–49; vgl. Feige, Geschichtlichkeit, 202–209.

III) Vom Raum zur Gestalt des Miteinanders

Als existentiale Formbestimmungen des Daseins zeigen sich Sprache und Zeit unverzichtbar mit dem Raum verbunden, da das Geschehen von Vollzug, Gehalt und Relation nicht nur prozessualen Charakter hat, sondern sich besonders auch durch das Moment der Extension auszeichnet, wodurch ein Woraufhin als Ziel des Vollzuges sein kann und die Möglichkeit der Begegnung von Selbst und Andersheit entsteht. Raum als Ausdehnung bzw. Ausgedehntheit erweist sich als die Bedingung der Möglichkeit, dass Vollzüge in ihrem Woraufhin ein Ziel und damit einen Gehalt haben können und dieses Woraufhin als Andersheit für das Subjekt in einer Begegnung überhaupt antreffbar wird. Es handelt sich somit um eine Formbestimmung des ganzen Daseins, so dass Gegenstände und Ereignisse im Dasein verortbar sind. Daher dürfen Raum bzw. Räume nicht im Sinne von einem oder verschiedenen Behältern verstanden werden, innerhalb derer etwas vorhanden ist. Denn es geht in Bezug auf den Raum nicht um Vor- und Zuhandenes, sondern um die Bedingungen der Möglichkeit von Vor- und Zuhandenheit. Diese Bestimmung des Raumes zeigt sich als gleichursprüngliches existentiales Element, so dass der Raum im Verhältnis der wechselseitigen Implikation mit sachhafter, personaler und sozialer Andersheit steht und endlich mit Zeit, Raum und Sprache das ontologische Substrat menschlicher Lebensverhältnisse gefunden ist. Alle weiteren konstitutiven Elemente lassen sich aus diesen existentialen Bestimmungen ableiten, so dass selbst »Welt« kein eigenständiges Existential und keinen selbstständigen Bezugspol des Handelns darstellt, sondern als das Zusammenkommen der erwähnten Elemente erscheint und den Zusammenhang von Existenz und existentialer Grundsituation des Daseins anzeigt. Letztlich betrifft das auch die Kategorie Raum, die in diesem Zusammenhang dieses Zusammenspiel und Gefüge der Sinnvollzüge als Lebensraum bzw. Lebenswelt des Menschen empirisch lokalisiert, so dass Raum und dessen Bestimmung in die Beschreibung eines von Weltbezügen aufgespannten äußeren Spielraumes münden, in dem sich das menschliche Dasein als Selbstbezug im Fremdbezug und somit besonders auch hinsichtlich personaler bzw. sozialer Andersheit entfaltet.[94]

Wenn von einem äußeren Spielraum die Rede ist, dann bedeutet das, dass nicht der Raum die Weltbezüge, sondern die Bezüge den

---

[94] Vgl. Höhn, Zeit und Sinn, 123–126.

Raum und damit die Welt bzw. die Lebenswelt bestimmen, also der Raum das Ereignis des Miteinanders bzw. der Einheit des Wir ermöglicht und damit verortet. Das hat zur Folge, dass dieser Raum keineswegs in bestandhafter oder physikalischer Neutralität gedacht werden kann oder ein abstrakter Bestand von Dingen in quantitativ messbaren Entfernungen sein darf. So formuliert sich für Welte als Voraussetzung für die Lebenswelt in ihrem Bezug auf das Miteinander, dass der Raum in seinem Geschehen als Räumlichkeit nur dann der Grund und die Ermöglichung für die Einheit des Wir sein kann, wenn er selbst auch soziologischen Wesens ist. Denn der stets vorausgesetzte Grund, in dem sich die Lebenseinheit der Gemeinschaft fasst und sichtbar wird, kann nur als ein Raum kommunikativer Nähe die Einheit des Wir gewähren[95]:

»Alles dies blickt auf ›Wir‹ hin, birgt es und gibt ihm konkrete Gestalt und Artikulation und ist in diesem Geschehen selbst schon von der Seinsart des Wir.«[96]

Die Lebenswelt, in der sich die Sozietät immer schon vorfindet, waltet als Grund dahingehend, dass sie zwar den Vollzug des Wir bestimmt, aber in der Weise, dass das Wir sich selbst gründet und in den vorgefundenen Grund hineinwächst bzw. den vorgefundenen Grund ergreift und in ihm wächst, also die Möglichkeit findet, sich in seinen sprachvermittelten Weltbezügen in dieser Lebenswelt zu bergen. Dieses Grundnehmen im gegebenen Grund gehört dabei zu den elementaren Vorgängen jeder Gestalt von Gemeinschaft und Miteinander. Welte versucht mit dieser Bestimmung von Grund und Grundnehmen des Miteinanders den Raum und die Lebenswelt des Wir deutlich zu machen, um diesen Vollzug bzw. dieses Ereignis des Wir lokalisieren zu können. Denn die Entfaltung des menschlichen Daseins, besonders hinsichtlich der Einheit des Lebens des Wir und damit der Sozietät, darf nicht nur als Idee oder reine Innerlichkeit des lebendigen Vollzugs betrachtet werden, sondern als eine Wirklichkeit, die von ihrem Ursprung her mit dem Bereich der unmittelbaren Wirklichkeit der Vielfalt verbunden ist. Denn zu dieser Einheit gehört nicht nur ein ideelles, sondern vor allem auch ein konkretes Dasein. Daher lebt diese Einheit als Ereignis einerseits als der vorausgesetzte Grund, in dem das Wir lebt und seine Einheit erkennt, andererseits

---

[95] Vgl. Welte, Soziologie der Religion, 57.
[96] Welte, Soziologie der Religion, 57.

als das immer neu zu Stiftende aus dem lebendigen Leben der gelebten Einheit des Wir heraus. Die kommunikative Gemeinschaft geschieht immer im konkret Einen und zugleich im alle als einen umfangenden Grund. Dieses Grundnehmen im gegebenen Grund, worin sich das Miteinander ereignet, zeigt als Ereignis wiederum dieses reziproke Begründungsverhältnis von Einheit und Freiheit bzw. von ontologischer Einheit und ontischer Verschiedenheit.[97]

Ausgehend von der Bestimmung des Lebensraumes als der Bedingung der Möglichkeit der sprachvermittelten Weltbezüge zeigt sich auch im Geschehen des Grundnehmens im gegebenen Grund ein umfassender Charakter, da sich hier das eine Leben des Miteinanders, die große und lebendige Einheit, zeigt, die differenziert in den verschiedenen Vollzügen mit ihren Bezugspolen konkrete Gestalt gewinnt:

»Und da wird also der Grund selbst eines mit dem einen Leben des Wir: Dies ist unser Haus, unsere Heimat, unsere Sprache, unser Schicksal: und eben dies ist dieses: dass wir Wir sind. Dies ist unser eines Leben selbst, darin erkennen wir die große und lebendige Einheit selber, in der wir alle eins sind [...].«[98]

Dieses Geschehen verortet die einzelnen Vollzüge, wodurch sie konkrete Gestalt bekommen, ohne zugleich ihren grundlegenden einenden Charakter zu verlieren. So konkretisiert sich der Selbstbezug im Subjekt, der Natur- und Sozialbezug in der Gesellschaft, der Zeitbezug im Schicksal und der Sprachbezug im Gespräch, die ihren einenden Grund jeweils in der personalen Identität, in der Begegnung, im Geschick und in der Sprache haben. Denn im ursprünglichen Grundnehmen geschieht das Real- und Konkret-werden des Wir selbst, d.h. der Grund selbst wird eins mit dem einen Leben des Wir, so dass in den endlichen und vereinzelten Gestalten der konstitutiven sprachvermittelten Weltbezüge das eine Leben des Miteinanders und der Personalität sichtbar wird. Welte resümiert aus seinen Überlegungen zu Raum und Lebenswelt schließlich zwei grundlegende Erkenntnisse: Zuerst sieht er das Geschehen des Sich-bestimmtfindens vom Grund und das Grundnehmen umfasst vom Wesen des Wir kraft seines eigenen Wesens, d.h. vom Selbstvollzug des Geschehens des Wir, so dass das Miteinander in Sprache, Schicksal und Hei-

---

[97] Vgl. Welte, Soziologie der Religion, 53–57.
[98] Welte, Soziologie der Religion, 58.

mat sich verwirklicht. Zudem betont Welte, dass die Einheit, die an sich selbst unsichtbare Seite des *Wir-miteinanders*, in diesem Grundnehmen leibhaft wird und Gestalt findet, so dass das Wir-miteinander darin erkennbar und lebbar wird.[99]

Diese Ausbildung von Gestalten des Miteinanders versteht Welte in Entsprechung zur und in konstitutivem Zusammenhang mit der Sprache, so dass sich die Gestalten als Äußerung der Einheit bzw. des einenden innerlich waltenden Prinzips verstehen lassen.[100] Die Sprache stellt als Inbegriff der Offenheit die Äußerung des einenden Prinzips dar und hat sich so als einheitliches, universales Medium des Miteinanders ausgebildet, weshalb das innere Prinzip des Miteinanders durch sie in die Offenheit tritt und dadurch eine her- und zukünftige geschichtliche Gemeinschaft in der und durch die Sprache bildet. Das innere Prinzip des Miteinanders erschöpft sich dabei aber nicht als eine reine Äußerung ins Offene und damit als Sprache, sondern drängt in die Ordnung äußerer Wirklichkeit, um äußere Gestalten auszubilden und dadurch eine lebendige Substanz zu entwickeln, die aber in ihrer Dynamik dem reziproken Konstitutionsverhältnis des Miteinanders entspricht[101]:

»Geist bildet über die Freiheit der Einzelnen und mit ihr einen Leib von Gemeinschaft. Kommt dadurch zustande, dass die Mehreren in der Einheit des Miteinander unterschiedlich, jedoch auf die Einheit bezogen äußere Stellung beziehen und so zur gestalteten Gestalt einer Gemeinschaft werden.«[102]

Hinsichtlich der Gestalt des Miteinanders erkennt Bernhard Welte einen Prozess, der sich durch drei Phasen auszeichnet. Zunächst findet in einer ersten pneumatischen Gestaltphase, in der der einheitsbildende Geist bzw. das Prinzip der Einheit sich in einer führenden Gestalt bzw. einer Spitze versammelt, eine Bewegung aus einem amorphen Miteinander zu einer führenden Gestalt statt. Die Einheit in einer führenden Gestalt aus dem einheitsbildenden Geist erwirkt sich selbst bzw. bringt sich selbst zur Darstellung, so dass die Gemein-

---

[99] Vgl. Welte, Soziologie der Religion, 58 f.
[100] Vgl. Welte, Philosophische Soziologie im Hinblick auf das Verständnis des Christentums als Kirche, 74.
[101] Vgl. Welte, Philosophische Soziologie im Hinblick auf das Verständnis des Christentums als Kirche, 79–83.
[102] Welte, Philosophische Soziologie im Hinblick auf das Verständnis des Christentums als Kirche, 82 f.

schaft bereits in dieser ihrer Gestaltpolung gelebt, aber noch nicht gewusst bzw. bewusst vollzogen wird. Als zweite Phase zeigt sich die differenzierende Ein- und Zuordnung der vielen Einzelnen zur Einheit und somit die Unterordnung unter das Haupt bzw. die führende Gestalt, wodurch das Ganze des Miteinanders einen durchgebildeten Zusammenhang erreicht und so eine voll entwickelte Gestalt ausbildet. In der Kongruenz von Geist und Gestalt treten die Bezüge von Treue und Verpflichtung hervor, die weder als toter Bestand noch als Zwang wirken, sondern vom lebendigen Prinzip als seine Gestalt erfüllt sind, so dass Haupt und Gefolgschaft sich nicht gegenseitig beschränkend gegenüberstehen, sondern das Ganze und seine Gestalt das für alle Gelebte und Gute[103] darstellen, weshalb es von allen frei

---

[103] Diese Einheitsfindung im Guten und Gelebten, die sich hier einstellt, findet sich fundamental mit der Frage nach dem freien Willen verbunden und verweist in dieser Form bei Welte auf die Willenstheorie des Thomas von Aquin. Denn ausgehend von der gegenseitigen Implikation des Guten und des Strebens erweitert Thomas den *appetitus rationalis* des Menschen. Diese Willensbestimmung, verbunden mit dem strebenslogischen Begriff des Guten, zeigt, dass der Mensch fähig ist, die allgemeine Bestimmung des Guten zu erfassen und somit nicht nur an Einzelnes gebunden zu bleiben, sondern dass er nach einem allgemeinen Gegenstand, einem *bonum universale*, streben kann. Dies bezeichnet aber eben nicht eine bestimmte Sache oder ein explizites Verhalten, sondern eine allgemeine Hinsicht unter der jedes Ziel betrachtet wird. Dabei gilt es, den strebenslogischen Begriff des Guten eher als Horizont zu charakterisieren, in dem das Streben vernünftiger Wesen stattfindet. (Vgl. Thom. De ver. 22, 5 co: »Sicut autem est ordo naturae ad voluntatem, ita se habet ordo eorum quae naturaliter vult voluntas, ad ea respectu quorum ex se ipsa determinatur non ex natura. Et ideo sicut natura est voluntatis fundamentum, ita appetabile quod naturaliter appetitur est aliorum appetibilium principium et fundamentum.« Vgl. dazu auch Schockenhoff, Bonum hominis, 132–134.) Denn auf diesem Weg wird eine Identifikation mit einem bestimmten Gegenstand ausgeschlossen und alles Erstrebte immer als ein Gut erstrebt. In diese Perspektive wird sogar das *summum bonum* aufgenommen als ein Gegenstand des Strebens, so dass sich das strebenslogische Gute als eigenständige Dimension nicht einfach theologisch reduzieren lässt. Daraus darf aber nicht vorschnell eine Pluralität aus Letztzielen gefolgert werden, da Thomas den Begriff des Zieles intentional bestimmt und so eine Grundabsicht des Menschen sucht, die alle Handlungen bestimmt. *Finis ultimus* ist somit ein erstes Ziel der Intention nach (Vgl. Thom. Sth I-II, 1, 4 co: »Principium autem intentionis est ultimus finis:«) und dabei ein vollkommenes, allumfassendes, das Begehren und Streben ausfüllendes Gut, ein *bonum perfectum* (Vgl. Thom. Sth I-II, 1, 5 co: »Prima est quia, cum unumquodque appetat suam perfectionem, illud appetit aliquis ut ultimum finem, quod appetit ut bonum perfectum et completivum sui ipsius. […] Oportet igitur quod ultimus finis ita impleat totum hominis appetitum, quod nihil extra ipsum appetendum relinquatur.«), so dass die Annahme von mehreren Letztzielen als Selbstwiderspruch formal abzulehnen ist. So bleibt als Folge der handlungstheoretischen Analyse der intentiona-

und freiwillig selbst vollzogen wird. Darin erkennt Welte eine Gestalt, vom Geist durchdrungen, und den Geist überall gestaltet, was bedeutet, dass überall die Gemeinschaft lebendig und das Leben gemeinschaftlich geordnet ist. So wird eine Einheit vieler lebendiger Freiheiten deutlich, die dadurch der inneren Logik des Prinzips eines jeden Miteinanders entspricht. Das Wir wird dadurch zu einem gestalteten Ganzen, in sich selbst stehend und von anderen unterschieden, zu einem »*ens in se subsistens*«.[104] Diese ideale Konstruktion, die nur in Approximation zu erreichen ist, hat ihre große Bedeutung als Maßstab und Ziel eines jeden Miteinanders. Denn indem die Gestalt als entwickelte, wirkliche und entsprechend dem Geist gebildete Gestalt besteht, kann sie auch als Gestalt für sich bestehen bleiben, selbst wenn der Geist schwindet und so nicht mehr als Prinzip der Einheit die jeweilige Gestalt des Miteinanders bildet[105]:

»Wir suchten zu sehen: Es geht im Miteinandersein zuerst um dieses selbst und zwar als ein zu verwirklichendes Wirkliches. Wir haben die gestaltenden Momente solchen wirklichen Miteiandersein zu erkennen gesucht, den lebendigen Geist, die innere Einheit der Vielen ausmachend, das Ganze formierend. Die Sprache, die sich aus dem Geist gebiert und in der er seine Offenheit gewinnt, endlich die durchgebildete Gestalt, in der das Miteinander seinen Selbststand als Seiendes gewinnt und hat, vom Geiste her, in der Sprache.«[106]

---

len Willenskonzeption bei Thomas von Aquin, dass in allem expliziten Begehren ein implizites und notwendiges Streben existiert, das über das unmittelbar Begehrte auf das *bonum perfectum* hinausreicht, das mit dem Gedanken des Glückes korrespondiert. (Vgl. Thom. Sth I-II, 10, 2 co: »[...] ideo illud solum bonum quod est perfectum et cui nihil deficit, est tale bonum quod voluntas non potest non velle: quod est beatitudo.«) Besonders dazu vgl. Brachtendorf, Ist Gott ein notwendiges Ziel menschlichen Strebens?, 70 f.81–84.

[104] Welte, Philosophische Soziologie im Hinblick auf das Verständnis des Christentums als Kirche, 88. Mit diesem Zitat verweist Welte auf den Substanzbegriff des Thomas von Aquin, der in der vollzugstheoretischen Auslegung Weltes die Grundlage von Personalität und somit das Fundament des Miteinanders und des Wir darstellt. (Vgl. Thom. De caus. 15: »[...] omne quod ad seipsum conversivum est, authypostaton est, id est per se subsistens.« Vgl. dazu Weltes Erläuterung: Welte, Zum Seinsbegriff des Thomas von Aquin, 285 f.)

[105] Vgl. Welte, Philosophische Soziologie im Hinblick auf das Verständnis des Christentums als Kirche, 90–96.

[106] Welte, Philosophische Soziologie im Hinblick auf das Verständnis des Christentums als Kirche, 97.

IV) Gestalt und Gehalt des Miteinanders

»Das Eine Leben, die lebendige Einheit des Wir ist sie selbst.«[107]
Ausgehend von den beiden konstitutiven Momenten des Miteinanderseins, der Zusammenkunft von mehreren Menschen und dem Selbstvollzug, die sich als Innen- und Außenseite des einen Geschehens präsentieren, erweist sich ein Blick auf die sich bildenden Gestalten als zielführend, um auf diesem Weg dem Gehalt des Vollzugs des Miteinanders auf die Spur zu kommen.[108] Denn die Betrachtung der sich bildenden Formen des Miteinanders als der untrennbaren sicht- und erfahrbaren Außenseite hilft zu erkennen, was für eine Einheit hier vollzogen wird und als inneres Prinzip in jedem einzelnen wirkt. In Berücksichtigung von Weltes methodischen Implikationen besteht nun diese Betrachtung der Außenseite nicht in einem naturwissenschaftlich-objektiven Blick von einem letztlich unmöglichen, unbetroffenen und unbeteiligten Außen, sondern – in Entsprechung zu Heideggers Zugang zur Welt im In-der-Welt-sein – im vollzogenen Miteinandersein, das in seinem existentiellen Vollzug sich äußert und so Wirklichkeit wird. Darauf aufbauend und in Verbindung mit der Prämisse, dass die Einheit selbst der Sinn und der Gehalt des Vollzuges ist, setzt sich Welte von jeglicher funktionalen Bestimmung des Gehaltes ab, da die Bedeutung einer Gemeinschaft intrinsisch sein muss.[109] Denn der funktionale Sinn des Wir, der eine Gemeinschaft als notwendige Ergänzung des Einzelnen hinsichtlich seiner Funktion voraussetzt, muss die Autarkie und Autonomie der einzelnen Personen aufheben, um seinen Sinngehalt nicht zu verlieren. Das steht für Welte im eklatanten Widerspruch zur Bestimmung der menschlichen Person und zur bereits untersuchten strukturellen Voraussetzung, dass die Selbstständigkeit und der Selbstbesitz des Menschen proportional mit seiner Befähigung zu den wahrsten und wirklichsten Formen von Gemeinschaft wachsen. Somit erscheint der Begründungszusammenhang als umgekehrt. Deshalb muss jeder Bund um

---

[107] Welte, Soziologie der Religion, 48.
[108] Vgl. Welte, Soziologische Grundbegriffe zum Verständnis des Christentums als Kirche, 58.
[109] Hans Joas entwickelt bzgl. des Glaubens einen analogen Gedankengang, der darauf hinweist, dass die Nützlichkeit des Glaubens sich nicht auf ein *jenseits des Glaubens* beziehen kann, er somit nicht funktionalisiert werden darf, sondern im Bezug zu etwas ihm eigenen stehen muss. Vgl. Joas, Braucht der Mensch Religion?, 16; vgl. dazu auch Schmidt, Philosophische Theologie, 197 f.

seinetwillen geschlossen werden, so dass jegliche Funktionalität diesem nachgeordnet ist und erst aus dem existierenden Miteinander resultieren kann[110]:

»Sein primär Sinngebendes und innerlich Begründendes muß in der vollzogenen Einheit selbst da sein, in der Tiefe und dem Glanz des wirklichen Gemeinsamseins und Einsseins.«[111]

1) Dimensionen der Einheit

Aus dieser Absage an jegliche funktionale Bestimmung resultiert nun aber eine Verlegenheit, die darin besteht, dass die vollzogene Einheit, also der Logos als das einende Prinzip und die Freiheit der Einzelnen, weiterhin unbestimmt und dadurch eine leere Möglichkeit bleibt.[112] Wenn nun Welte als Ausweg aus dieser Aporie die konkreten daseinsmäßigen Gestalten des Miteinanderseins und ihre Gehalte bzw. inhaltlichen Bestimmungen ins Auge fasst, dann, um in Auseinandersetzung mit dem von Karl Jaspers in seinem Werk *Existenzerhellung* erläuterten Ansatz[113] die wesentlichen Dimensionen des inneren Prinzips abschreiten zu können, um so den Gehalt von Einheit und Freiheit zu finden, der von den Seinsverhältnissen selbst vorgezeichnet ist.[114] In Anlehnung an Jaspers' Weisen des Transzendierens be-

---

[110] Vgl. Welte, Soziologie der Religion, 48–51.
[111] Welte, Soziologie der Religion, 51.
[112] Wenn Welte hier von einer Bestimmung der Freiheit spricht und eben nicht von Freiheit als einer absoluten Unbestimmtheit, dann scheint hier vor allem die Willenslehre des Thomas von Aquin zu Grunde zu liegen, die ein *finis ultimus* annimmt (dieses wird bei Thomas mit Gott identifiziert), das als *summum bonum* ein *primum movens* ist. Als solches setzt es alles Begehren in Bewegung und charakterisiert alle anderen Ziele des Willens als *secuna appetibilia*, die dem *summum bonum* als *primum appetibile* zugeordnet sind: »Unde secunda appetibilia non movent appetitum nisi in ordine ad primum appetibile, quod est ultimus finis.« (Thom. Sth I-II, 1, 6 co.)
[113] Vgl. Jaspers, Philosophie II, 50–117.
[114] Leitend für Jaspers ist zunächst seine existenzphilosophisch-anthropologische Grundbestimmung des Menschseins. Demnach ist der Mensch die im Dasein mögliche Existenz und stellt sich als Freiheit und Selbstsein dar. (Vgl. Jaspers, Philosophie II, 2.) Diese Ursprünglichkeit des Selbstseinkönnens bedeutet aber auch, dass der Mensch in sich keine absolute Selbstmächtigkeit haben kann und so aus sich heraus weder frei noch sich selbst durchsichtig werden könnte. Für Jaspers vollzieht sich das Selbstwerden vielmehr in zwei wesentlichen Bedingungsverhältnissen und zwar in Kommunikation und Transzendenzbezug. Kommunikation als die universale Bedingung des Menschseins und der in ihr möglichen Wahrheit hat zwei Ebenen. Eine zeigt

ginnt Welte, aufgrund des methodisch-hermeneutischen Vorrangs der Existenz[115], mit der Weltorientierung, deren Aufgabe als erster Stufe des Transzendierens darin liegt, dass die Welt und in diesen Fall das Miteinander sich nicht genug ist und nicht in sich ruht, also »keinen eigengegründeten Bestand hat.«[116] In diesem Verbleib im Gegenständlichen bleibt das Miteinander der Daseinsanalyse entsprechend stark verpflichtet. Die Grenze der Weltorientierung besteht nach Jaspers nun darin, dass sie nur feststellen kann, kein Bewusstseinsinhalt könne eine befriedigende Antwort auf die Bedrohung der Vergänglichkeit geben.[117] Welte exemplifiziert nun an vier Arten von Gemeinschaften im Hinblick ihres Gehaltes diese Grenze und dieses Ungenügen in Bezug auf das Miteinander. Seinen Ausgangspunkt findet Welte in Gesellschaften, die sich aus Nützlichkeits- und Subsidiaritätskriterien gebildet haben, wie ein Wirtschaftsverband oder eine Wissenskommunität, und den Einzelnen in seiner Selbstbestimmung und seinem Selbstbesitz beschneiden, indem sie ihn auf ein Mittel zum Zweck reduzieren. Eine höhere Stufe der Konkretion des Wir, aufgrund einer innerlichen und selbstexplikativ-kommunikativen Bindung, besteht in einer Gemeinschaft aufgrund einer Idee oder eines Schicksals, deren Limitation in ihrem Wandel und ihrer Vergänglichkeit liegt, so dass zwar der Sinn und der Logos des Wir erkennbar wird, aber in allen Möglichkeiten nicht in seiner unver-

---

sich geprägt durch pragmatische Daseins-Interessen, Zweckbeziehungen und allgemeinverbindliche Überzeugungen, die andere erweist sich als existentielle Kommunikation, in der die grundlegenden Sinngehalte, Wert- und Glaubensüberzeugungen zur Sprache kommen, die nicht konsensfähig sind, sondern existentiell unbedingte Geltung haben und denen sich der Mensch in existentieller Kommunikation mit einer anderen Existenz zu vergewissern hat. (Vgl. Jaspers, Philosophie II, 50–117.) Der Transzendenzbezug zeigt die Beziehung der Existenz zur Transzendenz als ihren Seins- und Sinngrund, wobei die Transzendenz wiederum auf die Existenz angewiesen ist und der Existenz- und Freiheitsgewissheit deshalb ein methodisch-hermeneutischer Vorrang einzuräumen ist. (Vgl. Jaspers, Philosophie II, 198.) Vgl. dazu besonders Fahrenbach, Kommunikation in existenzphilosophischer Kontroverse?, 222.
[115] Vgl. Jaspers, Philosophie I, 27: »Daß Existenz nicht in sich schließt, wird daher der Prüfstein aller Existenzphilosophie. Unablässig lockernd zu tieferer Aufgeschlossenheit, auf daß sie als ihr eigentliches Sein das Suchen ihrer Transzendenz erfahre, löst ihr Denken das solipsistische Dasein, das in Weltlosigkeit gegen die Dinge verstrickt ist; sie befreit aus der Kommunikationslosigkeit zur Offenheit für andere Existenz und weist der Gottlosigkeit die Transzendenz.«
[116] Jaspers, Philosophie I, 45.
[117] Vgl. Schene, Die Bewegung, die Weisen und der Einzelne, 33 f.

hüllten und vollen Wahrheit wirkt und hervortritt.[118] Mit der Schicksalsgemeinschaft als hoher Form der Sozietät geht Welte mit Jaspers den Schritt von der Weltorientierung zur Existenzerhellung, indem das Schicksal wiederum – im Gegensatz zu Nutzen, Wissen und Idee – das Wir und seine Einheit selbst als inhaltliche Bestimmung hat. Im Schicksal besteht eben dann nicht mehr nur eine Erscheinung des Miteinanders, so dass sich in der einheitsstiftenden Kraft des Schicksals Jaspers' Zusammenhang von Grenz- und Grundsituation zeigt und sich dadurch ein Maßstab bzw. wesentliche Implikationen hinsichtlich der Dimensionen des einheitsstiftenden Prinzips anzeigen.[119] So geht Welte von den großen und existentiellen Erfahrungen des Lebens aus, wie z. B. Gefahr und Glück, und entdeckt, dass in der großen Macht des Schicksals auch die reine Gestalt des Logos umso deutlicher wird, je größer, wirklicher und innerlicher die entscheidenden Erfahrungen der menschlichen Existenz sich darstellen.[120] Für Welte öffnet sich in diesen Erfahrungen jeweils ein Worumwillen, das als innere Sinnbestimmung die je aktuelle Erscheinungsform und erfahrbare Gestalt des Logos des Miteinanders darstellt und als Gehalt den Vollzug des Miteinanders als Miteinander prägt. Entsprechend der Struktur des Miteinanders zeigt sich nun, dass dieses Worumwillen sowohl das einende Prinzip als auch die Freiheit des Einzelnen prägt und sich so einendes Prinzip und Freiheit im Worumwillen als ein Geschehen verbinden.[121] Der Geist bzw. das Prinzip

---

[118] Vgl. Welte, Soziologie der Religion, 64–69.

[119] Wenn Jaspers die Grenzsituationen des menschlichen Daseins Grundsituationen nennt, dann handelt es sich nicht um ein Konglomerat von grundlegenden bzw. allen gemeinsamen Situationen, wie Tod, Kontingenz, Leid, Kampf und Schuld, sondern um ein bestimmtes Verhältnis: »Diese Grundsituationen unseres Daseins nennen wir *Grenzsituationen*. Das heißt, es sind Situationen, über die wir nicht hinaus können, die wir nicht ändern können. Das Bewußtwerden dieser Grenzsituationen ist nach dem Staunen und dem Zweifel der tiefere Ursprung der Philosophie.« (Jaspers, Einführung in die Philosophie, 20 f.) Jaspers widerspricht einer Abgeschlossenheit von Grenzsituationen. Zugleich offenbaren sie für ihn jeweils einen doppelten Charakter. Einerseits einen negativen Charakter in Bezug auf das eigene Dasein, andererseits einen positiven als mögliche Existenz: »Die Grenzsituation gehört zur Existenz, wie die Situationen zum immanent bleibenden Bewußtsein.« (Jaspers, Philosophie II, 203.) Zu Jaspers Ausführungen zu Grund- und Grenzsituation vgl. besonders Pazouki, Existenz und Vernunft bei Karl Jaspers, 40–42; vgl. Schene, Die Bewegung, die Weisen und der Einzelne, 37–40.

[120] Vgl. Welte, Soziologie der Religion, 72.

[121] Vgl. Welte, Soziologische Grundbegriffe zum Verständnis des Christentums als Kirche, 103–105.

Gestalt und Gehalt des Miteinanders

des Miteinanders, das dem empirischen Leben voraus ist und dieses ermöglicht, gründet sich somit zu seinem aktuellen Leben an erfahrbaren Gestalten, so dass dieses einende Prinzip die erfahrbaren Gestalten als seinen Gehalt aufnimmt und geprägt von diesem Worumwillen dessen Gestalt annimmt. Das potentielle Wir bzw. der ruhende Geist des Miteinanders wird aktualisiert an einem bestimmten Werk, Schicksal, Idee usw. Indem nun das einende Prinzip dieses Werk als seinen aktuellen Gehalt aufnimmt, nimmt das einende Prinzip geradezu die Gestalt dieses Werkes an als begeisternde und inspirierende Größe. Entwickelt der so geprägte Logos des Miteinanders nun Sprache und Gestalt, so zeigt sich der Rang des waltenden Worumwillens eben auch im davon geprägten Miteinandersein, so dass sich die Frage nach einem Maßstab dieser Relativität der Gehalte und des Miteinanders auftut[122]:

»Je größer und scheinender das Worumwillen erscheint und je wirklicher es eintrifft und in Anspruch nimmt, um so eigentlicher ist der Gehalt der Einheit, umso stärker und leuchtender ist der Geist, in dem alle frei in eins zusammengehen, umso wesentlicher ist Miteinandersein bei sich selbst.«[123]

Diese erfahrbaren Gehalte, analog zu den durch sie geprägten Gestalten des Miteinanders, offenbaren in der Erfahrung also eine Rangfolge, die den Rückschluss auf ein Prinzip zwingend erforderlich macht. Dieses ordnende Prinzip kann nicht nur ein Erkenntnisprinzip sein, das diese Rangdifferenzierung erkennt und ordnend bemisst, sondern, indem es Gestalten ausbildet, ist es ein waltendes bzw. wirkliches Prinzip. Wenn sich dieses waltende Prinzip auf die Gemeinschaften selbst bezieht, zeigt sich eine Rangfolge nach dem Sein an, weshalb Welte dieses Prinzip zu einem Seinsprinzip erklärt, das nicht unabhängig von dieser Rangfolge erkannt werden kann. So stellt sich in diesem Zusammenhang für den Freiburger Religionsphilosophen die entscheidende Frage nach dem – dem Sein nach – ordnenden und den entsprechenden Rang zuweisenden Element. Denn in dieser Rangfolge sieht Welte nun in allen Gemeinschaften, in den großen bedeutenden wie den kleinen unbedeutenden, ein unbedingtes Element walten, das unabhängig von allen erfahrbaren Gehalten ist und im Verhältnis zu dem alle Gehalte als bedingt und wandelbar erschei-

---

[122] Vgl. Welte, Philosophische Soziologie im Hinblick auf das Verständnis des Christentums als Kirche, 102–108.
[123] Welte, Soziologische Grundbegriffe zum Verständnis des Christentums als Kirche, 106.

nen. So zeigt sich das Unbedingte im Bedingten, ist und wird aber nicht von diesem abhängig.[124] Dieses waltende Unbedingte erscheint in verschiedenen Phänomenen und offenbart dadurch die grundlegenden Dimensionen der Einheit des Miteinanders.

a) Die Unbedingtheit als Maß der Mitte
   von Freiheit und Einheit

Die Rangfolge der verschiedenen sich anbietenden Gehalte erfordert nun ein Maß, das seine Bedeutung nicht durch einen äußerlichen Bezug, wie etwa eine Funktion oder einen Nutzen, noch durch sonst irgendeine innere oder äußere Abhängigkeit erlangt, so dass jegliche Relativität oder Bedingtheit des Gehaltes ausgeschlossen werden muss und Welte somit zum Unbedingten führt. Nur etwas Unbedingtes kann somit für Welte der Gehalt des Geistes der Einheit sein und somit zu einem erfüllten, wirklichen und idealen Miteinander führen. Denn indem der Mensch vom Unbedingten in Anspruch genommen wird, gewinnt das menschliche Dasein erst seine eigentliche Substanz und seinen entscheidenden Gehalt, wodurch sich das Dasein zum Selbst entwickelt. Denn erst in der Bindung an das Unbedingte geschieht wirkliche Freiheit, da der Mensch sich nicht abhängig vom Relativen und Vorläufigen erfährt.[125] Die Freiheit des menschlichen Daseins gewinnt in der Annahme dieses unbedingten Anspruchs ihre wirkliche Substanz, so dass die Freiheit erst in dieser Substantialität ein eigenes Element der Wirklichkeit darstellt und somit erst im Unbedingten wirklich frei wird. Zugleich zeigt sich in dieser Freiheit durch die Unbedingtheit und die unbedingte Verbundenheit der entscheidende Gehalt des Einsseins an, so dass die Unbedingtheit sowohl der Geist bzw. das entscheidende Prinzip der Einheit wie der Freiheit

---

[124] Vgl. Welte, Philosophische Soziologie im Hinblick auf das Verständnis des Christentums als Kirche, 108–110.

[125] Vgl. Welte, Miteinandersein und Transzendenz, 153 f. Welte geht wie Max Müller hinsichtlich der menschlichen Freiheit von der Notwendigkeit der Inanspruchnahme durch die Unbedingtheit aus: »Unbedingt angesprochen zu sein, ist eine der tiefsten Erfahrungen des Menschen. Daß mich nicht nur das und das lockt, daß ich nicht nur das und das tun muß, weil sich, wenn ich es nicht tue, eine unangenehme Folge ereignet, in und über all dem spürt der Mensch, daß er eine innere Verpflichtung, er selbst zu sein in einer gewählten und dennoch unbeliebigen Welt hat. Daß er eine unbedingte Verpflichtung fühlt, macht seine eigentliche Freiheit aus.« (Müller, Philosophische Anthropologie, 105.)

ist.[126] Im Erfahrungsbereich des Menschen sieht Welte nun dieses Unbedingte in der zu dieser Verbundenheit gehörenden Treue walten, da sie sich von allen relativen und bedingten Gehalten distanzieren kann, indem sie keiner Funktionalität oder Nützlichkeit unterworfen ist. Hinsichtlich dieser Unbedingtheit im Miteinander eröffnet sich somit wiederum ein reziproker Konstitutionsprozess, indem die Unbedingtheit das einzelne Dasein in Anspruch nimmt, das in der freien Annahme dieses Anspruchs den Gehalt der Einheit und des Miteinanders annimmt, so dass aus der Unbedingtheit als dem inneren Gehalt beinahe selbstverständlich die Forderung der unbedingten Treue erwächst.[127] Hier zeigt sich ein enger Zusammenhang mit Jaspers Theorie zur Existenzverwirklichung. Wenn auch Jaspers das Verhältnis von Grenzsituation und existentieller Kommunikation nicht expliziert, so wird in seiner *Philosophie* doch deutlich, dass beide, Grenzsituation und existentielle Kommunikation, notwendige Voraussetzungen für die Existenzverwirklichung sind.[128] Denn erst in der Inanspruchnahme durch das Unbedingte, was in Grenzsituationen geschieht, und im Vollzug der Kommunikation kann die Existenz zu sich selbst kommen und somit ein Selbst werden.[129]

Die innere Treue stellt dabei die Wirklichkeit dieser inneren Unbedingtheit dar, da in dieser Erfahrung bzw. in diesem Prozess das Miteinander erfüllt und wirklich wesentlich wird, so dass die Einheit

---

[126] Vgl. Welte, Soziologische Grundbegriffe zum Verständnis des Christentums als Kirche, 111–113.
[127] Vgl. Welte, Philosophische Soziologie im Hinblick auf das Verständnis des Christentums als Kirche, 110 f.
[128] Jaspers, Philosophie III, 226: »Existenz aber im Dasein kann sich als Wille zur Kommunikation, welche Bedingung ihres eigenen Wesens ist, weder absolut auf sich selbst stellen noch unmittelbar an Transzendenz halten. [...] Keine Wahrheit ist, mit der ich allein für mich das Ziel erreichen könnte. Ich bin mit, was andere sind, bin verantwortlich für das, was außer mir ist, weil ich es ansprechen und zu ihm in tätige Beziehung treten kann, bin als mögliche Existenz zu anderen Existenzen. Daher erreiche ich das Ziel meines Daseins nur, wenn ich erfasse, was um mich ist. Erst wenn die Welt, zu der ich in mögliche Kommunikation treten kann, mit mir zu sich gekommen ist, bin ich zu mir gekommen. Freiheit ist gebunden an die Freiheit der Anderen, Selbstsein hat sein Maß im Selbstsein der Nächsten und schließlich aller.«
[129] Vgl. Jaspers, Philosophie II, 61: »Ich kann nicht selbst werden, ohne in Kommunikation zu treten und nicht in Kommunikation treten, ohne einsam zu sein.« Vgl. Jaspers, Philosophie II, 204: »Grenzsituationen erfahren und Existieren ist dasselbe.« Vgl. dazu besonders Rabanus, Kommunikation als praktischer Kern von Jaspers' Philosophie, 43–45; vgl. zum Zusammenhang von Welte und Jaspers besonders auch Kienzler, Zum Dialog von Bernhard Welte mit Karl Jaspers, 353.

bzw. das Einssein der Verbundenen seine eigentliche Substanz erhält. In der Treue erfüllt sich die Einheit mit der Unbedingtheit ihres Worumwillens. Fundamentale Bedeutung hat aber der richtige Begründungszusammenhang, da diese Unbedingtheit den einzelnen Menschen und seinen Willen in Anspruch nimmt und sie sich eben nicht aus dem Willen des Menschen oder seiner Subjektivität konstituiert. Denn aus solchem menschlichen Ursprung hervorgehendes Unbedingtes lässt Miteinander unwahr werden, da es einerseits eben Bedingtheit und Relativität zum entscheidenden Gehalt macht und andererseits in dieser subjektiv interpretierten Unbedingtheit wiederum den anderen Menschen zum Mittel degradiert, indem nicht das wahre Unbedingte als wahrer und wirklicher Anspruch in das wirkliche Miteinander führt.[130]

Welte sieht nun dieses Unbedingte im menschlichen Miteinandersein wirken in der Freiheit, Wahrheit oder Gerechtigkeit, da diese Bestimmungen der Nützlichkeit und Funktionalität enthoben sind. Deshalb erfahren Menschen, dass sie sich im Einsatz für das Unbedingte der Wahrheit, Gerechtigkeit oder Freiheit verbinden, indem sie unter demselben unbedingten Anruf stehen, der ihnen frei von aller Bedingtheit den wesentlichen Sinn menschlichen Miteinanderseins offenbart, was sie aus allen Relativismen herausholt und in höchster Freiheit zusammenführt[131]:

»Das Unbedingte, echt erscheinend, macht die Einheit der Mehreren unbedingt, ebenso wie es die Freiheit jedes Einzelnen nicht nur wahrt, sondern voraussetzt, substantiiert und vollendet. Es bringt, wo es wirklich leuchtet, leicht und mühelos das sonst so schwierige Gleichgewicht herbei zwischen der Einheit und der Einzelheit eines jeden.«[132]

Indem nun dieses Unbedingte alle Bedingtheit und Relativismen überschreitet, erweist es sich als eine transzendierende Größe, so dass Welte dabei Jaspers Gedanken aufnimmt und wahre, d.h. die existentielle Kommunikation in der Transzendenz begründet sieht.[133] Denn

---

[130] Vgl. Welte, Soziologische Grundbegriffe zum Verständnis des Christentums als Kirche, 116.118.
[131] Vgl. Welte, Miteinandersein und Transzendenz, 153; vgl. dazu auch Welte, Im Spielfeld von Endlichkeit und Unendlichkeit, 46–48.
[132] Welte, Philosophische Soziologie im Hinblick auf das Verständnis des Christentums als Kirche, 121.
[133] Vgl. Welte, Soziologische Grundbegriffe zum Verständnis des Christentums als Kirche, 119.

kommunikative Existenz zielt auf das Innerste der anderen Existenz, auf das Unbedingte und somit auf das Transzendenzverhältnis, das Seins- und Wirklichkeitsverhältnis im Ganzen und im Letzten.[134] Denn menschliche Kommunikation beansprucht den ganzen Menschen, da sich der Mensch in seiner Offenheit und seiner Bezogenheit ausspricht, weil jeder existentielle Akt wie eben Kommunikation oder Freiheit von einer Transzendierung lebt und damit von einer präsentischen Seins- und Selbstvergewisserung der Grundakte im Horizont einer absoluten Sinnhaftigkeit. In der Unbedingtheit des kommunikativen Seins-zum-Anderen spricht sich schließlich die Bedeutung des Sinns und der Transzendenz der Kommunikation aus.[135] So ergibt sich für Jaspers, dass erst wenn die Kommunikation aus der Dimension der Offenheit und Transzendenz lebt, sie eine Gemeinschaft erzeugt, die keine Grenzen kennt. Diese Gemeinschaft besteht als eine Kommunikationsgemeinschaft, und zwar in einem totalen Kommunikationswillen, also einem Willen zum Selbstwerden und zu-

---

[134] Bei Jaspers zeigt sich Kommunikation unterschieden, einerseits in die Daseinskommunikation, die durch pragmatische Daseinsinteressen, Zweckbeziehungen, allgemeingültige Verstandeserkenntnisse oder allgemeinverbindliche ideelle Überzeugungen vermittelt sind und die objektivierbaren Formen der Kommunikation des Daseins darstellen. Andererseits betrifft die existentielle Kommunikation die das Existenz- und Selbstverständnis tragenden Sinngehalte, Wertüberzeugungen und Glaubensgewissheiten und zielt so nicht auf einen allgemeingültigen und objektiven Konsens ab. Diesen Sinngehalten kommt existentiell-unbedingte Geltung zu, der sich in existentieller Kommunikation zu vergewissern ist und wodurch jede Existenz zu sich selbst findet: »Das Selbst hat seine Gewißheit in dieser Kommunikation als der absolut geschichtlichen, von außen unerkennbaren. Allein in ihr ist das *Selbst für das Selbst in gegenseitiger Schöpfung*. In geschichtlicher Entscheidung hat es durch Bindung an sie sein Selbstsein als isoliertes Ichsein aufgehoben, um das Selbstsein in Kommunikation zu ergreifen.« (Jaspers, Philosophie II, 58.) Vgl. dazu besonders Fahrenbach, Kommunikation in existenzphilosophischer Kontroverse?, 222 f. In seinen Ausführungen zum Miteinander zeigt sich Welte stark von Jaspers existentieller Kommunikation beeinflusst. Das offenbart sich vor allem darin, dass das Unbedingte als der entscheidende Gehalt des Vollzugs des Miteinanders alle Inhalte übersteigt, die sich bei Jaspers der Daseinskommunikation zugeordnet finden.
[135] Vgl. Jaspers, Philosophie II, 74: »In unübersehbaren Gestalten bringen eigentümliche Gefühle den Schmerz nicht verwirklichter Kommunikationsmöglichkeiten zur Erscheinung. Sie bewegen eigentümlich das Innerste und haben doch keine Geltung in der Welt, scheinen unbedeutend und lassen sich doch als ein leises Ansprechen unbestimmter Forderung der Existenz deuten. Während sich unser vitales und geselliges Dasein an den Sinn der endlichen Dinge hält, spricht hier etwas Zweckloses, bei dem es sich doch wie um alles zu handeln scheint; es ist, als ob die ewige Bedeutung der Kommunikation als Entscheidung eigentlichen Seins gegenwärtig wäre.«

gleich im Grenzbewusstsein einer umgreifenden Wirklichkeit vom Charakter der Transzendenz, da in der Transzendenz bzw. im Unbedingten das nichtobjektive Gemeinsame besteht.[136] Dieses Unbedingte als transzendierende Größe lässt sich aber für Bernhard Welte nicht nur *ex negativo* bestimmen, da es als die entscheidende und die Gemeinschaft-stiftende Macht auch in umfassender Positivität in Erscheinung tritt, so dass er in der phänomenalen Betrachtung des menschlichen Miteinanderseins und dessen verschiedener transzendierender Dimensionen einem positiven Gehalt des Miteinanderseins auf die Spur kommen will.[137]

b) Die Unbedingtheit in der Tiefe, Weite und Erhabenheit

Die Treue als die Wirklichkeit und als das verwirklichte Zeugnis dieser inneren Unbedingtheit des Miteinanders dient Welte wiederum als Wegweiser und als entscheidendes Phänomen, das transzendierend Unbedingte als den Gehalt des Miteinanderseins in seiner Positivität näher zu bestimmen. Denn erst die Erfahrung der Treue ermöglicht es, sich nicht von der Bedingtheit des Daseins und so von einer Funktionalität oder Nützlichkeit vereinnahmen zu lassen, sondern sich vom unbedingten Anspruch der Unbedingtheit betroffen zu erkennen und dadurch in diesem hohen und seltenen Fall menschlichen Miteinanderseins das transzendierend Unbedingte als die wesentliche Wahrheit des Miteinanders zu erfahren. Die phänomenologische Betrachtung dieser intensiven und exklusiven Beziehung hat für Welte zur Folge, dass, wenn auch diese wesentliche Wahrheit nur in dieser besonderen Form in Erscheinung tritt, sie nicht auf diese

---

[136] Vgl. Jaspers, Von der Wahrheit, 702: »[...] der Eine Gott: 1. Er ist die reine Transzendenz – daher ist er allein das wahrhaft Umgreifende, das alles andere Umgreifende zu tragen vermag. 2. Er ist das Sein selbst ohne alle Subjektivität eines Aufgefaßtwerdens – daher ist er das Sein, das ist, wenn der Mensch verschwindet. 3. Er zeigt sich dem ursprünglichsten Innewerden des Menschseins – daher ist zwar seine jeweilige Gestalt und Sprache geschichtlich, er selbst aber das schlechthin Ewige, in dem alle Menschen sich treffen können. 4. Nur in bezug auf ihn sind Existenz und Vernunft möglich. Existenz in ihrer Geschichtlichkeit erfährt eins mit ihrem Hellwerden das Sein der Transzendenz und ist nicht einen Augenblick ohne sie. Vernunft büßt alles Vertrauen ein, wenn sie nicht in ihrem Suchen des Einen ständig Grund und Ziel im Einen der Transzendenz spürte. Alle andere Einheit ist immanent und versagt darum.« Vgl. dazu besonders: Fuchs, Seinsverhältnis I, 520–524.
[137] Vgl. Welte, Soziologische Grundbegriffe zum Verständnis des Christentums als Kirche, 119 f.

Gestalt und Gehalt des Miteinanders

Situation beschränkt ist, sondern als die Wahrheit des menschlichen Daseins überhaupt als das Allgemeine waltet, so dass sich mit ihr ein Maßstab für das menschliche Dasein aufrichtet und so sich das Ideal menschlichen Daseins und Miteinandersein anzeigt. Diesem unbedingten Anspruch als allgemeinen Maßstab kann wiederum nicht distanziert, äußerlich, neutral oder objektiv begegnet werden, sondern er wird existentiell erfahren als Appell oder als Schmerz der Defizienz.[138] Dabei kann sich dieses Unbedingte als allgemeiner Maßstab aufrichten, da sich jeder von seiner Bedeutsamkeit betroffen findet und es deswegen in den verschiedenen Zeugnissen, die es von sich gibt, verstanden wird. Welte findet wiederum den Grund dafür darin, dass der Mensch schon immer sowohl in seiner Freiheit als auch in seiner Einheit von dieser unbedingten Wahrheit in Anspruch genommen ist, die sich auf verschiedene Weise dem menschlichen Dasein zu erfahren gibt. Diese Inanspruchnahme wird aber erst dadurch möglich, dass diese unbedingte Wahrheit die wesentliche und eigentliche Wahrheit des menschlichen Daseins darstellt, die der Mensch zu erkennen und wiederzuerkennen vermag und sich so seine eigenste Wesensmöglichkeit anzeigt und sein Wesensursprung sich auftut.[139] Diese erste Dimension, in der das Unbedingte als positiver Gehalt sich zu erkennen gibt, ist die Tiefe eines Miteinanders, die sich als entscheidende Größe in exklusiven und kleinen Gemeinschaften wie intensiver Freundschaft und besonderer Liebe zeigt.[140]

Die Dimension der Weite des menschlichen Miteinanderseins eröffnet Bernhard Welte einen anderen Phänomenbereich, um einen positiven Gehalt des transzendierenden Unbedingten finden zu können. Weite bedeutet dabei die Suche des Menschen nach Anerkennung, Übereinstimmung und Zustimmung, die jegliche Grenze, sei sie zeitlicher, kultureller oder räumlicher Art, überschreiten will, um so mit möglichst allen Menschen in Einklang zu leben. Aus diesen Erscheinungen lässt sich nun schließen, dass im Grunde des mensch-

---

[138] Vgl. Welte, Soziologie der Religion, 76–81.
[139] Indem Welte hier auf die platonische Lehre der Anamnese (Vgl. Plat. Men. 81.) verweist, bestätigt sich nicht nur in der Struktur (Vgl. B.III), sondern auch in dieser konkreten Dimension der Tiefe und der sich darin vorfindenden Unbedingtheit der Wahrheit die Kongruenz von Wesensgrund und Wesensziel. Denn für Platon sind die idealen Begriffsinhalte (Ideen) dem Verstand vorgängig als das, worauf er seinem Wesen nach ausgerichtet ist. Vgl. Szaif, 2. Epistemologie, 120.
[140] Vgl. Welte, Soziologische Grundbegriffe zum Verständnis des Christentums als Kirche, 124–126.

lichen Daseins als Miteinandersein ein allumfassendes Prinzip waltet, das von sich ausgehend jede Grenze überschreitet, womit sich im Miteinander wiederum ein transzendierender und überschreitender Zug entbirgt:

»Es lebt etwas *Allumfassendes* und im Allumfassenden jede Grenze Transzendierendes in der Wesenswurzel unseres Miteinanderseins. Es fügt sich zu dem transzendierend *Unbedingten*, das wir zunächst in den Blick bekamen.«[141]

Zum Selbstsein des Menschen gehört eben auch seine kommunikative Entfaltung, so dass dieser Antrieb, in der Kommunikation mit möglichst allen Menschen auf unterschiedliche Weise eins zu werden und in dieser umfassenden Einheit erst wirklich selbst zu sein, eine entscheidende Erscheinung der Sozietät darstellt. So zeigt sich das transzendierend Unbedingte seinem Wesen nach bestimmt als Maß ohne Maß, indem es als ausnahmsloses Umfangen nicht einmal die Grenzen des Ganzen als Endlichem akzeptiert, sondern darüber hinaus auf das Grenzenlose gerichtet ist.[142]

Im menschlichen Miteinanderseins offenbart sich aber zusätzlich zum Impuls quantitativer Steigerung des allumfassenden Prinzips auch ein Prinzip der Seinshöhe bzw. der Erhabenheit, das im Sinne einer qualitativen Steigerung waltet, die sich als Dimension der qualitativen Höhe und Erhabenheit anzeigt und besonders dort sichtbar wird, wo sich das Miteinandersein von Menschen in der für jede verfasste Gestalt kennzeichnenden Hauptbildung ausgestaltet. Entsprechend der Gestaltbildung des Miteinanders wird seine Einheit im Einen sichtbar. Damit sich aber die Vielen im Einen erkennen und wiedererkennen können, braucht es eine erhabene und herrliche Seinsart und somit diese qualitative Steigerung des Menschlichen ins Erhabene.[143] An der Spitze jeder menschlichen Gesellschaft erscheint diese Tendenz zum Erhabenen, die sich als Bedürfnis der Repräsentation, als Vergegenwärtigung des Glanzes einstellt und dessen Zeremoniell sich als deren geregelte Feierlichkeit äußert. Die Repräsentation und die damit einhergehende Autorität erweisen sich nun auch als die entscheidende Verbindung dieser außerordentlichen Erschei-

---

[141] Welte, Miteinandersein und Transzendenz, 155.
[142] Vgl. Welte, Soziologie der Religion, 84–86.
[143] Vgl. Welte, Philosophische Soziologie im Hinblick auf das Verständnis des Christentums als Kirche, 129 f.

nung der Erhabenheit mit jedem einzelnen Dasein bzw. mit dem, was jeden Einzelnen in Anspruch nimmt und im Ganzen der menschlichen Gemeinschaft lebt. Denn Repräsentation meint das Erscheinen und das Zur-Darstellung-bringen der Erhabenheit nicht eines einzelnen Menschen, sondern des Ganzen der menschlichen Gesellschaft, als dessen Spitze der Repräsentant gilt. Deshalb ist die Repräsentation auch der Öffentlichkeit zugeordnet. So wird in der Repräsentation das Ganze des Miteinanders gegenwärtig und zwar in der Würde und der Hoheit seines Wesens.[144] Wiederum zeigt sich das Unbedingte in der Dimension der Erhabenheit als ein transzendierendes, da alle endlichen bzw. begrenzten Mittel der Erscheinung dieser rein waltenden Erhabenheit nie ganz genügen können und so auch in qualitativer Hinsicht dieses Prinzip der Steigerung sich entfaltet und auf reines Sein als reine Erhabenheit abzielt. Dabei hat dieses Prinzip keinen äußeren Antrieb oder eine fremde Bestimmung, sondern erwirkt um seiner selbst willen Höhe, Macht und Herrlichkeit, wobei dessen Steigerungstendenz über alle Relativismen und Begrenztheiten hinausgeht[145]:

»Wir fassen zusammen: in der Tiefe, in der Weite, in der Höhe, in allen Dimensionen des menschlichen Miteinanderseins macht sich ein Prinzip bemerkbar, das die Grenzen des Endlichen und Relativen im ganzen überschreitet. [...] Versucht man, dies transzendierende Prinzip, das offenbar im Grunde alles menschlichen Miteinanderseins lebt, von den betrachteten Erscheinungen her zu benennen, so muß es genannt werden: das Unbedingte schlechthin, das Allumfassende schlechthin, das unbedingte Erhabene, die reine Erhabenheit und Höhe schlechthin.«[146]

---

[144] Vgl. Welte, Miteinandersein und Transzendenz, 155 f.
[145] Vgl. Welte, Soziologische Grundbegriffe zum Verständnis des Christentums als Kirche, 139 f.
[146] Welte, Miteinandersein und Transzendenz, 157. Eine interessante theologische Deutung dieser philosophischen Dimensionen des Miteinanders zeigt Michaela Hastetter auf, indem sie, ausgehend vom Miteinander als Gemeinschaft des Glaubens, die Tiefe mit der Freiheit im Glauben und seiner Wahrheit identifiziert, die Weite dem Geist der Liebe zuordnet und die Höhe, in Entsprechung zur kirchlichen Autorität, als äußeren Halt und Stütze sieht. Vgl. Hastetter, Zur gegenwärtigen und zukünftigen Sozialgestalt der Kirche aus pastoraltheologischer Sicht im Nachgang zu Bernhard Welte, 124–126.

c) Die Defizienzerfahrungen und ihre Perversion

»Das Schicksal – das Privileg und die Ehre – des Menschen ist es, niemals ganz zu erreichen, was er sich vornimmt und bloßer Anspruch, lebendige Utopie zu sein.«[147]

Für den spanischen Philosophen und Soziologen José Ortega y Gasset gehört das Utopische zum Wesen des Menschen, weshalb der Mensch in seinem existentiellen Vollzug, also in seiner Kommunikation und seinem Handeln, immer schon wesentlich utopisch ist. Schließlich zeigt er sich doch hinsichtlich seiner Existenz von seinem Willen zur Veränderung geleitet. Zugleich erfährt er sich immer auch als Scheiternder und Gescheiterter, da er das Ziel seines Redens und Tuns niemals erreicht und sich die gewünschte Veränderung nicht einstellt. Letztlich ist der Mensch damit von denkbaren und möglichen, aber von ihm nicht verwirklichbaren Vorstellungen bewegt, so dass für die Utopie die Kluft zwischen Entwurf und Realität konstitutiv ist.[148] Hinsichtlich des Miteinanders und der sozialen Zusammenhänge erweist sich das utopisch geprägte Denken, Reden und Handeln des Menschen als besonders heikel, wissen sich doch die Generationen des 20. und 21. Jahrhunderts von der Erfahrung geprägt, dass alle

---

[147] Ortega y Gasset, Vom Menschen als utopischem Wesen, 96.
[148] Es wird sich noch zeigen, dass man die sich im Anschluss an Ernst Bloch bildende Differenzierung nicht einfach als Folie für Weltes Überlegungen übernehmen kann. Die Unterscheidung anhand dieser Kluft zwischen Entwurf und Realität lässt Bloch von einer absoluten und einer konkreten Utopie sprechen, von denen die erste nicht verwirklichbar ist und die zweite das Ferment der Gestaltbarkeit, also den Kern der Verwirklichung, in sich trägt. (Vgl. Bloch, Tübinger Einleitung in die Philosophie, 95: »Doch muß zwischen Utopistischem und Utopischem unterschieden werden; das eine bringt sich nur unmittelbar, abstrakt an die Verhältnisse heran, um sie rein aus dem Kopf zu bessern, das andere nahm immerhin dazu auch das Bauzeug von draußen. [...] Dennoch und gerade deshalb aber muß zwischen abstrakten und konkret werdenden Utopien gründlichst unterschieden werden.«) Daher deutete Bloch die Utopie als unmittelbar wirkende historische Macht um, die hilft, den Graben zwischen Realität und Entwurf zu überwinden und eben nicht selbigen abgrenzend etabliert. (Vgl. Furter, Ernst Blochs »Prinzip Hoffnung« in der Diskussion übers utopische Denken, 581.) In dieser geschichtlichen Verankerung der Utopie und ihrer Verwirklichung grenzt sich die Utopie von allen religiösen und sogar metaphysischen Annahmen ab. (Vgl. Zyber, Homo utopicus, 27.117.) Bei Welte könnte man von Utopie als einem potentiell möglichen Entwurf sprechen, deren Verwirklichung aber nicht vom Menschen ausgehen kann, was aber die Möglichkeit für deren Wirklichkeit noch nicht ausgeschlossen sein lässt. Vgl. Gransche, Vorausschauendes Denken, 33–36.

System-Utopien in ihrer Verwirklichung zu totalitären oder zumindest inhumanen Zuständen führten.[149]

Utopie – zwar findet sich dieser Ausdruck nicht in Bernhard Weltes Schriften, doch betrachtet man seine Theorie zum Miteinander und deren Verwirklichung in Beschränkung auf die menschlichen Kategorien und Realisierungsmöglichkeiten und daher im Verzicht auf religiöse und metaphysische Implikationen, so entspräche seine Sozialontologie einer abstrakten absoluten Utopie. Denn das transzendierende Unbedingte, das sich als das entscheidende Prinzip in Weltes Überlegungen zum Miteinander offenbart, findet in endlichen Bedingungen keine adäquaten Entsprechungen, so dass Welte das menschliche Dasein und damit auch das Miteinandersein als Spiel- bzw. Kampffeld der ideellen Unendlichkeit des Daseins gegen seine faktische Endlichkeit charakterisiert.[150] Denn der Mensch, der betroffen von diesem Unbedingten und dessen Implikationen sich existentiell vollzieht, bewirkt dessen Äußerung und Außenseite, wodurch sich eben eine Gestalt unter den Bedingungen der Endlichkeit bildet. Indem das Unbedingte als Wesenskern und innere Bestimmung des Miteinanders sich als Sprache ausspricht und sich in und durch die Sprache, dem entscheidenden Medium der Vermittlung der Innen- und Außenseite des einen Geschehens des Miteinanders, in äußere Strukturen und Relationen vermittelt, findet dieses innere Prinzip zu einer Gestalt und verfasst bzw. organisiert sich als Miteinander.[151] Diese äußere Realität und Verfassung, mit dem Ziel einer äußeren Einheit in Entsprechung zu ihrem inneren Gehalt, zeigte sich bereits als wesentliches Moment für ein erfülltes Miteinander. Das Unbedingte als der innere Gehalt des Vollzuges des Miteinanders findet sich nun in einem endlichen und bedingten Realisierungsfeld wieder.[152] Diese Realisierung des Unbedingten unter endlichen Bedin-

---

[149] Vgl. Saage, Das Ende der politischen Utopie?, 13–15. Karl Popper sieht sogar einen engen Zusammenhang zwischen totalitären Ideologien und deren Systemen und einem utopischem Denken. Da die Richtigkeit utopischer Zukunftsprojektionen rational nicht überprüft werden kann, bleibt den Anhängern der Utopie als Beweis für deren Richtigkeit nur die reale Durchsetzung mittels Zwang, da eine argumentative Rechtfertigung ausfällt. (Vgl. Popper, Utopie und Gewalt, 313–326.) Vgl. Herzinger, Jenseits des Prinzips Hoffnung, 103.
[150] Vgl. Welte, Im Spielfeld von Endlichkeit und Unendlichkeit, 43.
[151] Vgl. Welte, Philosophische Soziologie im Hinblick auf das Verständnis des Christentums als Kirche, 124.
[152] In dieser Inhärenz des Unbedingten, das als Ziel des Menschen seine Erkenntnis und seinen Selbstvollzug bestimmt, zeigt sich wiederum Weltes Rückgriff auf die

gungen und mit endlichen Mitteln äußert sich schließlich als transzendierendes Prinzip, das die Grenzen des Relativen, Bedingten und Endlichen stets zu überschreiten sucht. Daher weisen alle Formen und Gestalten des menschlichen Miteinanders eine wesensmäßige Defizienz und Labilität auf, so dass Welte den Menschen mit Nietzsche als »das *noch nicht festgestellte Thier*«[153] bezeichnet.[154] Der unendliche Wesensgehalt des Miteinanders als transzendierendes Prinzip wird als Gestalt in einem endlichen und bedingten Realisierungsfeld fixiert und als bedingte bzw. endliche Realisierungsform jeglicher Art beschnitten und seiner Unbedingtheit beraubt, so dass schließlich alle endlichen Möglichkeiten und Realisierungsformen als ungenügend erscheinen und so eine nie aufzuarbeitende Unangemessenheit zwischen Idee und Realität entsteht.[155] Die endlichen Reali-

---

thomasische Anthropologie und Erkenntnislehre. Denn das *lumen intellectus* als die entscheidende Fähigkeit, die den Menschen als Menschen in seiner Erkenntnis, seinem Selbstvollzug und damit in seinem Wesen auszeichnet, zeigt sich von der Unendlichkeit geprägt, als Ziel der Erkenntnis und des Selbstvollzuges (Vgl. Welte, Im Spielfeld von Endlichkeit und Unendlichkeit, 48.): »[...] quod in luce primae veritatis omnia intelligimus et iudicamus, inquantum ipsum lumen intellectus nostri, sive naturale sive gratuitum, nihil aliud est quam quaedam impressio veritatis primae, ut supra dictum est. Unde cum ipsum lumen intellectus nostri non se habeat ad intellectum nostrum sicut quod intelligitur, sed sicut quo intelligitur; multo minus Deus est id quod primo a nostro intellectu intelligitur. [...] Propter Deum autem alia cognoscuntur, non sicut propter primum cognitum, sed sicut propter primam cognoscitivae virtutis causam.« (Thom. Sth I, 88, 3 ad 1 f.) Vgl. Goris, Anthropologie und Erkenntnislehre, 134–136. Existentiell gewendet findet sich dieses Verhältnis von Unendlichkeit in der Endlichkeit bei Kierkegaard, den Welte hinsichtlich dieses Phänomens in einem engen Zusammenhang zu Nietzsche sieht: »Das Selbst ist ein Verhältnis, das sich zu sich selbst verhält, oder es ist das an dem Verhältnisse, daß das Verhältnis sich zu sich selbst verhält; das Selbst ist nicht das Verhältnis, sondern daß das Verhältnis sich zu sich selbst verhält. Der Mensch ist eine Synthesis von Unendlichkeit und Endlichkeit, von dem Zeitlichen und dem Ewigen, von Freiheit und Notwendigkeit, kurz eine Synthesis.« (Kierkegaard, Die Krankheit zum Tode, 8.) Bzgl. des Zusammenhanges zwischen Nietzsche und Kierkegaard besonders auch in ihrer Bedeutung für und in ihrem Einfluss auf Bernhard Welte vgl. Welte, Nietzsche und Kierkegaard – Neuzeitliche Aspekte des Christentums, 1–4.; vgl. Jaspers, Die geistige Situation der Zeit, 160–164. Zur Gesamteinordnung dieses Zusammenhangs von Nietzsche, Kierkegaard und Welte vgl. Nebel, Glauben als Ereignis der Freiheit, 47–50.

[153] Nietzsche, Jenseits von Gut und Böse, 79.
[154] Vgl. Welte, Im Spielfeld von Endlichkeit und Unendlichkeit, 48.
[155] Dieses transzendierende Prinzip, das sich in Weltes Überlegungen zeigt, entspricht in dem Befund, dass der Mensch wesentlich nach einem erfüllten Miteinander sucht und fragt, sich diese Frage aber niemals ganz und endgültig beantworten kann, dem

sierungen versuchen nämlich die unbedingten Ansprüche zu verdecken oder umzuinterpretieren, so dass unter dem Einfluss von Endlichkeit und ihrer Realdialektik kein wesensmäßig stabiles Miteinandersein entstehen kann.[156]

Der Mensch lebt also auch hinsichtlich seines Miteinanderlebens und -seins als utopisches Wesen zwischen Anspruch und Scheitern, was sich entsprechend der Inanspruchnahme des Unbedingten als Appell oder Schmerz äußert.[157] Bernhard Welte, dessen Leben sich von der Erfahrung des Totalitarismus und dessen inhumaner Maschinerie der Verachtung, des Todes und der Zerstörung geprägt zeigt, sieht die Gefahr, die sich aus der Verwirklichung bzw. Durchsetzung einer Realutopie durch den Menschen ergibt, nicht nur aus systematischer Perspektive, sondern eben auch im Horizont persönlicher und existentieller Erfahrung. Daher beschreibt Welte nicht nur die sich anzeigenden Defizienzgestalten und -phänomene des Miteinanderseins und beweist deren wesensmäßiges Ungenügen, sondern expliziert auch den gefährlichen Umschlag und die Perversion des Miteinanders, die sich hinsichtlich der verschiedenen transzendierenden Richtungen von Tiefe, Weite und Erhabenheit ergeben, wenn die Endlichkeit sich als Unbedingtheit interpretiert und durchzusetzen sucht. Hinsichtlich der Tiefe des Miteinanders, die in der Intensität der Treue besonders erfahren wird, äußert sich die endliche Fixierung des Unbedingten einerseits als Ernüchterung und Enttäuschung, die

---

Grundgedanken Theodor Adornos und drückt sich am deutlichsten im Prinzip der negativen Dialektik aus: »Dialektik als Verfahren heißt, um des einmal an der Sache erfahrenen Widerspruches willen und gegen ihn in Widersprüchen zu denken.« (Adorno, Negative Dialektik, 146.) Jedoch stellt bei Welte nicht das Negative, sondern das Unbedingte den entscheidenden Antrieb dar, so dass zwar sowohl das transzendierende als auch das negative Prinzip keine positive Definition des idealen Zustands einer menschlichen Gemeinschaft bzw. Gesellschaft liefert, aber Welte die dialektische Negation des Wirklichen aufgrund ihrer Richtungslosigkeit und ihrer Verlorenheit in einer reinen destruierenden Negativität ablehnt. Welte sucht nach einem positiven Ziel, das in aller Offenheit jegliche Fixierung vermeidet, aber doch einen gerichteten Prozess darstellt. (Vgl. Welte, Die Würde des Menschen und die Religion, 64.) Adornos Dialektik dagegen kann kein erkenntnistheoretisches Telos außerhalb ihrer selbst haben, das sie auf irgendeine Weise erreichen könnte. Aufgrund ihrer Negativität ist sie prinzipiell immer schon am Ort nichtidentischer Erkenntnis. Die negative Dialektik ist schließlich eine Hermeneutik des kritischen Diskurses anhand der Objekte. Vgl. Thyen, Negative Dialektik und Erfahrung, 216 f.

[156] Vgl. Welte, Philosophische Soziologie im Hinblick auf das Verständnis des Christentums als Kirche, 140–143.
[157] Vgl. Welte, Miteinandersein und Transzendenz, 154.

sich aufgrund der Diskrepanz zwischen dem endlichen Gehalt und dessen unbedingtem Anspruch und unendlicher Erwartung einstellen, andererseits als Misstrauen und Skepsis, die an der Unwandelbarkeit der Treue in einem sich stetig verändernden und transformierenden Beziehungsgefüge des menschlichen Lebens zweifeln. In Bezug auf die Weite kennt die Geschichte große Zeugnisse gewaltiger und imperialer Gebilde, in denen sich das allumfassende Element des Miteinanders zu verwirklichen und Gestalt zu finden versuchte. Die Endlichkeit lässt jedoch diese transzendierende Dimension defizient werden, indem die mit der wachsenden Größe einhergehende Unüberschaubarkeit und Undurchdringbarkeit das Miteinander zu einer anonymen Masse herabsetzt. Dieses Zerrbild des allumfassenden Wesens wird aufgrund seiner Undurchdringbarkeit nicht mehr von einem immanent-waltenden dialogischen transzendenten Prinzip geeint, sondern mit äußerer Macht und Gewalt zur Zusammengehörigkeit gezwungen. Gerade Gewalt und Zwang sind deutliche Indikatoren für den Schmerz der Endlichkeit, der sich als Angst vor ihrem Ende und als Bedrohung in ihrem Bestand äußert. Die zeitliche und räumliche Limitation der Endlichkeit setzt dem transzendierenden Prinzip in der Dimension der Weite und der Umfassung Grenzen, die eine Realisierung des reinen allumfassenden Wesens unmöglich machen.[158] Diese Defizienz der entstehenden Gestalten setzt sich auch hinsichtlich der Höhe bzw. der Erhabenheit fort und offenbart zwei gegensätzliche problematische Tendenzen, die den Glanz der Erhabenheit im Medium konkreter Realisierung immer zugleich zu groß und zu klein erscheinen lassen. Denn einerseits erweist sich die angestrebte Erhabenheit und ihr Anspruch für den realisierenden Menschen immer zu groß, so dass aufgrund der Diskrepanz von Anspruch und Wirklichkeit die angestrebte Erhabenheit durch ihre Realisierung sich der Lächerlichkeit preisgibt. Denn die endlichen Möglichkeiten der Realisierung bleiben immer hinter dem Anspruch zurück, so dass der Mensch und seine Repräsentationsmöglichkeiten angesichts der Macht- und Glanzentfaltung der Erhabenheit immer zu klein sind, letztlich also trotz und wegen aller endlichen Bemühungen nur in Gewöhnlichkeit oder Lächerlichkeit ihren Ort finden[159]:

---

[158] Vgl. Welte, Philosophische Soziologie im Hinblick auf das Verständnis des Christentums als Kirche, 143–146.
[159] Vgl. Welte, Philosophische Soziologie im Hinblick auf das Verständnis des Christentums als Kirche, 147 f.

»Die unaufhörliche Verkehrung der lebendigen Höhe der Autorität, die zusammenbricht, in die höchste unheilige böse Macht und Tyrannei, die immer wieder sich einstellende Verflachung des Allumfassens in die stumpfe Nivellierung bloßen Massendaseins.«[160]

Die wesensmäßige Labilität und Defizienz des menschlichen Miteinanderseins, angesichts des Zusammentreffens der inneren Unbedingtheit bzw. Unendlichkeit und ihrer transzendierenden Dimensionen mit den endlich-bedingten Möglichkeiten der Realisierung, führen aufgrund ihrer Aussichtslosigkeit in eine grundlegende Verzweiflung des Menschen. Diese wiederum äußert sich entweder in einer offensichtlichen und ausweglosen Rat- und Tatlosigkeit oder in einer verborgenen Verzweiflung und so in der Perversion bzw. in dem Bösen, die in der subjektiven Verabsolutierung des Endlichen besteht. Welte nimmt hier Nietzsche als den großen geistigen Zeugen, einerseits für die abwesende Anwesenheit der unendlichen Macht Gottes im Wesen des Menschen, andererseits auch für die in der menschlichen Geschichte gewachsene und verdichtete Abwesenheit Gottes. Im Verweis auf Nietzsche verdeutlicht sich, dass sich nicht eine persönliche Not und Verzweiflung manifestiert, sondern die Trostlosigkeit und Verlassenheit des menschlichen Daseins. Nietzsche entwirft angesichts dieser menschlich nicht auflösbaren Dialektik die Chiffre vom Übermenschen, der keine überirdische Hoffnung[161] und keine leitenden Vorschriften und Gebote mehr kennt.[162] Nietzsche geht es dabei um die Aufhebung der Entfremdung und Spaltung des Menschen und damit um die Gewinnung einer reinen Identität eines ungeteilten Einsseins des Menschen.[163] Für Welte gibt es eine eigentümliche Spannung im Werk Nietzsches in Bezug auf den Übermenschen und dessen Verhältnis zum Menschen.[164] Einerseits zeigen sich

---

[160] Welte, Soziologische Grundbegriffe zum Verständnis des Christentums als Kirche, 143.
[161] Vgl. Nietzsche, Also sprach Zarathustra, 9: »Ich beschwöre euch, meine Brüder, *bleibt der Erde treu* und glaubt Denen nicht, welche euch von überirdischen Hoffnungen reden.«
[162] Vgl. Nietzsche, Also sprach Zarathustra, 20: »Siehe die Guten und Gerechten! Wen hassen sie am meisten? Den, der zerbricht die Tafeln der Werthe, den Brecher, den Verbrecher: das aber ist der Schaffende.«
[163] Vgl. Welte, Nietzsches Idee vom Übermenschen und seine Zweideutigkeit, 90–92.
[164] Vgl. Welte, Nietzsche und das Problem des Atheismus, 99–105; vgl. Nebel, Glauben als Ereignis der Freiheit, 55 f. Daniela Nebel konnte mit dem Rückgriff auf Weltes Vorlesung *Nietzsche und das Problem des Atheismus* vom Sommersemester 1948 darlegen, dass sich Welte dieser Spannung bereits zu Beginn seiner Beschäftigung

Aussagen, die auf eine freiwillige Ankunft des Übermenschen schließen lassen, wo das reine Übermenschliche mit göttlicher Gnade identifiziert ist[165], andererseits findet man daneben und unverbunden den Übermenschen hervorgegangen aus dem Willen zur Macht.[166] Denn der Wille zur Macht als das Charakteristikum der Neuzeit lässt den Menschen autonom aus eigener Kraft und eigenem Wissen die Grenzen der Welt zu überschreiten suchen. In dieser Interpretation des nietzscheschen Übermenschen, die sich in der Geschichte und ihren Totalitarismen ereignet hat, wird der Mensch zu einem allmächtigen und allwissenden Wesen stilisiert, was Welte eben hinsichtlich des Miteinanders als reale Gefahr sieht und erläutert.[167]

Die dialektische Differenz zwischen dem bleibenden unbedingten Anspruch und der Endlichkeit zeigt sich in der Hinfälligkeit aller Vollzugs- und Gestaltungsformen des menschlichen gesellschaftlichen Daseins. Diese Hinfälligkeit kann man entweder hinnehmen, um im Bewusstsein der Relativität und der Vorläufigkeit der Zustände bestimmte Regeln aufzustellen, oder man geht den Weg der selbstherrlichen Verabsolutierung des Endlichen, im Sinne der eigenmäch-

---

mit Nietzsche bewusst war und in seinen Veröffentlichungen zu Nietzsche jeweils einen anderen Schwerpunkt der verschiedenen Akzente hinsichtlich des Übermenschen gewählt hatte.

[165] Vgl. Nietzsche, Also sprach Zarathustra, 107: »Ach, ihr Menschen, im Steine schläft mir ein Bild, das Bild meiner Bilder! Ach, dass es im härtesten, hässlichsten Steine schlafen muss.« Vgl. Welte, Nietzsches Atheismus und das Christentum, 75–80.

[166] Bei Annemarie Pieper findet sich eine ausführlichere Deutung dieser Zweideutigkeit, die sie pointiert mit dem Zitat – »Der Übermensch ist der Sinn der Erde. Euer Wille sage: der Übermensch *sei* der Sinn der Erde!« (Nietzsche, Also sprach Zarathustra, 8.) – zum Ausdruck bringt. Denn bzgl. des »ist« drückt sich ein vertikales *über* und damit eine statische Idee des Übermenschen aus, »sei« dagegen rekurriert auf das horizontale *über* und insofern die an den Willen gerichtete Aufforderung, die Idee des Übermenschen zu verwirklichen und so den eigenen Willen zur Macht zu verkörpern. Diese Differenzierung lässt sich nicht im Sinne einer Trennung verstehen, die bei Welte durchscheint. Denn Übermensch ist keine Chiffre für eine Art, sondern vielmehr ein Gleichnis für die Möglichkeiten des Menschseins, die vom Einzelnen vollbracht werden können. (Vgl. Ottmann, Philosophie und Politik bei Nietzsche, 268.) Daher ist der Mensch nur im Vollzug der Selbstüberwindung Übermensch, so dass der Übermensch nur als ein werdender, nie als ein erreichter Zustand im Sein begriffen werden kann und damit ein Utopos bleibt. Vgl. Pieper, Zarathustra als Verkünder des Übermenschen und als Fürsprecher des Kreises, 96.105.

[167] Vgl. Welte, Nietzsches Idee vom Übermenschen und seine Zweideutigkeit, 93–96; vgl. dazu auch Kienzler, Nietzsche im christlichen Denken – am Beispiel Bernhard Weltes, 405 f.

Gestalt und Gehalt des Miteinanders

tigen Verknüpfung des unendlichen Sinnes mit der gegenwärtigen Endlichkeit. Diese verabsolutierte Endlichkeit hat die doppelte Isolation des endlichen Subjekts zur Folge: Zuerst isoliert sich dieses verabsolutierte Ich von seinem unendlichen, in ihm selbst waltenden absoluten Grund, indem es sich in seiner Absolutsetzung gewaltsam von ihm absetzt. Diese gewaltsame Absetzung vom eigenen Grund hat aber eine weitere Isolation zur Folge, und zwar gegenüber dem wirklichen Miteinander und der zu realisierenden Einheit mit anderen Menschen. Denn in der Verabsolutierung eines individuellen endlichen Selbstbildes wird hinsichtlich der Beziehung zu sich und anderen ein bestimmter endlicher und individueller Zustand fixiert und absolut geltend gemacht[168]:

»Es entsteht Rivalität als der Wille jedes Einzelnen, in seiner Einzelheit das bestimmende Ganze zu sein. In ihr splittert sich die Daseinseinheit in dem Einen wieder in die Multiplizität auf, jedenfalls dem Impuls nach [...]«[169]

Die Selbstbestimmtheit und Andersheit des begegnenden Du wird dadurch nicht ernstgenommen und letztlich dadurch aufgehoben, was wiederum die absolute Isolation des endlichen Ich-Subjektes zur Folge hat. Denn Miteinander und Kommunikation finden in der Andersheit des Du ihren Anfang und können sich nur in einem reziproken Konstitutionsprozess entwickeln. Daher geht für Welte mit diesem Isolationsprozess die Entstehung einer kommunikations- und gemeinschaftslosen Totalität einher, die vollzugstheoretisch kein Miteinander mehr generiert und in ihrer totalitären Erstarrung den Gegensatz und die Perversion von Gemeinschaft darstellt.[170]

Jede Realisierung der Einheit von Seiten des Menschen und aus dem menschlichen Willen heraus trägt den Charakter der Partikularität und damit der Einzelheit, da sie sich immer auf bestimmte Gesichtspunkte hinsichtlich der Quantität, Lokalität usw. beschränken muss und somit eine Defizienzform der Einheit hervorbringt. Aber auch in Bezug auf Qualität und Intensität zeigt sich die wesentliche Defizienz realisierten Miteinanderseins, da die Treue sich nicht in der großen und weiten Gemeinschaft entsprechend wie in exklusiven intimen Beziehungen einstellen kann, damit an Substanz verliert und in Flachheit ohne jegliche Tiefe oder in Hohlheit, einer durch äußere

---

[168] Vgl. Welte, Soziologie der Religion, 101–105.
[169] Welte, Fundamentaltheologische Grundbegriffe zur Theorie der Kirche, 115.
[170] Vgl. Welte, Soziologie der Religion, 101–107.

Gesten und Worte beanspruchten und letztlich vorgetäuschten Tiefe, sich verwirklicht. Diese Partikularität und mangelnde Intensität offenbart und äußert sich auch bezüglich der Herkunft des Menschen. Besonders deutlich wird aber dieser dialektische Zusammenhang in der Realisierung der Autorität und Repräsentation. Indem die Einheit in ihrer realisierten Form letztlich zur Einzelheit verkommt, äußert sich diese innere Dimension der Erhabenheit und der Bildung einer autoritären Spitze in einer Rivalität der einzelnen Personen, die sich in erdrückender Totalität offenbart und durchsetzen will, wodurch schließlich nur die Perversion einer Einheit und Gemeinschaft übrig bleibt, zusammengehalten durch Angst und Gewalt.[171] Zuletzt verdeutlichen sich hinsichtlich des Gehaltes zwei gegensätzliche Extremformen, deren pervertierte Einheit sich in Totalitarismen äußert. Auf der einen Seite führt eine Absolutsetzung eines Gehaltes bzw. einer Idee zu einer Ideologie, die in ihrer Starrheit und Unveränderlichkeit vollzogen eine ideologische Gemeinschaft zur Folge hat. Diese Sozietät vollzieht sich aufgrund ihres verabsolutierten Maßstabes in reiner Selbstbezüglichkeit kommunikationslos als ein totalitärer Gruppenegoismus, erzwungen aus der Verzweiflung an der inneren Unbedingtheit angesichts der eigenen Endlichkeit. Auf der anderen Seite bewirkt dieselbe Verzweiflung den Verzicht auf jeglichen Gehalt[172]

---

[171] Darin verkehrt sich auch der eigentliche Sinn von Autorität, der in seinem Ursprung von der *auctoritas* zu verstehen ist, d. h. der Vermehrerschaft bzw. Föderschaft (vgl. *augere*), die das Leben fördert. Vgl. Thesaurus Linguae Latinae II, 1194.1213: *auctoritas* leitet sich über *auctor* von *augere* ab.

[172] Mit einer Soziologisierung menschlicher Subjektivität zeigt sich auch die Einsicht verbunden, dass das menschliche Subjekt unlösbar in den Kontext ökonomischer Prozesse und gesellschaftlicher Praxis verstrickt ist. Das menschliche Subjekt scheint damit das »ensemble der gesellschaftlichen Verhältnisse« (Marx, Thesen über Feuerbach, 6.) zu sein. Die Selbstständigkeit der menschlichen Subjektivität reduziert sich damit auf das Ergebnis und die Reaktion ökonomischer Produktionszusammenhänge. (Vgl. Höhn, Zustimmen, 20.) Welte scheint hier auf den Marxismus in Verbindung mit dem real existierenden Kommunismus anzuspielen. Denn Marx protestiert gegen die utopischen Konstruktionen eines Bildes einer kommunistischen Gesellschaft, denen er die reale Kritik an der existierenden Welt gegenüberstellt. Daher wirkt für ihn auch kein Ideal als Gehalt einer Wirklichkeit, nach dem sich die Wirklichkeit ausstreckt: »Der Kommunismus ist für uns nicht ein *Zustand*, der hergestellt werden soll, ein *Ideal*, wonach die Wirklichkeit sich zu richten haben [wird]. Wir nennen den Kommunismus die *wirkliche* Bewegung, welche den jetzigen Zustand aufhebt. Die Bedingungen dieser Bewegung ergeben sich aus der jetzt bestehenden Voraussetzung. [...] Das Proletariat kann nur weltgeschichtlich existieren, wie der Kommunismus, seine Aktion, nur als ›weltgeschichtliche‹ Existenz überhaupt vorhanden sein

und schließlich die Aufgabe von Kommunikation und wechselseitigen Strukturen, so dass die Gesellschaft zur Masse verkommt, die jegliches Selbstsein und damit jede Eigenständigkeit und Ursprünglichkeit der Einzelnen eliminiert und zum Material einer Sozietät degradiert.[173]

2) Einheit und Heiligkeit

»So erklingt die Stimme der Wahrheit aus dem Grunde des menschlichen Daseins: Du bist, also darfst du sein, also hat dein Dasein Sinn. Diese Stimme hört nicht ganz auf, auch nicht in der Nacht der Verzweiflung. Sie hört nur mit dem vollständigen Verlöschen des Daseins selber auf.«[174]

Die Suche nach einem erfüllten Miteinander, das sowohl die innere Unbedingtheit als auch eine äußere Realisierung und Wirklichkeit voraussetzt, so dass eine realisierte Außenseite von einer unbedingten Innenseite erfahrbar Zeugnis gibt, offenbart eine bleibende Diskrepanz und Differenz zwischen diesen beiden Seiten. Doch besteht in dieser Defizienz bzw. diesem Scheitern aller realen Gestalten des Miteinanderseins und der daraus sich ergebenden Verzweiflung nicht ein dramatischer Schlusspunkt, sondern ein wesentliches und wegweisendes Phänomen, das die Unbedingtheit als den inneren Gehalt und das einende Prinzip des Miteinanders noch näher zu charakterisieren hilft und seine Eigentümlichkeit beschreibt. Denn im Verhältnis des inneren Gehaltes zu seinen äußeren Grenzen – hinsichtlich des Menschen und seines Miteinanderseins – also im Verhältnis des inneren bewegenden unbedingten Prinzips zu den menschlich limitierten Lebensverhältnissen, profiliert und konturiert sich der Charakter dieses Prinzips. In der reflexiven Bezugnahme auf die existentiale Grundsituation des Menschen lässt sich das Integral der menschlichen Lebensverhältnisse orten und bestimmen. Für Welte manifestiert sich in den menschlichen Lebensverhältnissen und in den auf sie bezogenen Einstellungen eine Transzendenz. Daher wer-

---

kann«. (Marx/Engels, Die deutsche Ideologie, 35 f.) Diese Gehaltlosigkeit des menschlichen Vollzugs im Marxismus verbindet sich mit Ausdrücken wie Massekultur, die das Selbstsein des Menschen im Kommunismus zugunsten seines Gattungs- und Gesellschaftslebens zurücktreten lässt. Vgl. Schaff, Marxismus und das menschliche Individuum, 258.298.
[173] Vgl. Welte, Soziologie der Religion, 110–120.
[174] Welte, Im Spielfeld von Endlichkeit und Unendlichkeit, 75.

den für ihn Vollzüge deutlich, die sowohl im Verhältnis zu den menschlichen Lebensverhältnissen stehen, als auch sich zugleich auf etwas beziehen, was nicht in den primären Weltbezügen, ihren Begrenzungen und den auf sie bezogenen Einstellungen und Handlungen aufgeht bzw. von ihnen angemessen erfasst und bewältigt werden kann. Die Charakterisierung des transzendierenden Prinzips geschieht somit im Hinblick auf die Gesamtheit aller Erscheinungen, in denen Menschen das Bewusstsein ihrer radikalen Endlichkeit und deren realer Überwindungen ausdrücklich machen.[175] Im Prozess der Selbstvergewisserung des Menschen wird dieser Grundzug des menschlichen Daseins zugänglich und lässt sich der Umgang mit den Grenzen der Annehmbarkeit des Lebens angesichts des Unannehmbaren, das immer unbegrenzt bleibt, erkennen.[176]

a) Das transzendierende Prinzip

Welte, der Anwalt des Heiligen – zu seinem 60. Geburtstag ehrten die Schüler Bernhard Weltes ihren Lehrer mit einer Festschrift, in der sie ihn mit diesem Titel charakterisierten.[177] Besonders deutlich zeigt sich die Adäquatheit dieser Ehrenbezeichnung in Weltes Forderung nach einer gemäßen Kategorialität, Rationalität und Existentialität des Heiligen.[178] Indem sich die Frage nach dem Heiligen im Prozess der Selbstvergewisserung des Menschen stellt und in der Suche nach dem Wesen seines Miteinanderseins auftaucht, zeigt sich das Heilige in den Horizont der Ganzheit gestellt, was hinsichtlich der Kategoria-

---

[175] Vgl. Schrödter, Analytische Religionsphilosophie, 298.
[176] Vgl. Höhn, Zeit und Sinn, 155 f.; besonders auch hinsichtlich des Hinweises auf Schrödters Versuch einer Umgrenzung eines Religionsbegriffes im Spannungsfeld zwischen größtmöglicher Reichweite und zugleich genauester Trennschärfe vgl. Schrödter, Analytische Religionsphilosophie, 252–303.
[177] Vgl. Casper, Hemmerle, Hünermann, Besinnung auf das Heilige, 5.
[178] Die Zitierung des Kontextes soll helfen, die genannten Begriffe einordnen zu können und sie in der Bedeutung, die Welte ihnen zuweist, richtig zu verstehen. Vgl. Welte, Zur geistesgeschichtlichen Lage der Fundamentaltheologie, 201: »Es ist die Forderung da nach der gemäßen *Kategorialität* des Heiligen in der Unterscheidung von den Weisen profanen Denkens. Es ist die Forderung nach der *Rationalität* der Begründung des Heiligen, worin dieses wieder mit dem Profanen übereinkommen muß. Und endlich ist da noch die Frage nach dem Verhältnis des Heiligen zum Bereiche der *Existentialität*, in dem es sich mit dem Ernste der gegenwärtigen Situation zu treffen hat. Diese drei Fragebereiche […] fragen nach dem Ganzen und suchen dessen Grund im ganzen […]«

lität des Heiligen zur Folge hat, dass es nicht auf eine Sonderebene des Bewusstseins neben anderen Kategorien beschränkt bleiben kann, sondern als überkategorialer Grund erscheint, in dem alle kategorialen Modifikationen und Unterscheidungen des Geistes wurzeln.[179] Daher soll im Folgenden, bevor sich der Existentialität des Heiligen hinsichtlich des Miteinanders zugewandt wird, die Rationalität kurz untersucht werden, um mit dieser phänomenologisch fundierenden Klärung die Ursprungsdimension jeglicher Frage nach Gott, wie sie auch das Miteinander stellt, freizulegen.[180] In seiner eigentümlichen Interpretation der thomasischen *quinque viae* versucht Welte die Phänomenalität des »ist« hervortreten zu lassen, wie es sich in diesen Argumentationen zeigt.[181] Thomas folgend führt dieses »ist« in eine alles Seiende transzendierende Bewegung hinein, die über alles bestehende Seiende hinaus auf eine Transzendenz zugeht.[182] Denn das Sei-

---

[179] Vgl. Welte, Zur geistesgeschichtlichen Lage der Fundamentaltheologie, 203–205.
[180] Vgl. Kienzler, Das Heilige im Denken Bernhard Weltes, 265.267.
[181] Vgl. Welte, Der philosophische Gottesbeweis und die Phänomenologie der Religion, 23 f.
[182] Welte verfolgt eine existentielle bzw. existenzphilosophische Interpretation der Gottesbeweise des Thomas von Aquin, die ihren Ursprung in seiner Habilitationsschrift findet, in der er versucht, den Grundvorgang des Existierens und des in diesem Vorgang möglichen existentiellen Glaubens – im Sinne Jaspers – aus den metaphysischen Prinzipien des Thomas von Aquin zu verstehen und zu deuten. Ausgehend von Jaspers Unterscheidung von leerem und erfülltem Transzendieren bzw. leerer und erfüllter Transzendenz (Vgl. Welte, Der philosophische Glaube bei Karl Jaspers und die Möglichkeit seiner Deutung durch die thomistische Philosophie, 85–87; vgl. Jaspers, Existenzphilosophie, 55.) stellt sich auch bei Thomas die Frage nach der Wirklichkeit bzw. Positivität im Vorgang des Transzendierens. Welte sieht hier den transzendierend ausgreifenden Menschen vom Abgrund des Nichts und darin von der absoluten Positivität der Fülle des Seins berührt. Denn Sein bedeutet eben nicht nur das Nichts des Seienden. (Vgl. Welte, Der philosophische Glaube bei Karl Jaspers und die Möglichkeit seiner Deutung durch die thomistische Philosophie, 194; vgl. Thom. Sent. I, 8, 1, 1 co: »[…] esse […] primum est, et quasi principium aliorum, praehabens in se omnia praedicta, secundum quemdam modum unita«.) Daran anknüpfend sieht Welte in allen Gestalten und Wegen der Gottesbeweise ein Grundprinzip unter der Kategorie der *demonstratio per effectum* walten, das er in Entsprechung zu Jaspers sieht. In Anlehnung an Siewerth (Vgl. Siewerth, Der Thomismus als Identitätssystem, 188 f.) betrachtet er die Kausalität in ihrem ontologischen Ursprung und erkennt, dass darin die Erhellung des Bezuges vom Seienden zum Sein zum Ausdruck kommt, also die dem Menschen aus seinem transzendenten Grunde mögliche Weise seines Sich-versicherns im Sein selbst. (Vgl. Welte, Der philosophische Glaube bei Karl Jaspers und die Möglichkeit seiner Deutung durch die thomistische Philosophie, 224 f.) Alle innerweltlichen Formen sind diesem Bezug gegenüber ontologisch sekundär. Für Welte sind die *quinque viae* eine jeweils neue und andere Artikulation des ursprüng-

ende verdankt sich dem Sein, das Thomas in seiner Besinnung auf das Sein selbst das »ipsum esse« nennt und mit Gott identifiziert.[183] Diesen Gedanken nimmt Welte auf, indem er eine transzendierende Bewegung in dem ursprünglichen Phänomen angestoßen sieht, welches er pointiert in den Terminus fasst: »daß ist, was ist«[184]. Diese darin erscheinende Transzendenz des Seins des Seienden besteht nicht als Zusatz zum Seienden, sondern bildet dessen eigene Tiefe, so dass sich die Phänomenalität des Seins in der transzendierenden Bewegung entfaltet. Diese Bewegung zeigt sich im Ausgang der Differenz von Seiendem und Sein, das sich bereits als das unbedingte Maß in der Differenz von innerem Gehalt und äußerer Realität geäußert hat. Für Welte weist diese transzendierende Bewegung nun in die Unendlichkeit schlechthin, die phänomenal im Seienden sich anzeigt bzw. hervortritt. Das Seiende selbst wird zum Ort des Erscheinens des Unendlichen. In der Differenz zum transzendenten Grund des Seins und Verstehens ist das Seiende von dieser Transzendenz nicht getrennt, sondern wird in seinem Sein erfüllt und bestimmt von diesem unbedingten Gehalt als das entscheidende Sein des Seienden als Seienden, was in die Phänomenalität tritt und sichtbar wird, aber eben nicht nur als äußerlicher oberflächlicher Zusatz. Dieses Hervor- und Aufgehen des Unbedingten bzw. diese transzendierende Bewegung hat seinen

---

lichen Sinnes der ontologischen Kausalität, was die Überlegung zum *processus in infinitum* hinsichtlich des Zieles deutlich werden lässt, das eben über das Seiende in das Sein selbst verweist. Denn das Kausalprinzip ist ontologisch von vornherein auf das Sein als Ursache und nicht nur auf seiende Ursachen bezogen. Denn selbst die unbegrenzte Vermehrung von Seienden kann das Sein nicht ausfüllen, so dass die Grund- und Sinnlosigkeit des Seienden das Denken erst über das Seiende hinaus ins Sein denken lässt. (Thom. De en. IV: »[...] oportet quod sit aliqua res que sit causa essendi omnibus rebus eo quod ipsa est esse tantum; alias iretur in infinitum in causis, cum omnis res que non est esse tantum, habeat causam sui esse [...]«) Daher sieht Welte im »ist« als Existenzaussage das Seiende, das Sein und den Bezug beider zueinander, so dass Welte entsprechend der Existenzphilosophie den Vorgang möglich sieht, dass eine Existenz in der einfachen Seinsaussage durch die transzendierende Bewegung im Seienden die Chiffre des Seins berührt. Der Gedanke setzt daher in der Tiefe und Ursprünglichkeit des »ist« an (Diese Überlegungen zeigen eine intensive Beschäftigung mit Lotz' Auseinandersetzung mit Thomas: Vgl. besonders Lotz, Das Urteil und das Sein, 90–108.), wodurch sich eine Bewegung und ein transzendierender Vorgang eröffnet. (Vgl. Welte, Der philosophische Glaube bei Karl Jaspers und die Möglichkeit seiner Deutung durch die thomistische Philosophie, 225–228.)

[183] Vgl. Welte, Der philosophische Gottesbeweis und die Phänomenologie der Religion, 26.

[184] Welte, Der philosophische Gottesbeweis und die Phänomenologie der Religion, 26.

phänomenalen Ort auch im Verstehen und Denken des Seins des Seienden, da sie in diesen gesamten Erfahrungsprozess unmittelbar einbezogen und betroffen sind, so dass das Unendliche als der Maßstab des Seins auch zum Ursprung und zur Voraussetzung des Denkens und Verstehens überhaupt wird. Dieser Maßstab des Seins als Ursprung des Seienden und des Denkens lässt diesen Erfahrungsprozess als einen selbstbezogenen Vorgang erscheinen, da das Selbst in seinem Ursprung und so das Innerste des persönlichen Lebens, das – mit Augustinus gesprochen – »uita uitae meae«[185], Anfang und Ziel dieser Erfahrung ist. »interior intimo meo et superior summo meo«[186] – mit diesem Wort Augustins erinnert Welte daran, dass die

---

[185] Aug. Conf. VII, I, 2 (CChr.SL 27, 93): »Ita etiam te, uita uitae meae, grandem per infinita spatia undique cogitabam penetrare totam mundi molem et extra eam quaquauersum per immensa sine termino, ut haberet te terra, haberet caelum, haberent omnia et illa finirentur in te, tu autem nusquam.« Zwei Aspekte sind für Welte entscheidend, die im großen Zusammenhang des VII. Buches der *Confessiones* gesehen werden müssen. Zum einen geht es Augustinus um die Frage nach der richtigen Weise, Gott zu denken. In seiner Suche nach Antwort überwindet er die hier noch erkennbare körperliche Vorstellung von Gott und kommt über die erwähnte Unbegrenztheit Gottes zu den Attributen der Unvergänglichkeit, Unzerstörbarkeit und Unveränderlichkeit. Zum anderen wird hier die Innerlichkeit Gottes deutlich und damit auch das Verhältnis von Gott und Schöpfung, das Augustinus im weiteren Verlauf der *Confessiones* noch intensiv behandelt. In seinen Interpretationen zu Augustinus' *Confessiones* erläutert Welte den Ursprung dieser transzendierenden Bewegung im Herzen bzw. im Innersten des Menschen. Im Herzen öffnet sich eine mächtige Größe, die dem Selbstsein den Horizont der Grenzenlosigkeit öffnet und ankündigt, dass sie die »offene Erfüllung und Öffnung unseres Wesens wäre, daß es aus Gnade als das innerste Worin (und darum Da) nicht bloß bliebe, sondern strahlte [...]: sein Wesen ist bis auf den Grund eröffnet.« (Vgl. Welte, Das Wesen des Religiösen nach Augustins Confessiones, 98 f.) Vgl. dazu Ruhstorfer, Confessiones 7, 285 f.; vgl. Brachtendorf, Augustins »Confessiones«, 119 f.

[186] Aug. Conf. III, VI, 11 (CChr.SL 27, 32 f.): »Quibus gradibus deductus in profunda inferi, quippe laborans et aestuans inopia ueri, cum te, deus meus – tibi enim confiteor, qui me miseratus es et nondum confitentem – cum te non secundum intellectum mentis, quo me praestare uoluisti beluis, sed secundum sensum carnis quaererem. Tu autem eras interior intimo meo et superior summo meo.« Diese Formulierung Augustins hat eine enorme Wirkungsgeschichte in der westlichen Theologie vorzuweisen. Gott als der Allgegenwärtige umgreift und übersteigt alle menschlichen Extreme, so dass sich in dieser paradoxen Einheit des Gottesgedankens die größten denkbaren Gegensätze vereinen. Diese paradoxe Formulierung der göttlichen Allgegenwart zeigt diese paradoxe Einheit schon in der sprachlichen Gestalt, die eine sprachlich unmögliche Verbindung erkennen lässt. Die Formel bildet zu einem Superlativ *(intimum/ summum)* noch einen Komparativ *(interior/superior)* und lässt auf diese Weise sichtbar werden, dass Gottes Nähe alle sprachliche Festlegung schöpferisch übersteigt. Vgl. Ringleben, Gott denken, 124.

transzendierende Bewegung hinsichtlich des Seienden eine Transzendenz offenbart, deren Tiefe über alle Realisierungformen hinausgeht und so in keiner Gestalt, keiner Sprache und keinem Gedanken adäquat gefasst werden kann. Zugleich besteht darin eine Absage an das kategoriale Denken und Sprechen hinsichtlich der unendlichen Transzendenz, da jegliche Kategorie als Form des Begreifens und Aussagens transzendierend überschritten wird.[187] Hinsichtlich der Rationalität lässt sich dieser Zusammenhang zusammenfassend im Phänomen des Heiligen beschreiben, denn die schlechthinnige ontologische Reinheit des Unbedingten zeichnet sich durch seine Absolutheit aus und entzieht sich sowohl dem Menschen als es ihn auch zugleich im Innersten beansprucht.[188] Die Brücke zwischen Rationalität und Existentialität des Heiligen wird deutlich in der Weise, wie das Heilige den Menschen in Anspruch nimmt. Denn das Unbedingte als das Heilige hat den Ausdruck eines persönlichen Appells, der die Freiheit des Ich-selbst anspricht, das diesen selbst und frei zu vollbringen hat. Indem der Mensch in seiner Freiheit in Anspruch genommen wird und selbst darauf zu antworten hat, trägt dieser Vollzug existentiellen Charakter.[189] Dieser grundlegende Zusammenhang

---

[187] Welte verweist in diesem Zusammenhang auf die entscheidende Stelle der thomasischen Ontologie (Welte, Der philosophische Gottesbeweis und die Phänomenologie der Religion, 31.), nach der sich diese Transzendenz jeglicher Kategorie entzieht. Diese unendliche Transzendenz wird wie das Sein selbst – »ipsum esse« – als über-seiend und über-kategorial bezeichnet, da es für Welte phänomenal zum Wesen des Heiligen und Göttlichen gehört und daher so in Erscheinung tritt, dass es das Ganze des Seins ohne Ausnahme durchdringt und umfasst. Welte sieht daher die phänomenologische Bestimmung und die scholastisch-ontologische Bestimmung des Wesens des Heiligen in dieselbe Richtung weisend, so dass eine auf eine Sonderebene des Bewusstseins begrenzte Öffnung des Geistes nicht der eigentliche Zugang zum Göttlichen sein kann. Damit erteilt Welte der phänomenologischen Religionsphilosophie von Rudolf Otto (Vgl. Otto, Das Heilige, 137–171.) eine klare Absage. Vgl. Welte, Zur geistesgeschichtlichen Lage der Fundamentaltheologie, 203–205; vgl. Thom. ScG I, 25 n. 3.5: »[...] quia substantia quae est genus, non est ipsum esse; alias omnis substantia esset esse suum, et sic non esset causata ab alio, quod esse non potest, ut patet ex dictis. Deus autem est ipsum esse. Igitur non est in aliquo genere. [...] Unumquodque collocatur in genere per rationem suae quidditatis: genus enim praedicatur *in quid est*. Sed quidditas Dei est ipsum suum esse. Secundum quod non collocatur aliquid in genere: quia sic *ens* esset genus, quod significat ipsum esse. Relinquitur igitur quod Deus non sit in genere.«
[188] Vgl. Welte, Der philosophische Gottesbeweis und die Phänomenologie der Religion, 29–32.
[189] Welte verweist in diesem Kontext auf den Zusammenhang von Wille und Intellekt bei Thomas von Aquin. Vgl. Thom. De ver. 14, 1 co: »Intellectus autem possibilis non

Gestalt und Gehalt des Miteinanders

von Rationalität und Existentialität des Heiligen erschließt sich in der Grundüberzeugung Weltes, dass das Selbstverständnis des Menschen als In-der-Welt-sein im Horizont des Seinsverständnisses steht[190], das wiederum Heilsverständnis ist.[191] Heil[192] ist dabei keine undurchsichtige Wirklichkeit, sondern die sinnvermittelnde und damit verstehende Ausrichtung des Daseins auf seine Ganzheit. Im Heil als Sinn von Sein drückt sich die existentielle Ausprägung des Heiligen aus, da es den ganzen Menschen persönlich anspricht und in Anspruch nimmt. Das Unbedingte zeigt sich als das unveräußerliche Maß, das den Menschen in seinem Wesen beansprucht und in seinem Selbstvollzug bestimmt[193]:

»Kennzeichnend in diesem Erscheinungsfeld ist es insbesonders: dass solcher rein waltenden Erhabenheit durch endliche Mittel der Erscheinung nie ganz Genüge getan werden kann: im Bereich des endlichen Ausdrucks verlangt die Erhabenheit des Königs immer weitere Steigerung: die Erscheinung ist eigentlich nie groß genug. [...] Indiz dafür, dass das Prinzip, das hier zur Erscheinung drängt, im Grunde ein immer je größeres d. h. aber ein schlechthin und nicht bloß relativ großes, erhabenes ist [...]. Reines Sein als schlechthinniger Erhabenheit zeigt sich hier an.«[194]

Wenn das Unbedingte sich unter endlichen Bedingungen und mit endlichen Mitteln zu verwirklichen sucht, dann muss es sich als

---

movetur nisi a duobus, scilicet a proprio obiecto, quod est forma intelligibilis, scilicet quod quid est, ut dicitur in III De anima, et a voluntate, quae movet omnes alias vires, ut Anselmus dicit«. Vgl. dazu Welte, Der philosophische Gottesbeweis und die Phänomenologie der Religion, 36.

[190] Vgl. Kienzler, Das Heilige im Denken Bernhard Weltes, 271f.
[191] Vgl. Welte, Heilsverständnis, 65–80.
[192] In der vorliegenden Untersuchung wird mit Heil der transzendentale Horizont und so auch die Bedingung der Möglichkeit von Religion überhaupt bezeichnet. Das Heilige dagegen stellt die Art und Weise dar, wie sich das Heil zu erfahren gibt bzw. wie es dem Menschen erscheint. Diese Differenzierung berücksichtigt die Akzentverschiebung zu einem geschichtlichen Denken, die sich in den Überlegungen Weltes bemerkbar macht und mit seinem Werk *Heilsverständnis* von 1966 hinsichtlich des Heiligen seinen prägnantesten Ausdruck findet. Terminologisch findet diese Verschiebung vor allem darin ihren Niederschlag, dass in der Besinnung auf die Geschichtlichkeit der Wirklichkeit als einem Geschehen der Freiheit die Rede über *das* Heilige dem Nachdenken über das *Geschehen des Heiles* Platz machte. Zur Problematik des Heiligen vgl. Casper, Dal Sacro al Santo, 99–115; vgl. Casper, »Salut n'est pas l'être«, 225–228.
[193] Vgl. Welte, Heilsverständnis, 91–93.
[194] Welte, Philosophische Soziologie im Hinblick auf das Verständnis des Christentums als Kirche, 131f.

transzendierendes Prinzip vollziehen, das alle Grenzen und Bedingtheiten des Endlichen und Relativen zu überschreiten sucht. Dieses immanente Prinzip des Miteinanderseins, das einen existentialen Grundvollzug des Menschen darstellt, korrespondiert mit dem Über-sich-hinaus-sein des menschlichen Daseins und steht zu dieser Ganzheit in ursprünglicher Beziehung. Diese transzendierende Bestimmung des Menschen, die wiederum die grundsätzliche Absage der Kategorie der Vorhandenheit hinsichtlich des Menschen wiederholt und an seine Relationalität erinnert, verweist auf den unendlichen Horizont, der das menschliche Dasein ursprünglich ausmacht und den offenen Raum seiner Erfahrungen charakterisiert. Das ganze menschliche Dasein findet sich dabei von einer ideellen Unendlichkeit bestimmt, die als transzendierendes Prinzip jegliche Grenzen zu überwinden sucht, doch zugleich zur menschlichen Endlichkeit im Widerspruch steht, so dass die faktische Endlichkeit und die ideelle Unendlichkeit des Menschen in seiner Existenz zusammenstoßen. Doch gerade in dieser dialektischen Spannung und dem darin erscheinenden transzendierenden Prinzip liegt das antreibende, relationale und lebendige Prinzip des Menschen, da er dadurch weder abgeschlossen noch isoliert noch wirklichkeitsleer bleibt.[195] Die Idee des Unendlichen im Menschen und damit die grundlegende Unbedingtheit waltet als transzendierendes Prinzip sowohl in extensiver Art des Umfassens als auch in intensiver Richtung, was sich hinsichtlich der unbedingten Wahrheit, Gutheit und Gerechtigkeit äußert. Diese intensiv-unendliche Idee des Menschen fasst sich grundlegend und pointiert zusammen in der Frage nach dem Sinn bzw. nach dem Worumwillen des menschlichen Daseins. Die Intensität des Unendlichen im absoluten bzw. unendlichen Sinnvollen, das in seinem Anspruch und seiner bewegenden Macht abgelöst ist von jeglicher bedingenden Hinsicht endlicher Umstände, erweist sich gegenüber der Extensität als primär.[196] Denn die extensive bzw. umfassende Bewegung zeigt sich aufgehoben im Horizont des Sinnes und der Bedeutsamkeit, so dass auch der Bereich der waltenden Macht des Prinzips aller Bedeutsamkeit keine Begrenzung kennt und sich der schlechthin umfassende Charakter des Prinzips der Bedeutsamkeit zeigt. Indem das allumfassende Wesen der Bedeutsamkeit nicht alles Wirkliche, sondern auch alles Mögliche umfasst, kann sein Horizont durch keine Neuheit

---

[195] Vgl. Welte, Im Spielfeld von Endlichkeit und Unendlichkeit, 42 f.
[196] Vgl. Welte, Im Spielfeld von Endlichkeit und Unendlichkeit, 44.

erweitert werden. Zugleich ergibt sich aus dem Zusammenhang von Selbst- und Seinsverständnis als Heilsverständnis, dass es im Lichte dieses Seinsverständnisses ein Heil gibt und die vielen bedeutenden Seienden in der Bedeutsamkeit eine Einheit werden.[197] Die Bedeutsamkeit oder der Sinn zeigen sich durch ihre innere und qualitative Unendlichkeit über alles Endliche, Bedingte und Vergängliche erhaben und so in ihrem Ursprung nicht im Bereich des Seienden verortbar. Die daraus folgende Undenkbarkeit und Unfassbarkeit des Ursprungs der Bedeutsamkeit und ihre zugleich wirkende innere Bestimmtheit weisen so ins unendliche und unbedingte »Geheimnis«.[198]

So vereinen sich schließlich alle Linien der Unendlichkeit wieder in der ideellen Gestalt sinnvollen Daseins, die allein zur Rechtfertigung und zur Akzeptanz des eigenen und gemeinsamen menschlichen Daseins verhelfen kann und in der Idee des unbegrenzten, unbedingten, allumfassenden, also letztlich göttlichen Lebens seine Konkretion findet. So ist es für Welte nur konsequent, in der Idee des göttlichen Lebens die Idee und den Gehalt des menschlichen Lebens aufgehoben zu sehen, das den Vollzug des menschlichen Daseins in der Endlichkeit bewegt.[199]

Diese an Pascals Worte – »l'homme passe infiniment l'homme«[200] – erinnernden Überlegungen[201] in Bezug auf das menschliche Dasein charakterisieren natürlich auch das transzendierende Prinzip[202], das sich im Miteinandersein anzeigt. So wird im Kontext des Miteinanderseins und seiner Verwirklichung ein doppeltes vernunftbasiertes

---

[197] Vgl. Welte, Heilsverständnis, 82–84.
[198] Vgl. Welte, Heilsverständnis, 92 f. Der Charakter des Geheimnisses bei Welte besteht gerade in dieser Kombination von absoluter Unfassbarkeit und unbedingter Betroffenheit. Vgl. Welte, Das Heilige in der Welt und das christliche Heil, 247.
[199] Vgl. Welte, Im Spielfeld von Endlichkeit und Unendlichkeit, 47; vgl. dazu besonders auch Lenz, Mut zum Nichts als Weg zu Gott, 28–30.
[200] Pascal, Pensées, 434 (Oe. XIII, 347).
[201] Vgl. dazu auch die Auslegung Weltes in: Welte, Blaise Pascal – der Glaube in der Krisis der Neuzeit, 103–105.
[202] Welte findet bei Pascal und seinem unendlichen Interesse des Menschen einen entscheidenden Zeugen für den Zusammenhang von Sinn und Transzendenz: »Es handelt sich, indem es sich um mich selbst handelt, um alles schließlich und zuhöchst im Sinne nicht nur eines alles Umfassenden [...], sondern auch alles Übersteigenden. [...] Denn: indem es sich um mich selbst handelt, handelt es sich ja darum, daß ich nicht verloren sei und verloren gehe, daß ich für mich und damit für alles Grund und Sinn und Heimat finde. Wenn aber in der Transzendenz dieses und alles wieder irgend eine Grenze und ein Aufhören wäre, in irgendeinem Sinn: wäre dann nicht wiederum alles wie nichts?« (Welte, Pascal und die Begründung des Glaubens, 44 f.)

religiöses Verhältnis deutlich, sowohl hinsichtlich der Struktur als auch des Gehalts.

b) Miteinandersein als Religiosum – Die Struktur

»Es ist erstaunlich genug, daß alle Erfahrungen der ganzen Menschheitsgeschichte es nicht vermochten, den Menschen davon abzubringen, *durchaus* wahr, gut und glücklich sein zu wollen, und obwohl Menschen dies niemals wirklich waren, doch nie aufzuhören, alles daranzusetzen und alles an diesem Maße zu messen. Darin vielleicht am meisten zeigt sich das Unbedingte als das unveräußerliche Maß, das den Menschen in sein Wesen stellt.«[203]

In struktureller Hinsicht ein religiöses Verhältnis zu sein, bedeutet, sich ausgehend von den menschlichen Lebensverhältnissen auf die existentiale Grundlage zu beziehen und sich über ihre Unausweichlichkeit hinwegzusetzen. Es geht also in einem religiösen Verhältnis darum, in einen transzendierenden Umgang mit der existentiellen Grundsituation und ihren Limitationen zu treten.[204] Diese Transzendierung geschieht nun nicht in der Annahme eines zusätzlichen Wirklichkeitsbereiches, auf den sich der religiöse Mensch bezieht. Denn angesichts der Unhintergehbarkeit der existentiellen Grundsituation bedeutete dies einen Rückfall in ein vorhandenheitsontologisches Missverständnis. Denn das Unendliche wird bei Welte als Unendliches gedacht, als Außer-ordentliches, das nicht ablösbar ist von der Endlichkeit der Ordnung, die es überschreitet. Das Un-endliche kann daher weder als eine Negation des Endlichen verstanden werden noch als ein positiv Unendliches in dem Sinne, dass es die endlichen Menschen ihrer Mündigkeit und Freiheit berauben würde.[205] In diesem Zusammenhang darf Transzendenz weder im Sinne eines anthropologischen Typus noch als eine Verlängerung der Endlichkeit oder gar als eine weltimmanent verbleibende Größe verstanden werden.

---

[203] Welte, Heilsverständnis, 90 f.

[204] Für Schrödter kann ein philosophisch begründbarer Begriff von Religion nur in der Einheit des Bewusstseins der radikalen Endlichkeit menschlicher Existenz und des verwirklichten Transzendierens dieser Endlichkeit bestehen. In dieser Einheit besteht die Mindestbestimmung von Religion, der Schrödter in der menschlichen Selbstvergewisserung seinen systematischen Ort zuweist. Vgl. Schrödter, Erfahrung und Transzendenz, 244.

[205] Vgl. Waldenfels, Phänomenologie der Erfahrung und das Dilemma einer Religionsphänomenologie, 80.

Denn Transzendenz ist bei Welte auch eine Bezeichnung für das Absolute selbst, das aller endlichen Wirklichkeit entzogen und somit nicht objektivierbar ist. Transzendieren bedeutet das erfahrungshafte Übersteigen der endlichen Wirklichkeit von Seiten des Menschen auf ein alles Endliche und Begrenzte übersteigendes Prinzip hin. Dieser metaphysische Typus des Transzendenzbegriffes bestimmt Umfang und Art der Transzendenz als den Überstieg des Menschen in Abhängigkeit von dem Maß der Transzendenz im Sinne einer Überweltlichkeit des jeweiligen metaphysischen Prinzips.[206] Das geschieht, indem sich der Mensch zur Grundlage seiner Existenz in Beziehung setzt, die es ihm ermöglicht, seine eigenen Grenzen und Limitationen zu bestreiten und sich in dieser Haltung bestreitend zu behaupten.[207] Dabei steht die Anerkennung der Limitationen als unausweichliche und unhintergehbare Grenzen des menschlichen Lebens außer Frage, aber es wird deren Bestimmungsgewalt über die Ganzheit der menschlichen Vollzüge und Bezüge und somit über den Sinn und die Rechtfertigung menschlichen Lebens bestritten. Dieser Anspruch kontrafaktischer Selbst- und Weltakzeptanz und seiner Möglichkeitsbedingungen zeigt sich als das entscheidende Ziel des Prozesses des Transzendierens, der wiederum hinsichtlich seiner Modalität nicht durch Notwendigkeit, sondern durch Möglichkeit bestimmt ist und daher nicht den Charakter des Unvermeidlichen hat.[208]

Diese kontrafaktische Selbst- und Weltakzeptanz beansprucht, dass der Sinn und Wert des Menschen sich nicht in der Faktizität des Daseins und dem menschlichen Umgang mit dieser erschöpft. Es bedeutet aber auch die Unhintergehbarkeit der existentiellen Grund-

---

[206] Hier zeigt sich wiederum Weltes Nähe zu Karl Jaspers, der der wichtigste Vertreter dieses metaphysischen Transzendenzverständnisses in der Neuzeit ist. Seine einheitsmetaphysische Bestimmung des Transzendenzbegriffes wird zugleich durch eine existenzphilosophische Deutung ergänzt. Dadurch wird bei ihm Transzendenz zu einem konstitutiven Strukturmoment der Existenz. Vgl. Enders, Transzendenz und Welt, 55 f.
[207] Jaspers sieht die Transzendenz mittelbar und indirekt erfahrbar im begrifflich und methodisch gesicherten, formalen Transzendieren der philosophischen Spekulation und in der Erhellung der grundlegenden existentiellen Bezüge: »In der philosophischen Möglichkeit des Transzendierens zeigt das methodologische Bewußtsein drei Wege: das formale Transzendieren der Spekulation, die Erhellung der existentiellen Bezüge zur Transzendenz, das Lesen der Chiffernschrift.« (Jaspers, Der philosophische Glaube angesichts der Offenbarung, 435.) Vgl. Enders, Transzendenz und Welt, 47.
[208] Vgl. Höhn, Zeit und Sinn, 157 f.

situation, die nicht transzendierbar sein kann, so dass sich die Transzendenz hinsichtlich der Umgangsformen und der Positionierungen zu den Lebensverhältnissen einstellen muss. Diese religiösen Einstellungen zum Dasein, zu Daseinsverhältnissen und anderen Bezugnahmen auf diese Verhältnisse müssen, um wirklich religiöse Grundhaltungen zu sein, einer verkürzten Einordnung und Überführung in eine instrumentelle, strategische, kommunikative, temporale oder diskursive Gesinnung widerstehen. Die Anschlussfähigkeit an vernunftbasierte Einstellungen haben religiöse Überzeugungen für Welte zur Voraussetzung, sind jedoch nicht auf dieselben rückführbar, wenn sie als das vernunftgemäße Andere der Vernunft gelten wollen. Das Verhältnis zum Leben und zum Dasein in seiner Ganzheit erfüllt diese Bedingungen und führt aus der Partikularität heraus, in der immanente Bezüge immer verbleiben. Mit dem Transzendieren der Lebensverhältnisse geht das Bestreiten der realen Limitationen einher, um die Daseins- und Weltakzeptanz angesichts des Inakzeptablen bewältigen zu können. Die Herausforderung eines an menschliche Vernunft anschlussfähigen religiösen Verhältnisses besteht darin, dass es nicht mittels einer autonomen Vernunft verstehbar und auflösbar sein darf und letztlich damit unverständlich bleiben muss.[209] Zur Sache der Religion und somit zum religiösen Verhältnis gehört daher, zu dem in Vernunftverhältnisse Unübersetzbaren sinnvolle Bezugnahmen auszubilden, so dass die Frage nach dem Inakzeptablen im Leben für den religiösen Grundvollzug konstitutiv ist.[210]

Strukturell erscheint nun das im menschlichen Dasein und somit im menschlichen Miteinandersein verortete und damit unzweifelhaft darauf bezogene transzendierende Prinzip als ein religiöses Verhältnis. Welte bezeichnet das personale Miteinander als ein an sich selbst religiöses Verhältnis, da zum Wesen der Person in dieser ihrer existentiellen Grundsituation wesentlich ein religiöser und heiliger Bezug gehört, der als transzendierendes Prinzip alle Gestalten der Endlichkeit überschreitet:

---

[209] In seinem Aufsatz zur wissenschaftlichen Beschäftigung mit dem Heiligen konstatiert Colpe, dass in Bezug auf das Heilige sein Erfahrbarkeitscharakter wesentlich ist, so dass das Heilige sowohl auf die Seite des Regelgemäßen wie auch des Regelwidrigen gehört. Vgl. Colpe, Die wissenschaftliche Beschäftigung mit »dem Heiligen« und »das Heilige« heute, 40.
[210] Vgl. Höhn, Zeit und Sinn, 159–166; vgl. Schmidt, Anmerkungen zum Religionsdialog unter den Bedingungen der Aufklärung, 196–198.

Gestalt und Gehalt des Miteinanders

»Personales Mit ist als Personales an sich selbst und deswegen überall (wenn auch zumeist verborgen), von der Seinsart der religio, sofern man Religion nicht als eine endliche Erscheinungsform, etwa ein Kulturphänomen (neben anderen) nimmt, sondern als den unentrinnbaren, nur verkennbaren Wesensgrund der geistigen Substanz.«[211]

Daher konstatiert Welte, dass eine grundsätzliche Ontologie des personalen Miteinanders nur in religionsphilosophischer Hinsicht bedacht werden kann. Denn das Moment des Religiosum, das hier deutlich wird, ist nicht nur eine akzidentelle Bestimmung des Wesens des Miteinanderseins, sondern vielmehr dessen Substanz, so dass das Miteinandersein an sich selbst ein Religiosum ist und damit die Gemeinschaft von Personen zurückbindet an den eigentlichen Gehalt ihrer Existenz. Dieser innere Gehalt des existentiellen Vollzuges besteht in der Unbedingtheit, die für Welte im wörtlichen Sinne ein Religiosum ist und sich an die göttliche Idee bzw. das Heilige zurückgebunden findet. Der Charakter des Heiligen, den dieser Gehalt der Unbedingtheit trägt, drückt sich in der absoluten und einfordernden Betroffenheit der Person aus, die von innen und nicht aus äußerem Zwang sich dem Heiligen verpflichtet weiß und zugleich sich ins wesenhaft Unerreichbare entzieht.[212] In dieser wiederum auf die Willenstheorie des Thomas von Aquin rekurrierenden Überlegung verweist der innere Gehalt auf das Geheimnis Gottes[213], das den Grund der Person und aller Personalität ausmacht.[214]

Die Struktur des religiösen Verhältnisses lässt in der Besinnung des Denkens auf die existentielle Grundsituation des Menschen und dessen Ursprung eine Umwendung des Denkens sichtbar werden, die von der Suche nach der Herkunft in einen Hinweis auf ein Ziel um-

---

[211] Welte, Fundamentaltheologische Grundbegriffe zur Theorie der Kirche, 132.
[212] Auch wenn Welte zur Religionsphänomenologie von Rudolf Otto in kritischer Distanz und Ablehnung steht, so zeigt sich hinsichtlich des Begriffes des Heiligen eine enge Verwandtschaft, indem er in seiner Begrifflichkeit die Momente des Heiligen des »Mysterium tremendum et fascinosum« aufgreift. (Vgl. Otto, Das Heilige, 13–37.42–52.) Das Heilige nimmt den Menschen als Fascinosum ganz in Anspruch, hält ihn aber als Tremendum von sich fern. Vgl. Welte, Religionsphilosophie, 133.
[213] Vgl. Thom. ScG III, 88 n. 5: »Violentum autem voluntario repugnat. Impossibile est ergo quod voluntas moveatur a principio extrinseco quasi ab agente, sed oportet quod omnis motus voluntatis ab interiori procedat. Nulla autem substantia creata coniungitur animae intellectuali quantum ad sua interiora nisi solus Deus, qui solus est causa esse ipsius, et sustinens eam in esse. A solo igitur Deo potest motus voluntarius causari.«
[214] Vgl. Welte, Fundamentaltheologische Grundbegriffe zur Theorie der Kirche, 131.

schlägt und darin doch wieder ein vertieftes Verständnis des Ursprungs offenbart, was es in Bezug auf den Gehalt des Miteinanderseins zu berücksichtigen gilt.[215]

c) Miteinandersein als Religiosum – Der heilige Gehalt

»[…] das Unbedingte schlechthin, das Allumfassende schlechthin, das unbedingte Erhabene, die reine Erhabenheit und Höhe schlechthin. Diese drei Bestimmungen scheinen wie Richtungspfeile. Sie weisen zusammen über das hinaus, was an ihnen unmittelbar faßbar ist, und sie scheinen sich an einem unbegreiflichen Punkte zu vereinigen. Unbedingtes, Allwaltendes, reine Erhabenheit, reines Sein. Die Richtungen weisen ins Heilige, ins Göttliche, in Gott.«[216]

Der Weg zum erfüllten Miteinander, der über die äußere und wirkliche Realisierung des Miteinanders zu geschehen hat, offenbart auf diese Weise die Außenseite des Gehaltes und des inneren Sinnes der Einheit und des Einsseins. Indem sich dieser innere Gehalt als ein transzendierendes und überschreitendes Prinzip offenbart, zeigt sich der innere Sinn als ein wirkliches Absolutum, das mit nichts zu verrechnen und von nichts ableitbar ist, sondern immer in sich selbst stehende Macht bleibt. Diese Macht als der erfüllte Sinn der Einheit

---

[215] Vgl. Hemmerle, Das Heilige und das Denken, 45–47.
[216] Welte, Miteinandersein und Transzendenz, 157. Ein kurzer Hinweis soll diesen unvermittelten Übergang vom Unbedingten zu Gott hinsichtlich des Verhältnisses von Heiligem, Göttlichem und Gott etwas erhellen. Welte thematisiert diese Frage nach Gott innerhalb der Einheit des heideggerschen Denkweges (Vgl. Heidegger, Sein und Zeit, 27; vgl. Wiercinski, Martin Heideggers »göttlicher Gott« bei Bernhard Welte und Gustav Siewerth, 523.) und kommt zur Erkenntnis, dass der Mensch ein Seiendes ist, da sich das Sein zu erfahren gibt als das, was dem Seienden die Gewähr schenkt zu sein (Vgl. Heidegger, Sein und Zeit, 184–191.), was für Welte in dieser Positivität als das Heilige erscheint. (Vgl. Welte, Gott im Denken Heideggers, 173.) Menschliches Dasein steht für Welte immer vor der fundamentalen Zweideutigkeit erfahrener Nichtigkeit: Entweder es offenbart sich als das nichtende Nichts oder als das heilige Geheimnis. (Vgl. Splett, Ein Phänomenologe des Heiligen, 244.) Das Heilige ist die Dimension der Weite, die das Seiende gewährt und als Spur auf die Gottheit Gottes weist. Das Göttliche wird bezeugt, doch Gott selbst zeigt sich nicht, womit das Heilige erscheint, aber Gott fernbleibt. (Vgl. Welte, Gott im Denken Heideggers, 173 f.) Welte selbst hat das in einem kleinen Manuskript in ein kurzes Schema gebracht: »a. Das Sein ist das *Heilige*. […] b. Das Heilige ist *nicht der Gott*. […] c. Das Aufgehen des Seins als des Heiligen gehört zum ›Fehl Gottes‹. […] d. Das Aufgehen des Nichts und im Nichts des Seins und im Sein des Heiligen ist *Voraussetzung für das Aufgehen Gottes* (positiver Bezug).« (Welte, Bemerkungen zum Seinsbegriff Heideggers, 124–126.)

äußert sich im Sinne einer Steigerung der Qualität und der Intensität. Je reiner bzw. unverdeckter also dieser Gehalt vollzogen wird und so eben nicht mit anderen Interessen vermischt oder verfälscht wird, umso deutlicher und eindeutiger treten diese Züge einer transzendierenden und religiösen Phänomenalität hervor. Diese religiöse Phänomenalität dieses Prozesses und existentiellen Vollzuges macht sichtbar und erfahrbar, dass eine absolute, ewige und unendliche Macht den Menschen eint und das Wesen und den Sinn des menschlichen Einsseins ausmacht.[217] Deshalb kommt Welte zu dem Schluss, dass der »Logos der Sozietät von innen her göttlich, Soziologie von innen her religiös«[218] ist. Die Defizienz aller endlichen Erscheinungsformen, die mit dem transzendierenden Prinzip, das alles Endliche, Relative und Kontingente zu überwinden sucht, einhergeht, verweist in den Dimensionen des Miteinanders auf das schlechthin Unbedingte, das grenzenlose Allumfassende und die reine Erhabenheit.[219]

Der Gehalt des Miteinanders, der als Religiosum und damit als göttliche ewige Macht die Sozietät bestimmt, eröffnet dem Miteinander den Bereich des Sakralen, da das schlechthin Erhabene seiner Phä-

---

[217] Auf je verschiedene Weise sieht Welte diesen Grundgedanken der Einheit im Unendlichen, in der Transzendenz bzw. in Gott in der theologischen und philosophischen Tradition bestätigt. Bei Augustinus findet er diesen Gedanken in der einenden Kraft der Liebe: »Nemo dicat: ›Non noui quod diligam.‹ Diligat fratrem et diliget eandem dilectionem; magis enim nouit dilectionem qua diligit quam fratrem quem diligit. Ecce iam potest notiorem deum habere quam fratrem, plane notiorem, quia praesentiorem, notiorem quia interiorem, notiorem quia certiorem. Amplectere dilectionem deum et dilectione amplectere deum. […] Et quo nisi Deo plenus est qui plenus est dilectione?« (Aug. Trin. VIII, 12 (CChr.SL 50, 286 f.).) Im Denken des Thomas von Aquin findet Welte seine Entsprechung in der Konstitution des Menschen aus dem ursprünglich Ewigen: »Unde ab ipso anima humana lumen intellectuale participat, secundum illud Psalmi IV: *Signatum est super nos lumen vultus tui, Domine.*« (Thom. Sth I, 79, 4 co.) »[…] in luce primae veritatis omnia intelligimus et iudicamus, inquantum ipsum lumen intellectus nostri, sive naturale sive gratuitum, nihil aliud est quam quaedam impressio veritatis primae […]« (Thom. Sth I, 83, 3 ad 1.) Als modernen philosophischen Zeugen bemüht Welte zuletzt Karl Jaspers, der im Zusammenhang von Liebe und Kommunikation die Unbedingtheit und Transzendenz als voraussetzend annimmt: »Das in der Welt unbegreifliche *Ineinsschlagen des Zueinandergehörens* läßt ein *Unbedingtes* fühlbar werden, das von nun an *Voraussetzung* der Kommunikation ist […]. Die tiefste Berührung steht für sich in der Transzendenz. […] Ich und Du, im Dasein getrennt, sind eins in der Transzendenz.« (Jaspers, Philosophie II, 71.) Vgl. Welte, Philosophische Soziologie im Hinblick auf das Verständnis des Christentums als Kirche, 136–138.
[218] Welte, Soziologie der Religion, 79.
[219] Vgl. Welte, Soziologie der Religion, 79 f.

nomenalität nach das Heilige ist.[220] Es zeigt sich im Phänomen und als Phänomen des Heiligen etwas, das beansprucht, von sich selbst her gültig zu sein und Bedeutung zu haben.[221]

Das Heilige bzw. der heilige Gehalt kennzeichnet sich auf eine ambivalente Weise, denn einerseits zeigt es sich aller menschlichen und weltlichen Fassbarkeit oder Denkbarkeit enthoben, andererseits aber nimmt es den Menschen in verborgener und entzogener Weise überall im Innersten in Anspruch, was Welte durch den Begriff *Geheimnis* zum Ausdruck bringt. Dies verdeutlicht sich besonders im Horizont der existentiellen Frage des Menschen nach Sinn und Bedeutsamkeit, die eben ihren Ursprung in diesem Geheimnis findet. In demselben Geheimnis findet auch das Heil als die ganzheitliche erfüllende Antwort auf diese existentielle Frage seine Quelle. Dieses Phänomen des Heiligen wird im menschlichen Dasein am deutlichsten erfahren im Miteinandersein, da die kommunikativen Beziehungen entscheidend sind für das gesamte Beziehungsgefüge, das Welt genannt wird und so das Prinzip der Bedeutsamkeit und die Sinnfrage sich entscheidend verwiesen zeigen auf das Geschehen des Miteinanders und der Kommunikation.[222]

Wenn daher Welte diese in sich selbst stehende Macht in Anlehnung an Thomas' »ipsum esse« als *Sein selbst* charakterisiert, dann nicht im Sinne einer Idee regulativer Art im Sinne Kants oder be-

---

[220] Vgl. Welte, Soziologie der Religion, 80f.

[221] In diesem Kontext zeigt es sich bedeutend, anzumerken, dass das Heilige keine direkte Beobachtung ist, sondern die Rede vom Heiligen immer schon auf der Interpretation von Beobachtungen bzw. Erfahrungen beruht. Objektive und somit nicht-interpretierte Erfahrungen gibt es nicht. (Vgl. Schaeffler, Erfahrung als Dialog mit der Wirklichkeit, 94.) Das hängt zusammen mit der notwendigen Kontingenz religiöser Erfahrung, da nur so die Freiheit des Menschen nicht nivelliert wird. (Vgl. Schaeffler, »Das Heilige »und »der Gott« – oder: Wie kommt Gott in die Religion?, 163.) So findet sich auch das Phänomen des Heiligen aus zwei Ursprüngen entstanden, einerseits aus der Erfahrung, die sich im Bewusstsein anzeigt und andererseits durch den Beitrag des rezeptiv-interpretatorischen Vermögens des Menschen. Dabei kommt aber das rezeptiv-erschließende Handeln bzw. Denken des Menschen nicht einfach nachträglich zum Faktum hinzu, sondern das noetische Gestalten und Interpretieren wird nur am Faktum möglich und das Faktum gibt es nur als jeweils schon rezipiertes. Vgl. Wenzler, Das Phänomen des Heiligen in der Korrelation von Noesis und Noema, 16f.

[222] Vgl. Welte, Person und Welt, 176–178; vgl. dazu besonders auch Bohlen, Solidarisches Handeln als negative Theologie, 336; zum Zusammenhang von Heiligem, Miteinander und interpersonalem Glauben vgl. Kirsten, Heilige Lebendigkeit, 85–101.221–237.

schränkt auf eine rein ideelle Geltung. Denn diese Bestimmung des Geheimnisses bzw. des Heiligen als bloß geltende Idee ließe das Heilige wiederum in Abhängigkeit zum Denken des Menschen erscheinen, da eine reine Idee für sich selbst nichtig bleibt. Das Grundphänomen des seinsverstehenden Daseins widerspräche dieser Vorstellung. Denn ein Unbedingtes, das sich vom menschlichen Denken bedingt zeigt und so sich selbst einer leeren Nichtigkeit anheimgibt, kann in Bezug auf das menschliche Dasein keine Unbedingtheit beanspruchen. Die Unbedingtheit wahrt sich eben nur, wenn das Heilige sich selbst umfängt, sich selbst besitzt und in sich selbst gründet, weshalb nur dann das unbedingte Maß des menschlichen Seinsverständnisses gewahrt bleibt, wenn »[d]as unendliche Geheimnis [ist] selbst es selbst«[223] ist. Dieses Prinzip aller Bedeutsamkeit, der Ursprung von Sinn und das innere Maß allen menschlichen Seinsverständnisses, »enthüllt sich, indem es sich verhüllt: ins unendliche Geheimnis des Seins selbst hinein.«[224]

Wenn Welte in diesem Zusammenhang vom Du-haften des Heiligen bzw. des Geheimnisses spricht und somit einen personalen Charakter andeutet, dann darf das nicht im Sinne eines Gattungsbegriffes als Rückfall in ein attributives und kategoriales Denken verstanden werden. Das Phänomen der Bedeutsamkeit und sein wirkender Anspruch, der sich als persönlicher Appell oder Schmerz äußert, widerspricht einer antwortlosen Leere eines reinen »An-sich« als Ursprung von Heil, Sinn und Erfüllung. So macht das Prinzip aller Bedeutsamkeit gerade in seiner Entzogenheit doch eine Qualität des Seins geltend, eine Positivität einer Art von Personalität.[225] In seiner *Religionsphilosophie* formuliert Welte deutlicher, dass die Gewährleistung des Sinnes eines personalen Wesens sich nun einem rein apersonalen Verständnis des Unbedingten widersetzt. Denn absolute Bedeutsamkeit und damit ethische Substanz kann nur etwas beanspruchen, das sich selbst vollziehend antwortet. Die Frage nach dem Sinn selbst kann nur sinnvoll gestellt werden, da es eine per-

---

[223] Welte, Heilsverständnis, 95.
[224] Vgl. Welte, Heilsverständnis, 94 f.
[225] Vgl. Welte, Heilsverständnis, 95 f. Diese religiöse Erfahrung ist nur im Sinne einer Durchlässigkeit bzw. Transzendenz und damit als Personalität denkbar. Denn in ihr geht es um etwas, das sich dem Maß des Erfahrenden nicht fügt, da es von außen kommt und diese Äußerlichkeit nicht verliert. Denn als das Angehende und das Überwältigende übersteigt es die Möglichkeiten seiner Erfassung, bleibt aber erfahrbar. Vgl. Figal, Phänomenologie der religiösen Erfahrung, 176.

sonale, sich selbst verstehende und vollziehende Antwort gibt. Diese Frage aber gehört zum menschlichen Leben, so dass dieses personale Leben eine personale Sinnmacht als Antwort postuliert. Festzustellen ist hier nun, dass Personalität und personale Struktur nicht Projektionen menschlicher Kategorien auf das Übermenschliche sind, sondern sich im Zusammenhang mit dem unendlichen und unbedingten Geheimnis zeigen.[226] Personalität gehört damit zur apriorischen Gegebenheit des Sinnes im Sinnpostulat angesichts des Unbedingten. Nur personal lässt sich Sinn und Unbedingtheit in einem Zusammenhang sinnvoll denken.[227]

Das Heilige nimmt den Menschen in Anspruch und offenbart eine ursprüngliche Abhängigkeit alles Bedingten vom Unbedingten, eine Kontinuität vom Gründenden zum Begründeten hin, unabhängig davon, wie man die Beziehung des Ursprungs, des Entspringens und Gründens denkt. Das hat zur Folge, dass das unbedingte Geheimnis, in dem der Mensch als Person sich mit seiner dialogischen personalen Seinsweise im Miteinander gründet, in einem Verhältnis der Analogie mit dem Menschen verbunden ist. Welte bemüht hier einen ursprünglicheren Analogiebegriff: Analogie als Bewegung und Ver-

---

[226] Vgl. Pannenbergs Überlegungen zum Ursprung der Personalität in religiöser Erfahrung: »So verstanden würde nämlich der Gedanke der Personalität der Gottheit gerade nicht eine dem Gedanken der alles bestimmenden Macht widersprechende Schranke mit sich bringen, sondern gerade ihre Unverfügbarkeit, ihre Heiligkeit aussprechen.« (Pannenberg, Die Frage nach Gott, 384.)

[227] Vgl. Welte, Religionsphilosophie, 119 f. Um das Unbedingte personal denken zu können, darf die Personalität dem Unbedingten keine Grenzen oder Bedingungen auferlegen. Deswegen müssen die dialogische Natur und der Welthorizont der Personalität neu bedacht werden, da sie in ihrer endlichen Erscheinung und damit in ihrer Abhängigkeit von endlichen Personen und der faktischen Welt nicht für das Unendliche und Unbedingte geltend gemacht werden können. Deshalb abstrahiert Welte Dialogizität und Welthorizont von deren endlich faktischen Erscheinungen und denkt sie im Modus der Möglichkeit, die wiederum von keinen endlichen Bedingungen abhängig ist. Zugleich wird dadurch die Abhängigkeit vom Unbedingten umso deutlicher. Wenn nun Möglichkeit mögliche Wirklichkeit bedeutet, so zeigen sich alles Mögliche und alles Wirkliche vom Unbedingten abhängig, während es selbst unabhängig und unbedingt bleibt. Beschreiben lässt sich dieses Verhältnis auf der einen Seite als freie Offenheit des unbedingten Geheimnisses für jedes mögliche Du, jede mögliche Welt und damit die gesamte Wirklichkeit und auf der anderen Seite als ursprüngliche und bleibende Abhängigkeit aller endlichen Personen mit ihrer endlichen Welt. (Vgl. Schaeffler, Sinnforderung und Gottesglaube, 204.) Dieses Verhältnis zeigt die adäquate Weise, inwieweit das Dialogische mit seiner Weltstruktur zum Unbedingten gehört und dieses unbedingte Geheimnis personal verstanden werden darf. Vgl. Welte, Religionsphilosophie, 120.

bindung durch denselben Sinnbereich.[228] So kann das gegründete personale Leben im Sinnbereich des personalen Lebens bzw. des Miteinanders auf den unendlichen Grund blicken, da das Unbedingte der Ursprung alles Bedingten ist, also auch den gemeinsamen Sinnbereich begründet. Deshalb kann der Mensch als Person den Grundzug des Personalen im Sein des Seienden erkennen und in dieser Erkenntnis auf den unbedingten Grund beziehen. In diesem Grund, dem Ursprung alles Bedingten, muss das Personale schließlich bereits walten, damit der absolute Grund nicht geringeren Ranges ist als die begründete Person.[229] In diesem Verständnis, in dem das Unbedingte als Ursprung allen personalen Lebens und somit von ursprünglicher Personalität erscheint, versteht Welte auch Martin Bubers berühmten Satz:

»Die verlängerten Linien der Beziehungen schneiden sich im ewigen Du. Jedes geeinzelte Du ist ein Durchblick zu ihm. Jedes geeinzelte Du spricht das Grundwort das ewige an.«[230]

Diese ursprüngliche Personalität, die sich hinsichtlich des Unbedingten und des Heiligen anzeigt, gibt die Möglichkeit, Weltes Aussage zum Walten und Wirken des heiligen und göttlichen Wesens im Miteinander differenzierter verständlich zu machen. Denn Miteinander und Personalität finden sich in demselben Vollzugsgeschehen wieder, so dass das Unbedingte als der Ursprung alles personalen Lebens sich konstitutiv für die einzelne Person und das Miteinandersein zeigt. Das hat dahingehend Bedeutung, dass das transzendierende Prinzip der Bedeutsamkeit und des Sinnanspruches, das sowohl die Personalität als auch das Miteinander bewegt, sich nach einer umfassenden und zugrundeliegenden Ganzheit ausstreckt. Diese Suche nach einer Ganzheit wiederum führt zu einem Unbedingten, das eben Ursprung

---

[228] Vgl. Welte, Religionsphilosophie, 124 f. Welte setzt bei der Klärung des hier dargelegten Analogiebegriffs bei der Vorsilbe ἀνά an, um diesen Charakter der Bewegung der Analogie und damit auch ihren Verweischarakter deutlich zu machen. (Welte verweist dabei auf: Pape, Griechisch-Deutsches Handwörterbuch I, 178 f. Vgl. Welte, Logik des Ursprungs und Freiheit der Begegnung, 165.) In diesem Sinne versteht sich eben auch der Verweis auf Platons Phaidon: »ἀνά τὸν αὐτὸν λόγον« (Plat. Phaed. 110d, 3 f.) Denn bei Platon folgt die Darstellung einem einfachen Erzählmuster, das den Vergleich von Unterwasserwelt und Luftwelt in einer Projizierung fortsetzt, so dass in diesem Sinne die Verhältnismäßigkeit von Diesseits und wahrer Erde verstanden werden kann. Vgl. Schäfer, Der Mythos im Phaidon (107d–115a), 164.
[229] Vgl. Welte, Religionsphilosophie, 123–125.
[230] Buber, Die Schriften über das dialogische Prinzip, 76.

allen personalen Lebens sein muss, um so dem bewegenden Prinzip der Bedeutsamkeit einen personalen Charakter verleihen zu können. Denn nur wenn das Unbedingte Ursprung sowohl der einzelnen Personalität als auch des Miteinanders und damit allen personalen Lebens ist, kann es Gehalt eines Prinzips sein, das die einzelne Person in seinem Selbstsein konstituiert und zugleich die vielen Personen in einem Miteinander zu einer wirklichen lebendigen Einheit zusammenschließt. Im Heiligen verbinden sich nun zwei grundlegende Bestimmungen, nämlich die Personalität und die Unbedingtheit, in einem reziproken Prozess:

Nur wenn das Unbedingte als das Personale der Ursprung allen personalen Lebens und so des personalen Prinzips ist, eint das Unbedingte die einzelnen Personen im Miteinandersein und nur wenn das Personale das Unbedingte ist, kann das Personale als umgreifende entzogene Ganzheit Ursprung der Personalität und des Miteinanders sein:

»Es lebt das Unendliche, Absolute, Heilige, in Macht und Herrlichkeit Waltende, es lebt Gott in dem, was Menschen miteinander eins macht und es macht sich merklich dort, wo dieses einsmachend daseinsimmanent zur Ausbildung und Anschauung kommt in den sich bildenden Häuptern und ihrer Höhe, nicht minder als in der Tiefe der Liebe und als in der Weite des grenzenlosen Umfangenwollens.«[231]

Das Heilige als der Gehalt des Miteinanders zeigt in sich selbst notwendigerweise diese reziproke Bestimmung von ursprünglicher Personalität und unbedingter entzogener Ganzheit, die sich eben in der Struktur und in allen existentialen Formbestimmungen des Miteinanders zum Ausdruck bringt als die erfahrbare Außenseite des inneren Gehaltes. In dieser Entsprechung der Innen- und Außenseite von Miteinander und Personalität lässt sich mit Welte davon ausgehen, im Heiligen den Gehalt des Miteinanders gefunden zu haben.[232]

Das Heilige, das sich als reines Sein und schlechthin Erhabenes anzeigt, kann als Gehalt des Miteinanders die verschiedenen Linien der Unendlichkeit des menschlichen Miteinanders, eben Tiefe, Weite und Erhabenheit, zu einer Einheit finden lassen und so als verborgen

---

[231] Welte, Soziologische Grundbegriffe zum Verständnis des Christentums als Kirche, 141 f.
[232] Vgl. Welte, Philosophische Soziologie im Hinblick auf das Verständnis des Christentums als Kirche, 139 f.

waltende Größe immer und überall Menschen frei miteinander verbinden. In dieser einenden Funktion äußert sich auf verborgene Weise der göttliche Geist und so sieht Welte daher das ewige und göttliche Wesen, das Gott genannt wird, in allem menschlichen Miteinander walten[233]:

»Miteinander ist verborgen schon immer so etwas wie Kirche und um so mehr, je reiner und stärker es als Miteinander in seinem Wesen steht.«[234]

V) Resümee: Von der Gestalt zum heiligen Gehalt: Der Grund des Miteinanders

Der existentielle Vollzug des Menschen, in dem freie selbst- und eigenständige Subjekte in eine Einheit finden, führt zu einem reziproken Begründungs- und Konstitutionsverhältnis zwischen der Freiheit des Einzelnen und der Einheit des Miteinanders. Welte stellt nun die Frage nach der Substanz bzw. dem Gehalt des einenden Geistes und der wirkendenden Freiheit, da dieser Vollzug nicht als leere Bestimmung oder reine Möglichkeit wirklich und konstitutiv werden kann. Dieser dem Miteinandersein wesentliche Gehalt von Geist und Freiheit, also sein leitender Sinn, muss sich von den Seinsverhältnissen selbst vorzeichnen.[235] Daher folgt auf die Untersuchung des Vollzugs des Miteinanderseins die Beobachtung, wie sich das relationale Dasein in der Geschichtlichkeit vorfindet, in der Sprache vollzieht und sich daraus seine Gestalt und räumliche Verortung bildet. Indem sich in all diesen existentialen Formbestimmungen dasselbe reziproke Begründungs- und Konstitutionsverhältnis aufzeigen lässt und eine ontologische Einheit bei bleibender ontischer Verschiedenheit deutlich wird, bestätigt sich die Entsprechung zur Personalität bzw. zum Miteinander und so offenbart sich in allen derselbe personale Grund und letztlich dasselbe wirkende Prinzip.

Diese personale Entsprechung äußert sich hinsichtlich der Zeitlichkeit bzw. der Geschichtlichkeit im Geschehen der Geschichte als

---

[233] Vgl. Welte, Philosophische Soziologie im Hinblick auf das Verständnis des Christentums als Kirche, 135 f.
[234] Welte, Philosophische Soziologie im Hinblick auf das Verständnis des Christentums als Kirche, 139.
[235] Vgl. Welte, Soziologische Grundbegriffe zum Verständnis des Christentums als Kirche, 94–97.

Einheit von Singularität und Kontinuität. Diese Einheit bestätigt sich sowohl im Ausgang vom einzelnen Dasein als auch ausgehend von der Universalität der Geschichte. Denn Geschichte konstituiert sich aus der gegenseitigen Bestimmung der Singularität als die Dynamik des immerwährenden Anfangs und der Kontinuität als das universale umfassende Ereignis. Dabei erweist sich der Freiheitsvollzug des einzelnen Daseins als Grund der Singularität. Denn in jedem Menschen und in jeder Begegnung findet die Geschichte ihren Anfang und ihre Einmaligkeit. Zugleich besteht das Geschichtliche als Einzelnes nicht isoliert, sondern auf dem Grunde des universalen Miteinanders und umfasst so seine Herkunft und seine Zukunft, also das Ereignis der gesamten Geschichte, deren Moment es zugleich ist.[236] Die Einheit des Miteinanders wird zum Fundament für das kontinuierliche Geschehen der Geschichte, was bedeutet, dass das Wir-miteinander als Geschick im je eigenen personalen geschichtlichen Vollzug als Schicksal bestimmend wirkt und zwar als die Vergegenwärtigung des gesamten Gefüges im entscheidenden Augenblick. Dieser Moment findet in der Begegnung das Geschehen, in dessen Vollzug sich die Einheit von Einmaligkeit und Universalität in der entscheidenden Gegenwart einstellt. Im Jetzt der Begegnung konkretisiert und personalisiert sich das Geschick der ganzen Geschichte als persönliches Schicksal im Heute, wodurch sich der Einzelne konstitutiv in das Geschehen der Geschichte einstiftet.[237]

In der Begegnung konkretisieren sich die verschiedenen konstitutiven Bedingungen von Personalität und Miteinander, wie Relationalität und Geschichtlichkeit, die wiederum eine sprachliche Imprägnierung implizieren, so dass sie gemäß ihrer wesentlichen Struktur nach Sprache, Gespräch und Sprachlichkeit verlangen. Denn die Sprache erschöpft sich in ihrem Bezug zur Wirklichkeit weder in einem Abbild- noch in einem Verweischarakter, sondern steht zu ihr in einem Erschließungs- und Konstitutionsverhältnis, so dass sich auch im Zusammenhang von Sprache und Miteinander ein reziprokes Begründungsverhältnis zeigt. Sprache konstituiert sich als Geschehen, indem sich der Gedanke durch das Wort enteignend preisgibt und damit zwischen sprechenden Menschen wirklich gesprochen wird. Entsprechend der Personalität des Menschen, die sich in der einzelnen Person als Dialektik von Selbstentäußerung und Selbstergreifung

---

[236] Vgl. Welte, Geschichtlichkeit und Offenbarung, 289–295.
[237] Vgl. Welte, Die Person als das Un-begreifliche, 120–124.

bzw. als Selbstbezug im Fremdbezug verwirklicht, wird jedes Wort erst durch diese Dialektik von Selbstentäußerung und Selbstergreifung Wirklichkeit. Denn wie jede Person nur in einer Kommunikations- und Handlungsgemeinschaft zum Selbst wird, so hat die Sprache nur im sprechenden Vollzug, also in ihrer Aktualität, Bedeutung. Darin hat die Sprache auch schöpferische Geltung, so dass sie den Menschen zur Person werden lässt, da mit der Sprache als Gespräch die Anerkenntnis des Anderen und dessen Entzogenheit einhergeht, was dem Menschen den Raum zwischenmenschlicher Erfahrung aufschließt und so das Wir und das Miteinander zur Sprache bringt. Denn Sprache in ihrer Aktualität entspricht dem Vollzug des Miteinanders.[238] Diese Entsprechung zeigt Sprache als einen konstituierenden Prozess, so dass sich die Einheit des Miteinanders als wirkliche Kommunikation aus der Freiheit des Selbstseins als Selbstexplikation bildet, indem sich das freie und wirkliche Selbstsein selbst ausspricht und selbst wiederum in der Einheit der Kommunikation gründet.[239] Denn die Sprache kann nur als Gespräch bzw. in der Kommunikation bestehen, wenn kommunizierende Menschen wirklich miteinander sprechen, nicht in einer erfundenen, sondern einer vorgefundenen und erlernten Sprache, deren gemeinsames Sprechen sich wiederum verändernd auf die Sprache auswirkt. So zeigt sich entsprechend der ontologischen Priorität der Einheit des Miteinanders die Sprache dem einzelnen Sprechenden vorausgesetzt, so dass Sprache im Gespräch aktuiert wird, aber in diesem Geschehen der einzelne Sprechende aufgrund der jeweiligen Selbstursprünglichkeit dem vorausgesetzten Grund und Fundament einen wesentlichen Impuls gibt und dadurch konstitutiven Einfluss hat.[240] Im personalen Miteinander offenbart sich besonders die konstitutive Bedeutung der Sprache in ihrem relationalen und wirklichkeitserschließenden Charakter, die ihrerseits wiederum ihre Wurzeln zugleich in der Person findet und als Gespräch aus dem Miteinander lebt. Diese Ursprünglichkeit der Sprache im Lebensvollzug der Menschen trägt die Sprache weiter und schafft ihre Geschichte.[241] Daher geschieht die Begegnung als Gespräch zunächst in der vorgefundenen Sprache als dem Grund jeglichen Ge-

---

[238] Vgl. Welte, Die Person als das Un-begreifliche, 125.
[239] Vgl. Welte, Soziologie der Religion, 40–46.
[240] Vgl. Welte, Philosophische Soziologie im Hinblick auf das Verständnis des Christentums als Kirche, 72–79.
[241] Vgl. Welte, Philosophische Soziologie im Hinblick auf das Verständnis des Christentums als Kirche, 79–82.

sprächs, da sich in der Sprache die gesamte und somit auch die jeweils eigene Herkunft birgt. Im Geschehen der Begegnung als Gespräch birgt und entbirgt sich angesichts des Du die personale Ursprünglichkeit in diese herkünftige Sprache, wodurch sich aus der herkünftigen Sprache eine neue Sprache bildet, die sich ausspricht und im personalen Vollzug das Du anspricht. Davon betroffen wird das Du in personaler Ursprünglichkeit dem Ich antworten, so dass die Sprache als Gespräch von Ursprung zu Ursprung geschieht, folglich als Geschick und sich zeitigende Gegenwart.[242] Diese sich im Gespräch ereignende Sprache geschieht aber nicht als richtungsloses Wechselspiel, sondern als gerichteter Prozess, da dieses Geschehen die Wahrheit zum Vorschein bringen will. Wahrheit zeitigt bzw. vollzieht sich dabei als Ereignis und Geschick, wodurch sie zur Geschichte wird.[243] So ereignet sich in der Wahrheit als Geschichte ein absolutes Moment, das alle Perspektiven als Maßstab verpflichtet, da jedes Maß in der Wahrheit seinen Grund findet.[244] Indem Welte die Geschichte als das Ereignis der Wahrheit erkennt, ist die Wahrheit als geschichtliches Geschehen auch eine vom Menschen zu verantwortende und nimmt ihn so unbedingt in Anspruch.[245] Die Wahrheit geschieht damit als Gespräch und findet als dialogische Wahrheit ihre Wirklichkeit im dialogischen Vollzug der Menschen[246], was heißt, dass sie vor jeder konkreten Begegnung auf die Kommunikation mit anderen Personen bezogen ist.[247]

Die Begegnung von Selbst und Andersheit braucht zusätzlich zu diesem prozessualen Charakter von Zeit und Sprache auch das Moment der Extension, so dass der Raum als Ausdehnung die Bedingung der Möglichkeit von Ziel und Gehalt eines Vollzuges darstellt. So ist für Welte mit Zeit, Raum und Sprache das ontologische Substrat menschlicher Lebensverhältnisse gefunden, woraus sich alle existentialen Bestimmungen ableiten lassen, so dass in diesem Gefüge der Sinnvollzüge sich die Lebenswelt des Menschen lokalisiert als der Entfaltungsraum personaler bzw. sozialer Andersheit. Indem das Miteinander in der Lebenswelt Grund nimmt, verbleibt seine Idee nicht in reiner Innerlichkeit, sondern wird Wirklichkeit und findet

---

[242] Vgl. Welte, Die Person als das Un-begreifliche, 128.
[243] Vgl. Welte, Wahrheit und Geschichtlichkeit (1962), 94.
[244] Vgl. Welte, Zur Christologie von Chalkedon, 139–141.
[245] Vgl. Welte, Wahrheit und Geschichtlichkeit (1962), 98.
[246] Vgl. Welte, Wahrheit und Geschichtlichkeit (1962), 104–106.
[247] Vgl. Welte, Wahrheit und Geschichtlichkeit (1952), 73.

Resümee: Von der Gestalt zum heiligen Gehalt: Der Grund des Miteinanders

ihr konkretes Dasein. Die kommunikative Gemeinschaft geschieht so immer im konkreten Einzelnen und zugleich im alle umfangenden Einheitsgrund, wodurch erneut das reziproke Begründungsverhältnis von Einheit und Freiheit in Erscheinung tritt.[248] Das Geschehen der Lebenswelt verortet die einzelnen Vollzüge, wodurch sie konkrete Gestalt bekommen, d. h. der Grund selbst wird eins mit dem einen Leben des Wir, so dass in den endlichen und vereinzelten Gestalten der konstitutiven sprachvermittelten Weltbezüge das eine Leben des Miteinanders und der Personalität erfahrbar wird. In Entsprechung zur und in konstitutivem Zusammenhang mit der Sprache sieht Welte die konkreten Gestalten als Äußerung des einenden innerlich waltenden Prinzips, das durch die Sprache in die Offenheit tritt und in der Sprache eine geschichtliche Gemeinschaft bildet, die in die Ordnung äußerer Wirklichkeit drängt.[249] Welte sieht in diesem Geschehen einen dreiphasigen Prozess, der mit einer pneumatischen Gestaltphase das amorphe Miteinander zu einer führenden Gestalt sammelt, der sich in einer zweiten Phase bewusst zu- und untergeordnet wird, wodurch das Miteinander zuletzt eine voll entwickelte Gestalt ausbildet. Die auftretenden Bezüge von Treue und Verpflichtung sind vom einenden Prinzip durchdrungen, das die Gemeinschaft lebendig und das Leben gemeinschaftlich macht und, entsprechend der inneren Logik eines jeden Miteinanders, in Einheit und Freiheit ordnet.[250]

Ausgehend von den existentiellen Erfahrungen des Lebens erkennt Welte nun, dass die reine Gestalt des einenden Prinzips umso deutlicher wird, je größer, wirklicher und innerlicher die entscheidenden Erfahrungen menschlicher Existenz sich darstellen. In Entsprechung zur Struktur des Miteinanders verbinden sich daher Einheit und Freiheit auch im Worumwillen bzw. im Gehalt des Miteinanders als dasselbe Geschehen. Dieses vollzieht sich, indem das einende Prinzip, das alle empirischen Gestalten ermöglicht, sich an den erfahrbaren Gestalten zu aktuellem Leben gründet und diese Gestalten zu seinem Gehalt macht, die als das Worumwillen des Prinzips wiederum die Gestalt des Prinzips prägen.[251] Entwickelt der so geprägte

---

[248] Vgl. Welte, Soziologie der Religion, 53–59.
[249] Vgl. Welte, Philosophische Soziologie im Hinblick auf das Verständnis des Christentums als Kirche, 79–85.
[250] Vgl. Welte, Philosophische Soziologie im Hinblick auf das Verständnis des Christentums als Kirche, 90–96.
[251] Vgl. Welte, Soziologische Grundbegriffe zum Verständnis des Christentums als Kirche, 106.

Logos des Miteinanders Sprache und Gestalt, so zeigt sich die Bedeutung des waltenden Worumwillens eben auch im davon geprägten Miteinandersein, so dass sich eine Rangfolge bzw. ein Maßstab hinsichtlich der Gehalte anzeigt, die auf ein ordnendes Prinzip schließen lassen.[252] Indem es sich als waltendes Prinzip auf wirkliche Gemeinschaften bezieht, muss es ein Seinsprinzip sein, das sich im Zusammenhang dieser Rangfolge erkennen lässt.[253] Denn die Rangfolge erfordert ein Maß, das seine Bedeutung weder durch eine innere noch äußere Abhängigkeit erlangt, was jede Relativität bzw. Bedingtheit ausschließt und somit zum Unbedingten führt. Denn erst in der Bindung an das Unbedingte geschieht wirkliche Freiheit, die durch die Unbedingtheit und als unbedingte Verbundenheit der entscheidende Gehalt der Einheit ist, so dass die Unbedingtheit das entscheidende Prinzip sowohl der Einheit als auch der Freiheit ist.[254] Denn indem die Unbedingtheit das einzelne Dasein in Anspruch nimmt, das in der freien Annahme dieses Anspruches den Gehalt der Einheit annimmt, erwächst daraus die Forderung der unbedingten Treue, die sich von allen relativen und bedingten Gehalten distanzieren kann, da sie keiner Funktionalität unterworfen ist.[255] Die innere Treue stellt dabei die Wirklichkeit dieser inneren Unbedingtheit dar, da in dieser Erfahrung bzw. in diesem Prozess das Miteinander erfüllt und wirklich wesentlich wird, so dass die Einheit bzw. das Einssein der Verbundenen seine eigentliche Substanz erhält.[256] Denn indem Unbedingtheit als Einheit, Freiheit, Wahrheit und Gerechtigkeit waltet und die Menschen in Anspruch nimmt, verbinden sie sich in der Annahme des Unbedingten und im Einsatz für das Unbedingte, was sie aus allen Relativismen heraus holt und in höchster Freiheit zusammenführt, so dass sich die Unbedingtheit als transzendierende Größe offenbart.[257] Um dieses transzendierend Unbedingte als den Gehalt des Miteinanderseins auch in seiner Positivität näher zu bestimmen, zeigt Welte,

---

[252] Vgl. Welte, Philosophische Soziologie im Hinblick auf das Verständnis des Christentums als Kirche, 102–107.
[253] Vgl. Welte, Philosophische Soziologie im Hinblick auf das Verständnis des Christentums als Kirche, 108–112.
[254] Vgl. Welte, Soziologische Grundbegriffe zum Verständnis des Christentums als Kirche, 111–113.
[255] Vgl. Welte, Philosophische Soziologie im Hinblick auf das Verständnis des Christentums als Kirche, 110–113.
[256] Vgl. Welte, Soziologische Grundbegriffe zum Verständnis des Christentums als Kirche, 116 f.
[257] Vgl. Welte, Miteinandersein und Transzendenz, 153.

Resümee: Von der Gestalt zum heiligen Gehalt: Der Grund des Miteinanders

inweiweit der Mensch von dieser Unbedingtheit bzw. dieser unbedingten Wahrheit in Anspruch genommen wird und sich diese Wahrheit als Maßstab der menschlichen Wesensmöglichkeit anzeigt[258]:

»Wir fassen zusammen: in der Tiefe, in der Weite, in der Höhe, in allen Dimensionen des menschlichen Miteinanderseins macht sich ein Prinzip bemerkbar, das die Grenzen des Endlichen und Relativen im ganzen überschreitet. […] Versucht man, dies transzendierende Prinzip, das offenbar im Grunde alles menschlichen Miteinanderseins lebt, von den betrachteten Erscheinungen her zu benennen, so muß es genannt werden: das Unbedingte schlechthin, das Allumfassende schlechthin, das unbedingte Erhabene, die reine Erhabenheit und Höhe schlechthin.«[259]

Die Suche nach einem erfüllten Miteinander, das sowohl die innere Unbedingtheit als auch eine äußere Realisierung und Wirklichkeit voraussetzt, so dass eine realisierte Außenseite von einer unbedingten Innenseite erfahrbar Zeugnis gibt, offenbart eine bleibende Diskrepanz und Differenz zwischen diesen beiden Seiten. Doch besteht in dieser Defizienz bzw. diesem Scheitern aller realen Gestalten des Miteinanderseins und der daraus sich ergebenden Verzweiflung nicht ein dramatischer Schlusspunkt, sondern ein wesentliches und wegweisendes Phänomen, das die Unbedingtheit als den inneren Gehalt und das einende Prinzip des Miteinanders noch näher zu charakterisieren hilft und seine Eigentümlichkeit beschreibt. Denn im Verhältnis des inneren Gehaltes zu seinen äußeren Grenzen – hinsichtlich des Menschen und seines Miteinanderseins – also im Verhältnis des inneren bewegenden unbedingten Prinzips zu den menschlich limitierten Lebensverhältnissen, profiliert und konturiert sich der Charakter dieses Prinzips. Wenn das Unbedingte sich unter endlichen Bedingungen und mit endlichen Mitteln zu verwirklichen sucht, dann muss es als transzendierendes Prinzip wirken und sich vollziehen und so alle Grenzen und Bedingtheiten des Endlichen und Relativen zu überschreiten suchen. Dieses immanente Prinzip des Miteinanderseins, das einen existentialen Grundvollzug des Menschen darstellt, korrespondiert mit dem Über-sich-hinaus-sein des menschlichen Daseins und steht zu dieser Ganzheit in ursprünglichem Zusammenhang. Das ganze menschliche Dasein findet sich dabei von einer ideellen Un-endlichkeit bestimmt, das als transzendierendes Prinzip jegliche Grenzen zu überwinden sucht, doch zur menschlichen End-

---

[258] Vgl. Welte, Soziologie der Religion, 76–80.
[259] Welte, Miteinandersein und Transzendenz, 157.

lichkeit im Widerspruch steht, so dass die faktische Endlichkeit und die ideelle Unendlichkeit des Menschen in seiner Existenz zusammenstoßen. Doch gerade in dieser dialektischen Spannung und dem darin erscheinenden transzendierenden Prinzip liegt das antreibende, relationale und lebendige Prinzip des Menschen, da er dadurch weder abgeschlossen noch isoliert noch wirklichkeitsleer bleibt.[260] Dieses transzendierende Prinzip, das seine Konkretion allein in der Idee des unbegrenzten, unbedingten, allumfassenden und letztlich göttlichen Lebens findet, lässt daher im Kontext des Miteinanderseins und seiner Verwirklichung ein doppeltes vernunftbasiertes religiöses Verhältnis deutlich werden, sowohl hinsichtlich der Struktur als auch des Gehalts.[261]

»l'homme passe infiniment l'homme«[262] – Die in Pascals Worten zusammengefassten Überlegungen Weltes machen bereits dieses religiöse Verhältnis deutlich, in dem es darum geht, in einen transzendierenden Umgang mit der existentiellen Grundsituation und ihren Limitationen zu treten.[263] Personales Miteinander ist daher ein an sich selbst religiöses Verhältnis, da zum Wesen der Person in dieser ihrer existentiellen Grundsituation wesentlich ein religiöser und heiliger Bezug gehört, der als transzendierendes Prinzip alle Gestalten der Endlichkeit überschreitet.[264] Die Struktur des religiösen Verhältnisses lässt in der Besinnung des Denkens auf die existentielle Grundsituation des Menschen und dessen Ursprung eine Umwendung des Denkens sichtbar werden, die von der Suche nach der Herkunft in ein Hinweisen auf ein Ziel umschlägt und darin doch wieder ein vertieftes Verständnis des Ursprungs offenbart.[265] Die religiöse Phänomenalität dieses existentiellen Vollzuges des Miteinanders macht erfahrbar, dass eine absolute, ewige und unendliche Macht den Menschen eint und das Wesen und den Sinn des menschlichen Einsseins ausmacht.[266] Deshalb kommt Welte zu dem Schluss, dass der »Logos der Sozietät von innen her göttlich, Soziologie von innen her religiös«[267]

---

[260] Vgl. Welte, Im Spielfeld von Endlichkeit und Unendlichkeit, 42 f.
[261] Vgl. Welte, Im Spielfeld von Endlichkeit und Unendlichkeit, 47.
[262] Pascal, Pensées, 434 (Oe. XIII, 347).
[263] Vgl. Schrödter, Erfahrung und Transzendenz, 244.
[264] Vgl. Welte, Fundamentaltheologische Grundbegriffe zur Theorie der Kirche, 132.
[265] Vgl. Hemmerle, Das Heilige und das Denken, 45–47.
[266] Vgl. Welte, Philosophische Soziologie im Hinblick auf das Verständnis des Christentums als Kirche, 136–138.
[267] Welte, Soziologie der Religion, 79.

Resümee: Von der Gestalt zum heiligen Gehalt: Der Grund des Miteinanders

ist. Die Defizienz aller endlichen Erscheinungsformen, die mit dem transzendierenden Prinzip einhergeht, verweist in den Dimensionen des Miteinanders auf das schlechthin Unbedingte, das grenzenlose Allumfassende und die reine Erhabenheit.[268] So eröffnet der Gehalt des Miteinanders, der als Religiosum und damit als göttliche ewige Macht die Sozietät bestimmt, dem Miteinander den Bereich des Sakralen, da das schlechthin Erhabene seiner Phänomenalität nach das Heilige ist.[269] Es zeigt sich im Phänomen und als Phänomen des Heiligen etwas, das beansprucht, von sich selbst her gültig zu sein und Bedeutung zu haben. In dieser Unbedingtheit trägt aber das Heilige auch eine Positivität personaler Art, da es nur so in einem Zusammenhang mit Sinn und Bedeutsamkeit gedacht werden kann, der das Heilige in absoluter Entzogenheit bei intensivster Betroffenheit bzw. Abhängigkeit erfahrbar werden lässt.[270] Hinsichtlich des Miteinanders zeigt sich diese dialektische Bestimmung des Heiligen als ein reziproker Prozess von Unbedingtheit und ursprünglicher Personalität: Das transzendierende Prinzip der Bedeutsamkeit, das sowohl die Personalität als auch das Miteinander bewegt, zielt auf eine umfassende und zugrundeliegende Ganzheit. Diese Suche nach einer Ganzheit wiederum führt zu einem Unbedingten, das eben Ursprung allen personalen Lebens sein muss, um so dem bewegenden Prinzip der Bedeutsamkeit einen personalen Charakter verleihen zu können. Denn nur wenn das Unbedingte Ursprung sowohl der einzelnen Personalität als auch des Miteinanders und damit allen personalen Lebens ist, kann es Gehalt eines Prinzips sein, das die einzelne Person in ihrem Selbstsein konstituiert und zugleich die vielen Personen in einem Miteinander zu einer wirklichen lebendigen Einheit zusammenschließt. Nur wenn das Unbedingte als das Personale der Ursprung allen personalen Lebens und so des personalen Prinzips ist, eint das Unbedingte die einzelnen Personen im Miteinandersein und nur wenn das Personale das Unbedingte ist, kann das Personale als umgreifende entzogene Ganzheit Ursprung der Personalität und des Miteinanders sein.[271]

Das Heilige als der Gehalt des Miteinanders zeigt in sich selbst

---

[268] Vgl. Welte, Soziologie der Religion, 79 f.
[269] Vgl. Welte, Soziologie der Religion, 80 f.
[270] Vgl. Welte, Religionsphilosophie, 119 f.
[271] Vgl. Welte, Soziologische Grundbegriffe zum Verständnis des Christentums als Kirche, 141 f.

notwendigerweise diese reziproke Bestimmung von ursprünglicher Personalität und unbedingter entzogener Ganzheit, die sich eben in der Struktur und in allen existentialen Formbestimmungen des Miteinanders zum Ausdruck bringt als die erfahrbare Außenseite des inneren Gehaltes. In dieser Entsprechung der Innen- und Außenseite von Miteinander und Personalität lässt sich mit Welte davon ausgehen, im Heiligen den Gehalt des Miteinanders gefunden zu haben.

D) Hoffnung als Prinzip von Begegnung und Miteinander

»Es gibt kein richtiges Leben im falschen.«[1]

Dieser berühmte Ausspruch aus den *Minima Moralia* macht deutlich, welcher Grundentscheidung Theodor Adorno sich verpflichtet sieht. Indem Bernhard Welte nun das Miteinandersein sowohl in struktureller als auch in inhaltlicher Hinsicht als einen religiösen Vollzug ausweist und sich darin eine Daseinsakzeptanz angesichts des Inakzeptablen vollzieht, setzt er sich in seinem Grundansatz deutlich von einer pessimistisch-negativen Grundhaltung gegenüber dem Dasein ab. Denn Welte geht von der transpragmatischen Voraussetzung aus, dass Dasein eben nicht *per se* absurd, sondern zustimmungsfähig und -würdig ist. Zusätzlich zur Auseinandersetzung, inwieweit eine solche Voraussetzung Weltes berechtigt ist, stellt sich die Frage nach der Vorgehensweise, also wie diese Daseinsakzeptanz geschieht. Denn die Zustimmungsfähigkeit zu und die Akzeptanz von Sachverhalten schließt immer auch ihre Verstehbarkeit bzw. Verständlichkeit mit ein, so dass es um die verantwortbare Zustimmung zum Dasein angesichts der Unstimmigkeiten des Lebens geht, was wiederum unmittelbar an das existentielle Bezugsproblem eines religiösen Vollzugs geknüpft ist. Denn auf der Suche nach Möglichkeitsbedingungen, Mitteln und Wegen einer kontrafaktischen Selbst- und Weltakzeptanz transzendiert der religiöse Vollzug in seinem Bezug auf das Integral menschlicher Lebensverhältnisse und deren Limitationen genau diese Grenzen. Daher artikuliert sich der religiöse Grundvollzug als fragender und hoffender Ausgriff nach Gründen, das Leben – allen Limitationen zum Trotz – für zustimmungsfähig und annehmbar zu halten. Die Daseinsakzeptanz erweist sich aber dabei eben nicht nur als das Ergebnis einer vernunftbasierten Welt-

---

[1] Adorno, Minima Moralia, 42.

deutung und Daseinsgestaltung, sondern steht selbst im Zusammenhang mit der existentiellen Sinnfrage, die das menschliche Dasein selbst stellt.[2] Daher gilt es im Folgenden der Fragwürdigkeit des personalen Miteinanderseins nachzugehen, um zu eruieren, ob und wie eine umfassende existentielle Antwort und so die Erfüllung des menschlichen Miteinanders möglich ist.

I) Auf dem Weg zur Hoffnung

»Es lebte nichts, wenn es nicht hoffte. Mein Herz verschloß jezt seine Schäze, aber nur, um sie für eine bessere Zeit zu sparen, für das Einzige, Heilige, Treue, das gewiß, in irgend einer Periode des Daseyns, meiner dürstenden Seele begegnen sollte.«[3]

In diesem kurzen Zitat aus Hölderlins *Hyperion* findet sich pointiert die existentiale und existentielle Bedeutung der Hoffnung als einem wesentlichen Vollzug des Menschen ausgedrückt. Indem Welte auf seinem Weg zur Hoffnung, den er in seinen Vorlesungen zur Soziologie zu gehen versucht, an der Dialektik des menschlichen Daseins und seines Miteinanderseins ansetzt[4], beschreibt Hoffnung auch bei ihm nicht einen realitätsfremden und wirklichkeitsverweigernden emotionalen Zustand oder einen frommen Wunsch, sondern ein fundamentales Prinzip, das den Menschen wesentlich in seiner Ganzheit in Anspruch nimmt und seinen Seinsvollzug richtungsweisend bestimmt.[5] Daher hat der Mensch die Zustimmungsfähigkeit des Daseins, angesichts der schmerzlichen Diskrepanz seines unendlichen Anspruches und seiner endlichen Faktizität, zu rechtfertigen, um seiner grundlegenden Bestimmung als Mensch gerecht zu werden. Diese Rechtfertigung und damit die Erlösung aus dieser wesentlichen Dialektik kann der Mensch nicht aus seiner eigenen Kompetenz und mit seinen Möglichkeiten realisieren, so dass sich die Vollendung auf andere Weise gewähren muss. Danach hält nun der Mensch in seinem

---

[2] Vgl. Höhn, Zeit und Sinn, 167–169.
[3] Hölderlin, Hyperion, 603.
[4] Vgl. Welte, Soziologische Grundbegriffe zum Verständnis des Christentums als Kirche, 144.
[5] In diesem Zusammenhang sei noch einmal auf die Sorgesstruktur des Daseins bei Heidegger verwiesen:»Sich-vorweg-sein – im-schon-sein-in […] – als Sein-bei […]« (Heidegger, Sein und Zeit, 196.)

Seinsvollzug Ausschau, wobei sich genau die Erfahrung der Defizienz und der Seinsschwäche als der entscheidende Wegweiser erweist.[6]

1) Dialektik des Daseins

Das Heilige als Gehalt des Miteinanderseins beschreibt das Zentrum von Weltes Soziologie der Kirche, erweist sich aber zugleich als Wendepunkt. Denn wenn das Heilige bzw. das Göttliche und letztlich Gott die Mitte der Tiefe, Weite und Höhe jeglichen Miteinanderseins darstellt, dann manifestiert sich ein bleibender und scharfer Kontrast zur Endlichkeit der wahrnehmbaren Gestalten des Miteinanders und ihrer Labilität im Ganzen der Geschichte. So zeigt sich im Wesen des gesellschaftlichen Daseins des Menschen die entscheidende Dialektik zwischen dem göttlichen Grund und der Endlichkeit aller Gestalten, deren Ursprung sich pointiert von Hölderlin beschrieben findet[7]:

»Nah ist
Und schwer zu fassen der Gott.«[8]

Denn die Dialektik des Daseins gründet ihrerseits in der Dialektik des Gottesbezuges des Menschen, so dass sich im menschlichen Dasein ein Wesensabstand in der Wesensnähe Gottes zu erkennen gibt, den Welte denkerisch zu erkunden sucht, um einer möglichen Realisierung nachgehen zu können und nicht bei den defizienten Formen des Miteinanders stehen bleiben zu müssen. Denn der Mensch, der in seiner Endlichkeit von der Idee des göttlichen Lebens geprägt ist, hat die Aufgabe, die Faktizität seines Daseins mit seinem wesensmäßigen Ideal in Übereinstimmung zu bringen, also in seiner endlichen Existenz das göttlich-unendliche Leben zu suchen, zu finden und auszudrücken.[9] Dabei kann aber das begreifende und klassifizie-

---

[6] Indem die Erfahrung der Defizienz angesichts der Endlichkeit zum Wegweiser wird, der zu einer nach-metaphysischen, unbedingten und unverfügbaren Sicht Gottes führt, zeigt sich bereits in diesen frühen Vorlesungen Weltes diese seine Grundbewegung, die er in späteren Werken hinsichtlich der Phänomenalität des Nichts, des Todes und der Schuld noch deutlich differenzierter ausarbeitet. Vgl. dazu Kušar, Dem göttlichen Gott entgegen denken, 239–265. Bzgl. der These einer Kehre vgl. dazu Hafner, Weltes Metaphorik vom »Seindürfen«, 502–508.
[7] Vgl. Welte, Soziologische Grundbegriffe zum Verständnis des Christentums als Kirche, 146–149.
[8] Hölderlin, Patmos, 238.
[9] Vgl. Welte, Im Spielfeld von Endlichkeit und Unendlichkeit, 47 f.

rende Denken Gott bzw. dem göttlichen Grund nicht gerecht werden, da diese Art des Denkens, die sich als Urteil in der Gestalt der Kopula »ist« zeigt, ihrer Form und ihrer inneren apriorischen Struktur nach auf Begrenztes und Abkünftiges bezogen ist. Indem das Denken die Wirklichkeit als aufgehobene Möglichkeit setzt, besteht das beurteilte Etwas als begrenzte Bestimmtheit nicht aus sich selbst, sondern als Zukommen eines Seins. Daher bleibt immer eine ontologische Unangemessenheit und eine Distanz zwischen der menschlichen Weise des Begreifens und dem Wesen Gottes[10], weshalb sich hinsichtlich des Begreifens Gottes unter den Menschen bzw. in der menschlichen Geschichte eine bleibende Labilität deutlich macht.[11]

Dieselbe Problematik kennzeichnet nun auch das menschliche Miteinandersein, so dass das Göttliche als das Maß des Miteinanders den Menschen in Anspruch nimmt und ihn in seinem Seinsvollzug bestimmt. Denn Gott ist dem Menschen und seinem Miteinander so innerlich, dass dieser nie aufhören kann, in Abhängigkeit vom Vollkommenen und Allumfassenden zu leben. Dagegen verhindert die ontologische Endlichkeit des Menschen ein Erreichen dieses unbedingten Maßes, was zur Folge hat, dass einerseits sich das Miteinander im Innersten von Gott bestimmt findet und als solches schon Kirche ist, getragen vom göttlichen Leben, andererseits dieser tragende göttliche Grund fern und unfassbar bleibt. Diese ontologische Grundspannung macht sich geltend als die grundlegende Dialektik und als der prinzipiell unauflösbare Konflikt zwischen der Endlichkeit des Daseins und der unendlichen Idee als wirkender Form und waltendem

---

[10] Welte sieht diese Erkenntnis bei Kant begründet, der auf der Basis der transzendentalen Dialektik, die die Überwindung des Rationalismus und so der Gleichheit aller Gegenstände hinsichtlich ihrer Begreifbarkeit und Fassbarkeit darstellt, die Gottesbeweise kritisiert und die Unmöglichkeit des Denkens von notwendigem Dasein herausstellt: »[Ich mag] von einem Begriff annehmen, welchen ich will, so finde ich, daß sein Dasein niemals von mir als schlechterdings nothwendig vorgestellt werden könne, und daß mich nichts hindere, es mag existieren, was da wolle, das Nichtsein desselben zu denken«. (Kant, KrV B 643 (AA III, 411).) Ursprünglich zeigt sich aber darin die Erkenntnis des Thomas von Aquin, Gott bzw. das Göttliche oder das Sein selbst als über-kategorial und über-seiend zu denken: »Unde manifestum est quod Deus non est in genere sicut species.« (Thom. Sth I, 3, 5 co.) Das hat schließlich als Konsequenz: »[...] de Deo non possumus scire *quid est* [...]« (Thom. Sth I, 2, 2 arg. 2.) Vgl. Welte, Kants Kritik der Gottesbeweise – ihr Sinn und ihre Bedeutung, 246–248.

[11] Vgl. Welte, Soziologische Grundbegriffe zum Verständnis des Christentums als Kirche, 150–155.

Antrieb des Daseins. Jeglicher Ausgriff des Menschen, diese Dialektik bzw. diesen Konflikt durch den Versuch zu lösen, ein erfülltes Miteinandersein selbst herzustellen, führt zwangsläufig zu Totalität und Verzweiflung. Was bedeutet nun die kategorische Unmöglichkeit des Menschen, diese Distanz überwinden zu können, mit allen Ausgriffen und Artefakten keine Heiligkeit zu erreichen und mit jeglichem Versuch, das Ganze, Reine und Umfassende herzustellen, zerstörerische Gewalt, Rivalität und Bosheit zu ernten? Wenn das Bedingte nicht das Unbedingte, das Endliche nicht das Unendliche und das Menschliche nicht das Heilige bzw. das Göttliche herstellen kann, dann bleibt die vom Menschen her unüberwindbare Differenz des Seins.[12]

Angesichts dieser Dialektik scheint *prima facie* ein verzweifelter Verzicht auf die Lösung des Konfliktes nahezuliegen, der sich von einer wirklichen Vollendung des Miteinanders verabschiedet und Adornos Pessimismus das Wort redet.[13] Letztlich entspräche aber dieses Ergebnis einer Kapitulation des Daseins, die sich für Welte aus zwei Gründen verbietet: Einerseits liegt dem Ereignis und dem Vollzug des Miteinanders die Zustimmungsfähigkeit des Daseins zugrunde, das sich in seiner Daseinsakzeptanz angesichts des Inakzeptablen

---

[12] Vgl. Welte, Soziologische Grundbegriffe zum Verständnis des Christentums als Kirche, 154–159.
[13] Vgl. Welte, Soziologische Grundbegriffe zum Verständnis des Christentums als Kirche, 173 f. Für eine solche resignative Lösung vgl. Wetz, Kunst der Resignation, 184: »Menschliches Dasein, wie es leibt und lebt, ist vornehmlich Mängelbewirtschaftung, auf die sich wohl derjenige noch am besten versteht, der, um seine Not wissend, sich im Leben trotzdem eine nachdenkliche Heiterkeit bewahrt. Denn obwohl es manchmal schwer fällt, tut man gut daran, ernste Dinge und sogar sich selbst nicht allzu ernst zu nehmen. […] Auch wenn verschiedene Ansichten darüber bestehen, welche Existenzformen am meisten erstrebenswert sind, ja, was ein schönes, erfülltes freudvolles Dasein überhaupt ausmacht, uns ein solches als gelungen, angenehm, sogar sittlich lobenswert erscheinen läßt, bleiben Zufriedenheit und Glück dennoch möglich: Ohne Sinn – und trotzdem glücklich! Das ist kein logischer Widerspruch, nein, es ist die wahre Kunst der Resignation.« Vgl. dazu auch Wetz, Die Gleichgültigkeit der Welt, 34.146–148. Dasselbe Interesse leitet Odo Marquard, aber hinsichtlich der Radikalität erscheint er etwas zurückhaltender, indem er den Sinnanspruch des Menschen nicht gänzlich eliminiert. Vgl. Marquard, Zur Diätetik der Sinnerwartung, 41: »Meine These – die also den Sinnverlust aus der zunehmenden Anspruchshaltung auch in bezug auf Sinn erklärt – ist diese: unsere primäre Schwierigkeit ist nicht der Sinnverlust, sondern das Übermaß des Sinnanspruchs; und nicht die große Sinnverlustklage bringt uns weiter, sondern eine Reduktion des unmäßig gewordenen Sinnanspruchs, eine Diät in Sachen Sinnerwartung.«

als religiöser Vollzug charakterisiert und in dieser kontrafaktischen Daseinsannahme eben widerständig nach Gründen für die Annehmbarkeit des Lebens sucht, was mit einer resignativen Haltung unvereinbar bleibt. Andererseits hieße es, die existentielle Sinnfrage und mit ihr die Sinnvoraussetzung als die leitende Dynamik des Seinsvollzuges aufzugeben.[14] Folglich bliebe diese existentielle Resignation ein fundamentaler Widerspruch zum Wesen des Menschen, das sich nicht in Bezug auf die Möglichkeit, sondern auf die Wirklichkeit der eigenen Vollendung konstituiert, also bezogen ist auf wirkliches Heil, das der Mensch aber nicht selbst realisieren kann. Im Wesen des Menschen und im Kern seines Heilsverständnisses eröffnet sich diese bleibende Differenz zwischen der möglichen und der wirklichen Wirklichkeit des Heiles, so dass der Mensch die immer offene Frage bleibt[15], was auch sein Miteinandersein charakterisiert. Da eine Frage nur im Vorblick auf eine mögliche Antwort besteht, wird alle Defizienz im Kontext des wirklichen Miteinanderseins immer schon erfahren in der Annahme und der Vorausschau seiner Erfüllung. Diese bleibende Defizienz des Miteinanderseins in der Wirklichkeit, die von Menschen nicht aufgehoben werden kann, hat ihren Grund im »Heiligen«, das als Gehalt und unbedingtes Maß auf Verwirklichung drängt, aber in der Endlichkeit und mit den menschlichen Möglichkeiten niemals seine Vollendung und Erfüllung finden kann. Wenn nun die wirkliche Defizienz und damit die Problematik bzw. der Konflikt im wirklichen Heiligen seinen Grund hat, dann kann die Lösung dieser Dialektik und die wirkliche Vollendung des Miteinanderseins nur aus dem wirklichen Heiligen erfolgen. Das Heilige, das in seiner reziproken Bestimmung als unbedingtes Maß den Menschen unbedingt in Anspruch nimmt und sich zugleich in seiner Absolutheit jeglichen Zugriffs entzieht, lässt somit alles Miteinandersein in vertrauender Hoffnung auf eine mögliche Offenbarung geschehen, in der das Heilige aus seiner Entzogenheit und Verborgenheit hervortritt[16]:

»Es heißt, dass das unendliche Göttliche aus seiner Verborgenheit, Entzogenheit, Verstelltheit hervortritt, d.h. sich für den Hinblick des Menschen ins Offene bringe, ins Scheinen komme, als das, was es ist, dass es sich

---

[14] Vgl. Welte, Religionsphilosophie, 61 f.
[15] Vgl. Welte, Heilsverständnis, 103.
[16] Vgl. Welte, Philosophische Soziologie im Hinblick auf das Verständnis des Christentums als Kirche, 171–179; vgl. Welte, Soziologische Grundbegriffe zum Verständnis des Christentums als Kirche, 175 f.

also – in welcher Weise auch immer – dem Menschen zu erfahren gebe […] und dadurch die Schwäche und Hinfälligkeit des Menschen aufhebe.«[17]

Indem Welte Bedingungen der Möglichkeit des Verstehens und der Annahme der Offenbarung ausarbeitet und somit die Theorie des Miteinanders unter dem Einfluss einer wirklichen Offenbarung des Heiligen bedenkt, ohne dabei die göttliche Vollendung zu begrenzen oder zu bestimmen, vollzieht sich der entscheidende Schritt von einer Theorie bzw. Soziologie des Miteinanders zu einem Verständnis von Kirche.[18]

2) Die Zustimmungsfähigkeit des Daseins

Dabei erweist sich die Zustimmungsfähigkeit des Daseins als zwingende Voraussetzung dieser philosophischen Analyse Weltes, die argumentativ den entscheidenden Schritt zu einer Gemeinschaft unter dem Anruf und Anspruch einer göttlichen Offenbarung wagt, was in Entsprechung zu einem sinnvollen Dasein zu denken ist:

»Mit Sinn meinen wir regelmäßig das, was unser Leben im ganzen und in seinen einzelnen Vollzügen rechtfertigen und erfüllen kann.«[19]

Den Vollzügen des Miteinanders liegt in ihrer Kontrafaktizität und in ihrer Ausrichtung auf eine erfüllende Ganzheit ein Sinnpostulat zugrunde, weshalb der Mensch in seinem Vollzug des Miteinanders nicht nach Sinn fragt, sondern in der Zeitigung seines Miteinanderseins vertrauend darauf setzt, dass das Miteinander einen Sinn hat.[20] Deshalb kann die Sinnfrage eben nicht mit einer theoretischen Argumentation gelöst werden, da eine Handlung oder ein Vollzug bereits eine positive Antwort auf die Sinnfrage darstellt und zwar als Daseinsakzeptanz in Form eines Postulates, was Welte untrennbar mit dem menschlichen Dasein verbunden sieht.[21] Darin offenbart sich eine deutliche Spannung zwischen einer praktischen und theoretischen Vernunft, zwischen dem vernünftigen und nicht zu leugnen-

---

[17] Welte, Philosophische Soziologie im Hinblick auf das Verständnis des Christentums als Kirche, 180.
[18] Vgl. Welte, Philosophische Soziologie im Hinblick auf das Verständnis des Christentums als Kirche, 177–179.
[19] Welte, Religionsphilosophie, 60 f.
[20] Vgl. Gorgone, Das Licht des Nichts, 6 f.
[21] Vgl. Welte, Religionsphilosophie, 60 f.

den Interesse des Menschen an einem Sinn des eigenen Daseins bzw. an einer Selbst- und Weltakzeptanz und dem begründeten Faktum der Nichtausweisbarkeit eines Sinnpostulates bzw. eines Sinnapriorisis.[22]

Dieser Argumentationsgang Weltes entspricht nun Kants Bemühung um die Auflösung der Antinomie in der praktischen Vernunft, wonach eine Handlung des Menschen in derselben Welt einer reinen Naturkausalität untersteht und zudem ihren Bestimmungsgrund in der Freiheit des Menschen findet.[23] Diese Differenz zwischen Naturgesetz und Sittengesetz zerbricht die Idee der einen, gesetzmäßig geordneten Welt, indem sich zwei strukturell verschiedene Bereiche bilden, eben die Welt der Erscheinungen mit naturkausaler Ordnung und die Welt der Zwecke, die sich vom Sittengesetz bestimmt weiß. Eine unüberwindliche Trennung dieser beiden Bereiche hätte die Unmöglichkeit einer sittlichen Tat zur Folge. Denn die sittliche Tat hat in der Welt der Erscheinungen zu erfolgen und soll dort Folgen haben, die zugleich als Zwecke des sittlichen Wollens gelten können. Diese getrennten Welten zu verbinden und so die Idee von der Welt als allumfassender Einheit wiederherzustellen, lässt Kant einen gemeinsamen Gesetzgeber der beiden Welten annehmen, der die eine Welt so geordnet hat, dass die Befolgung eines Sittengesetzes auch die Glückseligkeit garantiert[24] und dadurch die Entsprechung

---

[22] Vgl. Höhn, Zeit und Sinn, 175–177.
[23] Vgl. Kant, KpV A 204 f. (AA V, 113 f.): »[...] weil alle praktische Verknüpfung der Ursachen und der Wirkungen in der Welt als Erfolg der Willensbestimmung sich nicht nach moralischen Gesinnungen des Willens, sondern der Kenntnis der Naturgesetze und dem physischen Vermögen, sie zu seinen Absichten zu gebrauchen, richtet, folglich keine nothwendige und zum höchsten Gut zureichende Verknüpfung der Glückseligkeit mit der Tugend in der Welt durch die pünktlichste Beobachtung der moralischen Gesetze erwartet werden kann.« Vgl. Sala, Kants »Kritik der praktischen Vernunft«, 263.
[24] Vgl. Kant, KrV B 842 (AA III, 528): »Glückseligkeit also in dem genauen Ebenmaße mit der Sittlichkeit der vernünftigen Wesen, dadurch sie derselben würdig sind, macht allein das höchste Gut einer Welt aus, darin wir uns nach den Vorschriften der reinen, aber praktischen Vernunft durchaus versetzen müssen, und welche freilich nur eine intelligibele Welt ist, da die Sinnenwelt uns von der Natur der Dinge dergleichen systematische Einheit der Zwecke nicht verheißt, deren Realität auch auf nichts andres gegründet werden kann, als auf die Voraussetzung eines höchsten ursprünglichen Guts, da selbstständige Vernunft, mit aller Zulänglichkeit einer obersten Ursache ausgerüstet, nach der vollkommensten Zweckmäßigkeit die allgemeine, obgleich in der Sinnenwelt uns sehr verborgene Ordnung der Dinge gründet, erhält und vollführt.« Vgl. Kant, KpV A 207 (AA V, 115): »[...] so ist es nicht unmöglich,

der Kausalität zwischen Natur- und Sittengesetz gewährleistet.[25] Richard Schaeffler differenziert diesen Gedanken Kants und untersucht die Einheit der Weltordnung, die in der notwendigen Ausprägung als moralische Weltordnung sich nicht auf einzelne gute Taten beschränkt, sondern die Welt im Ganzen verändert. Die Moralität der Gesinnung hat dann auch Erfolg, weshalb die Vernunft praktisch und die Moral autonom ist. Die Erfahrung lehrt nun aber, dass empirische Umstände die Erfüllung der Vernunftpflicht verhindern, da der Mensch in seiner Endlichkeit diesem unbedingten Anspruch niemals gerecht werden kann, was die Idee der moralischen Weltordnung als Ziel moralischer Anstrengung widersprüchlich werden lässt. Die Unauflösbarkeit dieses Widerspruchs hinsichtlich der Idee der moralischen Weltordnung ließe den Begriff der objektiven Verpflichtung sinnlos werden.[26] Daher verlangt die Unbedingtheit eines kategorischen Imperativs eine kontrafaktische Umsetzung, die sich weder mit dieser Asymmetrie zwischen praktischer und theoretischer Vernunft abfinden noch den Anspruch des Sittengesetzes herabsetzen darf. Diese Diskrepanz kann sich allein unter der Voraussetzung auflösen, dass die moralische Weltordnung nicht einen Zweck darstellt, dessen Erfüllung der Handelnde seiner eigenen Leistung anheimstellt, sondern sie der Inhalt einer Hoffnung ist, die er mit seinem eigenen sittlichen Handeln verknüpft. Diese Voraussetzung lässt den Handelnden und somit Hoffenden berechtigterweise die Existenz einer Wirklichkeit annehmen, deren Wirksamkeit allein gewährleisten kann, was der Mensch erhoffen muss, um selbst handeln zu können. Kant nennt derartige Existenzannahmen Postulate, die die Versöhnung zwischen theoretischer und praktischer Vernunft herbeiführen. Diese Hoffnung des handelnden Menschen richtet sich

---

daß die Sittlichkeit der Gesinnung einen, wo nicht unmittelbaren, doch mittelbaren (vermittelst eines intelligibelen Urhebers der Natur) und zwar nothwendigen Zusammenhang als Ursache mit der Glückseligkeit als Wirkung in der Sinnenwelt habe, welche Verbindung in einer Natur, die blos Object der Sinne ist, niemals anders als zufällig stattfinden und zum höchsten Gut nicht zulangen kann.«

[25] Vgl. Kant, KpV A 225 (AA V, 125): »Also ist das höchste Gut in der Welt nur möglich, so fern eine oberste Ursache der Natur angenommen wird, die eine der moralischen Gesinnung gemäße Causalität hat.« Vgl. Schaeffler, Erfahrung als Dialog mit der Wirklichkeit, 143 f.

[26] Vgl. Kant, KpV A 205 (AA V, 114): »Ist also das höchste Gut nach praktischen Regeln unmöglich, so muß auch das moralische Gesetz, welches gebietet dasselbe zu befördern, phantastisch und auf leere eingebildete Zwecke gestellt, mithin an sich falsch sein.«

auf eine von ihm verschiedene Ursache und Wirklichkeit, die zur Herstellung der moralischen Weltordnung fähig ist und dadurch die Verpflichtung des Menschen zur Moralität rechtfertigt. Der Handelnde wird in diesem Geschehen nicht passiv, sondern als Gegenstand der reinen Hoffnung wird die sittliche Tat mittelbar zur Ursache der moralischen Weltordnung, selbst wenn die Weltordnung nicht von der Leistung des Menschen und deren Effizienzbedingungen abhängig ist. Das Postulat Gottes als dem Gesetzgeber des Natur- und Sittengesetzes lässt den sittlich handelnden Menschen hoffen und zugleich am Aufbau einer Ganzheit im Sinne einer moralischen Weltordnung mitarbeiten.[27]

Es wird deutlich, dass die postulatorische Hoffnung allein das theoretische mit dem praktischen Vernunftinteresse vereinigen kann.[28] So lässt sich Kant in seiner Lehre von den Vernunftzwecken als Begründer einer Philosophie der Hoffnung ansehen, die in einem System von Postulaten begriffen wird und deren Legitimation allein in der Verpflichtung des Sittengesetzes besteht. Kant sieht nun in der Hoffnung das spezifische Feld der Religion, wobei aber der Hoffnungsinhalt nicht nur auf die Glückseligkeit als Lohn der Tugend beschränkt ist, sondern sich auch auf die Sittlichkeit ausdehnt, da sie weder wollend bewirkt, noch wissend bewiesen werden kann. Deshalb ist in Schaefflers Kant-Interpretation die Sittlichkeit ein Gegenstand der Hoffnung[29], so dass Menschen nur im Blick auf Gottes gnä-

---

[27] Vgl. Schaeffler, Erfahrung als Dialog mit der Wirklichkeit, 146–149; vgl. dazu auch Caropeso, Welte und Kant, 466–470.

[28] Vgl. Kant, KpV A 220 (AA V, 122): »Also ist das höchste Gut praktisch nur unter der Voraussetzung der Unsterblichkeit der Seele möglich, mithin diese, als unzertrennlich mit dem moralischen Gesetz verbunden, ein **Postulat** der reinen praktischen Vernunft (worunter ich einen theoretischen, als solchen aber nicht erweislichen Satz verstehe, so fern er einem a priori unbedingt geltenden praktischen Gesetze unzertrennlich anhängt).«

[29] Vgl. Kant, RGV (AA VI, 6): »Moral also führt unumgänglich zur Religion, wodurch sie sich zur Idee eines machthabenden moralischen Gesetzgebers außer dem Menschen erweitert, in dessen Willen dasjenige Endzweck (der Weltschöpfung) ist, was zugleich der Endzweck des Menschen sein kann und soll.« Die Sittlichkeit als Gegenstand der Hoffnung ergibt sich, da eine notwendige Verbindung zwischen Moralität und Glückseligkeit besteht. Indem eine sich selbst lohnende Moralität auf der Voraussetzung beruht, dass jeder tut, was er soll (Vgl. Kant, KrV B 837 f. (AA III, 525 f.).), was aber wiederum nicht der Fall ist, kann die notwendige Verbindung von Sittlichkeit und Glückseligkeit nur unter der Annahme einer höchsten Vernunft – als Grund von Moral und Ursache der Natur (Vgl. Kant, KrV B 838 (AA III, 526): »[…] wenn eine höchste Vernunft, die nach moralischen Gesetzen gebietet, zugleich

diges und gerechtes Urteil im moralischen Sinne gute Menschen sein können, da für sie das Postulat der Unsterblichkeit und der dadurch zu erreichenden Glückseligkeit moralisch begründet ist. Daraus folgert Schaeffler nun, dass die Hoffnung als der spezifische Inhalt der Religion die Hoffnung auf Gottes gerechtmachende Gnade darstellt[30], worauf Welte hinsichtlich des Heiligen noch zurückkommt.

In Weltes Werk wird nun dieser Zusammenhang zunächst im Hinblick auf das Sinnpostulat deutlich, das alle möglichen Einzelheiten des menschlichen Lebens umfasst und überschreitet. Denn Welte nimmt ein totales Sinnpostulat als die Voraussetzung alles Lebens und so einen Sinn im Ganzen an, was besonders auch in ethischen Verhältnissen zu Tage tritt.[31]

---

als Ursache der Natur zum Grunde gelegt wird.«) – gehofft werden. Vgl. Ricken, Die Postulate der reinen praktischen Vernunft (122–148), 193; vgl. Fleischer, Mensch und Unbedingtes im Denken Kants, 211.

[30] Vgl. Kant, RGV (AA VI, 100 f.): »Ein moralisches Volk Gottes zu stiften, ist also ein Werk, dessen Ausführung nicht von Menschen, sondern nur von Gott selbst erwartet werden kann. Deswegen ist aber doch dem Menschen nicht erlaubt, in Anlehnung dieses Geschäftes unthätig zu sein und die Vorsehung walten zu lassen, als ob ein jeder nur seiner moralischen Privatangelegenheit nachgehen, das Ganze der Angelegenheit des menschlichen Geschlechts aber (seiner moralischen Bestimmung nach) einer höheren Weisheit überlassen dürfe. Er muß vielmehr so verfahren, als ob alles auf ihn ankomme, und nur unter dieser Bedingung darf er hoffen, daß höhere Weisheit seiner wohlgemeinten Bemühung die Vollendung werden angedeihen lassen.« Vgl. Schaeffler, Was dürfen wir hoffen?, 14–17; vgl. auch Schaeffler, Philosophisch von Gott reden, 68–70. Diese deutliche Betonung der Hoffnung als das spezifische Feld und das ihr eigene Prinzip der Religion, die Schaeffler hier vornimmt, findet sich bei Giovanni Sala als bedeutender Kritikpunkt. Weiterhin erachtet er den Zusammenhang von Sittengesetz und Glückseligkeit bei Schaeffler zu wenig differenziert herausgearbeitet. (Vgl. Sala, Kant und die Theologie der Hoffnung, 96–98.) Die Antwort Schaefflers auf Salas Kritik verdeutlicht noch einmal die Bedeutung der Religion mit ihrer originären Aufgabe, auf die Frage nach den legitimen Inhalten der menschlichen Hoffnung zu antworten. Zudem expliziert Schaeffler, dass die Vernunftautonomie nach Kants Überzeugung nur durch eine religiöse Interpretation gelöst werden kann. Denn die Selbstgesetzgebung der Vernunft kann nur dann widerspruchsfrei gedacht werden, wenn auch das Gesetz, das die Vernunft sich gibt, widerspruchsfrei ist. Das geschieht aber nur dann, wenn die Sittlichkeit ein Recht auf Hoffnung begründet. Die sittliche Selbstbestimmung der Vernunft ist nur dann widerspruchsfrei denkbar, wenn vorausgesetzt wird, dass sie ein Recht zur Hoffnung begründet. In diesem Verständnis allein wird die Dialektik der Vernunft in ihrem praktischen Gebrauch auflösbar. Vgl. Schaeffler, Kant als Philosoph der Hoffnung, 246 f.

[31] Welte sieht sich in diesen Überlegungen in Übereinstimmung mit Paul Tillich, der eine Sinnhermeneutik des menschlichen Daseins entwickelt und als Fundament seiner Religionsphilosophie ansieht: »Es ist nicht die Funktion als Funktion, die ana-

Hoffnung als Prinzip von Begegnung und Miteinander

Denn der konkrete Widerspruch zwischen der Sinnvoraussetzung des menschlichen Daseins und dem unausweichlich drohenden unendlichen Nichts kann sich nur auflösen, wenn das Nichts selbst die sich entziehende Anwesenheit der unendlichen und Sinn gewährenden Macht ist. Das Nichts ist so die Weise der Phänomenalität und des Sich-zeigens der unendlichen Macht.[32] Indem Welte in seiner philosophischen Soziologie das Strukturmoment der Hoffnung aufnimmt, zeigt sich die Analogie hinsichtlich dieses Bereiches noch stärker. Denn das ethische Moment der Weltverbesserung entspricht dem menschlichen Streben nach einem erfüllten Miteinander, das das Heilige als Gehalt in sich trägt und sich von ihm verpflichtet weiß, dessen Realisierung aber nicht dem Vermögen des Menschen in seiner Endlichkeit anheimgestellt werden darf, sondern sich aus dem Heiligen bzw. dem absolut entzogenen und unbedingt beanspruchenden Unendlichen gewähren muss. Den in diesem Kontext naheliegenden Vorwurf, es handle sich um eine Projektion menschlicher Subjektivität, beantwortet Welte mit dem Verweis, dass es sich in der Annahme eines umfassenden Sinnes – und ausgehend von der Valenz mitmenschlichen Daseins – um elementare Erfahrungen handelt, die nicht subjektiv entworfen bzw. projiziert werden, daher nicht subjek-

---

lysiert wird, sondern der in ihr zur Erfüllung kommende Sinn, der jenseits des Gegensatzes von Funktion und Gegenstand liegt. *Sinn-Analysen sind Seins-Analysen,* weil der Sinn das Sein zur geistigen Erfüllung bringt. Das kommt in den Analysen selbst darin zum Ausdruck, daß jeder Sinnakt auf den unbedingten Sinn als Abgrund des Sinnes bezogen ist. [...] liegt es gerade im Wesen der metalogischen Methode, jede derartige Subjektivität zu durchbrechen und in der Religionsphilosophie das Problem der Realität zu lösen.« (Tillich, Religionsphilosophie, 328.) Dies findet seine Grundlage darin, dass bei Tillich Gott allem Bedingten immanent und transzendent ist, so dass jedes Ding an der unendlichen Seinsmächtigkeit partizipiert, aber nur eben in endlicher Weise. Alle Wesen werden dabei durch ihren schöpferischen Grund unendlich transzendiert. Für Tillich hat das zur Folge, dass alles Bedingte Symbol des Unbedingten ist und alles Weltliche das Göttliche ausdrückt. Daher steht der unbedingte Sinn für ihn auch nicht neben den bedingten Sinnvollzügen oder neben der Gesamtheit der Sinnzusammenhänge, da Gott nicht neben der Welt steht und somit die Religion auch nicht neben der Kultur. Daher greifen Moralität, Kultur und Religion wesensmäßig ineinander. Religion stellt damit den unmittelbaren intentionalen Ausdruck der geistigen Substanz dar, die in den kulturellen Formen mittelbar und ohne Intention sich anbietet. Religion als die Tiefendimension der Kultur sieht somit das Heilige nicht außerhalb des Profanen, sondern gerade in seiner Tiefe. Vgl. Schüßler, Jenseits von Religion und Nicht-Religion, 76–78.

[32] Vgl. Welte, Religionsphilosophie, 65.69.

tiver Willkür unterliegen,[33] was sich in moralischer Entsprechung wiederum bei Tillich bestätigt findet[34]:

»Glaube, daß das Leben einen Sinn hat! Wer dem Ruf sich wirklich öffnet, wird seine Wahrheit erkennen. Sie zeigt sich ihm. Von zwingenden Argumenten kann freilich keine Rede sein wie überall, wo sich der Gedanke im Horizont der Freiheit bewegt. Die Freiheit muß sich frei dem öffnen, was in ihrem Grunde lautlos, aber vernehmlich spricht, wie auch schon das ethische Handeln, in dem das Recht dieses Postulats offenbar wird, den Gebrauch der Freiheit voraussetzt, was niemals zwingend ist.«[35]

Im Rahmen der theoretischen Vernunft mit ihren Kriterien eines Richtungs-, Funktions-, Zweck- oder Bedeutungssinnes lässt sich die Daseinsakzeptanz des Menschen nicht rechtfertigen und sich somit

---

[33] Die Problematik, die sich im Zusammenhang mit dieser Rechtfertigung offenbart, besteht darin, dass Projektion, wie sie vor allem nach Feuerbachs Ansicht allen religiösen Vorstellungen zugrunde liegt, etwas anderes ist als subjektives Projizieren. Auch was nicht des Menschen Willkür unterliegt, kann doch eine Projektion sein, die für Feuerbach aus dem menschlichen Wesen hervorgeht. Daher weist Richard Schaeffler in seiner Rezension zu Weltes *Religionsphilosophie* darauf hin, dass auch der Nachweis Weltes – der Widerspruch zwischen Sinnpostulat und drohendem Nichts und das daraus hervorgehende Vertrauen in das Geheimnis wären keine Produkte subjektiver Willkür – nur das Phänomen bestätigt, auf das sich Feuerbachs Religionskritik stützt. Denn die Fragwürdigkeit besteht nicht darin, dass der Mensch angesichts des drohenden Nichts religiöse Vorstellung erzeugt, sondern ob diese Notwendigkeit Wahrheit garantiert oder ob es eine unvermeidliche und lebensförderliche, aber vom Philosophen durchschaubare Illusion darstelle. Zudem zweifelt Schaeffler an der Universalität und der Exklusivität von Weltes Erfahrungen, weshalb er dem Sinnpostulat kritisch gegenübersteht. Vgl. Schaeffler, Sinnforderung und Gottesglaube, 205 f.
[34] Vgl. Tillich, Das religiöse Fundament des moralischen Handelns, 24: »Wie stark die psychologischen und soziologischen Elemente auch sein mögen, sie sind selbst bedingt, und es ist möglich, sich ihnen zu widersetzen und sich von ihnen zu befreien, z. B. vom ›Vaterbild‹ oder vom ›Sozialgewissen‹. Aber es ist nicht möglich, sich vom unbedingten Charakter des moralischen Imperativs zu befreien. Man kann zwar einen bestimmten Gewissensinhalt missachten zugunsten eines anderen, aber man kann nicht den moralischen Imperativ selbst außer acht lassen, ohne daß man dabei seine essentielle Natur und seine Beziehungen zum Ewigen zerstört. Aus diesen Gründen ist der Versuch, den unbedingten Charakter des moralischen Imperativs durch psychologische und soziologische Argumente aufzulösen, zum Scheitern verurteilt.« Dies findet bei Tillich seinen Ursprung darin, dass die Sittlichkeit genuin die Selbstbestimmung des Geistes zum Gegenstand hat, weshalb sie nicht zur Kultur gehört und als deren Prinzip über der Kultur steht und sie in normativer Setzung als Tätigkeit konstituiert. Vgl. Dienstbeck, Transzendentale Strukturtheorie, 73; vgl. Welte, Religionsphilosophie, 74 f.
[35] Welte, Religionsphilosophie, 65.

kein Grund angeben für die Zustimmungsfähigkeit der Welt und des Daseins. Trotzdem ist die Daseinsakzeptanz eine unabweisbare Gestaltungsaufgabe der Vernunft, so dass sich in metaphysischer und religionskritischer Absicht keine Möglichkeit einer alternativen, pragmatischen bzw. religiösen Sinndeutung ergibt und die Welt dadurch offensichtlich grundlos existiert, da die Vernunft in ihr keinen Halt findet und niemals an ihr Ziel kommt. Dieses Dilemma der theoretischen Vernunft durchbricht Welte mittels seines erfahrungsoffenen Verstehensbegriffs[36], der die Grundlosigkeit der Welt und des Daseins nicht notwendig mit einer nihilistischen Auslegung des Daseins beantworten muss. Denn die Absage Weltes an jegliche funktionale oder nützlichkeitsorientierte Deutung des Miteinanders und damit auch des gesamten menschlichen Daseins[37] sieht in der Grundlosigkeit und Zweckfreiheit des Daseins eine Voraussetzung für die freie Akzeptanz des menschlichen Daseins als das In-der-Welt-sein. Diese Grundlosigkeit zeigt sich somit als konstitutive Voraussetzung für Identität und Autonomie des Daseins.[38] Denn nur wenn der Mensch sein voraussetzungs- und bedingungsloses Dasein als ein Freiheit und Identität konstituierendes Geschehen erfährt und deutet, widerspricht diese existentielle Grunderfahrung der nihilisitischen

---

[36] Vgl. Welte, Hegels Begriff der Religion – sein Sinn und seine Grenze, 21.
[37] Vgl. Welte, Miteinandersein und Transzendenz, 152 f.
[38] Hans Ebeling erkennt richtig, dass Freiheit, Gleichheit und Überwindung der Endlichkeit Fiktionen der Vernunft sind, die weder belegbar noch ablegbar sind. Sie sind keine empirischen Daten, noch helfen sie, die Erfahrung besser zu begründen. Sie sind regulative Ideen ohne transzendentalen Status im Sinne Kants. Ebeling versucht die kantische Metaphysik in eine praktische Absicht zu transformieren, um so seine Postulatenlehre zu revidieren. Dabei hat die Einschränkung der Basis-Fiktionen des Handelns auf ihre Fiktionalität, sie also nicht mehr als regulative Ideen zu sehen, aber nicht die Folge, sie abschaffen zu können. Denn die Abschaffung der Basis-Fiktionen bedeutet die Abschaffung der Humanität selbst. Die regulativen Ideen sind aber nicht im Vorhinein zu ethischen Zwecken entworfen, sondern die Anbindung an die Metaphysik zeigt ihre nicht-instrumentelle Funktion. Ableitbar sind die idealen Postulate nur dann, wenn die Basis-Fiktionen als allgemeine anerkannt werden. Diese Basis-Fiktionen sind nur zu leugnen in der Inkaufnahme einer prinzipiellen Aufgabe der Möglichkeit von Daseinsakzeptanz. Denn Ihre Ablehnung würde das Konsistenzproblem zwischen theoretischem und praktischem Vernunftgebrauch verschärfen. Denn einerseits sind Maßnahmen der Weltverbesserung gefordert, andererseits zeigt sich an der Welt nicht, dass sie es wert ist, verbessert zu werden. Höhn sieht nun in der Grundlosigkeit eben eine solche Basis-Fiktion und damit eine letzte Grundannahme vernünftiger Existenz. Vgl. Ebeling, Die ideale Sinndimension, 78–83; vgl. Höhn, Zeit und Sinn, 179.

Deutung der Grundlosigkeit und zeigt den menschlichen Ausgriff auf Sinn. Denn indem die inhärente Grundlosigkeit des Menschen seine Freiheit, Identität, Autonomie und so seinen Eigenwert konstituiert, gründet sich darin die Daseinsakzeptanz, die sich in der Absage an alle Funktionalität und Zweckorientierung nicht aus dem Vermögen des Menschen ergeben kann und darf. Das religiöse Sinnapriori als Vernunftpostulat bzw. das Sinnpostulat zeigt sich als die Konsequenz einer materialen Daseinsakzeptanz, was bedeutet, dass der Grundlosigkeit eine antinihilistische Lesart gegeben wird und eben diese Grundlosigkeit des Daseins als Sinnbedingung von Freiheit und Einheit, also als präfunktionale Voraussetzung aller zweckorientierten und funktionalen Gestalten, menschliche Lebensverhältnisse bestimmt. Diese Grundlosigkeit zeigt sich aus existentialpragmatischer Perspektive als eine transpragmatische Akzeptanzbedingung des Daseins und ermöglicht dem menschlichen Dasein in dieser freien Autonomie selbst Zwecke zu setzen.[39]

Bei Welte wird diese ambivalente Grund- und Ziellosigkeit besonders im Phänomen des unausweichlichen und unendlichen Nichts erfahren, das entweder als absolute Nichtigkeit waltet oder in dieser phänomenalen Negativität als eine Unendlichkeit und Unbedingtheit erscheint, die als Macht allem menschlichen Leben seinen Sinn gewährt bzw. gewährleistet und somit alles Leben rechtfertigt und erfüllt.[40] Die Erfahrung, die der Entscheidung zugrunde liegt, dass das Nichts als die Erscheinung eines tragenden Absoluten sich kundtut[41], erweist sich nicht als notwendige Folge in einer formalen Logik. Das Nichts begründet in seiner Negativität keinen zwingenden logischen

---

[39] Vgl. Höhn, Zeit und Sinn, 177–181; vgl. Höhn, Zerstreuungen, 177–185. Diese Autonomie ergibt sich für Schaeffler im Anschluss an Kant eben aus der Religion als dem Grundverhältnis des Menschen zu einem Gegenstand der Hoffnung, wodurch die Vernunft von ihrem inneren Widerspruch befreit ist. (Vgl. Schaeffler, Religionsphilosophie, 84.) In diesem Zusammenhang sei besonders auch auf die Überlegungen von Thomas Rentsch zur Unmöglichkeit und zur lebensweltlichen Sinnkonstitution verwiesen. Ausgehend von drei Unmöglichkeitsbedingungen – dem Satz der Grundlosigkeit des menschlichen Handelns, dem Satz von der Unmöglichkeit, die einzigartige Ganzheit des menschlichen Lebens zu vergegenständlichen und dem Grundsatz der sinnkonstitutiven Entzogenheit der Mitmenschen bzw. der interexistentiellen Unverfügbarkeit – verfolgt er eine lebensweltliche Sinnkonstitution mit Hilfe einer negativen Interexistentialpragmatik. Vgl. Rentsch, Unmöglichkeit und lebensweltliche Sinnkonstitution, 202–205.
[40] Vgl. Welte, Religionsphilosophie, 68.
[41] Vgl. Welte, Religionsphilosophie, 69.

Prozess, so dass Welte beansprucht – in Voraussetzung des Sinnpostulates – sachlich gerechtfertigte Schritte in einer transzendentalen[42] Logik zu gehen, um so dem Grund und Ziel der Möglichkeiten von allem entgegenzudenken, was aber keinen Formalismus anderer Art zur Folge hat. Denn Grundlage bleibt die Erfahrung[43], und zwar eine vorgängige apriorische Sinnerfahrung als transzendentale Erfahrung, deren Ausdruck eben das Sinnpostulat und die gelebte Sinnvoraussetzung darstellt. Die Grenzerfahrung des diskursiven Denkens zeigt, dass der Wirklichkeit des Unendlichen und Unbedingten nicht nur entgegengedacht werden kann, sondern diese sich in der phänomenologischen Aufmerksamkeit auf die praktische *Zeitigung eines gelebten sittlichen Daseins* zu erfahren gibt, und zwar als die dieses Dasein gründende und begründende Größe. Wo sich aber die Unendlichkeit und Unbedingtheit selbst zeigen, sind Letztaussagen nicht nur möglich, sondern erforderlich. Denn diese Erfahrung des Sich-zeigens der Transzendenz liegt dem Akt der Frage, der Suche und des Ausgriffs des Menschen nach Transzendenz zugrunde.[44]

---

[42] *Transzendental* bedeutet in diesem Zusammenhang einer Hermeneutik eines sich in Freiheit zeitigenden Daseins, dass von einer allgemeinen und umfassenden Einheit ausgegangen wird, aber offengelassen ist bzw. wird, wie sie besteht.

[43] Welte betont den Ausgangspunkt an der entscheidenden und transzendentalen Erfahrung u. a. deswegen so deutlich, da er darin die Gewähr sieht, den Glauben nicht nur zu einem Überbau des menschlichen Lebens werden zu lassen, sondern mit ihm in grundlegender Weise im Existenzvollzug verbunden zu sein. Vgl. Welte, Religiöse Erfahrung heute und Sinnerfahrung, 140; vgl. Welte, Christlicher Glaube und Erfahrung, 173.

[44] Diese Gedanken des existentiellen und transzendierenden Innewerdens des Gegenwärtigen, und damit die Vorgängigkeit der Transzendenz vor dem menschlichen Suchen und Fragen, finden sich bei Welte bereits in seiner Habilitationsschrift (Vgl. Welte, Der philosophische Glaube bei Karl Jaspers und die Möglichkeit seiner Deutung durch die thomistische Philosophie, 76–80.) und gehen auf Karl Jaspers Überlegungen zur Transzendenz zurück: »Ich stehe im Transzendieren, wo diese Tiefe sich öffnete und im Zeitdasein das Suchen als solches zum Finden wurde: denn das transzendierende Zeitdasein des Menschen vermag als mögliche Existenz die *Einheit von Gegenwart und Suchen* zu werden: eine Gegenwart, die nur als das Suchen ist, das nicht abgeschnitten ist von dem, was es sucht. Nur aus einem Vorwegreifen dessen, was gefunden werden soll, kann gesucht werden; Transzendenz muß schon gegenwärtig sein, wo ich sie suche. Im Transzendieren weiß ich vom Sein weder gegenständlich wie in der Weltorientierung, noch werde ich seiner inne wie meiner selbst in der Existenzerhellung, sondern ich weiß von ihm in einem inneren Tun, das selbst im Scheitern noch bei diesem eigentlichen Sein bleibt. Es kann, ohne gefunden zu sein als ein objektiver Halt, der Existenz Festigkeit geben, im Dasein sich zu sich und zur

3) Das Heilige und der Grund der Hoffnung

Die bleibende Dialektik des Miteinanderseins führte ihrer inneren Wesensstruktur nach zum Heiligen in seiner absoluten Entzogenheit, das aber zugleich als der Ursprung der Erfüllung des Miteinanders die erfüllende Überwindung seiner wesensmäßigen Dialektik gewährt. Diese Überlegung gründet in dem relationsontologischen Diktum, dass Beziehungen nur denkbar sind durch Entzogenheit, die sich wiederum nur in Beziehung denken lässt, wodurch in einem relationalen Gefüge ein Moment bleibender Entzogenheit gesichert ist. Relationsontologisch ist also ein Relationsgefüge nur dann konsistent denkbar, wenn ihm eine nicht-hintergehbare, für es selbst konstitutive Asymmetrie eingeschrieben wird.[45] Daher gilt es die Bezogenheit des Heiligen, die sich bereits in seiner ursprünglichen Personalität angezeigt hat, in seinem Charakter des Gewährens noch differenzierter zu untersuchen. Welte nimmt dazu die grundlegende transzendentale Erfahrung in den Blick, die ihn auf der Suche nach Daseinsakzeptanz zum Sinnpostulat führte, dessen Ursprung im Heiligen noch erklärungsbedürftig ist:

»Das Schweigen der Entzogenheit ist keine bloße Leere. In seiner Stille, die kein menschliches Wort erreichen kann, macht sich eine positive Qualität merklich. Eben sie nennen wir das Du-hafte darin.«[46]

Diese ursprüngliche Personalität des Heiligen offenbart sowohl dessen Negativität bzw. dessen Entzogenheit als auch eine besonders intensive Positivität. Das Heilige in dieser Bestimmung erweist sich in eben dieser Phänomenalität als das Außerordentliche und erscheint dadurch dem menschlichen Seins- und Heilsverständnis auf besondere Weise gemäß und im ausgezeichneten Sinne erfüllend und heilsgewährend. Denn die Bedeutsamkeit wächst mit der Außerordentlichkeit, der Unerwartbarkeit und der Unerzwingbarkeit des Begegnenden, so dass das Außerordentliche in diesem ausgezeichneten Sinn dem menschlichen Verfügen entzogen bleibt. Darin offenbart sich eine entscheidende Dialektik: Das Prinzip des menschlichen Heiles muss dem Menschen fern, unerreichbar und nicht versicherbar sein, um ihm auf diese Weise außerordentlich und bedeutend zu werden. In

---

Transzendenz in Einem zu erheben.« (Jaspers, Philosophie III, 3.) Zum gesamten Gedankengang vgl. Lenz, Mut zum Nichts als Weg zu Gott, 83–88.
[45] Vgl. Mühling, Wendte, Entzogenheit in Gott, 1.38.
[46] Welte, Heilsverständnis, 96.

dieser großen Bedeutung zeigt sich das Außerordentliche dem Menschen wesentlicher, also seinem Wesensmaß entsprechender, und daher ursprünglicher als das verfügbare Ordentliche. Denn nur wenn der Mensch dieses Prinzip nicht in ein Funktionalitäts- bzw. Nützlichkeitsdenken aufnehmen kann, wird mit dessen Außerordentlichkeit auch dessen Eigenursprünglichkeit bewahrt, was eine höhere und wesentlichere Bedeutungsqualität zur Folge hat, da ein frei gewährtes Geschenk aus eigenem sich selbst gehörendem Ursprung den Menschen intensiver und wesentlicher betrifft als eine geschuldete Leistung.[47] In diesen Erfahrungsfeldern verdeutlicht sich, dass der Mensch von seinem innersten Ursprung damit vertraut ist, die Gunst und das Geschenk des freien Ursprungs als das Erfüllteste und Bedeutungsvollste zu verstehen, was daher dem Maß des menschlichen Wesens am meisten entspricht. Daher liegt für Welte das »positive Wesen des Prinzips dieser Steigerung [der qualitativen Steigerung der Entsprechung hinsichtlich des menschlichen Wesens; Anm. J. E.] im *Wink der freien Gunst des frei sich selbst gehörenden Ursprungs.*«[48] Das menschliche Seinsverständnis aber, dem dieses Außerordentliche in seiner positiven Qualität als freie und zur Antwort fähige Ursprünglichkeit am meisten entspricht, verweist mit dieser Entsprechung in die Sphäre der Freiheit. Dieser »sublime[n] Maßstab, dieses zarte und gefährdete Leitbild« findet sich im Menschen, der sich aus dem Heiligen und dessen »*freie[r] und umfassende[r] Gunst*« versteht. Daher ist das Heilige das Heil des Menschen, so dass sich sein Heil als freie und umfassende Gunst aus einem freien, selbst- und duhaften Geheimnis gewährt.[49] Diese Bestimmung haben Weltes Schüler aufgenommen und entfaltet. Die freie Gunst erweist sich als die gewährende Ermöglichung des dialogischen Miteinanders[50] und darin als Sinn eröffnendes »Es gibt« von Geschichte.[51]

Im Anschluss an Bernhard Weltes Gedanken zu Heil und Heiligem gilt es, ausgehend von Klaus Hemmerles Überlegungen zum

---

[47] Vgl. Welte, Heilsverständnis, 98–100.
[48] Vgl. Welte, Heilsverständnis, 99 f.
[49] Vgl. Welte, Heilsverständnis, 101 f.
[50] Vgl. Casper, Seit ein Gespräch wir sind, 98–100.
[51] Vgl. Hünermann, Die Geschichte und das Heilige, 139–141. Besonders zur Frage nach der freien Gunst des Heiligen ist die differenzierte Auseinandersetzung mit Bernhard Welte und der Fortführung von seinen Schülern Bernhard Casper, Klaus Hemmerle und Peter Hünermann von Jörg Splett zu beachten. Vgl. Splett, Die Rede vom Heiligen, 200.244 f.

Denken des Heiligen[52] hinsichtlich der zentralen Begriffe, wie Sein, Sinn, Heil und Heiliges, noch einige Differenzierungen und Verhältnisbestimmungen vorzunehmen. Weltes Sinnbestimmung – »*Sinn ist die mögliche Übereinkunft meiner mit mir selbst als Übereinkunft mit meiner Welt*«[53] bzw. »die mögliche Übereinkunft meiner mit meinem Sein im Ganzen als einer Übereinkunft mit dem Seienden im Ganzen«[54] – nimmt eine übergreifende Identität an und setzt Sinn mit Sein gleich. Das Heilige dagegen identifiziert sich nicht mit diesen Sinnbezügen, sondern zeigt sich gerade als das Andere der Selbst- und Weltidentität, das aus diesen Bezügen heraus ruft und zugleich herausruft. Die Erfahrung des Heiligen ereignet sich in einer Weise der Seinsvergessenheit, die der anderen Art der Seinsvergessenheit, die sich aus dem verfügenden Umgang ergibt, diametral entgegengesetzt ist. »Das Sein wird in der Erfahrung des Heiligen vollzogen, aber es wird nicht als solches thematisch.«[55] Das Heilige wird daher als Heiliges nur erfahrbar, wenn es dem Menschen als sein Heil und seine Sinnerfüllung begegnet.[56] Eine weitere Differenzierung muss aber hinsichtlich des Verhältnisses von Heil und Heiligem vorgenommen werden, da auch hier angesichts einer sich anzeigenden Dialektik nicht von einer Identität ausgegangen werden darf. Denn das Heilige in seiner Absolutheit bzw. seiner absoluten Entzogenheit bei intensivster Betroffenheit zeigt sich dem Menschen immanent als transzendent, was zur Folge hat, dass sich das Heilige auf den Menschen bezieht, indem es den Menschen auf sich bezieht als freie umfassende Gunst. Das Heil lässt sich nur als das Heilige verstehen, da sich der Mensch im Entwurf des möglichen Heiles verwiesen erfährt auf eine Erfüllung, die seine Identität mit der Welt übersteigt und die letztlich auch seine Selbsttranszendenz als sein Vorverständnis aufheben muss.[57] Denn der Mensch würde, indem er sich in Anbetracht der Defizienz alles Endlichen auf das Absolute bezieht, selbstmächtig das

---

[52] Vgl. dazu besonders Hemmerles Differenzierungen und Perspektiven in: Hemmerle, Das Heilige und das Denken, 76–79.
[53] Welte, Die Glaubenssituation der Gegenwart, 200.
[54] Welte, Die Glaubenssituation der Gegenwart, 203.
[55] Vgl. Hemmerle, Das Heilige und das Denken, 71.
[56] Zur Problematik einer idolischen Interpretation des Heiligen, das aufgrund seiner Totalität jegliche Freiheit verunmöglicht, vgl. Casper, Das Ereignis des Betens, 140–143.
[57] Vgl. Kierkegaard, Philosophische Brocken oder ein Bröckchen Philosophie, 35: »Das ist denn des Denkens höchstes Paradox: etwas entdecken wollen, das es selbst nicht denken kann. Diese Leidenschaft des Denkens ist im Grunde überall im Denken

Absolute wählen und somit letztlich wieder nur auf sich selbst bezogen sein. Deshalb sieht Welte im Geschehen des Heiles, in dem sich das Heilige relational erschließt und dem Menschen in seinem Miteinandersein mit anderem Dasein in freier unendlicher Gunst gewährt wird, die entscheidende Erfahrung des Menschen. Diese ausgezeichnete Erfahrung überwindet sein zugreifendes Interesse und seine nur in der eigenen Subjektivität sich gründen wollende Intentionalität.[58]

Hinsichtlich des Seinsverständnisses wird diese Dialektik des Heiles und des Heiligen besonders deutlich und offenbart das richtige Verständnis. Das Seinsverständnis des Menschen zeigt sich in seinem Ursprung und seinem Grund als Heilsverständnis, so dass es sich gegründet versteht auf und in einem frei und letztlich göttlich gewährten Heil. Denn das Heilige als das unendliche, sich selbst besitzende, personale, unverfügliche und alles bestimmende Geheimnis nennt Welte das Göttliche, so dass sich aus dem ursprünglichen Seinsverständnis des Menschen das Heil als freie Gunst und als Gnade des göttlichen Geheimnisses verstehen lässt.[59]

Indem dieses Verhältnis des Heiligen zum Menschen und zur Welt nicht zufällig, sondern wesentlich geprägt ist von der Entzogenheit und Verborgenheit des Heiligen, die sich eben auch in dessen größter Nähe nicht aufheben, kann und darf diese Negativität durch keine sich lediglich selbst behaupten wollende Positivität des Denkens bzw. Verfügens aufgelöst werden. Eine derart *positive* und daher selbst setzende Verfügung hätte eine Degradierung des Heiligen ins

---

vorhanden, auch in dem des Einzelnen, insofern er denkend ja nicht bloß er selber ist.«

[58] Hemmerle erläutert diesen Umstand mit dem Ausdruck »Komm«, der die unmittelbare Beziehung zum Anrufenden meint: »Das Komm fordert das Denken und fordert mich ganz, erhält darin ein unendliches Übergewicht. Wozu ich gerufen bin, ist doch gerade nichts mehr aus dem Denken sich Ergebendes, sondern das es gebende und darin von mir selbst zu gebende und so mich gebende Kommen selbst, die Bereitschaft, angesichts des mich, das Denken, das Sein und alles mir erst gewährenden Geschenkes dieses loszulassen aufs gewährende Geheimnis zu. Denken hat in sich, ich habe in mir kein Recht und kein Pfand und keine Sicherheit gegenüber dem Anspruch des Heiligen. [...] Die Trennung, die im Komm geschieht, muß auch seitens der Antwort vollzogen werden, so erst wird Anbetung – sie ist das in der Direktheit zum Heiligen einzig Gedurfte und Geschuldete, das Einzige, dem das Heilige in Wahrheit heilig ist.« (Hemmerle, Das Heilige und das Denken, 77 f.) Besonders zum Verhältnis von Heil und Heiligem vgl. Splett, Die Rede vom Heiligen, 286 f.

[59] Vgl. Welte, Heilsverständnis, 102.

Profane und Fraglose zur Folge, die einherginge mit der Hybris des Menschen, sich des Unausdenkbaren und Unbemächtigbaren bemächtigen zu können und durch diese Wesensverletzung des Heils in der monologischen wesenslosen Selbstmacht und damit letztlich in der Unwahrheit des Menschen zu verbleiben. Wegweiser für Welte sind nun Thomas' und Kants Überlegungen[60] zur Gründung jeglicher Negativität in einer Positivität, so dass in der Entzogenheit des Heiles eben eine grundlegende personale, sich frei gewährende Positivität in einem wirkenden Verhältnis zum Menschen steht. Dieses Verhältnis zum bzw. der Bezug auf das heilige Heil kann, ausgehend vom Menschen, nur in einer Erwartung des stetigen Heiles und seiner positiven Erfüllung geschehen, die diese Dialektik und diese Spannung aushält, ohne dabei fordernd aufzutreten[61]:

»[…] d.h. es *zu erhoffen aus dem unausdenkbaren, unberührbar in sich weilenden heiligen Grunde alles Seins,* es zu erhoffen aus der *Freiheit einer Gnade* und nicht aus *dem Ertrag eines Rechts.*«[62]

So charakterisiert sich die Wahrheit des Wesens des Menschen durch Hoffnung und Gnade. Dabei bezeichnet Gnade einerseits etwas, was als Geborgenheit des Heiles am Horizont des Menschlichen erscheint,

---

[60] Welte geht dabei von einer begriffslogischen Version der negativen Theologie und ihrer Aporie aus, indem er auf Thomas von Aquin rekurriert (Vgl. Thom. Sth I-II, 72, 6 co: »Semper enim in rebus negatio fundatur super aliqua affirmatione, quae est quodammodo causa eius […]« und vom Aquinaten präzisiert, nicht nur als eine affirmative Setzung von etwas Realem. Vgl. Thom. De mal. 2, 1 ad 9: »[…] set tamen omnis negatio fundatur in aliqua affirmatione intellecta uel ymaginata: necesse est enim esse apprehensum id de quo aliquid negatur.«) und in Entsprechung mit Kant argumentiert: »Nun kann sich niemand eine Verneinung bestimmt denken, ohne daß er die entgegengesetzte Bejahung zum Grunde liegen habe. […] Es sind also auch alle Begriffe der Negationen abgeleitet, und die Realitäten enthalten die Data und so zu sagen die Materie oder den transzendentalen Inhalt zu der Möglichkeit und durchgängigen Bestimmung aller Dinge.« (Kant, KrV B 603 (AA III, 387).) Demnach kann etwas nur *per negationem* bestimmt werden, wenn etwas Positives gesetzt ist, von dem her das Negative bestimmt ist. Diese Aporie wendet er aber epistemisch, so dass in diesem Kontext das Heilige und Göttliche dem menschlichen Erkennen entzogen bleibt. Zugrundeliegend bleibt die ontologische Aporie, dass Gott kein Seiendes ist, aber als Ursache, Realgrund und Bedingung der Möglichkeit allem zugrunde liegt und zugleich nicht verursacht, unbedingt, und unbegründet ist. Zum gesamten Zusammenhang hinsichtlich der negativen Theologie vgl. Dalferth, Die Wirklichkeit des Möglichen, 526–530.
[61] Vgl. Welte, Das Heilige in der Welt und das christliche Heil, 262f.
[62] Welte, Das Heilige in der Welt und das christliche Heil, 263.

wie es andererseits dieses Heil in das unendliche Geheimnis des freien und heiligen Grundes verwiesen sieht.[63]

II) In der Hoffnung zur Vollendung

»Einen Menschen lieben, heißt sagen: du wirst nicht sterben [...]«[64]

In diesem berühmten und vielzitierten Satz des französischen Philosophen Gabriel Marcel fasst sich nun im Ausgang von Kants postulatorischer Hoffnung pointiert zusammen, in welchem engen Zusammenhang Miteinander, Moralität und Mortalität stehen.[65] Sittliches Handeln als Anerkennung der Freiheit und Würde des Anderen richtet sich in seinem Versuch, Freiheitsmöglichkeiten zu schaffen, auf eine Zukunft aus, die sich immer auch durch die Limitationen des menschlichen Lebens als bedroht kennzeichnet. Daher setzt sich moralisches Engagement der Gefahr der Vergeblichkeit und der Sinnlosigkeit aus, kann sich aber aufgrund seines Wesens nicht dem unbedingten Anspruch der Realisierung von Freiheit und Würde entziehen. Moralität gründet also damit in der unbedingten Anerkennung des Anderen, der nicht auf seine Sterblichkeit begrenzt wird, so dass in der kontrafaktischen Daseinsakzeptanz nicht die Mortalität, sondern die Moralität den letzten Maßstab der Vernunft darstellt.[66] Der kantische Ausgangspunkt erinnert daran, dass diese Neukalibrierung der Vernunft ihre Beziehungsfähigkeit auf ein transpragmatisches Anderes voraussetzt, das die prä- und metarationalen Ressourcen der Moralität ermöglicht. Im Modus der Hoffnung könnte ein religiöses Zukunftsverhältnis in einer existentialpragmatischen Inversion dieses transpragmatische Andere der Vernunft erschließen. Da aus dieser existentialpragmatischen Sicht ein religiöses Verhältnis nicht zu etwas Zeitlichem konstruierbar ist, setzt kontrafaktische Daseinsakzeptanz ein Verständnis von Geschichte voraus, das sich nicht

---

[63] Vgl. Welte, Das Heilige in der Welt und das christliche Heil, 263; zum gesamten Gedankengang bzgl. des Heiligen vgl. Kušar, Dem göttlichen Gott entgegen denken, 233–237.

[64] Marcel, Geheimnis des Seins, 472.

[65] Dieser Zusammenhang verdeutlicht sich dahingehend, dass für Kant die Freiheit den Ausgangspunkt für das Postulat der Unsterblichkeit darstellt, während Gabriel Marcel bei der Person und dem personalen Verhältnis zum Anderen ansetzt. Vgl. Brück/Rager, Grundzüge einer modernen Anthropologie, 153.

[66] Vgl. Ebeling, Die ideale Sinndimension, 111.

durch Ziellosigkeit kennzeichnet, sondern durch ein Unbedingtes, das sich dem Vergehen widersetzt. In Weltes Vorstellung von Geschichte als Ereignis der Wahrheit, die den Menschen in Anspruch nimmt und von ihm zu verantworten ist[67], zeigt sich nun diese Voraussetzung erfüllt, indem sich Sinn und Ziel der Geschichte in dieser Wahrheit zeigen, die so eine transpragmatische Sinnbedingung der Daseinsakzeptanz hinsichtlich des moralischen Handelns des Menschen bildet.[68]

Hoffnung geschieht nun in diesem Horizont von Moralität und Miteinander als Antwort auf die Limitationen des Daseins und zeigt sich daher in diametraler Bestimmung zu Verzweiflung, Resignation und Hoffnungslosigkeit als die alternative Antwort.[69] Indem nun der Mensch in seinem schöpferischen Zustand ein das Selbst übersteigendes Ziel annimmt und zu seinem eigenen macht, eröffnet sich dem hoffenden Menschen eine Freiheit, die ihn ganz Person werden lässt. Daher ist Freiheit eben nur in Bezogenheit, Kommunikation, Einheit und Miteinander zu denken, da der Mensch nur in seinem wirklichen Selbstvollzug und in Absetzung von isolierenden Bestimmungen auf einen absoluten Sinnhorizont hoffen kann.[70] Daraus ergeben sich hinsichtlich der Hoffnung entscheidende Prämissen, und zwar in deutlicher Abgrenzung gegenüber hoffnungsähnlichen Defizienzformen. Denn wie sich die authentische Freiheit des Menschen nicht in der Befriedigung einzelner Wünsche und Bedürfnisse einstellt, sondern wesentlich mit seinem Willen verbunden ist, so bezieht sich Hoffnung nicht auf konkrete Heilungen, sondern auf das Heil selbst, indem die Hoffnung die Wirklichkeit transzendiert und sich im Vertrauen auf das höchste Gut vollzieht. So muss sich die Hoffnung von Begierde, Optimismus und passiver Erwartung deutlich unterschie-

---

[67] Vgl. Welte, Wahrheit und Geschichtlichkeit (1962), 88.98.
[68] Zum Zusammenhang von Vernunft, Endlichkeit und Moralität vgl. besonders Höhn, Zeit und Sinn, 201–203.
[69] Gabriel Marcel erkennt in diesem Zusammenhang dieselben Alternativen: »Die Basis der Hoffnung ist das Wissen um eine Situation, die uns verzweifeln läßt (die Krankheit, der Untergang etc.). Hoffen heißt der Realität Kredit einräumen, es heißt bejahen, daß es in ihr etwas gibt, was über die Gefahr triumphiert. Man sieht hier, daß das Korrelat der Hoffnung in keiner Weise die Furcht ist, sondern der Akt, der die Dinge aufs Schlimmste treibt, eine Art von pessimistischem Fatalismus, der die Ohnmacht der Realität behauptet, oder ihr die Fähigkeit abspricht, das zu berücksichtigen, was doch nicht nur unser Gut ist, sondern von dem wir annehmen, daß es ein Gut im absoluten Sinne des Wortes ist.« (Marcel, Sein und Haben, 80.)
[70] Vgl. Welte, Freiheit des Geistes und christlicher Glaube, 303 f.

den wissen, die dem freien Willen des Menschen nicht wesentlich gerecht werden, sondern in einer minderen Form der Wahlfreiheit verhaftet bleiben. Denn Begierde bezieht sich stets auf einzelne Gegenstände und bestimmte Ereignisse, die das Selbst egoistisch werden lassen, indem es die anderen Menschen und die Welt nur in Bezug auf das einzelne Begehren wahrnimmt. Der Optimist, der aus der Gewissheit lebt, alles wird sich zum Guten wenden, bleibt in seinem souveränen Urteil der konkret real leidenden Person fremd und äußerlich, da seine Erfahrung sich aus einer unbeeinflussten Beobachterposition ergibt, was ihn ebenfalls zum Egoisten werden lässt. Die Bezogenheit, Kommunikation und das Miteinander als Prämisse der Freiheit und der Hoffnung auf den absoluten Sinnhorizont bzw. auf das Heil schließen eine Passivität oder eine passive Erwartung kategorisch aus, da eine spezifische Situation, in der sich der Mensch befindet, angenommen und gestaltet werden muss, da der Sinn und die bleibende Bedeutung als Horizont des Menschen ihn zur Verantwortung rufen. Begierde, Optimismus und passive Erwartung gehören der Welt des Habens und des Verfügens an, so dass es im freien Willen liegt, mit der wirklichen Hoffnung die Schwelle zum Sein zu überschreiten und wirklich frei zu werden.[71]

1) Hoffnung und Wille – Der Hoffende und sein Erhofftes

In dieser klaren Abgrenzung zu Begierde und Begehren wird deutlich, dass die Hoffnung nicht dem Feld des Wünschens angehört, sondern dem Vermögen des Willens zugehörig erscheint und zwar im Zusammenhang mit Verstehen und Vernunft, so dass die Hoffnung einer ganzheitlichen Verwirklichung des Daseins zugehört.[72] Hoff-

---

[71] Vgl. Welte, Freiheit des Geistes und christlicher Glaube, 305 f. Gabriel Marcel zeigt einige wesentliche Kriterien für eine verantwortete Rede von der Hoffnung auf, die Welte aufnimmt, auch wenn Marcel deutlicher von der konkreten, besonders der intersubjektiven Situation des Menschen ausgeht. Vgl. Mittl, Hoffnung als anthropologische Grundkategorie, 80–87. Dabei ist beiden Philosophen gemeinsam, dass sie von einer differenzierten Einheit von Person, Verpflichtung, Gemeinschaft und Wirklichkeit ausgehen. Vgl. Scherer, Art. Person. III. Neuzeit 1.–9., 319.

[72] Vgl. Marcel, Geheimnis des Seins, 501: »In dieser Sicht erscheint der voluntaristische Irrtum besonders schwerwiegend, wofern zumindest der Wille sich vom Verstand unterscheidet, welche Unterscheidung übrigens nur sehr äußerlich besehen Geltung hat. Ein Wille ohne Verstand wäre bloßer Trieb, ein Verstand bald blutleer, dem der Wille fehlte.«

nung und Wille stehen aber in einem eigentümlichen Verhältnis, das sich durch den Verzicht jeglicher äußerlichen Bestimmungs- bzw. Verfügungsmacht auszeichnet:

»Wie dürfen wir aber ein so ungewöhnliches Wollen so nennen, ein Wollen, das einerseits im höchsten Ernste will (Reinheit und Einheit) und andererseits im selben Ernste sich hütet vor der Anmaßung des Selbstwirkens und der Selbstbehauptung und in diesem Sinne ein Nicht-Wollen, ein Verstummen des Willens (als Selbstwirkung) ist, in dem alles an die Macht *überlassen* bleibt, die ich nicht in der Hand habe, aber die mich in der Hand hat? Ein solches Wollen dürfen wir *Hoffnung* nennen: Hoffnung ist dies: die positive Bezogen[heit] des Wesens unseres Geistes selbst auf Heil und Freiheit, so daß dieses Heil ganz anheimgegeben bleibt dem, was nicht wir selbst sind: der Spontaneität und Freiheit und Hoheit der unendlichen, heiligen Macht.«[73]

Die Grundlage von Weltes Hoffnungsverständnis besteht in der einheitlichen und umfassenden Hoffnungstheorie des Thomas von Aquin, der Hoffnung nicht dem Bereich der Erkenntnis zuordnet, sondern dem Willen als Bewegung des Strebevermögens[74] bzw. als Tat- und Strebekraft des Willens zum Guten[75], was eine Verbindung zur Handlungskraft, Handlungsfähigkeit und Handlungsmotivation nahelegt.[76] Letztlich lassen sich bei Welte, in Entsprechung zu Thomas, zwei untrennbare Seiten der einen Hoffnung erkennen: Einerseits das natürliche und unaufhebbare Grundstreben des Menschen[77], andererseits die bewusste, durch Denken und Wollen gestaltete und gerichtete Hoffnung, die bestimmte Ziele in den Blick nimmt. Diese zweite Seite erweist sich aber bei Thomas als eine übernatürliche, da sich in allen Entwürfen ein apriorisches Maß findet, weshalb es zwar konkrete Sinnentwürfe einzelner Sinngestalten und einzelner Handlungen gibt und sie sich in Auseinandersetzung mit den konkreten

---

[73] Welte, Freiheit des Geistes und christlicher Glaube, 331.
[74] Vgl. Thom. Sth I-II, 40, 2 co: »Alius enim motus sequitur in appetitu ex apprehensione boni, et alius ex apprehensione mali: et similiter alius motus ex apprehensione praesentis et futuri, absoluti et ardui, possibilis et impossibilis. Et secundum hoc, spes est motus appetitivae virtutis consequens apprehensionem boni futuri ardui possibilis adipisci, scilicet extensio appetitus in huiusmodi obiectum.«
[75] Vgl. Thom. Sth I-II, 40, 2 sc: »Sed contra, spes est de bono, sicut dictum est. Bonum autem, inquantum huiusmodi, non est obiectum cognitivae, sed appetitivae virtutis. Ergo spes non pertinet ad cognitivam, sed ad appetitivam virtutem.«
[76] Vgl. Lutz, Der hoffende Mensch, 264f.
[77] Vgl. Thom. Sth I-II, 40, 3 co: »[...] sed motus appetitus naturalis sequitur apprehensionem intellectus separati, qui naturam instituit«.

Möglichkeiten gestalten, diese aber von einem grundlegenden apriorischen Sinnentwurf leben.[78] Dieser Sinnentwurf bzw. die Sinnvoraussetzung lässt nun in der Suche nach Erfüllung eine Sinndifferenz entstehen, woraus sich ein ständiger Überschuss an Hoffnung ergibt, der das menschliche Streben – das einzelne wie das gemeinschaftlich geschichtliche – lebendig und unerfüllt erhält. Wie bei Thomas findet sich nun auch bei Welte eine Übereinstimmung von Beweggrund und Zielgut der Hoffnung, so dass die Hoffnung als transzendierendes transzendentales Prinzip deutlich wird, das alles menschliche Leben und Handeln zuallererst ermöglicht und zugleich auf eine wirkliche Transzendenz abzielt.[79] Die Geschichte ist nicht aufgrund individueller oder subjektiver Gründe ein hoffendes Geschehen. Indem in der Hoffnung die allem Subjektiven und Individuellen übergeordnete Struktur bzw. der innewohnende heilige Logos

---

[78] Vgl. Welte, Dasein als Hoffnung und Angst, 231 f.; vgl. Lutz, Der hoffende Mensch, 265 f. Denselben, ebenfalls auf Thomas zurückgehenden Ansatz hinsichtlich der Hoffnung, vertritt auch Josef Pieper, der sie in eine fundamentale Hoffnung bzw. theologische Tugend der Hoffnung und eine gemeine Hoffnung unterscheidet. Dabei kann für Pieper von einer Tugend der Hoffnung eben nur dann gesprochen werden, wenn man ihr den Status einer theologischen Tugend verleiht, also von einer Tugend ausgeht, die den Charakter eines Geschenkes hat und nicht auf ein naturhaftes Streben zurückgeführt wird. Damit verbunden kann auch dann das Objekt und das Ziel der Hoffnung nur den Charakter eines Geschenkes tragen, das nicht in der Verfügbarkeit des Menschen liegt: »Entscheidend ist, daß es Ewiges Leben wirklich gibt. Und das ›Richtige‹ der Hoffnung liegt darin, daß sie dieser Wirklichkeit ›antwortet‹. [...] Niemandem auch mag es sich bezwingender offenbaren, daß es schlechthin ein Geschenk ist, auf das Ewige Leben zu hoffen – und daß es ohne dies Geschenk wahrhaft christliche Tapferkeit nicht gibt.« (Pieper, Vom Sinn der Tapferkeit, 136.) Vgl. dazu besonders Schumacher, Rechenschaft über die Hoffnung, 124.

[79] Welte setzt sich in diesem Zusammenhang mit dem Hinweis auf wirkliche Transzendenz explizit von Ernst Bloch ab, dessen Transzendieren ohne Transzendenz für Welte ein leeres und so letztlich hoffnungsloses Transzendieren bliebe: »Kein Zweifel allemal, und es wurde auch keiner daran gelassen: eine unerhellte, ungelenkte Hoffnung führt nur abseits, denn der wahre Horizont reicht nicht über die *Erkenntnis der Realitäten*, aber gerade diese Erkenntnis, wenn anders sie marxistisch ist und nicht mechanistisch, zeigt die *Realität selber als eine – des Horizonts* und die informierte Hoffnung als eine dieser Realität gemäße. Das Ziel insgesamt ist und bleibt noch verdeckt, das Überhaupt des Willens und der Hoffnung noch ungefunden, im Agens des Existierens ist das Licht seiner Washeit, seines Wesens, seines intendierten Grundinhalts selber noch nicht aufgegangen, und doch steht das Nunc stans des treibenden Augenblicks, des mit seinem Inhalt erfüllten Strebens utopisch-deutlich voran.« (Bloch, Das Prinzip Hoffnung, 1627 f.) Zur Vorstellung der Hoffnung von Welte im Verhältnis zu Bloch vgl. Garrido-Maturano, Vom Sinnpostulat zum Sinn des Postulates, 488–496.

besteht, bezeichnet sie in diesem Zusammenhang eine fundamentalontologische Struktur. Ontologische Hoffnung ist damit konstitutiv für das Geschehen der Geschichte, indem sie eben nicht als geschichtsimmanente Größe gedeutet werden kann, sondern die Geschichte über sich selbst und über die Grenzen der Endlichkeit hinaus transzendiert.[80]

Hoffnung führt dabei weder bei Thomas noch bei Bernhard Welte in einen Heilsindividualismus, sondern hat eine ekklesiale und mundiale Dimension.[81] Die Wendung der Hoffnung in die Frage nach dem Sinn des Daseins in seiner Ganzheit lässt die Frage der Hoffnung zur totalen Frage werden. Denn damit nimmt die Hoffnung auch das natürliche Grundstreben in sich auf und verbindet sich so mit der Natur bzw. der gesamten Welt, die diese Frage nach Sinn implizit immer stellt. Diese Sinndifferenz lässt sich auch als Heilsdifferenz kennzeichnen, die das grundlegende Merkmal endlicher Menschen in einer endlichen Welt darstellt, so dass sich das menschliche Seinsverständnis als Heilshoffnung erweist, die in der sich stetig erneuernden Heilsdifferenz die Frage nach der Erfüllung schließlich an die Transzendenz selbst richtet. Diese Annahme der Erreichbarkeit und der Möglichkeit der Erfüllung gehört neben der Ausrichtung auf das Heil bzw. auf das Gute fundamental zum Begriff der Hoffnung, da nur in diesem Fall auch eine Bewegung in Gang gesetzt wird und die Hoffnung dadurch nicht zu einem tätigkeitslosen Sehnen herabsinkt. Deshalb lässt sich die Hoffnung bei Welte wie bei Thomas als Vermögen des Willens und damit als Handlungskategorie bestimmen.[82]

Welte sieht nun das menschliche Seinsverständnis und dessen Selbstvollzug wesentlich von der Hoffnung und ihrem bewegenden Prinzip geprägt, so dass sich die Frage nach dem Verhältnis zum und der Bezogenheit auf das Heil stellt bzw. wie sich das menschliche

---

[80] Vgl. Welte, Geschichtlichkeit und Offenbarung, 317; vgl. dazu auch Feige, Geschichtlichkeit, 312 f.
[81] Vgl. Welte, Dasein als Hoffnung und Angst, 234 f.; vgl. Thom. Sth II-II, 17, 3 co.: »Motus autem semper est ad proprium terminum proportionatum mobili: et ideo spes directe respicit proprium bonum, non autem id quod ad alium pertinet. Sed praesupposita unione amoris ad alterum, iam aliquis potest desiderare et sperare aliquid alteri sicut sibi.« Vgl. Lutz, Der hoffende Mensch, 266.
[82] Vgl. Lutz, Der hoffende Mensch, 269 f.; vgl. Welte, Dasein als Hoffnung und Angst, 233 f.

Leben in dieser interessierten und aktiven Antizipation der ungewissen besseren Zukunft vollzieht[83]:

»Der Hoffende nimmt sich gleichsam *mit* in die Hoffnung hinein und bringt sich dem Erhofften entgegen.«[84]

Hoffen als Bezugnahme zum Erhofften hat einen existentiellen und existentialen Charakter, so dass in »dem Erhofften entgegen« eine Wahrheitsmöglichkeit aufscheint, um dieses erhebende Hoffen rechtfertigen zu können und nicht dem Vorwurf der Mantik anheimzufallen. Die Antwort, die Heidegger und Welte darauf geben, sieht den Ursprung der Hoffnung, in Entsprechung zur Sinnvoraussetzung des Daseins, in den existentialen Strukturen des Menschen.[85] Hoffen und Hoffnung sind kein Einfall des Daseins, so dass die Wahrheit der Hoffnung in einer Spannung besteht zwischen der durch des Menschen Ursprung gegründeten Wesenhaftigkeit des Daseins und seiner ursprünglichen Ausrichtung auf das wesenhaft Künftige, weshalb die Hoffnung die »Aneignung dieser das Da des immanenten Geschehens transzendierenden Spannung«[86] zwischen der endlichen Realität und der unendlichen Idealität ist, die das geschichtliche Geschehen selbst darstellt.[87] Die Hoffnung ist wahr, wenn sie die eigentliche Herkunft und die eigentliche Zukunft des Menschen verbindet. Indem nun das menschliche Dasein durch sein »Sein zum Tode«[88] sich von seiner Heilsbedürftigkeit geprägt zeigt, kann das entwerfende Entgegen nur eine Hoffnung auf Leben und Heil sein.[89] Die Hoffnung als transzendierendes transzendentales Prinzip – in ihrer Ausrichtung auf Heil in Verbindung mit ihrer Sinnvoraussetzung für das ganze Leben und die ganze Welt – ist als wahre Hoffnung nicht falsi-

---

[83] Vgl. Welte, Dasein als Hoffnung und Angst, 229.
[84] Heidegger, Sein und Zeit, 345.
[85] Vgl. Heidegger, Phänomenologie des religiösen Lebens, 94: »Das Wissen über das eigene Gewordensein stellt der Explikation eine ganz besondere Aufgabe. Hieraus wird sich der Sinn einer Faktizität bestimmen, die von einem bestimmten Wissen begleitet ist. Wir reißen die Faktizität und das Wissen auseinander, aber sie ist ganz ursprünglich miterfahren. Gerade an diesem Problem läßt sich das Versagen der ›wissenschaftlichen Erlebnispsychologie‹ zeigen. Das Gewordensein ist nun nicht ein beliebiges Vorkommnis im Leben, sondern es wird ständig miterfahren und zwar so, daß ihr jetziges Sein ihr Gewordensein ist. Ihr Gewordensein ist ihr jetziges Sein.«
[86] Welte, Geschichtlichkeit und Christentum – Sommer 1961, 103.
[87] Vgl. Feige, Geschichtlichkeit, 313.
[88] Heidegger, Sein und Zeit, 344.
[89] Vgl. Welte, Freiheit des Geistes und christlicher Glaube, 331.

fizierbar. Das bedeutet, dass wahre Hoffnung nicht auf konkrete Ereignisse zielt, über deren Erfüllung in zeitlicher Hinsicht entschieden werden könnte.[90] Hoffnungen, die sich mit einer philosophisch-theologisch entworfenen Bestimmung des Menschen verbinden, haben prinzipiell eine eschatologische Ausrichtung, so dass sie zu einem »Erharren«[91] und Ausharren werden.[92]

2) Hoffnung und Vollendung

Dieser Zusammenhang von Hoffendem und Erhofftem im Vollzug der Hoffnung erläutert die Bedeutung des Verweischarakters der Verfassung des Menschen und des menschlichen Miteinanderseins und wie sich dieser im menschlichen Selbstvollzug äußert. Denn das Heil, auf das der Mensch hofft, konkretisiert sich im Begriff der Vollendung, so dass Grund und Ziel der Hoffnung dem Menschen nicht fremd sind und sich seinem Wesen gemäß zeichnen, auch wenn sie letztlich seinem Verfügen unbedingt entzogen bleiben. Doch finden sich gerade darin die entscheidenden Aspekte für die Dynamik und die Existentialität der Hoffnung. Denn die Ausrichtung des menschlichen Daseins und Miteinanderseins auf Transzendenz und Heil, die mit der menschlicher Kompetenz unverfügbaren Vollendung einhergeht, zeigt, dass letztlich alle Formen des Miteinanderseins ein Zugehen auf eine vollendete, ewige und sinnvolle Einheit sind und in der Transzendenz bzw. dem heiligen und göttlichen Grund ihre Vollendung finden.[93] Diese Entzogenheit der Vollendung beschreibt dabei eine wesensmäßige Entzogenheit, so dass sich die Vollendung des Daseins bzw. des Miteinanders als Heil dem Menschen gewährt, der wiederum nur durch das Prinzip der Hoffnung zu diesem Heil in eine existential-existentielle Beziehung treten kann, die ihn ganz in Anspruch nimmt und ihn im Vollzug des Selbst-und Miteinanderseins erhält, ohne dass der Mensch sich dabei seiner Vollendung bemächti-

---

[90] Vgl. Welte, Dasein als Hoffnung und Angst, 233–235.
[91] Heidegger, Phänomenologie des religiösen Lebens, 95: »Es handelt sich um eine *absolute Umwendung*, näher um eine *Hin*wendung zu Gott und eine *Weg*wendung von den Götzenbildern. Die absolute Hinwendung innerhalb des Vollzugssinns des faktischen Lebens ist in zwei Richtungen expliziert: δουλεύειν und ἀναμένειν, ein Wandeln vor Gott und ein Erharren.«
[92] Vgl. Marten, Wahre Hoffnungen?, 329–334.
[93] Vgl. Welte, Soziologie der Religion, 119f.

gen würde. Der Weg der Hoffnung geht als Extrapolation über die menschlichen Möglichkeiten, aber nicht über den menschlichen Entwurf hinaus, bis zur jenseits des Menschlichen liegenden Vollendung, die als Grund und Ziel des Vollzuges von Selbst- und Miteinandersein dessen Dynamik und Existentialität ausmacht. Denn immer hofft der Mensch über sich hinaus und bleibt doch hinter sich zurück.[94] Darin liegt nun für Welte die philosophische Konsequenz, dieser Extrapolation, also der Bedingung der menschlichen sozietären Vollendung, nachzudenken und so der sich gewährenden Vollendung entgegenzudenken. Denn für Welte besteht der erste und einzige Ansatz, aus dem sich diese extrapolierende Idee der Vollendung entfalten lässt, in der Gewährung und schließlich der Offenbarung des ewigen und heiligen Geheimnisses aller Einheit.[95]

Hoffnung auf Vollendung stellt für Welte damit kein unvernünftiges Prinzip dar, sondern entspricht eher einer futurisch bzw. eschatologisch formatierten Rationalität hinsichtlich des Wollens und Handelns, die den menschlichen Vollzug im Horizont der Vollendung geschehen sieht und rechtfertigt. Es geht also um ein futuri-

---

[94] Welte spielt hier auf Nietzsches Zarathustra und seinen Traum vom Übermenschen an: »Und dass wir Verzweifelnde jetzt in deine Höhle kamen und schon nicht mehr verzweifeln: ein Wahr- und Vorzeichen ist es nur, davon, dass Bessere zu dir unterwegs sind, […] denn er selber ist zu dir unterwegs, der letzte Rest Gottes unter Menschen, das ist: alle die Menschen der grossen Sehnsucht, des grossen Ekels, des grossen Überdrusses, – Alle, die nicht leben wollen, oder sie lernen wieder *hoffen* – oder sie lernen von dir, oh Zarathustra, die *grosse* Hoffnung.« (Nietzsche, Also sprach Zarathustra, 345.) Welte sieht im Aufsteigen des Traumes vom Übermenschen Züge von Sehnsucht und Hoffnung. Die »höheren Menschen«, die zu Zarathustra kommen, wollen von ihm die Hoffnung lernen, der selbst wiederum, indem er seine Hoffnung vom Übermenschen verkündet, über den Menschen hinaushofft: »Der Übermensch liegt mir am Herzen […] und *nicht* der Mensch: nicht der Nächste, nicht der Ärmste, nicht der Leidendste, nicht der Beste – Oh meine Brüder, was ich lieben kann am Menschen, das ist, dass er ein Übergang ist und ein Untergang. Und auch an euch ist Vieles, das mich lieben und hoffen macht.« (Nietzsche, Also sprach Zarathustra, 353.) Vgl. dazu besonders Welte, Nietzsches Atheismus und das Christentum, 77 f. Diese Überlegung im Zusammenhang mit dem Willen zur Macht als dem Grundprinzip des Denkens Nietzsches zeigt, dass auch der Mensch selbst zum Symptom dieses Geschehens und Prinzips wird. Indem jede Bewegung des Menschen als Ausdruck eines Willens zur Macht verstanden wird, sind nicht nur seine Handlungen, Äußerungen und Gedanken, sondern auch der Mensch selbst ein Exponent des Willens zur Macht. Nietzsche bedient sich in diesem Kontext der Analogie des Menschen und zwar in der Intensität, dass selbst die Grenzen der menschlichen Erfahrung ihn nicht hindern, darüber hinauszudenken. Vgl. Gerhardt, Vom Willen zur Macht, 332.
[95] Vgl. Welte, Soziologie der Religion, 120 f.

sches bzw. eschatologisches Zeitverhältnis im Format der Hoffnung, die sich auf eine für unmöglich gehaltene Zukunft richtet, um aus ihr eine mögliche Wirklichkeit zu ergründen und in diesem Horizont menschliches Selbst- und Miteinandersein zu verantworten, was Theodor Adorno in seinem berühmten Schlussaphorismus der *Minima Moralia* so beschrieben hat[96]:

»Philosophie, wie sie im Angesicht der Verzweiflung einzig noch zu verantworten ist, wäre der Versuch, alle Dinge so zu betrachten, wie sie vom Standpunkt der Erlösung aus sich darstellten.«[97]

Adorno und Welte verfolgen damit kein Wunschdenken oder betrügen sich gar mit einer Illusion, sondern diese Hoffnung auf Vollendung und die Betrachtung vom Standpunkt der Erlösung ergeben sich aus der vernunftmäßigen Betrachtung des Menschen und seiner Seinsmöglichkeiten.[98] Denn die Vernunft nimmt an sich selbst Maß und postuliert um ihrer Rationalität und Moralität willen, was wahr und wirklich ist und stellt sich daher hoffnungsvoll gegen die Mortalität des Menschen und seiner Welt. Diese Solidarität, die nicht an den Grenzen des Endlichen endet, fordert diese ethische und soziale Vernunft, kann aber von eben dieser Vernunft nicht als erfüllt dargestellt werden, da dies nur in der Berufung auf eine Wirklichkeit geschehen könnte, die sich im Tod gegen den Tod und alle Endlichkeit durchsetzt.[99] Diese unbegrenzte Solidargemeinschaft über die eigene Endlichkeit hinaus lebt somit als religiöse Hoffnung. Denn sie stellt sich zwar als ein plausibles Postulat der Vernunft dar, richtet sich aber auf ein Ziel, das nicht das Ergebnis eigener Leistung eines Vernunftsubjektes oder der Solidargemeinschaft aller vernünftigen Subjekte sein kann. Indem die Hoffnung auf einem Geschehen gründet, das nicht in der Kompetenz und dem Vermögen des Menschen liegt, bleibt in ihr ein untilgbares Moment der Fraglichkeit. Daher ist die Hoffnung von einer Vernunft verschieden, die rationalistisch abgeschlossen ihre Notwendigkeit auf Empfangen vergessen hat und diese nicht mehr beachtet, aber doch zu ihr in einer vernunftgemäßen Beziehung steht.

---

[96] Vgl. Höhn, Zeit und Sinn, 204.
[97] Adorno, Minima Moralia, 333.
[98] Zur Problematik hinsichtlich der Interpretation dieses Aphorismus, v.a. bzgl. des Begriffs des Standpunktes der Erlösung und dessen philosophische und theologische Perspektive, vgl. Wohlmuth, Allenthalben »beschädigtes Leben«, 6–13.
[99] Vgl. Höhn, Das Leben in Form bringen, 208; vgl. dazu auch Höhn, Thanatodizee?, 16 f.

Die Vernunft wird nicht verpflichtet, den Gegenstand der Hoffnung als erfüllt anzusehen, aber es finden sich gute Gründe, gemäß dieser Hoffnung zu handeln. Die Vernunft kann somit den Menschen zu der Einsicht führen, dass er in Freiheit so handeln kann, als ob dem Gegenstand der Hoffnung und des Vernunftpostulates objektive Realität zukommt, um so kontrafaktische Bedingungen möglicher Daseinsakzeptanz anzunehmen. Hoffnung zielt daher nicht auf eine Begründung, sondern auf eine Operationalisierung kontrafaktischer Daseinsakzeptanz und der damit verbundenen ethischen Rationalität. Denn der transpragmatische Fluchtpunkt des Vollzuges von Selbst- und Miteinandersein als dessen vernunftgemäßes Anderes ermöglicht eine veränderte Haltung im eigenen Kompetenzbereich der Vernunft, die nur durch ihre Bezugnahme auf dieses vernunftgemäße Andere auch kontrafaktisch zur Wirkung gebracht werden kann. Dieser Selbstüberstieg der Vernunft rechtfertigt sich aufgrund der Kompatibilität der Struktur dieses Überstieges mit der Logik der Vernunft, worin auch ein unabdingbares Kriterium religiöser Hoffnung und Eschatologie besteht, um sich von einem illusionären Wunschdenken zu unterscheiden.[100]

Dieser Charakter der Hoffnung zeigt sich bei Welte besonders in ihrem Bezug zum Miteinander und zur Geschichte, da durch den Kontext des Miteinanders die individuelle Hoffnung auf die Dimension der Geschichte geöffnet wird.[101] Die Hoffnung auf Vollendung verändert das Verhältnis des Menschen zum Miteinander, so dass sie hilft, Widerstände zu überwinden, die sich aufgrund von Enttäuschung und Resignation gegen das Miteinander angesichts seiner Unerfüllbarkeit aufgebaut haben. Das findet seinen Grund darin, dass Geschichte und Miteinander auf Vollendung bezogen sind, indem sie auf ihre Erfüllung abzielen – also auf die vollkommene Gesellschaftsstruktur und die reine Entfaltung der Souveränität – und in dieser Finalität nicht an der Endlichkeit scheitern dürfen, um nicht den ontologischen Rang von Mensch und Geschichte aufzugeben.[102] Dieser

---

[100] Vgl. Höhn, Zeit und Sinn, 206 f.209 f.

[101] Gabriel Marcel findet in seinen Überlegungen zur absoluten Hoffnung, dass diese Hoffnung in einen Kontext der Intersubjektivität bzw. einer dialogischen Unsterblichkeit eingebunden werden muss, um eben die individuelle Hoffnung für die Geschichte zu öffnen. Vgl. Ruelius, Mysterium spes, 334–337.

[102] Im Horizont von Weltes *Religionsphilosophie* (Vgl. Welte, Religionsphilosophie, 60–65.) ist Hoffnung als Antizipationsform von Sinn zu verstehen, aber nicht als positivistische These, sondern als ein dem Menschen wesensgemäßer Ausgriff und

In der Hoffnung zur Vollendung

positive Bezug geschieht als Wollen der unendlichen bzw. heiligen und göttlichen Wirklichkeit, in der die Geschichte ihr inneres Maß und ihr äußeres Ziel hat, so dass ihre Vollendung nur durch Gnade geschehen kann, als Vollendung in der Wahrheit und nicht als Ende in Orientierungslosigkeit oder Verzweiflung.[103]

Die Geschichte und somit jedes geschichtliche Miteinander erweist sich daher sowohl in der Tiefe des heilsentscheidenden und endgültigen Augenblicks als auch in ihrer gesellschaftlichen Entfaltung auf die bergende und vollendende Antwort bezogen, die niemals fordernd ergriffen werden kann, sondern hoffend antizipiert werden muss.[104] Die Hoffnung als die innere Struktur und so als die immanente Wahrheit der Geschichte hat zur Folge, dass auch die Gestalt der zu erhoffenden vollendeten Antwort apriorisch vorgezeichnet ist im inneren Sein der Geschichte, ohne dass sie dabei gefordert werden könnte.[105] Denn als apriorisch Erhofftes bleibt es eine Gnade und nur als Gnade und gnädige Antwort bleibt es erhofft und zugleich erlösend, was jeglicher Totalität und Kommunikationslosigkeit wesentlich widerspricht. Welte sieht mit diesem Erhofften, auf das sich alle Geschichte bezogen findet, alle Dimensionen des geschichtlichen Miteinanders erfüllt, sowohl die Tiefe des personalen Augenblicks als auch die Weite und Höhe des personalen Miteinanders. Daher findet im Erhofften als Heiligem bzw. gnadenhaft gewährtem Unendlichen sowohl die Dimension der Innerlichkeit und Einmaligkeit als auch der umfassenden Einheit zusammen, so dass in diesem Heil alle Menschen sowohl sie selbst sind als auch miteinander eins

---

Entwurf und besonders als eine wesentliche Verwiesenheit der Ethik als eine sinnverwiesene Diszipllin. Die Hoffnungsbasis der Ethik und ihrer zentralen Kategorien und Begriffe sind einzig durch ihre Sinnhaftigkeit garantiert. Denn nur in einer konstitutiven Hoffnungsstruktur geben die jeweiligen Begriffe eine Sinnorientierung und können ihrerseits Sinn eröffnen. Sinn kommt daher über die Hoffnung in die Ethik, da ein Leben ohne Hoffnung auf Sinn räumlich und zeitlich auf eine punktuelle Existenz reduziert würde, die bewegungslos, starr und festgelegt bliebe, was Geschichte und geschichtliche Existenz völlig ausschließen würde. Vgl. Lutz, Der hoffende Mensch, 604–606.
[103] Vgl. Welte, Geschichtlichkeit als Grundbestimmung des Christentums, 261.
[104] Für Schaeffler gehört zu jeglicher Erfahrung das Moment der antizipatorischen Präsenz, das aber im Kontext der spezifisch religiösen Erfahrung den Charakter der eschatologischen Antizipation einer Vollendung trägt, in der das Heil des Menschen und der Welt seine eindeutige Endgestalt finden wird. Vgl. Schaeffler, Philosophische Einübung in die Theologie/3, 526.
[105] Vgl. Welte, Freiheit des Geistes und christlicher Glaube, 341.

werden, was Welte zudem hinsichtlich der Struktur der Geschichte belegt[106]:

»Die erhoffte Vollendung ist im Inneren der Geschichte zwar immer anwesend als ein überall wirksamer Antrieb, aber anwesend gleichwohl als ein Äußerstes des Geschehens, ein ὁρισμός, gegen den alles konvergiert, ein ἔσχατον, das nichts mehr außer sich und über sich hat. Die der Seinsverfassung aller Geschichte beschriebene einwohnende Hoffnung ist eschatologischer Art.«[107]

3) Hoffnung, Erfahrung und Offenbarung

Davon ausgehend kann auch das Miteinander als das Geschehen von Freiheit und Einheit nicht Besitz und Verfügung sein, sondern muss wesentlich als Hoffnung verstanden werden. Denn dieses Geschehen mit diesen beiden grundlegenden Bestimmungen kann nur existieren im Vertrauen auf seine Erfüllung und somit im Glauben an die Gnade des Heiligen bzw. an die Gunst der Transzendenz als Grund und Ziel aller Hoffnung. Welte kennzeichnet dabei die Hoffnung als Erfahrung, die sich als Prozess einer Einheit von Geschehen und Handlung ereignet, also als Vollzug von betreffender Begebenheit und bezogener Aneignung als Antizipation. Dieser Vollzug geschieht als gelebter und angeeigneter Entwurf[108], dessen Bestätigung und Erfüllung weder in der Macht eines einzelnen noch eines gemeinschaftlichen Daseins liegt. Dieser Erfahrung und ihrem Erfahrungsgegenstand fehlt somit die umschriebene Bestimmtheit und der erfüllte Realitätscharakter. Dieses Heil als Wirklichkeit und Grund von Freiheit und Einheit des Daseins zeigt sich für Welte prinzipiell nicht als unerkennbar, aber faktisch doch immer bezweifelbar, so dass der Mensch in seinem Bezug zu dieser möglichen Vollendung im transzendenten Grund zwischen Verfügung bzw. Verengung einerseits und Auflösung andererseits schwankt.[109] Angesichts dieser Tendenz und in Berücksichtigung ihres Erfahrungscharakters betont Welte aber ausdrücklich die Existentialität der Hoffnung auf Vollendung und Heil. Denn menschliches Dasein als das des Einzelnen und zugleich des in der Gemein-

---

[106] Vgl. Welte, Geschichtlichkeit als Grundbestimmung des Christentums, 263 f.
[107] Welte, Geschichtlichkeit als Grundbestimmung des Christentums, 264.
[108] Vgl. Welte, Erfahrung und Geschichte, 35.
[109] Vgl. Welte, Freiheit des Geistes und christlicher Glaube, 336–339.

schaft der Geschichte mit Anderen geschehenden ist zu verstehen als »*Ruf nach Antwort* aus dem Schweigen, nach *Sichtbar-,* d. h. *Offenbarwerden* des *Unsichtbaren,* allen Sinn und alle Freiheit Verwahrenden« und somit als »hoffender *Ruf nach Offenbarung und Antwort«,* der den Menschen in seinem Zeitdasein betreffen soll, um ihn »*zu tragen und zu befreien*«.[110]

Diese existentiale und intensiv in Anspruch nehmende Erfahrung der eschatologischen Hoffnung auf Vollendung lässt den Menschen in seiner Erwartung auf Erfüllung nach der Möglichkeit der Offenbarung fragen und zugleich die menschlichen Voraussetzungen in den Blick nehmen. Indem der Mensch immer schon an dieser Erfüllung und Vollendung Maß nimmt, steht er dieser sich gewährenden Vollendung nicht gleichgültig gegenüber, sondern denkt ihr interessiert und betroffen wesentlich entgegen. So bildet sich aufgrund dieser von Hoffnung getragenen Struktur des Menschen das Denken bzw. das Verstehen als das Organ aus, um die Vollendung verstehend entgegenzunehmen. Welte formuliert also einerseits, ohne dabei die Offenbarung in ihrer Wirklichkeit zu bestimmen, Bedingungen der Möglichkeit des verstehenden Entgegennehmens und entwickelt andererseits aus den menschlichen Seinsverhältnissen Kriterien für eine Theorie der Offenbarung, die erläutert, wie eine sich gewährende Vollendung zu geschehen hat, um Grund der Erfüllung und Wirklichkeit menschlicher Hoffnung sein zu können und somit Antwort geben zu können auf das Miteinander, das sich immer als Frage stellt.[111] Denn das Wonach der Frage ist schon der Entwurf ihrer möglichen Antwort[112]:

»Nur dieses 3fache als Eines: Nahekommen des unfasslichen Gottes als Offenbarung, als Betreffung, als Gnade, nur dies wäre volles Nahekommen, nur dies kann den Menschen vollenden, und solchem entgegenzudenken ist konsequent aus dem menschlichen Imperfektionsverhalten heraus.«[113]

Das erste Kriterium der Gnade bzw. der gnadenhaften Gewährung der Vollendung hat seinen Grund in der bereits erläuterten Ausrichtung des Menschen auf unbedingtes und vollkommenes Heil, also

---

[110] Vgl. Welte, Freiheit des Geistes und christlicher Glaube, 340.
[111] Vgl. Welte, Philosophische Soziologie im Hinblick auf das Verständnis des Christentums als Kirche, 174–179.
[112] Vgl. Welte, Freiheit des Geistes und christlicher Glaube, 341.
[113] Welte, Soziologische Grundbegriffe zum Verständnis des Christentums als Kirche, 182.

einer Erfüllung seines Selbst- und Miteinanderseins sowie des gesamten geschichtlichen Daseins, die notwendigerweise seiner Verfügung und seiner Kompetenz entzogen sein muss. Die sich gewährende Vollendung hat nun zuallererst als Offenbarung zu geschehen, so dass das Göttliche sich in seiner Göttlichkeit, Heiligkeit und so als Geheimnis in der Transzendenz für den Menschen zugänglich macht und sich somit vernehmen und erfahren lässt. Denn Offenbarung wird nur als Erfahrung zur wirklichen Offenbarung, also wenn das sich öffnende göttliche Geheimnis den lebendigen menschlichen Vollzug betrifft und betroffen macht – ein Vorgang den Welte als Erfahrung im religiösen Sinn bezeichnet. Offenbarung, Erfahrung, Betroffenheit und Vollendung stehen dabei in einem gegenseitig konstitutiven Verhältnis, da Offenbarung nicht als neutrale Botschaft zur Erfahrung werden kann, sondern nur, indem sie den Vollzug des menschlichen Daseins selbst auf existentielle Weise aktivierend betrifft und verändernd bewegt.[114] Die Bedingung der Möglichkeit für diese Betroffenheit durch die sich gewährende Vollendung besteht nun darin, dass das Heil und das sich gewährende göttliche Geheimnis immer schon und ursprünglich dem menschlichen Dasein immanent sind und sich jeder menschliche Vollzug davon bewegt zeigt. Das Heil als das bewegende Moment kommt nicht nachträglich zum menschlichen Vollzug hinzu, sondern bestimmt als ursprüngliches

---

[114] Diese Struktur der Hoffnung und das damit verbundene Erwarten der Vollendung und der Erfüllung aus einem transzendenten, entzogenen und göttlichen Geheimnis will Welte aber nicht als Ergebnis einer spezifisch christlichen Hermeneutik verstanden wissen, sondern er versteht darin eine existentiale und allgemein menschliche Grundstruktur. Als entscheidendes Zeugnis dafür zitiert Welte Vergils *Aeneis*, da er hier seine Überlegungen von einem vorchristlichen Zeugen bestätigt sieht (Welte, Soziologische Grundbegriffe zum Verständnis des Christentums als Kirche, 183.): »[…] durate, et uosmet rebus seruate secundis.' Talia uoce refert curisque ingentibus aeger spem uultu simulat, premit altum corde dolorem. […] postquam exempta fames epulis mensaeque remotae, amissos longo socios sermone requirunt, spemque metumque inter dubii, seu uiuere credant siue extrema pati nec iam exaudire uocatos.« (Verg. Aen. I, 207–209.216–219.) Diese Struktur der Hoffnung im menschlichen Leben bei Vergil bestätigt sich auch in den Überlegungen von Theodor Haecker zum Begriff des *fatum* als das Gesagte in Vergils Werk. Denn das *fatum* entspringt dem Mysterium des Lichtes, des göttlichen, sich durchsichtigen Geistes und eben nicht dem Mysterium der Nacht, des Chaos und der Unverständlichkeit. Aus diesem Ursprung geht eben auch die Hoffnung und eben nicht die Verzweiflung als existentiale Grundstruktur des Menschen hervor, die selbst in den bedrängten und schwermütigen Situationen des Lebens Freude und Heiterkeit bewirken kann. Vgl. Haecker, Vergil, 101 f.; vgl. dazu auch Büchner, Der Schicksalsgedanke bei Vergil, 273 f.

und wesentliches *movens* menschliche Existenz in ihrem Ausgriff auf Einheit, Freiheit, Ganzheit und Ewigkeit. Daher kann eine Offenbarung des göttlichen Geheimnisses, in dem die allumfassende Vollendung und das ewige Heil geborgen ist und erscheint, dem Menschen niemals gleichgültig sein, sondern sie betrifft, aktiviert und verändert ihn gerade in seinem bewegenden Moment, also ursprünglich und wesentlich, wodurch letztlich jegliche Unentschiedenheit des Menschen aufgehoben ist.[115]

III) Die »positive« Philosophie der Kirche

»Unser Gedanke hat eine Wendung genommen, durch die er nun direkt auf so etwas wie eine Kirche zuläuft, wenn wir darunter verstehen: eine Gemeinschaft, die auf Offenbarung gegründet ist.«[116]

Diese Wende in seinen Überlegungen zur Soziologie des Miteinanders, die Welte hier anzeigt, beansprucht aber weiterhin philosophischer Natur zu sein und aus einer philosophischen Analyse der Seinsverhältnisse menschlichen Miteinanderseins zu erwachsen.[117] Diese philosophischen Überlegungen stellt Welte selbst in die Nähe einer Philosophie der Offenbarung bzw. einer positiven Philosophie im Sinne der Spätphilosophie von Friedrich W. J. Schelling. Dieser Hinweis hilft, Weltes kurze Andeutungen hinsichtlich seines methodischen Vorgehens zu erläutern, die er sowohl in Kontinuität als auch in Diskontinuität zum bisherigen Gedankengang sieht. Der entscheidende Schritt in Weltes Überlegungen geschieht dabei im Übergang von der Gemeinschaft zur Kirche, so dass eben nicht mehr allein in einer philosophischen Extrapolation menschlicher Möglichkeiten auf das transzendente Heil zugegangen wird, sondern davon ausgehend eine Gemeinschaft unter dem konstitutiven Einfluss der Offenbarung betrachtet wird. Deshalb lässt sich hier sicherlich von einer Wende zu einer positiven Philosophie sprechen, die aber bereits auf die gesamten Überlegungen zum Miteinander prägend wirkt. Denn Weltes Denken setzt zwar vor der Positivität und Erfahrbarkeit der Kirche

---

[115] Vgl. Welte, Soziologie der Religion, 121–124.
[116] Welte, Philosophische Soziologie im Hinblick auf das Verständnis des Christentums als Kirche, 182.
[117] Vgl. Welte, Philosophische Soziologie im Hinblick auf das Verständnis des Christentums als Kirche, 182.

an und entwickelt aus dieser apriorischen Position heraus das Denk- bzw. Seinsmögliche hinsichtlich eines solchen Miteinanders. Doch indem das Denken selbst nach der Wirklichkeit der Denkmöglichkeit und somit nach einem Ideal des Miteinanders fragt, sucht Welte nach einer möglichen Wirklichkeit einer Offenbarung des göttlichen Heiles für den Menschen und einer sich darauf gründenden Gemeinschaft. Dabei hat er bereits das kirchlich verfasste Christentum und die christliche Offenbarung als Ziel seines Denkens im Auge, beansprucht aber, diesem rein philosophisch entgegenzudenken. Daher bemerkt Welte, dass dieser Gedankengang von seinem Ziel betrachtet – d. h. vom Begreifen einer gesetzten Wirklichkeit – »einen aposteriorischen und positiv theologischen Zug hat.«[118]

Im Folgenden gilt es zunächst darzustellen, worauf sich Welte in der *Philosophie der Offenbarung* von Schelling bezieht, wie er diese Überlegungen aufnimmt und diese mit dem Seinsverständnis des Menschen in Verbindung bringt, bevor Weltes »positive« Philosophie der Kirche eine intensive und kritische Betrachtung findet.

1) Negative und positive Philosophie

Die positive Philosophie hat bei Schelling die Aufgabe, auf die Erfahrung zuzugehen und sie aus ihrem begründenden Fundament einsichtig zu machen, so dass es darum geht, der Freiheit bzw. der freien Tat entgegenzudenken, die als das Verwirklichende eines erfahrbaren Etwas wirkt. Die schellingsche negative Philosophie leitet dagegen das erfahrbare Etwas aus dem Seienden bzw. aus der universalen Möglichkeit ab.[119] Die positive Philosophie zeigt sich wiederum als

---

[118] Vgl. Welte, Soziologische Grundbegriffe zum Verständnis des Christentums als Kirche, 185 f.

[119] Vgl. Hemmerle, Gott und das Denken nach Schellings Spätphilosophie, 110. Die in diesem Abschnitt und diesem Kontext verfolgte und dargestellte gedankliche Verwandtschaft zwischen Bernhard Welte und Friedrich W. J. Schelling gründet im Besonderen auf der Schellinginterpretation von Klaus Hemmerle. In dieser eigenen Methode des originären Mitdenkens der Philosophie der Offenbarung von Schelling, die Hemmerle in seiner Habilitationsschrift verfolgt hat und als bedeutend charakterisiert wurde, aber durchaus auch als verzerrend bzw. nicht kontrollierbar kritisiert worden ist (Vgl. Buchheim, Eins von Allem, 12 f.; vgl. Krüger, Göttliche Freiheit, 40 f.), findet sich auch Weltes methodischer Grundansatz, der allen Gedanken das Recht zugesteht, von ihnen selbst her im Leser freundliche Mitdenker zu finden. In diesen Überlegungen Hemmerles lassen sich die verschiedenen Gedanken und Hin-

Die »positive« Philosophie der Kirche

begleitendes Denken einer absolut freien Tat, ausgehend von ihrem Ursprung, über ihren Vollzug bis zu ihrem Ergebnis, wobei das Ergebnis empirisch angenommen, aber nicht konstruiert wird. Als Wissenschaft ist sie apriorisch, da sie auf das Ergebnis zugeht und nicht von ihm ausgeht, aber zugleich auch aposteriorisch, insofern sie durch die getane Tat nachträglich sowohl die Wirklichkeit als auch die Freiheit des Täters beweist.[120] Die positive Philosophie stellt sich daher als ein Verstehen von Freiheit und Unableitbarkeit dar, da nur der freie Gott in seiner Beziehung zum menschlichen Dasein ein wirklicher Gott sein kann, der das Selbstsein und das Heil der Welt bzw. des Menschen ermöglicht. Dieses Verstehen von Freiheit kann nur ein nicht festlegendes und nicht notwendiges Nachvollziehen sein, welches das Faktum des freien Entschlusses und des daraus Entstehenden nicht ableiten kann, sondern nur annehmen darf. Doch indem dieses Verstehen um die Möglichkeiten weiß, die diese Freiheit beansprucht, kann es nachträglich erkennen, warum gerade diese Möglichkeiten grundlegend bzw. entscheidend für die sie verwirk-

---

weise Weltes zu Schellings positiver und negativer Philosophie am ehesten zusammenführen und in ein System bzw. eine Einheit integrieren. Zudem lässt der intensive Kontakt zwischen Welte und Hemmerle auf eine gegenseitige Beeinflussung hinsichtlich dieses Zusammenhangs schließen. Diese gemeinsame Beschäftigung zeigt sich am ehesten daran, dass Hemmerle bereits 1954/1955 an einer zweisemestrigen Übung Weltes zur Philosophie der Offenbarung teilnahm, in der diese Gedanken diskutiert wurden (Vgl. Welte, Schelling – Philosophie der Offenbarung I. Teil; vgl. Welte, Schelling – Philosophie der Offenbarung II. Teil.) und Hemmerle die Grundgedanken seiner Habilitation, besonders zur positiven Philosophie und dem *absoluten Prius*, im Januar 1966 in einer Übung zu Schelling dargelegt hat. Vgl. Welte, Übung über den Ansatz der Religionsphilosophie beim späten Schelling.

[120] Vgl. Schelling, Philosophie der Offenbarung/1, 128 f.: »Aber wenn die positive Philosophie nicht von der Erfahrung *ausgeht*, so verhindert nichts, daß sie der Erfahrung zugehe, und so a posteriori beweise, was sie zu beweisen hat, daß ihr Prius Gott, d. h. das Ueberseyende sey. Denn a priori ist das, wovon sie ausgeht, – a priori ist es nicht Gott, nur a posteriori ist es Gott. Daß es Gott ist, ist nicht eine res naturae, ein sich von selbst Verstehendes; es ist eine res facti, und kann daher auch nur faktisch bewiesen werden. [...] positive und negative Philosophie, jede hat ein Stellung zur Erfahrung, aber jede eine andere. Für die letztere ist die Erfahrung wohl bestätigend, aber nicht *erweisend*. [...] Diese geht in die Erfahrung selbst hinein und verwächst gleichsam mit ihr. Auch sie ist apriorische Wissenschaft, aber das Prius, von dem sie ausgeht, ist nicht bloß *vor* aller Erfahrung, so daß es *nothwendig* in diese fortginge, es ist *über* aller Erfahrung, und es ist für dasselbe daher kein *nothwendiger* Uebergang in die Erfahrung. Von diesem Prius leitet sie in einem freien Denken in urkundlicher Folge das Aposteriorische oder das in der Erfahrung Vorkommende, nicht als das Mögliche, wie die negative Philosophie, sondern als das Wirkliche ab«.

lichende Freiheit sind.[121] Nun ergibt sich daraus die Funktion positiver Philosophie und zugleich erschließt sich ihr Zusammenhang mit der negativen. Denn indem die negative Philosophie der reinen Voraussetzung und damit der absoluten Wirklichkeit einen Begriff entgegenbringt und daher einen Weg zum Prinzip bzw. zum Worumwillen eröffnet, wird eine Wissenschaft möglich, die vom Prinzip ausgeht und damit das Prinzip zum Prinzip hat. So gilt bei Schelling, dass die rein rationale, negative Philosophie das eigentliche Prinzip nur als Resultat beinhaltet und damit Gott als Prinzip, aber nicht zum Prinzip hat, so dass daraus der Gedanke einer zweiten Wissenschaft entsteht, die das Prinzip (Gott) nicht nur als Prinzip, sondern zum Prinzip hat und deren Existenz darauf beruht, dieses Prinzip als solches zu suchen.[122] Vom Prinzip auszugehen bedeutet eben nun, das Wirkliche in seiner Wirklichkeit frei abzuleiten und so zu einer neuen Philosophie zu kommen, die von bestimmten positiven Behauptungen ausgeht, quantitativ unabgeschlossen bleibt, aber in ihrem Bezug auf die Wirklichkeit gerade ein totales System darstellt.[123] Die positive Philosophie ist somit ein antwortendes Denken und gibt dabei Antwort auf die Frage nach dem Bezug von Wirklichkeit und reiner Vernunft, nach dem tragendenden Grund der Wirklichkeit und

---

[121] Vgl. Schelling, Philosophie der Offenbarung/1, 137: »Durch diese [historisch äußere; Anm. J. E.] Abhängigkeit ist allerdings auch mit der *Inhalt* unserer Gedanken, und also auch der Philosophie bestimmt; aber er wäre eben nicht Inhalt der Philosophie, wenn er fortwährend in dieser Abhängigkeit bliebe, d. h. wenn er nur auf Autorität angenommen würde. Ist er nun wirklich Inhalt der Philosophie, so ist er eben damit zum Inhalt *unseres eignen Denkens*, er ist uns zu eignen, von aller Autorität unabhängigen Einsicht geworden.« Vgl. Hemmerle, Gott und das Denken nach Schellings Spätphilosophie, 114 f.

[122] Vgl. Schelling, Philosophie der Mythologie/1, 366 f.: »Dem Begriff zufolge wäre das Eigenthümliche dieser Wissenschaft eben dies, daß sie das eigentliche Princip nur zum Resultat, daß sie Gott erst als Princip, aber nicht *zum* Princip hat. Es entsteht deshalb, sobald der Begriff der ersten Wissenschaft da ist, auch schon der Gedanke einer *zweiten*, welche das Princip (Gott) nicht bloß *als* Princip, sondern *zum* Princip hat, und die existieren muß, weil ihretwegen das Princip als solches gesucht wird, eigentlich also sie selbst die gesuchte, die ζητουμένη noch in einem ganz andern Sinn ist, als in welchem Aristoteles schon die erste Wissenschaft so nennt.«

[123] Vgl. Schelling, Philosophie der Offenbarung/1, 133: »Die erste [negative Philosophie; Anm. J. E.] ist eine ganz in sich geschlossene, zu einem bleibenden Ende gekommene Wissenschaft, also in diesem Sinne System, die positive dagegen kann nicht in demselben Sinne System heißen, eben weil sie nie absolut geschlossen ist. Versteht man dagegen unter System eine Philosophie, die sich durch bestimmte, positive Behauptungen auszeichnet […] ist die positive Philosophie, als die vorzugsweise behauptende, in diesem Sinn eminenter Weise *System*.«

Die »positive« Philosophie der Kirche

schließlich nach der wirklichen Macht des Prinzips und seiner Göttlichkeit. Das hat zur Folge, dass die negative Philosophie zum fragenden Denken wird, das die Antwort eröffnet, da sie das Positive positiv ausschließt bzw. außerhalb ihrer setzt und so zugleich eine andere Art der Erkenntnis ermöglicht.[124] Daher hat die positive Philosophie mit dem Begriff des *absoluten Prius* ein Resultat der negativen Philosophie aufzugreifen und hinsichtlich seiner Wirklichkeit neu zu denken.[125] So weist Schelling der positiven Philosophie die Aufgabe zu, dass das *absolute Prius* als göttlicher Gott und *Herr des Seins* aufgeht, indem sich alles, was in der Welt der Erfahrung begegnet, in der Göttlichkeit Gottes, in seiner Herrschaft über die Geschichte und in seiner Freiheit über allem Geschehenden, bewähren muss. Daher sieht Schelling in der positiven Philosophie nicht nur eine Wende, sondern eine Vollendung der Bewegung des Denkens, die durch die negative Philosophie führte und diese begründete. Hemmerle sieht darin auch eine eigentümliche Ambivalenz, dass nämlich die positive Philosophie ein Denken eröffnet, das über das gegenständlich vorstellende Denken einer abendländischen Metaphysik hinausweist, sich aber doch im Medium genau dieses Denkens bewegt.[126] Dieser Übergang von negativer zu positiver Philosophie stellt aber keine Denknotwendigkeit oder etwa eine zwingende logische Folge dar, im Sinne eines einzig möglichen Resultats voneinander. Doch indem Schelling die negative Philosophie in Absetzung zu Kant nicht als Kritik, sondern als Philosophie versteht, sieht er einen wesentlichen Zusammenhang

---

[124] Vgl. Schelling, Philosophie der Offenbarung/1, 153: »Die positive Philosophie ist die immer und ursprünglich gewollte, aber weil sie verfehlt oder auf falschem Wege gesucht wurde, rief sie die Kritik hervor, aus der [...] die negative hervorging, die ihren Werth und Bedeutung eben nur als negative hat, d. h. inwiefern sie nicht selbst positiv seyn will, sondern die positive außer sich setzt.«

[125] Welte sieht in seiner Vorlesung zu den theologischen Gedanken der Spätphilosophie Schellings, dass die Vernunft nicht die gesuchte wirkliche Wirklichkeit erreichen kann, sondern in einer gedachten Wirklichkeit gefangen bleibt: »Er [Schelling; Anm. J. E.] macht immer wieder die Bemerkung, daß die menschliche Vernunft zwar mächtig ist, vieles, ja alles zu denken [...], daß sie auch das und gerade das Wirklichsein, die Wirklichkeit denkt [...], daß aber Wirklichkeit als nur von der Vernunft gedachte, doch immer nur gedachte Wirklichkeit sei und zum Begriffe gehörige [...], aber nicht auch schon wirklich wirklich, [...], außerhalb des Begriffes. Kann so die gesuchte wirkliche Wirklichkeit nicht aus dem Denken, aus der Vernunft kommen, so muß sie dem Denken von außerhalb seiner ›zugeführt werden‹ und zukommen (8. Vorlesung [der Philosophie der Offenbarung; Anm. J. E.]).« (Welte, Der theologische Gedanke des späten Schelling, 37 f.)

[126] Vgl. Hemmerle, Gott und das Denken nach Schellings Spätphilosophie, 118–120.

zwischen der Frage nach der Idee und deren Wirklichkeit[127], so dass die negative die positive Philosophie setzen muss.[128] Der Schritt von der negativen zur positiven Philosophie wird daher veranlasst durch das Bedürfnis des Denkens, das als wirklich zu erweisen, was die negative Philosophie abgeleitet hat, aber nicht mehr durch die Erfahrung verifizieren kann, nämlich die Wirklichkeit Gottes. Daraus ergibt sich eben dieser doppelte Zugang zum Absoluten, indem das Absolute einerseits als Idee bzw. Begriff durch die negative Philosophie gegeben ist[129], andererseits – insofern das Absolute als Wirkliches gesetzt wird – geschieht dies als Entschluss, zu dem man sich wirklich entschieden hat und in einer positiven Philosophie damit anfängt.[130] Dies vollzieht sich aber in einer Willentlichkeit, die gerade nicht in einer verengenden Behauptung besteht, sondern eine Freigabe ans schlechthin Widerfahrende bzw. an das absolute, reine Sein bedeutet.[131] Indem das Denken auf diese unbedingte Voraussetzung ver-

---

[127] Vgl. Schelling, Philosophie der Offenbarung/1, 154: »[...] die negative [Philosophie; Anm. J. E.], könnte für sich seyn und nichts von der positiven wissen, wenn sie nämlich im Stande wäre, sich aller wirklichen Erkenntnis zu begeben, aber wie könnte sie das, wenn sie sich als *Philosophie* bestimmt? Da müßte sie aufhören sich Philosophie zu nennen, wie Kant seine *Kritik* nicht Philosophie, sondern eben Kritik genannt hat. [...] Man wird von ihr den *wirklichen* Gott fordern, nicht die bloße Idee Gottes.«

[128] Vgl. Schelling, Philosophie der Offenbarung/1, 152: »Es hat sich gezeigt, daß die negative Philosophie die positive setzen muß, aber *indem* sie diese setzt, macht sie sich ja selbst nur zum Bewußtseyn derselben, und ist *insofern* nicht mehr *außer dieser*, sondern selbst zu dieser gehörig, also ist doch nur Eine Philosophie.«

[129] Vgl. Schelling, Philosophie der Offenbarung/1, 158: »Also kann ich nicht eigentlich die Existenz Gottes (wobei ich etwa vom Begriff *Gott* ausginge) beweisen, aber statt dessen ist mir der Begriff des vor aller Potenz und daher unzweifelhaft Existierenden – gegeben.«

[130] Vgl. Schelling, Philosophie der Offenbarung/1, 168: »[...] aber um ihn einschlagen zu können, muß man sich erst zum Begriff des bloß, des einfach Seyenden entschlossen und diese falsche Abhängigkeit, in welcher dieser Begriff in der ehemaligen Metaphysik von der Idee Gottes gehalten wurde – diese muß man ganz aufgehoben haben. [...] Das nothwendig Existierende ist eben das nicht in Folge eines vorausgehendes Begriffs, sondern das *von selbst* [...] ohne vorausgehenden Grund, Existierende.« Vgl. Hemmerle, Gott und das Denken nach Schellings Spätphilosophie, 121.

[131] Vgl. Welte, Der theologische Gedanke des späten Schelling, 45 f.: »In solchem allen Begriff fallenlassenden, verstummenden, unbegrenzt sich öffnenden Vernehmen über allen Begriff und alle Empirie hinaus horcht Schelling auf das Unbegrenzte, das da schweigend spricht und nun versucht er das so Sprechende aufzunehmen und in behutsamen und sparsamen Schritten ins Wort zu bergen und damit, mit dem Zuspruch und dem aus ihm gewonnenen Wort, wieder [...] in die Vernunft zurückzukehren.« In dieser Vorlesung zu Schellings Spätphilosophie widmet sich Welte vor allem der theologischen Entfaltung der Vorlesungen Schellings und nur kurz zu Be-

Die »positive« Philosophie der Kirche

weist, die nicht mehr ihr Inhalt ist, befreit es sich nach Schelling von der Bindung an sich selbst und kann so zur absoluten Wirklichkeit gelangen, um dort sich selbst und seine eigene Potentialität zu erreichen.[132] Indem Hemmerle in diesem Kontext des Übergangs von negativer zu positiver Philosophie auf das praktische Bedürfnis des existierenden Ich nach dem wirklichen Gott hinweist, unterstreicht er den existentiellen Charakter von Schellings Überlegungen, die sich im Ausgang vom unbedingten Prinzip bzw. vom Absoluten in seiner praktischen und existentiellen Ausprägung zeigen, aber sich in dieser existentiellen Weise auch als Verstehen bzw. als fortschreitendes Denken präsentieren.[133] Indem sich das Denken und Verstehen in

---

ginn diesem Übergang von negativer zu positiver Philosophie. In diesem Zusammenhang zeigt sich hinsichtlich dieses verdankenden Denkens und Sich-enthaltens eine Nähe zu Heideggers Überlegungen zur Gelassenheit: »Allein – die Gelassenheit zu den Dingen und die Offenheit für das Geheimnis fallen uns niemals von selber zu. Sie sind nichts Zu-fälliges. Beide gedeihen nur aus einem unablässigen herzhaften Denken.« (Heidegger, Gelassenheit, 27.) Zur Gelassenheit bei Heidegger, besonders auch in Auseinandersetzung mit Meister Eckhart, vgl. Herrmann, Wege ins Ereignis, 371–386.

[132] Vgl. Schelling, Philosophie der Offenbarung/1, 165: »Solang die Vernunft sich selbst zum Objekt macht [...] kann sie als ihren unmittelbaren Inhalt nur die unendliche Potenz des Seyns finden [...] Wenn die Vernunft sich selbst Gegenstand ist, wenn das Denken sich auf den Inhalt der Vernunft richtet, wie in der negativen Philosophie, so ist dies etwas Zufälliges, die Vernunft ist dabei nicht in ihrer reinen Substantialität und Wesentlichkeit. Ist sie aber in *dieser* (zieht sie sich also nicht auf sich selbst zurück, sucht sie nicht in sich selbst das Objekt), so kann ihr als unendlicher Potenz des Erkennens nur der unendliche *Actus* entsprechen. [...] aber sie erstarrt dem alles überwältigenden Seyn nur, *um* durch diese Unterwerfung zu ihrem wahren und ewigen Inhalt [...] als einem wirklich erkennten zu gelangen [...]« Vgl. Hemmerle, Gott und das Denken nach Schellings Spätphilosophie, 68–70.

[133] Vgl. Schelling, Philosophie der Mythologie/1, 565 f.: »Die Vernunftwissenschaft führt also wirklich über sich hinaus und treibt zur Umkehr; diese selbst aber kann doch nicht vom Denken ausgehen. Dazu bedarf es vielmehr eines praktischen Antriebs; im Denken aber ist nichts Praktisches, der Begriff ist nur contemplativ, und hat es nur mit dem Nothwendigen zu thun, während es sich hier um etwas außer der Nothwendigkeit Liegendes, um etwas Gewolltes handelt. *Ein Wille* muß es seyn [...] ein Wille, der mit innrer Nothwendigkeit verlangt, daß Gott nicht bloße Idee sey. [...] Welches aber der Wille ist, der das Signal zur Umkehrung und damit zur positiven Philosophie gibt, kann nicht zweifelhaft seyn. Es ist das Ich, welches wir verlassen haben in dem Moment, wo es dem beschaulichen Leben Abschied geben muß und die letzte Verzweiflung sich seiner bemächtigt; [...] Denn nun erkennt es erst die Kluft, welche zwischen ihm und Gott, erkennt, wie *allem* sittlichen Handeln der Abfall von Gott, das außer-Gott-Seyn zu Grund liegt und es zweifelhaft macht, so daß keine Ruhe und kein Friede, ehe dieser Bruch versöhnt ist, und ihm mit keiner Seligkeit geholfen, als mit der, welche ihn zugleich erlöst. Darum verlangt es nun nach Gott

der positiven Philosophie zum Absoluten entschließt, wird zwar die rein rationale Philosophie überstiegen, aber zugleich auch zu den Mitteln der negativen und rationalen Philosophie zurückgekehrt. Deren Begriffe sollen in ihrem neuen Verhältnis und Stellenwert vermittelt und dadurch zum Mittel der positiven Philosophie werden, um das außerhalb der oder über die Vernunft gesetzte reine Sein wieder zum Inhalt der Vernunft zu machen.[134] So verdeutlicht sich eben die systematische Einheit der negativen, ableitenden Philosophie mit ihrer positiven Schwester, die bei ihrer Beschäftigung mit Freiheit, Wirklichkeit und Beziehung die Methode und Vorgehensweise des ableitenden Denkens in ihre geschichtliche und ursprünglich bezogene Art des Verstehens wesentlich miteinbezieht.[135]

Der Mensch in seinem Seinsverständnis zeigt sich für Welte in seiner wesentlichen Suche nach Sinn und seinem Ausgriff nach Heil als die immer offene Frage, die sich aus der auch bei Schelling beschriebenen Differenz zwischen möglicher und wirklicher Wirklichkeit des Heiles ergibt. Denn im Seinsentwurf des Menschen zeigt sich dieses Heil als ein mögliches. Diese entworfene Möglichkeit des Heils kann der Mensch aber nie als seine wirkliche Erfüllung betrachten, da er immer auf wirkliches Heil bezogen ist, was in Entsprechung zu seinem Sinn und seinem Sein zu sehen ist, die vom Menschen als Wirklichkeit verstanden werden. Diese innere Differenz beschreibt nun analog zu Schellings Übergang von der negativen zur positiven Philosophie die systematische Betrachtung des Seinsverständnisses des Menschen. Denn diese Untersuchung führt zu einer Idee bzw. zu einer Möglichkeit, deren Wirklichkeit das Seinsverständnis des Menschen fordert. Diese Wirklichkeit liegt aber nicht in der Macht und Verfügung des Menschen, weshalb sie auch nicht von seiner Erfahrung bestätigt werden kann. Im Prinzip der Hoffnung wird von Welte

---

selbst. *Ihn, Ihn* will es haben, den Gott, der handelt, bei dem eine Vorsehung ist, der *als ein selbst thatsächlicher dem Thatsächlichen des Abfalls entgegentrete*n kann, kurz der der **Herr** des Seyns ist [...]«

[134] Vgl. Schelling, Philosophie der Offenbarung/1, 170: »Indeß allerdings kann, wie wir früher sagten, die Vernunft jenes *bloß* Seyende (ἁπλῶς ὄν) absolut *außer* sich setzen, gerade nur, weil in ihm nichts von einem Begriffe, weil es das allem Begriff Entgegengesetzte ist; aber sie setzt es doch nur in der Absicht, das, was außer und über der Vernunft ist, wieder zum Inhalte der Vernunft zu machen: [...] Sie setzt das begriffslose Seyn, um von ihm zum Begriff zu gelangen, sie setzt das Transcendente, um es in das absolut Immanente zu verwandeln, und um dieses *absolut* Immanente zugleich als ein Existierendes zu haben [...]«

[135] Vgl. Hemmerle, Gott und das Denken nach Schellings Spätphilosophie, 122–124.

Die »positive« Philosophie der Kirche

daher die mögliche Vollendung des Menschen und sein wesensgemäßes Heil als die sich gewährende Wirklichkeit vorausgesetzt. Aufgrund dieser Voraussetzung des Heiles wendet sich der Mensch seiner unmittelbar bezeugenden Daseinswirklichkeit zu und befragt diese hinsichtlich des sich gewährenden Heiles. In dieser entschlossenen Umwendung des Denkens wird der Schritt der positiven Philosophie Schellings deutlich, da Welte nun nicht mehr auf das mögliche Heil zudenkt, sondern am sich gewährenden Heil ansetzt und so, ausgehend von diesem entscheidenden Prinzip, die Wirklichkeit in den Blick nimmt, was nicht mehr eine ideelle, sondern eine faktische Differenz zwischen Heilsverständnis und Wirklichkeit als Konsequenz hat[136]:

»Nennen wir den Heilsentwurf des seinsverstehenden Daseins die Idee des Heiles, so können wir von der ideellen Differenz sprechen, von der her dann die reelle Differenz hervortritt als die Differenz des faktischen Daseins gegen seine Idee.«[137]

Welte beansprucht mit diesem Gedanken, der Wesensdynamik des menschlichen, sich selbst verstehenden Daseins zu folgen, so dass der Übergang von der Wesensordnung des menschlichen Selbstverständnisses in die Wirklichkeitsordnung des seinsverstehenden, menschlichen Weltdaseins nicht aus Zufall, sondern in Kontinuität geschieht. Denn der Ausgriff auf wirkliches Heil und die Annahme eines erfüllenden Sinnes hat sich für den Menschen als wesentlich und wesensgemäß erwiesen, so dass dies auch seine Weltorientierung bestimmt und prägt. Deshalb gilt es die Grundverhältnisse und Strukturen menschlicher Wirklichkeit im Horizont der gewährten Vollendung zu betrachten und deren Implikationen für das Heilsverständnis zu erkennen und zu beachten.[138] Es geht also darum, zu versuchen, diese Grundstrukturen des Menschen und seiner Geschichte in einem sinnvollen und heilsamen Gesamtzusammenhang zu deuten.[139]

---

[136] Vgl. Welte, Heilsverständnis, 103–105.
[137] Welte, Heilsverständnis, 105.
[138] Vgl. Welte, Heilsverständnis, 105.
[139] Vgl. Welte, Die Würde des Menschen und die Religion, 65.

2) Ideal der Offenbarungsgemeinschaft: Die Vollendung in Freiheit und Einheit

In Entsprechung zur negativen Philosophie Schellings entwirft Welte nun in philosophischer Konsequenz eine Idee bzw. ein Ideal einer Gemeinschaft, die auf einer Offenbarung Gottes gründet. Diese philosophische Konsequenz besteht darin, dass die Offenbarung der göttlichen Vollendung in der Aufhebung ihrer Entzogenheit auch die Wurzel des Seinsmangels des Miteinanderseins beseitigt, so dass sich aus der Wesensordnung des menschlichen Daseins und Miteinanderseins eine vollkommene Idee des Miteinanders entwerfen lässt. Dies kann aber nur als Entwurf der Möglichkeit und eben nicht als Konstruktion einer Wirklichkeit geschehen, da der wirkliche Eintritt der göttlichen Vollendung dem unkonstruierbaren Geheimnis Gottes vorbehalten ist. Daher liegt der Sinn des philosophischen Entwurfs der Möglichkeit geschenkter Vollendung nicht in einem träumerischen Ausdruck menschlicher Sehnsucht, sondern in der Ausarbeitung der Möglichkeit eines Vermögens, das eine Heilsoffenbarung und deren Zusammenhang mit dem Wesen des Miteinanderseins versteht, auch hinsichtlich der Wesensfolgen einer geschenkten Vollendung. Welte versucht daraus Maßstäbe für ein Verstehen von Kirche zu entwickeln, d.h. Kriterien dafür zu finden, was menschliches Dasein – als Miteinandersein in der Betroffenheit der Offenbarung Gottes – wesentlich sein soll und sein kann. Daher wiederholt Welte in diesem Kontext das Ergebnis seiner Überlegungen zum erfüllten Miteinandersein und dessen inneres Prinzip, um es hinsichtlich der wirklichen Möglichkeit einer göttlichen Offenbarung zu konkretisieren[140]:

»Dann muss es nach unseren Voraussetzungen geschehen: dass ebenso jeder Einzelne in Freiheit zu sich selbst kommt oder er selber wird, und ebenso: daß alle in Freiheit eines Sinnes und in diesem Sinne eins werden: und dass dies beides vollkommen eins wird: die Freiheit eines jeden und die Einheit aller.«[141]

In dieser Verhältnisbestimmung von Freiheit und Einheit besteht für Welte der Kern des Miteinanderseins, der in einer Theorie einer Of-

---

[140] Vgl. Welte, Philosophische Soziologie im Hinblick auf das Verständnis des Christentums als Kirche, 182–187.
[141] Welte, Philosophische Soziologie im Hinblick auf das Verständnis des Christentums als Kirche, 188.

Die »positive« Philosophie der Kirche

fenbarungsgemeinschaft Berücksichtigung finden muss, wenn es um die Vollendung menschlichen Miteinanderseins gehen soll. Die Offenbarung Gottes hat damit die Freiheit des Einzelnen zu verwirklichen, woraus die Einheit der freien Einzelnen entsteht. Dieser Ausgangspunkt der Verwirklichung der Freiheit des Menschen durch die Offenbarung findet erneut sein Fundament in der Willenstheorie des Thomas von Aquin, der in Gott das *summum bonum*, das höchste Gut sieht, wovon der Wille immer bewegt ist, so dass in Gott die Grundlage der Freiheit und die Erfüllung des freien Willens liegt.[142] Wenn sich nun das Gute als die Erfüllung des freien Willens zeigt, dann bewegt es den Menschen niemals äußerlich, wie eine Notwendigkeit oder gar ein Zwang, sondern als innere Spontaneität. Denn selbst das Wichtige oder das Notwendige, das zwar die Selbstbestimmungsmacht und die Freiheit des Menschen fordert, bleibt im Letzten eine äußerliche und fremde Bestimmung, da es keine wesentliche, ursprüngliche und innere Bestimmung der menschlichen Freiheit darstellt. Daher kommt die menschliche Freiheit erst in der Bestimmung durch das Gute zu ihrer wirklichen und wesentlichen Ausprägung. Die menschliche Freiheit findet sich in ihrem Wesen und ihrem Ursprung durch den Geist innerlich betroffen und dadurch befreit, sich frei aus eigenem Ursprung und eigenem Willen zum Guten zu bewegen.[143] In diesen Überlegungen wird deutlich, dass Welte die Willenskonzeption des Thomas von Aquin in einer voluntaristischen und kompatibilistischen Interpretation aufnimmt, indem er die Freiheit im Willen bzw. als Strebeakt des Willens verwirklicht sieht und als eine bewegende Macht des Willens kennzeichnet, sich aber deutlich zum extremen Voluntarismus abgrenzt[144], indem er von Freiheit als Selbstbestimmtheit und Selbstbewegung in der Erkenntnis des Interessanten, Schönen und Guten spricht, wodurch das Erkennen nicht zu einer äußeren Bedingung eines gänzlich selbstursächlich determi-

---

[142] Welte führt dafür zwei Belegstellen aus der Summa Theologiae des Thomas von Aquin an: »Ad secundum dicendum quod, cum dicitur *bonum est quod omnia appetunt*, non sic intelligitur quasi unumquodque bonum ab omnibus appetatur: sed quia quidquid appetitur, rationem boni habet. – Quod autem dicitur, *nemo bonus nisi solus Deus*, intelligitur de bono per essentiam, ut post dicetur.« (Thom. Sth I, 6, 2 ad 2.) »Respondeo dicendum quod voluntas est appetitus quidam rationalis. Omnis autem appetitus non est nisi boni. [...] bonum est *quod omnia appetunt*.« (Thom. Sth I-II, 8, 1 co.)
[143] Vgl. Welte, Philosophische Soziologie im Hinblick auf das Verständnis des Christentums als Kirche, 191–193.
[144] Vgl. Welp, Willensfreiheit bei Thomas von Aquin, 172 f.

nierenden Wollens herabgesetzt wird.[145] In dieser Absage an den Inkompatibilismus bedeutet Freiheit eben keine Unbestimmtheit im Sinne einer absoluten Wahlfreiheit, sondern eine personale werthafte Zuneigung, die sich auch vor dem höchsten Gut nicht auflöst. Denn Unbestimmtheit führt für Welte in eine Verlegenheit, die den Menschen interessenlos und ziellos bleiben lässt und dadurch geistig lähmt, so dass diese Bestimmungslosigkeit genau einen Mangel an Freiheit zur Folge hat, da ihr das leitende Prinzip fehlt, das sie wirklich in ihrem Vollzug frei macht. Denn im Guten als dem vollendeten und vollkommenen Ziel hat die Freiheit ihr Wesenselement, so dass der einzelne Mensch in diesem inneren Lebensprinzip frei zu sich selbst findet. In der göttlichen Offenbarung, d. h. in der Begegnung mit dem reinen und unbegrenzten *principium bonitatis et libertatis*, eröffnet sich dem Menschen das Sein, das ihn ursprünglich als Selbst in Anspruch nimmt und ihn auf diese Weise glücklich, hoffend und froh sein lässt.[146] Die Begegnung mit der Vollkommenheit und der Vollendung im Aufgang Gottes erweist sich als der Grund der menschlichen Freiheit und entbindet den Menschen zu sich selbst, was seine wirkliche Befreiung bedeutet.[147] Denn in der Offenbarung

---

[145] Vgl. Welte, Philosophische Soziologie im Hinblick auf das Verständnis des Christentums als Kirche, 189 f.

[146] Vgl. Welte, Soziologische Grundbegriffe zum Verständnis des Christentums als Kirche, 190–193.

[147] Welte verweist in diesem Zusammenhang in einer Randnotiz auf zwei Zitate von Aurelius Augustinus. Zuerst zitiert er aus Augustinus' *De moribus ecclesiae catholicae et de moribus manichaeorum*: »Quanto ergo magis longe discedit a Deo, non loco, sed affectione atque cupiditate ad inferiora quam est ipse, tanto magis stultitia miseriaque completur. Dilectione igitur redit in Deum, qua se illi non componere, sed supponere affectat. Quod quanto fecerit instantius ac studiosius, tanto erit beatior atque sublimior, et illo solo dominante liberrimus.« (Aug. De mor. I, 12 (PL 32, 1320).) Danach verweist er auf den Johanneskommentar des Aurelius Augustinus: »Noli te cogitare inuitum trahi; trahitur animus et amore.« (Aug. In Ioh. 26, 4 (CChr.SL 36, 261).) »illo solo dominante liberrimus, trahitur animus amore« (Welte, Soziologische Grundbegriffe zum Verständnis des Christentums als Kirche, 192.): In der Verbindung dieser beiden kurzen Halbsätze akzentuiert Welte den Begriff der Liebe bei Augustinus und ihrer scheinbar paradoxen Bestimmung, dass sie unter der Herrschaft Gottes erst zu ihrer wahren und wirklichen Freiheit findet. Denn bei Augustinus erhellt die endgerichtliche Offenbarung Christi eben auch das innerliche Sein des Menschen, das in der Weltzeit noch verborgen bleibt. Das Gericht Christi überwindet die das gegenwärtige Leben kennzeichnende Diskrepanz des inneren und äußeren Menschen, so dass Offenbarung die lichthafte Transparenz der Gemeinschaft der Seligen schafft, in welcher die Menschen füreinander und für das Licht Gottes transparent sind: »Lux uero ipsa, qua illuminabuntur haec omnia quae modo in cordibus

Die »positive« Philosophie der Kirche

vollzieht sich ein gnädiges und gunstvolles Geschehen, das niemanden zwingt, aber dadurch zwingend wirkt, dass es jedes menschliche Dasein zu seinen ursprünglichen Seinsmöglichkeiten befreit und als dieses Dasein selbst fördert.[148] Indem der Mensch nun diesem höchsten Geheimnis nicht fremd gegenübersteht, sondern es als Prinzip seiner Bewegung schon immer seinen Selbstvollzug prägt, kann die unmittelbare Offenbarung dieses erfüllenden Seins, um das es dem Menschen wesentlich geht, sich nicht anders äußern, als diese ursprüngliche Bewegung des Menschen zu betreffen, zu aktivieren und so den Menschen im Innersten zu bewegen. Erst diese Begegnung mit der vollendenden Nähe Gottes als Offenbarung, Betroffenheit und Erfahrung befreit den Menschen ganz zu sich selbst, aktiviert ihn selbst im Vollzug und ruft ihn so zur Entscheidung[149]:

---

reconduntur, qualis aut quanta sit [...]? Profecto lux illa Deus ipse est, [...]. Erit ergo tunc mens idonea quae illam lucem uideat, quod nunc nondum est.« (Aug. epist. 92, 2 (CChr.SL 31a, 161).) »[...] in illa tamen ciuitate sanctorum, ubi etiam per Christum redempti a generatione hac, in aeternum coniungentur milibis Angelorum, uoces corporales non latentes animos indicabunt, quia in illa societate diuina nihil cogitationis proximo poterit occultari, sed erit consonans in dei laude concordia, non solum spiritu, uerum etam spiritali corpore expressa.« (Aug. epist. 95, 8 (CChr.SL 31a, 220f.).) Vgl. dazu besonders Wieland, Offenbarung bei Augustinus, 368f.
[148] Vgl. Welte, Soziologische Grundbegriffe zum Verständnis des Christentums als Kirche, 192f. Diese Überlegungen zur Willensfreiheit und ihrem göttlichen Bezug lassen sich in großer Entsprechung zu Thomas' Willensvorstellung angesichts der göttlichen Gnade deuten. Denn indem Thomas die Natur des Willens als eine in Selbstbestimmung gesetzte Neigung des geistigen Subjektes bestimmt, kann er die Berührung zwischen göttlicher Gnade und menschlicher Willensfreiheit so auflösen, dass die Einwirkung der göttlichen Gnade nicht als Fremdursache geschieht, sondern als Stiftungsursache. Der Wille erleidet dann diese Beeinflussung nicht in reiner Passivität, sondern Gottes Gnade zeigt sich für den Willen als Seinsunterstützung, die seine Bewegung als Willen erst ermöglicht. Gott erschafft und erhält das menschliche Wesen so, dass der Mensch seine Wertzuneigungen und Wahlakte selbstbestimmt setzen kann, was bedeutet, dass Gott den menschlichen Willen als Gott bewegt, indem er den menschlichen Willen als freien Willen bewegt: »Causa autem prima causat operationem causae secundae secundum modum ipsius. Ergo et Deus causat in nobis nostra opera secundum modum nostrum, qui est ut voluntarie, et non coacte agamus. Non igitur divino auxilio aliquis cogitur ad recte agendum. Amplius. Homo per voluntatem ordinatur in finem: obiectum enim voluntatis est bonum et finis. Auxilium autem divinum nobis ad hoc praecipue impenditur ut consequamur finem. Eius ergo auxilium non excludit a nobis actum voluntatis, sed ipsum praecipue in nobis facit«. (Thom. ScG III, 148 n. 3f.) Vgl. dazu besonders Welp, Willensfreiheit bei Thomas von Aquin, 209.
[149] Vgl. Welte, Soziologie der Religion, 123–126.

»Da wendet sich Freiheit an Freiheit, diese je und je ihre selbst gönnend, und zu sich selbst befreiend und so hinziehend.«[150]

Die Offenbarung als das Nahekommen Gottes wird für den Menschen zur Erscheinung des Heiles und des Guten schlechthin. Es bringt jeden Einzelnen in Freiheit zu sich, da das sich offenbarende Vollendete als Lebenselement der Freiheit und des Selbstseins in den Seinsvollzug des Menschen eintritt. Diese Offenbarung des Heiles, die eine Selbstwerdung des Einzelnen zur Folge hat, führt den Menschen gerade nicht in eine Isolation, sondern bindet ihn in seinem freien Selbstvollzug in eine Gemeinschaft. Miteinandersein und Offenbarungsgemeinschaft finden so zu *einer* Gestalt. In Entsprechung zur philosophischen Theorie des Miteinanders findet Welte in der Verwirklichung der Gemeinschaft unter dem Anruf der Offenbarung des Heiligen zu einem inklusiv analogen Zusammenhang von Freiheit und Einheit, so dass sich in diesem Geschehen sowohl die selbstbestimmte Freiheit des Einzelnen als auch die grundlegende und umfassende Einheit des Miteinanders konstituiert. Diese prozessuale Konstitution setzt nun dieses gegenseitige Bewirkungs- und Entsprechungsverhältnis dahingehend voraus, dass das offenbarende Ereignis des Heiles dieses einende Geschehen von freier Dialogizität der wirklich freien und selbstbestimmten Einzelnen ermöglicht und in einer solchen erfüllten dynamischen bzw. lebendigen Einheit Vollendung findet. Das Heil als das Lebenselement jeder einzelnen Freiheit entspringt aus einem transzendenten, jeden betreffenden und alle umfassenden Ursprung, weshalb es sich in keiner Hinsicht begrenzen lässt, sondern notwendigerweise als das »eine und als eines alle umfassende und in den Zug seines Lebens einbeziehende Lebenselement«[151] alle Menschen umfasst. Dieses umfangende Heil entbindet das menschliche Selbstsein aber nicht nur von seiner vertikalen Begrenzung hinsichtlich seiner Freiheit, sondern öffnet als umfassendes Lebenselement das isolierte Für-sich-sein in horizontaler Ebene und sozialer Hinsicht für eine ursprüngliche Kommunikation, wodurch der Mensch sein Selbstsein in einer wesensgemäßen Offenheit des

---

[150] Welte, Soziologische Grundbegriffe zum Verständnis des Christentums als Kirche, 193.
[151] Welte, Philosophische Soziologie im Hinblick auf das Verständnis des Christentums als Kirche, 195.

Die »positive« Philosophie der Kirche

Miteinanderlebens und Miteinanderseins vollzieht.[152] Gottes Offenbarung muss daher in der Befreiung der Menschen in wirklicher Freiheit und wahrem Selbstbesitz eine umfassende Gemeinschaft entstehen lassen.[153]

»[E]rfülltes menschliches Einssein ist Einssein mit allen.«[154] Denn die Freiheit als exklusive und intensive Einheit bleibt unvollständig, unerfüllt und defizient, wenn sie hinsichtlich ihres Umfanges und ihrer Ausdehnung eine Begrenzung erfährt. Daher wird die Freiheit als erfüllte Einheit – die menschlichen Möglichkeiten extrapolierend – zugleich exklusiv wie auch allumfassend gedacht, so dass sie als allumfassende Einheit betreffend und vollendend ist. Deswegen eröffnet die Offenbarung des Heiles als die entscheidende göttliche Nähe zusammen mit der Freiheit des Einzelnen auch die Einheit aller Menschen, was sich im Zusammenhang der Betroffenheit jedes Einzelnen und des einenden Umfassens aller Menschen darstellt.[155] Das Heil und die Vollendung öffnet das Selbstsein und befreit es, da es dadurch alle Grenzen des Selbstseins überwindet. Diese Aufhebung muss aber zugleich diese Grenzen achten, um das individuelle Moment des Selbstseins nicht vollständig aufzulösen und damit wiederum die Freiheit im Sinne einer Selbstbestimmungsmacht zu verlieren. Indem sich das göttliche Heil dem Menschen als Liebe und Freude mitteilt, sieht Welte genau diese doppelte Bestimmung gewährleistet. Denn Liebe und Freude als existentielle Erfahrungen verbinden die einzelnen Menschen miteinander, individuieren sie aber zugleich, um den einzelnen Menschen nicht seines Selbstseins und damit seiner Einmaligkeit zu berauben, die als wesentliche bzw. grundlegende Eigenschaft wiederum die Erfahrung der Freude und der Liebe erst möglich macht und wirklich werden lässt. Das Heil öffnet und erfüllt das Wesen des Menschen, indem es zugleich als Umfangen und als Individuieren wirkt.[156] Diese Bestimmung des Heiles als Freude und Liebe des Miteinanderseins befreit die menschliche Sozietät von Verachtung und Hochmut, da in solchem Miteinander

---

[152] Vgl. Welte, Philosophische Soziologie im Hinblick auf das Verständnis des Christentums als Kirche, 194–197.
[153] Vgl. Welte, Soziologische Grundbegriffe zum Verständnis des Christentums als Kirche, 195.
[154] Welte, Soziologie der Religion, 127.
[155] Vgl. Welte, Soziologie der Religion, 127 f.
[156] Vgl. Welte, Soziologische Grundbegriffe zum Verständnis des Christentums als Kirche, 198 f.

das Selbstsein nicht nur gewahrt wird, sondern in der Offenheit der kommunikativen Bezüge sich eigentlich erst wirklich entfalten kann. Denn dadurch verlieren die Grenzen der Endlichkeit ihre Gefahr und ihren Angstbesatz, so dass sich mit der Überwindung der Defizienz auch keine Rivalität, Bosheit oder Enttäuschung mehr bildet.[157] Diese Vollkommenheit von Nähe und Freundschaft in Offenheit und Einklang untereinander, unter Wahrung der Einmaligkeit und Einzelheit jedes Menschen, gründet in der ursprünglichen Bestimmung durch die sich offenbarende Vollendung, deren Unbegrenztheit die Grenzen der Endlichkeit überwindet, ohne mit deren Aufhebung den Selbstbesitz des Einzelnen aufzulösen. Aus dieser Vollendung schließt Welte nun, dass das Göttliche bzw. das göttliche Wesen nicht als einzelnes Beschränktes, sondern in dieser Unbeschränktheit als Wurzel aller Freude, aller Offenheit und des umfassenden Heiles besteht und so in Freiheit und Einheit bzw. Selbstsein und Offenheit geschieht und als »allen in allem« bzw. »innen von allem« in seinem Erscheinen sich ausbreitet, als »bonum diffusivum sui« alles durchdringt, so dass in diesem einenden Prozess jegliche Begrenzungen überwunden sind, zugleich aber jede Besonderheit bzw. Individualität bewahrt ist.[158] An dieser einenden und unterscheidenden göttlichen Offenheit der

---

[157] Vgl. Welte, Philosophische Soziologie im Hinblick auf das Verständnis des Christentums als Kirche, 201 f.

[158] In der Analyse dieses Prozesses verweist Welte auf Bonaventuras Vorstellung vom »bonum diffisivum sui«, deren sich selbst verbreitendes *bonum* erhellend zu seinen Überlegungen beiträgt. (Vgl. dazu auch Welte, Bonaventura – Itinerarium Mentis in Deum (WiSe 1951/1952), 4.) Vgl. Bon. Itin. VI, 2 (Op. V, 310b): »Nam ›bonum dicitur diffusivum‹; summum igitur bonum summe diffusivum est sui. Summa autem diffusio non potest esse, nisi sit *actualis* et *intrinseca*, *substantialis* et *hypostatica*, *naturalis* et *voluntaria*, *liberalis* et *necessaria*, *indeficiens* et *perfecta*.« Das oberste Gut hat grundsätzlich die höchste und vollkommenste Ausgießung seiner Selbst und vollzieht sich in einer Diffusion, die aktuell stattfindet als innerliches, wesentliches, persönliches, natürliches, zwangfreies, endloses und vollkommenes Geschehen. Dieses uneingeschränkte Sich-selbst-schenken des Guten betrachtet Bonaventura als die Wurzel des innertrinitarischen Lebens: »[…] potes videre, per summam boni communicabilitatem necesse esse Trinitatem Patris et Filii et Spiritus sancti.« (Bon. Itin. VI, 2 (Op. V, 311a).) Dieser Hintergrund der Lehre vom Guten lässt Bonaventura eine Reflexion über Einheit und Vielheit im Absoluten entwickeln, die die Vielheit und Einzelheit nicht einfach subordiniert, sondern als uneingeschränkt komplementär der Einheit gegenüber integriert. Vgl. Lavecchia, Agathologie, 36–38; vgl. Bara-Bancel, »Gottheit »und »Gott«, Einheit und Dreifaltigkeit, 100 f. Zur Einheit und Verschiedenheit in der Trinität vgl. Obenauer, Summa actualitas, 29–62; vgl. Mathieu, La Trinité créatrice d'après saint Bonaventure, 19–58; vgl. Welte, Philosophische Soziologie im Hinblick auf das Verständnis des Christentums als Kirche, 204 f.

Freude, die sich als leuchtende Spur in allem Freudigen findet, können alle Menschen teilnehmen und ihre Freude entdecken.[159] Dieser Charakter der Partizipation und der Beziehung geht über eine erschließende Funktion hinaus – hervorgehoben auch in Weltes Hinweis auf Augustinus und Bonaventura[160] – so dass die Offenbarung

---

[159] Diesen intensiven Zusammenhang mit dem Göttlichen unterstreicht Welte mit Meister Eckharts berühmter Predigt 22 *Ave gratia plena*. Vgl. Eckh. Pr. 22 (DW I, 385, 1–3): »wie alle engel ein engel in der êrsten lûterkeit sint al ein, alsô sint alle grasspier in der êrsten lûterkeit ein, und alliu dinc sint dâ ein.« Dieses Zitat von Meister Eckhart macht den theologisch-philosophischen Kontext deutlich, in den dieser Verweis auf Gott in diesem Zusammenhang gestellt ist und in dem er verständlich wird. Denn dieser Gedanke ist für Welte der ursprüngliche Hintergrund von Eckharts Lehre der Abgeschiedenheit. In dieser Lehre geht es darum, dass der Mensch ursprünglich und ledig ist, so »als er was, dô er niht enwas«. (Eckh. Pr. 2 (DW I, 25, 2).) Die Abgeschiedenheit erscheint so als eine Rückkehr in den eigenen Ursprung, der aber nicht in der dem Menschen immanenten ungeschaffenen Wahrheit liegt, sondern in einem noch ursprünglicheren Ursprung, in dem der Mensch »hân [...] êwiclîche geruowet und geslâfen« (Eckh. Pr. 22 (DW I, 382, 6 f.).) und in dem alles Eigentum und Eigeninteresse seinen ruhenden Grund hat. Daher zeigt sich für Welte die Abgeschiedenheit als eine Rückkehr in die anfängliche und ursprüngliche Freiheit. Diesen Gedanken der Präexistenz, dass die Schöpfung in Gott seine ursprüngliche Ruhe hat und mit seinem schöpferischen Licht eins gewesen ist, weist Welte auch bei Augustinus (Aug. In Ioh. I, 17 (CChr.SL 36, 10): »Arca in opere non est uita, arca in arte uita est; quia uiuit anima artificis, ubi sunt ista omnia antequam proferantur.«) und Thomas von Aquin (Thom. Sth I 4, 2 ad 1: »Et sic, quae sunt diversa et opposita in seipsis, in Deo praeexistunt ut unum, absque detrimento simplicitatis ipsius.«) nach, was Meister Eckhart aufgegriffen und in seiner Begrifflichkeit differenziert entwickelt hat. Vgl. Welte, Meister Eckhart, 164–166. Hinsichtlich der Ursprünge der eckhartschen Gedanken bei Augustinus und Thomas von Aquin vgl. besonders auch Büchner, Gottes Kreatur, »ein reines Nichts«?, 414–428.441–446.

[160] Der kurze Hinweis Weltes auf Augustinus und Bonaventura, in dem von der Spur Gottes der Rede ist, verweist in diesem Zusammenhang auf Bonaventuras Weg des Aufstieges zu Gott, in dem Welte ein augustinisches Schema sieht. Dieses Schema zeigt einen dreifachen Weg, der deutlich macht, dass jeder ein Weg zu Gott ist und als Ganzes Gott zeigt, weshalb in jedem nach dem Einen zu suchen ist. Daher zeigt sich der entscheidende Anknüpfungspunkt für Bonaventura in dem von Augustinus am Schöpfungsbericht abgelesenen Dreischritt, der »triplex rerum existentia« (Vgl. Welte, Bonaventura – Itinerarium Mentis in Deum (SoSe 1951), Beilage 2.): »[...] haec respicit triplicem rerum existentiam, scilicet in materia, in intelligentia et in arte aeterna, secundum quam dictum est: *fiat, fecit*, et *factum est*; haec etiam respicit triplicem substantiam in Christo, qui est scala nostra, scilicet corporalem, spiritualem et divinam.« (Bon. Itin. I, 3 (Op. V, 297a).) Zudem gilt es aber noch eine Unterscheidung bei Bonaventura zu berücksichtigen, auf die Klaus Hemmerle besonders aufmerksam macht. Es geht um die Differenzierung von »per« und »in«: »Sed quoniam circa speculum sensibilium non solum contingit contemplari Deum *per ipsa* tamquam per vestigia, verum etiam *in ipsis*, in quantum est in eis per *essentiam, potentiam* et

der Gnade und Gunst Gottes alle Menschen in dieser Offenheit versammelt und zueinander bewegt, wodurch Gemeinschaft, Gemeinde und Kirche entsteht[161]:

»Und darin wird also der Gott, der sich ihnen in Gnaden geoffenbart hat, ihr Leben sein, nicht wie ein einzelnes Objekt unter anderen nur äußerlich vor ihnen, sondern als das alles verbrauchende Leben in ihnen, aus dem und in dem sie leben werden. Er wird zuerst als der Geist, das πνευμα: das Bewegende und Bestimmende, aus dem sie leben, in ihnen sein, und als der eine Geist, der sie untereinander ein Herz und eine Seele sein lässt.«[162]

Dieses Miteinander, das sich in der Erfahrung der Offenbarung bildet, lebt als die Gemeinde des Geistes Gottes und so als pneumatische Gemeinde, weshalb sie sich primär weder durch den äußeren Bestand noch durch eine positive Rechtsordnung auszeichnet. In dieser allumfassenden Begeisterung werden die Schranken der Endlichkeit zwar nicht ontisch umgestürzt, aber vom Geist her durchscheinend gemacht, wodurch sie im Geiste keine beschränkende Macht mehr

---

praesentiam; et hoc considerare est altius quam praecedens: [...] quo debemus manuduci ad contemplandum Deum in cunctis creaturis, quae ad mentem nostram intrant per corporales sensus.« (Bon. Itin. II, 1 (Op. V, 299b–300a).) Denn wenn Gott *durch* die Dinge und durch die Momente unseres Selbstbewusstseins und durch die Analyse des Seinslichtes auf den in ihm anwesenden Grund gegangen wird, so hat die Überlegung und Betrachtung eine erschließende Funktion. Wenn dagegen Gott *in* den Dingen, im eigenen Inneren des Menschen und in seinem eigenen Licht gesucht und ausgelegt wird, so trägt dieser Vorgang den Charakter der Teilhabe, der Partizipation und so der Beziehung. (Vgl. Hemmerle, Theologie als Nachfolge, 103–107.) Bonaventuras Suche Gottes in der Spur der Dinge geschieht auf dem Weg der Dinge in das menschliche Erkenntnisvermögen, was sich als Wahrnehmung, Genuss und Beurteilung vollzieht. Dabei liest Bonaventura die Präsenz Gottes in seiner Spur, indem die Beurteilung sich auf das sinnliche Wahrgenommene und Gefallende bezieht, doch dabei einen Maßstab hat, der dem Beurteilenden entzogen und unverfügbar ist bzw. unter dem der Beurteilende selbst steht, so dass der Maßstab im Prozess der Veränderlichkeit unzerstörbar und ewig ist: »[...] nihil autem est omnino *immutabile, incircumscriptibile* et *interminabile,* nisi quod est aeternum; omne autem quod est aeternum, est Deus, vel in Deo«. (Bon. Itin. II, 9 (Op. V, 301b–302a).) In der Enthobenheit des Verhältnisses, das den Lebensvollzug und die Erkenntnis des Menschen prägt, geht der Grund von allem und so Gott selbst auf. (Vgl. Hemmerle, Theologie als Nachfolge, 109–111; vgl. Leinsle, Res et Signum, 108–111.) Zum Verhältnis von Augustinus und Bonaventura, besonders hinsichtlich des *Itinerarium,* vgl. Hattrup, Augustinus im ekstatischen Denken Bonaventuras (1217/18–1274), 116–118.

[161] Vgl. Welte, Soziologische Grundbegriffe zum Verständnis des Christentums als Kirche, 199–201.

[162] Welte, Soziologische Grundbegriffe zum Verständnis des Christentums als Kirche, 201 f.

Die »positive« Philosophie der Kirche

haben, so dass weder Gewalt, Angst, Neid, Rivalität, Traurigkeit noch fälschende Interpretation der endlichen Realität limitierend wirken können und so das menschliche Miteinander in unverstellter und wirklicher Fülle entsteht.[163] Die Offenbarung der Huld Gottes als pneumatische Versammlung und Sammlung verbindet nicht nur einen unmittelbar betroffenen Bestand, wie eine abgegrenzte Gruppe von Menschen, sondern diese umfassende Begeisterung entsteht als geistiges Katholon der freudigen Nähe, die allen Bestand grenzenlos überschreitet, alles umfasst und nichts außer sich hat, so dass dieses göttliche Element nicht äußerlich, sondern innerlich als Geist des Lebens[164] sowohl jedes Einzelnen als auch aller miteinander erfahren wird.[165]

Die Offenbarung Gottes und die damit einhergehende offenbarende Erfahrung ermöglicht dem Menschen, sich auf diese Vollendung einzulassen, wesentlich auf sie zu vertrauen und sich darin zu gründen, was Glaube möglich macht. Der Mensch kann sich in Freiheit zu Gott entbinden, d. h. sich im eigenen Selbstvollzug von Gott getragen erkennen, wodurch wirkliche Nähe entsteht. Glaube zeigt sich als Einheit im wechselseitigen Vollzug, da die selbstvollzogene Zustimmung im Glauben als Einheit des freien eigenen Selbstvollzugs mit der Einstimmung in den tragenden göttlichen Grund geschieht, worin sich der Mensch vom Geist Gottes betroffen findet. In dieser Betroffenheit befindet sich der Mensch in seinem Selbstvollzug im Zustand der erfüllten Aktualität, so dass der Geist der Huld und Nähe Gottes sein eigener Geist wird und so sein eigenes wesentliches und erfülltes Leben ausmacht, womit der Mensch begeistert im Geist Gottes und dadurch mit Gott in einer Einheit lebt. Diese wesensgemäß erfüllte Einheit äußert sich deshalb als Befreiung von der Bindung an die Endlichkeit und von der Hinfälligkeit an sich selbst, wodurch der Mensch von der damit verbundenen Notwendig-

---

[163] Vgl. Welte, Soziologische Grundbegriffe zum Verständnis des Christentums als Kirche, 202 f.
[164] In diesem Zusammenhang verweist Welte erneut auf das berühmte augustinische Diktum »uita uitae meae«, um die Innerlichkeit Gottes als relationale Beziehung zum Menschen im göttlichen Schöpfungsverhältnis zu unterstreichen. Vgl. Aug. Conf. VII, I, 2 (CChr.SL 27, 93): »Ita etiam te, uita uitae meae, grandem per infinita spatia undique cogitabam penetrare totam mundi molem et extra eam quaquauersum per immensa sine termino, ut haberet te terra, haberet caelum, haberet omnia et illa finirentur in te, tu autem nusquam.«
[165] Vgl. Welte, Philosophische Soziologie im Hinblick auf das Verständnis des Christentums als Kirche, 204–206.

keit einer Selbstrechtfertigung erlöst wird. In der Aufhebung der Ferne und der Unbegreifbarkeit des göttlichen Grundes durch die Offenbarung und offenbarende Erfahrung verschwindet auch der menschliche Seinsmangel und damit der Grund der menschlichen Hinfälligkeit. Dann vergehen auch alle hemmenden Momente zwischenmenschlichen Miteinanderseins, da die endliche Verabsolutierung, mit ihren gefährlichen, zwingenden und vergewaltigenden Ansprüchen, die Offenheit des Menschen nicht mehr hemmen und ihn – im Widerspruch zu seiner unendlichen Bestimmung – endlich nicht fixieren kann, so dass als Konsequenz aus dieser Befreiung die im Menschen ursprüngliche Kommunikation und vertrauensvolle Hingabe geschieht, wodurch eine neue und höhere Form der Gemeinschaft entsteht, die im Geiste Gottes als apriorischem Wesensgrund der Möglichkeit nach unbegrenzt kommunikativ verbunden ist und in der Erfahrung der göttlichen Aktualität im Vollzug erfüllt wird und Wirklichkeit erlangt.[166]

Für Welte entsteht so eine ausgezeichnete Gemeinde, ausgezeichnet durch die Erfahrung der sich offenbarenden unendlichen Huld Gottes, die als die entscheidende Erfahrung eine soziologische Seinsweise eines soziologischen Gebildes bildet. Eine so entstandene Gemeinde kann kein bloßer Bestand sein, zu dem man auf irgendeine äußere oder gedachte An- bzw. Einordnung gehören könnte und deren Zusammengehörigkeit sich aufgrund eines Bestandes, eines Gedankens oder einer äußeren Bestimmung konstituiert. Diese Gemeinde ist ganz und gar Vollzug. Diese Erstgemeinde bzw. die Gemeinde in ihrem Erststand ist Aktualität der erfahrenen und vollzogenen Nähe Gottes und wird darin ganz Wirklichkeit, ohne die Notwendigkeit eines äußeren Rahmens. Denn diese Gemeinde fängt nicht mit einer äußeren Organisation oder mit Autoritäts- und Abhängigkeitsverhältnissen an, sie wird nicht synthetisch zusammengesetzt als Reaktion auf eine äußere Forderung, sondern vollzieht sich als inneres und vollständiges Leben, als Liebe und als gelebtes Wir, weshalb sie nicht besteht, sondern geschieht. Der göttliche Grund selbst wirkt als lebendige Mitte aller Einheit und einenden Nähe, so dass sich hier die Kategorie der Kirche im ontologischen Moment ihres Erststandes in der Erfahrung des sich offenbarenden Gottes zeigt. Die begeisterte oder pneumatische Gemeinde erweist sich daher als Gemeinde in absoluter Ursprünglichkeit und zugleich in erfüllter bzw. vollkom-

---

[166] Vgl. Welte, Soziologie der Religion, 129–136.

mener Vollendung, da in ihr alle Limitationen der Endlichkeit überwunden sind. Gemeinde lässt sich daher entsprechend zum Miteinander als eine wesentliche und existentielle Erfahrung beschreiben. Als Miteinander und Begegnung zeigt sich auch die Gemeinde als Vollzug und damit als die entscheidende Erfahrung, die den Menschen existentiell in Anspruch nimmt und so letztlich seine Wirklichkeit verändert.[167] Hinsichtlich des Gehaltes zeigt sich die Gemeinde als unüberbietbar, doch drängt nun genau dieser Gehalt Welte zu der entscheidenden Frage nach der Wirklichkeit der Offenbarung und des Eintreffens des unendlichen Lebens und damit zu einer positiven Philosophie von Gemeinde und Kirche.[168]

3) Die Wirklichkeit der Offenbarungsgemeinde

»Wohin führt uns der Gedanke? Gewiss über die wirkliche Kirche hinaus, aber vielleicht nicht über ihre Anfänge hinaus und vollends nicht über die ihr verheißene Endverheißung.«[169]

Mit diesem Entwurf eines Idealbildes des Miteinanderseins, unter dem Einfluss der Offenbarung Gottes und der Konstruktion der vollendeten Gestalt der Gemeinde aufgrund der Betroffenheit durch das Heil in der Extrapolation der menschlichen Seinsmöglichkeiten, geht Welte den ersten Schritt auf seinem Weg zu einer positiven Philosophie der Kirche, um so der empirischen und wirklichen Kirche entgegenzudenken. Diese geisterfüllte bzw. pneumatische Gemeinschaft, die sich als Ergebnis dieser Überlegungen als Bild einer eschatologischen bzw. endverheißenen Daseinsform präsentiert, findet Welte (a posteriori) auch bestätigt in neutestamentlichen Offenbarungszeugnissen, in denen er die pneumatische Gemeinde im Erststand bezeugt sieht.[170]

---

[167] Vgl. Welte, Soziologie der Religion, 135–138.
[168] Vgl. Welte, Soziologische Grundbegriffe zum Verständnis des Christentums als Kirche, 206 f.
[169] Welte, Soziologische Grundbegriffe zum Verständnis des Christentums als Kirche, 194.
[170] Vgl. Röm 4, 17: »[...] denn das Reich Gottes ist nicht Essen und Trinken, es ist Gerechtigkeit, Friede und Freude im Heiligen Geist.«; Phil 1, 27: »[...] dass ihr in dem einen Geist feststeht, einmütig [...]«; Gal 5, 22: »Die Frucht des Geistes aber ist Liebe, Freude, Langmut, Freundlichkeit, Güte, Treue [...]«; II Kor 3, 17: »[...] wo der Geist des Herrn wirkt, da ist Freiheit.«; I Kor 12, 4–11: »Es gibt verschiedene Gnadengaben,

Der Vergleich dieses Idealbildes mit der Wirklichkeit der gegenwärtigen Gestalt der Kirche offenbart eine reale Diskrepanz zwischen faktischem Dasein und seiner Idee, die vor allem in der schmerzlichen Differenz zu dem sich im Ideal anzeigenden Maßstab erfahrbar wird. Diese Differenz veranlasst Welte nun, die Frage nach der möglichen Wirklichkeit hinsichtlich dieses Ideals zu stellen, also nach der Realisierungsmöglichkeit des Ideals angesichts der faktischen Endlichkeit zu fragen.[171] Diese Wendung im Gedanken- und Argumentationsgang Weltes, die er in seinen Vorlesungen zur Soziologie vornimmt, entspricht dem Übergang von der negativen zur positiven Philosophie in Schellings Offenbarungsphilosophie. Denn die Frage nach der entworfenen Wesensmöglichkeit des Heiles und der Vollendung muss in der menschlichen Wirklichkeit und in den Strukturen der Faktizität gestellt werden, da entsprechend der menschlichen Seinsstruktur der Mensch zunächst in dem ihm sich eröffnenden Bereich der Wirklichkeit nach Heil, Erfüllung und Sinn sucht, um schließlich Antwort zu finden auf die Frage, die er selbst und sein Miteinandersein ist. Diese Wendung der Untersuchung in die sich dem Menschen als wirklich eröffnende Welt folgt dem Wesenszug und der Wesens-

---

aber nur den einen Geist. Es gibt verschiedene Dienste, aber nur den einen Herrn. Es gibt verschiedene Kräfte, die wirken, aber nur den einen Gott: Er bewirkt alles in allen. Jedem aber wird die Offenbarung des Geistes geschenkt, damit sie anderen nützt. Dem einen wird vom Geist die Gabe geschenkt, Weisheit mitzuteilen, dem andern durch den gleichen Geist die Gabe, Erkenntnis zu vermitteln, dem dritten im gleichen Geist Glaubenskraft, einem andern – immer in dem einen Geist – die Gabe Krankheiten zu heilen, einem andern Wunderkräfte, einem andern prophetisches Reden, einem andern die Fähigkeit die Geister zu unterscheiden, wieder einem andern verschiedene Arten der Zungenrede, einem andern schließlich die Gabe, sie zu deuten. Das alles bewirkt ein und derselbe Geist; einem jeden teilt er seine besondere Gabe zu, wie er will.«; I Kor 3, 21: »Daher soll sich niemand eines Menschen rühmen.«; I Kor 13, 7: »Sie [die Liebe; Anm. J. E.] erträgt alles, glaubt alles, hofft alles, hält allem stand.« Diese Zitierung und der Rekurs auf Zeugnisse neutestamentlicher Offenbarung dürfen dabei nicht in der Hinsicht missverstanden werden, dass Welte die vollendete Gestalt des Miteinanders bzw. der Gemeinde in der Jerusalemer Urgemeinde oder den paulinischen Gemeinden verwirklicht sieht. Dieser Verweis belegt die Entsprechung des Verständnisses der vollendeten Gestalt von Kirche, das sich aus den menschlichen Seinsmöglichkeiten ergibt, mit dem, das sich in den Urkunden der Offenbarung erkennen lässt. Dieser Aufweis bestätigt weiterhin den zielführenden Charakter der eingeschlagenen Richtung auf dem Weg zu einer Theorie der Kirche. Vgl. Welte, Soziologische Grundbegriffe zum Verständnis des Christentums als Kirche, 204 f.
[171] Vgl. Welte, Philosophische Soziologie im Hinblick auf das Verständnis des Christentums als Kirche, 208–210.

Die »positive« Philosophie der Kirche

dynamik des menschlichen Daseins selbst.[172] Der Mensch selbst verlangt nach der Wirklichkeit bzw. nach der wirklichen Möglichkeit dieser gnadenhaften Offenbarung als Grund der idealen Offenbarungsgemeinschaft. Keine noch so reine Möglichkeit bzw. kein noch so idealer Entwurf, so bedeutend und wesentlich sie auch erscheinen, können den Menschen in Anspruch nehmen und betroffen machen, sondern nur »Wesen und Wirklichkeit«. Daher kann nur ein realisiertes Element einer möglichen Gottesoffenbarung, das in ein menschliches Miteinander eintritt, eine adäquate und dadurch betreffend verändernde Antwort sein.[173]

Diese Wendung in den Überlegungen zur Soziologie der Kirche sucht die Lösung dieser Diskrepanz zwischen Idealbild und Wirklichkeit der Kirche in einer Vermittlung dieser beiden Antipoden, worin Welte zwei Seiten erkennt: Einerseits die Vermittlung der göttlichen Offenbarung in das raumzeitliche Dasein der Menschen und andererseits die Vermittlung der Menschen in ihrem endlichen Zeitdasein und so in der gegenwärtigen Gestalt ihrer Wirklichkeit in die Gnadenoffenbarung und das Heil Gottes. Die Möglichkeit einer unmittelbaren Offenbarung Gottes, im Verzicht auf jegliche Vermittlung, lässt sich für Welte nicht kategorisch ausschließen, doch ausgehend vom Menschen, mit seiner endlichen Perspektive, kann, unter Beibehaltung der endlichen Daseinsgestalt und ihrer Wirklichkeitsstrukturen, die Offenbarung des Heiles Gottes nur mittels einer Vermittlung geschehen. Die Unmittelbarkeit der Erscheinung Gottes und damit die Aufhebung seines Geheimnischarakters hätte die Auflösung aller Wirklichkeitsgestalt zur Folge, was eine Transformation der Wirklichkeit in ein eschatologisches Dasein zu bedeuten hätte, wodurch schließlich aber auch die schmerzliche Differenz zwischen Idealität und Realität beseitigt wäre.[174] Denn die vollendete Gegenwart der einen und ewigen Wahrheit in immanenten Strukturen, die nicht in einer Entzogenheit bzw. als Geheimnis geschieht, kann als die tragende Hoffnung der ganzen Geschichte nur als eine eschatologische Hoffnung verstanden werden, um nicht als kranke Utopie in totalitäre Systeme zu führen.[175] Versteht man aber auch die wirkliche Kirche

---

[172] Vgl. Welte, Heilsverständnis, 105.
[173] Vgl. Welte, Soziologische Grundbegriffe zum Verständnis des Christentums als Kirche, 206 f.
[174] Vgl. Welte, Philosophische Soziologie im Hinblick auf das Verständnis des Christentums als Kirche, 210–212.
[175] Vgl. Welte, Wahrheit und Geschichtlichkeit (1952), 86.

und nicht nur ihre eschatologisch verheißene Endgestalt als Offenbarungsgemeinschaft, dann braucht es ein Verständnis einer Offenbarung, die sich in die räumliche und zeitliche Daseinsgestalt vermittelt, ohne diese Strukturen aufzuheben[176]:

»[...] wenn diese Daseinsgestalt und ihre Struktur sein und bleiben soll, und das göttliche Heil soll sich darin offenbaren, [...] Dann ist es unerlässlich, [dass sich] das unbegreifliche, unverfügliche, unfassliche göttliche Leben in begreifliche, fassliche und also irdische Gestalt als ihrer Vermittlung offenbare und zur Erfahrung bringe.«[177]

In Entsprechung zum Vollzug des Miteinanders, dessen inneres Prinzip nur als verfasste Gestalt erfüllte Wirklichkeit sein kann, beschränkt sich auch hinsichtlich der Offenbarungsgemeinschaft diese Vermittlung nicht auf den göttlichen Geist als das innere, bewegende und erfüllende Prinzip, was in analoger Weise genauso einen Wirklichkeitsmangel bedeuten würde. Denn die Wirklichkeit in den Entscheidungen und den Wirkungen des Augenblicks verfasst sich als zeitliches Dasein des Menschen, so dass eine rein innerliche Inspiration durch eine Idee keinem vollständigen Leben in der Wirklichkeit entspricht.[178]

Die Suche nach dem vermittelnden realisierten Element der Offenbarung als ihrer entscheidenden Wirklichkeit führt zur Frage nach einer wirklichen, der Vermittlung angemessenen Daseinsgestalt im räumlichen und zeitlichen Dasein des Menschen, also nach einer endlichen Daseinsgestalt für die Menschen und ihr Seins- und Wirklichkeitsverständnis, die die Vermittlung einer transzendenten Offenbarung bei gleichzeitiger Wahrung dieser Daseinsgestalt ermöglichen könnte.[179] Die Vermittlung der Idealität in die Realität kann nur geschehen, wenn das Unendliche in seiner Erscheinung unter die Bedingungen der Endlichkeit tritt und damit menschlicher Erfahrung frei zugänglich wird.[180] Diese Vermittlung in die Wirklichkeit geschieht im Seinsvollzug von Menschen und dadurch in der Kon-

---

[176] Vgl. Welte, Philosophische Soziologie im Hinblick auf das Verständnis des Christentums als Kirche, 211 f.
[177] Welte, Philosophische Soziologie im Hinblick auf das Verständnis des Christentums als Kirche, 212 f.
[178] Vgl. Welte, Soziologische Grundbegriffe zum Verständnis des Christentums als Kirche, 207 f.
[179] Vgl. Welte, Philosophische Soziologie im Hinblick auf das Verständnis des Christentums als Kirche, 213.
[180] Vgl. Welte, Religionsphilosophie, 130.

Die »positive« Philosophie der Kirche

kretheit der geschichtlichen Situation, da diese den spezifischen Raum für Entscheidungen darstellt, so dass »das Wirkende sich zu seiner Wirklichkeit verdichtet für das Zeitdasein von Menschen.«[181] In der konkreten Situation findet die Idealität in die Realität als konstitutive Vermittlung, indem das Ideale als Gehalt vollzogen wird und in diesem Vollzug unter die Bedingungen der Endlichkeit tritt, wodurch es schließlich Gestalt wird. Indem sich schließlich die Offenbarung ereignet, wodurch das Unendliche Name, Ort und Zeit bekommt, vollzieht sich das Unendliche als Einheit einer konkreten Mannigfaltigkeit von offenbarenden Wirkungen, die sich dem Menschen zur Erfahrung bringen.[182]

Die innere Konsequenz dieses Gedankens besteht in der Konvergenz menschlicher Verhältnisse gegenüber einer diesen Verhältnissen angemessenen und eben durch diese Angemessenheit spezifizierten göttlichen Offenbarung. Diese Theorie der Konvenienz legt die Offenbarung nicht auf eine bestimmte Weise fest oder fixiert sie, sondern die Seinsverhältnisse des Menschen konvergieren gegen eine diesen menschlichen Verhältnissen angemessene Heilsantwort, so dass die Überlegung hinsichtlich der Offenbarung des Heiles durch diese Angemessenheit eine Zielbestimmung bekommt. Diese Suche nach Konvenienz gründet sich darin, dass der Mensch, indem er sich selbst versteht, besonders auch das ihm Zukommende und ihm Entsprechende als etwas erkennt, das sich seinem verstandenen Selbst hinzufügt. In seiner ausgezeichneten Offenheit findet sich der Mensch auf das ihm Entsprechende gerichtet, so dass die Konvenienz dieser Offenheit des Verstehens eine konkrete Richtung vorgibt. Diese das Verstehen leitende Konvenienz sucht wesentlich nach einem Maximum bzw. einem Optimum, da mit der Entsprechung auch die Verständnisfähigkeit des Menschen wächst, weshalb die optimale Angemessenheit das Verstehen auf ausgezeichnete Weise lenkt. Bernhard Welte konstatiert selbst, dass Konvenienzargumente keine Beweiskraft beanspruchen können, doch zeigt sich die Angemessenheit im Zusammenhang mit der Offenbarung und der göttlichen Heilsantwort als entscheidendes Prinzip des Verstehens.[183] Hinsichtlich

---

[181] Vgl. Welte, Soziologische Grundbegriffe zum Verständnis des Christentums als Kirche, 208.
[182] Vgl. Welte, Religionsphilosophie, 130 f.
[183] Diese Rechtfertigung und Erläuterung Weltes hinsichtlich des Konvenienzargumentes lässt auf ihren Ursprung bei Thomas von Aquin schließen, besonders auf die IIIa Pars der *Summa Theologiae*. Thomas zieht diese Methode im Rahmen eines aris-

des Heiles und der Vollendung des Menschen folgt für sein Dasein, dass es nach der Konvenienz zwischen dem Vorverständnis des Heiles und der eigenen heilsdifferenten Faktizität suchen muss, um das Angemessenste zu verfolgen. Das menschliche Dasein versucht, der von ihm erkannten und ihm konvenienten Heilserfahrung und -offenbarung in seinem Seinsverständnis zu entsprechen und so sich von ihnen geprägt zu erfahren.[184]

In seiner positiven Philosophie der Kirche als philosophischer Theorie einer Gemeinschaft unter dem Einfluss einer göttlichen Offenbarung betrachtet Welte einerseits die mögliche Wirklichkeit der Offenbarung des Heiles im menschlichen Zeitdasein und andererseits das spezifische Geprägtsein einer Gemeinschaft vom Ereignis der Offenbarung. Diese Überlegungen stellen keine zwingend logische Folgerung aus der Theorie des Miteinanders dar, aber sie versuchen auf philosophischem Wege die durch göttliche Offenbarung vollendete pneumatische Gemeinschaft in die Wirklichkeit mensch-

---

totelischen Wissenschaftsideals zur Erfassung der Geschichte heran. Es geht dabei um das Verstehen des Inhalts des christlichen Glaubens, der vorwiegend Geschichte ist. Das Konvenienzargument wird dabei zum Medium, die Freiheit Gottes, die Unableitbarkeit der Geschichte und die Bedingungen eines soweit als möglich wissenschaftlichen Verstehens des Glaubens zusammenzubringen. (Vgl. Pesch, Thomas von Aquin, 320.) Für das methodische Unterfangen der Konvenienz zeigt es sich als charakteristisch, sich nicht nur mit dem Hinweis auf den freien Willen Gottes als Begründung zu begnügen, sondern nach Gründen vor und außerhalb des göttlichen Ratschlusses zu suchen, v.a. nach essentiell-strukturellen Gründen. Als entscheidend erscheint Thomas, wie auch Bernhard Welte, dass jegliche eruierte Angemessenheitsgründe niemals als Motive göttlichen Handelns gelten noch mit irgendeinem Notwendigkeitsanspruch versehen werden können. Aber zugleich darf das Konvenienzkriterium nicht nur lediglich der Indikator eines unvollkommenen theologischen Erkennens sein, wie Marie-Dominique Chenu es äußerte (Vgl. Chenu, Das Werk des Hl. Thomas von Aquin, 347 f.), worauf sich mit Max Seckler anworten lässt: »[A]ber mit der ›Angemessenheit‹ ist nicht ein defizienter Erkenntnismodus ausgesagt, sondern das logisch notwendige Apriori freien geschichtlichen Geschehens. Wesensstrukturen nötigen nicht zum Handeln, aber wo gehandelt wird, geschieht dies in Entsprechung zu ihnen. Gott mußte die Welt nicht schaffen, aber da er sie schuf, schuf er sie nach seinem Bild und Gleichnis. Hier aber wird durch Thomas die Wesenstruktur durch Rekurs auf die genannte zweifache Angemessenheit (Thomas nennt sie *ratio naturae*) bestimmt: das Wesen Gottes als Selbstmitteilung des Guten; das Wesen der geschichtlichen Selbstmitteilung *per visibilia*.« (Seckler, Das Heil in der Geschichte, 45 f.) Zum Konvenienzargument vgl. Nieden, Organum deitatis, 42 f.; vgl. Pesch, Der Urstand des Menschen, 136.

[184] Vgl. Welte, Heilsverständnis, 159–161.

lichen Miteinanderseins zu vermitteln und so das Phänomen Kirche zu beleuchten.

a) Begegnung als Vermittlung von Idealität und Realität

Der grundlegendste Gedanke in der Suche nach optimaler Konvenienz zwischen den Menschen und der göttlichen Offenbarung besteht darin, dass die mögliche Offenbarung des transzendenten Heiles in der Immanenz des Daseins als ein Gegenwärtiges sich ereignet und begegnet. Die Offenbarung des Heiles muss sich dabei in der Immanenz als Zeichen zu erfahren geben, da sich ein Zeichen dadurch auszeichnet, sich als gegenwärtiges Zeigendes so zu erfahren zu geben, dass sich in der Gegenwärtigkeit des Zeigens zugleich ein ungegenwärtiges und transzendentes Zeigendes dem menschlichen Dasein kundgibt.[185] Die Ausrichtung des menschlichen Seinsverständnisses auf Heil lässt das menschliche Dasein ein solches Heilszeichen verstehen, wodurch sich das Transzendente in der Immanenz anzeigt und der Mensch zum entscheidenden Zeugen der Wahrheit und des Heiles wird.[186]

In der Sprache und den sprachlichen Erscheinungen findet Welte die ausgezeichnete und angemessenste Daseinsgestalt für die immanente Kundgabe des ewigen Heiles, da sie als Welt vergänglicher Zeichen sowohl alles Seiende als auch das Unendliche bzw. Unvergäng-

---

[185] Welte verweist selbst auf die Nähe seines Begriffs von Zeichen zu Heideggers Begriffsdarstellung von Phänomen in *Sein und Zeit:* »[...] ›Phänomen‹ ist daher *festzuhalten: das Sich-an-ihm-selbst-zeigende, das Offenbare.*« (Heidegger, Sein und Zeit, 28.) Zudem lässt sich in Heideggers frühen Freiburger Vorlesungen eine auch für Welte wesentliche Ergänzung hinsichtlich des Phänomens finden. Denn Heidegger stellt es auch in den Kontext der Erlebnisse bzw. Erfahrungen, so dass als Phänomen zu definieren ist, was eine Sinnganzheit ausmacht, in der sich drei grundlegende Sinnrichtungen differenzieren lassen, nämlich Gehaltssinn, Bezugssinn und Vollzugssinn: »Jede Erfahrung – als Erfahr*en* wie als Erfahr*enes* – kann ›ins Phänomen genommen werden‹ [...] Diese drei Sinnesrichtungen (Gehalts-, Bezugs-, Vollzugssinn) stehen aber nicht einfach nebeneinander. ›Phänomen‹ ist Sinnganzheit nach diesen drei Richtungen.« (Heidegger, Phänomenologie des religiösen Lebens, 63.) Besonders hinsichtlich der Performativität der hermeneutischen Intuition vgl. Cimino, Phänomenologie und Vollzug, 119–122.
[186] Vgl. Welte, Heilsverständnis, 161 f. Diese Differenzierung in Zeichen und Subjekt soll aber nicht als Trennung manifestiert werden, sondern dient dazu, sie in ihrem Ineinander ernst zu nehmen. Vgl. Meyer-Blanck, Vom Symbol zum Zeichen, 140–142.

liche in sich birgt und dem Menschen entbirgt.[187] Indem sich alle Erfahrungen des Menschen in der Sprache formen, erscheint sie als der universale Horizont, so dass sich auch das menschliche Seinsverständnis in der Sprache vollzieht, weshalb der Mensch immer schon dem Zuspruch der Sprache offen gegenübersteht und seine verstehende Offenheit durch die Sprache artikuliert findet.[188] Dieses Geschehen der Sprache gibt es niemals als ein neutrales an sich, sondern entspringt einem personalen Grunde und bewegt sich immer in einem kopersonalen Bereich, so dass sie in den Bereich des interpersonalen und mitmenschlichen Glaubens führt. Die Sprache wird so zum personalen Zuspruch, in dem die Initiativkraft vom Sprechenden ausgeht, der sich mit dem Gesagten identifiziert und sich selbst mit der Sache aussagt, wodurch der Sprechende im Sprechen in Ein-

---

[187] Vgl. Hemmerle, Wahrheit und Zeugnis, 222: »Es ist gerade die Souveränität des Wortes Gottes, daß es Wort Gottes *bleibt*, indem es sich selbst die Knechtsgestalt des Menschenwortes zumutet. Hier tritt das Phänomen des Zeugnisses in unseren Blick: Das Zeugnis erbringt die Wirklichkeit, von der es zeugt, in den Horizont derer, denen es Zeugnis gibt. Daß das Bezeugte den Hörern nicht *selbst* verständlich ist, verschränkt sich im Zeugnis damit, daß es ihnen doch *verständlich* wird. Im Zeugnis ist die Stätte zu vermuten, an welcher sich unvermischt und ungetrennt die Gleichzeitigkeit von göttlichem Geheimnis und menschlichem Denken gewährt.« Vgl. dazu Görtz, Das Subjekt und das »Heilige« im »Grundakt« des Erzählens, 116 f.

[188] In diesem Zusammenhang von Offenbarung, Zeichen und Sprache wird deutlich, dass nicht nur im Allgemeinen, sondern besonders im religiösen bzw. theologischen Sprachgebrauch sich eine gedankliche Verwandtschaft von Welte und Ebeling erkennen lässt. Denn Ebeling nennt die Sache der Theologie ein Geschehen – er spricht dabei von Wortgeschehen und Sprachereignis (Ebeling, Einführung in theologische Sprachlehre, 65: »Die Theologie gründet nicht in sich selbst und findet auch ihre Erfüllung nicht in sich selbst. Sie dient einem Sprachgeschehen außerhalb ihrer selbst. Sie ist an eine bestimmte Überlieferung gebunden und auf sie angewiesen, deren Kern darin besteht, daß durch Jesus Christus die Welt verändert *ist*. Und sie bleibt auf das Geschehen ausgerichtet, in dem diese Überlieferung weitergesagt und gelebt wird, in dem also das, was durch Jesus Christus sich ereignet hat, Ereignis bleibt.«) – und stellt für den theologischen Sprachgebrauch drei fundamentale Kriterien auf, nämlich die Präsenz des Verborgenen, die Wortsituation und die Weltveränderung. Die Theologie und die religiöse Rede würde demnach ihr entscheidendes Thema verlieren, wenn das Sprechen von Gott entbehrlich wäre, die Kategorie des Einzelnen aufgegeben würde und sie auf die Veränderung der Realität zu verzichten hätte: »[…] daß man das Thema der Theologie verloren hat, wenn man nicht mehr davon in Anspruch genommen ist, was die Stichworte ›Präsenz des Verborgenen‹, ›Wortsituation‹ und ›Weltveränderung‹ zu denken geben.« (Ebeling, Einführung in theologische Sprachlehre, 69.) Vgl. Grabner-Haider, Semiotik und Theologie, 149.

heit mit dem Inhalt den Sinn- und Wahrheitsanspruch einer Sache garantiert[189]:

»Du bezeugst in deinem Wort, was du denkst und was du willst und vor allem: Du bezeugst, was du bist. Du legst gerade das, was du als Person und damit unverwechselbar bist, so in dein Wort, daß du für das Vorgebrachte einstehst und dich dafür verbürgst.«[190]

Das Bezeugen stellt als elementare Handlung des Glaubens eine Verbindung von assertorischem Sachbezug und Selbstbezug dar[191], was bedeutet, dass in dieser Sprache des Zeugnisses der Sprechende unter Einsatz seiner selbst die Wahrheit und den Anspruch des Gesprochenen bezeugt, was zur Folge hat, dass Bezeugen sowohl ein Tun des Zeugen als auch ein Wirken der Wahrheit selbst meint, so dass das eine Geschehen des Zeugnisses einen doppelten Ursprung offenbart, einerseits den Zeugen und andererseits in seiner Ursprünglichkeit die Wahrheit selbst.[192] Der Angesprochene hat deshalb nicht nur den Inhalt zu verstehen, sondern die Bezeugung der Wahrheit des Inhaltes und den Anspruch des Gehaltes vom Bezeugenden anzunehmen und ihm dahingehend vertrauend zu glauben. Die Konvenienz liegt nun darin, dass, insofern sich das Heil als Zeugnis kundgibt und zu glauben ist, dem Vernehmenden zwar die Möglichkeit des Verstehens eingeräumt wird, er sich aber nicht des Heiles bemächtigen kann, da der Grund dieses Geschehens nicht die beherrschende Übersicht über den Gehalt des Zeugnisses ist, sondern die Glaubwürdigkeit des Bezeugenden.[193]

Diese Kundgabe als Zeugnis bzw. der personale Zuspruch hat seinen spezifischen Ort im Zusammenhang von Personalität und

---

[189] Vgl. Welte, Was ist Glauben?, 55.
[190] Welte, Was ist Glauben?, 55.
[191] Für Arens gehört das Bezeugen im Zusammenhang der religiösen Sprachhandlungen zur Verkündigung, so dass eben im Bezeugen eine gemachte entscheidende Erfahrung und gewonnene Einsicht anderen aus der Betroffenen- und Beteiligtenperspektive unter dem Einsatz der eigenen Person mitgeteilt wird. Vgl. Arens, Religiöse Sprache und Rede von Gott, 49 f.
[192] Vgl. Hemmerle, Wahrheit und Zeugnis, 230 f.
[193] Vgl. Welte, Heilsverständnis, 163–168. Im Zeugnis zeigt sich ein wesentlicher Zusammenhang zwischen Glaube und Vernunft. Denn diese Bindung an den Freiheitsvollzug, der als glaubwürdiges Zeugnis den Glauben bewährt und bewahrheitet, kann der Glaubende wiederum von einer sich wesentlich pragmatisch verstehenden kommunikativen Vernunft annehmen und sich darin mit ihr vereint wissen. Vgl. Schmidt, Ein Dialog, in dem es nur Gewinner geben kann, 92 f.

Miteinander, so dass sich zugleich die Frage nach einer konvenienten Situierung beantwortet. Die personale Begegnung vollzieht sich nie in sachlicher, verfügender oder feststellender Art, sondern in der Begegnung von Ursprung zu Ursprung bzw. von Freiheit zu Freiheit ereignet sich ein reziprokes Geschehen der Hingabe und Annahme von Ich und Du, worin sich durch die Vermittlung der Sprache die Unmittelbarkeit und die Lebendigkeit des Zeugnisses des Heiles kundgeben kann.[194] In der Auseinandersetzung mit der Gestalt des Miteinanders und der Suche nach seinem entscheidenden Gehalt wurde deutlich, dass die Begegnung mit einer konkreten Person das entscheidende Moment der Wirklichkeit einer konkreten Situation ist und erst das *Wir-miteinander* bzw. der personale Bezug in der Begegnung eine Situation ergibt. Denn im Vollzug dieses Geschehens eröffnet sich der entscheidende Augenblick als die ausgezeichnete Gegenwart, so dass sich eine Einheit von Einmaligkeit und Universalität einstellt. Im Akt der Begegnung konkretisiert und personalisiert sich die Geschichte als persönliches Schicksal und somit als das erfüllte und entscheidende Jetzt.[195] Mit dieser Verortung des Geschehens der Offenbarung in der Begegnung und im Miteinander legt Welte eine personale Grundlage für die Offenbarung und antwortet so auf den Anspruch, den Henri de Lubac in *Catholicisme* formuliert, dass nämlich die Offenbarung in Jesus den Menschen zugleich allgemein und innerlich machen soll, also in einem die Person und die Gemeinschaft bildet.[196] Denn in diesem Geschehen ergeht zwar der Anspruch der Offenbarung an jede individuelle Person, aber die Offenbarung des Heiles erweist sich doch als ein soziales Ereignis[197], so dass mit der Offenbarung die transzendente und die soziale Bestimmung des Menschen eine Antwort erhält, die einen personalen und geschichtlichen Grund legt für ihre Hoffnung auf Vollendung.[198]

---

[194] Vgl. Welte, Heilsverständnis, 168–173.
[195] Vgl. Welte, Die Person als das Un-begreifliche, 120–124.
[196] Vgl. Lubac, Katholizität als Gemeinschaft, 300f.: »Er [der Geist Christi; Anm. J. E.] gräbt im Menschen neue Tiefen aus, die ihn den ›Tiefen Gottes‹ anpassen und wirft ihn zugleich aus sich selbst hinaus bis hin an die Grenzen der Erde. Er macht zugleich allgemein und innerlich. Er bildet in einem die Person und die Gemeinschaft.«
[197] Vgl. Lubac, Katholizität als Gemeinschaft, 74: »Wie die Offenbarung und die Erlösung, die zwar an jede Seele unmittelbar gelangen, grundsätzlich doch nicht individuell, sondern sozial sind […]«
[198] Vgl. Lubac, Katholizität als Gemeinschaft, 314: »Denn eine transzendente Bestimmung, die ihrerseits die Existenz eines transzendenten Gottes voraussetzt, ist die notwendige Bedingung zur Verwirklichung einer wahrhaft gemeinschaftlichen Bestim-

Die »positive« Philosophie der Kirche

Dies greift Welte nun in seiner positiven Philosophie der Kirche und seinen Überlegungen zur Konvenienz der Offenbarung auf, um zu zeigen, dass die Offenbarung als eine innergeschichtliche Einheit von Augenblick und Ereignis bzw. des augenblicklichen Ereignisses geschehen muss, da darin die höchste und aller Möglichkeit vorgehende Wirklichkeit besteht.[199] In der personalen Begegnung öffnet sich der Offenbarung der ausgezeichnete Raum der Wirklichkeit, denn darin vermittelt sich die Wirklichkeit auf besondere und entscheidende Weise, wenn die Begegnung mit einem Menschen persönlich und konkret betrifft, den Menschen anspricht und ihn zur Entscheidung und zum Engagement herausfordert. Mit der Bedeutung der personalen Begegnung wächst auch ihr Wirklichkeitsgehalt und so ihr Anspruchscharakter bzw. ihr Ruf zur Entscheidung, so dass zugleich ihr offenbarender Charakter immer deutlicher wird. Wenn nun das absolut Bedeutende bzw. der entscheidende Sinn des Daseins, also die vollendete Offenbarung Gottes, in konkreter personaler Begegnung sich vollzieht und in Anspruch nimmt, dann vollzieht sich Unendliches in der personalen Entscheidung des personal angerufenen Glaubens. Geschieht also das Unendliche und das Vollendete offenbarend in einem personalen Appell und Anspruch, dann entsteht ein wirklicher Augenblick und höchste Wirklichkeit, so dass das Geschehen der Begegnung und der Entscheidung von der Ewigkeit erfüllt ist und das Unendliche bzw. Ewige ganz Wirklichkeit wird, die sich in ihre entscheidende Bedeutung steigert.[200] Indem sich in der personalen Begegnung das Ewige und Bedeutungsvolle als Wirkliches zusprechen kann, besteht in ihr das entscheidende Geschehen der Vermittlung, in dem Idealität und Realität zu einer Einheit finden.[201]

Zusätzlich zu diesem ausgezeichneten Gehalt an Wirklichkeit zeigt sich die Begegnung entscheidend durch ihre innere und wesentliche Einmaligkeit geprägt. Diese Einmaligkeit, die sich von jeder Beliebigkeit, Variabilität und Potentialität absetzt, lässt die unendliche

---

mung, d. h. zur konkreten Begründung einer Menschheit. Andernfalls widmete man sich in Wahrheit nicht der Menschheit: sondern abermals [...] nur anderen Individuen [...]« Zu Person und Gemeinschaft vgl. Schnackers, Kirche als Sakrament und Mutter, 68 f.
[199] Vgl. Welte, Soziologie der Religion, 140.
[200] Vgl. Welte, Soziologische Grundbegriffe zum Verständnis des Christentums als Kirche, 210–212.
[201] Vgl. Welte, Philosophische Soziologie im Hinblick auf das Verständnis des Christentums als Kirche, 215.

Offenbarung zugleich eine konkrete und einmalige werden, so dass in diesem Ereignis der Begegnung die Offenbarung zu einer absoluten Konkretion für den Menschen wird. Begegnung wird dadurch zum Wirklichsten, Wesentlichsten und Menschlichsten, also zu dem, was den Menschen in Entscheidung, Treue und Ernst ganz Mensch werden lässt.[202]

Die optimale Konvenienz personaler Begegnung und des in ihr möglichen personalen Zuspruchs und personalen Glaubens belegt hinsichtlich des Heilsverständnisses menschlichen Daseins die ausgezeichnete Weise, wie in der Sprache sich dem Menschen immanent das transzendente Heil zusprechen kann. Denn insofern Menschen in ihrem Ausgriff und in ihrer Hoffnung auf das vollendende eschatologische Heil nach Heilszeichen in der Wirklichkeit suchen, erweist sich der in personaler Begegnung zeigende Anspruch, der den ganzen Sinn- und Heilsbezug des Menschen betrifft, als dem Daseins- und Sinnverständnis des Menschen einzigartig angemessen. Denn nur eine personale Gewissheit, die sich aus der Begegnung gewährt, kann den Menschen in seiner Ganzheit begründen und ihn auch alle seine Sach- bzw. Weltbezüge in seinen Sinn- und Heilsbezug aufnehmen lassen. In diesem Zusammenhang der Begegnung, der den personalen Zuspruch und den personalen Glauben in der höchsten Form von Wirklichkeit zusammenschließt, geschieht Offenbarung dem ganzen wie umfassenden Heilsbezug und dem Heilsverständnis des menschlichen Daseins am angemessensten, so dass das ausgezeichnete Geschehen der Vermittlung von transzendentem Heil bzw. gewährender Offenbarung Gottes und der Realität des menschlichen Daseinsvollzuges gefunden ist[203]:

»Wir können also sagen, die Vermittlung der möglichen Gnadenoffenbarung Gottes in die Realität des Zeitdaseins ist […] vollendet, wenn die viele einende und begeisternde Offenbarung Gottes eintrifft in der Gestalt eines konkret-geschichtlichen Menschen und seines konkret-personalen Anspruchs, jeden, an den er ergeht, in die keine Möglichkeiten offenlassende Situation und ihre Einmaligkeit stellend, dass er sich angesichts dieses Menschen und seiner Botschaft einmal für immer engagiere.«[204]

---

[202] Vgl. Welte, Soziologische Grundbegriffe zum Verständnis des Christentums als Kirche, 210–214.
[203] Vgl. Welte, Heilsverständnis, 180 f.
[204] Welte, Philosophische Soziologie im Hinblick auf das Verständnis des Christentums als Kirche, 215 f.

Die Konvenienz des Eintritts der Offenbarung in die Wirklichkeit im Geschehen der personalen Begegnung und damit die entscheidende Vermittlung von Idealität und Realität bestätigt sich auch ausgehend von Weltes Theorie zu Personalität und Miteinander. Denn in demselben Maße, in dem das Unbedingte wahrer und somit unverborgener im Leben des Miteinanders erscheint, steigert sich auch die Angemessenheit dieses Miteinanders gegenüber seinem wahren Wesen.[205] In den entscheidenden menschlichen Erfahrungen, wie z. B. in Treue, Liebe, Schuld und Vergebung, erkennt Welte das Allumfassende und Unbedingte nicht mehr nur als das ausstehende und zukünftige Worum-willen, sondern eben auch als »das sich zeitigende Jetzt des großen Augenblicks.« Das Geschehen der Begegnung sieht Welte daher immer unter dem Zu- und Anspruch des Ewigen und Unbedingten, so dass Miteinander und Personalität ihrem Wesen nach Antwort sind und daher die Begegnung und das Gespräch sich in diesem »höheren Sinn ver-antwortend« zeigen.[206]

b) Absolute Konkretion in Vollzug und Gestalt der geschichtlichen Gemeinde

Der leitende Gedanke der Konvenienz führt Welte nun zur Möglichkeit der unbedingten Konkretion, was bedeutet, dass der entscheidende Zuspruch von einer einzigen Person ausgeht als ein personaler Anspruch, der als *einziger* das Dasein *ganz* beansprucht. Dabei zeigt sich das Unbedingte wiederum auf eine ambivalente und reziproke Weise konkret: Denn das allumfassende ewige Heil als die Offenbarung des Unbedingten konkretisiert sich in einem einzigen Du und seinem personalen Zuspruch, was wiederum Annahme und Aufnahme findet, wenn das menschliche Dasein in seinem Interesse an dem Unbedingten als dem allumfassenden ewigen Heil sich auf ein einziges Du und

---

[205] Vgl. Welte, Die Person als das Un-begreifliche, 132.
[206] Vgl. Welte, Die Person als das Un-begreifliche, 134. Zum Zusammenhang von Zeugnis, Wahrheit und Wesen des Menschen, auch hinsichtlich des Miteinanderseins vgl. Hemmerle, Wahrheit und Zeugnis, 234 f.: »Der Mensch als Zeuge der Wahrheit, dies sagt zugleich das Bleibende und Einende des Menschenwesens und der Anwesenheit der Wahrheit beim Menschen aus, zugleich aber auch die unabsehbare Geschichtlichkeit des Menschen und der Wahrheit des Menschen. Weil im Zeugnis die Wahrheit selbst und die Zeit zusammengehören, gehören beide auch im Menschen und unter Menschen zusammen.«

dessen Zuspruch konzentriert.[207] Dieser ausgezeichnete personale Anruf, der inmitten der empirischen Pluralität den Menschen anspricht und auf den sich dieser glaubend gründen kann, ermöglicht aus der Dispersität des menschlichen Daseins in einem einzigen und unvergleichlichen Du eine grundlegende Einheit zu finden.[208] Indem dieser einzige und einzigartige personale Ruf dem menschlichen Dasein Einheit, Ganzheit und Wirklichkeit gewähren kann, zeigt sich auch die Konvenienz des personalen Anrufes dem menschlichen Wesen gegenüber, dem dadurch Festigkeit, Eindeutigkeit und Einmaligkeit inmitten der Gefährdung seines Heils- und Sinnbezuges geschenkt wird. Die personale Einzigkeit und damit die absolute Konkretion in einer einzigen und dadurch einzigartigen Begegnung erweist sich für den personalen Glauben als das Angemessenste, so dass für das Unbedingte bzw. das Heil der göttlichen Offenbarung in diesem Geschehen das Optimum an Konvenienz einer möglichen Vollendung besteht.[209]

In seinen soziologischen Vorlesungen betrachtet Welte diese Konvenienz des personalen Zuspruches und des personalen Glaubens hinsichtlich ihrer gemeinschaftlichen Ausprägung und in ihrer Auswirkung auf Gestalt und Vollzug des Miteinanders. Indem Gottes Gnade bzw. seine Heilsoffenbarung in der absoluten Konkretion eines personalen und geschichtlichen Anrufs geschieht, vollzieht sie sich dem Menschen auf angemessenste Weise und konstituiert eine pneumatische Gemeinde, deren inneres Prinzip eine wirkliche Außenseite findet und deren Pneuma bzw. deren Geist im Vollzug als Offen-

---

[207] Vgl. Welte, Heilsverständnis, 183 f. Feige sieht in diesem Geschehen die zweifache Absolutheit der unbedingten Konkretion. Vgl. Feige, Geschichtlichkeit, 326; vgl. dazu auch Bonvincini, Compimento e rischio nell'accadimento della fede, 175–179.

[208] Dieses personale Ereignis, das alles und alle absolut betrifft, aber als dieses dem menschlichen Interesse entgegenkommt, verhilft dem Menschen zu einer Konzentration auf die geschichtliche Wirklichkeit Jesu Christi, die das menschliche Dasein zugleich auf die unausdenkbare Gnade Gottes hoffen lässt. Vgl. Welte, Kierkegaard und die Voraussetzungen des Christentums, 160–162. Zu Weltes Überlegungen zum personalen Glauben als Ereignis der Freiheit in Auseinandersetzung mit Kierkegaard vgl. Nebel, Glauben als Ereignis der Freiheit, 194–202.

[209] Vgl. Welte, Heilsverständnis, 184–186. Zum Gedanken der absoluten Konkretion, v. a. im Zusammenhang mit der Offenbarung in Jesus Christus und der absoluten Betroffenheit des Menschen, vgl. Welte, Das Wesen des Religiösen nach Augustins Confessiones, 116: »Aber eben deswegen ist in einem solchen Verhältnis der absoluten Konkretion auch erst die volle Wirklichkeit der Wahrheit meines Herzens, da das Konkrete der Zeitlichkeit nun einmal der Ort der Wirklichkeit unserer Gegenwart ist.«

barung zugleich ganz Wirklichkeit ist, so dass das Miteinander Vollendung findet. Denn hinsichtlich seines Wesens vollendet sich das Miteinandersein, wenn Gott sich offenbart und dadurch das verborgene *principium unificans* des Miteinanderseins erscheint und einend erfahrbar wird, indem es die Menschen begeistert. Die pneumatische Gemeinde vollendet sich hinsichtlich der Realität ihrer Gestalt und ihres Vollzugs im Zeitdasein, wenn die Offenbarung Gottes eintrifft, betrifft und begeistert in der Gestalt konkreter, geschichtlicher und personaler Einmaligkeit in einem konkreten individuellen Menschen. In dieser absoluten unbedingten Konkretion eines einmaligen personalen Anspruchs offenbart sich vielen Menschen das Unendliche, wodurch das Miteinandersein in der Tiefe, Höhe und Weite seines Vollzuges bestimmt und vollendet wird. Dieser personale Anruf und Anspruch ermöglicht den davon betroffenen Personen im Glauben ganz wirklich zu werden, da die Menschen aus der Gefährdung der Pluralität ihrer Möglichkeiten durch die entscheidende Einmaligkeit in die Entschiedenheit gerufen sind und in dieser Bindung vollständiger Entschiedenheit und Treue der menschliche Seinsvollzug zu seiner eigentlichen Größe findet, indem sich in dieser Bindung das Miteinander wirklich und frei leben und vollziehen lässt[210]:

»Und von Seiten des zu erhoffenden Zeichens der Gunst des göttlichen Grundes ist ein eben solches notwendig, damit es mich in Wirklichkeit trage, d. h. meine wirkliche und nicht bloß ausgedachte Freiheit ermögliche: daß ein geschichtlich-konkret Erscheinendes fürs Ganze sich als mich-tragend bezeuge und die unendliche Konkretion meines Glaubens fürs Ganze einfordere. Nur in einem solchen Verhältnis steigt alles ins Vollmaß der Wirklichkeit.«[211]

In Anlehnung an Kierkegaard macht Welte deutlich, dass Glaube ein Freiheitsakt ist.[212] Als ein solches Ereignis der Freiheit kennt nun die

---

[210] Vgl. Welte, Soziologische Grundbegriffe zum Verständnis des Christentums als Kirche, 214 f.
[211] Welte, Katholizität und Vernunft, 91.
[212] Vgl. Kierkegaard, Philosophische Brocken oder ein Bröckchen Philosophie, 80: »Im Gegensatz hierzu zeigt es sich nun leicht, daß der Glaube keine Erkenntnis ist, sondern ein Freiheitsakt, eine Willensäußerung. Er glaubt das Werden, und hat denn also in sich die Ungewißheit aufgehoben, welche der Nichtigkeit des Nicht-Seienden entspricht; [...] Des Glaubens Schluß ist nicht Schluß, sondern Entschluß, und daher ist der Zweifel ausgeschlossen.« Diese Überlegungen zu Glauben als freie Tat bzw. Freiheitsakt in Kierkegaards *Philosophische Brocken* führen ebenfalls in die entscheidende Begegnung mit einem Lehrer, in der der Mensch die Wahrheit des Lehrers als

unbedingte Konkretion keinerlei Verfügung über die innersten konkreten Möglichkeiten anderer Menschen, so dass auch hinsichtlich der Betroffenheit von göttlicher Offenbarung in Bezug auf andere Menschen nichts gefordert werden kann, da die freie Heilsoffenbarung Gottes durch das Zeugnis des einen Zeugen in Bezug auf den Menschen nichts festlegt, aber ihm alles ermöglicht.[213] Als ein Freiheitsgeschehen führt die unbedingte Konkretion eben gerade nicht in eine Isolation, sondern die Gnade Gottes offenbart sich für viele Menschen und öffnet sich gerade im einzelnen Menschen für viele, indem der sich daraus ergebende Vollzug des Miteinanders von diesem personalen Anruf und Anspruch Zeugnis geben kann und ihn so wirklich werden lässt. Dies geschieht als gemeinsame »Entschlossenheit (des Glaubens) und Zusammengeschlossenheit aller auf den einen personalen Anruf hin«, so dass das wirkliche Zeugnis dieses glaubenden Vertrauens das entstehende Miteinander in die Realität vermittelt und so den wirklichen Vollzug des Miteinanders konstituiert.[214] Denn die unbedingte Konkretion ermöglicht dem Menschen eine ursprüngliche Bezogenheit in wirklicher Begegnung und wesentlichem Gespräch. Darin besteht der entscheidende Vollzug der Offenbarung, da der Mensch dem Menschen die Welt eröffnet und sich alles im mitmenschlichen Raume ereignet, wodurch sich alles sprachlich äußert und darin die Sprache ihre eigentliche und primäre offenbarende Macht hat.[215] Hat der Mensch in der einmaligen und eindeutigen per-

---

Anspruch an sich und die Bedingung zur Annahme dieser Wahrheit als Geschenk des Lehrers erfährt. Es ist der Augenblick der Begegnung zwischen dem endlichen Menschen und dem in konkreter geschichtlicher Situation menschgewordenen Gott. Denn in dieser Synthesis von Ewigkeit und Zeit, die von Gott in seiner Menschwerdung gesetzt ist, kann der Mensch in seiner Subjektivität als er selbst beansprucht werden: »Selbst wenn die gleichzeitige Generation nichts anderes hinterlassen hätte als die Worte: ›Wir haben geglaubt, daß der Gott anno so und so sich gezeigt hat in der geringen Gestalt eines Knechts, unter uns gelebt und gelehrt hat, und alsdann gestorben ist‹ – das ist mehr als genug. [...] diese kleine Anzeige, dies weltgeschichtliche N. B. reicht zu, um Veranlassung zu werden für den Späteren; und der umständlichste Bericht kann doch in alle Ewigkeit kein Mehr für den späteren werden.« (Kierkegaard, Philosophische Brocken oder ein Bröckchen Philosophie, 101.) Vgl. Bongardt, Der Widerstand der Freiheit, 251–253. Zur Problematik hinsichtlich der Subjektivität in diesem Zusammenhang vgl. Disse, Kierkegaards Phänomenologie der Freiheitserfahrung, 181–184.

[213] Vgl. Welte, Heilsverständnis, 188.
[214] Vgl. Welte, Philosophische Soziologie im Hinblick auf das Verständnis des Christentums als Kirche, 216 f.
[215] Die Begegnung und damit verbunden die Sprache als der entscheidende Ort und

Die »positive« Philosophie der Kirche

sonalen Betroffenheit der Offenbarung die tragende Basis für seinen Glauben und sein Vertrauen erkannt und vertraut er sich dem Offenbarer und seinem Heilsanspruch an, so wird er offen für jeden und betroffen von jedem anderen ursprünglichen Ruf, den er aufgrund des eigenen ursprünglichen Glaubens annehmen und deuten kann. Somit entsteht darin ein wirkliches Miteinander als eine Verbindung von Ursprung zu Ursprung, die über alle Fremdheit hinweg sich austauschen kann, entsprechend wie Welte es mit Hölderlins Wort als »Kampf der Liebenden«[216] charakterisiert und diesen Terminus im Kontext von Jaspers' Überlegungen zur Chiffernwelt deutet.[217] Denn

---

das ausgezeichnete Geschehen für Weltvermittlung und Offenbarung bestätigt Welte mit dem Verweis auf die aristotelische Bestimmung des Menschen als ζῷον λόγον ἔχον. (Vgl. Welte, Philosophische Soziologie im Hinblick auf das Verständnis des Christentums als Kirche, 218.) Aristoteles versucht damit zu zeigen, dass im Sein-in-der-πόλις das eigentliche Leben der Menschen besteht. Denn indem das Sein der Menschen λόγον ἔχειν ist, wird darin ein fundamentaler Charakter des Daseins des Menschen sichtbar, nämlich das Miteinandersein, und zwar im Sinne wirklicher Kommunikation, Mitteilung, Widerlegung und Auseinandersetzung. Diese Seinsbestimmung des Menschen zeigt für Aristoteles, dass die πόλις ein Zusammensein charakteristischer Art ist, nämlich die eigene Seinsmöglichkeit, die im eigenen Sein beschlossen und vorgezeichnet liegt, so dass sie eben keine äußerliche Hinzufügung des Menschen sein kann: »οὐθὲν γάρ, ὥς φαμέν, μάτην ἡ φύσις ποιεῖ, λόγον δὲ μόνον ἄνθρωπος ἔχει τῶν ζῴων. ἡ μὲν οὖν φωνὴ τοῦ λυπηροῦ καὶ ἡδέος ἐστὶ σημεῖον, διὸ καὶ τοῖς ἄλλοις ὑπάρχει ζῴοις· μέχρι γὰρ τούτου ἡ φύσις αὐτῶν ἐλήλυθεν, ὥστε αἰσθάνεσθαι τοῦ λυπηροῦ καὶ ἡδέος καὶ ταῦτα σημαίνειν ἀλλήλοις. ὁ δὲ λόγος ἐπὶ τῷ δηλοῦν ἐστι τὸ συμφέρον καὶ τὸ βλαβερόν, ὥστε καὶ τὸ δίκαιον καὶ τὸ ἄδικον. τοῦτο γὰρ πρὸς τἆλλα ζῷα τοῖς ἀνθρώποις ἴδιον, τὸ μόνον ἀγαθοῦ καὶ κακοῦ καὶ δικαίου καὶ ἀδίκου καὶ τῶν ἄλλων αἴσθησιν ἔχειν. ἡ δὲ τούτων κοινωνία ποιεῖ οἰκίαν καὶ πόλιν.« (Aristot. Pol. A, 2, 1253a, 9–18.) Vgl. Heidegger, Grundbegriffe der aristotelischen Philosophie, 45–49. Dieser wesentliche Zusammenhang begründet sich dadurch, dass der λόγος die Aufgabe hat, die Welt offenbar zu machen und zwar in einem Vollzugscharakter. Dies geschieht eben dadurch, dass die Welt zur Sprache gebracht wird, indem zu jemandem gesprochen wird bzw. jemandem etwas mitgeteilt wird. Der λόγος trägt somit den Charakter des bestimmten Mitteilens, so dass »*Sprechen* [...] *an ihm selbst Mitteilen* [ist] und als Mitteilung nichts anderes als κοινωνία.« (Vgl. Heidegger, Grundbegriffe der aristotelischen Philosophie, 59–61.) Vgl. Riedel, Art. Gemeinschaft, 241 f.

[216] Welte, Heilsverständnis, 189. Ausgehend von der Art, wie Welte mit Jaspers den Kampf und Streit hier erläutert, lässt sich annehmen, dass sich sein Verweis auf Hölderlin auf die berühmte Schlussvision von Hyperion bezieht: »›Wie der Zwist der Liebenden, sind die Dissonanzen der Welt. ›Versöhnung ist mitten im Streit und alles Getrennte findet sich ›wieder.‹« (Hölderlin, Hyperion, 782.)

[217] Vgl. Welte, Heilsverständnis, 188–190; vgl. Jaspers, Der philosophische Glaube angesichts der Offenbarung, 201 f.: »Nicht Daseinskampf, nicht Kampf um Macht, sondern Kampf um die Wahrheit im Ursprung. Dieser Kampf kann sich in Daseins-

in der Absage an jegliche Verfügung hat wirkliche Begegnung und wesentliches Gespräch eben nicht die Durchsetzung eines Beteiligten gegen die Anderen zum Ziel, sondern das gemeinsame Wachstum an Klarheit. Denn dieses Geschehen vollzieht sich in freigebender Achtung sowohl vor der Heilsoffenbarung Gottes als auch vor der Würde des anderen Ursprungs, so dass die unbedingte Konkretion und der Glaube an das Heil im wesentlichen Gespräch zur wirklichen Offenheit bzw. Freiheit finden, ohne dabei ihre Treue zum eigenen Ursprung aufzugeben, um dadurch den nötigen Ernst der Begegnung zu bewahren, was dieses Geschehen der Beliebigkeit entreißt und ihm ein Ziel gewährt.[218]

Dadurch wird in der Begegnung die pneumatische Gemeinde – vom Vollzug betrachtet – zugleich eine geschichtlich-reale, denn indem das Göttliche das Selbstsein wirklich und konkret erfüllt, vollzieht sich erfülltes und konkretes Miteinander. Dieser Vollzug der Offenbarungsgemeinschaft braucht aber wesentlich eine Erfüllung der Gestalt des Miteinanderseins durch das Moment der geschichtlich-personalen Konkretion in Entsprechung zum Strukturmoment der Gestalt des Miteinanderseins, dessen innere Einheit wesentlich zu einer äußerlichen Hauptbildung in einem konkreten Einen des

---

kämpfen gleichsam inkarnieren, und Daseinskämpfe können sich Fahnen holen aus dem Reich der Chiffern. [...] Der Kampf in den Chiffern ist bezogen auf Transzendenz. Aber der Einzelne erspürt, daß nicht die Transzendenz selber unmittelbar mit ihm ist und daß sie nicht nur mit ihm ist. Denn sie ist der Grund von allem, seiner selbst so gut wie seines Todfeindes, seiner als Existenz und seiner als Natur, die ihn trägt, aber auch vernichtet. Mit den Chiffern findet ein Kampf des Wahrheitswillens statt, der auf eine Vielfachheit der Mächte stößt, die wir vergeblich zu begreifen suchen. Denn wir stehen darin und überblicken sie nicht. [...] Der Kampf geschieht so, daß wir selbst, je diese Existenz, die Chiffern wählen, auf die wir hören, daß wir uns in dieser Wahl behaupten, daß wir an besondere Chiffern als absolute verfallen oder daß wir uns in ihnen frei bewegen. Dieser Kampf ist eine Bewegung der sich zu sich selbst bringenden oder zu sich vorangetriebenen Existenz.« Dieser von Welte erwähnte Kampf kennt zwei Seiten: Einerseits geht es Jaspers um die Reinheit der Chiffernwelt und so gegen alle Leibhaftigkeit, was eben den Konflikt zwischen Philosophieren und Offenbarungsglauben charakterisiert. Andererseits besteht der Kampf in der Welt der Chiffern auch innerhalb des Philosophierens. Dabei geht es um die Nähe des Transzendenzbezugs in den Chiffern, also um das existentielle Dabeisein und das Chiffernlesen als Wirklichkeit, so dass sich dadurch ein Kampf der Existenz um sich selbst vollzieht, da die Chiffern Heil oder Unheil in sich tragen können. Vgl. Pfeiffer, Gotteserfahrung und Glaube, 86 f.

[218] Vgl. Welte, Heilsverständnis, 188 f.

Miteinanders drängt.[219] Die innere Einheit wird daher in seiner Hoheit und Würde als das einende »Bild Gottes«[220] sichtbar, woraus sich die Gestalt des Ganzen artikuliert als Einheit von Haupt und Gliedern. Denn in Anbetracht der Konzentration der Gnadenoffenbarung Gottes in der Würde und Botschaft eines einzigen geschichtlichen Menschen und seines Anspruches muss diese Person in ausgezeichneter Weise die Funktion des Hauptes haben, um wirklich als Zeichen bzw. Bild Gottes und als Abglanz göttlicher Herrlichkeit ein Vermittler sein zu können. In diesem Haupt wird für alle das konkrete Leben des in allen lebenden göttlichen Geistes sichtbar, erfahrbar und greifbar, so dass sich davon ausgehend eine geschichtliche Gestalt einer Einheit von Haupt und Gliedern bildet als das äußere Moment der Realität des geschichtlichen Daseins. Dadurch wird deutlich, dass die Idee der Kirche – als einer Gemeinschaft bzw. eines Miteinanderseins, gegründet auf göttlicher Offenbarung inmitten des geschichtlichen Zeitdaseins – im Vollzug und in der Gestalt Realität geworden ist, wodurch sich die philosophischen bzw. sozialontologischen Strukturlinien entscheidend und vollständig zusammenfügen.[221]

c) Jesus Christus – menschliche Vollendung und absolute Konkretion

Dieses Ergebnis von Weltes soziologisch-philosophischen Überlegungen zur göttlichen Offenbarung und Gemeinschaft berührt nun die positiven Zeugnisse über den konkreten Mittler und Offenbarer Jesus Christus und dessen Bedeutung für die Bildung einer konkreten Gemeinde und einer positiv verfassten Kirche.[222] Daher findet Welte mit diesem Konvenienzbeweis zu dem Ziel, dem sich seine positive Philosophie implizit verpflichtet weiß, so dass an diesem Punkt der aposteriorische und theologische Zug dieser Überlegungen deutlich hervortritt[223], wenn die bewiesene Angemessenheit durch die im

---

[219] Vgl. Welte, Soziologische Grundbegriffe zum Verständnis des Christentums als Kirche, 218 f.
[220] Welte, Philosophische Soziologie im Hinblick auf das Verständnis des Christentums als Kirche, 222.
[221] Vgl. Welte, Philosophische Soziologie im Hinblick auf das Verständnis des Christentums als Kirche, 222–224.
[222] Vgl. Welte, Philosophische Soziologie im Hinblick auf das Verständnis des Christentums als Kirche, 224.
[223] Vgl. dazu Weltes Ausführungen zur Methode und zum Gegenstand der Theologie:

Glauben gesetzte Wirklichkeit und deren Zeugnisse, besonders der Zeugnisse des Neuen Testamentes, bestätigt wird.[224] Denn diese Urkunden der Kirche geben Zeugnis von der Entstehung der Erstgemeinde, die sich auf die Erfahrung der Offenbarung der Herrlichkeit Gottes in der Begegnung mit dem einen Menschen Jesus Christus gründet, worin sich das konkrete, einmalige, entscheidende und beständige Zeugnis des Heiles konzentrierte.[225]

»Die Offenbarung hängt nicht in der Luft, vielmehr geschah sie und wurde offenbar von Jesus her, indem sein Geist Menschen erfaßte und sich in ihnen [...] *zu erfahren* gab, so daß in ihnen das Wort des Zeugnisses auf Grund der Erfahrung erweckt wurde. Auf diese fundamentale Erfahrung ist Theologie immer bezogen und muß sie immer bezogen bleiben. Im Wort des Zeugnisses, vor allem des biblischen, wird die fundamentale Erfahrung und durch sie die Offenbarung zugänglich, und insofern muß man sagen, daß in den das ganze Christentum fundierenden Offenbarungs-Aussagen der qualifizierten Erstzeugen die die ganze Sache der Theologie aufschließenden Erfahrungen gegeben sind. [...] Der Zugang zur Offenbarung geschieht durch die geistige Grundstellung des *Glaubens*. Nur im Glauben kann die Theologie das Zeugnis als solches nehmen, zuerst das Zeugnis der Kirche, in diesem dann das Zeugnis der Apostel und der primären Zeugen insgesamt, [...] nur in dieser Zeugnisnahme kann sie glaubend auf ihre Sache stoßen, auf die Wirklichkeit der Gottes-Offenbarung im Evangelium Jesu.« (Welte, Der Wissenschaftscharakter der Theologie im Verhältnis von Denken und Erfahrung, 246 f.)

[224] Diese unbedingte Konkretion der Offenbarung in Jesus Christus, auf den sich die Gemeinschaft gründet und wovon der Vollzug und die Gestalt der Gemeinde ausgeht, belegt Welte positiv durch einen umfangreichen und ausführlichen Verweis auf Zeugnisse der paulinischen Briefe. Vgl. Gal 3, 28: »Es gibt nicht mehr Juden und Griechen, nicht Sklaven und Freie, nicht Mann und Frau; denn ihr alle seid ›einer‹ in Christus Jesus.«; Eph 2, 19 f.: »Ihr seid also jetzt nicht mehr Fremde ohne Bürgerrecht, sondern Mitbürger der Heiligen und Hausgenossen Gottes. Ihr seid auf das Fundament der Apostel und Propheten gebaut; der Schlussstein ist Christus Jesus selbst. Durch ihn wird der ganze Bau zusammengehalten und wächst zu einem heiligen Tempel im Herrn. Durch ihn werdet auch ihr im Geist zu einer Wohnung Gottes erbaut.«; Gal 2, 20: »[...] nicht mehr ich lebe, sondern Christus lebt in mir. Soweit ich aber jetzt noch in dieser Welt lebe, lebe ich im Glauben an den Sohn Gottes, der mich geliebt und sich für mich hingegeben hat.«; I Kor 12, 4–7: »Es gibt verschiedene Gnadengaben, aber nur den einen Geist. Es gibt verschiedene Dienste, aber nur den einen Herrn. Es gibt verschiedene Kräfte, die wirken, aber nur den einen Gott: Er bewirkt alles in allen. Jedem aber wird die Offenbarung des Geistes geschenkt, damit sie anderen nützt.«; Röm 6, 11: »So sollt auch ihr euch als Menschen begreifen, die für die Sünde tot sind, aber für Gott leben in Christus Jesus.«; Eph 4, 5 f.: »[...] ein Herr, ein Glaube, eine Taufe, ein Gott und Vater aller, der über allem und durch alles und in allem ist.« Vgl. Welte, Soziologische Grundbegriffe zum Verständnis des Christentums als Kirche, 222 f.

[225] Vgl. Welte, Soziologische Grundbegriffe zum Verständnis des Christentums als Kirche, 186.

Die »positive« Philosophie der Kirche

Daher muss sich in der unbedingten Konkretion in Jesus Christus die Einheit einer zweiseitigen Entsprechung verdeutlichen, deren Ambivalenz den menschlichen Daseinsverhältnissen sowohl hinsichtlich der Idealität und Realität, also des Spielraums der Freiheit, als auch in Bezug auf ihren konkreten Träger am angemessensten erscheint. Diese entsprechende Antwort auf die wesentliche und existentielle Frage des jeweiligen menschlichen Daseins geschieht in einer konkreten geschichtlichen Einheit, die einerseits die innere Freiheit des Einzelnen und andererseits seine konkrete Wirklichkeit in ihren höchsten Vollzug im räumlichen und zeitlichen Dasein bringt. Wenn daher das allumfassende Heil in einem konkreten personalen Anspruch für immer, endgültig und unwiderruflich in der Geschichte erscheint, dann betrifft, trägt und befreit diese Offenbarung den einzelnen Menschen als den konkreten Träger der Freiheit, wodurch sich der universale Spielraum der menschlichen Freiheit öffnet. Diese unbedingte bzw. unendliche Konkretion als die allumfassende Gnade in der Spitze eines konkreten personalen Anspruchs bildet die dem Menschen am meisten entsprechende Antwort auf die Frage, die er selbst ist. Im Glauben an Jesus Christus zeigt sich diese Entsprechung in realer Gestalt, so dass der Mensch in dieser einmaligen personalen Begegnung sich auf den einmaligen Bringer des universalen Heiles gründen kann. Diese Überlegungen können und dürfen nicht die Wahrheit des Christentums beweisen oder das Christentum in seiner Positivität ableiten, aber dieser Aufweis der Entsprechung des Christentums und der inkarnatorischen Offenbarungsvorstellung mit den Bedürfnissen und Bedingungen der Freiheit des Menschen macht hinsichtlich dieser Angemessenheit deutlich, dass die höchste Bindung des Menschen im konkreten Glauben nicht der Freiheit widerstrebt, sondern ihr gerade den Grund ihrer Möglichkeit eröffnet, so dass die Freiheit im Zeitdasein eben durch eine solche Bindung wirklich werden kann.[226]

In seiner späten Schrift *Was ist Glauben?* sieht Welte im Glauben an Jesus Christus auch eine Synthese und eine Konkretion der verschiedenen Formen des Glaubens. Denn der Glaube an Jesus Christus als dem Heilszeichen Gottes kann nur auf der Grundlage eines daseinsbegründenden Glaubens an Sinn, Heil und gewährte Vollendung geschehen. Zudem muss es angesichts der Faktizität des menschlichen Daseins ein ausdrücklicher und expliziter Glaube an

---

[226] Vgl. Welte, Freiheit des Geistes und christlicher Glaube, 344–346.

einen vollendenden Gott sein[227], da ansonsten der Mensch nicht nach einem Heilszeichen suchen würde. Schließlich von seiner menschlichen Seite besehen, gehört zum Glauben an Jesus ein interpersonaler Glaube, der in der Begegnung mit dem Mitmenschen Jesus in besonderer Weise sich entfaltet, so dass man sich seinem Anspruch anvertraut und ihm glaubt[228], worin eben die Grundlage des Christentums liegt.[229] Im Folgenden gilt es nun den Zusammenhang dieser Synthese im Glaubensvollzug des Menschen zu betrachten, um davon ausgehend die Wirklichkeit der Kirche als eine sich in diesem Verhältnis vollziehende geschichtliche Gemeinschaft zu verstehen.

4) Jesus Christus – das Heilszeichen: Ereignis der Offenbarung und Grund der Kirche

Die positive Philosophie der Kirche als apriorisches Vorverständnis mit ihrer Frage nach der Wirklichkeit einer Gemeinschaft, die sich im Zeitdasein auf eine göttliche Offenbarung gründet, schließt sich an die Extrapolation der menschlichen Seinsmöglichkeiten hinsichtlich des Miteinanderseins an und bestätigt aposteriorisch, dass eine Möglichkeit besteht, die christliche Offenbarung menschlich zu verstehen und erfahrend zu vollziehen, ohne dabei diese göttliche Gabe

---

[227] Vgl. Newman, An Essay in Aid of a Grammar of Assent, 76: »And what the experience of the world effects for the illustration of classical authors, that office the religious sense, carefully cultivated, fulfils towards Holy Scripture. To the devout and spiritual, the Divine Word speaks of things, not merely of notions. And, again, to the disconsolate, the tempted, the perplexed, the suffering, there comes, by means of their very trials, an enlargement of thought, which enables them to see in it what they never saw before. Henceforth there is to them a reality in its teachings, which they recognize as an argument, and the best of arguments, for its divine origin. [...] Reading, as we do, the gospels from our youth up, we are in danger of becoming so familiar with them as to be dead to their force, and to view them as a mere history. The purpose, then, of meditation is to realize them; to make the facts which they relate stand out before our minds as objects, such as may be appropriated by a faith as living as the imagination which apprehends them.« Mit diesem Hinweis auf John H. Newman und seiner Auffassung vom *real assent* (im Gegensatz zum *notional assent*; vgl. Newman, An Essay in Aid of a Grammar of Assent, 72.) verdeutlicht Welte, dass der Glaube die Wirklichkeit des menschlichen Daseins ernst zu nehmen und zu umfassen hat, um nicht zu einer realitätsfernen Träumerei zu verkommen. Vgl. Welte, Was ist Glauben?, 41.

[228] Vgl. Welte, Was ist Glauben?, 65.

[229] Vgl. Welte, Was ist Glauben?, 55.

Die »positive« Philosophie der Kirche

ihres freien göttlichen Gnadencharakters zu berauben. Diese Theorie zur Wirklichkeit der Offenbarung belegt zudem, dass der Mensch seinen Heilsbezug aber nicht nur als Hoffnung auf eine Endverheißung und endgültige Vollendung vollzieht, sondern eben mit dieser Frage nach der wirklichen Möglichkeit der Heilsoffenbarung im Zeitdasein sich, ausgehend von seinem Seinsverständnis, auf die Suche begibt nach einem verbindlichen Heilszeichen innerhalb der Immanenz dieses Daseins. Dieses Heilszeichen erscheint dem Menschen am angemessensten in einer konkreten, einmaligen, geschichtlichen und personalen Begegnung, deren Zuspruch des Heiles das Dasein auf die Totalität der unbedingten Konkretion des Glaubens anspricht und diese einfordert. In diesem Aufweis der optimalen Konvenienz eines personalen Heilsbringers begegnen sich die philosophische Analyse der menschlichen Grundverhältnisse und der positive Gehalt des Christentums in seinem Glauben an Jesus Christus.[230]

Dieses Heilszeichen hat dabei die entscheidende Bedeutung, die Hoffnung auf das eschatologische Heil bzw. auf die Vollendung des Menschen und der Geschichte zu bewahren, da alle Hoffnung zerfällt, wenn sie nicht einen Grund ihrer Erfüllung in der Wirklichkeit findet. Daher kann man sich berechtigterweise fragen, ob die Geschichte in ihrem Vollzug nicht eines wirklichen begründenden Zeichens ihrer Erfüllung bedarf, das vom göttlichen Geheimnis ausgeht und den Menschen in seiner Freiheit in Anspruch nimmt, selbst aber dabei unverfügbar bleibt.[231] Dieses wirkliche Fundament der Hoffnung auf Heil kann der Mensch im Glauben an das personale Heilszeichen Jesus Christus ergreifen und sich in der freien An- und Aufnahme dieses Anspruches realisieren, indem er bereit ist, diesen Anspruch der absoluten Konkretion als Absolutheitsanspruch – der sich in der Einmaligkeit einer personalen Begegnung als Zeugnis kundgibt und darin das Heil der ganzen Geschichte gewährt – in seinen Seinsvollzug aufzunehmen. Das Heil des geschichtlichen Menschentums bleibt dabei eine eschatologische Größe, da es als die gnadenhafte Erfüllung

---

[230] Vgl. Welte, Heilsverständnis, 190 f.; vgl. dazu auch Welte, Der Tod als religiöses Phänomen, 81–92. In dieser Vorlesung aus dem SoSe 1950 erläutert Welte die Frage nach dem Glauben und seines immanenten Grundes im Heilszeichen in Anbetracht des Todes, wodurch sich der existentielle Charakter dieses Geschehens noch verschärft. (Für die Zurverfügungstellung des Transkripts dieser unveröffentlichten Vorlesung sei Herrn Markus Welte ganz herzlich gedankt.) Vgl. Welte, Bernhard Weltes religionsphilosophisches Verständnis des Todes, 84–90.
[231] Vgl. Welte, Geschichtlichkeit als Grundbestimmung des Christentums, 264 f.

des geschichtlichen Daseins nicht zur Erscheinung kommen kann, ohne die geschichtliche Bewegung aufzuheben und die Geschichte zu vollenden. Als Heilszeichen wird in der Person Jesu als personales Fundament des Heiles der personale Träger von Gnade und Heil Ereignis und kommt zur Gegebenheit, in der das Heil im Geheimnis der Person als Verborgenes geborgen ist, so dass man sich Jesus nur glaubend überlassen kann.[232] Daher bildet sich die Dialektik der Verfassung der Geschichte der universalen Bedeutung in absoluter Konkretion auch im Modus des auf Jesus gründenden Glaubens aus, was sich auch in der dialektischen ereignishaften Weise der Erscheinung Jesu Christi bestätigt.[233]

Dieses Heilszeichen als Heilsoffenbarung geschieht als personales und geschichtliches Ereignis und trägt daher die Begegnung als konstitutives Element in sich, so dass dieses Geschehen seinem Wesen nach in die Überlegungen zu Gemeinschaft und Miteinandersein führt, besonders in Berücksichtigung der Konkretion, der Sprachlichkeit und der Geschichtlichkeit.[234] In Entsprechung dazu hat das Chris-

---

[232] Positiv bestätigt findet Welte seine Überlegungen zu Hoffnung und ihrer Grundlegung im Verhältnis zum Glauben im Hebräerbrief: »Glaube aber ist: Feststehen in dem, was man erhofft, Überzeugtsein von Dingen, die man nicht sieht.« (Hebr 11, 1).
[233] Vgl. Welte, Geschichtlichkeit als Grundbestimmung des Christentums, 271–273.
[234] Ausgehend von der Beschreibung von Gestalt bei Balthasar (Vgl. Balthasar, Herrlichkeit III/1, 30: »Hier, wo in verschiedenen Graden der Deutlichkeit je das Ganze des Seins am einzelnen Seienden aufleuchtet, bietet sich der Begriff der *Gestalt* an. Er meint eine als solche erfaßte, in sich stehende begrenzte Ganzheit von Teilen und Elementen, die doch zu ihrem Bestand nicht nur einer ›Umwelt‹, sondern schließlich des Seins im ganzen bedarf und in diesem Bedürfen eine […] ›kontrakte‹ Darstellung des ›Absoluten‹ ist, sofern auch sie auf ihrem eingeschränkten Feld seine Teile als Glieder übersteigt und beherrscht.«) zeigt Menke, dass sich eine ähnliche Rechtfertigung der absoluten Konkretion auch bei Hans Urs von Balthasar findet, für das »concretum« eines einzelnen Menschen kein Hindernis für die Selbstaussage eines alles Seiende umgreifenden Sinnes, des »universale«, ist. Denn je mehr ein Mensch er selbst ist und somit konkret wird, desto mehr offenbart er den Sinn alles Seienden. Dieser universale Sinn bzw. Gott kann sich in der Geschichte wiederum nur in jenem Geschöpf mitteilen, das sich auf alles Seiende beziehen kann und damit im einzelnen Menschen. Denn es gibt keine wirkliche Beziehung zum Anderen außerhalb des einzelnen Menschen. Wo also nun ein einzelner Mensch in dem Sinne konkret er selbst wird, dass er durch seine Selbsttranszendenz bzw. Liebe der Andersheit jedes Anderen gerecht wird, darf er »universale concretissimum« bzw. Herrlichkeitsgestalt genannt werden (Vgl. Menke, Kann ein Mensch erkennbares Medium der göttlichen Selbstoffenbarung sein?, 43 f.): »Jesu Verklärung […] zeigt, dass die Niedrigkeitsgestalt des Menschensohnes Funktion seiner Herrlichkeitsgestalt ist. […] Der Verklärte aber ist

Die »positive« Philosophie der Kirche

tentum als Kirche sein entscheidendes und konstitutives Moment in der Gottesoffenbarung in Jesus Christus, die sich als Begegnung ereignet und schließlich die Gemeinschaft der Kirche bildet. Diese Offenbarung Jesu in personaler Begegnung ereignet sich, so dass sie in der Bezeugung der Nähe Gottes und der Vollendung in endzeitlicher Herrlichkeit nie zum Bestand wird, sondern ein Ereignis bleibt, das sich in Anruf und Antwort vollzieht und damit in den vielfältigen Begegnungen und der sich darauf gründenden Gemeinschaft fortsetzt. Zudem erschließt sich die Bedeutung Jesu Christi als des personalen Heilsbringers nicht außerhalb der Begegnung, so dass in diesem zwischenmenschlichen geschichtlichen Ereignis Jesus als der Offenbarer der endgültigen Herrlichkeit Gottes sich kundgibt und so deutlich wird, was Jesus als der Christus ist[235]:

> »So wird das Grundelement des Christentums (die Gottesoffenbarung in Christus) von den Grundverhältnissen des personalen Lebens her als Möglichkeit sichtbar, und in seiner bezeugten Wirklichkeit (wenn auch zunächst nur wie von außen) verstehbar.«[236]

Diese ausgezeichnete Vermittlung der göttlichen Offenbarung in das Zeitdasein des Menschen in einem einmaligen, personalen und geschichtlichen Offenbarer geht einher mit der Bildung einer wirklichen Gemeinschaft im geschichtlichen Zeitdasein, die im Glauben an den einen Mittler und Offenbarer zu ihrer Einheit findet. Ausgehend von dieser Offenbarungsgestalt als Haupt und Spitze bildet sich die Gestalt der Kirche im Raum des Daseins, indem sich im Geist der Offenbarung eine deutliche und explizite Einheit konkretisiert.[237] Diese konkrete, personale und geschichtliche Konzentration der Heilsgemeinde, die sich philosophisch gefolgert und theologisch gegeben zeigt, offenbart aber zwei Seiten hinsichtlich ihres Vollzuges und ihrer Gestalt als Miteinandersein im Zeitdasein. Denn einerseits erweist sie sich als die Vollendung und angemessenste Form des Miteinanders, andererseits aber führt sie genau in die Sphäre der Endlichkeit und deren mindernden Bedingungen, da sie ansonsten doch

---

der in seinem absteigenden Menschwerden sich offenbarende Gott.« (Balthasar, Herrlichkeit I, 645 f.)

[235] Vgl. Welte, Die Person als das Un-begreifliche, 135 f.

[236] Welte, Die Person als das Un-begreifliche, 136 f.

[237] Vgl. Welte, Philosophische Soziologie im Hinblick auf das Verständnis des Christentums als Kirche, 225.

hinsichtlich ihrer Wirklichkeit unvollständig bliebe.[238] Zeitlich gesehen muss daher die Offenbarung auch ein Ende finden und räumlich betrachtet das Offenbarungsereignis auf ein einmaliges Hier begrenzt bleiben, so dass dieses Ereignis im äußeren Dasein nur für wenige Menschen einer kurzen Zeit bestimmt ist. Zugleich äußert sich die Endlichkeit auch hinsichtlich der Labilität und Hinfälligkeit des menschlichen Selbstseins selbst, in der alles Wesentliche von Glaube und Gemeinde immer bedroht ist, vom Sein als dem Wahren und Guten entfremdet zu werden und ins Wesenlose zu fallen. Daher stellt Welte in diesem Kontext die entscheidende Frage: Wie kann eine auf eine einmalige Heilsoffenbarung gegründete Gemeinde der ausgezeichneten Stunde und des entscheidenden Ortes ihr Wesen durch die Geschichte hindurch bewahren und damit eigentlich erst Kirche werden?[239]

a) Zeugnis und Andenken

»Nicht nur hat das Christentum durch seinen Entscheidungscharakter und seinen weltgeschichtlichen Absolutheitsanspruch das Bewußtsein der Geschichtlichkeit aus aller Verbergung, Verdeckung und Resignation erweckt, sondern das Begreifen des Wesens der Geschichtlichkeit hat sich als ein unerläßlicher Grund und eine Voraussetzung des Begreifens des Christentums gezeigt [...]«[240]

Die Geschichtlichkeit des Christentums und der Kirche macht überhaupt erst deutlich, wie dieses paradoxe personale Heilszeichen in Jesus Christus sinnvoll sein kann und sich in den Gesamtzusammenhang fügt, indem es die Weltgeschichtlichkeit zur vollen, aber nicht zur vollendeten Aktualität bringt.[241] Denn die Geschichtlichkeit und die in ihr gründenden Kategorien bewahren das Christentum davor, sich hinsichtlich ihres Verständnisses als ein zeitloses und bezugsloses System zu interpretieren.[242] Doch zugleich wahrt sie als Bezug

---

[238] Vgl. Welte, Soziologische Grundbegriffe zum Verständnis des Christentums als Kirche, 223.
[239] Vgl. Welte, Soziologie der Religion, 139–141; vgl. Welte, Philosophische Soziologie im Hinblick auf das Verständnis des Christentums als Kirche, 227–231.
[240] Welte, Geschichtlichkeit als Grundbestimmung des Christentums, 274.
[241] Vgl. Hünermann, Sprache des Glaubens – Sprache des Lehramts – Sprache der Theologie, 39 f.
[242] Zur Unterscheidung Weltes von historischem und geschichtlichem Verhältnis zur Person Jesu Christi vgl. Welte, Philosophie des Glaubens, 205–221.

Die »positive« Philosophie der Kirche

zur Geschichte den Charakter der Ganzheit und Universalität des Christentums, ohne dabei seine Einmaligkeit aufgeben zu müssen, indem es in der bestimmten geschichtlichen Situation verankert bleibt.[243]

Mit Sprache und Gespräch zeigt die Analyse der Seinsweise des Miteinanderseins die entscheidende Dimension, die in der Begegnung die einmalige Gleichzeitigkeit und das umfassende Heute ermöglicht, da durch dieses Geschehen sich im entscheidenden Augenblick sowohl die Herkunft als auch die Zukunft präsent macht, wodurch die Sprache sich als der ausgezeichnete Vermittler des einmaligen Mittlers und Offenbarers präsentiert und das Geschehen der Offenbarung in Jesus Christus über die Vergänglichkeit des Augenblicks hinaus bewahren kann.[244] Die faktische Grenze, die sich für die auf das Ereignis der Offenbarung hin bildende Gemeinde ergibt, umfasst eben nicht den einenden Geist bzw. das erfüllende Prinzip. In ihrem inneren Prinzip und in ihrem Vollzug muss die Offenbarungsgemeinschaft ihrem Wesen und Anspruch nach unbegrenzt, offen und umfassend bleiben, ungeachtet ihres begrenzten faktischen Bestandes. Die Sprache und das Gespräch zeigen Welte nun – angesichts der Katholizität des Geistes und des Vollzuges in der Begrenztheit der Faktizität – im Zeugnis bzw. im Geschehen von Zeugnisgeben und Zeugnisnehmen den Ausweg, der diese Aporie auflöst und doch zugleich mit dieser diskrepanten Bestimmung das volle Moment der Wirklichkeit erhält. Die Angemessenheit des Zeugnisses erweist sich dadurch, dass die Offenbarung als Begegnung und Miteinandersein des Menschen immer als Einheit von Innerlichkeit und Äußerlichkeit geschieht und deshalb das Prinzip der Einheit in der Äußerung der Sprache lebt und wirklich wird. Das sprachliche Zeugnis ermöglicht dabei die Unmittelbarkeit der Begegnung mit der Erfahrung der Offenbarung der umfassenden Gnade Gottes und so mit der Heilsoffenbarung selbst.[245] Die dem allgemeinen Sprachgebrauch entsprechende Bestimmung des Zeugnisses[246] braucht aber in ihrem Bezug zum Un-

---

[243] Vgl. Welte, Geschichtlichkeit als Grundbestimmung des Christentums, 274.
[244] Vgl. Welte, Philosophische Soziologie im Hinblick auf das Verständnis des Christentums als Kirche, 231–233.
[245] Vgl. Welte, Soziologische Grundbegriffe zum Verständnis des Christentums als Kirche, 227–231.
[246] Vgl. Schaeffler, Religion und kritisches Bewusstsein, 143: »Zeugnis ist nötig, wo jemand nicht aus eigener Einsicht und Erfahrung wissen kann, was er wissen muß. Zeugnis ist möglich, wo ein Anderer ihm dieses Notwendige sagen kann, nicht aus

bedingten und zum Heiligen bzw. zum Heil die Ergänzung der Maßgeblichkeit, was sich nicht nur hinsichtlich einer religiösen Funktion im Zusammenhang mit einer Heilsoffenbarung als entscheidend erweist, sondern sich für den Zeugnischarakter jeglichen Miteinanders als bedeutsam zeigt. Denn jeder Zeuge eines Miteinanders, in besonderem Maße einer Offenbarungsgemeinschaft, erhebt diesen maßgeblichen Anspruch, da sein Zeugnis ein mitgeteiltes Bekenntnis, eine innere Überzeugung und so eine existentielle Zugehörigkeitsaussage darstellt[247], weshalb der Bekennende die Fähigkeit zum Zeugnis sich nicht als eigene Leistung zuschreibt, sondern als Gabe des Unbedingten bzw. des Heiligen[248] sieht, die sich ihm in der Erfahrung des Heiligen gewährt und sich als der entscheidende Gehalt und Grund der Gemeinschaft präsentiert.[249] Diese Gabe setzt sich im Zeugnis dahingehend fort, dass der Mensch von etwas Zeugnis ablegt, das zugleich die Möglichkeit gewähren muss, dieses Zeugnis auch verstehen zu können. Die Möglichkeit, sich diesem Zeugnis verweigern zu können, bedeutet zudem, dass das Heilige und das Göttliche die Fähigkeit zum Zeugnisgeben und Zeugnisnehmen nicht aufgrund einer universellen Möglichkeit, sondern kraft einer unverfügbaren Freiheit begründen.[250] Das Zeugnis besteht in Weltes Theorie der Offenbarungsgemeinde also nicht als ein zusätzliches aktives Geschehen des Selbst, so dass zum Selbst etwas Selbstständiges hinzukäme, sondern im Zeugnis gibt sich das Geschehen des Selbst in seiner Betroffenheit vom Ereignis der Offenbarung kund. Somit bekommt das Zeugnis auch kein zusätzliches Sein zu dem von ihm bezeugten Sein, also dem Sein und Seinsgeschehen dessen, der Zeugnis gibt.[251] Es bezeugt sich darin die ursprüngliche Betroffenheit von der

---

dem größeren Scharfsinn seines Denkens, sondern weil er erfahren hat, was sich der Erfahrung des Anderen entzog. Zeugnis ist nötig und möglich als mitgeteilte Erfahrung.«

[247] Zum Zusammenhang von Glaubwürdigkeit und Anspruch im Zeugnis einer Person vgl. Esterbauer, Anspruch und Entscheidung, 244 f.

[248] Vgl. dazu auch Welte, Der Begriff des Glaubens im Lichte der Philosophie, 64–70.

[249] Das religiöse Zeugnis baut auf der ethischen Bedeutung des Zeugnisses auf, indem das ethische Zeugnis die Handlung selbst ist und so die innere Überzeugung ausdrückt. Der entscheidende Schritt zum religiösen Zeugnis besteht schließlich darin, im Bezeugten und der Fähigkeit des Bezeugens eine Gabe des Heiligen zu sehen. Vgl. Jossua, Art. Zeugnis, 330.

[250] Vgl. Schaeffler, Religion und kritisches Bewusstsein, 144 f.

[251] Vgl. Hemmerle, Wahrheit und Zeugnis, 229: »Indem der Mensch zum Zeugen wird, tritt er also, und dies ist die andere Seite desselben, an sich selber *zurück*, es geht

göttlichen Nähe und die originäre Erfahrung des Heiles als Heiliges selbst, so dass sich dadurch das urtümliche Geschehen der Offenbarung deutlich macht und so der Ursprung der Gemeinde bzw. der Kirche über den Augenblick gewahrt bleibt.[252] Die Sprache als das sich äußernde Prinzip des Miteinanderseins erweist sich als Zeugnis des Geistes der Einheit und daher in der Begegnung mit Jesus Christus als das Zeugnis der einen Gottesoffenbarung und des einen Offenbarers. Zur Sprache als Zeugnis des einenden Geistes gehört die Wirklichkeit dieses Geistes als das unmittelbar Sich-selbst-aussprechende, von dem die sprechenden Menschen Zeugnis geben, so dass im Zeugnis solchen Sprechens die Wirklichkeit des sprechenden Geistes selbst zur Sprache wird. Daher vermittelt sich in der Sprache als dem Zeugnis des einenden Geistes dieser Geist bzw. dieses Prinzip als Wirklichkeit des gottgeschenkten Miteinanders in die zeitliche und räumliche Offenheit des sich ausbreitenden geschichtlichen Miteinanderseins der Menschen, so dass sich das Bekenntnis zum Heil und die Betroffenheit vom Heiligen zugleich als Weitergabe im Zeugnis ereignet.[253] Das Offenbarungsereignis kann durch den personalen Mittler vermittelt, vernommen und realisiert in einer Erstgemeinde im Zeugnis der Sprache seinen Weg durch den Zeitraum der Geschichte antreten und sich dadurch der Vergänglichkeit entziehen. Denn die Erstgemeinde gibt im Vollzug des geschenkten Miteinanders ein Zeugnis, das auch entfernte Menschen anzunehmen und darin die Offenbarung zu erfahren vermögen, um selbst Zeugen der Offenbarung werden zu können. In diesem Geschehen treten die Menschen als Zweitgemeinde bzw. zweite Erstgemeinde in Bezie-

---

ihm um das, was größer ist als er, unverrechenbar mit seinem Dasein. Zeugnis ist nicht Präsenz des Zeugen, sondern Präsenz des Bezeugten, diese Präsenz des Bezeugten geschieht aber gerade mit dem Ich-Selbst und durch das Ich-Selbst des Menschen.«

[252] Vgl. Welte, Soziologie der Religion, 142–145.

[253] Diese Einheit bedeutet, dass das Zeugnis ein Verständnis des Heiligen einschließt, das sowohl die Fähigkeit religiösen Sprechens und Handelns aus unverfügbarer Freiheit begründet als auch im Bezeugen es ermöglicht, dass sich die Wirksamkeit des Heiligen an neue Zeugen vermittelt: »Das Heilige [...] begründet alles menschliche Verhältnis zu ihm in der Unverfügbarkeit einer Wahl, die ›verblendet‹ oder ›verständig macht‹, zugleich aber in der Unbeschränktheit einer Weitervermittlung seiner Gunst an immer neue Menschen. Diese Vermittlung zu leisten ist die Aufgabe des Zeugnisses.« (Schaeffler, Religion und kritisches Bewusstsein, 149.)

hung zu dem einen Mittler und bilden eine Gemeinschaft mit den Menschen der Erstgemeinde[254]:

»Im wirklichen Zeugnis zeigt sich und erscheint das geistbewegte Wir der Erstgemeinde, in ihm spricht der Geist, als solches vernehmlich auch in anderen [...] in fernen Augenblicken und Stätten der Geschichte. Es ist also nun durch die Sprache des Zeugnisses [...], dass das Zeugnis als solches vernommen werde, d. h. dass nicht Worte vernommen werden, sondern in den Worten der Geist, der spricht und in und mit dem Geist der eine Vermittler und Herr, dessen Geist er ist und von dem her bewegt die frühen, fernher bewahrten Worte sprechen.«[255]

Im verkündigenden Zeugnis der Erstgemeinde gibt sich der Ursprung der Gemeinde selbst kund, worin die grundlegende Weise besteht, wie die Zweitgemeinde und so jede innergeschichtliche Gemeinde zum Ursprung des Heiles sich positioniert und sich darauf gründet. Im Zeugnis von der personalen Offenbarung betroffen, besteht die Grundfunktion und so das Konstituens der Zweitgemeinden im Zeugnisnehmen bzw. im Glauben als Zeugnisnehmen. Dies trägt den Charakter des Andenkens und des andenkenden Glaubens, wodurch die Gemeinde sich im geschichtlichen Fortgang ihre Verbindung zum Ursprung bewahrt.[256] Andenken bedeutet für Bernhard Welte im Zeugnisnehmen Gleichzeitigkeit mit einem einstigen Ereignis zu ermöglichen, um es dadurch in seiner Ursprünglichkeit zu erfahren.[257] Deshalb entsteht im Geschehen des Zeugnisses eine intensivere Verbindung als eine einfache räumliche oder zeitliche Nähe, so dass dieses Andenken im Zeugnis jede zeitliche Epoche befähigt, glauben zu können und an der einmaligen und jedes Miteinander vollendenden Offenbarung Gottes in Jesus Christus teilzunehmen. Durch Zeugnis, Andenken und Glaube bildet sich eine wirkliche und wirklich vollzogene Gemeinschaft über die Abstände der Geschichte hinweg, wodurch sich die Partikularität und Vereinzelung der Erstgemeinde aufhebt, ohne sie dabei ihrer Einmaligkeit zu berauben, die in der Begegnung mit bzw. der Betroffenheit von der Vollendung

---

[254] Vgl. Welte, Philosophische Soziologie im Hinblick auf das Verständnis des Christentums als Kirche, 233–240.
[255] Welte, Philosophische Soziologie im Hinblick auf das Verständnis des Christentums als Kirche, 237 f.
[256] Vgl. Welte, Soziologie der Religion, 145 f. 148 f.
[257] Vgl. Welte, Philosophische Soziologie im Hinblick auf das Verständnis des Christentums als Kirche, 240.

der Offenbarung Gottes in Jesus Christus ihren Grund hat.[258] Das Zeugnisnehmen als Andenken geschieht als Glaube, so dass darin Menschen die einmalig offenbarte Huld Gottes erfahren können und ihnen in diesem andenkenden Glauben in der Sprache eine kommunikative Teilhabe und Teilnahme am ursprünglichen Offenbarungsereignis ermöglicht wird. Im glaubenden Andenken wird dieses Ereignis und dessen Erfahrung bzw. dessen Bezeugung zugänglich und stiftet eine kommunikative Gemeinschaft, die am Leben und der Erfahrung der Erstgemeinde partizipiert.[259] Die Zweitgemeinde ist somit die sich erweiternde Erstgemeinde, so dass sich im Vollzug eine Gemeinde im geschichtlichen Fortgang bildet, deren Einmaligkeit im »Co-Exclusivwerden« durch Zeugnis und Andenken bzw. durch Verkündigung und Glaube in der Erstreckung der Geschichte gewahrt bleibt.[260] Die Kirche zeigt sich dadurch als eine Dialog- bzw. Kommunikationsgemeinschaft, die sich zur Überlieferungsgemeinschaft erweitert, indem sie die Erfahrungszeugnisse früherer Generationen bis zur Erstgemeinde miteinschließt und dadurch die ursprüngliche Offenbarung lebendig hält.[261]

b) Zeugnis, Haupt und Amt

Diese lebendige und unmittelbare Verbindung zur Offenbarung im Zeugnis und Andenken als eine innere Vergegenwärtigung und Gegenwärtigkeit im Vollzug hat aber als entscheidendes Defizit, dass ihr die äußere Anschauung bzw. die Gestalt des personalen Offenbarers fehlt, da sie die Vergänglichkeit des einmaligen Hauptes und des ausgezeichneten Mittlers nicht aufheben kann. Das Miteinandersein erschöpft sich aber niemals nur in einer inneren Verbindung, weshalb das innere Prinzip eine äußere Gestalt und eben auch eine autoritäre Spitze hervorbringt. Die Erfahrung der Offenbarung in der einmaligen Begegnung mit Jesus Christus als dem Haupt lebt als das innere einende Prinzip und bildet in der jeweiligen geschichtlichen Situation ein äußeres Haupt, womit die fortlebende Gemeinde volle geschichts-

---

[258] Vgl. Welte, Philosophische Soziologie im Hinblick auf das Verständnis des Christentums als Kirche, 235–238.
[259] Vgl. Welte, Soziologie der Religion, 151 f.
[260] Vgl. Welte, Soziologische Grundbegriffe zum Verständnis des Christentums als Kirche, 238 f.
[261] Vgl. Schaeffler, Philosophische Einübung in die Theologie/3, 20.

immanente Wirklichkeit gewinnt.[262] Eine gestaltlose, hauptlose und rein innerliche Gemeinde, der in der äußeren Gestalt des geschichtlichen Daseins keine anschaubare Wirklichkeit entspräche, würde der Seinslogik des Miteinanderseins widersprechen. Daher bildet nach dem einmaligen Haupt in Jesus Christus die innerliche coexclusive Einmaligkeit des Zeugnisses bzw. des Andenkens in der fortlaufenden Geschichte und der fortlebenden Gemeinde in ihren jeweilgen Häuptern eine wirkliche geschichtsimmanente Daseinsgestalt aus. Mit dieser Hauptbildung geht auch eine Institutionalisierung der Gemeinde einher, indem sich jeweils in Konsequenz zu der autoritären Spitze eine ergänzende geschichtliche Wirklichkeitsgestalt äußerer Struktur mit den verschiedenen Ober- und Unterordnungsverhältnissen, entsprechend einer Rechtsordnung, entwickelt und so die Gemeinde ein vollständig realisiertes Miteinandersein entstehen lässt.[263] Die Gemeinde wird dadurch zur Institution und so zur Tradition und dient dem Aufbau einer Kommunikations- und Überlieferungsgemeinschaft, die als »Schule der Erfahrung« und somit als Vermittlungsinstanz der Erfahrung wie auch der Erfahrungsfähigkeit die göttliche Offenbarung im Geschehen von Zeugnis und Andenken überliefert. In diesem Geschehen werden die Menschen dazu befähigt, die Wahrheit der Überlieferung auf eigenverantwortliche Weise zu bezeugen, indem in der Überlieferungsgemeinschaft das erfahrene Zeugnis es ermöglicht, dass das entscheidende Heilszeichen auch in der eigenen Erfahrungswelt erfahren wird und dadurch die Gesamtheit des eigenen Lebens sich transformiert.[264] Es gilt für die Kirche als synchrone Dialog- und diachrone Traditionsgemeinschaft, dass ihre Mitglieder die eigenen Erfahrungen im Licht der Überlieferung verstehen und die Überlieferung im Lichte der eigenen Erfahrungen deuten, um als

---

[262] Vgl. Welte, Philosophische Soziologie im Hinblick auf das Verständnis des Christentums als Kirche, 241 f.
[263] Vgl. Welte, Soziologische Grundbegriffe zum Verständnis des Christentums als Kirche, 241 f.
[264] Vgl. Schaeffler, Philosophische Einübung in die Theologie/3, 526 f. Diese Vermittlung der Erfahrungsfähigkeit lässt sich bei Welte in seinem späten Aufsatz *Was ist Glauben?* deutlich erkennen, wenn er sich differenzierter mit dem einfachen und einheitlichen Geschehen des Zeugnisses und des andenkenden Glaubens auseinandersetzt. In diesem Geschehen vermittelt sich eben durch den Anspruch und die Annahme des Zuspruches in dieser verändernden personalen Begegnung und Beziehung die Fähigkeit, diese existentielle Zusage als Erfahrung ins eigene Leben zu transformieren und im Vertrauen darauf zu leben, um selbst davon Zeugnis zu geben. Vgl. Welte, Was ist Glauben?, 56–65.

glaubwürdige Zeugen die Zusage der Heilsbedeutung Jesu und diesen personalen Zuspruch vergegenwärtigen zu können, deren lebendiger Anspruch im Zeugnis den andenkenden Mitmenschen zum Zeugen werden lässt.[265]

Diese Theorie des Zeugnisses und der sich daraus entfaltenden geschichtlichen Überlieferungsgemeinschaft findet bei Friedrich Pilgram einen theologischen Vorläufer, der, aufbauend auf dem allgemeinen Zeugnis als Sich-zeigen von Wirklichkeit, zum theologischen Bezeugen und Glauben fortschreitet, so dass sich im Glaubenszeugnis durch das Anbieten der Lehre auch die Einladung zur Gemeinschaft mit der bezeugenden Person ereignet. Die Gemeinschaft mit der bezeugenden Person erweitert sich über die jeweiligen kirchlichen Autoritäten und Institutionen räumlich und zeitlich bis zum Grund der Kirche, der in der Gemeinschaft mit Jesus Christus besteht.[266] Daher sieht Pilgram auch die zentrale Bedeutung der Wirklichkeit der Kirche im konkreten Zeugnis für Gott und sein Heil in der Geschichte. Indem sich in ihr die Wirklichkeit des Heiles zeigt und angenommen werden will, bietet Gott in der Kirche Gemeinschaft mit sich an. Auch wenn Welte Pilgram nicht in dessen amtstheologischer Fixierung und ekklesiologischer Ausprägung folgt, sondern in allgemeiner Art von Gestalt, Amt und Sukzession spricht, so finden doch die Überlegungen zur Kirche bei beiden Denkern ihren Ausgangspunkt in der Frage nach dem Heil als der Wirklichkeit der erfüllten personalen Beziehung zwischen Ich und Du, sowohl zwischen Mensch und Gott als auch zwischen Menschen. In diesem Begriff der personalen Gemeinschaft vollendet sich die Lehre der Kirche beider Theologen, die eine Wirklichkeit einer Gemeinschaft des Menschen und seiner Welt mit dem persönlichen Gott darstellt, die durch Jesus verbürgt wird.[267]

---

[265] Vgl. Wiedenhofer, Die Kirche als Kommunikations- und Überlieferungsgemeinschaft, 230.
[266] Vgl. Pilgram, Physiologie der Kirche, 88 f.: »[...] indem der Missionar den Menschen Mitteilung seiner Lehre anbietet, bietet er ihnen im Grund Gemeinschaft mit seiner Person an, welche die Lehre hat, in der sie ist. Indem die Menschen das Anerbieten der Mitteilung seiner Lehre annehmen, gehen sie wirklich auch eine Gemeinschaft mit der Person des Verkündigers ein [...]. Im einfachen Priester und durch ihn als real persönlichen Vermittelungspunkt schließen sich also die Menschen, denen das Evangelium verkündet wird, in einem realen politischen Gemeinschaftsverhältnis der ganzen Kirche an. [...] In den Priestern vereinigen sich die Gläubigen mit dem Bischof, in ihm mit dem ganzen Episkopat unter Petrus, in diesem als der Stellvertretung Christi mit Ihm selber.«
[267] Vgl. Pilgram, Physiologie der Kirche, 105: »Nur weil die Kirche Gemeinschaft mit

Diese Entwicklung einer Gestalt der in der Geschichte bleibend anwesenden Gemeinde muss der Einmaligkeit der Heilsoffenbarung und der ausgezeichneten Bedeutung des personalen Heilsoffenbarers entsprechen, selbst in den geschichtlichen Augenblicken, in denen sich aus dem Geschehen des Zeugnisses und Andenkens die Offenbarung erhebt und ein Haupt bildet. Diese sich bildenden Häupter konkurrieren daher nicht mit dem einen und einzigen Herrn, von deren Begegnung mit ihm die Heilsgemeinde ihren Ausgang nimmt, sondern diese führenden Gestalten versuchen den Offenbarungsmittler zu bezeugen und zu repräsentieren in der Offenheit der Geschichte, so dass sie in Entsprechung zu den zeugnisgebenden Worten zeugnisgebende Gestalten der Heilsoffenbarung in Jesus Christus sind. Welte bezeichnet sie deshalb als Denkmale, die als sichtbare Male bzw. Zeichen das Andenken an den personalen Heilsoffenbarer ermöglichen. Diese exklusive Funktion und Stellung als Denkmal für den einen ausgezeichneten Mittler göttlicher Nähe verlangen nach einer geschichtlichen Dauer über den einzelnen Träger hinweg, so dass die Sukzession eines Amtes am angemessensten erscheint, um sowohl die Verwurzelung im einmaligen ursprünglichen Offenbarungsereignis deutlich zu machen als auch dieses einmalige Geschehen in einer Kontinuität in den entscheidenden Augenblicken im Fortgang der Geschichte präsent zu sehen[268]:

»[...] dann kann solche aufs Einmalige gegründete Gemeinschaft doch zugleich kontinuierlich ko-exclusiv mit dem Gang der Geschichte sein. Sie kann es innerlich im Vollzuge des Miteinanderseins durch das glaubende und andenkende Zeugnisnehmen, durch das jede spätere Gemeinde zur früheren innerlich hinzutreten und mit ihr innerlich eins sein kann. Sie wird kontinuierlich koexclusiv mit der Geschichte auch äußerlich, in Gestalt und Institution, durch die jeweilige Hauptbildung durch das Amt und seine Sukzession, worin der alle einende innere Geist Gottes äußerlich anschaubar in dem Haupte ebenso erscheint wie der innere Vollzug des Andenkens in dem Prinzip der Sukzession. Worin sichtbar wird, dass das Amt seinem

---

Gott ist, ist es möglich, daß sich Gott ihr und in ihr beständig mitteilen, in ihr beständig durch Seine göttliche und menschliche Stellvertretung mit uns kommunizieren kann. Die Kirche ist also wie der Träger, auch der immanente Grund der Offenbarung in jedem Augenblicke und ebenso ihr stetiger Zweck, da die Wirkung der Offenbarung keine andere sein soll, als die Vereinigung mit Gott und ihre Früchte.« Vgl. dazu besonders Casper, Die Einheit aller Wirklichkeit, 184 f.211–213.

[268] Vgl. Welte, Philosophische Soziologie im Hinblick auf das Verständnis des Christentums als Kirche, 245 f.

Die »positive« Philosophie der Kirche

wesentlichen Sinn nach nie es selbst bedeutet, sondern immer nur sein anderes: das innere Leben des gegenwärtigen Miteinanderseins und sein einstiger, einmal geschenkter Grund.«[269]

Das sich durch die Geschichte bildende Amt und die damit einhergehende Institution können aber niemals ihren Sinn in sich selbst haben, sondern sie müssen sich als die innergeschichtliche Präsenz des inneren Prinzips, als Präsenz der Offenbarung des göttlichen Grundes, verstehen. Das Amt und dessen Träger fügen der geschichtlichen Einmaligkeit des göttlichen Grundes nichts hinzu, sondern sind allein dessen Denkmal und dessen geschichtliche Repräsentation.[270] Die damit verbundene Kontinuität der Nachfolge sieht Welte in Entsprechung zu dem einmaligen ursprünglichen Anfang, der im Inneren und Äußeren durch die Geschichte mitgeht[271], da ein Ursprungsverhältnis eben sich als Kontinuität vom Entspringenlassenden zum Entspringenden vollzieht und somit ein analoges Geschehen darstellt.[272] Das Amt als institutionalisiertes Zeugnis verhindert, dass der Bezug zur göttlichen Offenbarung im einen personalen Mittler und der damit verbundene Anspruch sich nur zu einem reinen Gedanken verflüchtigen und so an Wirklichkeit verlieren könnte. Ein konkretes Haupt der Gemeinde vergegenwärtigt das wirkliche Leben der Kirche und den lebendigen Glauben stets im Hinblick auf den und in Verbindung mit dem einmaligen Grund in Jesus Christus. Diese Konkretion in einem bestimmten Menschen, der als Nachfolger bestimmter Menschen erscheint, lässt als ihr Hort und Anwalt die wesentliche Einheit einer Gemeinde und so die Gnade Gottes wirklich erfahren und bewahrt das Bewusstsein dieser göttlichen Huld in der menschlichen Geschichte.[273] Denn indem im sichtbaren Haupt das gegenwärtig gelebte Miteinandersein und die Einheit des Geistes Gestalt annehmen, erscheint der Träger des Amtes in der Sukzession der Kirche als Repräsentant und Denkmal des einst erschienenen Offen-

---

[269] Welte, Soziologische Grundbegriffe zum Verständnis des Christentums als Kirche, 247.
[270] Das klassische Zitat der christlichen Überlieferung zu diesem Verständnis von Amt, Institution und Gemeinde sieht Welte im zweiten Korintherbrief des Apostels Paulus: »Wir wollen ja nicht Herren über euren Glauben sein, sondern wir sind Helfer zu eurer Freude [...]« (II Kor 1, 24).
[271] Vgl. Welte, Soziologische Grundbegriffe zum Verständnis des Christentums als Kirche, 242–245.
[272] Vgl. Welte, Logik des Ursprungs und Freiheit der Begegnung, 164f.
[273] Vgl. Welte, Soziologie der Religion, 162f.

barers.[274] Doch zugleich bezeugt er als erhabenes Zeichen den wirklich gelebten und lebenden Geist des Offenbarers in der geschichtlichen Gemeinde, der sich durch Zeugnis, Verkündigung, Andenken und Glaube aus seinem Ursprung in den jeweiligen entscheidenden geschichtlichen Augenblick vermittelt hat[275]:

»Dies sind die wesentlichen, im Sein des Amtes liegenden und aus dem Sein des Miteinanderseins erwachsenden Züge. Nirgends in sich selbst stehende und in sich selbst bedeutungsvolle Wirklichkeit, immer und in jeder Hinsicht nur Erscheinung, Gefäß seines Anderen, das nicht verstellt werden darf, und Hilfe für die Gemeinde, dass es nicht verstellt werde, sonst nichts.«[276]

c) Die wesentliche und die wirkliche Kirche

Dieses Geschehen, wonach der innere Vollzug wesentlich nach einer äußeren Gestalt verlangt, macht deutlich, dass auch die Verfasstheit der Gemeinde und der Kirche Zeugnis gibt, also nicht nur einzelne Christen oder Gruppen, sondern auch die Ortsgemeinde und die universale Kirche Subjekte des Bezeugens sind.[277] Daher legt die Kirche Zeugnis ab durch das, was sie sagt, tut und ist.[278] Diese positiv phi-

---

[274] In seiner Archäologie des Amts leitet Giorgio Agamben das Amt aus der Liturgie und dem priesterlichen *officium* ab. Das hat zur Folge, dass im Zusammenspiel der Wirksamkeit *ex opere operato* mit dem *opus operans* der Mitglieder der Kirche sich eine eigentümliche Operativität des öffentlichen kirchlichen Tuns definieren lässt. Denn dadurch hat die Kirche das Paradigma einer menschlichen Aktivität erfunden, deren Wirksamkeit nicht vom Subjekt abhängt, das sie vollzieht, aber die Kirche dennoch auf das menschliche Subjekt als lebendiges Instrument angewiesen ist, um sich zu verwirklichen und ihre Wirkung zu entfalten. Vgl. Agamben, Opus Dei, 53–55.107f.

[275] Vgl. Welte, Philosophische Soziologie im Hinblick auf das Verständnis des Christentums als Kirche, 247f.

[276] Welte, Soziologische Grundbegriffe zum Verständnis des Christentums als Kirche, 245f.

[277] Vgl. Arens, Bezeugen und Bekennen, 366.

[278] Vgl. Dulles, Die Kirche, 319; vgl. Schoppelreich, Zeichen und Zeugnis, 38f. Deshalb muss auch die Kirche als Sozialform des Christlichen Ausdruck der kontrafaktischen Hoffnung sein, die sich nicht durch eine realitätsferne Heilsgewissheit definiert, sondern in sich die Dialektik trägt, dass sie als konkrete Gemeinschaft Institutionen und Strukturen für ihre Handlungsfähigkeit braucht, aber ihr Handeln im Namen Gottes, unter dem Vorzeichen von Kreuz und Auferstehung, an die unverfügbare Kraft des Geistes Gottes zurückgebunden ist, worin die zentrale Herausforderung auch heutiger Ekklesiologie besteht. Vgl. Kirschner, Umrisse einer Sozialgestalt des Christlichen in den Umbrüchen der Gegenwart, 96f.

Die »positive« Philosophie der Kirche

losophischen Überlegungen zur Verfassung und Gestalt der Kirche finden für Welte bei Johann Adam Möhler und seinem Werk *Die Einheit in der Kirche* ihre theologische Entsprechung[279]:

»Wie das Leben des sinnlichen Menschen nur einmal unmittelbar aus der Hand des Schöpfers kam, und wo nun sinnliches Leben werden soll, es durch die Mitteilung der Lebenskraft eines schon Lebenden bedingt ist, so sollte das neue göttliche Leben ein Ausströmen aus den schon Belebten, die Erzeugung desselben sollte eine Ueber-zeugung sein.«[280]

Das lebendige Zeugnis wirkt bei Möhler als »in der Kirche sich fortpflanzende, fortvererbende geistige Lebenskraft«, so dass in der Überlieferung und der Tradition eine geschichtliche Vergegenwärtigung der Gläubigen aller Zeiten stattfindet, die als Zeugen integrierend und richtungsweisend wirken.[281] Diese Tradition und der mit ihr entstehende Glaube besteht aber nicht in einer Autoritätshörigkeit, sondern folgt aus der Eigentümlichkeit der Kirche, die in ihrer Einheit besteht. Denn derselbe Grund erzeugt dieselbe Wirkung, was bedeutet, dass alle Gläubigen ein Bewusstsein und einen Glauben haben, indem sie von einer göttlichen Kraft gebildet sind. Daher ist die Entfaltung der Kirche in der Zeit bzw. der Geschichte die Entfaltung ihrer Einheit[282], auf der die Tradition ihrem innersten Wesen nach gründet. Diese Einheit aller Menschen zu allen Zeiten mit der ersten Kirche betrachtet Möhler als eine große moralische Person, die von demselben Wort lebt und von demselben Geist sich geleitet weiß, so dass alle Christen dasselbe religiöse Bewusstein haben und zusammen einen großen Menschen bilden. Wenn sich diese Kirche nun zwar rückwärts auf die Offenbarung in Christus gegründet weiß, so lebt sie doch wesentlich ausgerichtet auf eine Zukunft, die wiederum entscheidend von der Einheit bestimmt ist.[283] Für Möhler stellt so die Kirche eine Einheit des Lebens aus dem Geiste dar, der sich in Wort und Lehre offenbart. Das Wort ohne den Geist ist tot, wie der Geist ohne das

---

[279] Vgl. Welte, Soziologische Grundbegriffe zum Verständnis des Christentums als Kirche, 248.
[280] Möhler, Die Einheit in der Kirche, 10.
[281] Vgl. Möhler, Die Einheit in der Kirche, 11.
[282] Vgl. Möhler, Die Einheit in der Kirche, 31: »[...] *sein Glaube ist kein Autoritätsglaube* [...] *aber er hatte alle Autorität für sich; seine Uebereinstimmung mit dem Glauben aller Zeit ist eine notwendige Folge der Eigentümlichkeit des Christentums.* Derselbe Grund erzeugt dieselbe Wirkung: alle Gläubigen haben *ein* Bewußtsein, einen Glauben, weil *eine* göttliche Kraft ihn bildet.«
[283] Vgl. Scheele, Einheit und Glaube, 120–125.

Wort gestaltlos und unter den Menschen unwirksam ist, so dass die Kirche dadurch zu einem Organismus pneumatischer Art wird.[284]

Sowohl die philosophische als auch die theologische Theorie der Kirche muss sich an der Wirklichkeit bewähren, so dass es wiederum die Erfahrung mit der gegenwärtigen Kirche ist, die skeptisch auf diese institutionalisierte Offenbarungsgemeinde und ihre Verfasstheit blicken lässt. Indem nämlich die Heilsgemeinde als geschichtliche Größe notwendigerweise am Strukturwandel der Geschichte teilnimmt, machen die Bedingungen der Endlichkeit Teilungen und Differenzen unvermeidlich. Diese geschichtlichen Differenzierungen wirken in verschiedenen geschichtlichen Epochen wie auch in verschiedenen Kulturkreisen auf das Miteinander bzw. die Heilsgemeinde, verkomplizieren dabei die gegenseitige Verständigung, erschweren durch Verstehensdefizite und reziproke Befremdung die Einheit, was für eine Gemeinschaft äußerst folgenreich ist und sie vor große Herausforderungen stellt. Zudem zeigt sich als weiteres Spannungsfeld die Beziehung der Heilsgemeinde zu anderen menschlichen Formen des Miteinanders, vor allem zum Staat als dem großen souveränen Gebilde von Macht und Herrlichkeit, deren Ansprüche im Verhältnis zur Kirche nicht prinzipiell zu bereinigen, sondern nur temporär abzustimmen sind. Welte sieht aber zu dieser äußeren Hinfälligkeit wesentlicher und grundlegender die innere Labilität hinzukommen, die sich in den Vollzügen von Zeugnis und Andenken manifestiert und im Seinsvollzug des einzelnen Menschen seinen Grund hat.[285]

Diese Wesensunsicherheit des Menschen hinsichtlich seines Seinsvollzuges hat seinen Ursprung darin, dass sich im menschlichen Sein das Absolute bzw. Unbedingte als sinngebendes Ziel und als gründender Grund anzeigt, weshalb sich der Mensch aufgrund seines

---

[284] Vgl. Möhler, Die Einheit in der Kirche, 131: »Wenn demnach die Kirche als die äußere Produktion einer innern bildenden Kraft, als der Körper eines sich selbst schaffenden Geistes aufgefaßt werden muß, so ist sie allerdings auch und zwar notwendig dies Institut, durch welches und in welchem der wahre Glaube und die wahre Liebe erhalten und fortgepflanzt werden. Denn da sich durch die Gesamtheit der Gläubigen *ein* gemeinsames, wahrhaftes *Leben* bildet, ein solches aber bedingt ist durch zwei Faktoren, die geistige Kraft und ihre äußere organische Erscheinung, so verhalten sich, wie gesagt, der christliche Geist und die Kirche zusammen wie Geist und Körper im Menschen.« Vgl. dazu Welte, Beobachtungen zum Systembegriff in der Tübinger katholischen Schule, 82 f.
[285] Vgl. Welte, Soziologische Grundbegriffe zum Verständnis des Christentums als Kirche, 249–251.

Die »positive« Philosophie der Kirche

wesentlichen transzendierenden Grundes seines Seins niemals sicher sein kann[286] und so in den Bereich der Hoffnung und des Glaubens verwiesen ist.[287] Daher äußert sich auch in diesem Zusammenhang dieser Bezug zum Absoluten im menschlichen Sein in zwei polarisierenden Möglichkeiten: Einerseits kann der Mensch über sich hinaus in glaubender und vertrauender Hingabe sich dem göttlichen Unbedingten öffnen, um im Sich-selbst-überlassen an das Göttliche in eben diesem seinen Sinn zu erhoffen und zu erwarten. Andererseits kann diese Seinsunsicherheit den Menschen dazu veranlassen, dieses Absolute und Unbedingte mit der Subjektivität seines Willens und der Endlichkeit seines Daseins herbeizuzwingen, was darauf hinausläuft, dass der Mensch durch sich selbst göttlich und Gott sein will. Die Erfahrung der Vergeblichkeit dieses menschlichen Anspruches und der bleibenden Defizienz aller Versuche hat eine zerstörerische und gewaltsame Tendenz zur Folge[288]:

»Gottes Bild *über* dem menschlichen Ich und Du: Sein Segen und Seine Krone. Gottes Bild *unter* dem menschlichen Ich und Du: Seine Schuld und Sein Fluch.«[289]

Dieser in der menschlichen Seinsunsicherheit liegende Ursprung von Labilität und Defizienz des Seinsvollzugs hat zur Folge, dass sich hinsichtlich der Heilsgemeinde und der Kirche dieselben defizienten Tendenzen und Strukturen erkennen lassen, die sich schon in der Betrachtung des Miteinanders gezeigt haben: Rivalität, Teilung, Differenz oder Exklusivitätsdenken werden sich im Miteinandersein äußern und verschiedene Defizienzformen der Offenbarungsgemeinschaft nach sich ziehen. Selbst wenn die Vollzüge von Zeugnis und Andenken beständig möglich sind, können sie angesichts der Vergänglichkeit und Begrenztheit der Offenbarung und unter der Last der geschichtlich gegenwärtigen Endlichkeit niemals als gesichert gelten, so dass sie auch vor Fehlentwicklungen in der Gemeinde nicht zwangsläufig bewahren können.[290]

Noch vor der Sprache und dem Geist zeigt sich das Amt, die In-

---

[286] Vgl. Welte, Ist die Rede vom »Ewigen Du« philosophisch zu rechtfertigen?, 12f.
[287] Vgl. Welte, Miteinandersein und Transzendenz, 158.
[288] Vgl. Welte, Philosophische Soziologie im Hinblick auf das Verständnis des Christentums als Kirche, 251–254.
[289] Welte, Miteinandersein und Transzendenz, 160.
[290] Vgl. Welte, Soziologische Grundbegriffe zum Verständnis des Christentums als Kirche, 251.

stitution und die äußere Gestalt bzw. die Ordnung der Heilsgemeinde und der Kirche am ehesten anfällig für die hinfällige Neigung des Menschen und seine strukturelle Defizienz. Das Haupt der Gemeinde steht nämlich immer in der Gefahr, die Erhabenheit, die Absolutheit und die bleibende Präsenz des Amtes in der geschichtlichen Vergänglichkeit auf sich selbst zu beziehen und dadurch den einzelnen endlichen Selbststand samt seiner endlichen Stellung zu verabsolutieren, so dass das Amt nicht mehr lebendiges Denkmal und Zeugnis, sondern Besitz und Stolz des Trägers ist. Die Verabsolutierung des endlichen Bestandes und Bestehens kann sich, ausgehend vom Oberhaupt, auf die gesamte Gemeinde ausdehnen, so dass statt des einenden Geistes die institutionellen Elemente bestimmend wirken, was einen kollektiven Selbstgehalt und somit die Erstarrung zu einem primitiven Gruppenegoismus zur Folge hat. Zudem kann in dieser Fixierung auf die äußerliche Institution der Vollzug des heiligen Miteinanders zu einer lieblosen Gewohnheit versanden, so dass die Konzentration auf und die Konservierung von Regeln und Ordnungen an die Stelle des lebendigen Geistes tritt. Diese Versachlichung dehnt sich schließlich auch auf Sprache und Geist aus, so dass die Sprache letztlich nur noch formalisierte Richtigkeit bzw. richtige äußerliche Formalität und nicht mehr die lebendige Wahrheit transportiert. Diese Formalisierung und äußerliche Fixierung nimmt dem lebendigen einenden Geist und dem heiligen Gehalt des Miteinanders nicht nur seine Bedeutung und seinen Ort, sondern trägt in sich ein Misstrauen gegen die freien Regungen des Geistes, die nicht mehr als belebende lebendige Impulse, sondern als Störfaktoren für das funktionierende funktionale System angesehen werden, indem sie sich disfunktional auf die geistlos erstarrte, gesetzlich organisierte und institutionalisierte Ordnung auswirken.[291]

Diese beständigen gefährdenden Möglichkeiten sind der Preis der Endlichkeit für den Mut, in der Welt und seiner Geschichte zu leben, so dass eine beständige Differenz und Spannung hinsichtlich der Kirche deutlich wird, die Welte im Begriffspaar der wesentlichen und wirklichen Kirche fasst, die aber doch eine einzige Kirche sind. Dabei bewahrt sich die wesentliche Kirche als beständige wirkliche Möglichkeit der Offenbarungsgemeinde, was sich aber nicht im Stan-

---

[291] Vgl. Welte, Philosophische Soziologie im Hinblick auf das Verständnis des Christentums als Kirche, 255–264.

Die »positive« Philosophie der Kirche

de der reinen Faktizität vorfindet. Denn auch wenn die wirkliche Kirche die wesentliche repräsentiert, so wird sie als Bestand nicht mit ihr identisch sein.[292]

Angesichts der Labilität und Hinfälligkeit des Menschen, die sich eben auf alle Elemente und Wesenszüge des Miteinanderseins und der Kirche ausdehnen, stellt sich die Frage, wie sich unter dieser scheinbar erdrückenden Last der Endlichkeit das Wesen von Kirche bewahren und sich in der geschichtlichen Wirklichkeit zu erfahren geben kann. Denn wie Amt, Institution und Gestalt für Welte den ersten und konvenientesten Ansatzpunkt der Wesensgefährdung darstellen, so sieht er im Gegenzug dazu in der Sprache das entscheidende Element für die Wesenserhaltung, indem sie ihrem Wesen gemäß den inneren einenden Geist in das äußere Zeugnis vermittelt. Denn selbst wenn die Sprache der Hinfälligkeit preisgegeben ist und zu einem formelhaft-funktionalen, äußerlich-kommunikativen Gebrauch degenerieren sollte, so bewahrt sich selbst in dieser defizienten Form von Sprache der ursprüngliche Geist, weshalb auch eine formelhafte Äußerung rückgebunden an den sich formenden Geist bleibt und dieser letztlich weiter vernehmbar ist[293]:

»An sich bleibt der Geist in der Sprache und die Sprache im Geist: nach rückwärts und nach vorwärts denkend, nach Ursprung und Ziel, die zum Wesen der Sprache gehörige, die gute Zweideutigkeit.«[294]

Diese Überlegungen zur Überlieferung und zum Vermögen der Sprache, die sich bei Welte besonders aus seiner Begegnung mit Gadamers *Wahrheit und Methode* ergeben, sind vor dem Hintergrund der Dialektik des Geschehenscharakters der Dialogsituation zu interpretieren. Denn indem die Subjekte des Dialogs aktiv und passiv betroffen sind, kann sich das Subjekt nicht als fixen Punkt betrachten, von dem her die Einheit zu setzen ist. Daher kann es auch nicht das Ziel eines Gespräches sein, eine ursprüngliche Meinung des Anderen zu rekonstruieren, sondern es geht um die Verständigung zwischen den Subjekten über eine Sache. Jedoch darf im Sinne der Individualität der Gesprächspartner nicht von einer Abgeschlossenheit des Dialogs aus-

---

[292] Vgl. Welte, Soziologische Grundbegriffe zum Verständnis des Christentums als Kirche, 253 f.
[293] Vgl. Welte, Philosophische Soziologie im Hinblick auf das Verständnis des Christentums als Kirche, 265–269.
[294] Welte, Philosophische Soziologie im Hinblick auf das Verständnis des Christentums als Kirche, 270.

gegangen werden, so dass dessen prinzipielle Unendlichkeit behauptet werden muss.[295] Dies wird besonders deutlich in Gadamers Überlegungen zur Universalität der Sprache. Denn Sprache als Gespräch stellt einen unendlichen Prozess sowohl vorwärts als auch rückwärts auf Ungesagtes dar, da die Struktur des Dialogs eine Logik von Frage und Antwort aufweist.[296] Wenn nun der Text stets mehr ist als die Äußerung des Autors und die Sprache mehr enthält als die persönlichen Intentionen des Sprechers, dann bewahrt die Sprache dem Menschen wesentliche Möglichkeiten selbst in den hinfälligen, formalisierten und scheinbar geistlosen Formen der Kommunikation. Denn im Gefüge der Kirche mit ihren Amtsträgern, ihrer Sukzession und ihrer Institutionalisierung tradieren sich die Worte des Ursprungs sowie die großen und wegweisenden Erfahrungen der Gemeinde, in denen die Offenbarung Gottes geschah, und bewahren sich in heiligen Worten und Zeichen, so dass dadurch eine Verbindung mit dem ursprünglichen sich offenbarenden Geist möglich wird. Die formalisierten Zeugnisse verlieren daher durch ihren Nexus mit

---

[295] Gadamer geht dabei zunächst von der Hermeneutik von Texten aus, um schließlich dieses wirkungsgeschichtliche Moment auch im Verstehen des Gesprächs und dadurch in der Sprache aufzuweisen. Vgl. Di Cesare, Das unendliche Gespräch, 169 f.; vgl. Gadamer, Hermeneutik I. Wahrheit und Methode, 379: »Die Texte werden durch neue Akzentuierung im Verstehen genau so in ein echtes Geschehen einbezogen, wie die Ereignisse durch ihren Fortgang selbst. Das war es, was wir als das wirkungsgeschichtliche Moment innerhalb der hermeneutischen Erfahrung bezeichnet hatten. [...] Es liegt in der geschichtlichen Endlichkeit unseres Daseins, daß wir uns dessen bewußt sind, daß nach uns andere immer anders verstehen werden. Gleichwohl ist es für unsere hermeneutische Erfahrung ebenso unzweifelhaft, daß es dasselbe Werk bleibt, dessen Sinnfülle sich im Wandel des Verstehens beweist, wie es dieselbe Geschichte ist, deren Bedeutung sich fortgesetzt weiterbestimmt. Die hermeneutische Reduktion auf die Meinung des Urhebers ist ebenso unangemessen wie bei geschichtlichen Ereignissen die Reduktion auf die Absicht der Handelnden.«
[296] Vgl. Gadamer, Mensch und Sprache, 152 f.: »Alles Gesagte hat seine Wahrheit nicht einfach in sich selbst, sondern verweist nach rückwärts und nach vorwärts auf Ungesagtes. Jede Aussage ist motiviert, das heißt, man kann an alles, was gesagt wird, mit Sinn die Frage richten: ›Warum sagst du das?‹ Und erst, wenn dies Nichtgesagte mit dem Gesagten mitverstanden ist, ist eine Aussage verständlich. [...] Denn die Motivationsgeschichte der Frage öffnet allererst den Bereich, aus dem her Antwort geholt und gegeben werden kann. So ist es in Wahrheit im Fragen wie im Antworten ein unendliches Gespräch, in dessen Raume Wort und Antwort stehen. Alles Gesagte steht in solchem Raume.« Vgl. dazu besonders Ballnat, Das Verhältnis zwischen den Begriffen »Erfahrung« und »Sprache« ausgehend von Hans-Georg Gadamers Wahrheit und Methode, 187.

Die »positive« Philosophie der Kirche

ihrem Ursprung ihren Zeugnischarakter nicht gänzlich, womit eine ursprüngliche Sinnkommunikation erreichbar bleibt.[297]

Mittels dieser Fähigkeit des Wortes und der Sprache, sich gegen den der Endlichkeit und ihrer Hinfälligkeit preisgegebenen Verfall zu sperren, kann im zeitlichen Dasein an einzelnen Orten und in entscheidenden Augenblicken das Wesentliche auch das Wirkliche werden, so dass sich in begnadeten Momenten der Geschichte die schmerzliche Differenz von wesentlicher und wirklicher Kirche aufheben kann. Welte sieht deshalb dieses charismatische Moment der Freiheit des sich offenbarenden Geistes als pneumatisches Korrektiv des Amtes und einer notwendigen äußeren Ordnung, wodurch die wirkliche Kirche auf ihre wesentliche ursprüngliche Bestimmung hingewiesen wird, wie es beispielsweise besonders bemerkenswert und folgenreich in der Zeit der Entstehung der Bettelorden mit Franz von Assisi oder Dominikus geschehen ist. Die Kirche als Organisation wird dadurch zur Hüterin der Sprache, der heiligen Botschaft und der heiligen Zeichen, um, ausgehend von ihrem Ursprung, dem verborgenen wesentlichen Leben zu dienen und seine Möglichkeit in sich zu bewahren.[298] Dadurch bleibt die wesentliche Kirche in diesem zeitlich und räumlich begrenzten Dasein die beständige Möglichkeit, die sich, diachron und bestehende Ordnungen durchkreuzend, im

---

[297] Aufschlussreich zeigt sich hier Gadamers Aufgabenbeschreibung der Hermeneutik, in der er aufweist, wie durch den Charakter der Sprache als Gespräch Worte und Texte aus der Entfremdung in ihre ursprüngliche Situation des Dialogs überführt werden: »Das eben charakterisiert das Gespräch – gegenüber der erstarrten Form der zur schriftlichen Fixierung drängenden Aussage –, daß hier die Sprache in Frage und Antwort, im Geben und Nehmen, im Aneinandervorbeireden und Miteinanderübereinkommen jene Sinnkommunikation vollzieht, deren kunstvolle Erarbeitung gegenüber literarischer Überlieferung die Aufgabe der Hermeneutik ist. Es ist daher mehr als eine Metapher – es ist eine Erinnerung an das Ursprüngliche, wenn sich die hermeneutische Aufgabe als ein In-das-Gesprächkommen mit dem Text begreift. Daß die Auslegung, die das leistet, sich sprachlich vollzieht, bedeutet nicht eine Versetzung in ein fremdes Medium, sondern im Gegenteil die Wiederherstellung ursprünglicher Sinnkommunikation.« (Gadamer, Hermeneutik I. Wahrheit und Methode, 374.) Vgl. Di Cesare, Das unendliche Gespräch, 162 f.
[298] Diesen Umstand, dass das Evangelium Jesu Christi nie ganz vergessen ist und sich in der Kirche die beständige Möglichkeit der Verwirklichung der wesentlichen Kirche bewahrt, sieht Welte auch bei Augustinus bestätigt und eingefügt wiederum in dessen Lehre von der ecclesia qualis *nunc est* und qualis *tunc erit:* »Postremo regnant cum illo, qui eo modo sunt in regno eius, ut sint etiam ipsi regnum eius.« (Aug. Civ. XX, 9 (CChr.SL 48, 716).) Vgl. Welte, Soziologie der Religion, 165.

Offenbarwerden des verborgenen Geistes als Wirklichkeit konstituiert.[299]

Die Aufhebung dieser schmerzlichen Differenz von wesentlicher und wirklicher Kirche erweist sich als das eigentliche Prinzip und das wirkliche Wesen des Lebens der Kirche.[300] Denn diese Diskrepanz zeigt sich nicht nur überwunden in der offenbarenden Erfahrung der Erstgemeinde und den begnadeten Augenblicken der Geschichte, sondern vor allem in der verheißenen Vollendung. Im Vorblick der Hoffnung auf diese eschatologische Erlösung vom Hiatus zwischen Wesen und Wirklichkeit der Kirche und der ganzen Geschichte besteht das eigentliche und wesentliche Leben der Kirche in der Geschichte, begründet durch den Glauben an das Heilszeichen Jesus Christus, was Welte, in Reminiszenz an Augustins Lehre vom *Totus Christus*[301], wie folgt zusammenfasst[302]:

---

[299] Vgl. Welte, Philosophische Soziologie im Hinblick auf das Verständnis des Christentums als Kirche, 272–276. Zu Leben und Aufgabe der Kirche vgl. Welte, Gedanken über die Aufgabe der Kirche in unserer weltlichen Welt, 182–186.

[300] In Entsprechung dazu stehen auch Weltes Überlegungen zur Kirche der Pilgerschaft. Vgl. Welte, Gemeinschaft des Glaubens, 175–178.

[301] Dieses Zugehen der Kirche und der ganzen Geschichte auf die Vollendung, worin eben ihr eigentliches Leben besteht, erinnert an Augustins Lehre vom *Totus Christus*, die die Geschichte der sich auf Erden allmählich durchsetzenden *civitas Dei* als die Menschwerdung Gottes im umfänglichen Sinn deutet. In der Kirche vollzieht sich die Formung des ganzen Christus und nimmt die einzigartige Gegenwart Gottes in Christus ihre volle Gestalt an. Augustinus weist nicht nur darauf hin mittels seiner Terminologie vom Haupt und Leib, die den ganzen Christus ausmachen, sondern er prägt dafür einen eigenen Begriff, wenn er nicht nur von der *una persona Christi*, sondern auch von der *una persona Ecclesiae* spricht. (Aug. en. Ps. 61, 4 (CChr.SL 39, 773 f.): »Sed debemus intelligere personam nostram, personam ecclesiae nostrae, personam corporis Christi. Vnus enim homo cum capite et corpore suo Iesus Christus [...]«) Besonders der realistische Zusammenhang dieser Lehre vom *Totus Christus* zeigt sich inspirierend für Welte, da Augustinus in einer von Hoffnung geprägten Theologie in zahlreichen Wendungen daran erinnert, dass der *totus Christus in spe* existiert, *per fidem* und nicht *per speciem*. (Aug. en. Ps. 139, 2 (CChr.SL 40, 2012 f.): »Ceterum multi ab illo liberantur, et in corpus Christi transeunt; [...] nondum ergo habentes hoc in re, sed tamen tenentes in spe, gemunt ex desiderio quodam, et orant se liberari ab hominibus malis, inter quos necesse est uiuere et bonis; non enim separatio iam cuique tuta est.«) Christus muss daher in den Herzen der Gläubigen sich inkarnieren. In der Kirche Christi befindet sich die *civitas Dei* also noch auf Pilgerfahrt, selbst wenn sie bereits von der himmlischen Kirche erwartet wird. (Aug. en. Ps. 90, 2, 1 (CChr.SL 39, 1266): »[...] totus populus sanctorum ad unam ciuitatem pertinentium; quae ciuitas corpus est Christi, cui caput est Christus. Ibi sunt et angeli ciues nostri; sed quia nos peregrinamur, laboramus; illi autem in ciuitate exspectant aduentum nostrum.«) Vgl. Studer, Gratia Christi – Gratia Dei bei Augustinus von Hippo, 109 f.

»Zwischen Andenken und Hoffnung die Spannung der wirklichen Möglichkeit und ihres Antriebes zu halten und zu wahren: darin besteht die Vollendung dieser irdischen Unvollendung des in einmaliger Offenbarung sich vollendenden Miteinanderseins.«[303]

Denn wie die Kirche rückwärts auf den Glauben an Jesus Christus, den einmaligen personalen und göttlichen Offenbarer, gegründet ist, so lebt sie dadurch vorwärts verwiesen und angetrieben durch die Hoffnung und die eschatologische Verheißung auf die Vollendung der ganzen Geschichte jenseits aller Beschränkungen des zeitlichen Daseins.[304]

IV) Resümee: Die Hoffnung als Brücke vom Miteinander zur Kirche

»Hoffnung ist nicht Optimismus. Es ist nicht die Überzeugung, dass etwas gut ausgeht, sondern die Gewissheit, dass etwas Sinn hat – ohne Rücksicht darauf, wie es ausgeht.«[305]

Dieses Verständnis von Hoffnung bei Václav Havel setzt bei transpragmatischen und transmoralischen Sinnbedingungen eines gesamten, praktischen und selbstbewussten menschlichen Lebensverständnisses an, so dass der Mensch mit seinen besten Intentionen und Sinnentwürfen sich immer – faktisch und praktisch – vom definitiven Scheitern bedroht weiß, was besonders auch in seiner Perspektive der Selbstreflexivität deutlich wird.[306] In dieser Annahme eines Sinnaprioris oder eines Sinnpostulates, angesichts des Lebens bzw. des Seinsvollzuges des Menschen, gründet Havel mit seiner Auffassung zu Hoffnung und Gewissheit in Kants Überlegungen zu einer postulatorischen Hoffnung, die allein das theoretische und praktische Vernunftinteresse vereinigen kann.[307] Wie Havel aber dieses Sinnpostu-

---

[302] Vgl. Welte, Soziologische Grundbegriffe zum Verständnis des Christentums als Kirche, 255 f.
[303] Welte, Soziologische Grundbegriffe zum Verständnis des Christentums als Kirche, 256.
[304] Vgl. Welte, Philosophische Soziologie im Hinblick auf das Verständnis des Christentums als Kirche, 276 f.; vgl. Welte, Geschichtlichkeit als Grundbestimmung des Christentums, 264.
[305] Havel, Fernverhör, 220.
[306] Vgl. Rentsch, Gott, 127.
[307] Vgl. Kant, KpV A 220 (AA V, 122).

lat und sein Bekenntnis zur Moralität der Gesinnung angesichts der faktischen Begrenzung begründet, bleibt offen, da er sich die kantsche religiöse Begründung von Sinn, Moralität und moralischer Weltordnung, die mittels des Postulats von Gott als dem einen Gesetzgeber des Natur- und Sittengesetzes und des Postulats der Glückseligkeit als Grund der eschatologischen Hoffnung geschieht, als Atheist nicht ohne weiteres zu eigen machen kann.[308]

Bernhard Welte antwortet dagegen mit einem totalen Sinnpostulat auf die Dialektik des Daseins, worauf die Zustimmungsfähigkeit des Daseins gründet. Dazu übernimmt er in seiner ontologischen Soziologie das kantsche Strukturmoment der Hoffnung samt dessen Begründung, bei welchem dem ethischen Moment der Weltverbesserung das menschliche Streben nach einem erfüllten Miteinander entspricht und sich mit seinem unbedingten Gehalt dem Heiligen verpflichtet weiß, so dass die Realisierung des Miteinanders nicht dem Vermögen des Menschen in seiner Endlichkeit, sondern dem Heiligen bzw. Unbedingten anheimgestellt wird. Aus dieser existentialpragmatischen Perspektive, die sich gegen eine funktionale oder nützlichkeitsorientierte Deutung des Miteinanders sperrt, sieht Welte in der Grundlosigkeit des Daseins eine transpragmatische Akzeptanzbedingung und dadurch eine konstitutive Voraussetzung für die Freiheit bzw. für die Autonomie des Daseins einschließlich der Möglichkeit, selbst Zwecke zu setzen.[309] In der dialektischen Bestimmung des Heiligen verbinden sich nun die entscheidenden Erfahrungen des Menschen, einerseits die Erfahrung der absoluten Entzogenheit in der Dialektik des Daseins und andererseits die apriorische Sinnerfahrung als transzendentale Erfahrung, die sich selbst gewährt und damit auch die Erfüllung des Miteinanders schenkt. Deshalb muss sich die Erfüllung und das Heil des Miteinanders in Entsprechung zum Seinsverständnis des Menschen als das Heilige gewähren, als die freie und umfassende Gunst aus einem freien, selbst- und du-haften Geheimnis.[310] Denn das Heilige in seiner absoluten Entzogenheit bei intensivster Betroffenheit erweist sich dem Menschen immanent als transzendent, so dass sich das Heilige auf den Menschen bezieht, indem es als freie und umfassende Gnade den Menschen zu sich in Beziehung

---

[308] Zu Glaube und Hoffnung bei Václav Havel vgl. Erbrich/Wanitschke, »… auf die innere Stimme hören«, 40 f.
[309] Vgl. Welte, Religionsphilosophie, 65.68.
[310] Vgl. Welte, Heilsverständnis, 101 f.

Resümee: Die Hoffnung als Brücke vom Miteinander zur Kirche

setzt, weshalb das Seinsverständnis in seinem Ursprung Heilsverständnis ist.[311] Da nun das Verhältnis des Heiligen zum Menschen wesentlich von seiner Dialektik geprägt ist, darf diese nicht durch eine Positivität des Denkens aufgehoben werden, sondern hat in einer Erwartung bzw. in einer Hoffnung zu geschehen, die auf jede Verfügung verzichtet[312]:

»[…] d. h. es *zu erhoffen aus dem unausdenkbaren, unberührbar in sich weilenden heiligen Grunde alles Seins,* es zu erhoffen aus der *Freiheit einer Gnade* und nicht aus *dem Ertrag eines Rechts.*«[313]

Hoffnung ist die Antwort auf die Mortalität und die Grenzen des Menschen im Horizont von Moralität und Miteinander. Denn nur in einer Verbindung zum absoluten Sinnhorizont und somit in einer Hoffnung nicht auf konkrete Heilungen, sondern auf das Heil selbst, wird im Vertrauen auf das höchste Gut die Wirklichkeit transzendiert, was die authentische Freiheit des Menschen zur Folge hat.[314] Diese Sinnvoraussetzung, in Verbindung mit den konkreten Möglichkeiten des Menschen, lässt eine Sinndifferenz entstehen, die einen ständigen Überschuss an Hoffnung ergibt. In dieser Übereinstimmung ihres Beweggrundes und ihres Zielgutes erweist sich die Hoffnung als transzendierendes transzendentales Prinzip, das alles Handeln des Menschen erst ermöglicht und zugleich auf wirkliche Transzendenz abzielt, was sich in dieser Einheit von übergeordneter Struktur und innewohnendem heiligen Logos als ontologische Hoffnung deuten lässt und sowohl den Menschen als auch die Geschichte über die Grenzen der Endlichkeit transzendiert.[315] Diese grundlegende Sinndifferenz richtet als Heilsdifferenz in der Hoffnung die Frage nach der Erfüllung an die Transzendenz selbst, so dass die Hoffnung sich in ihrem existentiellen und existentialen Charakter als aktives Geschehen in der Spannung zwischen ihrem wesentlichen Ursprung und ihrer wesensgemäßen eschatologischen Ausrichtung ereignet.[316] Hoffnung auf Vollendung als Extrapolation über alle menschliche Möglichkeiten, nicht aber über den menschlichen Entwurf hinaus,

---

[311] Vgl. Welte, Heilsverständnis, 102; vgl. Hemmerle, Das Heilige und das Denken, 71 f.
[312] Vgl. Welte, Das Heilige in der Welt und das christliche Heil, 262 f.
[313] Welte, Das Heilige in der Welt und das christliche Heil, 263.
[314] Vgl. Welte, Freiheit des Geistes und christlicher Glaube, 303–306.
[315] Vgl. Welte, Geschichtlichkeit und Offenbarung, 317.
[316] Vgl. Heidegger, Sein und Zeit, 345.

geschieht als Bezogenheit auf die Vollendung ohne verfügende Macht, so dass sie kein unvernünftiges Wünschen darstellt, sondern eine eschatologisch formatierte Rationalität des menschlichen Vollzugs, gerechtfertigt im Horizont der Vollendung.[317] Indem sich die Vernunft hoffnungsvoll gegen die Mortalität des Menschen und seiner Welt stellt, entsteht eine Solidargemeinschaft, die über die eigene Endlichkeit hinaus als religiöse Hoffnung lebt. Hoffnung geschieht daher weniger als Begründung, sondern eher als Operationalisierung kontrafaktischer Daseinsakzeptanz und ethischer Rationalität, da der transpragmatische Fluchtpunkt des Vollzuges von Selbst- und Miteinandersein eine veränderte Haltung der Vernunft zur Folge hat.[318] Dabei verbindet sich im Erhofften als Heiligem bzw. gnädig gewährtem Unendlichen die Dimension der einmaligen Innerlichkeit mit der allumfassenden Einheit, so dass in diesem Heil alle Menschen sowohl im Selbst- als auch im Miteinandersein Vollendung finden.[319] Hoffnung geschieht dabei als Erfahrung, als Einheit im Vollzug von betreffender Begebenheit und bezogener Aneignung als Antizipation.[320] Als existentiale und existentiell beanspruchende Erfahrung fragt diese eschatologische Hoffnung nach der Möglichkeit der Gewährung des Heiles und nimmt zugleich die menschlichen Voraussetzungen hinsichtlich des An- und Aufnehmens desselben in den Blick.[321] Offenbarung und Erfahrung stehen dabei in einem gegenseitig konstitutiven Verhältnis, da die Vollendung als Offenbarung geschehen muss, um das Unbedingte bzw. Göttliche in seiner Heiligkeit und als Geheimnis in der Transzendenz zugänglich zu machen. Dies aber hat den Charakter der Erfahrung zu tragen, um für das menschliche Dasein existentiell aktivierend, betreffend und verändernd zu sein[322], wodurch jegliche Unentschiedenheit des Menschen aufgehoben ist.[323]

Darin sieht Welte selbst eine Wende in seinen Überlegungen zur Soziologie des Miteinanders, die diese Gedanken zu einem Verständnis von Kirche führt, nämlich einer Gemeinschaft unter dem konsti-

---

[317] Vgl. Adorno, Minima Moralia, 333.
[318] Vgl. Höhn, Zeit und Sinn, 206 f.209 f.
[319] Vgl. Welte, Geschichtlichkeit als Grundbestimmung des Christentums, 263 f.
[320] Vgl. Welte, Erfahrung und Geschichte, 35.
[321] Vgl. Welte, Philosophische Soziologie im Hinblick auf das Verständnis des Christentums als Kirche, 174–179.
[322] Vgl. Welte, Soziologische Grundbegriffe zum Verständnis des Christentums als Kirche, 183.
[323] Vgl. Welte, Soziologie der Religion, 121–124.

tutiven Einfluss der Offenbarung.[324] Die philosophische Argumentation zeigt sich geleitet von Friedrich J. W. Schellings *Philosophie der Offenbarung*, da beide Denker von der inneren grundlegenden Differenz des Menschen zwischen möglicher und wirklicher Vollendung ausgehen. Die systematische Betrachtung des Seinsverständnisses des Menschen führt zu einer Idee der Vollendung, deren Wirklichkeit das Seinsverständnis fordert, aber nicht aus eigener Verfügung gewähren kann. Im Prinzip der Hoffnung setzt Welte diese mögliche Vollendung als gewährende Wirklichkeit voraus, so dass sich der Mensch der Wirklichkeit des Daseins zuwendet und hinsichtlich des offenbarten Heiles befragt. Im Sinne Schellings fragt Welte nicht mehr nur nach einem möglichen Heil, sondern setzt am wirklichen sich gewährenden Heil an und nimmt ausgehend davon die Wirklichkeit in den Blick, so dass sich nicht mehr nur eine ideelle, sondern eine faktische Differenz zwischen Heilsverständnis und Wirklichkeit ergibt.[325] Dieser Übergang von der Wesensordnung des menschlichen Seinsverständnisses in seine Wirklichkeitsordnung geschieht in Kontinuität, da die Grundverhältnisse des Menschen nicht von der Möglichkeit, sondern der Wirklichkeit des Heiles geprägt sind, so dass die Strukturen menschlicher Wirklichkeit im Licht des Heilsverständnis zu analysieren sind.[326]

Im Horizont dieser schellingschen Theorie entwirft Welte nun die Möglichkeit eines der menschlichen Wesensordnung entsprechenden Ideals einer Gemeinschaft, das als Voraussetzung in sich trägt, dass die göttliche Vollendung und ihre Offenbarung die Wurzel des Seinsmangels des Miteinanderseins aufheben. In der göttlichen Offenbarung eröffnet sich mit dem *principium bonitatis et libertatis*[327] das ursprüngliche Sein, das den Menschen selbst und ursprünglich bewegt, weshalb sich diese Begegnung mit der Vollendung im Aufgang Gottes als der Grund der menschlichen Freiheit erweist und den Menschen zu sich selbst entbindet bzw. befreit.[328] Indem das höchste Geheimnis dem Menschen nicht fremd gegenübersteht, sondern als Prinzip immer schon seinen Seinsvollzug prägt, wird durch

---

[324] Vgl. Welte, Philosophische Soziologie im Hinblick auf das Verständnis des Christentums als Kirche, 182.
[325] Vgl. Welte, Heilsverständnis, 103–105.
[326] Vgl. Welte, Heilsverständnis, 105.
[327] Vgl. Thom. Sth I, 6, 2 ad 2; vgl. Thom. Sth I-II, 8, 1 co.
[328] Vgl. Welte, Soziologische Grundbegriffe zum Verständnis des Christentums als Kirche, 192 f.

die Offenbarung jedes menschliche Dasein zu seinen eigenen Seinsmöglichkeiten befreit und in seinem Seinsvollzug aktiviert, wodurch der Mensch zur Entscheidung gerufen ist.[329] Dieses Geschehen isoliert den Menschen aber nicht, sondern führt in eine umfassende Gemeinschaft, deren Einheit sowohl exklusiv als auch allumfassend betreffend und vollendend sein muss[330], um zugleich die Individualität wie auch die umfassende Einheit zu gewährleisten. Daher geschieht die Offenbarung des göttlichen Heiles als Liebe und Freude, die als existentielle Erfahrungen die Menschen miteinander verbinden und diese zugleich individuieren bzw. ihre Einmaligkeit als Grundlage für diese entscheidenden Erfahrungen bewahren.[331] Das offenbarende Göttliche geschieht als Wurzel aller Freude in Freiheit und Einheit bzw. in Selbstsein und Offenheit, so dass es als *bonum diffusivum sui*[332] in einem einenden Prozess die Grenzen des menschlichen Daseins überwindet, aber zugleich jedes Dasein in seiner Besonderheit bewahrt.[333] Daher lebt das Miteinander, das sich in dieser Erfahrung der Offenbarung vollzieht, als Gemeinde des Geistes bzw. als pneumatische Gemeinde, die aber allen Bestand grenzenlos überschreitet, da sie alles umfasst und im aktivierenden belebenden Geist sowohl von jedem Einzelnen als auch von allen miteinander erfahren wird.[334] Im Glauben lebt der Mensch in der Betroffenheit durch den Geist Gottes, so dass sich darin sein Selbstvollzug im Zustand erfüllter Aktualität befindet, wodurch der Geist Gottes sein erfülltes Leben ausmacht und der Mensch in einer Einheit mit Gott lebt. Mit der Aufhebung dieses Seinsmangels des Daseins verschwinden auch die limitierenden Momente des Miteinanderseins, wodurch eine höhere Form der Gemeinschaft entsteht, die im Geist Gottes als ihrem apriorischen Wesensgrund unbegrenzt kommunikativ verbunden ist und durch die Offenbarung in ihrem Vollzug erfüllt wird.[335] Indem sich die Offenbarungsgemeinde auszeichnet durch den erfüllenden Geist

---

[329] Vgl. Welte, Soziologie der Religion, 123–126.
[330] Vgl. Welte, Soziologie der Religion, 127 f.
[331] Vgl. Welte, Soziologische Grundbegriffe zum Verständnis des Christentums als Kirche, 198 f.
[332] Vgl. Bon. Itin. VI, 2 (Op. V, 310b).
[333] Vgl. Welte, Philosophische Soziologie im Hinblick auf das Verständnis des Christentums als Kirche, 204 f.
[334] Vgl. Welte, Philosophische Soziologie im Hinblick auf das Verständnis des Christentums als Kirche, 204–206.
[335] Vgl. Welte, Soziologie der Religion, 129–136.

Gottes, geschieht sie primär als inneres und vollständiges Leben, so dass sie nicht *besteht*, sondern *geschieht*. In der Erfahrung des sich offenbarenden Gottes vollzieht sich die pneumatische Gemeinde daher in absoluter Ursprünglichkeit und zugleich in vollkommener Vollendung, so dass sie sich in Entsprechung zum Miteinander als entscheidende Erfahrung erweist, die den Menschen existentiell in Anspruch nimmt und seine Wirklichkeit verändert.[336]

Die Kirche beschränkt sich aber nicht nur auf eine eschatologische Gestalt einer Offenbarungsgemeinde, was Welte wiederum in Entsprechung zur schellingschen Offenbarungsphilosophie dahingehend begründet, dass der Mensch gemäß seiner Seinsstruktur die Frage nach Heil und Vollendung zunächst im Bereich der Wirklichkeit bzw. der Faktizität stellt, um die Fragwürdigkeit seiner selbst und seines Miteinandersein zu tilgen.[337] Der Mensch selbst verlangt nach Wirklichkeit und daher nach einem realisierten Element möglicher Gottesoffenbarung, das in ein menschliches Miteinander eintritt. Das wiederum hat das Verständnis einer Offenbarung zur Folge, die sich in die räumliche und zeitliche Daseinsgestalt vermittelt, ohne dabei die Strukturen dieser Wirklichkeit aufzuheben.[338] Diese Vermittlung beschränkt sich aber nicht auf eine reine Innerlichkeit, sondern die Idealität vermittelt sich in einer konkreten Situation in die Realität, indem das Ideale als Gehalt vollzogen wird und so unter die Bedingungen der Endlichkeit tritt, es dadurch Gestalt wird und sich dem Menschen zur Erfahrung bringen kann.[339] Welte sucht diese Vermittlung der Offenbarung und ihr realisiertes Element mittels einer Konvenienz des Vorverständnisses des Heiles zu der heilsdifferenten Faktizität zu beweisen, was zwar keine Beweiskraft, aber als entscheidendes Prinzip des Verstehens hohe Plausibilität besitzt.[340]

Dieser Konvenienzbeweis sieht die Offenbarung als Heilszeichen sich in der Sprache erfahrbar zu machen, was sich in ihrem personalen Grund als Zeugnis darstellt, dessen Ursprung einerseits im Zeugen und andererseits in der Wahrheit selbst liegt[341], so dass der

---

[336] Vgl. Welte, Soziologie der Religion, 135–138.
[337] Vgl. Welte, Soziologische Grundbegriffe zum Verständnis des Christentums als Kirche, 206 f.
[338] Vgl. Welte, Philosophische Soziologie im Hinblick auf das Verständnis des Christentums als Kirche, 211–213.
[339] Vgl. Welte, Religionsphilosophie, 130 f.
[340] Vgl. Welte, Heilsverständnis, 159–161.
[341] Vgl. Hemmerle, Wahrheit und Zeugnis, 230 f.

Angesprochene nicht nur den Inhalt zu verstehen hat, sondern auch die Bezeugung der Wahrheit des Inhaltes entgegennehmen muss, um dem Zeugnis glauben zu können.[342] Das Zeugnis zeigt nun die personale Begegnung und das Miteinander als ausgezeichneten Raum der Wirklichkeit der Offenbarung, da in diesem Vollzug das Unendliche den Menschen durch einen personalen Appell unbedingt in Anspruch nimmt, wodurch ein wirklicher Augenblick und höchste Wirklichkeit entsteht. Indem sich in der personalen Begegnung das Unendliche als Wirkliches zusprechen kann, vollzieht sich in ihr das entscheidende Geschehen der Vermittlung, in dem Idealität und Realität zu einer Einheit finden.[343] Zusätzlich zur ausgezeichneten Wirklichkeit zeichnet sich die Begegnung durch ihre wesentliche Einmaligkeit aus, die jegliche Potentialität auflöst und die Offenbarung zu einer absoluten Konkretion für den Menschen werden lässt. Die Offenbarung in der Wirklichkeit und Einmaligkeit der personalen Begegnung mit ihrer personalen Gewissheit komplettiert und erfüllt den Menschen in Entscheidung, Treue und Ernst in seinem Seinsvollzug[344], so dass das transzendente Heil auf diesem Weg am angemessensten in die Realität des Daseinsvollzuges findet[345]:

»Wir können also sagen, die Vermittlung der möglichen Gnadenoffenbarung Gottes in die Realität des Zeitdaseins ist […] vollendet, wenn die viele einende und begeisternde Offenbarung Gottes eintrifft in der Gestalt eines konkret-geschichtlichen Menschen und seines konkret-personalen Anspruchs […]«[346]

Diese absolute und unbedingte Konkretion steigert sich endgültig zu personaler Einzigkeit und damit zu einer einzigen sowie einzigartigen Begegnung, was als eine mögliche Heilszuwendung Gottes das für den Menschen wesensgemäß Verständlichste und Angemessenste darstellt.[347] Indem nun die freie Heilsoffenbarung Gottes durch das Zeugnis des einen Zeugen im Geschehen der Personalität und des per-

---

[342] Vgl. Welte, Heilsverständnis, 167 f.
[343] Vgl. Welte, Philosophische Soziologie im Hinblick auf das Verständnis des Christentums als Kirche, 215.
[344] Vgl. Welte, Soziologische Grundbegriffe zum Verständnis des Christentums als Kirche, 210–214.
[345] Vgl. Welte, Heilsverständnis, 180 f.
[346] Welte, Philosophische Soziologie im Hinblick auf das Verständnis des Christentums als Kirche, 215.
[347] Vgl. Welte, Heilsverständnis, 185 f.

sonalen Glaubens in Bezug auf den Menschen nichts festlegt, aber ihm alles ermöglicht, führt die unbedingte Konkretion als Freiheitsgeschehen gerade nicht in eine exklusive Isolation, sondern die Gnade Gottes eröffnet sich im einzelnen Menschen für viele, indem der sich daraus ergebende Vollzug des Miteinanders von diesem personalen Anruf Zeugnis gibt und ihn wirklich werden lässt.[348] Erfüllt nun das Göttliche das Selbstsein wirklich und konkret, dann vollzieht sich konkretes und erfülltes Miteinander, so dass – hinsichtlich des Vollzuges – die pneumatische Gemeinde zugleich eine geschichtlich-reale wird. Der Vollzug der Offenbarungsgemeinschaft verlangt aber wesentlich nach Gestalt, so dass die unbedingte Konkretion der Offenbarung in einem einzigen geschichtlichen Menschen die Funktion des Hauptes haben muss, in dem das konkrete Leben des in allen Menschen lebenden göttlichen Geistes sichtbar und erfahrbar wird. Davon ausgehend bildet sich schließlich eine geschichtliche Gestalt einer Einheit von Haupt und Gliedern als Äußerung bzw. Außenseite des Vollzugs des geschichtlichen Daseins.[349] Die bewiesene optimale Konvenienz des konkreten Mittlers und Offenbarers samt der in diesem Geschehen entstehenden Gemeinde findet durch die Glaubenszeugnisse des Neuen Testamentes ihre positive Bestätigung, so dass der aposteriorische und theologische Zug von Weltes Überlegungen deutlich hervortritt.[350] Damit ist nicht die Wahrheit des Christentums bewiesen, aber der Aufweis der Entsprechung des Christentums und seines inkarnatorischen Offenbarungsverständnisses lässt erkennen, dass die höchste Bindung des Menschen im konkreten Glauben seiner Freiheit nicht widerstrebt, sondern ihr gerade den Grund ihrer Möglichkeit eröffnet.[351]

Der entscheidende Zusammenhang zwischen einer endzeitlichen Offenbarung und einer Heilsoffenbarung im Zeitdasein besteht darin, dass das Heilszeichen in seiner unbedingten Konkretion des Heilsanspruches die Hoffnung auf das eschatologische Heil und die Vollendung des Menschen bzw. der ganzen Geschichte vor dem Zerfall bewahrt, indem die Hoffnung in der Wirklichkeit ein Grund ge-

---

[348] Vgl. Welte, Philosophische Soziologie im Hinblick auf das Verständnis des Christentums als Kirche, 216 f.
[349] Vgl. Welte, Philosophische Soziologie im Hinblick auf das Verständnis des Christentums als Kirche, 222–224.
[350] Vgl. Welte, Soziologische Grundbegriffe zum Verständnis des Christentums als Kirche, 222 f.
[351] Vgl. Welte, Freiheit des Geistes und christlicher Glaube, 344–346.

bendes Zeichen ihrer Erfüllung findet.[352] Dieses Heilszeichen in dem einen personalen Offenbarer, das einhergeht mit einer Gemeinschaft, die sich im Glauben an den einen Offenbarungsmittler eint, gibt sich in der Sphäre der Endlichkeit zu erfahren, so dass sich die Frage stellt, wie sich eine auf einmalige Heilsoffenbarung gegründete Gemeinde – begrenzt auf ein einmaliges hier und jetzt – durch die Geschichte hindurch bewahren kann und dadurch eigentlich erst von der (Erst-)Gemeinde zur Kirche wird.[353] Denn die Geschichtlichkeit der Kirche lässt den Sinn des personalen Heilszeichens erkennen, das die Offenbarungsgemeinschaft auf dem Weg von der vollen zur vollendeten Aktualität der Vollendung hält. Dann interpretiert sich das Christentum auch nicht als zeit- und bezugsloses System, sondern wahrt in sich sowohl den Charakter der Universalität im Bezug zur gesamten Geschichte als auch die Eigenart der Einmaligkeit in ihrer Verankerung in der jeweiligen geschichtlichen Situation.[354] Wenn sich nun in der Sprache ein umfassendes Heute zu erfahren gibt, das Herkunft und Zukunft in sich birgt, dann kann sie das Geschehen der Offenbarung über die Vergänglichkeit des Augenblicks bewahren, so dass das sprachliche Zeugnis die Unmittelbarkeit der Erfahrung der Heilsoffenbarung durch die Geschichte hindurch ermöglicht.[355] In der Erstgemeinde findet schließlich das Offenbarungsereignis Annahme und Realisierung, so dass deren Zeugenschaft in Einheit mit dem Glauben als Zeugnisnehmen das Konstituens der Zweitgemeinden darstellt, was als Andenken und andenkenden Glauben die Verbindung zum Ursprung der Gemeinde im geschichtlichen Fortgang bewahrt.[356] Denn Andenken bedeutet für Welte im Zeugnisnehmen Gleichzeitigkeit mit einem einstigen Ereignis zu ermöglichen, um es in Ursprünglichkeit zu erfahren.[357] Im Geschehen von Zeugnis, Andenken und Glauben vollzieht sich die Kirche daher synchron und diachron als Kommunikations- und Überlieferungsgemeinschaft.[358] Wiederum zeigt sich die Beschränkung auf eine reine Innerlichkeit

---

[352] Vgl. Welte, Geschichtlichkeit als Grundbestimmung des Christentums, 264f.
[353] Vgl. Welte, Soziologie der Religion, 139–141.
[354] Vgl. Welte, Geschichtlichkeit als Grundbestimmung des Christentums, 274.
[355] Vgl. Welte, Philosophische Soziologie im Hinblick auf das Verständnis des Christentums als Kirche, 231–235.
[356] Vgl. Welte, Soziologie der Religion, 145f.148f.
[357] Vgl. Welte, Philosophische Soziologie im Hinblick auf das Verständnis des Christentums als Kirche, 240.
[358] Vgl. Schaeffler, Philosophische Einübung in die Theologie/3, 20.

Resümee: Die Hoffnung als Brücke vom Miteinander zur Kirche

dieses Geschehens als der Seinslogik des Miteinanderseins widersprechend, so dass nach dem einmaligen Haupt des personalen Offenbarers in Jesus Christus die innerliche coexclusive Einmaligkeit des Zeugnisses und Andenkens in der fortlebenden Gemeinde ihre wirkliche geschichtsimmanente Daseinsgestalt in jeweiligen Häuptern ausbildet, womit eine Institutionalisierung der Gemeinde einhergeht.[359] Das Amt als Repräsentant des Hauptes ist dabei, entsprechend zu den zeugnisgebenden Worten, eine zeugnisgebende Gestalt der Heilsoffenbarung in Jesus Christus, das als Denkmal und sichtbares Zeichen den andenkenden Glauben ermöglicht. In der Sukzession kann das Amt über den einzelnen Träger hinweg Denkmal bleiben und den einstigen Offenbarer bezeugen, doch zugleich bezeugt es – als sichtbares Haupt des gegenwärtig gelebten Miteinanderseins – den lebenden Geist des Offenbarers in der geschichtlichen Gemeinde[360], wodurch sich dieser Bezug zur ursprünglichen Offenbarung nicht nur zu einem reinen Gedanken verflüchtigt und so an Wirklichkeit verliert.[361] Daher legt die Kirche Zeugnis ab mit dem, was sie sagt, tut und ist.[362]

Die institutionalisierte Heilsgemeinde zeigt sich gefährdet durch eine strukturelle äußere Hinfälligkeit, bedingt durch verschiedene geschichtliche Epochen und Kulturkreise, wesentlicher und grundlegender aber durch eine innere Labilität, die in den Vollzügen von Zeugnis und Andenken sich manifestiert und in der Wesensunsicherheit des Menschen seinen Grund hat, was sich in Entsprechung zum Miteinander wiederum in Defizienz und Fehlentwicklung äußert.[363] Im Begriffspaar der wesentlichen und wirklichen Kirche konkretisiert Welte die beständige Differenz, die sich aus den Bedingungen der Endlichkeit ergibt. Die wesentliche Kirche bewahrt die beständige wirkliche Möglichkeit der Offenbarungsgemeinde, die von der wirklichen Kirche repräsentiert wird, aber nicht mit ihr identisch ist.[364]

---

[359] Vgl. Welte, Soziologische Grundbegriffe zum Verständnis des Christentums als Kirche, 241 f.
[360] Vgl. Welte, Philosophische Soziologie im Hinblick auf das Verständnis des Christentums als Kirche, 245–248.
[361] Vgl. Welte, Soziologie der Religion, 162 f.
[362] Vgl. Dulles, Die Kirche, 319.
[363] Vgl. Welte, Soziologische Grundbegriffe zum Verständnis des Christentums als Kirche, 249–251.
[364] Vgl. Welte, Soziologische Grundbegriffe zum Verständnis des Christentums als Kirche, 253 f.

Der scheinbar erdrückenden Last der Endlichkeit gegenüber bewahrt die Sprache das Wesen der Gemeinschaft und davon ausgehend die wesentliche Kirche. Denn selbst eine defiziente, formelhaft-funktionale Sprache birgt in sich den und ist gebunden an den ursprünglichen formenden Geist der Offenbarung, der letztlich in ihr vernehmbar bleibt.[365] Indem nun die Sprache stets mehr enthält als die persönliche Intention des Sprechers, bewahrt sie dem Menschen selbst in hinfälligen und formalisierten Formen der Kommunikation die Möglichkeit der Verbindung zur ursprünglichen Offenbarung, da Amt, Sukzession und Institution die Worte des Ursprungs und die entscheidenden Erfahrungen der Gemeinde tradieren und sie in heiligen Worten und Zeichen hüten bzw. erhalten.[366] Die schmerzliche Differenz zwischen wesentlicher und wirklicher Kirche und das Streben nach deren Aufhebung leitet und bewegt das Leben der Kirche. Denn ausgehend von der offenbarenden Erfahrung der Erstgemeinde über die begnadeten Augenblicke der Geschichte hinweg, in denen sich diese Diskrepanz überwunden zeigte, geht die Kirche zu auf die verheißene Vollendung und so auf die eschatologische Befreiung von dieser Widersprüchlichkeit zwischen ihrem Wesen und ihrer Wirklichkeit.[367] Deshalb lebt sie zwischen Andenken und Hoffnung, rückwärts gegründet auf den Glauben an Jesus Christus, den einmaligen göttlichen Offenbarer, und vorwärts verwiesen und angetrieben durch die eschatologische Hoffnung auf die Vollendung der ganzen Geschichte.[368]

---

[365] Vgl. Welte, Philosophische Soziologie im Hinblick auf das Verständnis des Christentums als Kirche, 268–270.
[366] Vgl. Gadamer, Hermeneutik I. Wahrheit und Methode, 374.
[367] Vgl. Welte, Soziologische Grundbegriffe zum Verständnis des Christentums als Kirche, 255 f.
[368] Vgl. Welte, Philosophische Soziologie im Hinblick auf das Verständnis des Christentums als Kirche, 276 f.; vgl. Welte, Geschichtlichkeit als Grundbestimmung des Christentums, 264.

E) Schlussbetrachtung –
Person, Miteinander, Kirche

»[W]er von beiden [Katholizismus oder totalitäres Gemeinschaftsdenken; Anm. J. E.] mehr weiß um ihr Wesen, und wer tiefer Gemeinschaft erzeugen kann.«[1]

Diese Alternative zwischen einer Gemeinschaft – zum einen ausgehend von einem Totalitätsdenken und zum anderen von einer Gemeinde, gegründet in der Hoffnung auf sich gewährendes Heil –, die Balthasar in seinem Geleitwort zu *Katholizismus als Gemeinschaft* an den Anfang dieser wegweisenden Auseinandersetzung Henri de Lubacs stellt, beschreibt als Ausdruck seiner aktuellen, gegenwärtigen und existentiellen Erfahrung die Ambivalenz, den Zwiespalt, aber letztlich vor allem die Fragwürdigkeit, die sich angesichts des Miteinanders und seiner verschiedenen Gestalten dem einzelnen Menschen in seinem sozialen Vollzug aufdrängen. In seiner philosophischen Soziologie, mit der Bernhard Welte dem Wesen menschlicher Gemeinschaft auf den Grund gehen will, wird nun deutlich, dass die erfahrene Ambivalenz Balthasars hinsichtlich des Miteinanders nicht einen flüchtigen oder oberflächlichen Eindruck wiedergibt, sondern die Erkenntnis einer wesentlichen Grundalternative aufzeigt, vor die der Mensch wegen seiner fundamentalen Bestimmung als absoluter Selbstbesitz in ursprünglicher Sozialität immer schon gestellt ist und die ihn zur Entscheidung ruft. Denn die Ontologie des Miteinanders führt in ihrer Suche nach dem Ursprung und dem wesentlichen Sein von Gemeinschaft nicht zu einem starren und verfügbaren Gehalt, sondern zum Unbedingten als einem lebendigen und transzendierenden Prinzip, das den Einzelnen vor die Wahl stellt, entweder sich vertrauensvoll und hingebend vom Unbedingten in Anspruch nehmen zu lassen oder sich seiner gewaltsam zu bemächtigen und als bedingte Verfügung in der Endlichkeit zu fixieren. Indem

---

[1] Balthasar, Geleitwort zur deutschen Ausgabe, 5.

der einzelne Mensch angesichts des Unbedingten vor diese Alternative gestellt wird und zur Antwort bzw. zur Verantwortung gerufen ist, wird deutlich, inwieweit sich mit der Suche nach dem Wesen auch die Frage nach der Entstehung der jeweils tieferen Dimension der Gemeinschaft stellt. Denn im Umgang mit dem Unbedingten als dem bestimmenden Gehalt des Miteinanders entscheidet sich die Art der Gemeinschaft, die daraus entsteht. Wenn sich der begrenzte und bedingte Mensch des Unbedingten bemächtigt, dann setzt eine solche Verfügung etwas Bedingtes bzw. von einem Bedingten Abhängiges als den entscheidenden Gehalt des Miteinanders, so dass nur eine Defizienzform von Gemeinschaft, zusammengehalten durch inneren oder äußeren Zwang, entstehen kann und in extremer Ausprägung in totalitären bzw. tyrannischen Systemen ihre Gestalt findet. Seiner Unbedingtheit beraubt, kann kein Miteinander freier, selbstbestimmter und eigenursprünglicher Menschen zu seiner wirklichen und erfüllten Gestalt finden. Mit dieser Entscheidung verfehlt aber das einzelne Individuum letztlich nicht nur die wirkliche Einheit des Miteinanders, sondern auch die wesentliche Freiheit des Menschen. Indem das einzelne Ich sich in seiner Verfügungsmacht absolut setzt, wird es in seiner Bedingtheit unumstößlich, so dass es samt seinen Grenzen und Beschränkungen bestimmend wirkt. Diese absolute Bedingtheit und die sich daraus ergebende Abhängigkeit nimmt der Freiheit des Einzelnen ihren unbeschränkten Horizont, so dass das Individuum nicht mehr in seiner Selbstursprünglichkeit und Selbstbestimmtheit wahrgenommen werden kann, sondern nur unter einer bestimmten Hinsicht oder in einer festgelegten Funktion sich berücksichtigen lässt, um es dahingehend in einen sozialen Kontext zu integrieren. Paradox erscheint nun, dass gerade die alternative Entscheidung, die in der Hingabe des Ich und der Aufgabe seiner eigenen autonomen Absolutheit besteht, für sich in Anspruch nimmt, sowohl die Freiheit des Einzelnen als auch die Einheit des Miteinanders bewahren zu können, so dass der Verzicht auf einen verfügenden Zugriff und auf eine selbstmächtige Sicherung des eigenen Ich die entscheidende Voraussetzung dafür darstellt, die Möglichkeit einer Vollendung der Gemeinschaft nicht verzweifelt aufgeben zu müssen. In der Freigabe des Einzelnen an das Unbedingte wird die individuelle Begrenztheit zwar nicht aufgehoben, aber sie verliert ihre bestimmende Macht und absolute Deutungshoheit, da nicht mehr die menschliche Kompetenz in ihrer Abgeschlossenheit den entscheidenden Maßstab und den Horizont aller Möglichkeiten darstellt, sondern die vollzogene Offenheit angesichts des unbedingten Gehalts und gegenüber jedem anderen freien menschlichen Selbstvollzug in der Hoffnung geschieht, dass die Vollendung sich gewährt und sich als Heil schenkt. Indem sich die Kirche auf eine personale Offenbarung des Heiles gründet und auf eine eschatologische Vollendung ausgerichtet versteht, wozu sie Strukturen und Gestalten ausbildet, kann sie ihren unbedingten bzw. heiligen Gehalt bewahren und zugleich als eine Gemeinschaft in der Endlichkeit und der konkreten Wirklichkeit leben, so dass das Miteinander in seinem Vollzug wesensgemäß bleibt und sich in dieser hoffnungsvollen Enthaltung auf ein selbstmächtiges Abschließen die Möglichkeit seiner Vollendung erhält. Daher impliziert die Suche nach dem Wesen des Miteinanders auch die Frage nach dessen Vollendung, die als Maß, Ziel und Antrieb des Miteinanders sich konstitutiv für die Tiefe einer Gemeinschaft darstellt. Da die Kirche als Offenbarungsgemeinde und Heilsgemeinschaft sich gegenüber ihrer eigenen Vollendung nicht abschließt – wenn sie darauf verzichtet, diese selbstmächtig aus eigener menschlicher Kompetenz herzustellen, sondern sich in ihrem Wesen auf diese als gewährtes Heil ausrichtet –, sieht Bernhard Welte, trotz aller Tendenz zur Defizienz, die die Kirche wie jedes andere Miteinander in sich trägt, in ihr die entscheidende Möglichkeit einer Gemeinschaft in größerer Tiefe. Seine philosophische Soziologie bzw. seine Ontologie des Miteinanders als philosophische Suche nach dem Wesen, der Vollendung und wirklicher Tiefe von Gemeinschaft führt daher den Freiburger Religionsphilosophen zu der Trias, die den Titel der vorliegenden Studie bildet.

Person, Miteinander, Kirche – in ihrer Suche nach dem Wesen des Miteinanders rechtfertigt und erweist die philosophische Soziologie die innere Zusammengehörigkeit und gegenseitige Bezogenheit dieser drei Dimensionen. Indem diese Verbindung wesentlichen und konstitutiven Charakter beansprucht, kann deren Richtigkeit nicht mit einer äußerlich argumentativen Konstruktion nachgewiesen werden, sondern sie bestätigt sich nur in einer ursprünglich verstehenden Betrachtung und in einem erfahrungsoffenen Nachvollzug der wesentlichen bzw. grundlegenden Bestimmungen des Menschen. Diese Art der Beweisführung hat nun einerseits zu zeigen, dass die Person in einer Offenbarungsgemeinschaft zu der Erfüllung ihres Wesens findet, andererseits muss sie darstellen, wie die Kirche in der einzelnen Person ihre Verwurzelung erkennt. Die Ontologie des Miteinanders bestätigt diese immanente und ursprüngliche Zusammengehörigkeit aufgrund ihres philosophierenden und »dem Sein des zu

Bedenkenden fragend nach[gehenden; Anm. J. E.]«[2] Vorgehens. Das beschränkt sich nicht nur auf einen aufweisenden Argumentationsgang, sondern entfaltet die ursprüngliche und wesentliche Dimension von Person, Miteinander und Kirche, was einen neuen Blick auf den modernen Menschen erlaubt und somit seine Rolle in den gesellschaftlichen Prozessen der Globalisierung, Individualisierung und Säkularisierung – aktuelle und in der Soziologie vieldiskutierte Kennzeichnungen moderner Gesellschaft – in einen originären philosophischen Horizont stellt. Weltes philosophische Soziologie mit ihrem Aufweis der wesentlichen inneren Verbindung dieser drei Dimensionen beschränkt daher die Frage nach der Tiefe nicht auf das Miteinander, sondern bindet sie zurück an die einzelne Person, so dass sich dadurch zeigt, inwieweit die einzelne Person im Horizont einer Gemeinschaft der Kirche zu ihrer wesentlichen Tiefe finden kann und so in ihrer Freiheit, ihrer Selbstbestimmung, ihrem Wert und ihrer Würde anerkannt wird.

Denn der Mensch lebt als individuelle Person im gesellschaftlichen Kontext und damit als personales Mitdasein, was bedeutet, dass der Mensch in seinem Selbstsein und in seinem Selbstvollzug sich immer in Beziehung mit anderen Menschen vorfindet und im Verhältnis zu seinen Mitmenschen steht. Indem Welte vom Menschen als Person ausgeht, nimmt er diese ursprüngliche soziale Verortung ernst, so dass der Mensch als isoliertes Individuum einer wesentlichen Bestimmung beraubt wäre und somit auch nicht zu seiner unveräußerlichen Würde finden könnte. Denn eine falsch verstandene Autonomie, die sich vereinzelt und egologisch versteht, missachtet die grundlegende soziale Verfassung des Menschen und reduziert ihn auf seinen eigenen Verfügungsbereich, wodurch sein Freiheitsvollzug bereits unter eine Kategorie der Nützlichkeit gestellt ist und daher funktionalisiert wird. Das Miteinandersein im personalen Vollzug des Menschen als Geschehen von Freigabe bzw. Hingabe des Selbst und der empfangenden Annahme des freien Anderen ermöglicht, dass der Freiheitsvollzug nicht von einer bedingten persönlichen Intentionalität beschränkt wird. Der gegenseitige Konstitutionsprozess von Person und Miteinander, die sich in einem gemeinsamen Geschehen wiederfinden, lässt nun eine Selbstursprünglichkeit und eine Freiheit der Person zu Tage treten, die sich nicht in Konkurrenz, sondern in Analogie zur Einheit des Miteinanders vollzieht. Denn nur

---

[2] Welte, Religionsphilosophie, 23.

eine Autonomie, in der die personale Beziehung der Menschen untereinander nicht auf irgendeine Weise funktionalisiert und so unter eine einseitige Verfügungsmacht gestellt wird, kann auch die Begegnung zu einem wirklichen Freiheitsgeschehen machen und das mitmenschliche Verhältnis von einer gegenseitigen Beschränkung befreien, was sich als Begrenzung wiederum auf den einzelnen Freiheitsvollzug auswirken würde. Die sich im wirklichen Miteinandersein vollziehende Abkehr von aller Funktionalitäts- und Nützlichkeitsorientierung befreit den Menschen zu sich selbst und lässt ihn sich, im Ergreifen seiner Freiheit, als Individuum im Miteinander wiederfinden, worin sich die entscheidende Dimension seines Lebens eröffnet und die individuelle menschliche Freiheit zu ihrer Erfüllung findet, da im Geschehen von Selbstvollzug und Fremdbezug die Freiheit des Anderen nicht beschränkend auf die eigene Selbstursächlichkeit und den eigenen Freiheitsvollzug wirkt. Wenn daher in einem Geschehen die Freiheit des Einzelnen und die Einheit des Miteinanders sich entsprechen und sich in einem gegenseitigen Konstitutionsprozess zu ihrer eigentlichen Bestimmung verhelfen, dann kann in diesem Prozess die Würde des Menschen begründet sein. Indem dieses Geschehen sowohl seine Autonomie als auch seine soziale Verfassung aufnimmt, wird die menschliche Würde nicht zu einer Eigenschaft, einer reinen Leistung oder einem fremden, vom Selbst unabhängigen Zusatz degradiert. Denn in der Fähigkeit des Menschen, ganz er selbst zu werden bzw. zu sein, gründet seine Würde und schließlich die wesentliche Tiefe der Person. Wenn sich die frei und eigenursprünglich Begegnenden bestimmend in das Geschehen des Miteinanders integrieren, dann erwächst in Absetzung von aller Nützlichkeit und Bedingtheit als Mitte und Maß eine Unbedingtheit, die den Menschen in Anspruch nimmt, so dass das Ich in der Begegnung mit dem Du im Wir zur unbegrenzten Verantwortung gerufen wird, was in den transzendierenden Dimensionen des Miteinanders von Weite, Tiefe und Erhabenheit seinen Ausdruck findet.[3] Egologisch zu handeln und sich dadurch diesem Anspruch und dieser Verantwortung zu verweigern, würde bedeuten, in der Funktionali-

---

[3] In seinen Talmudvorlesungen spricht Emmanuel Levinas von einer »responsabilité illimitée« (Vgl. Levinas, Du sacré au saint, 139.), da sich der Mensch im Verhältnis zu einzelnen Menschen befindet, aber grundsätzlich im Verhältnis zu allen Menschen steht, ein Zusammenhang, der sich bei Welte anhand der transzendierenden Dimensionen des Miteinanders erklärt.

sierung und Vergegenständlichung des Mitmenschen sich selbst in seiner sozialen Verfassung bzw. Grundsituation zu verleugnen, was zur Folge hat, mit der scheinbaren Entwürdigung des Anderen sich selbst seiner eigenen Würde zu berauben.[4] Stellt sich aber der Mensch diesem Anspruch der Begegnung, so erfährt er sich angesichts der waltenden Unbedingtheit im Miteinander in unbegrenzte Verantwortung gerufen, der er aus eigenem Vermögen nicht gerecht werden kann, so dass er angesichts der Faktizität des Daseins verzweifeln müsste.[5] Dieser Zusammenstoß der inneren ideellen Unendlichkeit und der faktischen Endlichkeit in der menschlichen Existenz lässt nur als religiöses Verhältnis – der Struktur und dem Gehalt nach – die Möglichkeit offen, in einem transzendierenden Umgang mit der existentiellen Grundsituation und ihren Limitationen sowohl die entscheidende Würde des einzelnen Menschen als auch die Vollendung seines Miteinanders nicht hilflos aufzugeben. Denn ein Miteinander, das sich aus freien Personen konstituiert, die ihrerseits auf jegliche Verfügungsmacht verzichten, nimmt, indem es sich auf die Wirklichkeit ihrer Vollendung und auf wirkliches sich gewährendes Heil ausrichtet, die einzelne menschliche Person in ihrer Würde ernst und eröffnet ihr in diesem personalen Geschehen von Verantwortung die entscheidende Dimension von Sinn und Bedeutsamkeit ihrer ganzen Existenz. Das im Horizont des Heiles vollzogene Selbst- und Miteinandersein, das seine Erfüllung und Vollendung aus einem transzendenten Grund erwartet, stellt keine naive und realitätsfremde Bestreitung der Endlichkeit dar, sondern sieht die Limitationen und Begrenzungen menschlicher Existenz im Horizont der Ganzheit des Daseins und der damit verbundenen Sinn- und Bedeutungsdimension des menschlichen Lebens. Eine solche Gemeinschaft, die sich auf gewährendes Heil und damit auf dessen Offenbarung gründet, nennt Bernhard Welte Kirche und sieht in der Hoffnung als transzendieren-

---

[4] Ausgehend von Franz Rosenzweig und besonders von Emmanuel Levinas, bedenkt Bernhard Casper das grundlegende Verhältnis von Menschenwürde und Verantwortung, was angesichts der Unbegrenztheit der Verantwortung ebenfalls in ein religiöses Verhältnis führt. Vgl. Casper, Grundfragen des Humanen, 41–47.

[5] Die Frage, die der Mensch selbst ist – in Anbetracht von Geburt, Liebe, Miteinander und Tod –, kann von ihm nicht beantwortet werden. Wie ein Satz nicht etwas über sich selbst auszusagen vermag, so kann auch das menschliche Leben nichts über sich selbst aussagen. Rainer Marten folgert daraus, dass das Leben sich kein Urteil über sich selbst erlauben kann, sondern sich als Frage zu inszenieren hat, die am Geheimnis des Lebens rührt, worin er auch die Aufgabe religiöser Traditionen und Überlieferungen sieht. Vgl. Marten, Endlichkeit, 139–144.

dem transzendentalem Prinzip ihre entscheidende futurisch formatierte Rationalität und ihr der faktischen Endlichkeit widerstehendes Leben. Die Kirche als eine Heilsgemeinschaft, in der die Menschen gegenseitig zur Verantwortung gerufen werden und diesen Anspruch in der Hoffnung auf Vollendung auch angesichts der Faktizität des Daseins nicht aufgeben, ermöglicht daher in der menschlichen Würde nicht nur eine sittliche Konvention oder eine positive Setzung, sondern eine unbedingte, unveräußerliche, verpflichtende und wesentliche Größe zu sehen. Daher kann der Mensch nur in einer solchen Gemeinschaft zur Erfüllung seines Wesens finden, da seine Vollendung im Heil als Wirklichkeit präsent bleibt und als gewährtes wirkliches Maß und Ziel des Miteinanders leitend wirksam ist. In der sichtbaren und institutionell verfassten Kirche sieht Bernhard Welte eine dem Menschen angemessene Möglichkeit, in der konkreten geschichtlich-gesellschaftlichen Situation durch den Glauben an und im Vertrauen auf das Heilszeichen Jesus Christus gemeinsam aus dieser Hoffnung auf Heil und Vollendung zu leben, um in dieser Gemeinschaft und ausgehend von diesem Miteinander die Würde des Menschen zu bewahren und ihn als freie, autonome und soziale Person ernst zu nehmen.

Die Verwurzelung der Kirche im Selbstvollzug der einzelnen Person offenbart aber auch den Auftrag und die Aufgabe, denen sich diese Heilsgemeinschaft zu stellen hat. Denn als »Zeichen und Werkzeug [...] für die Einheit des ganzen Menschengeschlechts« (LG 1) hat sie die Freiheit und Selbstursprünglichkeit der einzelnen Person zu ermöglichen bzw. zu fördern und in diesem Geschehen der Einheit des Miteinanders zu dienen. Daher muss sie die wesentliche Bestimmung der Person und so die unveräußerliche Würde jedes einzelnen Menschen als Maß und Ziel kirchlicher Einheit begreifen. Die Kirche ist in ihrem Wesen der Tiefe der Person und des Miteinanders verpflichtet, so dass die Suche der Kirche nach Einheit nur in der Freiheit der einzelnen Personen zu ihrem Ziel finden kann. Indem nun die Kirche im Selbstvollzug des einzelnen Menschen gründet und aus den Strukturen der Person und des Miteinanders erwächst, d. h. sich als Gemeinschaft und Kirche in der Selbstwerdung der Person konstituiert, erweist sich die einzelne Person wirklich als ein Glied der Kirche, die als Heilsgemeinschaft in ihrer wesentlichen Ausrichtung auf Vollendung dem Menschen nicht fremd gegenübersteht. Denn in diesem gegenseitigen wesentlichen Konstitutionsprozess weiß sich das einzelne Individuum immer schon in einer Heilsgemeinschaft verortet und so von der Kirche in Anspruch genommen, aber eben in der Hinsicht, wie seine Freiheit die Einheit jeder Gemeinschaft und somit auch die Einheit der Kirche bestimmt.

Indem sich die Kirche der Tiefe der Person und der Gemeinschaft nicht nur verpflichtet weiß, sondern in ihr als Heilsgemeinschaft diese beiden Dimensionen in ihrer wesentlichen Ausprägung zueinander finden, tritt nun die eigentliche gesellschaftliche Relevanz der Kirche zu Tage. Denn nicht irgendeine Funktion oder ein bestimmter Nutzen machen die Kirche zuallererst bedeutend, sondern ihr innerstes Wesen. Dieses wesentliche Geschehen von personaler Freiheit und sozialer Einheit unter dem Anspruch des Heiles – indem es Zeugnis gibt von der unveräußerlichen Würde des Menschen in einer freien personalen Gemeinschaft – lebt als entscheidendes Denkmal in der Welt und der Gesellschaft. Die Suche der Heilsgemeinschaft nach Gestalt und Wirklichkeit in der jeweiligen geschichtlichen Situation und somit ihr Ringen um wahres Mensch- und Miteinandersein angesichts der Faktizität des Daseins hält die entscheidende Grundalternative menschlicher Gemeinschaft aufrecht. Denn indem die Grundlagen des Verständnisses von Kirche aus den allgemeinen Seinsverhältnissen des Menschen gewonnen sind, bleibt sie nicht auf einen Sonderbereich der Wirklichkeit beschränkt, sondern kann sich in der Wirklichkeit des Menschen als Alternative zu allen selbstmächtig abgeschlossenen Formen des Miteinanders zeigen und erhält so die Erfahrbarkeit von Gesellschaften, die sich im Wesen des Menschen und nicht in seiner Kompetenz gründen. Daher erweist sie sich nicht nur aus wesentlichen Bestimmungen des Menschen hervorgehend, sondern bleibt auch in seiner Wirklichkeit erfahrbar, so dass die Funktionalisierung, die Ökonomisierung oder die selbstmächtige Verfügung des Miteinanders keine scheinbar notwendigen Selbstverständlichkeiten darstellen, sondern sich angesichts der Kirche zu rechtfertigen haben, besonders hinsichtlich des Wesen des Menschen, seiner Freiheit, seines Selbstwertes, seiner Selbstbestimmung und schließlich seines Sinnanspruches.

Ausgehend von der Suche nach dem Wesen des Miteinanders und der Frage nach der Bedingung der Möglichkeit von tieferer Gemeinschaft stellt daher Bernhard Weltes philosophische Soziologie die Kirche als eine den Seinsverhältnissen des Menschen entsprechende vernünftige Alternative einer Gemeinschaft dar, die sich bleibend als gesellschaftlich relevant präsentiert, wenn sie aus ihrer Identität als Überzeugungs-, Glaubens- und Heilsgemeinschaft lebt. Denn nur als wirkliche geschichtliche Größe, die nicht allein als innere Idee oder als immanentes Prinzip besteht, kann die Kirche als Heilsgemeinschaft für den Menschen zu einer existentiellen Erfahrung werden und so eine wirkliche Alternative sein, durch deren wesentliche Zeugenschaft es dem Menschen ermöglicht wird,

»die Kirche *in der gegenwärtigen Wirklichkeit des Herzens* und *als* eine gegenwärtige Wirklichkeit zu *erfahren* und in dieser Erfahrung zu verstehen und in diesem Verstehen den Trost zu haben, der uns zugesagt ist.«[6]

---

[6] Welte, Gemeinschaft des Glaubens, 163.

Literaturverzeichnis

I) Primärliteratur

Soweit nicht anders vermerkt, sind Hervorhebungen in Zitaten aus dem Original übernommen. Die Orthographie und die Zeichensetzung der angegebenen Textstellen folgen der jeweilig zitierten Textausgabe.

1) Bernhard Welte

a) Unveröffentlichte Manuskripte

Die Seitenangaben folgen bei Abweichung der Zählung von Bernhard Welte der Paginierung durch Martina Schlatterer. Unterstreichungen oder anderweitige Markierungen werden nur wiedergegeben, insofern es sich um eindeutige sachliche Hervorhebungen handelt und nicht um Lesehilfen in Vorbereitung des späteren Vortrages der Vorlesung. Fehler bzw. Unregelmäßigkeiten in der Orthographie und der Interpunktion, die der Flüchtigkeit der Niederschrift zuzuordnen sind, wurden ohne Anmerkung verbessert. Die soziologischen Vorlesungen (E008/11, E008/27, E008/37, E008/47) folgen, aufgrund der derzeit gültigen Editionsrichtlinien der geplanten Edition der Inedita Weltes durch die Bernhard-Welte-Gesellschaft, der Rechtschreibregelung von 2006. Die übrigen unveröffentlichten Vorlesungen richten sich nach der von Welte verwendeten Orthographie.

WELTE, BERNHARD, Blaise Pascal – der Glaube in der Krisis der Neuzeit (Handschriftliches Vorlesungsmanuskript), Universitätsarchiv Freiburg i. Br. E008/36, SoSe 1957.

WELTE, BERNHARD, Bonaventura – Itinerarium Mentis in Deum (SoSe 1951) (Handschriftliches Manuskript einer Übung), Universitätsarchiv Freiburg i. Br. E008/158, SoSe 1951.

WELTE, BERNHARD, Bonaventura – Itinerarium Mentis in Deum (WiSe 1951/1952) (Handschriftliches Manuskript einer Übung), Universitätsarchiv Freiburg i. Br. E008/158, WiSe 1951/1952.

Literaturverzeichnis

WELTE, BERNHARD, Das Verstehen als philosophisches und fundamentaltheologisches Problem (Handschriftliches Vorlesungsmanuskript), Universitätsarchiv Freiburg i. Br. E008/39, SoSe 1958.

WELTE, BERNHARD, Das Wesen des Religiösen nach Augustins Confessiones (Handschriftliches Vorlesungsmanuskript), Universitätsarchiv Freiburg i. Br. E008/10, WiSe 1947/1948.

WELTE, BERNHARD, Der Begriff des Glaubens im Lichte der Philosophie (Handschriftliches Vorlesungsmanuskript), Universitätsarchiv Freiburg i. Br. E008/41, SoSe 1959.

WELTE, BERNHARD, Der theologische Gedanke des späten Schelling (Handschriftliches Vorlesungsmanuskript), Universitätsarchiv Freiburg i. Br. E008/44, SoSe 1960.

WELTE, BERNHARD, Der Tod als religiöses Phänomen (Handschriftliches Vorlesungsmanuskript), Universitätsarchiv Freiburg i. Br. E008/18, SoSe 1950.

WELTE, BERNHARD, Fundamentaltheologische Grundbegriffe zur Theorie der Kirche (Handschriftliches Vorlesungsmanuskript), Universitätsarchiv Freiburg i. Br. E008/11, SoSe 1948.

WELTE, BERNHARD, Fundamentaltheologische Theorie des Verstehens (Handschriftliches Vorlesungsmanuskript), Universitätsarchiv Freiburg i. Br. E008/13, WiSe 1948/1949.

WELTE, BERNHARD, Geschichtlichkeit und Christentum (Handschriftliches Vorlesungsmanuskript), Universitätsarchiv Freiburg i. Br. E008/29, SoSe 1954.

WELTE, BERNHARD, Geschichtlichkeit und Christentum – Sommer 1961 (Handschriftliches Vorlesungsmanuskript), Universitätsarchiv Freiburg i. Br. E008/46, SoSe 1961.

WELTE, BERNHARD, Hegel als Denker des Christentums (Handschriftliches Vorlesungsmanuskript), Universitätsarchiv Freiburg i. Br. E008/31, WiSe 1954/1955.

WELTE, BERNHARD, Hegel und die Vernunftgrundlagen des Christentums (Handschrifliches Vorlesungsmanuskript), Universitätsarchiv Freiburg i. Br. E008/17, SoSe 1950.

WELTE, BERNHARD, Hegels theologischer Gedanke (Handschriftliches Vorlesungsmanuskript), Universitätsarchiv Freiburg i. Br. E008/43, WiSe 1959/1960.

WELTE, BERNHARD, Hermeneutik (Handschriftliches Vorlesungsmanuskript), Universitätsarchiv Freiburg i. Br. E008/56, WiSe 1969/1970.

WELTE, BERNHARD, Ist die Rede vom »Ewigen Du« philosophisch zu rechtfertigen? (Maschinenschriftliches Vortragsmanuskript), Universitätsarchiv Freiburg i. Br. E008/143, o. J.

WELTE, BERNHARD, Katholizität und Vernunft (Handschriftliches Vorlesungsmanuskript), Universitätsarchiv Freiburg i. Br. E008/15, SoSe 1949.

Primärliteratur

WELTE, BERNHARD, Kierkegaard (Hand- und maschinenschriftliches Vorlesungsmanuskript), Universitätsarchiv Freiburg i. Br. E008/33, WiSe 1955/1956.

WELTE, BERNHARD, Kierkegaard und die Voraussetzungen des Christentums (Handschriftliches Vorlesungsmanuskript), Universitätsarchiv Freiburg i. Br. E008/19, WiSe 1950/1951.

WELTE, BERNHARD, Nietzsche und das Problem des Atheismus (Handschriftliches Vorlesungsmanuskript), Universitätsarchiv Freiburg i. Br. E008/12, SoSe 1948.

WELTE, BERNHARD, Nietzsche und Kierkegaard – Neuzeitliche Aspekte des Christentums (Handschriftliches Vorlesungsmanuskript), Universitätsarchiv Freiburg i. Br. E008/23, WiSe 1951/1952.

WELTE, BERNHARD, Pascal und die Begründung des Glaubens (Handschriftliches Vorlesungsmanuskript), Universitätsarchiv Freiburg i. Br. E008/20, SoSe 1951.

WELTE, BERNHARD, Phänomenologie der Religion (Handschriftliches Vorlesungsmanuskript), Universitätsarchiv Freiburg i. Br. E008/40, WiSe 1958/1959.

WELTE, BERNHARD, Philosophie des Glaubens (Handschriftliches Vorlesungsmanuskript), Universitätsarchiv Freiburg i. Br. E008/52, WiSe 1964/1965.

WELTE, BERNHARD, Philosophische Soziologie im Hinblick auf das Verständnis des Christentums als Kirche (Handschriftliches Vorlesungsmanuskript), Universitätsarchiv Freiburg i. Br. E008/47, WiSe 1961/1962.

WELTE, BERNHARD, Schelling – Philosophie der Offenbarung I. Teil (Handschriftliches Manuskript einer Übung), Universitätsarchiv Freiburg i. Br. E008/162, SoSe 1954.

WELTE, BERNHARD, Schelling – Philosophie der Offenbarung II. Teil (Handschriftliches Manuskript einer Übung), Universitätsarchiv Freiburg i. Br. E008/163, WiSe 1954/1955.

WELTE, BERNHARD, Soziologie der Religion (Handschriftliches Vorlesungsmanuskript), Universitätsarchiv Freiburg i. Br. E008/27, SoSe 1953.

WELTE, BERNHARD, Soziologische Grundbegriffe zum Verständnis des Christentums als Kirche (Handschriftliches Vorlesungsmanuskript), Universitätsarchiv Freiburg i. Br. E008/37, WiSe 1957/1958.

WELTE, BERNHARD, Übung über den Ansatz der Religionsphilosophie beim späten Schelling (Handschriftliches Manuskript einer Übung), Universitätsarchiv Freiburg i. Br. E008/188, WiSe 1965/1966.

WELTE, BERNHARD, Vom Wesen der Freiheit (Handschriftliches Vorlesungsmanuskript), Universitätsarchiv Freiburg i. Br. E008/25, SoSe 1952.

b) Veröffentlichte Schriften

Welte, Bernhard, Gesammelte Schriften, hrsg. v. B. Casper, Vol. I–V, Freiburg i. Br. 2006–2011.

Welte, Bernhard, Bemerkungen zum Seinsbegriff Heideggers, in: Denken in Begegnung mit den Denkern II. Hegel, Nietzsche, Heidegger, eingef. u. bearb. v. H. Zaborowski, Vol. II/2, Freiburg i. Br. 2007, 120–126.

Welte, Bernhard, Beobachtungen zum Systembegriff in der Tübinger katholischen Schule, in: Zur Vorgehensweise der Theologie und zu ihrer jüngeren Geschichte, eingef. u. bearb. v. G. Ruff, Vol. IV/3, Freiburg i. Br. 2007, 77–93.

Welte, Bernhard, Christlicher Glaube und Erfahrung, in: Geistliche Schriften, eingef. u. bearb. v. P. Hofer, Vol. V/1, Freiburg i. Br. ²2011, 172–182.

Welte, Bernhard, Das Heilige in der Welt und das christliche Heil, in: Hermeneutik des Christlichen, eingef. u. bearb. v. B. Casper, Vol. IV/1, Freiburg i. Br. 2006, 230–271.

Welte, Bernhard, Das Licht des Nichts. Von der Möglichkeit neuer religiöser Erfahrung, in: Zur Frage nach Gott, eingef. u. bearb. v. H. Zaborowski, Vol. III/3, Freiburg i. Br. 2008, 118–164.

Welte, Bernhard, Dasein als Hoffnung und Angst, in: Person, eingef. u. bearb. v. S. Bohlen, Vol. I/1, Freiburg i. Br. 2006, 228–251.

Welte, Bernhard, Der mystische Weg Meister Eckharts und sein spekulativer Hintergrund, in: Denken in Begegnung mit den Denkern I. Meister Eckhart, Thomas von Aquin, Bonaventura, eingef. u. bearb. v. M. Enders, Vol. II/1, Freiburg i. Br. 2007, 234–239.

Welte, Bernhard, Der philosophische Glaube bei Karl Jaspers und die Möglichkeit seiner Deutung durch die thomistische Philosophie, in: Denken in Begegnung mit den Denkern III. Jaspers, eingef. u. bearb. v. K. Kienzler, Vol. II/3, Freiburg i. Br. 2008, 32–291.

Welte, Bernhard, Der philosophische Gottesbeweis und die Phänomenologie der Religion, in: Kleinere Schriften zur Philosophie der Religion, eingef. u. bearb. v. M. Enders, Vol. III/2, Freiburg i. Br. 2008, 17–39.

Welte, Bernhard, Der Wissenschaftscharakter der Theologie im Verhältnis von Denken und Erfahrung, in: Zur Vorgehensweise der Theologie und zu ihrer jüngeren Geschichte, eingef. u. bearb. v. G. Ruff, Vol. IV/3, Freiburg i. Br. 2007, 246–255.

Welte, Bernhard, Die Glaubenssituation der Gegenwart, in: Hermeneutik des Christlichen, eingef. u. bearb. v. B. Casper, Vol. IV/1, Freiburg i. Br. 2006, 197–229.

Welte, Bernhard, Die Krisis der dogmatischen Christusaussagen, in: Wege in die Geheimnisse des Glaubens, eingef. u. bearb. v. P. Hünermann, Vol. IV/2, Freiburg i. Br. 2007, 105–130.

Primärliteratur

Welte, Bernhard, Die Person als das Un-begreifliche. Vorlesung Sommersemester 1966 (bislang unveröffentlicht), in: Person, eingef. u. bearb. v. S. Bohlen, Vol. I/1, Freiburg i. Br. 2006, 96–139.

Welte, Bernhard, Die Würde des Menschen und die Religion. Anfrage an die Kirche in unserer Gesellschaft, in: Kleinere Schriften zur Philosophie der Religion, eingef. u. bearb. v. M. Enders, Vol. III/2, Freiburg i. Br. 2008, 59–105.

Welte, Bernhard, Ein Vorschlag zur Methode der Theologie heute, in: Zur Vorgehensweise der Theologie und zu ihrer jüngeren Geschichte, eingef. u. bearb. v. G. Ruff, Vol. IV/3, Freiburg i. Br. 2007, 228–245.

Welte, Bernhard, Erfahrung und Geschichte, in: Mensch und Geschichte, eingef. u. bearb. v. I. Feige, Vol. I/2, Freiburg i. Br. 2006, 32–45.

Welte, Bernhard, Freiheit des Geistes und christlicher Glaube. Vorlesung für Hörer aller Fakultäten im Sommersemester 1956, in: Denken in Begegnung mit den Denkern III. Jaspers, eingef. u. bearb. v. K. Kienzler, Vol. II/3, Freiburg i. Br. 2008, 293–351.

Welte, Bernhard, Gedanken über die Aufgabe der Kirche in unserer weltlichen Welt, in: Wege in die Geheimnisse des Glaubens, eingef. u. bearb. v. P. Hünermann, Vol. IV/2, Freiburg i. Br. 2007, 179–186.

Welte, Bernhard, Gemeinschaft des Glaubens. Gedanken über die Kirche, in: Wege in die Geheimnisse des Glaubens, eingef. u. bearb. v. P. Hünermann, Vol. IV/2, Freiburg i. Br. 2007, 163–178.

Welte, Bernhard, Geschichtlichkeit als Grundbestimmung des Christentums. Zweistündige Vorlesung. Wintersemester 1949/50, in: Mensch und Geschichte, eingef. u. bearb. v. I. Feige, Vol. I/2, Freiburg i. Br. 2006, 136–274.

Welte, Bernhard, Geschichtlichkeit und Offenbarung. Einstündige Vorlesung. Wintersemester 1967/68, in: Mensch und Geschichte, eingef. u. bearb. v. I. Feige, Vol. I/2, Freiburg i. Br. 2006, 275–350.

Welte, Bernhard, Gott im Denken Heideggers, in: Denken in Begegnung mit den Denkern II. Hegel, Nietzsche, Heidegger, eingef. u. bearb. v. H. Zaborowski, Vol. II/2, Freiburg i. Br. 2007, 156–178.

Welte, Bernhard, Hegels Begriff der Religion – sein Sinn und seine Grenze, in: Denken in Begegnung mit den Denkern II. Hegel, Nietzsche, Heidegger, eingef. u. bearb. v. H. Zaborowski, Vol. II/2, Freiburg i. Br. 2007, 13–31.

Welte, Bernhard, Heilsverständnis. Philosophische Untersuchungen einiger Voraussetzungen zum Verständnis des Christentums, in: Hermeneutik des Christlichen, eingef. u. bearb. v. B. Casper, Vol. IV/1, Freiburg i. Br. 2006, 15–193.

Welte, Bernhard, Im Spielfeld von Endlichkeit und Unendlichkeit. Gedanken zur Deutung des menschlichen Daseins, in: Leiblichkeit, Endlichkeit und Unendlichkeit, eingef. u. bearb. v. E. Kirsten, Vol. I/3, Freiburg i. Br. 2006, 25–81.

Literaturverzeichnis

Welte, Bernhard, Kants Kritik der Gottesbeweise – ihr Sinn und ihre Bedeutung. Vortrag vor der Philosophischen Gesellschaft in Wien am 7. Oktober 1963 (bislang unveröffentlicht), in: Religionsphilosophie, eingef. u. bearb. v. K. Kienzler, Vol. III/1, Freiburg i. Br. 2008, 237–249.

Welte, Bernhard, Logik des Ursprungs und Freiheit der Begegnung, in: Person, eingef. u. bearb. v. S. Bohlen, Vol. I/1, Freiburg i. Br. 2006, 161–170.

Welte, Bernhard, Meister Eckhart. Gedanken zu seinen Gedanken, in: Denken in Begegnung mit den Denkern I. Meister Eckhart, Thomas von Aquin, Bonaventura, eingef. u. bearb. v. M. Enders, Vol. II/1, Freiburg i. Br. 2007,,19–215.

Welte, Bernhard, Meister Eckhart als Aristoteliker, in: Denken in Begegnung mit den Denkern I. Meister Eckhart, Thomas von Aquin, Bonaventura, eingef. u. bearb. v. M. Enders, Vol. II/1, Freiburg i. Br. 2007, 219–233.

Welte, Bernhard, Miteinandersein und Transzendenz, in: Person, eingef. u. bearb. v. S. Bohlen, Vol. I/1, Freiburg i. Br. 2006, 151–160.

Welte, Bernhard, Nietzsches Atheismus und das Christentum, in: Denken in Begegnung mit den Denkern II. Hegel, Nietzsche, Heidegger, eingef. u. bearb. v. H. Zaborowski, Vol. II/2, Freiburg i. Br. 2007, 47–83.

Welte, Bernhard, Nietzsches Idee vom Übermenschen und seine Zweideutigkeit, in: Denken in Begegnung mit den Denkern II. Hegel, Nietzsche, Heidegger, eingef. u. bearb. v. H. Zaborowski, Vol. II/2, Freiburg i. Br. 2007, 84–101.

Welte, Bernhard, Person und Welt. Überlegungen zur Stellung der Person in der modernen Gesellschaft, in: Person, eingef. u. bearb. v. S. Bohlen, Vol. I/1, Freiburg i. Br. 2006, 171–189.

Welte, Bernhard, Religionsphilosophie, in: Religionsphilosophie, eingef. u. bearb. v. K. Kienzler, Vol. III/1, Freiburg i. Br. 2008, 15–236.

Welte, Bernhard, Religiöse Erfahrung heute und Sinnerfahrung, in: Kleinere Schriften zur Philosophie der Religion, eingef. u. bearb. v. M. Enders, Vol. III/2, Freiburg i. Br. 2008, 139–152.

Welte, Bernhard, Sprache, Wahrheit und Geschichte, in: Mensch und Geschichte, eingef. u. bearb. v. I. Feige, Vol. I/2, Freiburg i. Br. 2006, 46–68.

Welte, Bernhard, Über zwei Weisen des philosophischen Denkens und deren Folgen für die Religionsphilosophie, in: Zur Frage nach Gott, eingef. u. bearb. v. H. Zaborowski, Vol. III/3, Freiburg i. Br. 2008, 99–117.

Welte, Bernhard, Wahrheit und Geschichtlichkeit (1952), in: Mensch und Geschichte, eingef. u. bearb. v. I. Feige, Vol. I/2, Freiburg i. Br. 2006, 69–86.

Welte, Bernhard, Wahrheit und Geschichtlichkeit (1962). Einstündige Vorlesung. Sommersemester 1962, in: Mensch und Geschichte, eingef. u. bearb. v. I. Feige, Vol. I/2, Freiburg i. Br. 2006, 87–135.

WELTE, BERNHARD, Was hat die Philosophie in der Theologie zu tun?, in: Zur Vorgehensweise der Theologie und zu ihrer jüngeren Geschichte, eingef. u. bearb. v. G. Ruff, Vol. IV/3, Freiburg i. Br. 2007, 153–162.

WELTE, BERNHARD, Was ist Glauben? Gedanken zur Religionsphilosophie, in: Wege in die Geheimnisse des Glaubens, eingef. u. bearb. v. P. Hünermann, Vol. IV/2, Freiburg i. Br. 2007, 13–76.

WELTE, BERNHARD, Zum Begriff der Person, in: Person, eingef. u. bearb. v. S. Bohlen, Vol. I/1, Freiburg i. Br. 2006, 140–150.

WELTE, BERNHARD, Zum Seinsbegriff des Thomas von Aquin, in: Denken in Begegnung mit den Denkern I. Meister Eckhart, Thomas von Aquin, Bonaventura, eingef. u. bearb. v. M. Enders, Vol. II/1, Freiburg i. Br. 2007, 278–290.

WELTE, BERNHARD, Zum Strukturwandel der katholischen Theologie im 19. Jahrhundert, in: Zur Vorgehensweise der Theologie und zu ihrer jüngeren Geschichte, eingef. u. bearb. v. G. Ruff, Vol. IV/3, Freiburg i. Br. 2007, 17–48.

WELTE, BERNHARD, Zur Christologie von Chalkedon, in: Wege in die Geheimnisse des Glaubens, eingef. u. bearb. v. P. Hünermann, Vol. IV/2, Freiburg i. Br. 2007, 131–162.

WELTE, BERNHARD, Zur geistesgeschichtlichen Lage der Fundamentaltheologie, in: Zur Vorgehensweise der Theologie und zu ihrer jüngeren Geschichte, eingef. u. bearb. v. G. Ruff, Vol. IV/3, Freiburg i. Br. 2007, 193–211.

2) Sonstige Autoren

ADORNO, THEODOR, Minima Moralia. Reflexionen aus dem beschädigten Leben, Frankfurt a. M. 1951.

ADORNO, THEODOR, Negative Dialektik, Frankfurt a. M. 1966.

ARISTOTELES, Aristotelis Opera ex recensione Immanuelis Bekkeri edidit Academia Regia Borussica. Editio altera quam curavit Olof Gigon, Vol. I–V, Berlin 1960–1987.

ARISTOTELES, Categoriae, Vol. I, Berlin 1960.

ARISTOTELES, De anima, Vol. I, Berlin 1960.

ARISTOTELES, Ethica Nicomachea, Vol. II, Berlin 1960.

ARISTOTELES, Metaphysica, Vol. II, Berlin 1960.

ARISTOTELES, Politica, Vol. II, Berlin 1960.

AUGUSTINUS, Confessiones, in: CChr.SL 27, hrsg. v. L. Verheijen, Turnhout 1990.

AUGUSTINUS, De civitate Dei, in: CChr.SL 47–48, hrsg. v. B. Dombart/ A. Kalb, Turnhout 1955.

Literaturverzeichnis

AUGUSTINUS, De Trinitate, in: CChr.SL 50–50a, hrsg. v. W. J. Mountain, Turnhout 1968.

AUGUSTINUS, De moribus ecclesiae catholicae et de moribus manichaeorum, in: PL 32, hrsg. v. J.-P. Migne, Paris 1861.

AUGUSTINUS, Ennarationes in Psalmos, in: CChr.SL 39–40, hrsg. v. D. E. Dekkers/I. Fraipont, Turnhout 1956.

AUGUSTINUS, Epistulae, in: CChr.SL 31–31b, hrsg. v. K. D. Daur, Turnhout 2004–2009.

AUGUSTINUS, Tractatus in Iohannis Evangelium, in: CChr.SL 36, hrsg. v. R. Willems, Turnhout 1954.

BLOCH, ERNST, Gesamtausgabe (neue erweiterte Ausgabe), Vol. 1–16, Frankfurt a. M. 1969–1971.

BLOCH, ERNST, Das Prinzip Hoffnung, Vol. 5, Frankfurt a. M. 1970.

BLOCH, ERNST, Tübinger Einleitung in die Philosophie, Vol. 13, Frankfurt a. M. 1970.

BOETHIUS, Liber de persona et duabus naturis, in: PL 64, hrsg. v. J.-P. Migne, Paris 1847.

BONAVENTURA, S. Bonaventurae Opera omnia edita studio et cura PP. Collegii a S. Bonaventura, Vol. I–X, Quaracchi 1882–1902.

BONAVENTURA, Itinerarium mentis in Deum, Vol. V, Quaracchi 1891.

BUBER, MARTIN, Die Schriften über das dialogische Prinzip, Heidelberg ⁴1979.

DENZINGER, HEINRICH, Enchiridion symbolorum definitionum et declarationum de rebus fidei et morum. Kompendium der Glaubensbekenntnisse und kirchlichen Lehrentscheidungen. Lateinisch-deutsch. Verb., erw., ins Dt. übertr. und unter Mitarb. v. H. Hoping hrsg. v. P. Hünermann, Freiburg i. Br. ⁴³2010.

Dogmatische Konstitution über die Kirche »Lumen Gentium«, 21.11.1964, 4101–4179.

DESCARTES, RENÉ, Oeuvres de Descartes (»nouvelle édition«), hrsg. v. C. Adam/P. Tannery, Vol. I–XI, Paris 1982–1991. (AT)

DESCARTES, RENÉ, Meditationes de prima philosophia, AT VII, Paris 1983.

DESCARTES, RENÉ, Principia Philosophiae, AT VIII-1, Paris 1982.

DESCARTES, RENÉ, Regulae ad directionem ingenii, AT X, Paris 1986.

DIE BIBEL, Altes und Neues Testament. Einheitsübersetzung, hrsg. im Auftrag der Bischöfe Deutschlands, Österreichs, der Schweiz, des Bischofs von Luxemburg, des Bischofs von Lüttich, des Bischofs von Bozen-Brixen. Für die Psalmen und das Neue Testament auch im Auftrag des Rates der Evangelischen Kirche in Deutschland und des Evangelischen Bibelwerks in der Bundesrepublik Deutschland, Stuttgart 1980.

DILTHEY, WILHELM, Gesammelte Schriften, hrsg. v. den Schülern Diltheys, ab 1958 v. M. Redeker, ab 1967 v. K. Gründer/F. Rodi, Vol. I–XXVI, Göttingen 1913–2006.

Primärliteratur

DILTHEY, WILHELM, Vorrede, in: Die geistige Welt. Einleitung in die Philosophie des Lebens. I. Abhandlungen zur Grundlegung der Geisteswissenschaften, hrsg. v. G. Misch, Vol. V, Göttingen ³1961, 3–6.

DILTHEY, WILHELM, Studien zur Grundlegung der Geisteswissenschaften, in: Der Aufbau der geschichtlichen Welt in den Geisteswissenschaften, hrsg. v. B. Groethuysen, Vol. VII, Göttingen ⁴1965, 1–75.

DROYSEN, JOHANN G., Historik. Vorlesungen über Enzyklopädie und Methodologie der Geschichte, Darmstadt ⁵1967.

EBNER, FERDINAND, Schriften, hrsg. v. F. Seyr, Vol. I–III, München 1963–1965.

EBNER, FERDINAND, Notizen, Tagebücher, Lebenserinnerungen, Schriften II, München 1963.

MEISTER ECKHART, Die deutschen und lateinischen Werke. Die deutschen Werke. Meister Eckharts Predigten (Pr. 1–24), hrsg. und übers. v. J. Quint, Vol. I, Stuttgart 1957. (DW I)

MEISTER ECKHART, Die deutschen und lateinischen Werke. Die deutschen Werke. Meister Eckharts Predigten (Pr. 60–86), hrsg. und übers. v. J. Quint, Vol. III, Stuttgart 1976. (DW III)

MEISTER ECKHART, Die deutschen und lateinischen Werke. Die deutschen Werke. Meister Eckharts Traktate, hrsg. und übers. v. J. Quint, Vol. V, Stuttgart 1963. (DW V)

MEISTER ECKHART, Die deutschen und lateinischen Werke. Die lateinischen Werke. Magistri Echardi Prologi in Opus tripartitum. Expositio Libri Genesis. Expositio Libri Exodi secundum recensionem codicis Amploniani Fol. 181 (E). Magistri Echardi Prologi in Opus tripartitum et Expositio Libri Genesis cum Tabulis secundum recensionem Codicis Cusani (C) et Codicis Treverensis 72/1056 (T). Liber parabolarum Genesis cum Prologo et Tabula, hrsg. und übers. v. K. Weiß, Vol. I,1, Stuttgart 1964. (LW I,1)

MEISTER ECKHART, Die deutschen und lateinischen Werke. Die lateinischen Werke. Magistri Echardi Expositio sancti Evangelii secundum Iohannem, hrsg. und übers. v. K. Christ u. a., Vol. III, Stuttgart 1994. (LW III)

MEISTER ECKHART, Die deutschen und lateinischen Werke. Die lateinischen Werke. Magistri Echardi Sermones, hrsg. und übers. v. E. Benz/B. Decker/J. Koch, Vol. IV, Stuttgart 1956. (LW IV)

GADAMER, HANS-GEORG, Gesammelte Werke, Vol. 1–10, Tübingen 1985 ff.

GADAMER, HANS-GEORG, Das Erbe Hegels, in: Neuere Philosophie II. Probleme, Gestalten, Vol. 4, Tübingen 1987, 463–483.

GADAMER, HANS-GEORG, Die phänomenologische Bewegung, in: Neuere Philosophie I. Hegel – Husserl – Heidegger, Vol. 3, Tübingen 1987, 105–146.

GADAMER, HANS-GEORG, Heimat und Sprache, in: Ästhetik und Poetik I. Kunst als Aussage, Vol. 8, Tübingen 1993, 366–372.

GADAMER, HANS-GEORG, Hermeneutik I. Wahrheit und Methode. Grundzüge einer philosophischen Hermeneutik, Vol. 1, Tübingen ⁷2010.

Literaturverzeichnis

GADAMER, HANS-GEORG, Mensch und Sprache, in: Hermeneutik II. Wahrheit und Methode. Ergänzungen, Register, Vol. 2, Tübingen ²1993, 146–154.

HAVEL, VÁCLAV, Fernverhör. Ein Gespräch mit Karel Hvížd'ala, Reinbek 1990.

HEGEL, GEORG W. F., Gesammelte Werke, In Verbindung mit der Deutschen Forschungsgemeinschaft hrsg. von der Nordrhein-Westfälischen Akademie der Wissenschaften, Hamburg 1968 ff. (GW)

HEGEL, GEORG W. F., Phänomenologie des Geistes, hrsg. v. W. Bonsiepen/R. Heede, GW 9, Hamburg 1980.

HEGEL, GEORG W. F., Wissenschaft der Logik. Zweiter Band: Die subjektive Logik (1816), hrsg. v. F. Hogemann/W. Jaeschke, GW 12, Hamburg 1981.

HEIDEGGER, MARTIN, Gelassenheit, Pfullingen 1959.

HEIDEGGER, MARTIN, Sein und Zeit, Tübingen ¹⁹2006.

HEIDEGGER, MARTIN, Zur Sache des Denkens, Tübingen ²1976.

HEIDEGGER, MARTIN, Gesamtausgabe, Frankfurt a. M. 1975 ff. (GA)

HEIDEGGER, MARTIN, Die Grundbegriffe der antiken Philosophie, hrsg. v. F.-K. Blust, GA 22, Frankfurt a. M. ²2004.

HEIDEGGER, MARTIN, Die Grundprobleme der Phänomenologie, hrsg. v. F.-W. Herrmann, GA 24, Frankfurt a. M. ³1997.

HEIDEGGER, MARTIN, Einführung in die phänomenologische Forschung, hrsg. v. F.-W. Herrmann, GA 17, Frankfurt a. M. ²2006.

HEIDEGGER, MARTIN, Grundbegriffe der aristotelischen Philosophie, hrsg. v. M. Michalski, GA 18, Frankfurt a. M. 2002.

HEIDEGGER, MARTIN, Grundprobleme der Phänomenologie (1919/20), hrsg. v. H.-H. Gander, GA 58, Frankfurt a. M. ²2010.

HEIDEGGER, MARTIN, Metaphysische Anfangsgründe der Logik im Ausgang von Leibniz, hrsg. v. K. Held, GA 26, Frankfurt a. M. ³2007.

HEIDEGGER, MARTIN, Phänomenologie der Anschauung und des Ausdrucks. Theorie der philosophischen Begriffsbildung, GA 59, Frankfurt am Main ²2007.

HEIDEGGER, MARTIN, Phänomenologie des religiösen Lebens, hrsg. v. M. Jung/T. Regehly/C. Strube, GA 60, Frankfurt a. M. ²2011.

HEIDEGGER, MARTIN, Phänomenologische Interpretationen ausgewählter Abhandlungen des Aristoteles zur Ontologie und Logik, hrsg. v. G. Neumann, GA 62, Frankfurt a. M. 2005.

HEIDEGGER, MARTIN, Phänomenologische Interpretationen zu Aristoteles. Einführung in die phänomenologische Forschung, hrsg. v. W. Bröcker/K. Bröcker-Oltmanns, GA 61, Frankfurt a. M. 1985.

HEIDEGGER, MARTIN, Wegmarken, hrsg. v. F.-W. Herrmann, GA 9, Frankfurt a. M. ³2004.

HEIDEGGER, MARTIN, Zur Bestimmung der Philosophie, hrsg. v. B. Heimbüchel, GA 56/57, Frankfurt a. M. ²1999.

HEMMERLE, KLAUS, Das Heilige und das Denken. Zur philosophischen Phänomenologie des Heiligen, in: B. Casper/K. Hemmerle/P. Hünermann (Hg.), Besinnung auf das Heilige, Freiburg i. Br. 1966, 9–79.
HEMMERLE, KLAUS, Gott und das Denken nach Schellings Spätphilosophie, Freiburg i. Br. 1968.
HEMMERLE, KLAUS, Theologie als Nachfolge. Bonaventura – ein Weg für heute, Freiburg i. Br. 1975.
HEMMERLE, KLAUS, Weite des Denkens im Glauben – Weite des Glaubens im Denken, in: L. Wenzler (Hg.), Mut zum Denken, Mut zum Glauben. Bernhard Welte und seine Bedeutung für eine künftige Theologie, Freiburg i. Br. 1994, 222–239.
HEMMERLE, KLAUS, Ausgewählte Schriften, hrsg. v. R. Feiter, Vol. 1–5, Freiburg i. Br. 1995 f.
HEMMERLE, KLAUS, Person und Gemeinschaft – eine philosophische und theologische Erwägung, in: Die Alternative des Evangeliums. Beiträge zu gesellschaftlichen Fragen, hrsg. v. M. Albus/P. Blättler/W. Schneider, Vol. 3, Freiburg i. Br. 1995, 299–314.
HEMMERLE, KLAUS, Propädeutische Überlegungen zur Glaubensvermittlung, in: Spielräume Gottes und der Menschen. Beiträge zu Ansatz und Feldern kirchlichen Handelns, hrsg. v. R. Göllner/B. Trocholepczy, Vol. 4, Freiburg i. Br. 1996, 351–362.
HEMMERLE, KLAUS, Wahrheit und Zeugnis, in: Auf den göttlichen Gott zudenken. Schriften zur Religionsphilosophie und Fundamentaltheologie 1, hrsg. v. H.-J. Görtz/K. Kienzler/R. Lorenz, Vol. 1, Freiburg i. Br. 1996, 221–238.
HÖLDERLIN, FRIEDRICH, Sämtliche Werke (»Frankfurter Ausgabe«), Historisch-Kritische Ausgabe hrsg. v. D. Sattler, Vol. 1–20, Basel/Frankfurt a. M. 1975–2008.
HÖLDERLIN, FRIEDRICH, Friedensfeier, in: Gesänge I, hrsg. v. D. Sattler, Vol. 7, Frankfurt a. M. 2000, 200–217.
HÖLDERLIN, FRIEDRICH, Hyperion oder Der Eremit in Griechenland, in: Hyperion II, hrsg. v. M. Knaupp/D. Sattler, Vol. 11, Frankfurt a. M. 1982, 577–782.
HÖLDERLIN, FRIEDRICH, Patmos, in: Gesänge I, hrsg. v. D. Sattler, Vol. 7, Frankfurt a. M. 2000, 238.
HUMBOLDT, WILHELM, Wilhelm von Humboldts Gesammelte Schriften, hrsg. v. der Königlich Preussischen Akademie der Wissenschaften, Vol. I–XVII, Berlin 1903–1936.
HUMBOLDT, WILHELM, Über den Dualis, Vol. VI/1, Berlin 1907, 4–30.
HUMBOLDT, WILHELM, Über die Verschiedenheit des menschlichen Sprachbaues und ihren Einfluß auf die geistige Entwicklung des Menschengeschlechts, Vol. VII/1, Berlin 1907, 1–344.
HUSSERL, EDMUND, Erfahrung und Urteil. Untersuchungen zur Genealogie der Logik, Hamburg 1972.

Literaturverzeichnis

HUSSERL, EDMUND, Husserliana. Gesammelte Werke, Den Haag 1950 ff. (Hua)
HUSSERL, EDMUND, Cartesianische Meditationen und Pariser Vorträge, hrsg. und eingel. v. S. Strasser, Hua I, Den Haag ²1973.
HUSSERL, EDMUND, Die Idee der Phänomenologie. Fünf Vorlesungen, hrsg. und eingel. von W. Biemel, Hua II, Den Haag 1950.
HUSSERL, EDMUND, Die Krisis der europäischen Wissenschaften und die transzendentale Phänomenologie. Eine Einleitung in die phänomenologische Philosophie, hrsg. v. W. Biemel, Hua VI, Den Haag ²1962.
HUSSERL, EDMUND, Erste Philosophie (1923/24). Zweiter Teil, hrsg. und eingel. v. R. Boehm, Hua VIII, Den Haag 1959.
HUSSERL, EDMUND, Ideen zu einer reinen Phänomenologie und phänomenologischen Philosophie. Erstes Buch. Allgemeine Einführung in die reine Phänomenologie, hrsg. v. W. Biemel, Hua III, Den Haag 1950.
HUSSERL, EDMUND, Ideen zu einer reinen Phänomenologie und phänomenologischen Philosophie. Erstes Buch. Allgemeine Einführung in die reine Phänomenologie (Text der 1.–3. Auflage), hrsg. v. K. Schuhmann, Hua III,1, Den Haag 1976.
HUSSERL, EDMUND, Ideen zu einer reinen Phänomenologie und phänomenologischen Philosophie. Drittes Buch. Die Phänomenologie und die Fundamente der Wissenschaften, hrsg. v. M. Biemel, Hua V, Den Haag 1971.
HUSSERL, EDMUND, Logische Untersuchungen. Zweiter Band. Erster Teil. Untersuchungen zur Phänomenologie und Theorie der Erkenntnis, hrsg. und eingel. von U. Panzer, Hua XIX,1, Den Haag 1984.
JASPERS, KARL, Der philosophische Glaube angesichts der Offenbarung, München 1962.
JASPERS, KARL, Die geistige Situation der Zeit, Berlin ⁵1932.
JASPERS, KARL, Einführung in die Philosophie. Zwölf Radiovorträge, München 1961.
JASPERS, KARL, Existenzphilosophie. Drei Vorlesungen gehalten am Freien Deutschen Hochstift in Frankfurt a. M. September 1937, Berlin ⁴1974.
JASPERS, KARL, Philosophie I. Philosophische Weltorientierung, München/ Zürich 1994.
JASPERS, KARL, Philosophie II. Existenzerhellung, München 1994.
JASPERS, KARL, Philosophie III. Metaphysik, München 1994.
JASPERS, KARL, Von der Wahrheit. Philosophische Logik. Erster Band, München 1958.
KANT, IMMANUEL, Kant's gesammelte Schriften, hrsg. v. der Königlich Preußischen Akademie der Wissenschaften, Berlin 1902 ff. (AA)
KANT, IMMANUEL, Die Religion innerhalb der Grenzen der bloßen Vernunft, AA VI, Berlin 1914.
KANT, IMMANUEL, Grundlegung zur Metaphysik der Sitten, AA IV, Berlin 1911.
KANT, IMMANUEL, Kritik der praktischen Vernunft, AA V, Berlin 1913.

Primärliteratur

KANT, IMMANUEL, Kritik der reinen Vernunft (2. Auflage), AA III, Berlin 1911.
KANT, IMMANUEL, Kritik der Urtheilskraft, AA V, Berlin 1913.
KANT, IMMANUEL, Prolegomena zu einer jeden künftigen Metaphysik, die als Wissenschaft wird auftreten können, AA IV, Berlin 1911.
KIERKEGAARD, SÖREN, Gesammelte Werke, hrsg. v. E. Hirsch/H. Gerdes/ H.-M. Junghans, 36 Abtlg. in 30 Bd., Düsseldorf/Köln 1950–1969.
KIERKEGAARD, SÖREN, Abschließende unwissenschaftliche Nachschrift zu den Philosophischen Brocken. Mimisch-pathetisch-dialektische Sammelschrift/1, übers. v. H.-M. Junghans, 16–1. Abtlg., Düsseldorf/Köln 1957, 1–243.
KIERKEGAARD, SÖREN, Der Begriff Angst. Eine schlichte psychologisch-andeutende Überlegung in Richtung auf das dogmatische Problem der Erbsünde, übers. v. E. Hirsch, 11./12. Abtlg., Düsseldorf 1952, 1–169.
KIERKEGAARD, SÖREN, Die Krankheit zum Tode. Eine christliche psychologische Erörterung zur Erbauung und Erweckung, übers. v. E. Hirsch, 24./ 25. Abtlg., Düsseldorf 1957, 1–134.
KIERKEGAARD, SÖREN, Philosophische Brocken oder ein Bröckchen Philosophie, übers. v. E. Hirsch, 10. Abtlg., Düsseldorf 1967, 1–107.
LEVINAS, EMMANUEL, Du sacré au saint, Cinq nouvelles lectures talmudiques, Paris 1977.
LUBAC, HENRI DE, Katholizität als Gemeinschaft, Einsiedeln/Köln 1943.
MARCEL, GABRIEL, Geheimnis des Seins, Wien 1952.
MARCEL, GABRIEL, Sein und Haben, Paderborn ²1968.
MARX, KARL/ENGELS, FRIEDRICH, Werke, hrsg. vom Institut für Marxismus-Leninismus beim Zentralkomitee der Sozialistischen Einheitspartei Deutschlands, Vol. 1–43, Berlin 1956–1990.
MARX, KARL/ENGELS, FRIEDRICH, Die deutsche Ideologie. Kritik der neuesten deutschen Philosophie in ihren Repräsentanten Feuerbach, B. Bauer und Stirner und des deutschen Sozialismus in seinen verschiedenen Propheten, Vol. 3, Berlin 1969, 8–530.
MARX, KARL, Thesen über Feuerbach, Vol. 3, Berlin 1969, 5–7.
NIETZSCHE, FRIEDRICH, Werke (Kritische Gesamtausgabe), begründet v. G. Colli/M. Montinari und weitergeführt v. W. Müller-Lauter/K. Pestalozzi, Vol. I–IX, Berlin/New York 1967 ff.
NIETZSCHE, FRIEDRICH, Also sprach Zarathustra. Ein Buch für Alle und Keinen, hrsg. v. G. Colli/M. Montinari, Vol. VI/1, Berlin 1968.
NIETZSCHE, FRIEDRICH, Jenseits von Gut und Böse, in: Jenseits von Gut und Böse. Zur Genealogie der Moral, hrsg. v. G. Colli/M. Montinari, Vol. VI/ 2, Berlin 1968, 1–257.
MÖHLER, JOHANN A., Die Einheit in der Kirche. Das Prinzip des Katholizismus dargestellt im Geiste der Kirchenväter der drei ersten Jahrhunderte, in: Deutsche Klassiker der katholischen Theologie aus neuerer Zeit, hrsg. v. H. Getzeny u. bearb. v. E. J. Vierneisel, Vol. II, Mainz 1925.

NEWMAN, JOHN H., An Essay in Aid of a Grammar of Assent, London ²1870.
ORTEGA Y GASSET, JOSÉ, Vom Menschen als utopischem Wesen. Vier Essays, Zürich 2005.
OTTO, RUDOLF, Das Heilige. Über das Irrationale in der Idee des Göttlichen und sein Verhältnis zum Rationalen, München ³2013 [Erstausgabe: Breslau 1917].
PASCAL, BLAISE, Oeuvres de Blaise Pascal, hrsg. v. P. Boutroux/L. Brunschvicg/F. Gazier, Vol. I–XIV, Paris 1904–1914. (Oe.)
PASCAL, BLAISE, Pensées, Oe. XII–XIV, Paris 1904.
PIEPER, JOSEF, Werke in acht Bänden, hrsg. v. B. Wald, Vol. 1–8, Hamburg 1996–2008.
PIEPER, JOSEF, Vom Sinn der Tapferkeit, in: Schriften zur Philosophischen Anthropologie und Ethik. Das Menschenbild der Tugendlehre, hrsg. v. B. Wald, Vol. 4, Hamburg 1996, 113–136.
PILGRAM, FRIEDRICH, Physiologie der Kirche. Forschungen über die geistigen Gesetze, in denen die Kirche nach ihrer natürlichen Seite besteht, in: Deutsche Klassiker der katholischen Theologie aus neuerer Zeit, hrsg. v. H. Getzeny, Vol. III, Mainz 1931.
PLATON, Platonis Opera, recognovit brevique adnotatione critica instruxit J. Burnet, Vol. I–V, Oxford 1899–1907.
PLATON, Meno, Vol. III, Oxford 1903.
PLATON, Phaedo, Vol. I, Oxford 1900.
POPPER, KARL, Utopie und Gewalt, in: A. Neusüss (Hg.), Utopie. Begriff und Phänomen des Utopischen, Frankfurt a. M. ³1986, 313–326.
RICHARD VON ST. VIKTOR, De Trinitate in: PL 196, hrsg. v. J.-P. Migne, Paris 1880.
ROSENZWEIG, FRANZ, Der Stern der Erlösung, Frankfurt a. M. 1988 [Erstausgabe: Frankfurt a. M. 1921].
SCHELLING, FRIEDRICH W. J., Ausgewählte Werke, hrsg. v. d. Wissenschaftlichen Buchgesellschaft, Vol. 1–10, Darmstadt 1966–1968.
SCHELLING, FRIEDRICH W. J., Philosophie der Mythologie. Erster Band. Einleitung in die Philosophie der Mythologie, Ausgewählte Werke, Vol. 1, Darmstadt 1966.
SCHELLING, FRIEDRICH W. J., Philosophie der Offenbarung. Erster Band, Ausgewählte Werke, Vol. 3, Darmstadt 1966.
TILLICH, PAUL, Gesammelte Werke, hrsg. v. R. Albrecht, Vol. I–XIV, Stuttgart 1958–1983.
TILLICH, PAUL, Das religiöse Fundament des moralischen Handelns, in: Das religiöse Fundament des moralischen Handelns. Schriften zur Ethik und zum Menschenbild, Vol. III, Stuttgart 1965, 13–83.
TILLICH, PAUL, Religionsphilosophie, in: Frühe Hauptwerke, Vol. I, Stuttgart 1959, 295–364.
THOMAS VON AQUIN, Sancti Thomae de Aquino Opera omnia. Iussu Leonis XIII. edita, cura et studio Fratrum Praedicatorum, Rom 1882 ff.

THOMAS VON AQUIN, De ente et essentia, Vol. 43, Rom 1976.
THOMAS VON AQUIN, Quaestiones disputatae de malo, Vol. 23, Paris/Rom 1982.
THOMAS VON AQUIN, Quaestiones disputatae de veritate, Vol. 22, Rom 1972–1976.
THOMAS VON AQUIN, Summa contra Gentiles, Vol. 13–15, Rom 1918–1930.
THOMAS VON AQUIN, Summa theologiae, Vol. 4–12, Rom 1888–1906.
THOMAS VON AQUIN, S. Thomae Aquinatis Opera omnia ut sunt in indice thomistico additis 61 scriptis ex aliis medii aevi auctoribus curante Roberto Busa S.I., Vol. 1–7, Stuttgart 1980.
THOMAS VON AQUIN, In Aristotelis libros Metaphysicorum expositio, Vol. 4, Stuttgart 1980.
THOMAS VON AQUIN, In Aristotelis librum De anima expositio II et III, Vol. 4, Stuttgart 1980.
THOMAS VON AQUIN, In librum de causis expositio, Vol. 4, Stuttgart 1980.
THOMAS VON AQUIN, In quattuor libros sententiarum, Vol. 1, Stuttgart 1980.
THOMAS VON AQUIN, Quaestiones disputatae de potentia Dei, Vol. 3, Stuttgart 1980.
VERGILIUS, Aeneis, in: P. Vergili Maronis Opera, recognovit brevique adnotatione critica instruxit R. A. B. Mynors, Oxford 1969.
WITTGENSTEIN, Ludwig, Logisch-philosophische Abhandlung. Tractatus logico-philosophicus, hrsg. v. B. McGuinness/J. Schulte, Frankfurt a. M. 1989.

II) Sekundärliteratur

ACHAM, KARL, Art. Soziologie, in: HWP 9 (1995), 1270–1282.
AERTSEN, JAN, Der »Systematiker« Eckhart, in: A. Speer/L. Wegener (Hg.), Meister Eckhart in Erfurt, Berlin/New York 2005, 189–230.
AERTSEN, JAN, Natur, Mensch und der Kreislauf der Dinge bei Thomas von Aquin, in: A. Speer/A. Zimmermann (Hg.), Mensch und Natur im Mittelalter, Berlin/New York 1991, 143–160.
AGAMBEN, GIORGIO, Opus Dei. Archäologie des Amts, Frankfurt a. M. 2013.
ANDREOTTI, MARIO, Die Struktur der modernen Literatur, Bern ³2000.
APEL, KARL-OTTO, Transformation der Philosophie. Das Apriori der Kommunikationsgemeinschaft, Vol. II, Frankfurt a. M. 1973.
ARENS, EDMUND, Bezeugen und Bekennen. Elementare Handlungen des Glaubens, Düsseldorf 1989.
ARENS, EDMUND, Religiöse Sprache und Rede von Gott. Sprechhandlungstheoretische und kommunikationstheologische Überlegungen, in: U. Gerber/R. Holberg (Hg.), Sprache und Religion, Darmstadt 2009, 41–59.

Literaturverzeichnis

BALLNAT, SILVANA, Das Verhältnis zwischen den Begriffen »Erfahrung« und »Sprache« ausgehend von Hans-Georg Gadamers Wahrheit und Methode. Eine antireduktionistische Lesart gegen Relativismusvorwürfe, Potsdam 2012.

BALTHASAR, HANS U., Geleitwort zur deutschen Ausgabe, in: H. Lubac, Katholizismus als Gemeinschaft, Einsiedeln/Köln 1943, 5–7.

BALTHASAR, HANS U., Herrlichkeit. Eine theologische Ästhetik. Schau der Gestalt, Vol. I, Einsiedeln 1961.

BALTHASAR, HANS U., Herrlichkeit. Eine theologische Ästhetik. Im Raum der Metaphysik, Vol. III/1, Einsiedeln 1965.

BARA-BANCEL, SILVIA, »Gottheit« und »Gott«, Einheit und Dreifaltigkeit. Heinrich Seuses Gottesverständnis, in: M. Enders (Hg.), Das Gottesverständnis der deutschen Mystik (Meister Eckhart, Johannes Tauler, Heinrich Seuse) und die Frage nach seiner Orthodoxie, Münster 2011, 79–112.

BECKERMANN, ANSGAR, Descartes' metaphysischer Beweis für den Dualismus. Analyse und Kritik, Freiburg i. Br. 1986.

BERNING, VINCENT, Die Idee der Person in der Philosophie. Ihre Bedeutung für die geschöpfliche Vernunft und die analoge Urgrunderkenntnis von Mensch, Welt und Gott. Philosophische Grundlegung einer personalen Anthropologie, Paderborn 2007.

BEUTHAN, RALF, Hegels phänomenologischer Erfahrungsbegriff, in: K. Vieweg/W. Welsch (Hg.), Hegels Phänomenologie des Geistes. Ein kooperativer Kommentar zu einem Schlüsselwerk der Moderne, Frankfurt a. M. 2008, 79–94.

BIDESE, ERMENEGILDO, Die Strukturen des freien und kreativen Handelns. Interpretationen und Perspektiven aus der linguistischen Forschung Noam A. Chomskys und der ethischen Reflexion Thomas von Aquins, Würzburg 2002.

BIEMEL, WALTER, Martin Heidegger, Reinbek 1973.

BOCK, MICHAEL, Soziologie als Grundlage des Wirklichkeitsverständnisses. Zur Entstehung des modernen Weltbildes, Stuttgart 1980.

BOHLEN, STEPHANIE, Solidarisches Handeln als negative Theologie, in: M. Enders/H. Zaborowski (Hg.), Phänomenologie der Religion. Zugänge und Grundfragen, Freiburg i. Br. 2004, 327–337.

BÖHNKE, MICHAEL, Wie Einheit geht. Zur Phänomenologie der Gemeinschaft bei Klaus Hemmerle, in: G. Bausenhart/M. Böhnke/D. Lorenz (Hg.), Phänomenologie und Theologie im Gespräch. Impulse von Bernhard Welte und Klaus Hemmerle, Freiburg i. Br. 2013, 284–299.

BONGARDT, MICHAEL, Der Widerstand der Freiheit. Eine transzendentaldialogische Aneignung der Angstanalysen Kierkegaards, Frankfurt a. M. 1995.

BONVINCINI, LAURA, Compimento e rischio nell'accadimento della fede. Il contributo critico di Bernhard Welte all'approfondimento della comprensione della fede a partire da Karl Jaspers e alla luce dell'ermeneutica della fatticità di Martin Heidegger, in riferimento soprattutto al ciclo di lezioni su »cattolicità e ragione« tenute presso l'Università di Freiburg, WiSe 2009/2010, in: https://www.freidok.uni-freiburg.de/fedora/objects/freidok:7843/datastreams/FILE1/content [Abrufdatum: 30.06.2016].

BOYD, RICHARD, Realism, Approximate Truth, and Philosophical Method, in: D. Papineau (Hg.), The philosophy of science, Oxford/New York 1996, 215–255.

BRACHTENDORF, JOHANNES, Augustins »Confessiones«, Darmstadt 2005.

BRACHTENDORF, JOHANNES, Ist Gott ein notwendiges Ziel menschlichen Strebens? Der Begriff des bonum universale in Thomas von Aquins Theorie des Willens, in: J. Brachtendorf (Hg.), Prudentia und Contemplatio. Ethik und Metaphysik im Mittelalter, Paderborn 2002, 62–85.

BRÜCK, MICHAEL/RAGER, GÜNTER, Grundzüge einer modernen Anthropologie, Göttingen 2012.

BUCHHEIM, THOMAS, Eins von Allem. Die Selbstbescheidung des Idealismus in Schellings Spätphilosophie, Hamburg 1992.

BÜCHNER, CHRISTINE, Gottes Kreatur – »ein reines Nichts«? Einheit Gottes als Ermöglichung von Geschöpflichkeit und Personalität im Werk Meister Eckharts, Innsbruck/Wien 2005.

BÜCHNER, KARL, Der Schicksalsgedanke bei Vergil, in: H. Oppermann (Hg.), Wege zu Vergil. Drei Jahrzehnte Begegnungen in Dichtung und Wissenschaft, Darmstadt 1966, 270–300.

BUSCHE, HUBERTUS, Die Seele als System. Aristoteles' Wissenschaft von der Psyche, Hamburg 2001.

CAROPESO, PAOLO, Welte und Kant. Geschichtlichkeit des Daseins und theoretische Konstitution der Subjektivität des Subjekts, in: M. Enders/H. Zaborowski (Hg.), Phänomenologie der Religion. Zugänge und Grundfragen, Freiburg i. Br. 2004, 463–470.

CASPER, BERNHARD, Dal Sacro al Santo. Sul senso ambiguo dell'orizzonte trascendentale »das Heilige«, in: C. Vigna/S. Zanardo (Hg.), Etica di frontiera. Nuove forme del bene e del male, Mailand 2008, 99–115.

CASPER, BERNHARD, Das dialogische Denken. Franz Rosenzweigs, Ferdinand Ebners und Martin Bubers, Freiburg i. Br. ²2002.

CASPER, BERNHARD, Das Ereignis des Betens. Grundlinien einer Hermeneutik des religiösen Geschehens, Freiburg i. Br. ²2016.

CASPER, BERNHARD, Die Einheit aller Wirklichkeit. Friedrich Pilgram und seine theologische Philosophie, Freiburg i. Br. 1961.

CASPER, BERNHARD, Grundfragen des Humanen. Studien zur Menschlichkeit des Menschen, Paderborn 2014.

CASPER, BERNHARD, »Salut n'est pas l'être«. Pour comprendre la confrontation de Levinas avec Heidegger à travers les Carnets de captivité et autres inédits, in: R. Calin/E. Housset (Hg.), Levinas, au-delà du visible. Études sur les inédits de Levinas des »Carnets de captivité« à »Totalité et Infini«, Caen 2012, 215–228.

Literaturverzeichnis

CASPER, BERNHARD, Seit ein Gespräch wir sind, in: B. Casper/K. Hemmerle/ P. Hünermann (Hg.), Besinnung auf das Heilige, Freiburg i. Br. 1966, 80–123.

CASPER, BERNHARD, Sprache und Theologie. Eine philosophische Hinführung, Freiburg i. Br. 1975.

CASPER, BERNHARD, »Wer Gott liebt, muss alles lieben«. Einführende Überlegungen zu Leben und Werk Bernhard Weltes, in: B. Casper/M. Eckholt/ T. Herkert (Hg.), »Clash of civilizations« – oder Begegnung der Kulturen aus dem Geist des Evangeliums? Bernhard Weltes Impulse für den interkulturellen Dialog mit Lateinamerika, Berlin 2009, 23–34.

CASPER, BERNHARD, Zeit und Heil. Überlegungen zu Martin Heidegger und einigen gegenwärtigen jüdischen Denkern, in: V. Mathieu (Hg.), Ebraismo, ellenismo, cristianesimo, Padua 1985, 173–195.

CASPER, BERNHARD/HEMMERLE, KLAUS/HÜNERMANN, PETER (Hg.), Besinnung auf das Heilige, Freiburg i. Br. 1966.

CHALMERS, DAVID J., The conscious mind. In search of a fundamental theory, Oxford/New York 1996.

CHENU, MARIE-DOMINIQUE, Das Werk des Hl. Thomas von Aquin, Graz ²1982.

CIMINO, ANTONIO, Phänomenologie und Vollzug. Heideggers performative Philosophie des faktischen Lebens, Frankfurt a. M. 2013.

COLPE, CARSTEN, Die wissenschaftliche Beschäftigung mit »dem Heiligen« und »das Heilige« heute, in: D. Kamper/C. Wulf (Hg.), Das Heilige. Seine Spur in der Moderne, Frankfurt a. M. 1987, 33–61.

CRISTIN, RENATO, Phänomenologische Ontologie. Heideggers Auseinandersetzung mit Husserl (1916–1928), in: R. Bernet/A. Denker/H. Zaborowski (Hg.), Heidegger und Husserl, Freiburg i. Br. 2012.

DALFERTH, INGOLF U., Die Wirklichkeit des Möglichen. Hermeneutische Religionsphilosophie, Tübingen 2003.

DANTO, ARTHUR C., Analytische Philosophie der Geschichte, Frankfurt a. M. 1974.

DEMMERLING, CHRISTOPH, Hermeneutik der Alltäglichkeit und In-der-Welt-sein (§§ 25–38), in: T. Rentsch (Hg.), Martin Heidegger. Sein und Zeit, Berlin ²2007, 89–115.

DI CESARE, DONATELLA, Das unendliche Gespräch, in: G. Figal (Hg.), Hans-Georg Gadamer. Wahrheit und Methode, Berlin ²2011, 157–175.

DI CESARE, DONATELLA, Gadamer. Ein philosophisches Porträt, Tübingen 2009.

DI CESARE, DONATELLA, Wilhelm von Humboldt (1767–1835), in: T. Borsche (Hg.), Klassiker der Sprachphilosophie. Von Platon bis Noam Chomsky, München 1996, 275–289.

DIENSTBECK, STEFAN, Transzendentale Strukturtheorie. Stadien der Systembildung Paul Tillichs, Göttingen 2011.

DISSE, JÖRG, Kierkegaards Phänomenologie der Freiheitserfahrung, Freiburg i. Br. 1991.
DÖPFNER, BURKARD, Das Problem des Zusammendenkens von Determination und Freiheit. Das phänomenologische Denken des Religionsphilosophen Bernhard Welte als ein Beitrag zur Klärung und zur theologischen Vertiefung des Problems, St. Ottilien 1992.
DRIESCH, HANS, Philosophie des Organischen, Leipzig ²1921.
DULLES, AVERY, Die Kirche. Sakrament und Grund des Glaubens, in: J. Bernard/R. Latourelle/G. O'Collins (Hg.), Probleme und Aspekte der Fundamentaltheologie, Innsbruck 1985, 311–328.
EBELING, GERHARD, Einführung in theologische Sprachlehre, Tübingen 1971.
EBELING, HANS, Die ideale Sinndimension. Kants Faktum der Vernunft und die Basis-Fiktionen des Handelns, Freiburg i. Br. 1982.
EILEBRECHT, TILO, Der Rückgang zu den Sachen selbst zwischen Hegel, Husserl und Heidegger, in: F. Rese (Hg.), Heidegger und Husserl im Vergleich, Frankfurt a. M. 2010, 77–94.
ELSFELD, MICHAEL, What can Heidegger's Being and Time Tell Today's Analytical Philosophy?, in: Philosophical Explorations 4 (2001), 46–62.
ENDERS, MARKUS, Abgeschiedenheit – der Weg ins dunkle Licht der Gottheit. Zu Bernhard Weltes Deutung der Metaphysik und Mystik Meister Eckharts, in: M. Enders (Hg.), Meister Eckhart und Bernhard Welte. Meister Eckhart als Inspirationsquelle für Bernhard Welte und die Gegenwart, Berlin 2015, 5–29.
ENDERS, MARKUS, Transzendenz und Welt. Das daseinshermeneutische Transzendenz- und Welt-Verständnis Martin Heideggers auf dem Hintergrund der neuzeitlichen Geschichte des Transzendenz-Begriffs, Frankfurt a. M./New York 1999.
ERBRICH, GUIDO/WANITSCHKE, MATTHIAS, »… auf die innere Stimme hören«. Die Frage nach Gott und dem Sinn des Lebens im Werk von Václav Havel, Leipzig 1994.
ESSEN, GEORG, Die Freiheit Jesu. Der neuchalkedonische Enhypostasiebegriff im Horizont neuzeitlicher Subjekt- und Personphilosophie, Regensburg 2001.
ESTERBAUER, REINHOLD, Anspruch und Entscheidung. Zu einer Phänomenologie der Erfahrung des Heiligen, Stuttgart 2002.
FAHRENBACH, HELMUT, Kommunikation in existenzphilosophischer Kontroverse? Jaspers und Satre. Für und wider den Transzendenzbezug der Existenz, in: A. Hügli/D. Kaegi/R. Wiehl (Hg.), Einsamkeit, Kommunikation, Öffentlichkeit, Basel 2004, 221–239.
FASCHING, WOLFGANG, Phänomenologische Reduktion und Mushin. Edmund Husserls Bewusstseinstheorie und der Zen-Buddhismus, Freiburg i. Br. 2003.

FEHÉR, ISTVÁN, Verstehen bei Heidegger und Gadamer, in: G. Figal/H.-H. Gander (Hg.), »Dimensionen des Hermeneutischen«. Heidegger und Gadamer, Frankfurt a. M. 2005, 89–115.

FEIGE, INGEBORG, Denken als Geschehen dialogischer Offenheit, in: L. Wenzler (Hg.), Mut zum Denken, Mut zum Glauben. Bernhard Welte und seine Bedeutung für eine künftige Theologie, Freiburg i. Br. 1994, 36–62.

FEIGE, INGEBORG, Geschichtlichkeit. Zu Bernhard Weltes Phänomenologie des Geschichtlichen auf der Grundlage unveröffentlichter Vorlesungen, Freiburg i. Br. 1989.

FEIGE, INGEBORG, Verstehen, Sprache – Überlieferung. Bernhard Weltes Beitrag zu einer geschichtlichen Hermeneutik, in: J. Baßler-Schipperges/ S. Bohlen (Hg.), Denkend vom Ereignis Gottes sprechen. Die Bedeutung der Philosophie in der Theologie, Freiburg i. Br. 1997, 50–75.

FIGAL, GÜNTER, Martin Heidegger – Phänomenologie der Freiheit, Frankfurt a. M. 1991.

FIGAL, GÜNTER, Phänomenologie der religiösen Erfahrung, in: M. Enders/ H. Zaborowski (Hg.), Phänomenologie der Religion. Zugänge und Grundfragen, Freiburg i. Br. 2004, 174–180.

FIGAL, GÜNTER, Verstehensfragen. Studien zur phänomenologisch-hermeneutischen Philosophie, Tübingen 2009.

FIGAL, GÜNTER, Zu Heidegger. Antworten und Fragen, Frankfurt a. M. 2009.

FISCHER, MARIO, Religiöse Erfahrung in der Phänomenologie des frühen Heidegger, Göttingen 2013.

FLASHAR, HELLMUT, Aristoteles, in: H. Flashar (Hg.), Die Philosophie der Antike. Ältere Akademie, Aristoteles, Peripatos, Basel 2004, 167–492.

FLEISCHER, MARGOT, Mensch und Unbedingtes im Denken Kants. Eine kritische Darlegung, Freiburg i. Br. 2009.

FLEISCHER, MARGOT, Wahrheit und Wahrheitsgrund. Zum Wahrheitsproblem und zu seiner Geschichte, Berlin/New York 1984.

FONFARA, DIRK, Die Ousia-Lehren des Aristoteles. Untersuchungen zur Kategorienschrift und zur Metaphysik, Berlin/New York 2003.

FUCHS, FRANZ J., Seinsverhältnis. Karl Jaspers' Existenzphilosophie. Existenz und Kommunikation, Vol. I, Frankfurt a. M. 1984.

FURTER, PIERRE, Ernst Blochs »Prinzip Hoffnung« in der Diskussion übers utopische Denken, in: B. Schmidt (Hg.), Materialien zu Ernst Blochs »Prinzip Hoffnung«, Frankfurt a. M. 1978, 570–592.

GABRIEL, LEO, Integrale Logik. Die Wahrheit des Ganzen, Freiburg i. Br. 1965.

GANDER, HANS-HELMUTH, Existenzialontologie und Geschichtlichkeit (§§ 72–83), in: T. Rentsch (Hg.), Martin Heidegger. Sein und Zeit, Berlin ²2007, 229–251.

GANDER, HANS-HELMUTH, Phänomenologie im Übergang. Zu Heideggers Auseinandersetzung mit Husserl, in: A. Denker/H.-H. Gander/H. Zaborowski (Hg.), Heidegger und die Anfänge seines Denkens, Freiburg i. Br. 2004, 294–306.

GANDER, HANS-HELMUTH, Selbstverständnis und Lebenswelt. Grundzüge einer phänomenologischen Hermeneutik im Ausgang von Husserl und Heidegger, Frankfurt a. M. 2001.

GARRIDO-MATURANO, ANGEL, Vom Sinnpostulat zum Sinn des Postulates. Bermerkungen zu Bernhard Weltes Phänomenologie der Hoffnung und ihr Verhältnis zu Ernst Blochs »Prinzip Hoffnung«, in: M. Enders/H. Zaborowski (Hg.), Phänomenologie der Religion. Zugänge und Grundfragen, Freiburg i. Br. 2004, 485–499.

GEIGER, STEFAN, Person und Sein. Bernhard Weltes Philosophie der Personalität, Berlin 2012.

GERHARDT, VOLKER, Individualität. Das Element der Welt, München 2000.

GERHARDT, VOLKER, Selbstbestimmung. Das Prinzip der Individualität, Stuttgart 1999.

GERHARDT, VOLKER, Vom Willen zur Macht. Anthropologie und Metaphysik der Macht am exemplarischen Fall Friedrich Nietzsches, Berlin/New York 1996.

GETHMANN, CARL F., Dasein. Erkennen und Handeln. Heidegger im phänomenologischen Kontext, Berlin/New York 1993.

GETHMANN, CARL F., Verstehen und Auslegung. Das Methodenproblem in der Philosophie Martin Heideggers, Bonn 1974.

GORGONE, SANDRO, Das Licht des Nichts. Die post-metaphysische Theologie bei Bernhard Welte, in: Schriften der Bernhard-Welte-Gesellschaft 5 (2012), 2–14.

GORIS, WOUTER, Anthropologie und Erkenntnislehre (S.th. I, qq. 75–79 und qq. 84–89), in: A. Speer (Hg.), Thomas von Aquin. Die Summa theologiae. Werkinterpretationen, Berlin/New York 2005, 125–140.

GÖRTZ, HEINZ-JÜRGEN, Das Subjekt und das »Heilige« im »Grundakt« des Erzählens, in: K. Kienzler/J. Reiter/L. Wenzler (Hg.), Das Heilige im Denken. Ansätze und Konturen einer Philosophie der Religion, Münster 2005, 115–133.

GÖRTZ, HEINZ-JÜRGEN, Im »Licht des Nichts«. Weltes »phänomenologische Religionsphilosophie« und das »problematische Verhältnis von Philosophie und Theologie«, in: G. Bausenhart/M. Böhnke/D. Lorenz (Hg.), Phänomenologie und Theologie im Gespräch. Impulse von Bernhard Welte und Klaus Hemmerle, Freiburg i. Br. 2013, 201–223.

GRABNER-HAIDER, ANTON, Semiotik und Theologie. Religiöse Rede zwischen analytischer und hermeneutischer Philosophie, München 1973.

GRAESER, ANDREAS, Das hermeneutische »als«. Heidegger über Verstehen und Auslegung, in: ZPhF 47 (1993), 559–572.

GRANSCHE, BRUNO, Vorausschauendes Denken. Philosophie und Zukunftsforschung jenseits von Statistik und Kalkül, Bielefeld 2015.

GRONDIN, JEAN, Le tournant dans la pensée de Martin Heidegger, Paris 1987.
GROSSHEIM, MICHAEL, Phänomenologie des Bewußtseins oder Phänomenologie des »Lebens«? Husserl und Heidegger in Freiburg, in: G. Figal/H.-H. Gander (Hg.), Heidegger und Husserl. Neue Perspektiven, Frankfurt a. M. 2009, 101–136.
HAAS, ALOIS M., Meister Eckhart als normative Gestalt geistlichen Lebens, Einsiedeln 1979.
HAECKER, THEODOR, Vergil. Schönheit. Metaphysik des Fühlens, München 1967.
HAEFFNER, GERD, Heidegger über Zeit und Ewigkeit, in: ThPh 64 (1989), 481–517.
HAFNER, JOHANN, Weltes Metaphorik vom »Seindürfen«. Eine Längsschnittlektüre seines Werkes, in: M. Enders/H. Zaborowski (Hg.), Phänomenologie der Religion. Zugänge und Grundfragen, Freiburg i. Br. 2004, 501–516.
HAHMANN, ANDREE, Kritische Metaphysik der Substanz. Kant im Widerspruch zu Leibniz, Berlin/New York 2009.
HASTETTER, MICHAELA C., Zur gegenwärtigen und zukünftigen Sozialgestalt der Kirche aus pastoraltheologischer Sicht im Nachgang zu Bernhard Welte, in: Schriften der Bernhard-Welte-Gesellschaft 9 (2016), 111–137.
HARTMANN, NICOLAI, Ethik, Berlin [4]1962.
HATTRUP, DIETER, Augustinus im ekstatischen Denken Bonaventuras (1217/18–1274), in: N. Fischer (Hg.), Augustinus – Spuren und Spiegelungen seines Denkens. Von den Anfängen bis zur Reformation, Vol. 1, Hamburg 2009, 105–126.
HEFTRICH, ECKHARD, Nietzsches Philosophie. Identität von Welt und Nichts, Frankfurt a. M. 1962.
HEINRICHS, JOHANNES, Handlungen. Das periodische System der Handlungsarten. Philosophische Semiotik/1, München [2]2007.
HEINRICHS, JOHANNES, Logik des Sozialen. Woraus Gesellschaft entsteht, Sofia u. a. 2005.
HEINZ, MARION, Das eigentliche Ganzseinkönnen des Daseins und die Zeitlichkeit als der ontologische Sinn der Sorge (§§ 61–66), in: T. Rentsch (Hg.), Martin Heidegger. Sein und Zeit, Berlin [2]2007, 169–197.
HELLE, HORST J., Art. Soziologie. I. Disziplin, in: LThK[3] 9 (2006), 799–801.
HENSCHEN, CHRISTOPH, Erniedrigung Gottes und des Menschen Erhöhung. Eine systematisch-theologische Studie zu Luthers Abendmahlslehre nach der Schrift *Daß diese Wort Christi »Das ist mein leib« noch fest stehen* (1527), Frankfurt a. M. 2010.
HERRMANN, FRIEDRICH-WILHELM, Wege ins Ereignis. Zu Heideggers »Beiträgen zur Philosophie«, Frankfurt a. M. 1994.
HERZINGER, RICHARD, Jenseits des Prinzips Hoffnung. Liberalismus nach der Utopie, in: R. Jucker (Hg.), Zeitgenössische Utopieentwürfe in Litera-

tur und Gesellschaft. Zur Kontroverse seit den achtziger Jahren, Amsterdam/Atlanta 1997, 93–120.

Hof, Hans, Scintilla animae. Eine Studie zu einem Grundbegriff in Meister Eckharts Philosophie mit besonderer Berücksichtigung des Verhältnisses der Eckhartschen Philosophie zur neuplatonischen und thomistischen Anschauung, Lund 1952.

Höffe, Otfried, Aristoteles, München ³2006.

Höffe, Otfried, Immanuel Kant, München ⁵2000.

Hoffmann, Gisbert, Heideggers Phänomenologie. Bewusstsein – Reflexion – Selbst (Ich) und Zeit im Frühwerk, Würzburg 2005.

Höhn, Hans-Joachim, Das Leben in Form bringen. Konturen einer neuen Tugendethik, Freiburg i. Br. 2014.

Höhn, Hans-Joachim, Thanatodizee? Über ein philosophisches Verhältnis zum Verhältnis von Leben und Tod, in: H.-J. Höhn (Hg.), Welt ohne Tod. Hoffnung oder Schreckensvision?, Göttingen 2004, 9–18.

Höhn, Hans-Joachim, Zeit und Sinn. Religionsphilosophie postsäkular, Paderborn u. a. 2010.

Höhn, Hans-Joachim, Zerstreuungen. Religion zwischen Sinnsuche und Erlebnismarkt, Düsseldorf 1998.

Höhn, Hans-Joachim, Zustimmen. Der zwiespältige Grund des Daseins, Würzburg 2001.

Hollendung, Anna, Trauer und Menschlichkeit. Korrespondenzen zwischen Butlers Politik der Verletzbarkeit und der Daseinsanalyse Heideggers, in: N. Münch/P. Sörensen (Hg.), Politische Theorie und das Denken Heideggers, Bielefeld 2013, 225–246.

Hühn, Lore, Sprung im Übergang. Kierkegaards Kritik an Hegel im Ausgang von der Spätphilosophie Schellings, in: J. Hennigfeld/J. M. Stewart (Hg.), Kierkegaard und Schelling. Freiheit, Angst und Wirklichkeit, Berlin 2003, 133–183.

Hünermann, Peter, Bernhard Welte als Fundamental-Theologe. Die Bedeutung des philosophischen Werkes von Bernhard Welte für die Theologie, in: ThQ 190 (2010), 190–204.

Hünermann, Peter, Der Durchbruch geschichtlichen Denkens im 19. Jahrhundert. Johann Gustav Droysen, Wilhelm Dilthey, Graf Paul Yorck von Wartenburg. Ihr Weg und ihre Weisung für die Theologie, Freiburg i. Br. 1967.

Hünermann, Peter, Die Geschichte und das Heilige, in: B. Casper/K. Hemmerle/P. Hünermann (Hg.), Besinnung auf das Heilige, Freiburg i. Br. 1966, 124–152.

Hünermann, Peter, Kirche – Menschsein – Geschichte. Die Kirche im Denken Bernhard Weltes, in: B. Casper/M. Eckholt/T. Herkert (Hg.), »Clash of civilizations« – oder Begegnung der Kulturen aus dem Geist des Evangeliums? Bernhard Weltes Impulse für den interkulturellen Dialog mit Lateinamerika, Berlin 2009, 69–81.

Literaturverzeichnis

HÜNERMANN, PETER, Sprache des Glaubens – Sprache des Lehramts – Sprache der Theologie. Eine geschichtliche Orientierung, Freiburg i. Br. 2016.

INKPIN, ANDREW, Formale Anzeige und das Voraussetzungsproblem, in: F. Rese (Hg.), Heidegger und Husserl im Vergleich, Frankfurt a. M. 2010, 13–33.

JANSSEN, PAUL, Edmund Husserl. Werk und Wirkung, Freiburg i. Br. 2008.

JOAS, HANS, Braucht der Mensch Religion? Über Erfahrungen der Selbsttranszendenz, Freiburg i. Br. ²2004.

JOOSTEN, HEIKO, Selbst, Substanz und Subjekt. Die ethische und politische Relevanz der personalen Identität bei Descartes, Herder und Hegel, Würzburg 2005.

JOSSUA, JEAN-PIERRE, Art. Zeugnis, in: NHThG 5 (²1991), 327–337.

JUNG, CHRISTIAN, Die doppelte Natur des menschlichen Intellekts bei Aristoteles, Würzburg 2011.

KASPER, WALTER, Ein Blick auf die Katholische Tübinger Schule, in: M. Kessler/M. Seckler (Hg.), Theologie, Kirche, Katholizismus. Beiträge zur Programmatik der Katholischen Tübinger Schule, Tübingen 2003, 7–13.

KERN, UDO, Der Gang der Vernunft bei Meister Eckhart, Berlin 2012.

KERN, UDO, Die Anthropologie des Meister Eckhart, Hamburg 1994.

KESSLER, JOHANNES, Der Mythos vom globalen Dorf. Zur räumlichen Differenzierung des Globalisierungsniveaus, in: J. Kessler/C. Steiner (Hg.), Facetten der Globalisierung. Zwischen Ökonomie, Politik und Kultur 2009, 28–79.

KIBLE, BRIGITTE, Art. Person. II. Hoch- und Spätscholastik, in: HWP 7 (1989), 283–300.

KIENZLER, KLAUS, Das Heilige im Denken Bernhard Weltes, in: K. Kienzler/ J. Reiter/L. Wenzler (Hg.), Das Heilige im Denken. Ansätze und Konturen einer Philosophie der Religion, Münster 2005, 257–278.

KIENZLER, KLAUS, Nietzsche im christlichen Denken – am Beispiel Bernhard Weltes, in: ThPh 66 (1991), 398–410.

KIENZLER, KLAUS, Phänomenologie des Glaubens – von Bernhard Welte zu Klaus Hemmerle, in: G. Bausenhart/M. Böhnke/D. Lorenz (Hg.), Phänomenologie und Theologie im Gespräch. Impulse von Bernhard Welte und Klaus Hemmerle, Freiburg i. Br. 2013, 227–247.

KIENZLER, KLAUS, Religionsphänomenologie bei Bernhard Welte, in: G. Bausenhart/M. Böhnke/D. Lorenz (Hg.), Phänomenologie und Theologie im Gespräch. Impulse von Bernhard Welte und Klaus Hemmerle, Freiburg i. Br. 2013, 180–200.

KIENZLER, KLAUS, Zum Dialog von Bernhard Welte mit Karl Jaspers, in: ThPh 58 (1983), 346–362.

KIM, JAEHO, Substanz und Subjekt. Eine Untersuchung der Substanzkategorie in Kants »Kritik der reinen Vernunft«, Würzburg 2006.

KIRSCHNER, MARTIN, Umrisse einer Sozialgestalt des Christlichen in den Umbrüchen der Gegenwart. Überlegungen im Ausgang von Bernhard Welte und im Rückgang auf das Zweite Vatikanische Konzil, in: Schriften der Bernhard-Welte-Gesellschaft 9 (2016), 67–110.

KIRSTEN, ELKE, Heilige Lebendigkeit. Zur Bedeutung des Heiligen bei Bernhard Welte, Frankfurt a. M./New York 1998.

KOBUSCH, THEO, Lesemeistermetaphysik – Lebemeistermetaphysik. Zur Einheit der Philosophie Meister Eckharts, in: A. Speer/L. Wegener (Hg.), Meister Eckhart in Erfurt, Berlin/New York 2005, 239–258.

KOBUSCH, THEO, Transzendenz und Transzendentalien, in: S. Grotz/R. Schönberger (Hg.), Wie denkt der Meister? Philosophische Zugänge zu Meister Eckhart, Stuttgart 2011, 41–54.

KORFF, WILHELM, Thomas von Aquin und die Neuzeit, in: J. Beckmann u. a. (Hg.), Philosophie im Mittelalter. Entwicklungslinien und Paradigmen, Hamburg 1996, 387–408.

KRÜGER, MALTE D., Göttliche Freiheit. Die Trinitätslehre in Schellings Spätphilosophie, Tübingen 2008.

KUHN, JOHANNES, Katholische Dogmatik. Einleitung in die katholische Dogmatik, Vol. 1, Tübingen ²1859.

KUHNE, FRANK, Selbstbewusstsein und Erfahrung bei Kant und Fichte. Über Möglichkeiten und Grenzen der Transzendentalphilosophie, Hamburg 2007.

KULLMANN, WOLFGANG, Aristoteles und die moderne Wissenschaft, Stuttgart 1998.

KULLMANN, WOLFGANG, Wissenschaft und Methode. Interpretationen zur aristotelischen Theorie der Naturwissenschaft, Berlin/New York 1974.

KÜMMEL, FRIEDRICH, Über den Begriff der Zeit, Tübingen 1962.

KUŠAR, STJEPAN, Dem göttlichen Gott entgegen denken. Der Weg von der metaphysischen zu einer nachmetaphysischen Sicht Gottes in der Religionsphilosophie Bernhard Weltes, Freiburg i. Br. 1986.

LAMBERT, CÉSAR, Philosophie und Welt beim jungen Heidegger, Frankfurt a. M./New York 2002.

LANGER, OTTO, Zum Begriff der Innerlichkeit bei Meister Eckhart, in: K. Ruh (Hg.), Abendländische Mystik im Mittelalter, Stuttgart 1986, 17–32.

LAVECCHIA, SALVATORE, Agathologie. Denken als Wahrnehmung des Guten oder: Auf der Suche nach dem offenbarsten Geheimnis, in: G. Goedert/M. Scherbel (Hg.), Perspektiven der Philosophie. Neues Jahrbuch, Vol. 38, Amsterdam/New York 2012, 9–45.

LEINSLE, ULRICH G., Res et Signum. Das Verständnis zeichenhafter Wirklichkeit in der Theologie Bonaventuras, München/Paderborn/Wien 1976.

LENZ, HUBERT, Mut zum Nichts als Weg zu Gott. Bernhard Weltes religionsphilosophische Anstöße zur Erneuerung des Glaubens, Freiburg i. Br. 1989.

Literaturverzeichnis

LIEBRUCKS, BRUNO, Sprache und Bewußtsein. Einleitung. Spannweite des Problems. Von den undialektischen Gebilden zur dialektischen Bewegung, Vol. 1, Frankfurt a. M. 1964.

LIEBRUCKS, BRUNO, Sprache und Bewußtsein. Die zweite Revolution der Denkungsart. Hegel. Phänomenologie des Geistes, Vol. 5, Frankfurt a. M. 1970.

LIEDTKE, SIMONE, Freiheit als Marionette Gottes. Der Gottesbegriff im Werk des Sprachphilosophen Bruno Liebrucks, Berlin/New York 2013.

LOHSE, BERNHARD, Evangelium und Geschichte. Studien zur Theologie der Kirchenväter und ihrer Rezeption in der Reformation, Göttingen 1998.

LORENZ, JOHANNES, Personsein, Freiheit und Verantwortung. Anthropologische Voraussetzungen der Ethik bei Bernhard Welte, Freiburg i. Br. 2016.

LOTZ, JOHANNES B., Das Urteil und das Sein. Eine Grundlegung der Metaphysik, Pullach ²1957.

LUCKMANN, THOMAS, Privatisierung und Individualisierung. Zur Sozialform der Religion in spätindustriellen Gesellschaften, in: K. Gabriel (Hg.), Religiöse Individualisierung oder Säkularisierung. Biographie und Gruppe als Bezugspunkte moderner Religiosität, Gütersloh 1996, 17–28.

LUCKNER, ANDREAS, Martin Heidegger: »Sein und Zeit«. Ein einführender Kommentar, Paderborn 1997.

LUTZ, RALF, Der hoffende Mensch. Anthropologie und Ethik menschlicher Sinnsuche, Tübingen 2012.

MARQUARD, ODO, Zur Diätetik der Sinnerwartung. Philosophische Bemerkungen, in: Apologie des Zufälligen. Philosophische Studien, Stuttgart 1986, 33–53.

MARTEN, RAINER, Endlichkeit. Zum Drama von Tod und Leben, Freiburg i. Br. 2013.

MARTEN, RAINER, Wahre Hoffnungen? Eine Frage an Hermeneutik und Religion, in: I. Dalferth/A. Hunziker/P. Stoellger (Hg.), Unmöglichkeiten. Zur Phänomenologie und Hermeneutik eines modalen Grenzbegriffs, Tübingen 2009, 325–341.

MARX, WERNER, Die Phänomenologie Edmund Husserls. Eine Einführung, München 1987.

MATHIEU, LUC, La Trinité créatrice d'après saint Bonaventure, Paris 1992.

MEIXNER, UWE, Die Aktualität Husserls für die moderne Philosophie des Geistes, in: U. Meixner/A. Newen (Hg.), Seele, Denken, Bewusstsein. Zur Geschichte der Philosophie des Geistes, Berlin 2003, 308–388.

MENKE, KARL-HEINZ, Kann ein Mensch erkennbares Medium der göttlichen Selbstoffenbarung sein? Anmerkungen zur Verhältnisbestimmung von »Realsymbol« und »Inkarnation«, in: J. Valentin/S. Wendel (Hg.), Unbedingtes Verstehen?! Fundamentaltheologie zwischen Erstphilosophie und Hermeneutik, Regensburg 2001, 42–58.

Sekundärliteratur

MERKER, BARBARA, Die Sorge als Sein des Daseins (§§ 39–44), in: T. Rentsch (Hg.), Martin Heidegger. Sein und Zeit, Berlin ²2007, 117–132.

MEYER-BLANCK, MICHAEL, Vom Symbol zum Zeichen. Symboldidaktik und Semiotik, Rheinbach ²2002.

MITTELSTRASS, JÜRGEN, Art. Eigenschaft, in: EPhW 1 (2004), 522 f.

MITTL, FLORIAN, Hoffnung als anthropologische Grundkategorie. Fundamentaltheologische Beiträge aus der Diskussion mit Gabriel Marcel, Regensburg 2013.

MÜHLING, MARKUS/WENDTE, MARTIN, Entzogenheit in Gott. Zur Verborgenheit der Trinität, in: M. Mühling/M. Wendte (Hg.), Entzogenheit in Gott. Beiträge zur Rede von der Verborgenheit der Trinität, Utrecht 2005, 1–30.

MÜLLER, MAX, Philosophische Anthropologie, Freiburg i. Br. 1974.

MUÑOZ PÉREZ, ENRIQUE, Martin Heideggers Hermeneutik der Faktizität, in: G. Bausenhart/M. Böhnke/D. Lorenz (Hg.), Phänomenologie und Theologie im Gespräch. Impulse von Bernhard Welte und Klaus Hemmerle, Freiburg i. Br. 2013, 84–94.

MUÑOZ PÉREZ, ENRIQUE, Martin Heideggers und Bernhard Weltes Begriff der Wahrheit, in: G. Bausenhart/M. Böhnke/D. Lorenz (Hg.), Phänomenologie und Theologie im Gespräch. Impulse von Bernhard Welte und Klaus Hemmerle, Freiburg i. Br. 2013, 171–179.

NEBEL, DANIELA, Glauben als Ereignis der Freiheit. Die Bedeutung der Kierkegaard-Vorlesungen Bernhard Weltes für eine fundamentale Theologie, Hamburg 2012.

NÉDONCELLE, MAURICE, Variationen über das Thema »Person« bei Boethius, in: M. Fuhrmann/J. Gruber (Hg.), Boethius, Darmstadt 1984, 187–231.

NIEDEN, MARCEL, Organum deitatis. Die Christologie des Thomas de Vio Cajetan, Leiden 1997.

NISSING, HANNS-GREGOR, Sprache als Akt bei Thomas von Aquin, Leiden/Boston 2006.

OBENAUER, KLAUS, Summa actualitas. Zum Verhältnis von Einheit und Verschiedenheit in der Dreieinigkeitslehre des Heiligen Bonaventura, Frankfurt a. M./New York 1996.

OEING-HANHOFF, LUDGER, Art. Individuum, Individualität. II. Hoch- und Spätscholastik, in: HWP 4 (1976), 304–310.

OLAFSON, FREDERICK A., Heidegger and the ground of ethics. A study of Mitsein, Cambridge/New York 1998.

OSTER, STEFAN, Person und Transsubstantiation. Mensch-Sein, Kirche-Sein und Eucharistie – eine ontologische Zusammenschau, Freiburg i. Br. 2010.

OTTMANN, HENNING, Philosophie und Politik bei Nietzsche, Berlin ²1999.

PANNENBERG, WOLFHART, Die Frage nach Gott, in: Grundfragen systematischer Theologie. Gesammelte Aufsätze, Göttingen ²1971, 361–386.

PAPE, WILHELM, Griechisch-Deutsches Handwörterbuch. A–K, Vol. I, Graz ³1954.

Pazouki, Bahman, Existenz und Vernunft bei Karl Jaspers, Freiburg i. Br. 2010.
Perler, Dominik, René Descartes, München ²2006.
Perler, Dominik, Theorien der Intentionalität im Mittelalter, Frankfurt a. M. ²2004.
Pesch, Otto H., Der Urstand des Menschen. Eine Erkundung bei Thomas von Aquin, in: MThZ 63 (2012), 134–144.
Pesch, Otto H., Thomas von Aquin. Grenze und Größe mittelalterlicher Theologie. Eine Einführung, Mainz 1988.
Petit, Jean-Claude, »Mit allen Kräften versuchen, die Ursprünge zu retten«. Über den Sinn und die Notwendigkeit von Erfahrung im Bereich des Glaubens bei Bernhard Welte, in: L. Wenzler (Hg.), Mut zum Denken, Mut zum Glauben. Bernhard Welte und seine Bedeutung für eine künftige Theologie, Freiburg i. Br. 1994, 181–200.
Pfeiffer, Helmut, Gotteserfahrung und Glaube. Interpretation und theologische Aneignung der Philosophie Karl Jaspers', Trier 1975.
Philippe, Marie-Dominique, Person und Interpersonalität. Sein und Geist, in: N. A. Luyten (Hg.), Das Menschenverständnis nach Thomas von Aquin, Freiburg i. Ue. 1976, 83–111.
Pickel, Gert/Pollack, Detlef, Religiöse Individualisierung statt Säkularisierung? Eine falsche Alternative. Antwort auf die Replik von Wohlrab-Sahr und Krüggeler, in: ZfS 29/3 (2000), 244–248.
Piecuch, Joachim, Doświadczenie Boga. Propozycja Bernharda Weltego na tle sporu o pojęcie doświadczenia fenomenologicznego, Opole 2004.
Piecuch, Joachim, Heideggers Hermeneutik der Faktizität und Theologie, in: A. Anderwald/R. Zwick (Hg.), Wiara w poszukiwaniu zrozumenia. Glaube, der Verstehen sucht. Hermeneutyki teologiczne 50 lat po Soborze Watykańskim II. Theologische Hermeneutiken 50 Jahre nach dem II. Vatikanischen Konzil, Opole 2014, 93–101.
Pieper, Annemarie, Zarathustra als Verkünder des Übermenschen und als Fürsprecher des Kreises, in: V. Gerhardt (Hg.), Friedrich Nietzsche. Also sprach Zarathustra, Berlin 2000, 93–122.
Pietsch, Christian, Prinzipienfindung bei Aristoteles. Methoden und erkenntnistheoretische Grundlagen, Stuttgart 1992.
Pöggeler, Otto, Der Denkweg Martin Heideggers, Pfullingen 1963.
Pollack, Detlef, Individualisierung statt Säkularisierung? Zur Diskussion eines neueren Paradigmas in der Religionssoziologie, in: K. Gabriel (Hg.), Religiöse Individualisierung oder Säkularisierung. Biographie und Gruppe als Bezugspunkte moderner Religiosität, Gütersloh 1996, 57–85.
Pollack, Detlef, Säkularisierung – ein moderner Mythos? Studien zum religiösen Wandel in Deutschland, Tübingen 2003.
Prechtl, Peter, Edmund Husserl zur Einführung, Hamburg ³2002.

RABANUS, CHRISTIAN, Kommunikation als praktischer Kern von Jaspers' Philosophie, in: B. Weidmann (Hg.), Existenz in Kommunikation. Zur philosophischen Ethik von Karl Jaspers, Würzburg 2004, 35–52.

RAHNER, KARL, Geist in Welt. Zur Metaphysik der endlichen Erkenntnis bei Thomas von Aquin, München ²1957 [Im Auftrag des Verfassers überarbeitet und ergänzt von J. B. Metz.].

RAPIC, SMAIL, Selbstbewusstsein und Intersubjektivität bei Fichte und Kierkegaard, in: S. Rapic/J. Stolzenberg (Hg.), Kierkegaard und Fichte. Praktische und religiöse Subjektivität, Berlin/New York 2010, 95–140.

RENTSCH, THOMAS, Gott, Berlin/New York 2005.

RENTSCH, THOMAS, Unmöglichkeit und lebensweltliche Sinnkonstitution. Aspekte einer negativen Existentialpragmatik, in: I. Dalferth/A. Hunziker/P. Stoellger (Hg.), Unmöglichkeiten. Zur Phänomenologie und Hermeneutik eines modalen Grenzbegriffs, Tübingen 2009, 199–213.

RESE, FRIEDERIKE, Erfahrung als eine Form des Wissens, Freiburg i. Br. 2014.

RESE, FRIEDERIKE, Phänomenologie und Skeptizismus bei Husserl und Heidegger, in: F. Rese (Hg.), Heidegger und Husserl im Vergleich, Frankfurt a. M. 2010, 57–76.

REUTER, GERSON, Ein individualistischer Blick auf normativistische Erklärungsansprüche und »das Soziale« bei Heidegger, in: E. Gedo/B. Merker (Hg.), Verstehen nach Heidegger und Brandom, Hamburg 2009, 95–128.

RICHTER, PAUL, Der Beginn des Menschenlebens bei Thomas von Aquin, Wien/Berlin 2008.

RICKEN, FRIEDO, Die Postulate der reinen praktischen Vernunft (122–148), in: O. Höffe (Hg.), Immanuel Kant. Kritik der praktischen Vernunft, Berlin 2002, 187–202.

RIEDEL, MANFRED, Art. Gemeinschaft, in: HWP 3 (1974), 239–243.

RINGLEBEN, JOACHIM, Gott denken. Studien zur Theologie Paul Tillichs, Münster 2003.

ROMBACH, HEINRICH, Strukturanthropologie. Der menschliche Mensch, Freiburg i. Br. 1987.

ROMERA SANZ, TOMAS, Die ontische Struktur der menschlichen Person nach der Lehre Thomas' von Aquin. Mit Berücksichtigung der wichtigsten Tendenzen des modernen Personalismus, Madrid 1962.

ROTERMUNDT, RAINER, Jedes Ende ist ein Anfang. Auffassungen vom Ende der Geschichte, Darmstadt 1994.

RÖTTGERS, KURT, Art. Sozialphilosophie, in: HWP 9 (1995), 1217–1227.

RUELIUS, PETER-FELIX, Mysterium spes. Gabriel Marcels Philosophie der Hoffnung und ihre Relevanz für die Eschatologie, Würzburg 1995.

RUFF, GERHARD, Am Ursprung der Zeit. Studie zu Martin Heideggers phänomenologischem Zugang zur christlichen Religion in den ersten »Freiburger Vorlesungen«, Berlin 1997.

RUHSTORFER, KARLHEINZ, Confessiones 7. Die Platoniker und Paulus. Augustins neue Sicht auf das Denken, Wollen und Tun der Wahrheit, in:

M. Bettetini/N. Fischer (Hg.), Die Confessiones des Augustinus von Hippo. Einführung und Interpretationen zu den dreizehn Büchern, Freiburg i. Br. 2004, 283–341.

SAAGE, RICHARD, Das Ende der politischen Utopie?, Frankfurt a. M. 1990.

SALA, GIOVANNI B., Kant und die Theologie der Hoffnung. Eine Auseinandersetzung mit R. Schaefflers Interpretation der kantischen Religionsphilosophie, in: ThPh 56 (1981), 92–110.

SALA, GIOVANNI B., Kants »Kritik der praktischen Vernunft«. Ein Kommentar, Darmstadt 2004.

SARLEMIJN, ANDRIES, Hegelsche Dialektik, Berlin/New York 1971.

SCHAEFFLER, RICHARD, »Das Heilige« und »der Gott« – oder: Wie kommt Gott in die Religion?, in: M. Enders/H. Zaborowski (Hg.), Phänomenologie der Religion. Zugänge und Grundfragen, Freiburg i. Br. 2004, 157–173.

SCHAEFFLER, RICHARD, Erfahrung als Dialog mit der Wirklichkeit, Freiburg i. Br. 1995.

SCHAEFFLER, RICHARD, Fähigkeit zur Erfahrung. Zur transzendentalen Hermeneutik des Sprechens von Gott, Freiburg i. Br. 1982.

SCHAEFFLER, RICHARD, Kant als Philosoph der Hoffnung, in: ThPh 56 (1981), 244–250.

SCHAEFFLER, RICHARD, Philosophisch von Gott reden. Überlegungen zum Verhältnis einer Philosophischen Theologie zur christlichen Glaubensverkündigung, Freiburg i. Br. 2006.

SCHAEFFLER, RICHARD, Philosophische Einübung in die Theologie. Philosophische Einübung in die Ekklesiologie und Christologie, Vol. 3, Freiburg i. Br. 2004.

SCHAEFFLER, RICHARD, Religion und kritisches Bewusstsein, Freiburg i. Br. 1973.

SCHAEFFLER, RICHARD, Religionsphilosophie, Freiburg i. Br. 2002.

SCHAEFFLER, RICHARD, Sinnforderung und Gottesglaube, in: PhJ 86 (1979), 201–209.

SCHAEFFLER, RICHARD, Sprache als Bedingung und Folge der Erfahrung. Das religiöse Wort als Beispiel für die Geschichtlichkeit des Verhältnisses von »Sprache« und »Rede«, in: W. Beinert u. a. (Hg.), Sprache und Erfahrung als Problem der Theologie, Paderborn 1978, 11–36.

SCHAEFFLER, RICHARD, Was dürfen wir hoffen? Die katholische Theologie der Hoffnung zwischen Blochs utopischem Denken und der reformatorischen Rechtfertigungslehre, Darmstadt 1979.

SCHÄFER, CHRISTIAN, Der Mythos im Phaidon (107d–115a), in: J. Müller (Hg.), Platon. Phaidon, Berlin 2011, 159–174.

SCHAFF, ADAM, Marxismus und das menschliche Individuum, Wien 1969.

SCHÄRTL, THOMAS, Logische Form und Grammatik. Skizzen zu einer theologischen Sprachlehre in hermeneutischer Absicht, in: M. Enders/H. Zaborowski (Hg.), Phänomenologie der Religion. Zugänge und Grundfragen, Freiburg i. Br. 2004, 435–450.

SCHEELE, PAUL-WERNER, Einheit und Glaube. Johann Adam Möhlers Lehre von der Einheit der Kirche und ihre Bedeutung für die Glaubensbegründung, München/Paderborn/Wien 1964.

SCHENE, MICHAEL, Die Bewegung, die Weisen und der Einzelne. Karl Jaspers' Philosophie zwischen Nicht-Wissen und Seinsgewissheit, Würzburg 2010.

SCHERER, GEORG, Art. Person. III. Neuzeit 1.–9., in: HWP 7 (1989), 300–319.

SCHIEMANN, GREGOR, Natur, Technik, Geist. Kontexte der Natur nach Aristoteles und Descartes in lebensweltlicher und subjektiver Erfahrung, Berlin 2005.

SCHIRPENBACH, MEIK P., Wirklichkeit als Beziehung. Das strukturontologische Schema der Termini generales im Opus Tripartitum Meister Eckharts, Münster 2004.

SCHLAPKOHL, CORINNA, Persona est naturae rationalis individua substantia. Boethius und die Debatte über den Personbegriff, Marburg 1999.

SCHMID, HANS B., Wir-Intentionalität. Kritik des ontologischen Individualismus und Rekonstruktion der Gemeinschaft, Freiburg i. Br. 2005.

SCHMIDT, JOSEF, Anmerkungen zum Religionsdialog unter den Bedingungen der Aufklärung, in: J. Casanova/H. Joas (Hg.), Religion und die umstrittene Moderne, Stuttgart 2010, 195–199.

SCHMIDT, JOSEF, Ein Dialog, in dem es nur Gewinner geben kann, in: M. Reder/J. Schmidt (Hg.), Ein Bewußtsein von dem, was fehlt. Eine Diskussion mit Jürgen Habermas, Frankfurt a. M. 2008, 79–93.

SCHMIDT, JOSEF, »Geist«, »Religion«, und »absolutes Wissen«. Ein Kommentar zu den drei gleichnamigen Kapiteln aus Hegels »Phänomenologie des Geistes«, Stuttgart 1997.

SCHMIDT, JOSEF, Philosophische Theologie, Stuttgart 2003.

SCHNACKERS, HUBERT, Kirche als Sakrament und Mutter. Zur Ekklesiologie von Henri de Lubac, Frankfurt a. M. 1979.

SCHNEIDER, WOLFGANG, Ousia und Eudaimonia. Die Verflechtung von Metaphysik und Ethik bei Aristoteles, Berlin 2001.

SCHNEIDER, WOLFGANG, Personalität und Pädagogik. Der philosophische Beitrag Bernhard Weltes zur Grundlegung der Pädagogik, Weinheim 1995.

SCHNIERTSHAUER, MARTIN, Consummatio caritatis. Eine Untersuchung zu Richard von St. Victors De Trinitate, Mainz 1996.

SCHOCKENHOFF, EBERHARD, Bonum hominis. Die anthropologischen und theologischen Grundlagen der Tugendethik des Thomas von Aquin, Mainz 1987.

SCHOPPELREICH, BARBARA, Zeichen und Zeugnis. Zum sakramentalen Verständnis kirchlicher Tradition, Münster 2001.

Literaturverzeichnis

SCHRÖDTER, HERMANN, Analytische Religionsphilosophie. Hauptstandpunkte und Grundprobleme, Freiburg i. Br. 1979.

SCHRÖDTER, HERMANN, Erfahrung und Transzendenz. Ein Versuch zu Anfang und Methode von Religionsphilosophie, Altenberge 1987.

SCHULTHESS, PETER, Relation und Funktion. Eine systematische und entwicklungsgeschichtliche Untersuchung zur theoretischen Philosophie Kants, Berlin/New York 1981.

SCHULZ, HEIKO, Aneignung und Reflexion. Studien zur Rezeption Søren Kierkegaards, Vol. I, Berlin/Boston 2011.

SCHUMACHER, BERNARD N., Rechenschaft über die Hoffnung. Josef Pieper und die zeitgenössische Philosophie, Mainz 2000.

SCHÜSSLER, WERNER, Jenseits von Religion und Nicht-Religion. Der Religionsbegriff im Werk Paul Tillichs, Frankfurt a. M. 1989.

SECKLER, MAX, Das Heil in der Geschichte. Geschichtstheologisches Denken bei Thomas von Aquin, München 1964.

SEIDL, HORST, Beiträge zu Aristoteles' Naturphilosophie, Amsterdam 1995.

SIEWERTH, GUSTAV, Der Thomismus als Identitätssystem, Frankfurt a. M. ^{2}1961.

SPANN, ANNE SOPHIE, Substanz, Relation oder beides. Augustinus und Heidegger zur Frage »Was sind Personen?«, in: A. Dunshirn/E. Nemeth/G. Unterthurner (Hg.), Crossing Borders. Grenzen (über)denken – Thinking (across) Boundaries, 2011, 839–847, in: https://fedora.phaidra.univie.ac.at/fedora/get/o:128384/bdef:Content/get [Abrufdatum: 30.06.2016].

SPENGLER, OSWALD, Der Untergang des Abendlandes. Umrisse einer Morphologie der Weltgeschichte, Düsseldorf 2007 [Erstausgabe: Vol. 1, Wien 1918, Vol. 2, München 1922].

SPLETT, JÖRG, Die Rede vom Heiligen. Über ein religionsphilosophisches Grundwort, Freiburg i. Br. 1971.

SPLETT, JÖRG, Ein Phänomenologe des Heiligen. Bernhard Welte (1906–1983), in: ThPh 81 (2006), 241–246.

STEINECK, CHRISTIAN, Grundstrukturen mystischen Denkens, Würzburg 2000.

STEKELER-WEITHOFER, PIRMIN, Hegels Phänomenologie des Geistes. Ein dialogischer Kommentar. Gewissheit und Vernunft, Vol. 1, Hamburg 2014.

STUDER, BASIL, Gratia Christi – Gratia Dei bei Augustinus von Hippo. Christozentrismus oder Theozentrismus, Rom 1993.

SULLIVAN, PETER M., A Version of the Picture Theory, in: W. Vossenkuhl (Hg.), Ludwig Wittgenstein. Tractatus logico-philosophicus, Berlin 2001, 89–110.

SZAIF, JAN, 2. Epistemologie, in: C. Horn/J. Müller/J. Söder (Hg.), Platon Handbuch. Leben – Werk – Wirkung, Stuttgart 2009, 112–130.

TAKEICHI, AKIHIRO, Individuum und Welt, in: D. Papenfuss/O. Pöggeler (Hg.), Im Spiegel der Welt. Sprache, Übersetzung, Auseinandersetzung, Frankfurt a. M. 1992, 342–356.
TELLKAMP, JÖRG A., Sinne, Gegenstände und Sensibilia. Zur Wahrnehmungslehre des Thomas von Aquin, Leiden/Boston 1999.
THESAURUS LINGUAE LATINAE, Vol. II, Leipzig 1900–1906.
THEUNISSEN, MICHAEL, Der Andere. Studien zur Sozialontologie der Gegenwart, Berlin/New York ²1977.
THOLEN, TONI, Erfahrung und Interpretation. Der Streit zwischen Hermeneutik und Dekonstruktion, Heidelberg 1999.
THOMÄ, DIETER, Die Zeit des Selbst und die Zeit danach. Zur Kritik der Textgeschichte Martin Heideggers 1910–1976, Frankfurt a. M. 1990.
THYEN, ANKE, Negative Dialektik und Erfahrung. Zur Rationalität des Nichtidentischen bei Adorno, Frankfurt a. M. 1989.
TIETZ, UDO, Hans-Georg Gadamer zur Einführung, Hamburg ³2005.
VETTER, HELMUTH, Phänomen und Geschichte. Zur Entfaltung des Wahrheitsgeschehens im Denken Bernhard Weltes, in: L. Wenzler (Hg.), Mut zum Denken, Mut zum Glauben. Bernhard Welte und seine Bedeutung für eine künftige Theologie, Freiburg i. Br. 1994, 163–180.
WALD, BERTHOLD, Substantialität und Personalität. Philosophie der Person in Antike und Mittelalter, Paderborn 2005.
WALDENFELS, BERNHARD, Phänomenologie der Erfahrung und das Dilemma einer Religionsphänomenologie, in: W.-E. Failing/H.-G. Heimbrock/T. A. Lotz (Hg.), Religion als Phänomen. Sozialwissenschaftliche, theologische und philosophische Erkundungen in der Lebenswelt, Berlin/New York 2001, 63–84.
WEISCHEDEL, WILHELM, Der frühe Fichte. Aufbruch der Freiheit zur Gemeinschaft, Stuttgart/Bad Cannstatt ²1973.
WELP, DOROTHÉE, Willensfreiheit bei Thomas von Aquin, Freiburg i. Ue. 1979.
WELTE, MARKUS, Bernhard Weltes religionsphilosophisches Verständnis des menschlichen Todes, in: Schriften der Bernhard-Welte-Gesellschaft 7 (2014), 70–91.
WENZLER, LUDWIG, Das Phänomen des Heiligen in der Korrelation von Noesis und Noema, in: K. Kienzler/J. Reiter/L. Wenzler (Hg.), Das Heilige im Denken. Ansätze und Konturen einer Philosophie der Religion, Münster 2005, 13–32.
WETZ, FRANZ JOSEF, Die Gleichgültigkeit der Welt. Philosophische Aufsätze, Frankfurt a. M. 1994.
WETZ, FRANZ JOSEF, Kunst der Resignation, Stuttgart 2000.
WIEDENHOFER, SIEGFRIED, Die Kirche als Kommunikations- und Überlieferungsgemeinschaft. Zur transzendentalen Rekonstruktion des christlichen Kirchenverständnisses bei Richard Schaeffler, in: T. M. Schmidt/

Literaturverzeichnis

S. Wiedenhofer (Hg.), Religiöse Erfahrung. Richard Schaefflers Beitrag zu Religionsphilosophie und Theologie, Freiburg i. Br. 2010, 218–241.

WIELAND, WOLFGANG, Offenbarung bei Augustinus, Mainz 1978.

WIERCINSKI, ANDRZEJ, Martin Heideggers »göttlicher Gott« bei Bernhard Welte und Gustav Siewerth, in: M. Enders/H. Zaborowski (Hg.), Phänomenologie der Religion. Zugänge und Grundfragen, Freiburg i. Br. 2004, 517–532.

WILKE, ANNETTE, Säkularisierung oder Individualisierung von Religion? Theorien und empirische Befunde, in: ZfR 21/1 (2013), 29–76.

WOHLMUTH, JOSEF, Allenthalben »beschädigtes Leben«. Und der Schrei der Frommen nach Rettung aus den Abgründen der Endlichkeit verhallt ungehört?, in: Schriften der Bernhard-Welte-Gesellschaft 6 (2013), 4–24.

WOLZOGEN, CHRISTOPH, Art. Relation. IV. 20. Jahrhundert, in: HWP 8 (1992), 602–606.

YOUM, JAE-CHUL, Heideggers Verwandlung des Denkens, Würzburg 1995.

ZAHAVI, DAN, Der Sinn der Phänomenologie. Eine methodologische Reflexion, in: H.-D. Gondek/T. N. Klass/L. Tengelyi (Hg.), Phänomenologie der Sinnereignisse, Paderborn 2011, 101–119.

ZAHAVI, DAN, Phänomenologie und Transzendentalphilosophie, in: G. Figal/H.-H. Gander (Hg.), Heidegger und Husserl. Neue Perspektiven, Frankfurt a. M. 2009, 73–99.

ZEUGIN, PETER G., Soziologie. Ihre wichtigsten Begriffe und Forschungstechniken, Stuttgart 1979.

ZIMMERMANN, FRANZ, Einführung in die Existenzphilosophie, Darmstadt 1977.

ZYBER, ERIK, Homo utopicus. Die Utopie im Lichte der philosophischen Anthropologie, Würzburg 2007.

Namenregister

Acham 17
Adorno 243, 279, 283, 309, 382
Aertsen 126 f., 149
Agamben 370
Andreotti 134
Apel 189
Arens 343, 370
Aristoteles 27–29, 31, 42–44, 48, 65, 91, 125 f., 130, 132, 140 f., 145, 149–152, 158 f., 174, 318, 340, 351
Augustinus 44, 82, 152, 196, 253, 263, 326 f., 331–333, 377 f.

Ballnat 74–76, 79, 85, 92, 376
Balthasar 15 f., 18, 358 f., 391
Bara-Bancel 330
Beckermann 46
Berning 126
Beuthan 73
Bidese 171
Biemel 61
Bloch 240, 304
Bock 17
Boethius 44, 118–121, 123–125, 139 f., 179
Bohlen 264
Böhnke 176
Bonaventura 330–332, 384
Bongardt 350
Bonvincini 348
Boyd 52
Brachtendorf 226, 253

Brück 300
Buber 105, 267
Buchheim 316
Büchner, C. 331
Büchner, K. 314
Busche 175

Caropeso 288
Casper 19, 105, 192 f., 209, 211, 215, 220, 250, 255, 296 f., 368, 396
Chalmers 52
Chenu 340
Cimino 341
Colpe 260
Cristin 61

Dalferth 299
Danto 96, 98, 193
Demmerling 35 f.
Descartes 45–47, 49, 52 f., 65
Di Cesare 206, 209, 376 f.
Dienstbeck 291
Dilthey 33 f., 86
Disse 350
Döpfner 161
Driesch 174
Droysen 159
Dulles 370, 389

Ebeling, G. 210, 342
Ebeling, H. 292, 300
Ebner 105, 210 f.

Namenregister

Eckhart 57, 149–155, 166, 183, 321, 331
Eilebrecht 63
Elsfeld 136
Enders 57, 101, 259
Engels 249
Erbrich 380
Essen 119
Esterbauer 362

Fahrenbach 229, 235
Fasching 54, 76
Fehér 86
Feige 24–26, 32, 37, 96–99, 104, 107, 123, 140, 190–192, 197, 201, 218–220, 305 f., 348
Figal 93, 177, 190, 265
Fischer 172
Flashar 174
Fleischer 219, 289
Fonfara 44
Fuchs 236
Furter 240

Gabriel 93
Gadamer 36 f., 57, 73 f., 76, 78 f., 85 f., 91 f., 206, 375–377, 390
Gander 63, 68, 83 f., 87–89, 105, 191
Garrido-Maturano 304
Geiger 80, 161, 189, 214
Gerhardt 117, 135, 158, 308
Gethmann 82 f., 137
Gorgone 285
Goris 242
Görtz 78, 342
Grabner-Haider 342
Graeser 36
Gransche 240
Grondin 190
Großheim 61, 64, 66

Haas 154
Haecker 314

Haeffner 189
Hafner 281
Hahmann 49
Hartmann 142
Hastetter 239
Hattrup 332
Havel 379 f.
Heftrich 144
Hegel 56 f., 69–73, 79, 85, 91, 147–149, 183, 212 f.
Heidegger 32, 34–38, 40 f., 57, 60–68, 80–91, 93–96, 99–102, 104, 116, 118, 120, 130, 132, 134–137, 139, 145, 151, 171 f., 177 f., 180, 189–192, 194–196, 205, 218 f., 227, 262, 280, 306 f., 321, 341, 351, 381
Heinrichs 155 f., 158
Heinz 89
Helle 40
Hemmerle 27 f., 119 f., 138, 163 f., 176, 179, 186, 250, 262, 276, 296–298, 316–322, 331 f., 342 f., 347, 362, 381, 385
Henschen 167
Herrmann 321
Herzinger 241
Hof 150
Höffe 43, 48
Hoffmann 178
Höhn 68, 81, 108, 118, 157, 171, 189, 195, 207, 221, 248, 250, 259 f., 280, 286, 292 f., 301, 309 f., 382
Hölderlin 206, 280 f., 351
Hollendung 136
Hühn 72
Humboldt 105, 208 f.
Hünermann 25, 159, 161, 191, 193, 250, 296, 360
Husserl 33, 51–69, 73–76, 86, 134 f., 178

Inkpin 40 f.

Janssen 55, 58, 65
Jaspers 228–230, 233–236, 242, 251, 259, 263, 294 f., 351 f.
Joas 227
Joosten 48
Jossua 362
Jung 174

Kant 47–50, 72 f., 123, 209, 264, 282, 286–289, 292 f., 299 f., 319 f., 379 f.
Kasper 56
Kern 153, 166
Kessler 19
Kible 116
Kienzler 28, 56, 58–60, 233, 246, 251, 255
Kierkegaard 71 f., 189, 201 f., 242, 297, 348–350
Kim 49
Kirschner 370
Kirsten 264
Kobusch 151, 154
Korff 142
Krüger 316
Kušar 24, 281, 300
Kuhn 56
Kuhne 73
Kullmann 29, 31
Kümmel 102

Lambert 84
Langer 153
Lavecchia 330
Leinsle 332
Lenz 24, 257, 295
Levinas 193, 395 f.
Liebrucks 209, 211, 213
Lohse 196
Lorenz 22, 61, 120, 149
Lotz 252
Lubac 15 f., 344, 391
Luckmann 20
Luckner 95, 136, 178
Lutz 303–305, 311

Marcel 300–302, 310
Marquard 283
Marten 307, 396
Marx 248 f., 304
Marx, W. 54
Mathieu 330
Meixner 52 f.
Menke 358
Merker 96
Meyer-Blanck 341
Mittelstraß 166
Mittl 302
Möhler 371 f.
Mühling 295
Müller 31, 232
Muñoz Pérez 84, 220

Nebel 42, 202, 242, 245, 348
Nédoncelle 118
Newman 356
Nieden 340
Nietzsche 144, 174, 242, 245 f., 308
Nissing 132

Obenauer 330
Oeing-Hanhoff 141
Olafson 136
Ortega y Gasset 240
Oster 73
Ottmann 246
Otto 254, 261

Pannenberg 266
Pape 267
Pascal 257, 276
Pazouki 230
Perler 46, 131 f.
Pesch 340
Petit 39, 77
Pfeiffer 352
Philippe 128
Pickel 19
Piecuch 76, 85
Pieper 304
Pieper, A. 246

Namenregister

Pietsch 29
Pilgram 367
Platon 174, 219, 237, 267
Pöggeler 82, 195
Pollack 19 f.
Popper 241
Prechtl 57, 75

Rabanus 233
Rager 300
Rahner 22
Rapic 202
Rentsch 293, 379
Rese 65, 85
Reuter 136
Richard von St. Viktor 138
Richter 127
Ricken 289
Riedel 351
Ringleben 253
Rombach 107
Romera Sanz 127
Rosenzweig 105, 193, 218, 220, 396
Rotermundt 174
Röttgers 40
Ruelius 310
Ruff 91, 94 f.
Ruhstorfer 253

Saage 241
Sala 286, 289
Sarlemijn 69 f.
Schaeffler 22, 79, 107, 264, 266, 287–289, 291, 293, 311, 361–363, 365 f., 388
Schäfer 267
Schaff 249
Schärtl 207, 216
Scheele 371
Schelling 71, 211, 315–324, 336, 383, 385
Schene 229 f.
Scherer 302
Schiemann 46
Schirpenbach 149 f.

Schlapkohl 121, 124
Schmid 82
Schmidt 71, 156, 158, 213, 227, 260, 343
Schnackers 345
Schneider 45, 48
Schneider, W. 203, 210
Schniertshauer 138
Schockenhoff 225
Schoppelreich 370
Schrödter 250, 258, 276
Schulthess 44
Schulz 72
Schumacher 304
Schüßler 290
Seckler 340
Seidl 174
Siewerth 251, 262
Spann 117
Spengler 174
Splett 262, 296, 298
Steineck 155
Stekeler-Weithofer 71
Studer 378
Sullivan 208
Szaif 237

Takeichi 99
Tellkamp 131
Theunissen 135, 211
Tholen 79
Thomä 190
Thomas von Aquin 28, 44 f., 70, 72, 116, 118–122, 124–128, 131 f., 139–142, 147–152, 166 f., 171, 225 f., 228, 242, 251 f., 254, 261, 263 f., 282, 299, 303–305, 325, 327, 331, 339 f., 383
Thyen 243
Tietz 37
Tillich 289–291

Vergil 314
Vetter 78

Wald 116, 124
Waldenfels 258
Wanitschke 380
Weischedel 18
Welp 325, 327
Welte, M. 357
Wendte 295
Wenzler 264
Wetz 283
Wiedenhofer 367
Wieland 327
Wiercinski 262

Wilke 20
Wittgenstein 50 f., 82, 208
Wohlmuth 309
Wolzogen 42

Youm 190

Zahavi 62
Zeugin 17
Zimmermann 195
Zyber 240